Leonie Senne
Dr. Margit Brinke
Dr. Peter Kränzle

USA-Nordosten

IWANOWSKI´S **i** REISEBUCHVERLAG

Im Internet:

www.iwanowski.de

Hier finden Sie aktuelle Infos zu allen Titeln,
interessante Links – und vieles mehr!

Einfach anklicken!

Schreiben Sie uns,
wenn sich etwas
verändert hat. Wir
sind bei der Aktuali-
sierung unserer
Bücher auf Ihre
Mithilfe angewiesen:
info@iwanowski.de

USA-Nordosten
13. Auflage 2013

© Reisebuchverlag Iwanowski GmbH
Salm-Reifferscheidt-Allee 37 • 41540 Dormagen
Telefon 0 21 33/26 03 11 • Fax 0 21 33/26 03 33
info@iwanowski.de
www.iwanowski.de

Titelfoto: Heeb / laif

Alle anderen Farbabbildungen: siehe Bildnachweis Seite 590
Lektorat: Mareike Wegner, Flensburg
Layout: Ulrike Jans, Krummhörn
Karten: Astrid Fischer-Leitl, München
Titelgestaltung: Point of Media, www.pom-online.de
Redaktionelles Copyright, Konzeption und deren ständige Überarbeitung: Michael Iwanowski

Gesamtherstellung: Werbedruck GmbH Horst Schreckhase
Printed in Germany

ISBN: 978-3-86197-078-1

Inhalt

Überblick

Überblick

Reiserouten

Reiserouten

Reiserouten

Reiserouten

Reiserouten

Reiserouten

Reiserouten

Außerdem weiterführende Informationen:

Interessantes

Karten und Grafiken:

Umschlagkarten:
vordere Umschlagklappe: USA Nordosten: Überblick
hintere Umschlagklappe: Boston: Übersicht

Legende

✝ Kirche	🔺 Rangerstation	Ⓜ Museum
Denkmal	Schloss	Ⓣ Theater
i Information	Bahnhof	Übernachten
Camping	Bibliothek	Essen
)(Pass	Bus/Busbahnhof	Einkaufen
Aussichtspunkt	Fähre	Reiten
★ Sehenswürdigkeit	Leuchtturm	
Krankenhaus		

EINLEITUNG

... Land der Alten Dreizehn! Land von Massachusetts, von Vermont und Connecticut!
Land ozeanischer Küste! ...
Land der Schiffer und Seefahrer! Fischer-Land!
Unzertrennliche Länder! Verklammerte, leidenschaftliche Länder! ...
Das Pennsylvanische! das Virginische! das Karolinische Zwillingsland!
O alle und jedes heiß geliebt von mir! meine furchtlosen Staaten!
O ich umfasse euch alle mit vollkommener Liebe! ...
(Walt Whitman, „Leaves of Grass", Grashalme, 1855)

Der Nordosten der USA ist Amerikas „Kulturland": Hier im „Land der Alten Drei-zehn", wie Amerikas Nationaldichter Walt Whitman (1819–1892) die **13 Gründer-kolonien** nannte, liegen die Wurzeln und schlägt das Herz der USA, hier begegnet ei-nem auf Schritt und Tritt die Geschichte des ersten modernen demokratischen Staa-tes. Vielleicht ist deshalb der Nordosten der USA traditionell ein bei europäischen Be-suchern besonders beliebtes Reiseziel.

Auf einer Reise durch die Neuengland-Staaten und den Bundesstaat New York erwar-tet den Besucher allerdings nicht nur lebendige Geschichte, sondern ein harmonisches Zusammenspiel zwischen Natur- und Kulturlandschaft.

Dazu gehören eindrucksvolle **Landschafts- und Naturerlebnisse** mit Hügellandschaf-ten, dichten Waldgebieten und kristallklaren Flüssen und Seen. Die Farbenpracht, wenn sich im Indian Summer das Laub färbt, ist ebenso überwältigend wie die gewaltige Was-serkraft der Niagarafälle. Die Zahl an möglichen Aktivitäten ist groß und reicht von Bootsausflügen zur Walbeobachtung oder zum Hummerfang über Wildwasserfahrten und Bergbesteigungen bis hin zu Wandern und Radfahren.

Für „City Life" ist in den **Ostküsten-Metropolen** Boston, Philadelphia, New York Ci-ty, Baltimore und Washington gesorgt. Dort bietet sich eine Fülle an interessanten Mu-seen, Theatern, Universitäten, Sportstätten, Shops, Restaurants und sonstigen Freizeit-angeboten. Kontrastprogramm dazu liefern **kleine Ortschaften**, in denen sich roman-tische Häuschen um eine weiß leuchtende Dorfkirche scharen und die Bewohner das Erbe der ersten Siedler – Zusammengehörigkeitsgefühl, Hilfsbereitschaft, Tatkraft und Zuverlässigkeit, aber auch Gastfreundschaft – bewahrt haben.

Im Osten nahm die **Geschichte der USA** ihren Anfang. Hier trifft man auf die Spu-ren jener Menschen, die in den vergangenen Jahrhunderten auf der Suche nach einem besseren Leben von Europa nach Amerika kamen. Sie bewahrten einerseits das euro-päische Erbe, passten sich aber andererseits den Erfordernissen und Möglichkeiten ih-rer neuen Heimat an und formten so eine eigenständige Kultur.

Zeugnissen ihrer Geschichte, vor allem aus der Kolonialzeit und dem Kampf um die Un-abhängigkeit, begegnet man im Nordosten überall. Es gibt eine Fülle von Museumsdör-fern, historischen Stätten und Schlachtfeldern, Forts, Museen und Bauwerken aus ver-schiedenen Epochen.

Der Schwerpunkt dieses Handbuches liegt auf **Neuengland**, zu dem die Bundesstaa-ten Connecticut, Rhode Island, Massachusetts, New Hampshire, Vermont und Maine gehören. Obwohl das Gebiet nur etwa halb so groß ist wie die Bundesrepublik Deutschland, hat jeder Bundesstaat seinen eigenen Charakter und Reiz. Während in Massachusetts gepflegte Dörfer mit kopfsteingepflasterten Gassen und alten Wohnhäusern an die Vergangenheit erinnern, fallen in Vermont die überdachten Brücken, Wassermühlen und großen Farmen ins Auge. Die beschaulichen Fischerhäfen von Maine, die baumbestandenen Dorfplätze von Connecticut oder die prachtvollen Sommerresidenzen von Rhode Island bieten das Gegenstück zu den wegweisenden modernen Bauwerken, Museen und Kultureinrichtungen in den Städten.

Vielfalt gilt jedoch auch für den **Staat New York**, der nicht nur die touristischen Highlights New York City und die Niagarafälle aufweist, sondern auch durch hohe Berge, weite Wälder und ausgedehnte Tal- und Seenlandschaften beeindruckt. Zum Abschluss der Reiseroute geht es nach Pennsylvania mit Philadelphia als Wiege der Nation und über Baltimore in die Hauptstadt, nach Washington, D.C.

Der Nordosten der USA ist **vielseitig und abwechslungsreich**; er bietet einerseits eine breite Palette an Erholungsmöglichkeiten, andererseits Abenteuer, er verbindet Vergangenheit und Gegenwart und lädt zum Kennenlernen und Entdecken ein. Ziel dieses Buches ist es, dem Reisenden Informationen an die Hand zu geben, die eine individuelle Planung des Reiseverlaufes und eine gezielte Auswahl der Sehenswürdigkeiten erleichtern. Die beschriebenen Routen und Streckenalternativen sind dabei als Anregungen zu verstehen. Die reisepraktischen Hinweise sind so aktuell wie möglich recherchiert; angesichts der Fülle an Informationen und der Schnelllebigkeit touristischer Angebote sind kurzfristige Veränderungen jedoch nicht auszuschließen.

Das Buch ist so aufgebaut, dass ein Einblick in Geschichte und Kultur, aber auch andere, eher allgemeine Aspekte zur Reiseregion den Routen vorausgeschickt werden, ebenso allgemeine Tipps zur Planung und Ausführung einer Reise (Gelbe Seiten, „Allgemeine Reisetipps A–Z"). Zusätzlich finden sich zu den einzelnen Orten/Regionen vielerlei Hinweise, z. B. zu Übernachtungsmöglichkeiten, zu Restaurants, Shops, Events, Touren oder Infostellen. Meist musste hier eine Auswahl getroffen werden, die dann natürlich auf persönlichen Erfahrungen beruht.

Kapitel 1 bis 3, die Gelben Seiten, Boston/Cambridge in Kap. 4 (S. 277–307) sowie Kap. 6 wurden von Margit Brinke und Peter Kränzle recherchiert, die Neuengland-Staaten in Kapitel 4 sowie New York State (Kap. 5) wurden von Frau Senne bereist.

Leonie Senne, Margit Brinke und Peter Kränzle

Die USA im Überblick

Fläche:	9.826.675 km², inkl. Alaska, Hawaii und Wasserflächen (Landfläche: 664.709 km²) (weltweit Nr. 3)
Staatsland *(public land):*	ca. 32 % = etwa 2,6 Mio. km²
Nationalparks:	Gesamtfläche ca. 320.000 km²
Höchster Punkt:	Mt. McKinley (Alaska) 6.200 m
Tiefster Punkt:	Death Valley (Kalifornien) 85 m unter Meeresspiegel
Längster Fluss:	Mississippi (zusammen mit Missouri) 6.420 km
Hauptstadt:	Washington, D. C.
Einwohner:	315 Mio. (Schätzung 2012), 82 % städtische Bevölkerung, 273 Städte mit mehr als 100.000 EW, neun mit über einer Million.
Besiedlungsdichte:	ca. 34 EW/km² (vgl. Deutschland: 231 EW/km²)
Ethnien:	ca. 80 % Weiße (darunter 15 % Hispanics), 13 % Afroamerikaner, 5 % Asiaten, 1,1 % Indianer, Inuit, Hawaiianer; die restliche Bevölkerung ist mehreren Ethnien zuzurechnen
Wurzeln:	ca. 80 % aller Amerikaner weisen europäische Wurzeln auf, ca. 17 % deutsche, 11 % irische, 9 % englische, 5 % italienische, 4 % skandinavische
Sprachen:	82 % Englisch, 11 % Spanisch, 4 % andere europäische Sprachen, 3 % asiatische und indianische Sprachen
Religionen:	ca. 73 % Christen, davon rund 48 % Protestanten (darunter stärkste Gruppen sind Baptisten, Methodisten, Lutheraner und Pentecostals), ca. 22 % Katholiken, 2 % Mormonen, 1 % Orthodoxe, 6 % Sonstige. Knapp 20 % gehören keiner Glaubensgemeinschaft an.
Flagge:	13 waagrechte, abwechselnd rote und weiße Streifen für die 13 Gründerstaaten; in der oberen, blauen Ecke 50 weiße Sterne, die die Bundesstaaten repräsentieren.
Nationalfeiertag:	4. Juli (Tag der Unterzeichnung der Unabhängigkeitserklärung)
Staats- und Regierungsform:	Präsidialrepublik mit bundesstaatlicher Verfassung. Der Präsident kann Kabinettsmitglieder ernennen und entlassen, das Parlament besteht aus zwei Kammern: Senat und Repräsentantenhaus

Die Staaten des Reisegebiets im Überblick

(*= Neuengland-Staaten)

Staat	Abkürzung	Hauptstadt	Betritt zur Union	Fläche in km²	EW-Zahl (2012)
Connecticut*	CT	Hartford	1788	14.357	ca. 3,58 Mio.
Delaware	DE	Dover	1787	6.452	ca. 907.000
District of Columbia (Washington D.C.)	D.C.	-	1790 (Gründung)	177	ca. 617.000
Maine*	ME	Augusta	1820	91.646	ca. 1,32 Mio.
Maryland	MD	Annapolis	1788	32.133	ca. 5,6 Mio.
Massachusetts*	MA	Boston	1788	27.336	ca. 6,6 Mio.
New Hampshire*	NH	Concord	1788	24.217	ca. 1,31 Mio.
New Jersey	NJ	Trenton	1787	22.608	ca. 8,82 Mio.
New York	NY	Albany	1788	141.300	ca. 19,46 Mio.
Pennsylvania	PA	Harrisburg	1787	119.283	ca. 12,74 Mio.
Rhode Island*	RI	Providence	1790	3.140	ca. 1,05 Mio.
Vermont*	VT	Montpelier	1791	24.923	ca. 626.000

I. LAND UND LEUTE

Historischer Überblick

Während im Westen der USA die Landschaft prägendes Element ist, sind es im Nordosten Geschichte und Kultur. Hier spielten sich die französischen Kolonisationsversuche sowie die englische Inbesitznahme ab. Hier keimte die Idee von der modernen Demokratie auf, wurde die Unabhängigkeit erkämpft, in einem blutigen Bruderkampf die Sklaverei abgeschafft und die staatliche Einheit gesichert.

Kein Wunder, dass im Nordosten die amerikanische Geschichte auf Schritt und Tritt *Geschichte* präsent ist. Wenn Europäer die US-Geschichte als vergleichsweise kurz bezeichnen, begehen sie denselben Fehler wie einst die ersten Kolonisten, die die Geschichte der Indianer ignorierten. So gesehen ist nämlich auch Nordamerika ein „Alter Kontinent".

An vielen historisch besonders wichtigen Orten – Boston, Plymouth, Concord, Salem, New Bedford, Newport, Mystic, Philadelphia oder Washington – erlebt der Besucher die Vergangenheit „live" mit, in beispielhaft ausgestatteten Besucherzentren, durch historisch gekleidete Führer, authentische Nachbauten, Vorführungen und Original-Relikte, durch „Reenactments" oder Freiluftmuseen.

Indianer – die ersten Amerikaner

Ein genaues Datum, wann Indianer den nordamerikanischen Subkontinent erstmals betreten haben, gibt es nicht. Archäologische Funde sowie Radiokarbon-Untersuchungen ergaben, dass Einwanderer aus dem fernen Asien eine während der Eiszeiten bestehende Landbrücke nutzten, um den Bereich der Beringstraße trockenen Fußes zu überqueren und so auf den amerikanischen Kontinent zu gelangen. Dies ist vor mindestens 10.000 Jahren geschehen, nach Ansicht mancher Forscher sogar schon etwa 30000 v. Chr. Nach neuestem Forschungsstand lassen sich die ältesten menschlichen Spuren in Nordamerika auf die Zeit um 14300 v. Chr. datieren.

Kolumbus, so lernte man in der Schule, habe 1492 Amerika „entdeckt", dabei landete er auf seiner Suche nach einem Seeweg nach Indien „nur" in der Karibik. Er war es, der die Ureinwohner fälschlicherweise „Indianer" nannte, da er annahm, in Indien zu sein. *Indianische* Die ersten Europäer, die seit dem 16. Jh. Nordamerika erkundeten – zunächst spanische *Hoch-* Abenteurer, dann britische Heilsucher und Religionsflüchtlinge – trafen jedoch nicht nur *kulturen* auf „Wilde", sondern fanden auch die Reste indianischer Hochkulturen vor.

Es hatte lange gedauert, bis die **umherziehenden Gruppen von Ureinwohnern** sesshaft geworden waren; im Osten soll dies um etwa 1000 v. Chr. geschehen sein. Es bildete sich eine differenzierte Gesellschaft von Ackerbauern, Jägern und Sammlern heraus – **Woodland Tradition** genannt –, deren Siedlungsgebiet zwischen Atlantik, Mississippi und den Großen Seen lag. Um 900 n. Chr. entstand in den Tälern des Mississippi und Ohio River eine indianische Hochkultur, die **Mississippian Tradition**. Es waren Ackerbauern, für die Mais, Kürbis, Bohnen, Süßkartoffeln und Tabak die wichtigsten Kulturpflanzen waren. Die Gesellschaft war hierarchisch gegliedert und lebte in großen Siedlungen, die von Holzpalisaden umschlossen waren und charakteristische *mounds* im

An vielen Stellen, wie im Minute Man NP, werden alljährlich historische Ereignisse nachgestellt

Zentrum aufwiesen. Auf diesen pyramidalen, künstlichen Erdaufschüttungen befanden sich die kultischen und weltlichen Machtzentren: Tempel, Fürstensitze und Versammlungsplätze. Das Ende dieser Kultur fiel mit der Ankunft der ersten Europäer zusammen, sodass Mitte des 16. Jh. viele der Siedlungen aufgelassen waren. Kriege und vor allem die von den Spaniern eingeschleppten Krankheiten und Seuchen hatten die Indianer zu Tausenden getötet.

Es folgte die Zeit der **historischen Indianerstämme** – *Irokesen, Mohawk, Shawnee, Cherokee* oder *Creek*, um nur die größten Gruppen zu nennen. So unterschiedlich wie diese Völker waren, so verschieden verhielten sie sich auch gegenüber den Neuankömmlingen aus Europa: Die einen halfen und waren gastfreundlich, die anderen abweisend und feindlich gesinnt. Am Ende war das Ergebnis jedoch dasselbe: Dezimiert durch eingeschleppte Krankheiten, vertrieben, verfolgt und getötet, überlebten nur wenige in abgelegenen Regionen.

Vertreibung der Indianer

Unrühmlicher Höhepunkt war der **Removal Act** 1835 unter Präsident *Andrew Jackson*: Er zwang über 16.000 Indianer zur Umsiedelung in das Indianer-Territorium westlich des Mississippi (heute Oklahoma). Dieser *Trail of Tears* kostete zahllose Indianer der „Fünf Zivilisierten Stämme" – *Creek, Cherokee, Chickawa, Choctaw* und *Seminole* – das Leben. Letztere wehrten sich als einzige vehement in drei Kriegen, und bis heute verweisen Gruppen dieses Stammes mit Stolz darauf, niemals besiegt worden zu sein. Sie leben immer noch auf ihrem angestammten Land in den Sümpfen Floridas.

Zur Terminologie des Wortes „Indianer"

Beim Wort „Indianer/Indians" denken die meisten sofort an federgeschmückte Reiter. Doch derart aufgemacht liefen lediglich die Mitglieder eines bestimmten Kulturkreises, nämlich der Prärie-Indianer, zu denen die berühmten *Sioux* oder *Comanches* gehören, herum. In Wirklichkeit weisen die meisten indianischen Völker – allein in den USA gibt es über 500 – kaum Gemeinsamkeiten auf, was auch ihre zahlreichen Namen belegen.

Als „politisch korrekt" wird die Bezeichnung **„Native Americans"** oder **„Native People"** empfunden – im Deutschen unzureichend mit „Ureinwohner" übersetzt. Allerdings ist diese Bezeichnung seitens der so Bezeichneten wenig beliebt. Wie einmal der indianische Leiter der Abteilung der *Smithsonian Institution* in Washington meinte: „Jeder, der in Nordamerika geboren ist, ist ein ‚Native American', ein gebürtiger Amerikaner. Ich persönlich bin ein Hopi, wer das aber nicht weiß, für den bin ich eben ein ‚Indianer'."

In der Tat ziehen die meisten Indianer, ob *Apache, Navajo, Nez Perce, Hopi* oder *Ute,* **„American Indian"** **oder „Indian"** als Bezeichnung vor, sofern sie die genaue Stammeszugehörigkeit nicht kennen. Von „Indianer" zu sprechen, ist also durchaus in Ordnung - besser jedoch, man verwendet den Namen des jeweiligen Volkes.

Die „Entdeckung" Nordamerikas

Fast 500 Jahre vor Kolumbus waren bereits die seetüchtigen **Wikinger** im Nordosten des amerikanischen Kontinents unterwegs gewesen. *Leif Eriksson* (ca. 975–ca. 1020) soll um das Jahr 1000 mit seinen Männern von Grönland bis zum Mündungsbereich des St. Lorenz-Stroms und hinunter bis zur Küste des heutigen Bundesstaates Massachusetts gesegelt sein. Die Wikinger sprachen von **Vinland,** in Anlehnung an die angeblich gefundenen wild wachsenden Weinreben. Im übertragenen Sinne dürfte damit jedoch eher ganz allgemein die Fruchtbarkeit der besuchten Landstriche gemeint gewesen sein. Zwar unternahmen die Wikinger noch weitere Fahrten nach Nordamerika – in Neufundland entstand sogar eine Siedlung –, doch nachdem sie ihre grönländischen Siedlungen aufgegeben hatten, ging das Wissen um ihre Entdeckungsfahrten verloren.

Die geschriebene Geschichte Amerikas beginnt mit **Christoph Kolumbus** (1451–1506). Der in Genua geborene Seefahrer stand in spanischen Diensten und wollte im Glauben an die Kugelgestalt der Erde den Westweg nach Indien finden. Als er 1492 auf der Bahamas-Insel San Salvador landete, meinte er, Indien erreicht zu haben und nannte die Inselgruppe „Westindische Inseln" und ihre Einwohner „Indianer". Insgesamt überquerte Kolumbus zwischen 1492 und 1504 viermal den Atlantik, doch setzte er nie einen Fuß auf den nordamerikanischen Kontinent, sondern nur auf karibische Inseln. *Westweg nach Indien*

Giovanni Caboto (1450–98) stand als Venezianer in britischen Diensten und erkundete als John Cabot 1497/98 den Nordosten des Kontinents. Der Florentiner **Amerigo Vespucci** (1451–1512) vertrat erstmals die Ansicht, dass das von Kolumbus betretene Land nicht Teil Asiens sei. Der deutsche Kartograf **Martin Waldseemüller** nannte deshalb zu Ehren Vespuccis 1507 den von Kolumbus entdeckten neuen Kontinent nach dessen Vornamen **America**. 1513 erreichte der spanische Konquistador **Vasco Núñez** die Landenge von Panama und stellte fest, dass westlich davon ein neues Weltmeer, der Stille Ozean, beginnt – er lieferte somit den Beleg für Vespuccis These. Im gleichen Jahr entdeckte **Ponce de Léon** (1460–1521), einer der Mitstreiter Kolumbus', Florida und glaubte, dass es sich um eine Insel handle.

Die Kolonisierung

Interessenssphären

Der neue Kontinent rückte schnell in die Interessenssphäre der europäischen Mächte. Anfangs konnten sich die Spanier alle Gebiete, die rund 600 km westlich einer von Pol zu Pol über die Azoren verlaufenden Linie lagen, unter den Nagel reißen: Mit dem **Vertrag von Tordesillas** von 1494 hatten sie sich mit Portugal, damals die zweite bedeutende Seemacht, auf diese Trennung geeinigt.

Der Vertrag war von Papst Alexander VI., selbst Spanier und damals völkerrechtlich bindende Autorität, angeregt worden. Als sich jedoch zu Beginn des 16. Jh. der Reformationsgedanke verbreitete und der Machteinfluss Spaniens nach der Niederlage gegen England (1588) schwand, änderte sich die Ausgangslage und mehrere europäische Nationen rangen um Einfluss auf dem amerikanischen Kontinent.

Kolonisierung durch die Spanier

Eroberer nahmen den amerikanischen Kontinent zunächst für Spaniens Krone in Besitz, und Spanien richtete auch als erste europäische Macht Kolonien ein. Es handelte sich bei den „Konquistadoren" um Männer aus niedrigem, verarmtem Adelsstand, die versuchten, schnell zu Ruhm und Reichtum zu gelangen. Dabei gingen sie mit den angetroffenen Kulturen wenig zimperlich um: *Hernando Cortez* (1485–1547) zerstörte das Aztekenreich in Mexiko, *Francisco Pizarro* (1478–1541) unterwarf das Inkareich in Peru, *Vasco Núñez de Balboa* (1475–1517) erreichte den Stillen Ozean und erklärte ihn zum spanischen Besitz.

Francisco Vásquez de Coronado (1510–44) führte Expeditionen auf der Suche nach Gold in den nordamerikanischen Südwesten. Coronados Expeditionsteilnehmer sahen auch als erste Europäer den Grand Canyon. Gold jedoch fanden sie wie auch folgende Expeditionen nicht.

Missionierung

Bis 1575 gab es in Amerika fast 200 zumeist kleine spanische Siedlungen, als Arbeitskräfte dienten in erster Linie die einheimischen Indianer. Gleichzeitig mit den Konquistadoren hatten **katholische Missionare** begonnen, ihre Religion unter den „Wilden" zu verbreiten. Sie errichteten Schulen und förderten handwerkliche Fähigkeiten. Zugleich zerstörten sie mit ihren Bekehrungsversuchen, der Ansiedlung ganzer indianischer Gruppen um Dörfer oder Missionen und der geforderten Zwangsarbeit die ursprüngliche Kultur der Ureinwohner. Als immer klarer wurde, dass es in Nordamerika jene sagenhaften Gold- und Silberschätze nicht gab, ließ das spanische Interesse ab etwa Mitte des 16. Jh. nach und beschränkte sich nur noch auf wenige Regionen im Südwesten und Florida.

Die Franzosen kommen …

In Frankreich hörte man sich die Geschichten von den Schätzen in Mittel- und Südamerika, die in spanische Hände gelangt waren, mit Interesse an, ohne jedoch einen ernsthaften Vorstoß in spanische Sphären zu wagen. Man wandte sich vielmehr dem Nordosten des neuen Kontinents zu: 1524 erreichte der Florentiner *Giovanni da Verrazano* (1480–1527) unter französischer Flagge die Hudson-River-Mündung. Er segelte die Küste zwischen dem heutigen North Carolina und Maine entlang. *Jacques Cartier* (1491– 1557) war 1534 noch weiter nordöstlich unterwegs und segelte ins Mündungsgebiet des St. Lorenz-Stroms. Nach diesen ersten Erkundungen fasste Frankreich nur ganz allmählich auf dem nordamerikanischen Kontinent Fuß.

Wirtschaftlich gesehen waren die Nordostküste sowie das Landesinnere für die Franzosen durchaus interessant: Normannische und bretonische Fischer schätzten die reichen Fischgründe und liefen mit ihren Flotten von kleinen Stützpunkten an der amerikanischen Küste zum Fischfang aus. Pelzhändler drangen über den St. Lorenz-Strom in das Gebiet der Großen Seen und ins spätere Neuengland vor. Die französische Besiedlung blieb allerdings dünn, zu groß waren die beanspruchten Gebiete. Nur ein Netz verstreut liegender Stützpunkte – wie das 1608 von *Samuel de Champlain* gegründete Québec City – hielt Neu-Frankreich, dessen Zentrum in der heutigen kanadischen Provinz Québec lag, zusammen. *Wenige Stützpunkte*

1673 stießen der Jesuit *Jacques Marquette* (1637–75) und *Louis Joliet* (1645–1700) vom Nordosten aus zum Mississippi vor, und 1682 erreichte *Robert Cavelier de La Salle* (1643– 87) die Mississippi-Mündung. Sie untermauerten den französischen Anspruch auf die ganze Region zwischen der Mündung in den Golf von Mexiko bis hinauf an die Großen Seen und weiter in den Nordosten bis zur Mündung des St. Lorenz-Stroms. Das gesamte Flussbecken nannte de La Salle „**La Louisiane**" und nahm es für König Ludwig XIV. in Besitz. 1718 gründete *Jean Baptiste le Moyne*, Sieur de Bienville (1680–1768), „**La Nouvelle Orléans**", das heutige New Orleans.

Aufgrund der sich mehrenden europäischen Konflikte war Frankreich nicht in der Lage, langfristig die Gebietsansprüche gegen die sich von der Küste aus langsam ausbreitenden Engländer zu verteidigen. Im **Frieden von Utrecht**, 1713, erhielt England beispielsweise die Gebiete der Hudson Bay, Neuschottland und Neufundland zugesprochen. Nach dem **King George's War** (1744–48) sowie dem **French and Indian War** (1754–63) übernahm England dann auch die kanadischen Gebiete sowie das Territorium östlich des Mississippi. Im Jahr 1803 schließlich verschwand Frankreich ganz von der Bildfläche, *Napoleon* hatte die letzten französischen Gebietsansprüche an die USA verlauft (Louisiana Purchase). *Louisiana Purchase*

Holländische Interessen

Das holländische Interesse an der Neuen Welt konzentrierte sich vor allem auf das heutige Gebiet von New York und New Jersey. Im Jahr 1609 versuchte *Henry Hudson* im Auftrag der holländischen Ostindischen Handelsgesellschaft eine Nordwestpassage nach Asien zu finden. Er gelangte dabei in das Mündungsgebiet des nach ihm benannten Flusses, befuhr ihn bis in die Gegend von Albany und beanspruchte den Fluss sowie das Tal

Englische Kolonien

Besiedlung
- 1660
- 1660 bis 1700
- 1700 bis 1760

MAINE

Montreal

Portland

Portsmouth

N. H.

VT.

Boston

MASS.

NEW YORK

Albany

CONN.

R. I.

Rochester

New York

NEW JERSEY

Appalachen

Philadelphia

Harrisburg

DELAWARE

Baltimore

PENNSYLVANIA

MARY-LAND

ATLANTISCHER OZEAN

Pittsburgh

Washington, D.C.

WEST VIRGINIA

Richmond

VIRGINIA

Edenton

Charleston

Raleigh

NORTH CAROLINA

Wilmington

TENNESSEE

Columbia

SOUTH CAROLINA

Charleston

Chattanooga

Savannah

Atlanta

Macon

GEORGIA

N

Jacksonville

0   200 km

© graphic

für seine niederländischen Auftraggeber.

Nur wenige Jahre später, 1614, erforschten die Holländer die Landschaften um Long Island und hoben hier **Nieuw Holland** (Neuholland) aus der Taufe. 1626 kaufte der damalige Direktor der neu gegründeten Westindischen Handelskompanie, *Peter Minuit*, den Indianern die Insel **Manhattan** für einen Gegenwert von 60 Gulden ab. Hier wurde Nieuw Amsterdam gegründet, die Hauptstadt von Neuholland.

Im Jahr 1647 übernahm **Peter Stuyvesant** das Amt des vierten Gouverneurs von Nieuw Amsterdam und trieb die Stadtentwicklung voran. Schon 1664 endete jedoch die holländische Kolonialepisode mit der Besetzung der Stadt durch die Engländer.

Kolonisierung durch die Engländer

Für die sicherlich **systematischste und nachhaltigste Kolonisierung** waren die Briten verantwortlich. Von Beginn an wurden die englischen Kolonien als Siedlungen angelegt und nicht nur — wie bei den Franzosen — als Handelsstützpunkte. Stets folgte der Gründung auch die Besiedlung des die englischen Kolonien umgebenden unbekannten Inneren des nordamerikanischen Kontinents. Von vornherein zielte die britische Kolonialpolitik auf die **Erschlie-**

ßung neuer **Siedlungsräume**: Auswanderer aus dem überbevölkerten England sowie unliebsame Untertanen sollten hier eine dauerhafte Bleibe finden.

Handelskompanien und andere private Gesellschaften erhielten deshalb Schutzbriefe   *Englische*
der britischen Könige und bauten ganz offiziell „**königliche Kolonien**" auf. Natürlich   *Kolonien*
steckte seitens der Krone keine reine Menschenliebe dahinter, sondern man versprach
sich neue Steuereinnahmen, Absatzmärkte und Rohstofflieferanten. Nach Bezahlung
ihrer Überfahrt an die Koloniebetreiber oder dem Erwerb von Anteilen der Gesellschaft wurden die Einwanderer selbstständige Landeigentümer. Da in den Kolonien erstmals auch neue politische und religiöse Grundstrukturen erprobt werden konnten, wurden später die in großer Zahl aus dem englischen Mutterland eingeströmten Einwanderer zur führenden Kraft im Kampf gegen die Bevormundung durch das Mutterland
und im folgenden Unabhängigkeitskampf.

Die ersten Versuche, an der Ostküste sesshaft zu werden, starteten *Sir Humphrey Gil-
berts* im Jahr 1583 auf Neufundland (Kanada) sowie *Sir Walter Raleigh* 1585 auf Roanoke Island an der Küste von North Carolina. Beide mussten jedoch aufgrund der Un-
wirtlichkeit der Region, wegen Lebensmittelknappheit und Kapitalmangel vorzeitig aufgeben. Die eigentliche Kolonisierung begann erst 1607 mit der Entsendung von Siedlern durch die **Virginia-Kompanie**. Unter der Führung von *John Smith* gründeten sie
in diesem Jahr den Ort Jamestown in der Kolonie Virginia.

1620 folgten die 102 sogenannten **Pilgrim Fathers** (Pilgerväter) ihrer Idee und gründeten eine Kolonie weiter nördlich, beim heutigen Plymouth in Massachusetts. Noch
auf dem Schiff, der berühmten „Mayflower", hatten sie den „Mayflower-Vertrag" geschlossen, der die Gründung eines nach religiösen Vorstellungen geordneten politischen
Gemeinwesens mit gewählten Repräsentan-
ten vorsah. 1621 brachten die Pilgerväter mit
Hilfe der einheimischen Indianer die erste Ernte ein und riefen den **Thanksgiving Day** ins
Leben. 1630 erhielt Massachusetts offiziell den
Status einer Kolonie, nachdem auch in Salem
und Boston Siedlungen entstanden waren.

Schon 1623 war mit Portsmouth die erste Kolonie im heutigen New Hampshire gegründet
worden und in der Folge ging es Schlag auf
Schlag: 1629 übergab *King Charles I.* das ursprünglich von den Spaniern beanspruchte Carolina an *Robert Heath* und seine Gesellschaft –
1730 erfolgte erst die Teilung in einen Nord-
und Südteil. Die Gründung der Kolonie Maryland erfolgte durch Katholiken, die 1634 von *Ce-
cil Calvert* in Baltimore angesiedelt worden
waren. Baltimore wurde erster katholischer Bi-
schofssitz auf nordamerikanischem Boden.

Plimoth, die erste englische Kolonie im Nordosten

1635 wurde Connecticut gegründet, 1636 Rhode Island als Kolonie ins Leben gerufen, 1664 besetzten die Engländer das holländische New York, New Jersey sowie das ehemals schwedische, dann holländische Delaware. Der Quäker *William Penn* gründete 1681 Pennsylvania und 1683 als dessen Hauptstadt Philadelphia, die „Stadt der brüderlichen Liebe". In den Folgejahren ließen sich viele deutsche religiöse Flüchtlinge, meist Mennoniten, dort nieder. Im Jahr 1732 schließlich gründete *James Oglethorpe* mit Georgia die letzte der **13 britischen Kolonien** in Nordamerika.

Leben in den Kolonien

Regionale Unterschiede

Die Entwicklung der einzelnen Kolonien verlief aufgrund der geografischen und klimatischen Gegebenheiten sehr unterschiedlich. Verbindende Elemente waren die gemeinsame Sprache sowie der gemeinsame kulturhistorische Hintergrund, dennoch war man zunehmend **auf Eigenständigkeit bedacht.** Florierten in den Neuengland-Staaten im Nordosten Fischfang, Holzverarbeitung (Schiffsbau), Pelzhandel und Bergbau, war Pennsylvania zunächst agrarisch geprägt und brachte es durch Getreide zu Wohlstand. In den südlichen Staaten der Ostküste entstand dagegen eine prosperierende Baumwoll-, Tabak-, Reis- und Zuckerrohr-Plantagenwirtschaft mit imponierenden Herrenhäusern. Dort profitierte eine relativ kleine Oberschicht von der Arbeit ganzer Heerscharen rechtloser Sklaven.

In den Neuengland-Staaten blieb die Bevölkerung zunächst ziemlich homogen englischer Abstammung. Es galten puritanische Lebensideale wie Glaube, Fleiß und Sparsamkeit. Man lebte weitgehend autark und versorgte sich selbst mit Lebensmitteln, Kleidung und Möbeln. Boston und New Haven mauserten sich zu Zentren einer „**Kolonial-Aristokratie**"; hier wurden auch mit Harvard und Yale die ersten Universitäten gegründet.

In den zentralen Kolonien Pennsylvania, Delaware, New York oder New Jersey war die Gesellschafts- und Wirtschaftsstruktur facettenreicher als in Neuengland: Es gab sowohl kleine Farmen als auch riesige Landgüter (z. B. im Hudson-River-Tal), es wurden Ackerbau, Viehzucht sowie Obstanbau betrieben. In Städten wie New York und Philadelphia blühten Handel und Handwerk.

Kultur

In der späteren Kolonialzeit war das **kulturelle Leben in den Kolonien** bereits rege. Universitäten wie Harvard (1636), Yale (1701) und Princeton (1746) trugen ebenso dazu bei wie sehr gute Privatschulen. Schon 1693 stand in Cambridge/Massachusetts die **erste Druckerpresse**, und bereits vor dem Unabhängigkeitskrieg erschienen allein in Boston fünf Zeitungen. Die erste Leihbibliothek (1731) ist **Benjamin Franklin** zu verdanken ebenso wie 1743 die Gründung der Amerikanisch-Philosophischen Gesellschaft. Um 1750 bildete sich zwischen Boston und Charleston eine Gesellschaft heraus, die sehr wohl mit europäischem Kulturgut vertraut war und mit den entsprechenden sozialen Kreisen in England oder Frankreich auf einer Stufe stand.

Die erste bedeutende Einwanderungswelle in die neuen Kolonien kam aus Großbritannien. Besonders viele **Briten** verließen den „alten Kontinent", als unter *Charles II.* 1673 alle nicht der anglikanischen Kirche angehörenden Puritaner und Katholiken vom politischen Leben ausgeschlossen wurden. Ende des 17., Anfang des 18. Jh. kamen deutsche und irische Einwanderer hinzu. Der Grund für die deutsche Auswanderung war in erster Linie die religiöse Verfolgung Andersgläubiger (Mennoniten, Herrnhuter).

Deutsche siedelten bevorzugt im 1683 von *Franz Daniel Pastorius* als **erste deutsche Siedlung** in der „Neuen Welt" gegründeten Germantown, heute Stadtteil von Philadelphia, in der Kolonie New York sowie im Mohawk-Tal. Die nördlichste deutsche Siedlung im 18. Jh. war Waldoboro in Maine, die südlichste hieß „Ebenezer", bei Savannah in Georgia. Im Jahr 1750 lebten etwa 100.000 Deutsche in Amerika, fast 70 % davon in Pennsylvania. Kein Wunder, dass bis heute fast ein Sechstel der Amerikaner auf deutsche Wurzeln verweisen. *Deutsche Zuwanderer*

Gründe für die massive **Auswanderung aus Irland und Schottland** waren sowohl Verfolgung und Enteignung der irischen Katholiken unter *Cromwell* als auch die herrschenden Hungersnöte in Irland. Zwischen 1600 und 1770 zogen insgesamt mehr als 750.000 Menschen aus Europa nach Nordamerika. Der größte Teil konnte die Überfahrt durch den Verkauf aller Habseligkeiten finanzieren, andere bezahlten mit ihrer Arbeitskraft, die sie der Schifffahrtsgesellschaft oder einem „Arbeitsvermittler" für eine bestimmte Zeit zur Verfügung stellen mussten. In den Kolonien wurden diese *indentured servants* wie Sklaven versteigert und verloren für eine bestimmte Zeit ihre persönliche Freiheit. Nach Ablauf ihrer „Dienstzeit" erhielten sie Bürgerschaft und ein Stück Land.

Der Kampf um die Unabhängigkeit

Von Anfang an war die politisch-soziale Stimmung in den neuen Kolonien durch den **demokratischen Gedanken** bestimmt, wonach allen Menschen die gleichen Möglichkeiten und Rechte zustünden. Der wirtschaftliche, soziale aber auch kulturelle Aufstieg der Kolonien stärkte das Selbstwertgefühl gegenüber dem britischen Mutterland. Man entfremdete sich immer mehr vom Königreich, das gleichzeitig versuchte, die Kolonien durch verschiedene **Maßnahmen und Gesetze** strenger an die Kandare zu nehmen. Beispielsweise verbot England zum Schutz der eigenen Wirtschaft die Einfuhr von Wolle und Stoffen ins Mutterland. Die amerikanische Textilindustrie durfte ihre Waren nur innerhalb der Kolonien verkaufen. 1707 beschloss das britische Parlament die volle gesetzgebende Macht auch über alle Kolonien. Der König behielt sich das Recht vor, Gouverneure zu ernennen oder abzusetzen. Ebenso konnte er eigenmächtig in den Kolonien verabschiedete Gesetze aufheben.

1750 verbot der *Iron Act* die Errichtung von Eisenhütten und Betrieben zur Eisenverarbeitung in den Kolonien; sie durften allerdings Roheisen nach England ausführen. Der sogenannte *Currency Act*, 1764, untersagte die Herausgabe eigenen Geldes in den Kolonien und der *Stamp Act*, 1765, schrieb vor, dass auf alle Urkunden und Druckerzeugnisse Gebührenmarken geklebt werden mussten. Im gleichen Jahr schrieb der *Quartering Act* den Kolonien vor, ein Drittel der Kosten für das britische Militär in den Kolonien selbst zu tragen. Als dann noch 1767 bestimmte Waren wie Papier, Glas, Tee und Malerfarben mit Einfuhrzöllen (*Townshend Act*) belegt wurden, stand das Fass kurz vor dem Überlaufen. *Unruhe in den Königlichen Kolonien*

Die Engländer bekamen immer stärkeren Gegenwind zu spüren: Nach der Einführung des *Stamp Act* wurden öffentlich Stempelmarken verbrannt, sodass die englische Regierung ein Jahr später gezwungen war, das Gesetz aufzuheben. Die Parole der Kolonisten, **„no taxation without representation"** (keine Besteuerung ohne Mitspracherecht), wurde zum politischen Wahlspruch. Gegen die Besteuerung der im *Townshend Act* benannten Güter wehrten sich die Bürger aller Kolonien, indem sie sich zum Boykott dieser Waren entschlossen. Bis auf die Besteuerung von Tee musste auch dieses Gesetz 1770 zurückgenommen werden.

Boykott englischer Waren
Der Boykott brachte besonders die *East India Company* in finanzielle Schwierigkeiten und sie erhielt daraufhin das alleinige Recht, Tee nach Amerika zu exportieren. An der Steuerschraube für Tee wurde weiter gedreht – und der Proteststurm blieb nicht aus: Am 16. Dezember 1773 warfen als Indianer verkleidete Kolonisten unter der Führung von *Samuel Adams* Tee ins Meer. Diesen als **Boston Tea Party** in die Geschichte der USA eingegangenen Vorfall ließ die britische Regierung nicht auf sich beruhen. Man wollte den Hafen von Boston so lange schließen, bis die vernichtete Teemenge bezahlt worden war – was jedoch nie geschah.

Die an Heftigkeit und Gewalt zunehmende Auseinandersetzung mit dem Mutterland schweißte die Kolonien noch stärker zusammen. Sie trafen sich 1774 zum **1. Kontinentalkongress** in Philadelphia und beschlossen, den Handelsverkehr mit dem Mutterland sowie mit den anderen britischen Kolonien abzubrechen; nur Georgia und New York State stimmten diesem Plan zunächst nicht zu. Das britische Parlament verbot daraufhin vergeblich allen Kolonien, diesen Boykott umzusetzen. In Massachusetts, das wegen der Tea Party besonders in Ungnade gefallen war, wurde daraufhin eine Bürgermiliz aufgestellt: Die **Minute Men** hatten sich als feurige Patrioten zum sofortigen Einsatz, „innerhalb von Minuten", bereit erklärt.

George Washington kommandierte die Truppen der aufständischen Kolonisten

Am 19. April 1775 begann der **Unabhängigkeitskrieg**, als bei Lexington (nahe Boston) britisches Militär versuchte, die kolonialen Milizverbände zu entwaffnen. Die britischen Verbände mussten sich zurückziehen und aus dem Streit um mehr Rechte war ein Kampf um die Unabhängigkeit der nordamerikanischen Kolonien geworden.

Am 10. Mai 1775 fand in Philadelphia der **zweite Kontinentalkongress** statt. Der bisher eher lockere Verband der Minute Men wurde zur „Amerikanischen Kontinentalarmee" zusammengefasst und *George Washington* zum Oberbefehlshaber ernannt. Die professionell ausgebildeten britischen Truppen schienen mit dem bunt zusammengewürfelten Trupp von Kolonisten kurzen Prozess zu machen. Dennoch erklärte am **4. Juli 1776** der Kongress in Philadelphia die **Unabhängigkeit** der Kolonien von Großbritannien. *Thomas Jefferson* war beim Entwurf der Unabhängigkeitserklärung, die alle 13 Kolonien wenig später unterzeichneten, federführend. Mit diesem Dokument waren das Leben, die Freiheit sowie das persönliche Streben nach Glück als unveräußerliche Menschenrechte fixiert worden – und die **Vereinigten Staaten von Amerika** geboren.

Freiheit als Menschenrecht

Es war durchaus nicht so, dass die Auseinandersetzungen mit den Briten am Tag der Unabhängigkeitserklärung zu Ende gewesen wären. Im Gegenteil: General *Washington* musste sich zunächst bei Brandywine (südlich Philadelphia) geschlagen geben, die Engländer besetzten New York und Philadelphia und der Kongress floh nach York (Pennsylvania).

In Europa verfolgte man die Entwicklungen mit Interesse. 1777 segelte *Marquis de Lafayette* mit einer kleinen Freiwilligenschar nach Nordamerika, um *Washington* zu unterstützen. Außerdem machte sich ein ehemaliger preußischer Offizier namens *Friedrich Wilhelm von Steuben* daran, aus einem zusammengewürfelten Haufen eine schlagkräftige Armee zu formen. Dank seiner Bemühungen wendete sich das Blatt und die Briten konnten mehrmals geschlagen werden, rund 100.000 England-Getreue flohen nach Kanada.

Nach dem Erfolg in der **Schlacht bei Saratoga** am 7. Oktober 1777 erkannte Frankreich die Vereinigten Staaten offiziell an und erklärte Großbritannien den Krieg. 1780 folgten Spanien und 1781 die Niederlande dem Beispiel Frankreichs. Am 19. Oktober 1781 schließlich kapitulierten die Briten bei Yorktown/Virginia. Nun blieb Großbritannien nichts mehr anderes übrig, als im **Frieden von Paris** (*Treaty of Paris*) am **3. September 1783** die 13 Kolonien als frei, unabhängig und selbstständig anzuerkennen.

Die Gründung der USA

Auf die Unabhängigkeitserklärung und den militärischen Befreiungsschlag folgte die Verabschiedung einer Verfassung am 17. September 1787 durch die **Constitutional Convention**. Sie ist im Kern bis heute gültig und wurde lediglich nach und nach durch derzeit 27 Verfassungsänderungen oder *Amendments* ergänzt. Sie ist damit die älteste, immer noch gültige demokratische Verfassung der Welt und beruht auf der strengen Trennung zwischen Exekutive, Legislative und Judikative.

Die Verfassung trat am **4. März 1789** nach der Ratifizierung durch alle 13 ehemaligen Kolonien in Kraft. Auf ihrer Grundlage wurde *George Washington* einstimmig zum ersten Präsidenten der USA gewählt. 1791 wurden die ersten zehn Ergänzungen zur Verfassung *(amendments)* verabschiedet. In dieser **Bill of Rights** wurden die grundsätzlichen Menschenrechte wie Unverletzbarkeit von Eigentum und Person, Presse- und Versammlungsfreiheit sowie freie Religionsausübung festgehalten.

Washington erster Präsident

1793 wurde *George Washington* wiedergewählt und als Bundeshauptstadt **Washington D. C.** („District of Columbia") bestimmt, das ab 1800 Sitz des Präsidenten und des Kongresses wurde. Zu dieser Zeit lebten rund 4 Mio. Menschen in Amerika, es gab nur fünf Städte mit mehr als 10.000 EW. Im Jahr 1796 beendete *Washington* seine Amtszeit, nicht

Noch heute lebt der Unabhängigkeitskrieg in den Köpfen fort. Hier ein Reenactment in Valley Forge

ohne in seiner Abschiedsrede den Amerikanern nahezulegen, sich nicht in europäische Angelegenheiten einzumischen. Das wurde später allerdings nicht beherzigt.

Auf *John Adams* (1797–1801) folgte **Thomas Jefferson** als dritter US-Präsident. In seine Amtszeit fiel 1803 der Erwerb des von Frankreich beanspruchten Territoriums in Nordamerika. Dieser sogenannte **Lousiana Purchase** umfasste die heutigen Bundesstaaten Arkansas, Nebraska, Missouri, Iowa, South Dakota, den größten Teil Oklahomas und Kansas sowie Teile des heutigen North Dakota, Montana, Wyoming, Colorado, Minnesota sowie Lousiana. Auf einen Schlag konnten die Vereinigten Staaten für den lächerlichen Betrag von 15 Mio. Dollar ihr Staatsgebiet verdoppeln.

Verdopp-lung des Staats-gebietes

Der „War of 1812"

Kurze Zeit später griffen europäische Konflikte erneut auf den amerikanischen Kontinent über. Da seit dem Unabhängigkeitskrieg Frankreich und die USA Verbündete waren, führte der britisch-französische Krieg um die Vorherrschaft in Europa 1806 zur **Kontinentalsperre** sowie im folgenden Jahr zur britischen Gegenblockade. Amerikanische Handelsschiffe konnten fortan die wichtigsten europäischen Häfen nicht mehr anlaufen, worunter die Wirtschaft der Neuen Welt in wachsendem Umfang litt. Zudem griffen britische Kriegsschiffe US-Handelsschiffe an und zwangsrekrutierten die Besatzungen für ihre Kriegsschiffe.

Die Sticheleien zwischen den USA und dem ehemaligen britischen Mutterland führten schließlich zum „**War of 1812**" (1812–1814), für die USA der **zweite Unabhängigkeitskrieg**. Es ging es bei dem Konflikt in erster Linie um den Anspruch auf die Gebiete außerhalb der 13 Kolonien, die sogenannte **Old Northwest Territories**, wie man die Region um die Großen See nannte, um die sich britische Händler und Neusiedler stritten. Zudem versuchte die britische Kolonialmacht Unabhängigkeitsbestrebungen in

Upper und Lower Canada (heute Québec und Ontario) erst gar nicht aufkommen zu lassen und zudem die Machtausdehnung der USA ins britische Kanada zu unterbinden.

Natürlich wurden die in diesen Gebieten lebenden **Ureinwohner** in die Auseinandersetzungen einbezogen. Während sich nur einige Völker auf die Seite der USA stellten, versuchte der legendäre Shawnee-Führer **Tecumseh** eine **indianische Allianz** gegen den Expansionsdruck der USA aufzustellen. Diese zerbrach jedoch nach der **Battle of the Thames** 1813 in Chatham, Ontario, bei der die US-Armee unter *William Henry Harrison* nicht nur die Briten und deren indianische Verbündete besiegten, sondern auch *Tecumseh* den Tod fand. *Indianische Allianz*

Zunächst defensiv vorgehend, begannen die Briten nach **Napoleons Niederlage** in Europa 1814 die USA an der Ostküste mit Invasionsarmeen anzugreifen. Die zu kleine und schlecht ausgerüstete US-Armee wurde dort schnell in die Defensive gedrängt. So konnte sie die Besetzung von Washington, D. C., und die Zerstörung von Kapitol und Weißem Haus im August 1814 – als „**Burning of Washington**" in die Geschichte eingegangen – nicht verhindern. Als jedoch die Briten anschließend versuchten, auch noch die nahe, damals dominierende Wirtschaftmetropole Baltimore zu erobern, wurde ihr Vormarsch gestoppt.

Während der **Battle of Baltimore** im September 1814 konnte die US-Armee dank solider Befestigungen um Baltimore und der vorgelagerten Festung Fort McHenry den britischen Ansturm nicht nur bremsen, sondern zurückschlagen. Dabei kam auch der britische Befehlshaber General *Robert Ross* ums Leben. Während der tagelangen Beschießung des Forts dichtete übrigens der Dichter *Francis Scott Key (1779–1843)* jene Zeilen, die heute die Nationalhymne „**The Star-Spangled Banner**" bilden. Die riesige Fahne, die einst über dem Fort wehte und das Bombardement fast unbeschadet überstand, wird heute wie ein Reliquie verehrt und in einem eigenen Saal im *National Museum of American History* an der National Mall in der Hauptstadt aufbewahrt.

Die gleichzeitige Niederlage der Briten in der **Battle of Plattsburgh**, womit die Einnahme New York vereitelt werden konnte, führte schließlich zum **Friedensvertrag von Gent** *(Treaty of Gent)* am 24.12.1814 und beendete die Feindschaften zwischen Großbritannien und den USA. Es dauerte jedoch, bis sich der Friedensschluss auch in Nordamerika herumgesprochen hatte. Deshalb erlitten die Briten noch Anfang Januar 1815 eine letzte schmerzliche Niederlage in der **Battle of New Orleans**. *Frieden zwischen England und den USA*

Besiedlung des Westens

Nach einer militärischen Forschungsreise 1804–1806, geleitet von den Offizieren **Meriwether Lewis und William Clark** im Auftrag Präsident Jeffersons begann die Erschließung und Besiedlung des „Wilden Westens". Die *frontier*, jene Grenze, bis zu der Siedler sesshaft geworden waren, verschob sich weiter westwärts. Der große Zug nach Westen setzte bereits Anfang des 19. Jh. ein: Hohe Geburtenraten in den Staaten an der Ostküste sowie ein nicht abreißender Einwandererstrom aus Europa – 1825 waren über 10.000, 1854 bereits über 4 Mio. Menschen zugewandert – förderte die zunehmende Inbesitznahme der fruchtbaren, verheißungsvollen Gebiete im mittleren und pazifischen Westen.

Die wegweisende Expedition von Lewis & Clark in den „Wilden Westen"

Die **Aneignung des Indianerlandes** erfolgte dabei in mehreren Stufen: von Forschern und Trappern über Händler bzw. Handelsposten zu „normalen" Siedlern, Handwerkern, Kaufleuten und anderen Berufsgruppen, die mit ihrem Pioniergeist das Land urbar machten und neuen Lebensraum schufen. Die Besiedlung des Westens war zugleich eine Zeit der **Auseinandersetzungen mit den Indianern**. Hatte *Jefferson* noch edle Pläne gehabt, überrollten Glücksritter und Siedler schon bald das Indianerland. Dezimiert durch eingeschleppte Krankheiten und erschöpft vom verzweifelt geleisteten militärischen Widerstand, verschlechterten sich die Lebensbedingungen der Indianer zusehends. Mit der Ausrottung der vormals riesigen Büffelherden hatte man die einst stolzen „Herren der Prärie" ihrer Lebensgrundlagen beraubt; sie wurden in Reservate gepfercht bzw. umgesiedelt.

Wachsende Infrastruktur

Bald schon machten die neuen Siedlungsräume neue **Verkehrsverbindungen** nötig, um mit der „Zivilisation" des Ostens in Verbindung zu bleiben. Überlandstraßen wurden gebaut, als erste Westverbindung die **Cumberland Road**, die bereits 1818 Cumberland in Maryland mit Vandalia in Illinois verband. Ihr folgten weitere Straßen im Osten und dann entlang der alten Siedlertrails, wie dem **Oregon** oder **California Trail** im Westen. Der knapp 600 km lange **Erie-Kanal** (1817–25) schuf schließlich eine Verbindung zwischen dem Lake Erie und Hudson River bzw. zwischen Großen Seen und Atlantik.

Um 1850 waren die Gebiete an der Ostküste zudem durch Eisenbahnlinien verbunden. Als am 10. Mai 1869 die erste **Transkontinentaleisenbahnverbindung** mit dem symbolischen Zusammentreffen der Bautrupps von *Union* und *Central* (später *Southern*) *Pacific Railroad* bei Promontory, Utah, gefeiert wurde, war ein weiterer entscheidender Schritt in Richtung Besiedelung des Westens getan.

Nord-Süd-Konflikt und amerikanischer Bürgerkrieg

Parallel zur infrastrukturellen Erschließung kam es zu einem wirtschaftlichen Aufschwung, der sich zunächst auf die Nordost- und Oststaaten beschränkte: Der Überseehandel blühte auf, ebenso Schiffbau und Fisch- bzw. Walfang. In den Neuengland-Staaten entwickelte sich eine produktive Textilindustrie und in Massachusetts gab es bereits 1814 eine Spinnerei und Weberei. Hier erfand 1793 *Eli Whitney* die Baumwollentkernungsmaschine; sie wurde ab 1800 in Serie hergestellt. *Cyrus McCormicks* Erntemaschine war ein weiterer wichtiger Impuls für die expandierende Farmwirtschaft.

Sowohl die industrielle als auch die landwirtschaftliche Produktion stieg an. Gleichzeitig wuchs jedoch die **Diskrepanz zwischen Nordoststaaten und südlichem Landesteil**: In den Südstaaten herrschte ein aristokratisch gesonnener Landadel, dem riesiger Grund gehörte und der auf pompösen Landsitzen residierte. Auf Großplantagen wurden, basierend auf der billigen Arbeitskraft der Sklaven, Baumwolle, Tabak oder Zuckerrohr angebaut. In den nördlichen Staaten war die Gesellschaftsstruktur differenzierter: Hier lebten Geschäftsleute, Industrielle, Bankiers, Industriearbeiter sowie Farmer und das demokratische Gedankengut war fester verankert.

Schwelender Nord-Süd-Konflikt

Zum zentralen Streitpunkt zwischen Nord und Süd eskalierte die **Sklavenfrage**. Die ersten Präsidenten der USA hatten noch gehofft, dass sich das Problem von selbst lösen würde. *Washington* hatte in seinem Testament die Freilassung seiner Sklaven bestimmt und *Jefferson* 1808 den Sklavenhandel verboten. 1619 erstmals nach Amerika verschifft, lebten zu diesem Zeitpunkt schon über eine Million Sklaven in den USA und stellten ein Viertel der Gesamtbevölkerung. 1818 gab es in den Vereinigten Staaten zehn Bundesstaaten, die Sklavenhaltung erlaubten, und elf „freie" Staaten.

Die zwiespältige Haltung in der Sklavenfrage wurde deutlich, als 1820 Missouri als neuer Bundesstaat aufgenommen werden sollte. Im **Missouri-Kompromiss** spielte die zwischen 1763 und 1767 gezogene *Mason-Dixon-Line* entlang dem 39. Breitengrad eine entscheidende Rolle als Trennlinie zwischen sklavenhaltenden und sklavenfreien US-Staaten. Missouri erhielt die Erlaubnis, Sklaven zu halten und das führte dort und im benachbarten Kansas in den 1860er Jahren zu bürgerkriegsähnlichen Zuständen.

In den Jahren 1832/33 waren erste Gruppen von „**Abolitionisten**", d. h. Zusammenschlüsse von Gegnern der Sklaverei, entstanden, die 1854 die Republikanische Partei gründeten. Die Abschaffung der Sklaverei wurde zum heißen Eisen und vor allem Staaten mit großen Plantagen (Virginia, Georgia, North und South Carolina) waren um ihren wirtschaftlichen Wohlstand besorgt.

Streitpunkt Sklaverei

Als 1860 der Republikaner und Abolitionist **Abraham Lincoln** zum Präsidenten gewählt wurde, brach der Konflikt zwischen den Süd- und Nordstaaten in aller Schärfe aus. Aus Protest gegen seine Wahl schied Ende 1860 South Carolina aus der Union aus. Im ersten Halbjahr 1861 folgten Mississippi, Florida, Alabama, Georgia, Louisiana, Texas, Virginia, Arkansas, Tennessee und North Carolina. Formell wurde die Spaltung am 4. Februar 1861 vollzogen, als sich die Abtrünnigen zu den **Konföderierten Staaten von**

USA vor dem Bürgerkrieg

Staaten der Union
(Nordstaaten)

Staaten der Konföderation
(Südstaaten)

© graphic

MAINE

MONTANA   NORTH DAKOTA   MINNESOTA   KANADA   VT.

N.H.

WISCONSIN   MASS.

NEW YORK   CONN.   R. I.

SOUTH DAKOTA   MICHIGAN   N. J.

WYOMING   PENNSYLVANIA

NEBRASKA   IOWA   OHIO   MD.   DEL.

COLORADO   ILLINOIS   INDIANA   WEST VIRGINIA   VIRGINIA

KANSAS   MISSOURI   KENTUCKY

NORTH CAROLINA

TENNESSEE   SOUTH CAROLINA

OKLAHOMA   ARKANSAS

NEW MEXICO   GEORGIA

MISSISSIPPI

ALABAMA   ATLANTISCHER OZEAN

TEXAS   FLORIDA

LOUISIANA

MEXIKO

400 km

0

268 Meilen   GOLF VON MEXIKO   N

Amerika zusammenschlossen und *Jefferson Davis* zu ihrem Präsidenten wählten. Die Hauptstadt hieß zunächst Montgomery (Alabama), dann Richmond (Virginia).

Kriegs-beginn

Als die Konföderierten schließlich am **12. April 1861** Fort Sumter (Charleston) angriffen und die Unionstruppen von dort vertrieben, war der Bruderkrieg unabwendbar. Anfangs wurde die Auseinandersetzung noch als „sportlicher Wettstreit" betrachtet, doch der zahlen- und materialmäßig überlegene Norden musste rasch einsehen, dass der zusammengewürfelte Haufen der *Confederates* sich bravourös wehrte und seine Erfolge vor allem den genialen Schachzügen von erfahrenen Befehlshabern wie *Robert E. Lee* oder „*Stonewall*" *Jackson* zu verdanken hatte.

Der **Sezessionskrieg** zog sich insgesamt über vier Jahre, bis zum April 1865, hin und stellte auf allen Gebieten der Kriegsführung, von der technischen Ausrüstung bis hin zu den Menschenverlusten, alles bislang Dagewesene in den Schatten. Frappierend war vor allem die Brutalität der Kämpfe und das Elend im Umfeld. Von den etwa 260.000 Soldaten der Konföderierten, die im Bürgerkrieg starben, kamen „nur" 94.000 im Kampf ums Leben, die große Masse starb an Krankheiten, Erschöpfung oder in Gefangenschaft. Nach neuesten Forschungen wurde von 40 Soldaten nur einer im Kampf getötet, einer von zehn starb an einer Krankheit und ein Zehntel wurde gefangen genommen. Jeder siebte Gefangene überlebte die primitiven Haftbedingungen nicht.

Beide Seiten waren nicht auf einen derart langen Krieg vorbereitet gewesen, doch letztendlich brachten die 23 unionstreuen Bundesstaaten, zu denen alle im Nordosten gehörten, die besseren Voraussetzungen für einen Sieg mit, allein zahlenmäßig: Schließlich lebten im Norden 22 Mio. Menschen, im Süden nur 9 Mio. Zudem war die Rüstungsindustrie schwerpunktmäßig im Norden ansässig und auch Kapital stand dort reichlicher zur Verfügung als im Süden. Je länger die Auseinandersetzungen dauerten, umso stärker konnten die Unionstruppen ihre Überlegenheit ausspielen, erst recht, als auf Unionsseite ab 1863 General *Ulysses S. Grant* als Oberbefehlshaber dem Konföderierten-Chef General *Robert E. Lee* gegenüberstand. *Überlegenheit der Union*

Eine Seeblockade sowie das Nichteingreifen der Franzosen und Briten in den „Bruderkampf" brachten die Wende. Die Einnahme von **Vicksburg** und die **Schlacht bei Gettysburg** machten das Jahr 1863 zum Schicksalsjahr. Der berühmt-berüchtigte Marsch von General *William T. Sherman* von Tennessee durch Georgia an die Küste – der **March to the Sea** – von Mai bis Juli 1864 und die damit verbundene Zerstörung der Nachschubbasis der Konföderierten, Atlanta, brach den letzten Widerstand. Zwischen Atlanta und Savannah am Atlantik zog sich ein 100 km breiter verwüsteter Streifen hin und die nördlichen waren von den südlichen Bundesstaaten abgetrennt. Die auseinander fallende Konföderation und deren Heer unter General *Lee* kapitulierte schließlich nach langwierigen Rückzugsgefechten am **9. April 1865** in Appomattox, Virginia, nahe der alten Südstaatenhauptstadt Richmond.

Auf dem Schlachtfeld von Gettysburg entschied sich der Bürgerkrieg

Wiederaufbau nach dem Sezessionskrieg

Die Einheit der Nation konnte wiederhergestellt werden und die Sklaverei war nominell abgeschafft. Im Jahr 1863 erklärte *Abraham Lincoln* im **Emancipation Act** alle 3 Mio. Sklaven in den Südstaaten für frei. Dennoch waren der Süden als politischer und wirtschaftlicher Verlierer auf der einen Seite und der triumphierende Norden auf der anderen Seite nach Kriegsende nicht automatisch versöhnt. Abgesehen von den hohen Verlusten an Menschenleben auf beiden Seiten war das Land in eine Finanz- und Wirtschaftskrise gestürzt, die nationale Verschuldung enorm gestiegen und die Phase des Wiederaufbaus, der „**Rekonstruktion**", wie jene Jahre von 1865 bis 1877 genannt wurden, gestaltete sich höchst schwierig.

Rekonstruktion

Am 14. April 1865 wurde Präsident *Lincoln*, der stets auf Ausgleich bedacht war, von einem fanatischen Südstaatler in Washington, D. C., erschossen. Es folgte die **Zeit der radikalen Republikaner**, die vor allem die Interessen der Großunternehmer und des Kapitals vertraten. Die politische Szene in den Südstaaten änderte sich schlagartig – man fiel in die frühe Kolonialzeit zurück. *Carpetbaggers*, Geschäftemacher aus dem Norden, *Scalawags*, mit ihnen kooperierende Südstaatler, freie Schwarze, die weder des Schreibens noch des Lesens kundig waren, aber in politische Ämter drängten, und das Nordstaatenmilitär beherrschten das Land – häufig mit dubiosen Mitteln. Folgen waren eine Verarmung des Landvolkes und eine starke Opposition in der alten Oberschicht. Der *Klu-Klux-Klan*, ein Geheimbund, entstand, verübte Terroranschläge und versetzte die afroamerikanische Bevölkerung in Angst und Schrecken.

Eine politische Wende – die Demokratische Partei gewann wieder an Boden – und das Ende der Besatzung ermöglichten **1876** die **Rückkehr der Südstaaten in die Union**. Sofort begannen die konservativen Kräfte, die alten Plantagenfamilien, die Macht wieder an sich zu reißen, unterstützt von einer neuen Schicht von Händlern und Kaufleuten. Vor allem die Großgrundbesitzer hatten jedoch enorm gelitten und es kam teils zwangsläufig zur **Aufspaltung in Mittel- und Kleinbetriebe**. Vor dem Bürgerkrieg hatte die durchschnittliche Betriebsgröße noch über 1.000 Morgen betragen, um 1875 waren es nur noch 153. Auch die ärmeren Weißen und befreiten Sklaven konnten nun, zumindest theoretisch, Grund erwerben, zumeist bewirtschafteten sie das Land jedoch nur als rechtlose Pachtbauern *(sharecropper)*. Es ging ihnen häufig nicht viel besser als den Sklaven zuvor – sie erhielten keinen Lohn, stattdessen Unterkunft und Geräte sowie einen Anteil an der Ernte.

Rückkehr des Südens in die Union

Es dauerte, doch die Landwirtschaft erholte sich wieder und zur Baumwolle kam die Textilindustrie, der Tabakanbau wurde intensiviert. Es entwickelte sich allmählich auch im Süden, einhergehend mit verbesserten Bildungschancen, eine breitere Mittelklasse. Ein allmählicher Anschluss an die Nordstaaten schien in Aussicht, doch letztlich verstanden es die Konservativen, die kürzlich aufgehobenen Rassenschranken wieder aufzurichten – unter dem Motto „*seperate-but-equal*" („gleich, aber getrennt").

Die USA werden Weltmacht

Die weitere Entwicklung der USA wurde nach Beendigung des Bürgerkrieges durch die zunehmende Erschließung des Westens geprägt. Der **wirtschaftliche Aufschwung** – die Epoche des „Gilded Age" – nahm in der zweiten Hälfte des 19. Jh. ungeahnte Formen an. Verkehrserschließung, riesige Rohstoffvorkommen, eine durch Einwanderung erhöhte Zahl an Arbeitskräften, ein großer Binnenmarkt und staatliche Schutzzölle ließen den freien Wettbewerb explodieren. *Wirtschaftlicher Aufschwung*

Viele **Erfindungen** sorgten für zusätzliche Dynamik: der Telegraf von *Samuel F. B. Morse* (1837), das Telefon (*Alexander Graham Bell*, 1876), die Schreibmaschine (*Christopher L. Sholes* für Remington, 1873) und die wegweisenden Erfindungen von *Thomas A. Edison. John B. Dunlop* erfand 1888 den pneumatischen Reifen und *Henry Ford* stellte 1892 das erste Auto vor.

Die wirtschaftliche Dominanz ließ die USA auch **auf internationaler Bühne** aktiver werden. Bislang war die Monroe-Doktrin für die amerikanische Außenpolitik maßgebend gewesen, jene Rede, in der Präsident *James Monroe* 1823 festgelegt hatte, dass sich die USA nicht in europäische Belange einmischen und dass europäische Interessen nicht auf amerikanischem Boden ausgetragen werden dürfen. Diese Politik des Isolationismus lockerte sich zunehmend, speziell im Zuge einiger Zwischenfälle: 1895 war es in Kuba zu einem Aufstand gegen die spanische Kolonialmacht gekommen. Die US-Wirtschaft hatte hier erheblich investiert und sah nun ihre Einlagen gefährdet. Als das US-Schiff „Maine" 1898 im Hafen von Havanna aus ungeklärter Ursache sank, erklärten die USA Spanien den Krieg. Im Frieden von Paris (10.12.1898) verzichtete Spanien daraufhin auf Kuba, Puerto Rico und Guam. 1898 annektierten die USA dann Hawaii, Puerto Rico und Guam, die Philippinen wurden als pazifischer Stützpunkt angegliedert. *Monroe-Doktrin*

Immer stärker verstanden sich die **USA als internationale Polizeimacht**. So musste 1902 Kuba den USA Hoheitsrechte einräumen und als 1903 Panama gegründet wurde behielten sich die USA Schutzrechte vor, um den Bau des Panama-Kanals abzusichern. 1904 deklarierte Präsident *Theodore Roosevelt* das Recht der USA, sich auch in die inneren Angelegenheiten lateinamerikanischer Staaten einzumischen, um Interventionen europäischer Mächte zu verhindern. Auf dieser Grundlage besetzten die USA 1914 bis 1924 die Dominikanische Republik, intervenierten 1914–17 in Mexiko, 1921 in Guatemala, in Honduras 1911, 1913 und 1924/25, in Nicaragua 1912–25 sowie 1927–36 und mischten sich im Pazifik und in Asien als Ordnungsmacht ein. 1900 wurde gemeinsam mit den europäischen Großmächten der chinesische Boxeraufstand niedergeworfen.

Die USA im 20. Jahrhundert

Beim Ausbruch des Ersten Weltkrieges im Jahr 1914 blieben die Vereinigten Staaten zunächst neutral, doch im Folgejahr bahnte sich ein Stimmungswandel an: Das mit Kriegsmaterial beladene britische Passagierschiff „Lusitania" und die „Arabic" wurden durch deutsche U-Boote versenkt, dabei fanden auch amerikanische Staatsbürger den Tod. Als *Woodrow Wilson* 1916 als Präsident wiedergewählt wurde, versuchte er zunächst erfolglos zwischen den kriegsführenden Parteien zu vermitteln. Die USA begannen daraufhin aufzurüsten, griffen aber zunächst nicht ein. Erst als 1917 Deutschland den uneingeschränkten U-Boot-Krieg erklärte und deutsche Kriegsabsichten gegen die USA bekannt wurden, kam es zu einer Wende. Am 6. April 1917 erklärte Amerika dem Deutschen Reich den Krieg.

Erster Bis zum Kriegsende verfolgte Präsident *Wilson* seine Maxime des „Friedens ohne Sieg".
Weltkrieg In einem 14-Punkte-Programm entwarf *Wilson* 1918 eine **Vision vom Weltfrieden**, von einer freiheitlich-demokratisch orientierten Weltordnung und befürwortete die Gründung eines Völkerbundes. Seine Thesen beinhalteten u. a. das Selbstbestimmungsrecht aller Völker, die Räumung und Rückgabe aller besetzten Gebiete, Abrüstung, Freiheit auf allen Weltmeeren und Abbau von Handelsbeschränkungen sowie Vertragsabschlüsse zwischen den einzelnen Nationen, um sich gegenseitig politische Unabhängigkeit sowie Staatsgebiete zu garantieren. Seine Ideen wurden erst 1945 mit der Gründung der UN umgesetzt.

Nach dem Ersten Weltkrieg war die Stellung der USA als führende Industriemacht unangefochten. Die folgenden „Goldenen Zwanziger" – **The Fabulous (Golden) Twenties** – initiierten einen neuerlichen Wirtschaftsaufschwung. Ende der 1920er Jahre war der Binnenmarkt durch Massenproduktion weitgehend gesättigt, der Kreditmarkt aufgebläht. Am 24. Oktober 1929 brach das Kartenhaus zusammen: Als „**Schwarzer Freitag**" ging der Absturz der Aktien an der New Yorker Börse in die Geschichte ein. Eine bisher nicht dagewesene Depression erschütterte die USA und in der Folge auch die anderen führenden Wirtschaftsmächte.

Kampf Präsident *Herbert Clark Hoover* (1929–33) versuchte mit allen ihm zur Verfügung ste-
gegen die henden staatlichen Mitteln die Rezession einzudämmen. Großbauten wie der Hoover-
Rezession Damm in Colorado wurden in Angriff genommen, den Unternehmen staatliche Kredite gewährt und die Zölle erhöht – doch alles half nicht viel. Erst mit der Präsidentschaft des Demokraten *Franklin Delano Roosevelt* (1933–45) und seiner Verkündigung des **New Deal Program** wendete sich das Blatt. Erstmals in der US-Geschichte griff damit der Staat lenkend in die Wirtschaft ein, kontrollierte große finanzielle Transaktionen, garantierte Bankeinlagen bis $ 10.000 und förderte Arbeitsbeschaffungsmaßnahmen wie das Großprojekt *Tennessee Valley Authorithy* (TVA) – den Bau von Staudämmen, Wasserkraftwerken und damit Industrieansiedlungen im bis dahin als Notstandsgebiet geltenden Tennessee-Tal.

Auch nach dem Einmarsch der deutschen Truppen in Polen im September 1939 erklärten die USA zunächst ihre Neutralität. Erst als Dänemark und Norwegen von den Deutschen besetzt, Belgien, die Niederlande und Frankreich angegriffen wurden und es zum Dreimächtepakt (Deutschland-Italien-Japan) kam, sahen sich die Vereinigten Staaten gezwungen, ihre neutrale Haltung aufzugeben. Die Wende nahm Anfang 1941 mit Roosevelts Neujahrsbotschaft Gestalt an, in der er die „**Vier Freiheiten**" hervorhob: Freiheit der Rede und Meinungsäußerung; Freiheit in der Religionsausübung; Freiheit von Hunger und Freiheit von Not und Furcht.

Am 7. Dezember 1941 kam es zum verhängnisvollen japanischen Überraschungsangriff auf den US-Navy-Stützpunkt in **Pearl Harbor** auf Hawaii. Einen Tag später erklärten

Franklin D. Roosevelt Memorial in Washington D.C.

die USA den Japanern den Krieg und am 11. Dezember erwiderten die USA die Kriegs- *USA im*
erklärung an Deutschland und Italien. Am 6. Juni 1944 gelang den Alliierten die Landung *Zweiten*
in der Normandie. Über 2,8 Mio. Soldaten und alles erdenkliche Kriegsgerät wurden *Weltkrieg*
eingesetzt. Das Jahr 1945 wurde kriegsentscheidend: Auf der **Konferenz von Jalta**
stimmten sich *Roosevelt*, *Churchill* und *Stalin* ab, Anfang März überschritten US-Truppen
bei Remagen den Rhein, am 25. April begegneten sich erstmals amerikanische und so-
wjetische Truppen an der Elbe.

Schließlich kapitulierte das Deutsche Reich am 7. Mai 1945 bedingungslos. Zwischen-
zeitlich gingen die Kämpfe auf dem japanischen Kriegsschauplatz weiter, und um den
Widerstand der Japaner endgültig zu brechen, entschlossen sich die USA zum **Abwurf
von Atombomben**: Am 6. August 1945 wurde Hiroshima vernichtet (etwa 200.000
Tote) und am 2. September 1945 zerstörte eine zweite Atombombe Nagasaki (etwa
70.000 Tote). Am gleichen Tag kapitulierten die Japaner.

In den beiden letzten Kriegsjahren war den Amerikanern bewusst geworden, dass in
Europa nicht nur verschiedene Nationalitäten, sondern vor allem auch unterschiedliche Gesellschaftssysteme aufeinander trafen: Kapitalismus und Kommunismus. *Harry S.
Truman* war der erste Präsident, der diesen **Gegensatz Ost-West** zum Thema mach- *Truman-*
te und der „Freien Welt" den „Weltkommunismus" entgegenstellte. In der „**Truman-** *Doktrin*
Doktrin" sagte er 1947 allen bedrohten freien Völkern die Hilfe der Vereinigten Staaten zu. Es begann eine Phase, in der jede der beiden Weltmächte versuchte, ihre Ein-
flussbereiche vor dem Zugriff der anderen Seite zu sichern. Es kam zum **Kalten Krieg**,
der in begrenzten Konfrontationsräumen durchaus „heiß" wurde, z. B. in Korea und
Vietnam. Um das viel zitierte „Gleichgewicht des Schreckens" aufrechtzuerhalten traten beide Machtblöcke in eine kostenintensive **Phase der Hochrüstung**: Atombomben, Langstreckenbomber und sonstiges Kriegsgerät wurden entwickelt, um jeweils der
anderen Seite Stärke und Überlegenheit zu demonstrieren.

Die USA bedienten sich im Kalten Krieg neuer Mittel, um ihre Einflussnahme zu sichern. In diesen Zusammenhang fällt die Gründung der **NATO** *(North Atlantic Treaty Organization)* im Jahr 1949, mit der sich die USA zum ersten Mal in ihrer Geschichte militärisch mit anderen Staaten verbanden. Ebenso versuchte man mit dem **Marshall-Plan**,
Wiederauf- benannt nach dem amerikanischen Außenminister *George Marshall*, Sympathien zu ge-
bauhilfen winnen. Er sah massive wirtschaftliche Hilfen für die westeuropäischen Staaten vor. Bis 1951 vergaben die USA im Rahmen dieses Projektes $ 13 Milliarden. Als wohl wichtigste außenpolitische Nachkriegsentwicklung war festzuhalten, dass die USA ihre isolationistische Position zugunsten einer **Bündnispolitik** aufgegeben hatten.

Unerwartet zog für kurze Zeit die UdSSR technologisch an den USA vorbei: 1957 umkreiste der russische „Sputnik I" als erster künstlicher Satellit die Erde. 1958 zogen die USA mit dem „Explorer I" nach. Am 12. April 1961 schickte die Sowjetunion mit *Juri Gagarin* den ersten Menschen ins All, am 5. Mai folgte der Amerikaner *Alan B. Shepard*. 1969 hatten die USA allerdings mit der ersten **Astronauten-Landung auf dem Mond** wieder die Nase vorn.

Eine wichtige, wenn auch kurze Ära begann 1961 mit der Wahl **John F. Kennedys**, des wohl charismatischsten US-Präsidenten der Nachkriegszeit. Mit seinem *New Frontier*-Programm wollte er globale Konflikte entschärfen, entwarf eine Vision von Gerechtigkeit und besseren Lebensbedingungen für alle Amerikaner. *Kennedy* hatte nicht nur eine Überwindung der sozialen Gegensätze im eigenen Land im Auge, sondern plante auch, armen Entwicklungsländern in Asien, Mittelamerika und Afrika zu helfen. 1962 gelang es ihm, die Kubakrise zu entschärfen und einen drohenden neuen Weltkrieg zu verhindern. Kaum war diese Krise gelöst, wurde *John F. Kennedy* am 22. November 1963 in Dallas ermordet.

Der **Vietnamkrieg** wurde von den Amerikanern in erster Linie als Auseinandersetzung der konkurrierenden Systeme – von Kapitalismus und Kommunismus – angesehen. Trotz größtmöglichen Einsatzes konnte der Krieg von den USA nicht gewonnen werden. 1968 wurden die Luftangriffe eingestellt und 1973 nach zähem Ringen in Paris zwischen den USA, Nordvietnam und der Provisorischen Revolutionsregierung der Waffenstillstand vereinbart.

Bilanz des Die Verluste betrugen auf amerikanischer Seite rund 56.000 Tote und mehr als 300.000
Vietnam- Verwundete. Der Vietnamkrieg hatte die USA in ihrem Inneren tief erschüttert und mo-
Kriegs ralische Zweifel an der Rechtmäßigkeit von Kriegen aufgeworfen. Demonstrationen, nicht nur seitens der Studenten und Intellektuellen, übten Druck auf die Regierung aus, der Kongress nahm die Sondermachtbefugnisse des Präsidenten wieder zurück. Im *War Powers Act* (1973) wurde festgelegt, dass ein Präsident ohne Zustimmung des Kongresses US-Truppen nur maximal 60 Tage lang einsetzen darf. Im gleichen Jahr wurde die allgemeine Wehrpflicht abgeschafft.

In den 1960er Jahren und zu Beginn der 1970er erschütterten zahlreiche **Rassenunruhen** die Vereinigten Staaten. Ein Höhepunkt war im August 1963 der von *Martin Luther King Jr.* angeführte **Protestmarsch nach Washington**; zwei Jahre später zogen die Protestierenden von Selma nach Montgomery. Im gleichen Jahr kamen bei Rassenunruhen in Los Angeles 35 Menschen um, und im Sommer 1967 eskalierten die Auseinandersetzungen in Newark/New Jersey und Detroit/Michigan derart, dass sogar Bundestruppen eingesetzt werden mussten. 66 Tote waren zu beklagen. Die Unruhen griffen um sich und forderten mehr und mehr Opfer. Eines der prominentesten war King selbst, der am 4. April 1968 in Memphis erschossen wurde.

Die **Watergate-Affäre**, bei der am 17. Juni 1972 enge Mitarbeiter Präsident *Nixons* und seines Wahlkomitees in das Wahlkampfhauptquartier der Demokraten einbrachen, erschütterte die Nation aufs Neue. Zwar beteuerte Nixon seine Unschuld und sein Un- *Skandal* wissen über den Einbruch, doch wurde er durch die Beteiligten schwer belastet. Er kam durch freiwilligen Rücktritt einem Amtsenthebungsverfahren *(impeachment)* zuvor.

Durch die weitgehende Entschärfung des West-Ost-Konfliktes und die demokratischen Entwicklungen in Osteuropa begann die US-Außenpolitik nach neuen Formen zu suchen. Ein Schritt war der **erste Golfkrieg** 1991. Nach dem Einmarsch des irakischen Diktators *Saddam Husseins* in Kuwait drängten die von den USA angeführten Truppen im Namen der UN den Despoten rasch wieder zurück. Der schnell gewonnene Krieg sorgte für Erleichterung und Stärkung des angeschlagenen Selbstbewusstseins.

Im 21. Jahrhundert

Während der Amtszeit des 42. Präsidenten *Bill Clinton* (1993–2001) stabilisierte sich die wirtschaftliche Lage nicht nur, das Land erlebte sogar, angeführt von der boomenden „**New Economy**", eine neue wirtschaftliche Blüte und die Staatsverschuldung sank. In der Wirtschaftspolitik wurde weiterhin der Kurs der Liberalisierung verfolgt und dieser resultierte in der Unterzeichnung des Welthandelsabkommens (GATT) sowie der Schaffung der Freihandelszone FTAA innerhalb aller Staaten Nordamerikas.

Die Angriffe islamistischer Fundamentalisten am 11. September 2001 auf New York und *11. Sep-* Washington – „**Nine Eleven**" – haben die USA im Mark getroffen. US-Präsident *tember George W. Bush, Jr.,* reagierte nach einer Phase der Trauer mit der Ausrufung des „Kriegs *2001* gegen den Terrorismus" und begann im Oktober 2001 mit dem Vorstoß gegen das fundamentalistische Taliban-Regime in Afghanistan. Als Bush mit Diktator *Saddam Hussein* und dem Irak 2003 ein neues Ziel ins Auge fasste, geriet die einst so fest zusammenstehende westliche Allianz ins Wanken. Dass die *Bush Administration* über das Ziel hinausschoss und uramerikanisch demokratische Bürgerrechte in Gefahr gerieten, brachte mehr und mehr US-Bürger in Rage.

Zu Beginn des 21. Jh. steckt die amerikanische Gesellschaft, und nicht nur sie, in einer schweren Krise. Börsencrash und Wirtschaftskrise, Arbeitslosigkeit und wachsende Armut machten daher dem im November 2008 gewählten und 2012 wiedergewählten **ersten afro-amerikanischen Präsidenten**, dem Demokraten *Barack Obama*, die Arbeit nicht eben leicht. Allerdings gab er dem Volk wieder Hoffnung und man traut diesem charismatischen Politiker zu, dass er die Wirtschafts- und Umweltkrise meistern und die Krisenherde in den Griff bekommen kann.

info

Die politischen Staatsorgane und ihre Aufgaben

Die **Verfassung der Vereinigten Staaten von Amerika** wurde 1787 vom Verfassungskonvent in Philadelphia verabschiedet und zwei Jahre später für rechtsgültig erklärt. Die Frage, ob der Staat zentralistisch oder föderalistisch organisiert werden solle, führte zu einer **Kompromisslösung,** einer **Interessen- und Machtteilung zwischen Zentralregierung und Bundesstaaten.** Diese führt häufig zu Diskussionen und wird vielfach außerhalb der USA nicht verstanden.

Mit der Einführung der Gewaltenteilung in Exekutive, Legislative und Jurisdiktion, d. h. der Trennung von ausführender, gesetzgebender und rechtsprechender Macht, war die amerikanische Verfassung **Wegbereiter der modernen Demokratie**. Darüber hinaus führte sie die **Trennung von Kirche und Staat** und das Prinzip der **Volkssouveränität** ein, das durch die demokratischen **Grundrechte** *(Bill of Rights)* gewährleistet ist.

Der Präsident – Exekutive

Der Präsident wird für vier Jahre über Wahlmänner (Elektoren) und nicht direkt vom Volk gewählt. Eine Wiederwahl ist nur einmal möglich und bei seinem Tod rückt der Vizepräsident automatisch nach. Der US-Präsident ist **gleichzeitig Staats- und Ministerpräsident**. Er ist für die Bildung der Regierung verantwortlich und kann dabei auch auf qualifizierte Personen anderer Parteien oder Parteilose zurückgreifen. Der Präsident ist Oberbefehlshaber des Militärs, allerdings ist eine eventuelle Kriegserklärung Sache des Kongresses.

Die beiden großen Parteien, Demokraten und Republikaner, bestimmen auf den Nationalkonventen im Sommer des Wahljahres ihre Präsidentschaftskandidaten. Die Bundesstaaten schicken ihre Wahlmänner, die zuvor durch Wahlen *(Primaries)* oder Parteitreffen *(Caucuses)* bestimmt und auf einen Kandidaten eingeschworen wurden. Ihre Zahl hängt von der Größe des jeweiligen Bundesstaates (50 insgesamt) ab.

Der Kongress – Legislative

Der Kongress setzt sich aus Senat *(Senate)* und Repräsentantenhaus *(House of Representatives)* zusammen. Unabhängig von seiner Größe entsendet jeder Bundesstaat für jeweils sechs Jahre zwei Senatoren in den **Senat**, insgesamt sind es also 100. Alle zwei Jahre wird jeweils ein Drittel der Senatoren direkt vom Volk neu gewählt. Der Senat hat insbesondere in außenpolitischen Fragen eine starke Stellung. Der US-Präsident benötigt eine Zweidrittelmehrheit im Senat um internationale Verträge abschließen zu können und auch die Benennung hoher Beamte sowie Richter bedarf der Senatszustimmung.

Im **Repräsentantenhaus** sind die Bundesstaaten proportional zu ihrer Bevölkerungsgröße vertreten. Die Zahl von 435 Abgeordneten ist durch ein Gesetz von 1911 festgelegt, die Verteilung auf die Staaten wurde jedoch nach dem Zensus 2010 angepasst.

Gewählt werden die Abgeordneten jeweils für zwei Jahre. Die Wahlen finden stets am ersten Dienstag im November eines Jahres mit gerader Zahl statt. Das Repräsentantenhaus hält aufgrund seiner Stimmenmehrheit insbesondere bei Budget-Verhandlungen eine Schlüsselstellung inne.

Das Gerichtswesen – Jurisdiktion

Dem unabhängigen Gerichtswesen steht der **Oberste Gerichtshof** *(Supreme Court)* vor. Er kann im Bedarfsfall die Verfassungsmäßigkeit aller politischen Entscheidungen überprüfen und ist damit die **Kontrollinstanz** gegenüber Präsident und Kongress. Der Präsident benennt die Richter des Obersten Gerichtshofes in Beratung und mit Zustimmung des Senats.

Präsidenten der Vereinigten Staaten von Amerika

info

Nr.	Name	Amtszeit	Partei
1	George Washington (1732-1799)	1789-1797	Föd.
2	John Adams (1735-1826)	1797-1801	Föd.
3	Thomas Jefferson (1743-1826)	1801-1809	Dem.-Rep.
4	James Madison (1751-1836)	1809-1817	Dem.-Rep.
5	James Monroe (1758-1831)	1817-1825	Dem.-Rep.
6	John Quincy Adams (1767-1848)	1825-1829	Dem.-Rep.
7	Andrew Jackson (1767-1845)	1829-1837	Dem.
8	Martin van Buren (1782-1862)	1837-1841	Dem.
9	William H. Harrison (1773-1841)	1841	Whig
10	John Tyler (1790-1862)	1841-1845	Whig
11	James K. Polk (1795-1849)	1845-1849	Dem.
12	Zachary Taylor (1784-1850)	1849-1850	Whig
13	Millard Fillmore (1800-1874)	1850-1853	Whig
14	Franklin Pierce (1804-1869)	1853-1857	Dem.
15	James Buchanan (1791-1868)	1857-1861	Dem.
16	Abraham Lincoln (1809-1865)	1861-1865	Rep.
17	Andrew Johnson (1808-1875)	1865-1869	Dem.
18	Ulysses S. Grant (1822-1885)	1869-1877	Rep.
19	Rutherford B. Hayes (1822-1893)	1877-1881	Rep.
20	James A. Garfield (1831-1881)	1881	Rep.
21	Chester A. Arthur (1830-1886)	1881-1885	Rep.
22	Stephen G. Cleveland (1837-1908)	1885-1889	Dem.
23	Benjamin Harrison (1833-1901)	1889-1893	Rep.
24	Stephen G. Cleveland (1837-1908)	1893-1897	Dem.
25	William McKinley (1843-1901)	1897-1901	Rep.
26	Theodore Roosevelt (1858-1919)	1901-1909	Rep.
27	William H. Taft (1857-1930)	1909-1913	Rep.
28	Thomas Woodrow Wilson (1856-1924)	1913-1921	Dem.
29	Warren G. Harding (1865-1923)	1921-1923	Rep.
30	Calvin Coolidge (1872-1933)	1923-1929	Rep.
31	Herbert C. Hoover (1874-1964)	1929-1933	Rep.
32	Franklin Delano Roosevelt (1882-1945)	1933-1945	Dem.
33	Harry S. Truman (1884-1972)	1945-1953	Dem.
34	Dwight D. Eisenhower (1890-1969)	1953-1961	Rep.
35	John F. Kennedy (1917-1963)	1961-1963	Dem.
36	Lyndon B. Johnson (1908-1973)	1963-1969	Dem.
37	Richard M. Nixon (1913-1994)	1969-1974	Rep.
38	Gerald R. Ford (1913-2006)	1974-1977	Rep.
39	James E. Carter (1925-)	1977-1981	Dem.
40	Ronald W. Reagan (1911-2004)	1981-1989	Rep.
41	George H. W. Bush (1924-)	1989-1993	Rep.
42	Bill J. Clinton (1946-)	1993-2001	Dem.
43	George W. Bush (1946-)	2001-2009	Rep.
44	Barack H. Obama (1961-)	2009-2017	Dem.

Abk.: Föd. = Föderalisten; Dem.-Rep. = Demokratische Republikaner; Dem. = Demokraten; Rep. = Republikaner; Whig = Partei der Gegner des Demokraten *Andrew Jackson.*

Geografischer Überblick

Küste und Berge

Im Zentrum des Reiseführers steht der Nordosten der USA, also das **Kerngebiet** mit den Gründerstaaten Connecticut, Delaware, Maryland, Massachusetts, New Hampshire, New Jersey, New York, Pennsylvania, Rhode Island und Vermont, sowie Maine als nordöstlichstem Bundesstaat, dazu die Hauptstadt Washington, D. C. Die beiden geografischen Elemente dieser Region sind die **Atlantikküste** mit ihren Felsküsten und Sandstränden, tiefen Fjorden und kleinen Buchten, vorgelagerten schmalen Inselketten und Marschlandschaften sowie die **Gebirgsketten der Appalachen** mit ihrer Hügellandschaft, aber auch mit schneebedeckten Bergen und dichtbewaldeten, wasserreichen Tälern.

Zwei große Landschaften

Die atlantische Küstenebene und das Appalachengebirge im Landesinneren prägen die Reiseregion. Schon den ersten Siedlern erschien dieses Gebirge als schier unüberwindbare Mauer, hinter der sich bis ins frühe 19. Jh. hinein die **frontier**, der unzivilisierte „Wilde Westen", befand.

Atlantische Küstenebene

Die **Atlantic Coastal Plains** – die Küstenebene zwischen Atlantik und Appalachen – reichen von Cape Cod im Nordosten der USA bis Florida. Sie sind nur selten mehr

An der Atlantikküste (Chatham Beach)

als 100 m hoch. Das *Lowland*, wie die Küstenregion auch genannt wird, ist ein vielgestaltiges Areal: So ist die Küstenebene im Nordosten, besonders in den Neuengland-Staaten, nur sehr schmal, stellenweise reichen die Gebirgsausläufer direkt ans Meer heran. Nach Süden hin wird die Ebene breiter und ist gekennzeichnet durch Sandstrände, ausgedehnte Marschlandschaften und Sumpfregionen.

Die Atlantikebene ist **geologisch jüngeren Ursprungs** (Tertiär und Pleistozän). Es handelt sich um eine zeitgeschichtlich junge Aufschüttungsebene mit geringem Gefälle, die in der Küstenzone des Südens durch Sümpfe, Lagunen und Nehrungen charakterisiert ist. Gegliedert wird sie durch einige **große Flusstäler**, wie die des Connecticut, des Hudson, des Delaware, des Susquehanna, des Potomac, des Roanoke oder des Savannah River. Manchmal bilden die Flüsse gewaltige Mündungsbuchten, die ganze Landstriche prägen, beispielsweise die Delaware Bay oder die Chesapeake Bay. *Große Flussmündungen*

Ein charakteristisches Element der Ostküste sind die der Küste vorgelagerten Nehrungen, die häufig unterbrochen sind und dann Inselcharakter haben. Diese sogenannten **Barrier Islands**, zumeist entstanden durch das Anheben des Meeresspiegels am Ende der letzten Eiszeit, vor einigen 10.000 Jahren, erstrecken sich von Connecticut und Long Island (New York) im Norden bis nach Florida im Süden.

Appalachen

Landeinwärts, etwa parallel zur Atlantikküste, ziehen sich die **Appalachen** als einer der längsten Gebirgszüge der Welt über rund 2.400 km von Nordosten nach Südwesten, von der kanadischen Provinz New Brunswick über die Neuengland-Staaten, New York, Pennsylvania, Virginia, North Carolina, Tennessee und Georgia bis nach Alabama. Vom Charakter her sind die Appalachen ein **Mittelgebirge**, dessen höchste Gipfel kaum 2.000 m erreichen und das eher an den Schwarzwald oder das Riesengebirge erinnert als beispielsweise an die grandiose Bergwelt der Rocky Mountains.

Die Appalachen sind **ein altes Faltengebirge**, bestehend aus kristallinem Urgestein (Granit, Gneis) sowie Sedimentgestein (u. a. Kalk), das durch Gesteinsbewegungen und Erosion stark zerteilt und eingeebnet wurde. Im Norden gliedern sich die Appalachen in die *Berkshires* (Massachusetts), die *Green* (Vermont) und die *White Mountains* (New Hampshire, Maine). Der 1.916 m hohe *Mount Washington* in New Hampshire und der *Mount Katahdin* (1.729 m) in Maine sind die **größten Erhebungen** im Nordosten, der 2.037 m hohe *Mount Mitchell* in North Carolina der höchste Berg der gesamten Bergkette. Im Norden (Maine) reichen die Appalachen direkt an die Küstenlinie heran und bilden eine wild zerklüftete Landschaft mit Buchten, Riffen und Kliffs sowie vorgelagerten Inseln. Je weiter man nach Süden kommt, umso weiter entfernen sich die Berge vom Meer. *Mittelgebirge im Osten*

Kein Fluss quert die Mittelgebirgskette der Appalachen – einer der Gründe, warum in der frühen Kolonialzeit die Berge als unüberwindbar galten. Mehrere wasserreiche Flüsse entspringen in den Appalachen, um sich dann entweder in den Atlantik (Hudson, Susquehanna oder Connecticut River) oder in den Golf von Mexiko (Ohio oder Tennessee River) zu ergießen. Im südlichen Teil des Gebirges bildet die steil aufragende Kette der Blue Ridge Mountains mit dem Mount Mitchell den höchsten Punkt.

In den Appalachen

Die Nationalparks

Im Nordosten der USA gibt es zwar nur einen klassischen Nationalpark, den im äußersten Nordosten, in Maine, gelegenen **Acadia National Park**, dafür gibt es aber mehrere historische „Schutzgebiete", die dem National Park Service angeschlossen sind. Seit dem 1872 mit dem Yellowstone National Park zum ersten Mal auf der Welt ein großes Areal unter **Naturschutz** und **staatliche Aufsicht** gestellt wurde, hat sich bis heute die Zahl der Nationalparks in den USA auf 59 vergrößert. Heute sind von den etwa 9,8 Mio. km² US-Landfläche immerhin fast 2,6 Mio. km² als „Public Land" ausgewiesen – über ein Viertel ist also öffentliches Land. Im Westen der USA sind es sogar fast zwei Drittel der Landfläche. Davon unterstehen nur rund 340.000 km² dem **National Park Service (NPS)**.

Früher Naturschutz

Von den derzeit insgesamt 398 vom NPS betreuten „Units" sind 59 Nationalparks, der Rest gliedert sich in eine Vielzahl weiterer Schutzgebiete (siehe INFO). Die Verwaltung der Nationalparks oblag anfangs verschiedenen Behörden, bis Präsident *Woodrow Wilson* am 25. August 1916 den **National Park Service Organic Act** ins Leben rief und damit eine eigene, dem Innenministerium *(Department of the Interior)* und nicht den einzelnen Bundesstaaten unterstellte Behörde schuf. Dieser **National Park Service (NPS)** gilt als die älteste Umweltschutzbehörde der Welt. Ein neues Gebiet muss seither per Kongressbeschluss zum Nationalpark erklärt werden, der Präsident selbst kann lediglich mittels Erlass ein „National Monument" ausweisen.

Park Ranger sind für das Wohlergehen von Parks und Besuchern zuständig. Sie werden prinzipiell in vier Kategorien – *Education & Interpretation, Maintenance, Administration* und *Law Enforcement* – eingeteilt; letztere üben auf dem Parkgelände auch Polizeigewalt aus. Von den Rangers aus der „Bildungs"-Abteilung erhält man die nötigen *permits* (Erlaubnisscheine) für längere Wanderungen und Zelten im Hinterland; sie überwachen die Campingplätze und leiten vielerlei Aktivitäten wie Touren oder Vorträge. Andere Angestellte kümmern sich um das „Wild-Management". Gemäß dem Gesetz von 1916 soll der NPS nämlich, die „*Landschaft und die darin befindlichen natürlichen und historischen Objekte wie auch die Flora und Fauna erhalten*", damit sie auch zukünftigen Generationen „*intakt zur Freude gereichen*".

Da nicht jede schützenswerte Region zum Nationalpark erklärt werden kann, machte es der **Wilderness Act** von 1964 möglich, auch weniger bedeutsame Gebiete unter Schutz zu stellen. Im Rahmen des *National Wilderness Preservation System* wurden bis dato über 700 Gebiete, fast 5 % der gesamten USA oder rund 435.000 km², als „wilderness" ausgewiesen. Diese Areale verfügen meist über keine Infrastruktur und Besucher werden nur in streng reglementierter Zahl geduldet. Wie diese **Wilderness Areas** wird auch der Rest des öffentlichen (Staats)Landes nicht vom NPS, sondern von anderen Behörden des Innenministeriums verwaltet: **Bureau of Land Management** *(BLM),* **US Fish and Wildlife Service** *(FWS)* und **Bureau of Reclamation**. Dazu kommt der **US Forest Service**, eine Abteilung des Landwirtschaftsministeriums.

Riesige Schutzgebiete

In den *National Forests* sind in begrenztem Umfang Jagen, Beweidung, Bergbau oder Holzschlag erlaubt, während die dem NPS unterstellten Gebiete diesbezüglich komplett verschont bleiben. Außerdem dürfen die Bundesstaaten in Eigeninitiative zum Schutz von Naturgebieten und historischen Orten selbst eigene **State Parks** ernennen, die oft in Schönheit und Unberührtheit den Nationalparks nicht nachstehen.

Daneben betreiben Millionen US-Bürger heute aktiv **Umweltschutz**, sind Mitglied einer **Umweltschutzorganisation** oder unterstützen eine solche finanziell oder ehrenamtlich. Die sogenannten **Big Ten**, die zehn größten Umweltschutzorganisationen –

Der National Park Service

info

Außer 59 **National Parks** (NP) unterstehen dem NPS weitere Schutzgebiete:
- **National Monuments** (NM): kleinere Gebiete mit bedeutenden geologischen, landschaftlichen, historischen, ökologischen oder kulturellen Erscheinungsformen.
- **National Memorial Parks** (NMP) – kulturell interessante Punkte wie Friedhöfe, Kriegsdenkmäler und Präsidentenmonumente (v. a. in Washington, D.C.).
- **National Preserves** (NP): abgegrenzte Gebiete zum Schutz eines Naturdenkmals.
- **National Lakeshores & Seashores** (NL/NS): naturgeschützte Seeufer oder Meeresküsten.
- **National Historic Sites** (NHS) und **National Historic Area** (NHA): Stätten von historischer Bedeutung.
- **National (Scenic) Rivers (**NSR**)**: naturgeschützte Landstriche an Flüssen.
- **National Recreation Areas** (NRA): landschaftlich bedeutsame Erholungs- und Naherholungsgebiete, oft an Gewässern gelegen.
- **National Scenic Trails** (NST)**/National Historic Trace** (NHT): geschützte Wege durch schöne Landschaften.
- **National Grasslands**: schützenswerte Prärieareale.
- **National Battlefields** (NB): historische Schlachtfelder.

darunter *National Audubon Society, National Wildlife Federation, Wilderness Society, American Hiking Society, National Parks & Conservation Association* oder *National Park Foundation* – zählen teilweise mehrere Millionen Mitglieder.

Infos zum NPS und zu einzelnen Parks: **www.nps.gov**.

Das Klima

Zwei Faktoren bestimmen das **Klima** der Vereinigten Staaten: einerseits die Lage zwischen zwei Weltmeeren, Pazifik und Atlantik, andererseits zwei mächtige Gebirgszüge. Sowohl die Rocky Mountains im Westen als auch die Appalachen im Osten verlaufen, grob gesagt, in Nord-Süd-Richtung – und damit ist ein Luftaustausch möglich. Dieser kann sich auch in Hurrikans äußern, die regelmäßig die Golf- und Südostküste heimsuchen.

Klima-
zonen
Entlang der **Ostküste** gibt es trotz der geografischen Einheitlichkeit **mehrere Klimazonen**, die sich teils deutlich unterscheiden und damit auch höchst differenzierte Bewirtschaftung zur Folge haben: von Weideflächen und Milchwirtschaft im Norden über Gemüseanbau im Zentrum, vom „Baumwollgürtel" zum subtropischen Süden mit Zitrusfrüchten, Tabak und Zuckerrohr. Nach Süden hin steigen jedoch nicht nur die Temperaturen, sondern verlängert sich auch die Wachstumsperiode.

Der **Nordosten** gehört der **gemäßigten Klimazone** an und weist eine durchschnittliche Niederschlagsmenge von 900 mm auf. Im Vergleich zu den Landschaften im Inneren des Kontinents ist es relativ feucht. In den Sommermonaten dringen feucht-heiße Warmluftmassen vom Golf von Mexiko und der Karibik weit nach Norden vor, während im Winter kalte Luft aus dem Norden Kanadas einströmt. Im Bundesstaat New York und in den Neuengland-Staaten sorgen **starke Nord- und Nordostwinde** da-

Indian Summer an der Nordostküste

für, dass es im Winter sehr kalt wird und zu heftigen Schneefällen und längeren Frostperioden kommt. Im Sommer dagegen sind die Temperaturen angenehm warm, bei südlichen Winden sogar tropisch heiß.

Das **Kleinklima** in den **Neuengland-Staaten** ist ebenso vielfältig wie seine Landschaften. Während im Norden von Vermont, New Hampshire oder Maine Temperaturen bis minus 30 °C möglich sind und dort Nadelwälder vorherrschen, ist das Klima weiter im Süden gemäßigter und bringt eine üppigere Flora und vielseitigere Fauna hervor. Da Laubwälder vorherrschen, ist die Region für ihren **Indian Summer**, den „Altweibersommer", mit prächtiger herbstlicher Laubfärbung, berühmt. Im September und Oktober finden sich daher die meisten Besucher ein; auch das späte Frühjahr ist geeignet für eine Tour.

Farbenpracht im Indian Summer

Das Wetter im **zentralen Küstenabschnitt** ist wechselhaft und oft unvorhersehbar. Obwohl etwa auf demselben Breitengrad wie Madrid oder Neapel gelegen, spielen beispielsweise in New York atlantische Einflüsse eine maßgebliche Rolle. Es herrscht **gemäßigtes Kontinentalklima**, das sich jedoch durch sehr heiße Sommer mit Durchschnittstemperaturen von knapp 25 °C im Juli auszeichnet. Zwischen Januar und März fällt meist üppig Schnee bei Temperaturen um den Gefrierpunkt und es kann zu Blizzards, aus Kanada einbrechenden Schneestürmen, kommen. Die Übergangszeiten sind meist nur kurz, vor allem das Frühjahr ist kaum einzuschätzen, dagegen kann der Herbst schöne und warme Wochen bringen und ist demnach hier eine ideale Reisezeit.

Im **Umfeld der Appalachen** ist die Bergkette wetterbestimmend: Die Temperaturen sind niedriger als an der Küste, die Luftfeuchtigkeit meist geringer und die Tag-Nacht- und jahreszeitlichen Schwankungen größer. Es kann hier bis weit ins Frühjahr hinein und bereits früh im Herbst Nachtfrost geben. Dafür erlebt man auch hier in den Herbstwochen häufig einen wunderschönen *Indian Summer*. Im Winter, oft schon ab September, kann es in den nördlichen Regionen der Appalachen, um den *Mount Washington*, viel Schnee und fast arktische Temperaturen geben. Dafür ist die Region in New Hampshire als die **Skiregion des Nordostens** bekannt.

Wirtschaftlicher Überblick

Lange Jahre galten die USA als Wirtschaftsmacht Nummer eins und der amerikanische Lebensstandard war der höchste der Welt. Im Zuge der weltweiten Wirtschaftskrise, des Börsencrashs und des gesunkenen Dollarkurses in den letzten Jahren sind die USA auf der Rangliste nach unten gerutscht. Zudem haben die militärischen Aktionen des Präsidenten George W. Bush nach dem 11. September 2001 das **Haushaltsdefizit**, das unter Präsident Bill Clinton fast abgebaut worden war, wieder in astronomische Höhen getrieben. Großstädte sind hoch verschuldet, und das Wort „Einsparungsmaßnahmen" ist in aller Munde. Doch Resignation ist unbekannt und wie Barack Obama in seiner Antrittsrede versicherte: Man wird die wohlhabendste und mächtigste Nation der Welt bleiben.

Wirtschaftsmacht

Wer das erste Mal in die USA kommt, wird **einige Besonderheiten** bemerken. Dazu gehört das **fast unüberschaubare Angebot** an Gütern aller Art in Supermärkten, in Malls (Einkaufszentren), auf Märkten oder in Spezialgeschäften. Die größeren Shops stehen in gnadenloser Konkurrenz zueinander, werben aggressiv und überall, überbieten sich mit Rabatten und Dienstleistungen. Auffällig sind aber auch die große **Kundenfreundlichkeit** und das ausgeprägte **Service-Bewusstsein**. Der Kunde ist hier tatsächlich noch König und wird entsprechend hofiert.

Wirtschaftsmentalität und -bedingungen

Erfolg wird anerkannt

Der Amerikabesucher wird schnell bemerken, dass sich nicht nur Wirtschaftsstruktur oder gewisse Einzelaspekte von europäischen Verhältnissen unterscheiden, sondern in hohem Maße auch die zugrundeliegende **Mentalität**. Gilt es in vielen europäischen Ländern als verpönt, über Verdienst oder Gewinne zu reden, ist es in Amerika wichtig zu wissen, wie viel Geld jemand macht. Während man in Europa Spitzenverdienern oft ambivalent, wenn nicht unverhohlen neidisch gegenübersteht, zollt man ihnen in Amerika öffentliche Anerkennung und Bewunderung.

Warum wirtschaftlicher Erfolg einen solchen Stellenwert hat, kann mit dem historischen Erbe der frühen puritanischen Siedler erklärt werden, mit der Pionierzeit, in der alle materiellen Werte aus eigener Kraft geschaffen wurden. Deswegen ist der Respekt auch für diejenigen am höchsten, die ohne einen Cent in der Tasche aufgestiegen sind und die klassische „Vom-Tellerwäscher-zum-Millionär"-Karriere durchliefen.

Auch die **Einstellung zum Job** unterscheidet sich zu der in der „Alten Welt": Es gab und gibt kaum sichere Arbeitsplätze. Nach dem Prinzip des **hire and fire** können Kandidaten für nahezu jeden Job kurzfristig eingestellt und genauso schnell wieder entlassen werden. Es zählen der aktuelle wirtschaftliche Erfolg und der persönliche Einsatz, weniger Loyalität oder Verantwortung den Mitarbeitern gegenüber. Sehr viel schneller als in Europa werden in den USA auch hochrangige Manager oder ganze Spezialabteilungen entlassen. Jeder Mitarbeiter ist **Repräsentant der Firma** und deshalb werden strenge Arbeitsdisziplin, korrekte Kleidung und höfliche Umgangsformen erwartet.

Das Qualifikationsniveau ist niedriger, der **Spezialisierungsgrad** höher. Komplexe Arbeitsvorgänge, die bei uns zum Repertoire eines bestimmten Berufsstandes gehören, werden in den USA aufgeteilt und an mehrere Personen delegiert. Der Vorteil liegt in der schnelleren Erlernbarkeit der Handgriffe – nur einzelne Arbeitsschritte sind zu lernen. Nachteil ist das fehlende berufsspezifische Allgemeinwissen.

Mobilität

Der **Prestigewert** bestimmter Arbeiten ist unerheblich. Es gibt keine „guten" oder „schlechten" Berufe an sich, sondern nur Jobs, die Erfolg bringen oder nicht. Deswegen ist das gesellschaftliche Ansehen eines Lehrer oder Piloten nicht größer als das eines Lagerarbeiters oder Lastwagenfahrers. Dementsprechend bunt kann die Palette der Arbeiten sein, die ein und dieselbe Person im Laufe ihres Lebens ausführt. Die **Fluktuation** ist entsprechend groß. Da der Verlust des Arbeitsplatzes keine Seltenheit ist, Prestige eine geringere Rolle spielt als Erfolg und man bei lukrativen Angeboten sofort zugreift, wechseln Amerikaner ihren Arbeitsplatz viel häufiger als europäische Kollegen. Dabei spielt **größere Mobilität** eine Rolle. Von ihren Firmen auf einen Außenposten versetzt oder auf der Suche nach besserbezahlten Jobs, ziehen Familien quer durch die

Vereinigten Staaten. Es gilt überhaupt nicht als unzumutbar, wegen einer Arbeitsstelle von einer Stadt in eine andere, von einem Staat in einen anderen zu ziehen. Der Besitz von Grund und Boden spielt dabei keine Rolle: Amerikaner sind bereit, wenn nötig, ihr Eigenheim kurzfristig aufzugeben und sich einen neue Bleibe zu suchen.

Wirtschaftliche Grundlagen

Dass es mit den Vereinigten Staaten von den Gründerzeiten an wirtschaftlich steil bergauf ging, war vor allem der ersten Einwanderer-Generation zu verdanken. Das Sendungsbewusstsein der **Puritaner** war eng verknüpft mit einer soliden Lebensführung und einer entsprechenden Arbeitshaltung. Eiserne Disziplin, Fleiß, Qualitätsbewusstsein und Sparsamkeit prägten die Puritaner und ließen florierende Wirtschaftszentren entstehen.

Die Neue Welt war grundsätzlich **prädestiniert zur Besiedelung**. Nicht nur hinreichend große Flächen waren vorhanden, man verfügte auch über nahezu alle für die industriellen Produkte nötigen Rohstoffe, war diesbezüglich also weitgehend autark. Dazu wurde die Landwirtschaft in den Oststaaten und im Süden von der Natur und vom Klima her begünstigt. Die Böden waren im Allgemeinen gut, das Klima gemäßigt und wo Wasser fehlte, baute man Staudamm- und Kanalsysteme oder wählte neu gezüchtetes Saatgut. *Gute Böden*

Anders als an der Westküste, die erst 1869 durch die Eisenbahn mit dem Osten verbunden wurde, begann man im Osten schon früh mit dem **Ausbau einer Infrastruktur**. Das Meer stellte bereits in der Frühzeit die Verbindung zwischen Europa und Nordamerika her und bildete zusammen mit den großen Flüssen eine Art „Transportsystem". Frachter und Passagierschiffe brachten Güter und Menschen mühelos von

Bereits Mitte des 19. Jh. erschloss die Eisenbahn das Land

Boston nach New York und Philadelphia. An der Atlantikküste entstanden gleich nach Ankunft der ersten europäischen Siedler Häfen, in Neuengland wurden Schiffe gebaut, die auf den Weltmeeren kreuzten, und es wurde Handel, schwerpunktmäßig mit Sklaven, Holz und Rum, betrieben.

Den ersten Siedlern, die die Appalachen überwunden hatten, folgte die Anlage eines Straßensystems, und der Ausbau von Schifffahrtswegen ins Landesinnere wurde forciert. 1825 wurde der **Erie-Kanal** eröffnet, der die Atlantikküste mit den Großen Seen verband und damit eine wirtschaftliche Erschließung des Mittleren Westens begünstigte. Für den entscheidenden Aufschwung in der Industrie und der Erschließung des Westens sorgte jedoch die **Eisenbahn**: Zwischen den Anfängen in den späten 1820er Jahren – als eine der ersten Linien eröffnete die *Baltimore & Ohio Railroad* 1827 – und der Eröffnung der Transkontinentallinie 1869 lagen nur wenige Jahrzehnte, in denen jedoch das Land mit einem dichten Netz von Schienen überzogen wurde. Bis in die 1960er Jahre hinein blieb die Eisenbahn das wichtigste Transportmittel.

Bedeutung der Infrastruktur

Viele wegweisende Erfindungen stammen aus den USA und sorgten für ein Aufblühen der Wirtschaft. So hatte die **Einführung moderner Arbeitsmethoden und Maschinen** in den Neuengland-Staaten nach englischem Vorbild schon früh rationelle Massenfertigung, z. B. in den Textilfabriken, ermöglicht. Ende des 19. Jh. wurde der Maschinenbau revolutioniert, die Herstellung von Austauschteilen erlaubte es, im Reparaturfall nur Einzelteile zu ersetzen. Voraussetzung dafür war wiederum die Einführung neuer Maschinen gewesen, die präzise die gleichen Teile en masse herstellen konnten. Etwa zur gleichen Zeit gingen die amerikanischen Ingenieure und Baumeister zum Großbau in Stahlskelettbauweise über.

Noch immer sind die USA das Land mit der größten Vielfalt und Menge an **Bodenschätzen**. Trotzdem sind sie auf die Einfuhr bestimmter Rohstoffe, vor allem von Erdöl, angewiesen. Im Osten liegen bedeutende Steinkohlevorkommen in den Appalachen sowie Eisenerzlagerstätten in den Bundesstaaten New York, New Jersey, Virginia und Georgia. Ebenso werden Bauxit (der Grundstoff zur Aluminiumherstellung) sowie Phosphate und Kalisalze gefördert. Der sogenannte **Manufacturing Belt** zieht sich von den Neuengland-Staaten Richtung Süden und Südwesten bis zum Potomac und Ohio River. Im Gebiet zwischen Boston, New York und Philadelphia sind fast alle Industriezweige vertreten.

Industriegürtel

Nach wie vor gelten die Vereinigten Staaten als eine der **großen Handelsmächte** der Welt, auch wenn ihre einst unangefochtene Stellung in Anbetracht der gestiegenen Wirtschaftskraft der EU-Staaten sowie Chinas nicht mehr unangefochten ist. Seit Beginn der 1980er Jahre steigt das Handelsdefizit – nur kurz unterbrochen von einem Aufschwung während der Präsidentschaft *Bill Clintons* – und der Import ist größer als der Export.

Besonders gravierend war der **Rückgang beim Export** von Fertiggütern, wohingegen die Einfuhr von Autos, Unterhaltungselektronik, Eisen, Stahl und Bekleidung – vor allem aus Asien – wuchs. Zollschranken und Quoten traten mit wechselndem Erfolg und abhängig vom Dollarkurs in Kraft. Die wichtigsten Exportmärkte der USA liegen heute nicht mehr in Europa, sondern bei den Nachbarn, in Kanada und Mexiko, Lateinamerika und Asien, vor allem aber in Südkorea, Hongkong und Taiwan. Die USA exportieren noch immer die meisten Fertigwaren – Flugzeuge, Rüstungsgüter, Computer – wohingegen sich ein deutlicher Rückgang im Bereich der landwirtschaftlichen Erzeugnisse bemerkbar macht. Führend sind die USA weiterhin in der **Computertechnologie** und auch im Bereich der **erneuerbaren Energien** wächst der Marktanteil; dazu wird verstärkt nach Erdöl und Erdgas gesucht.

Landwirtschaft

Die US-Landwirtschaft hat in den vergangenen Jahrzehnten einen **rapiden Wandel** durchlaufen. Während sich die Zahl der Farmen halbierte, stieg die durchschnittliche Größe auf beinahe das Doppelte an. Heute wird die Landwirtschaft von Großbetrieben, vom „**Agrobusiness**", beherrscht. Amerika ist nicht nur **weitgehend Selbstversorger**, sondern auch einer der **größten Exporteure der Welt** in Bezug auf Getreide und Grundnahrungsmittel. Gesunkene Weltmarktpreise, Überproduktion sowie der allgemeine Wertverfall der entsprechenden Betriebe hatten in den letzten Jahrzehnten allerdings zahlreiche Konkurse und zunehmende Verarmung zur Folge. *Getreide-Exporteur*

Schon die ersten weißen Siedler fanden vor 300 Jahren **vielversprechende Gegebenheiten** vor. In den östlichen und südlichen Landesteilen gab es genügend Niederschläge, gute und für den Getreideanbau geeignete Böden waren besonders im Osten und Mittelwesten vorhanden und man hatte Platz für großflächigen Anbau.

Heute dominiert im **Nordosten** die Milchwirtschaft. Weiden und Grünfutterflächen bestimmen das Bild im Hinterland. In den vergangenen Jahren hat hier auch die Rinder- und Schweinemast auf der Basis von Mais und Sojabohnen zugenommen. In den Mittelgebirgsregionen ist Farming als Kombination von Viehzucht und Ackerbau verbreitet. Initiiert von den Neuengland-Staaten – neben Kalifornien auf diesem Gebiet führend – ist in den letzten Jahren ein Zuwachs an ökologisch wirtschaftenden Betrieben – **Organic Farming** – festzustellen. Der Begriff des *Organic Farming* entstand 1973, als sich 90 Bauern zur *California Certified Organic Farmers Association* zusammenschlossen. *Ökologische Landwirtschaft*

1979 machte das *Organic Food Law* die Richtlinien dieser Gruppe zum Gesetz. Inzwischen kann man in Buchläden Führer kaufen, in denen die regionalen Mitglieder (Bauern, Weinproduzenten, Brauereien, Bäcker, Läden, Restaurants etc.) aufgelistet sind, die sich den gleichen Regeln unterwerfen: Verzicht auf Pestizide und Kunstdünger, Wahl naturgerechter Anbauweisen – statt Monokulturen Beachtung der verschiedenen Ökosysteme und des natürlichen Gleichgewichts –, Ablehnung genmanipulierter Organismen und unnötig langer Transportwege.

Nicht nur in ländlichen Gebieten, sondern besonders in den Großstädten macht sich ein gestiegenes Ernährungsbewusstsein der Bevölkerung bemerkbar. So ist die Nachfrage an regionalen und ökologisch hergestellten Produkten überall gestiegen. In Spezialläden, Bio-Supermärkten und auf Wochenmärkten kann man inzwischen die Produkte, Obst und Gemüse, aber auch Fleisch- und Backwaren sowie Käse und andere Spezialitäten der Region frisch erwerben. „**Natural foods**" sind heute in den USA die am stärksten wachsende Sparte im Einzelhandel. Die Stimmen, die „**buy local and organic!**" rufen, werden immer lauter – und mehr und mehr befolgt.

Die Bedeutung des Meeres

Für eine Küstenregion hat das Meer besondere Bedeutung, auch in wirtschaftlicher Hinsicht. Seit jeher diente der Atlantik als Transportweg zwischen den Kontinenten und frühen Siedlungen. Der **Fischfang** und der **Schiffsbau** verhalfen den ersten Siedlern zu Glück und Wohlstand. Für den Schiffsbau lieferten die riesigen Wälder des Nordostens das Material. Schiffe ermöglichten den Kontakt zum Mutterland und förderten den Handel mit Afrika, Europa und der Karibik. Im Jahr 1720 lief in den Werften ein Schiff pro Tag vom Stapel. Da die Lohn- und Materialkosten niedrig waren, dominierte die USA auf diesem Sektor bald den Weltmarkt.

Lobster aus Maine

Zusätzlich sorgte der Atlantik mit seinen üppigen **küstennahen Fischgründen** für reichlich Nahrung und der Fischfang florierte. Eines der ersten wichtigen Gesetze wurde Mitte des 18. Jh. in Massachusetts erlassen und hatte die Regulierung und Förderung der Fischereiindustrie zum Inhalt. Es waren vor allem **Hummer** und **Kabeljau**, die nicht nur in den amerikanischen Kolonien, sondern auch im Süden und in Europa als vitamin-, eiweiß- und jodreiche Nahrungsmittel begehrt waren.

Auch innerhalb der Kolonien wurde gehandelt: Boote aus Salem segelten mit eingesalzenem Kabeljau nach Philadelphia oder Annapolis, um ihn gegen Mais, Mehl, Bohnen oder Fleisch einzutauschen.

Der Wal war in der Kolonialzeit mindestens ebenso wichtig, weniger wegen des Fleisches, als vielmehr wegen des für Lampen benötigten Öls. Der **Walfang in Neuengland** wurde zum legendären – für die Beteiligten aber auch gefährlichen – Industriezweig. Das Meer sorgte für Arbeit und Einkommen, der Handel breitete sich aus und Kaufleute und Kapitäne wurden immer bedeutender. In den Hafenstädten entstand langsam ein gewisser Reichtum.

Fischfang spielt im Nordosten bis heute eine wichtige Rolle

Außerdem blühte die **Eisindustrie**: Eisblöcke wurden auf Schnellseglern nach Kuba oder Südamerika gebracht. Dampfschiffe lösten Ende des 19. Jh. die Segler ab, und mit dem Bau des Cape Cod Canal und des Intracoastal Waterway wurde die Küstenschifffahrt einfacher. Hinzu kam die Möglichkeit, Erholungssuchende per Schiff zur Sommerfrische in die Küstenstädte zu bringen und damit den Fremdenverkehr zu forcieren. Bis heute ist das Meer eine wichtige Einnahmequelle für die Küstenregionen geblieben. Es sind allerdings weder Schiffsbau noch Fischfang, die die erste Geige spielen, sondern es ist der Tourismus. Die einzigartige landschaftliche Schönheit der Küstenregionen hat gerade in Neuengland den **Fremdenverkehr** zum wichtigen wirtschaftlichen Standbein werden lassen. *Tourismus*

Gesellschaftlicher Überblick

Trotz der engen historischen und kulturellen Verwandtschaft mit Europa fallen in den USA Unterschiede auf, die sich im alltäglichen zwischenmenschlichen Umgang äußern und nicht selten einem anderen Lebensgefühl entspringen. Allgemein gelten die Amerikaner als **unkompliziert, freundlich und hilfsbereit**. Es ist einfach, mit ihnen in Kontakt zu kommen, schnell werden Adressen getauscht und Einladungen ausgesprochen. Bemerkenswert ist auch eine grundsätzlich optimistische, manchmal geradezu euphorische Grundstimmung.

Aus der Zeit der Besiedelung der *frontier* stammt wohl auch der **Freiheitsdrang** – ein Kennzeichen des *American Way of Life*. Das Gefühl für Selbstverantwortlichkeit, das Vertrauen auf die eigene Kraft und die Ablehnung staatlicher Eingriffe sind damit gekoppelt. Es war gerade dieses Zugeständnis von **Individualität** und persönlichem Glück, das den Westen der USA zum Mekka für Hippies und Alternative werden ließ.

Dem widersprechen eine oft überraschend **puritanische Mentalität** und eine **restriktive Gesetzgebung**. Nicht nur im Mormonenstaat Utah, sondern allgemein in den USA äußert sich das Erbe der streng-religiösen Pioniere auf vielfältige Weise: Amerikaner sind **weitaus prüder** als Mitteleuropäer. Mag der *Playboy* auch aus den USA stammen, sind Nacktszenen im Fernsehen in den USA undenkbar und höchstens auf *Pay TV*-Kanälen zu sehen; dabei wird in Programmzeitschriften vor den Sexszenen gewarnt ("X-rated"). Nacktheit in der Öffentlichkeit, hierzu zählen auch "Oben ohne"-Baden oder nackte Kinder, gilt, selbst in privater Umgebung, als obszön. *Puritanisches Erbe*

Zwar kann man den Führerschein mit 15 oder 16 Jahren machen *(legal driving age)* und in jungen Jahren auch der Armee beitreten, eine "**Volljährigkeit**" wie bei uns, gibt es nicht, man unterscheidet zwischen *legal drinking age (21)*, *legal marriage age*, *legal gambling age* etc. und diese liegen, auch abhängig vom Staat, zwischen 18 und 21 Jahren.

Zwar geben sich die Amerikaner bei den meisten Gelegenheiten sehr locker, laufen durchaus auch sonntags in Shorts und Shirt herum und mähen lautstark den Rasen. Dennoch gilt vielfach ein strenger **Dress Code**. So ist in besseren Restaurants, Clubs oder bei Events *formal attire* gefragt, d. h. Sakko und Krawatte, keine Jeans, Shirts oder Turnschuhe. Allgemein heißt es auch bei hohen Temperaturen: *"No shoes, no shirt – no service!"*

Die Mär vom „Schmelztiegel"

Oft wird die amerikanische Gesellschaft als „Schmelztiegel" (*melting pot*) bezeichnet, denn von über 315 Mio. Menschen gehört fast die Häfte einer Minderheit an: Über 50 Mio. sind Hispanics, an die 39 Mio. Afroamerikaner, gut 14 Mio. Asiaten, fast 3 Mio. Indianer/Eskimos und knapp 0,5 Mio. Hawaiianer und andere Inselbewohner. Allerdings kann von Verschmelzung nicht die Rede sein, vielmehr handelt es sich um eine **Vielzahl**

Die USA, ein Vielvölkerstaat

von Ethnien, die nebeneinanderher existieren und ihre Eigenarten behalten haben; der Dichter *Walt Whitman* aus New York sprach deshalb schon Mitte des 19. Jh. von einer „**Nation of Nations**".

Folge von fast 400 Jahren Siedlungsgeschichte in Nordamerika ist ein **einzigartiges Kulturgemisch**, das besonders in den Großstädten lebendig ist: Einmal glaubt man sich ins ferne China versetzt, dann mitten in eine pulsierende mexikanische Metropole oder in eine süditalienische Kleinstadt. Wenige Straßen weiter steht man dann in einem typisch

amerikanischen Geschäftszentrum oder einer orthodox jüdischen Gemeinde. Die einzelnen Ethnien, allen voran Afroamerikaner, Latinos und Asiaten, aber auch die Südeuropäer bildeten eigene Enklaven, verfügen über eigene Infrastrukturen und Traditionen, pflegen ihre Sprache – Spanisch ist nach Englisch die am häufigsten gesprochene Sprache in den USA –, ihre Feiertage, Feste, Küchen und Religionen.

Stolz auf die Heimat   Eines verbindet sie dennoch: die Liebe für und den Stolz auf ihre neue Heimat. Obwohl nämlich die Weigerung, die eigene Identität abzulegen, kulturübergreifend ist und kulturelle Differenzierung wichtiger ist als oberflächliche Integration, sind die amerikanische Flagge, die Hymne und die Verfassung völkerverbindende Symbole. So gesehen, handelt es sich bei der amerikanischen Gesellschaft um einen **bunten Flickenteppich**, dessen Einzelteile zwar für sich stehen, in der Gesamtschau aber harmonieren.

Bevölkerungsverteilung und Siedlungsstruktur

Die **Besiedlung** der Vereinigten Staaten verlief unterschiedlich. Während in den Nordoststaaten, die ungefähr ein Fünftel der Gesamtfläche ausmachen, etwa die Hälfte der Gesamtbevölkerung wohnt, ist der Westens höchst **ungleichmäßig besiedelt**. An der Küste drängeln sich die Menschen, während das Landesinnere extrem dünn besiedelt ist. Gerade der Nordosten gehört zu den am dichtesten besiedelten Gebieten der USA. Alleine im schmalen Küstenstreifen zwischen Washington und Boston, oft als Megalopolis bezeichnet, leben etwa 20 % aller US-Bürger.

Städte, die nicht historisch gewachsen sind, wurden vielfach mit Hilfe eines monotonen, aber zweckmäßigen schachbrettartigen Gitternetzes geplant. Musterbeispiel ist Washington, aber auch große Teile New Yorks entstanden so. Viele alte Städte wie Boston hingegen erinnern in manchen Vierteln weit mehr an Europa als an die USA. Die **ländliche Siedlungsstruktur** weicht mit Ausnahme einiger Landstriche in den Neuengland-Staaten meist von mitteleuropäischen Gegebenheiten ab: Es gibt keine eigentlichen Dörfer, sondern verstreute Einzelgehöfte (Farmen). An Verkehrsknotenpunkten sind zentrale Orte entstanden, die die Versorgungsfunktion für ein größeres ländliches Gebiet übernahmen.

Dichte Besiedelung an der Ostküste

Durch die **Verstädterung** in der zweiten Hälfte des 20. Jh. verstärkte sich das soziale Gefälle: Die Wohlhabenden zogen hinaus ins Grüne, bevorzugt in citynahe Gebiete – in die *suburbs* –, während sich in den Innenstädten die Wohnbedingungen verschlechterten und dadurch die Slumbildung gefördert wurde. Hier lebten und leben z. T. noch immer die finanziell Schwachen, vor allem Afroamerikaner, zunehmend auch Latinos. Seit einigen Jahrzehnten sind deshalb in vielen Städten Renovierungs- und Sanierungsprojekte im Gang, die für eine **Wiederbelebung der Downtowns** sorgen. In vielen Fällen ist das bereits gelungen, und in den Stadtzentren entstanden begehrte Apartments, einhergehend mit einer entsprechenden Infrastruktur. Gute Beispiele finden sich in New York, Philadelphia, Baltimore, Washington, D.C., oder Boston.

Indianer

Die Indianer spielen im Nordosten heute nur mehr eine **untergeordnete Rolle**. Sie wurden früher als im Westen aus ihrem ursprünglichen Siedlungs- und Nutzungsraum vertrieben. Im Gebiet zwischen den Großen Seen und dem Hudson River siedelten einst die **Irokesen**, an der atlantischen Küste des Nordostens die Stämme der **Algonkin**-Sprachgruppe, im Südosten die **Creek, Cherokee, Choctaw und Chickasaw**. Heute leben die verbliebenen Mitglieder in Reservaten.

Die **Algonkin** bildeten die größte Indianergruppe im Nordosten. Schon um 12000 v. Chr. waren sie in Neuengland beheimatet. Es handelt sich dabei um keinen Stamm, sondern um eine Sprachgruppe, der unterschiedlichste Völker angehören: die Mohegan und Pequot aus Connecticut, die Wampanoag aus Massachusetts oder die Narragansett aus Rhode Island. Dem anfangs friedlichen Zusammenleben mit den Siedlern setzten die englischen Machthaber ein Ende: 1636 erklärten die Engländer den Pequot den Krieg und eine Ausrottung großen Ausmaßes nahm ihren Anfang. 1676 waren von den ursprünglich etwa 5.000 Indianern weniger als 100 übrig. Das indianische Erbe geriet mehr und mehr in Vergessenheit und Wiedergutmachung blieb aus.

Das **Schicksal der Indianer** im Nordosten spielte sich meist nach demselben Schema ab: Der Lebensgrundlage und des angestammten Siedlungsgebiets beraubt sowie von Epidemien – Masern, Pocken, Grippeviren – heimgesucht, wurden oft ganze Dorfgemeinschaften ausradiert. Hinzu kamen kriegerische Auseinandersetzungen, bei denen die Stämme zwischen die Fronten der europäischen Machtpolitik in Nordamerika gerieten. So hatte sich Ende des 18. Jh. der Bestand bereits radikal verringert. Selbst so berühmte und kämpferische Völker wie der Verbund der Irokesen wurden in kleine, abgelegene Reservate verdrängt. Spätestens mit dem **Removal Act** von 1835 und der

Ausrottung der Indianer

Die Indianer besinnen sich wieder stolz auf ihre Traditionen

Vertreibung von 16.000 Cherokee, Creek, Choctaw und Chicasaw drei Jahre später aus ihrem Heimatland im Nordosten nach Oklahoma war die indianische Bevölkerung im Osten fast völlig verschwunden.

Heute ist die Zahl der Ureinwohner in den Neuengland-Staaten wieder auf über 20.000 angewachsen. Selbst die nach Oklahoma vertriebenen Stämme pochten und pochen auf alte Verträge und versuchen, alte Rechte und Ländereien zurückzuerhalten. So versuchen seit Jahren die Delaware einen bis heute gültigen Vertrag über Landzusicherung mit der Kolonie Pennsylvania von 1737 vor Gericht durchzusetzen. Weniger die neuerliche Umsiedlung als eine angemessene Entschädigung sind Ziel solcher Verfahren.

Man besinnt sich zudem in letzter Zeit auf alte **Traditionen** und **Powwows** stehen heute auch auf den Veranstaltungskalendern vieler Ostküsten-Indianer. Gute Beispiele, wie man Gebräuche wahren und dennoch im 21. Jh. überleben kann, liefern die Mohegan bzw. Mohikaner und die Pequot, die profitable Spielkasinos in Connecticut betreiben.

Afroamerikaner

Afro-American oder **African-American** wird die schwarze Bevölkerung politisch korrekt genannt. Ihre Vorfahren waren nicht freiwillig in die „Neue Welt" gekommen: 1638 hatte man in Boston die ersten „Leibeigenen" bestaunt, die auf den *West Indies* (Karibik) gefangen und mit Schiffen hertransportiert worden waren. Der organisierte **Sklavenhandel** blühte nach 1660 auf und erlebte im 18. Jh. seinen unrühmlichen Höhepunkt. Schwerpunktmäßig arbeiteten die Schwarzen auf den Plantagen des Südens, wo sie auch die Bevölkerungsmehrheit bildeten.

Mehrheit in vielen Städten

Nach dem Bürgerkrieg, aber besonders ab 1915 brachen in der **Great Migration** eine Million Afroamerikaner zu den Industriestädten des Nordostens und des Mittleren Westens auf. Ab 1940 begann die Wanderung auch Richtung Pazifik, mit Schwerpunkt Kalifornien. Dennoch stellen sie in vielen Orten des Nordostens eine beachtliche ethnische Gruppe, in Washington oder Baltimore sogar die Mehrheit.

Heute sind die Afroamerikaner mit **etwa 39 Mio.** (rund 13 %) an der Gesamtbevölkerung beteiligt und bilden damit neben den Lateinamerikanern die stärkste Minorität in den USA. Zwar wurde als Folge der ab 1955 aktiven Bürgerrechtsbewegung mit den *Civil Rights Acts* von 1964, 1965 und 1968 Rechtsgleichheit festgelegt, aber der Traum des bekannten Bürgerrechtlers, *Dr. Martin Luther King*, ist dennoch noch nicht in Erfüllung gegangen.

Zwar gibt es inzwischen eine afroamerikanische Mittel- und Oberschicht und, oberflächlich betrachtet, scheint sich die **Situation der Afroamerikaner** verbessert zu haben: Statistiken sprechen von mehr gemischt-ethnischen Ehen, von Gleichberechtigung am Arbeitsplatz und im gesellschaftlichen Leben. Dennoch scheint der **Teufelskreis** nicht zu durchbrechen zu sein: Farbige Frauen bekommen oft sehr jung und unverheiratet Kinder, dadurch sinken die Chancen auf eine Berufsausbildung, auf einen guten Arbeitsplatz und eine annehmbare Wohnung – der soziale Abstieg ist programmiert, auch für die Kinder. Noch immer sind schwarze Wohnviertel isoliert, gibt es rein schwarze, schlecht ausgestattete Schulen, schwarze Kneipen und Kirchen, Diskriminierung und Verachtung. Ob sich an der Situation durch den ersten afroamerikanischen Präsidenten Barack Obama langfristig etwas ändern wird, bleibt abzuwarten.

Lateinamerikaner

Von den geschätzt über 50 Mio. Spanisch sprechenden Menschen, die in den Vereinigten Staaten leben, sind über 31 Mio. **Chicanos**, eine ursprünglich in Kalifornien aufgebrachte diskriminierende Bezeichnung für Mexikaner bzw. ihre Nachfahren *(Mexican Americans)*. Sie gehören damit wie die Lateinamerikaner (v. a. Puerto Ricaner) zur Gruppe der **Hispanics** bzw. der **Latinos**, d. h. Menschen hispanoamerikanischer oder spanischer Herkunft. Ein Hispanic kann „schwarz" oder „weiß" sein.

Die Einwanderer aus Lateinamerika, vor allem aus Puerto Rico, Mexiko und Kuba, haben bewirkt, dass **Spanisch** in weiten Teilen der USA **zur zweitwichtigsten Sprache** nach dem Englischen geworden ist oder sogar gleichberechtigt neben diesem steht. Im Gegensatz zu vielen anderen Einwanderungsgruppen haben die Spanisch sprechenden Bevölkerungsteile an ihrer Sprache festgehalten. Da sie sich auch politisch engagieren und im Wirtschaftsleben aktiv sind, konnten sie sich besonders im Süden Floridas und im Südwesten zu einer einflussreichen Bevölkerungsgruppe entwickeln, die nicht nur die Anerkennung ihrer Sprache durchsetzte, sondern inzwischen auch zahlreiche politische Schlüsselämter besetzt. An der Nordostküste stellen die Latinos noch eine Minderheit dar, mit Ausnahme von **New York City**, wo es eine große, stetig wachsende Gemeinde – v. a. Puerto Ricaner, Dominikaner und Mexikaner – gibt.

Einfluss-reiche Bevölke-rungs-gruppe

Iren und Italiener

Mitte des 19. Jh. herrschte in Irland wirtschaftlich das Chaos und viele Iren machten sich auf den Weg nach Neuengland, vor allem nach Massachusetts, um dort ein neues Leben zu beginnen. Um 1860 soll über die Hälfte aller Bostoner **irische Wurzeln** gehabt haben. Die katholischen Iren waren zunächst in der puritanisch-englisch geprägten Umgebung nicht sonderlich beliebt, allerdings hartnäckig und **politisch engagiert**. Bereits 1884 wählte man einen Iren zum Bürgermeister. 1905 übte dieses Amt ein gewisser *John F. Fitzgerald* – der Großvater von John F. Kennedy – aus und steigerte damit nicht nur das Ansehen der Iren, sondern begründete zugleich den Ruf der großen Finanz- und Politiker-Dynastie und legte die Basis für die spätere Karriere von John F. Kennedy (1917–63), den 35. US-Präsidenten. Neben Boston sieht man in New York noch häufig „Grün", nicht nur am traditionellen Feiertag, dem **St. Patrick's Day**. Auch hier gibt es eine große irische Bevölkerungsgruppe, aus der sich bis heute die meisten Polizisten und Feuerwehrleute rekrutieren.

Irische Enklaven

Ab etwa 1900 strömten **Italiener**, in der Mehrzahl arme Bauern aus Süditalien und Sizilien, ins Land, konzentriert nach Philadelphia, New York, Boston und Rhode Island, wo sie sich allein schon aufgrund der unterschiedlichen politischen Ansichten nie mit den Iren verstanden. Während die Iren traditionell demokratisch gesonnen waren, sympathisierten die Italiener mit den Republikanern. Während sich in anderen Städten wie New York oder Philadelphia die **Little Italies** nur mühsam gegen die Viertel anderer Zuwanderer, besonders aus Asien, behaupten, hat sich in Bostons North End ein dorfähnliches italienisches Ambiente erhalten. Immerhin ist ein Zehntel der Bostoner Bevölkerung italienischstämmig.

Amerikas deutsche Wurzeln

Zwischen dem 17. und 19. Jh. suchten zahlreiche Deutsche Zuflucht in der Neuen Welt, wollten sich hier ein neues Leben in Wohlstand aufbauen. Nach dem letzten Zensus berufen sich heute fast 17 % aller Amerikaner auf deutschsprachige Wurzeln – und bilden damit mit Abstand die **größte ethnische Gruppe** der USA. Vielfach waren die Zuwanderer Mitglieder verfolgter religiöser Gruppen, wie Mennoniten oder Amische, die sich bevorzugt in und um Pennsylvania und im Mittleren Westen der USA niederließen. Die Einwanderer waren nicht ausschließlich Deutsche nach heutiger Definition, es gehörten auch Schweizer, Österreicher, Polen, Niederländer, Franzosen und Tschechen, die Deutsch sprachen, dazu.

16% der Amerikaner haben deutsche Wurzeln

Natürlich durfte in der neuen Heimat Vertrautes nicht fehlen: **Vereine**, wie die Auswanderungs- oder die Rhein-Bayerische Gesellschaft, Gesangs- und Turnvereine wurden gegründet, Wohltätigkeitstreffen veranstaltet. Man pflegte das Brauerei- und Destillierwesen, forcierte die Druckkunst, baute die vertrauten Fachwerkhäuser, kochte heimische Gerichte, feierte traditionelle Feste wie Maitanz oder Oktoberfest und hielt, zumindest bis um 1900, an der eigenen Sprache fest. Heute ist davon, mit Ausnahme einiger Enklaven, nicht viel geblieben. Es waren nämlich letztendlich die deutschsprachigen Einwanderer, die sich schneller und gründlicher als andere Gruppen assimilierten.

Asiaten

Amerikaner asiatischer Herkunft stellen einen Bevölkerungsanteil von über 4,8 %. Die älteste und größte Gruppe stellen die **Chinesen** (ca. 1,5 Mio), deren Vorfahren im 19. Jh. in den amerikanischen Westen kamen, wo sie am Goldrausch teilnahmen und in den 1860er- bis 1870er-Jahren beim Bau der transkontinentalen Eisenbahn Arbeit fanden. Im Nordosten sind Asiaten nicht so dominant wie an der Westküste, mit Ausnahme von **New York City**, in dem sich eine der größten **Chinatowns** der USA herausgebildet hat.

Soziale Situation

Ausländischen Besuchern erscheinen die USA auf den ersten Blick als reiches Land, als „Paradies auf Erden". Erst auf den zweiten Blick nimmt man die „*homeless people*" in den Innenstädten wahr, erkennt die höchst unterschiedliche Wohnstruktur, die auch Baracken- und Wohnwagensiedlungen aufweist, und bemerkt die missliche Lage in den Indianerreservaten. Auch hinsichtlich der sozialen Lage sind die USA **ein Land der Kontraste.**

Immer mehr Menschen in den USA geht es statistisch zu Beginn des neuen Jahrtausends schlechter als Ende der 1970er-Jahre. Von den Amerikanern lebten im Jahre 1970 insgesamt 12,6 % unter der **Armutsgrenze** *(poverty line)*, 1982 waren es 15 % und 2010 etwa 25 %. Die Zahl der Sozialschwachen hat sich dabei in allen ethnischen Gruppen (Weiße, Schwarze, Chicanos, Indianer, Eskimos) vergrößert, allerdings am stärksten bei den Hispanics und Afroamerikanern. Die Kluft zwischen Arm und Reich wächst und die zunehmend ungleiche Verteilung der Einkommen sorgt für Sprengstoff: das reichste eine Prozent der Bevölkerung konnte in 20 Jahren sein Einkommen im Schnitt um 120 % steigern während die Reallöhne des überwiegenden Teils der Arbeitnehmer im gleichen Zeitraum um 20 % sanken.

USA kein Sozialstaat

Krankenversicherung

Während des Arbeitslebens sind, zumindest derzeit noch, die meisten Amerikaner gezwungen, sich selbst, d. h. privat, zu versichern. Nicht jeder kann sich das leisten, und da **keine Versicherungspflicht** wie hierzulande besteht, nehmen viele das Risiko einer Krankheit und der damit verbundenen Kosten in Kauf. Arbeitgebern ist immer noch freigestellt, ob und in welcher Höhe sie sich an der Krankenversicherung beteiligen. Mehr und mehr größere Firmen kümmern sich heute verstärkt um eine soziale und gesundheitliche Absicherung ihrer Mitarbeiter, wohingegen Staats- und viele städtische Bedienstete schon immer dieses Privileg genießen.

Bislang gewährt der Staat Sozialhilfeempfängern und Rentnern eine **Krankengrundversorgung**, die *Medicaid* bzw. *Medicare* genannt wird. Diese Versicherung wird wie die Sozialversicherungsbeiträge je zur Hälfte von Arbeitgeber und Arbeitnehmer finanziert. Allerdings müssen die Patienten – mit Ausnahme der finanzschwachen *Medicaid*-Versicherten – einen Eigenanteil an Krankenhaus-, Arzt- und Behandlungskosten leisten.

Präsident *Barack Obama* versucht derzeit eine **staatliche Krankenversicherung für alle** durchzusetzen und hat 2010 ein entsprechendes Gesetz in die Wege geleitet. Ob es sich allerdings umsetzen und vor allem finanzieren lässt, steht noch in den Sternen. Zu kompliziert – und oft undurchschaubar –, zu unterschiedlich sind die bundesstaatlichen und lokalen gesetzlichen Vorlagen, sodass sich mit einem Gesetz keine übergreifende Regelung finden lassen wird. Gerade in dieser Frage wird eine Besonderheit der USA deutlich: In vielen Bereichen hat die zentrale Regierung in Washington D.C. einen schweren Stand gegenüber den vielfach selbstständig handelnden Bundesstaaten. Diese wiederum sind nicht geneigt, ihre Autonomie aufzugeben, selbst wenn es am Ende um das Wohlergehen der Allgemeinheit geht…

Versicherungspflicht angestrebt

Rentenversicherung

1935 wurden mit dem **Social Security Act** die Rentenversicherung, ein Sozialhilfeprogramm und einzelstaatliche Arbeitslosenversicherungen in den USA eingeführt. Heute sind die meisten Arbeitnehmer rentenversichert. Die Altersbezüge sind jedoch gering, da auch die Beiträge niedrig sind – ein Grund dafür, dass viele *retirees* auch im hohen Alter noch Nebenjobs annehmen. Die Rente, weniger als die Hälfte des letzten Nettoeinkommens, wird über die *Social Security* finanziert, in die anteilig Arbeitnehmer und Arbeitgeber einzahlen.

Im Gegensatz zur deutschen Rentenversicherung basiert die amerikanische Sozialversicherung auf einem stetig wachsenden Rentenfonds. Das **Rentenalter** liegt je nach Zahl der Einzahlungsjahre zwischen 63 und 67 Jahren, es besteht allerdings die Möglichkeit, unter Inkaufnahme von Abschlägen früher in Rente zu gehen. Diejenigen, die finanziell dazu in der Lage sind, haben meist zusätzlich private Rentenversicherungen bzw. Lebensversicherungen abgeschlossen um im Alter ihren Lebensstandard halten zu können.

Niedrige Renten

Arbeitslosen- und Sozialhilfe

Lange Jahre lag die **Arbeitslosenquote** in den USA unter 4 %, während der letzten Wirtschaftskrise stieg sie auf fast 10 %. Inzwischen sinkt die Quote wieder (7,8 % im April 2013). Afroamerikaner und Lateinamerikaner sind am stärksten betroffen: Hier liegt die Arbeitslosenrate mit 15 bis 20 % erheblich höher. Arbeitslose werden in den U.S.A. weniger großzügig unterstützt als hierzulande. Es gibt für 26 bis maximal 39 Wochen finanzielle **Unterstützung**, die zwischen 30 und 50 % des letzten Arbeitslohnes beträgt. Genau wie bei der Arbeitslosenversicherung variieren die Leistungen der Sozialhilfeprogramme von Staat zu Staat jedoch erheblich.

Sozialhilfe *(workfare)* wird jenen gewährt, deren Einkommen unter der offiziellen Armutsgrenze liegt, dazu gehören etwa ein Drittel der Afroamerikaner und ein Viertel der Latinos. Neben *Medicaid* erhalten die Bedürftigen *food stamps* (Lebensmittelmarken), Kostenbefreiung für Kindergarten- und Schulbesuch und Mietzuschuss. Kein Bürger darf länger als fünf Jahre Sozialhilfe aus Bundesmitteln empfangen. Jeder Empfänger ist verpflichtet, nach zwei Jahren mindestens 20 Wochenstunden zu arbeiten. Dauer und Höhe von Arbeitslosenversicherung und Sozialhilfe haben zur Folge, dass die Betroffenen auch **schlecht bezahlte Jobs** annehmen. Immerhin verfügen die USA über ein Mindestlohngesetz, das $ 7,25 pro Stunde (in Deutschland sind 8,50 € angestrebt) vorsieht.

Mindestlohn

Bildungswesen

Die Wurzeln des amerikanischen Bildungswesens liegen in Neuengland. Die erste höhere Schule – die „**Boston Latin School**" – wurde 1635 in Boston gegründet. 1637 eröffnete das „Newtowne College", das ein Jahr später zu „**Harvard University**" umbenannt wurde und heute als eine der renommiertesten Hochschulen der Welt gilt. Nach den großen Universitäten an der Ostküste folgten Ende des 19. Jh. die *University of California* (1871 in Berkeley), *Stanford University* (1885), *University of Washington* (1861) und *Brigham Young Academy* (später *University*, 1875).

Das amerikanische Bildungssystem war von Anfang an auf **Pragmatik** ausgerichtet, man hing weit weniger einem abstrakten Bildungsideal nach als in Europa und erhob nie Anspruch auf eine humanistisch geprägte Allgemeinbildung. Den Siedlern und Pionieren genügten sogar noch die **Three R**: reading, writing, arithmetic (Lesen, Schreiben und Rechnen).

Schulen

1671 hatte man in allen Kolonien außer Rhode Island die Allgemeine Schulpflicht eingeführt. Das Schulwesen lag von Anfang an in den Händen der Stadt oder der Gemeinde, was erklärt, wie es zu der immensen Zersplitterung in um die 16.000 Schuldistrikte kam. Die **Qualität der Schulen** ist in erster Linie von der sie umgebenden Sozialstruktur und dem Wirtschaftsgefüge abhängig. Da sie durch die Grundsteuer finanziert werden, sind Schulen in „guten Wohngegenden" besser ausgestattet, verfügen über qualifiziertere (und höher bezahlte) Lehrer als solche in einer armen *neighborhood* mit geringem Steueraufkommen. Die großen Qualitätsunterschiede im Bildungsangebot haben in Amerika zu einer **Bildungsmisere** geführt, die sich in geringer Allgemeinbildung und Wissensdefiziten äußert.

Große Qualitätsunterschiede

Positiv zu bewerten ist hingegen, dass während der Schulzeit ein Schwerpunkt auf die **Förderung des Sozialverhaltens** gelegt wird – naheliegend in einem Einwanderungsland wie den USA, in dem von Anfang an vielerlei Nationalitäten und Kulturen miteinander auskommen mussten. Außerdem werden in den Ganztagsschulen „**außerschulischen Aktivitäten**" wie Sport, Musik, Benimmkursen oder Fahrschule eine weit größere Rolle zugemessen als hierzulande.

Aufgrund der Größe des Landes konzentrieren sich die Lerninhalte logischerweise überwiegend auf den eigenen Kontinent und die eigene Sprache. Das **Schuljahr** umfasst nur rund 180 Tage (es gibt zusätzliche Sommerkurse) und statt des deutschen dreigliedrigen System mit Grund/Hauptschule, Realschule und Gymnasium herrscht ein einheitliches Zwölf-Klassen-System, das Chancengleichheit gewährleisten soll. Mit sechs Jahren geht ein Kind in die sechsklassige **Elementary (Primary) School**. Die *grades* 7–9 werden **Middle School** und 10–12 **High School** genannt. Im Alter von ca. 18 Jahren geht es dann weiter auf ein College oder eine University, für normalerweise vier Jahre bis zum ersten Abschluss.

Universitäten

In den USA gibt es etwa 3.800 höhere Bildungseinrichtungen, die miteinander konkurrieren. Generell gibt es keine allgemein gültige staatliche Regelung oder Kontrolle des Bildungswesens. Es herrscht **akademische Selbstverwaltung** und die Aufnahmebedingungen seitens der Unis unterscheiden sich ebenso wie ihr Niveau. Aufnahmetests spielen meist eine geringere Rol-

Harvard gilt als eine der Elite-Universitäten der USA

le als das persönliche Vorstellungsgespräch, Noten sind oft weniger wichtig als Charakterstärke, Engagement und Neigungen, und Vermögen wird weniger Bedeutung zugemessen als beispielsweise der Tatsache, ehemalige Studenten *(alumni)* in der Familie zu haben. Eine Pflicht zur Aufnahme besteht generell nicht.

Rund 40 % aller Colleges und Unis befinden sich in öffentlicher Hand, d.h. erhalten Zuschüsse von Bundesstaaten, Gemeinden oder Städten. Die Mehrzahl stellen private Hochschulen, die meist einen besseren Ruf als die staatlichen genießen, jedoch auch um einiges höhere **Studiengebühren** *(tuition)* erheben. Unterschiede werden dabei auch nach dem Herkunftsort gemacht: Studenten aus dem gleichen Bundesstaat zahlen weniger als Ortsfremde. Angesichts der hohen Studienkosten, die übers Jahr in die Zehntausende Dollar gehen können, mag man den Kopf schütteln, sollte aber bedenken, dass amerikanische Universitäten seit jeher als **Wirtschaftsunternehmen** nach dem Prinzip „Leistung – Gegenleistung" und „Der Kunde ist König" arbeiten.

Universität als Wirtschaftsunternehmen

Vor allem die Privatunis werden komplett privatwirtschaftlich betrieben und gehören in den kommerziellen Dienstleistungssektor. Sie finanzieren sich in erster Linie aus Studiengebühren, Stiftungsvermögen, Spenden und Einnahmen – z.B. aus TV-Übertragungsrechten für ihre Sportteams – und verfügen im Allgemeinen über ansehnliche Etats, die eine gute personelle und materielle Ausstattung der Einrichtungen erlauben. Die Stiftungsvermögen sind hoch, Gelder werden reinvestiert und hauptberuflich agierende Fundraiser werben um Spenden und erschließen neue Geldquellen. Die Hochschulen konkurrieren um die besten Professoren, die begabtesten Studenten und die großzügigsten Sponsoren. Dies führte zur Herausbildung sogenannter **Eliteuniversitäten** wie Yale, Harvard, Brown, Princeton oder Stanford. Die Universität bzw. der Campus stellt eine eigene Stadt für sich dar, mit kompletter Infrastruktur und einem breiten Angebot im akademischen und nichtakademischen Bereich; dazu gehören z.B. Sport- und Freizeiteinrichtungen, Kurse und Veranstaltungen. Der Campus bietet **Rundum-Versorgung** – z.B. Gesundheitszentrum, Job-Service, Beratungsstellen und Finanzhilfe – und fördert so zweifellos die Konzentration aufs Studium.

Eliteunis

Normalerweise schließt sich an die Schule ein **College-Studium** *(Undergraduate Studies)* an, das zwei oder vier Jahre dauert. Rund 1400 *Community (Junior) Colleges* sind von den Kommunen betriebene öffentliche Einrichtungen, die eine zweijährige, praxisorientierte Ausbildung ermöglichen. Während dieser Zeit wird der Student auf den Berufseinstieg vorbereitet. An einem „regulären" oder „**4-year College**" können Studenten aus verschiedenen *undergraduate programs* wählen und durchlaufen die vier Stufen *Freshman, Bachelor, Junior* und *Senior*. Der Abschluss nach vier Jahren ist der Bachelor.

Über 80 % der amerikanischen Studenten steigen nach dem Undergraduate-Studium ins Berufsleben ein, knapp ein Fünftel setzt die Ausbildung mit einem **(Post-) Graduate-Studium** fort. Sie enden in der Regel nach zwei zusätzlichen Jahren mit dem Verfassen einer *thesis* – vergleichbar mit Diplom-, Magister-, oder Staatsexamensarbeit – und bringen dem Studierenden einen Master's Degree ein. Der dritte Studienabschnitt wäre ein **Doctorate Program**, das sich, je nach Uni, auch unmittelbar an den Bachelor anschließen kann. Eine Habilitation ist in den USA nicht vorgesehen – bei entsprechender Leistung und hoher jährlicher Punkte-Bewertung durch die Studenten steigt man vom *Assistant Docent* zum *Professor* auf.

Religion – „God's Own Country"

Mit der Verankerung der Religionsfreiheit und der Trennung zwischen Staat und Kirche in der Verfassung wurden die USA zu einem Land, in dem jeder seinen Glauben ausleben kann, solange er Gesellschaft oder Staat nicht schadet. Dieses *Disestablishment*, als erster **Verfassungszusatz** *(Amendment I)* 1791 in die Verfassung aufgenommen, führte zu mehr Mobilität und Konkurrenz. Im 19. Jh. erreichte die **Vielfalt an Glaubensgruppen** bzw. Sekten in den USA ihren Höhepunkt und bis heute ist die religiöse Zersplitterung nirgendwo sonst so stark wie hier.

Religiöse Vielfalt

Trotz der strikten **Trennung von Kirche und Staat** ist das Leben der Amerikaner vom Glauben bzw. der Kirchengemeinde geprägt – was hierzulande oft unterschätzt wird. So gilt in vielen Teilen der USA der Sonntag immer noch als „Heiliger Tag", an dem man sich gut gekleidet und in feierlicher Stimmung in der Kirche trifft. Und die Bibel ist weiterhin das meistgelesene Buch.

Religiöse Vielfalt

Die ersten europäischen Siedlungen in Nordamerika wurden von verschiedenen Gruppen **religiöser Flüchtlinge** aus Europa gegründet. Als Erste träumten die in den 1560er-Jahren in Großbritannien aufgekommenen **Puritaner** den Traum vom *Promised Land*, vom „Gelobten Land". Sie sahen sich als *The Chosen People*, als „Auserwählte", die von Gott den Auftrag erhalten hatten, ein „neues Jerusalem" zu schaffen. 1620 waren die ersten Puritaner, die sogenannten Pilgerväter, mit der „Mayflower" nach Amerika gesegelt und hatten sich im heutigen Neuengland angesiedelt.

Motiviert durch die erfolgreichen Koloniegründungen in Nordamerika zu Beginn des 17. Jh. stieg die Zahl religiös motivierter Auswanderer stetig an. Zu den meistbeachteten Versuchen, ein neues „Gelobtes Land" zu schaffen, gehört das von *William Penn* gegründete **Pennsylvania**. Als Mitglied der in den 1650er-Jahren in England entstandenen *Religious Society of Friends*, besser bekannt als **Quäker**, schlug *Penn* auf der Suche nach Freiheit den Weg nach Nordamerika ein und legte die Regeln des Zusammenlebens in der 1701 von ihm verfassten *Charter of Privileges* fest. Pennsylvania wurde fortan zum Zufluchtsort vieler religiöser Gruppen aus Europa. Darunter war eine Gruppe um den

„God's Own Country"

Schweizer Prediger *Jacob Amman*, die **Amischen** *(Amish People)*, eine Splittergruppe der **Mennoniten**, die 1536 unter Führung des charismatischen Niederländers *Menno Simons* entstanden war.

Wiedererweckungs-Bewegungen

Religiöse **Wiedererweckungs-Bewegungen** *(Great Awakenings)* spielten in den USA ebenfalls eine zentrale Rolle. Das **erste Great Awakening** griff zwischen 1720 und 1750 auf die englischen Kolonien in Nordamerika über. Zu den damals herausragenden Figuren zählte der Prediger *George Whitefield*, der zum Führer der calvinistisch-protestantischen Gemeinschaft der **Methodisten** aufstieg. Erstmals rückte dabei die individuelle religiöse Erfahrung statt des Gemeinschaftserlebnisses in den Mittelpunkt. Auf fruchtbaren Boden fiel diese Bewegung auch im Mutterland England: 1747 gründete sich in Manchester die *United Society of Believers*, die als **Shaker** nach ihrer Flucht 1774 in Nordamerika regen Zulauf verzeichneten.

Flucht aus England

Zwischen 1795 und den 1840er-Jahren kam es zu einem **zweiten Great Awakening**. Evangelisten wie *Charles G. Finney* propagierten den freien Willen eines jeden Menschen und die Vergebung der Sünden für alle. Am folgenreichsten erwiesen sich jedoch die Visionen des *Joseph Smith* (1805–44) im September 1823, die sieben Jahre später die Basis des *Book of Mormon* bildeten und in der Gründung der **Church of Jesus Christ of Latter-Day Saints** mündeten. Wachsende Ablehnung trieb die **Mormonen** jedoch immer weiter nach Westen, bis Ende der 1840er *Brigham Young* die damals rund 17.000 Gemeindemitglieder in ihre neue Heimat am Great Salt Lake führte, wo der Mormonenstaat „**Deseret**" (Biene), das heutige Utah, entstand.

Jedem das Seine

Catholic, Baptist, Methodist, Presbyterian, Pentecostal, Episcopalian, Latter-Day Saints, AME/African Methodist Episcopal, Church of Christ, Jehovah's Witness, Jewish, Muslims, Seventh-Day Adventist – die Liste der Glaubensgruppen und Kirchen in den USA ist vielfältig. Die meisten sind, streng genommen, **protestantische Gruppen**, hierzulande zum Teil auch unter dem Begriff „Evangelische Freikirchen" firmierend, und die größte unter diesen bilden die **Baptisten**. Die 1845 gegründete *Southern Baptist Convention* gilt als rigoros fundamentalistische Organisation, die die Allmacht der Bibel, einen traditionellen Moralbegriff sowie eine eher informelle Art der Gottesverehrung – man denke an Gospelmessen – vertritt. Als fortschrittlicher gelten die **Presbyterianer** und die **Methodisten**, quantitativ ebenfalls stark sind **Pentecostal** und **Episcopal Church**, **Lutherans** und die **Churches of Christ**.

Wechsel möglich

Doch ein Amerikaner gehört nicht unbedingt sein ganzes Leben lang ein und derselben Religionsgemeinschaft an: Bei einem Umzug kann es durchaus sein, dass ein Episkopaler zum Methodisten wird, sofern diese Gemeinde näher zur Wohnung liegt oder das Angebot an Kinderaufbewahrung, Alten- und Krankenpflege, Familienprogrammen oder Veranstaltungen mehr überzeugt. Da es weder Steuern noch Kirchengeld gibt und auch der Pfarrer nicht beamtet ist, lässt sich die Kirche diese Art von Service natürlich bezahlen. Es gilt der *blessing pact*: Gott liefert den Segen, der Besucher das Geld – und darf dafür in „God's own Country" nach eigenem Gusto glücklich werden.

Gibt es den „American Way of Life"?

Hot Dogs und Hamburger, Jeans und Cowboystiefel, Turnschuhe und Kaugummi, anonyme Vorortsiedlungen und vielspurige Autobahnen, Shopping Malls und Outlet Center, „*How are You*" und Duzen, Oberflächlichkeit und Smalltalk, Macht des Geldes und Jagd nach ewiger Jugend – was ist es eigentlich, das den „**American Way of Life**" ausmacht?

Natürlich lassen sich die alten Vorurteile über Amerika und die Amerikaner nicht ausrotten – gleiches gilt vice versa z. B. in Bezug auf die Verbindung zwischen Deutschen und Sauerkraut, Autobahnen oder Kuckucksuhren –, aber der aufmerksame Beobachter wird eine überraschend vielfältige und oft gegensätzliche Welt vorfinden und feststellen, dass es das **Klischeebild vom typischen Amerikaner** nicht gibt. Lediglich spezifische Züge, Gemeinsamkeiten, aber auch grundlegende Unterschiede zum europäischen Lebensstil sind feststellbar. Im Folgenden sollen zwei Aspekte des vielschichtigen „American Way of Life" herausgegriffen werden, die besonders deutlich die Verschiedenheiten aufzeigen.

Klischee vom typischen Amerikaner

USA kulinarisch

Fast Food ist zwar keine amerikanische Erfindung – schon im alten Rom gab es Garküchen an jeder Ecke –, doch in den USA wurde die „schnelle Küche" zum Kult und zum lukrativen Geschäft. Andererseits findet man heute kaum ein Land mit einer derart **kreativen und vielfältigen Küche**, die von frischen, lokalen Zutaten und einfalls-

Wochenmärkte bieten ein breites Spektrum an lokalen Bioprodukten

reichen Kombinationen und Zubereitungsweisen lebt. Der multiethnische Faktor, wachsendes Gesundheitsbewusstsein, Fantasie und Innovationsgeist haben dazu beigetragen, dass sich die amerikanische Küche zu etwas Besonderem entwickeln konnte und dass viele Restaurants heute mit den Gourmettempeln der französischen *Haute Cuisine* konkurrieren können. Wochenmärkte schießen aus dem Boden und selbst Supermärkte bieten mittlerweile eine breite Palette an Bioprodukten, Obst- und Gemüsesorten, Fisch und Meeresfrüchten an.

Kreative Küche

Die **Küche der USA** – im Reiseteil wird auf lokale Besonderheiten hingewiesen – kann man mit einem Eintopf vergleichen, in den die unter schiedlichsten Zutaten geworfen werden, damit er zu einem leckeren Gericht wird. So verdankt man den **Indianern** die Verwendung einer Vielfalt von lokalen Gemüse- und Obstsorten, das Wild und den Fisch, das Maismehl für die Tortillas und nicht zuletzt Chilis und Bohnen. Die **Zuwanderer** aus anderen Teilen der Welt führten Pflanzen wie Oliven, Trauben (Wein), Datteln, Nüsse oder Zitrusfrüchte ein, trieben den Fischfang zur Perfektion und entwickelten sich zu Meistern in der Viehzucht und -haltung. Schon in den 1970er-Jahren begann mit der kulturellen auch eine **kulinarische Revolution** die von der Westküste auf den Osten überschwappte.

Die schönste Nebensache der Welt

Eine Nebensache ist der Sport in den USA keineswegs, er spielt im Alltag der Amerikaner eine zentrale Rolle. Ausgehend von Amerika ist Sport außerdem ein **wichtiger Wirtschaftsfaktor** und ein bedeutender **Teil des Showgeschäfts** geworden. Seit über 100 Jahren gilt das passive Miterleben sportlicher Wettkämpfe als **Bestandteil des Kulturlebens** einer Stadt oder Region. Man zahlt einen mehr oder weniger hohen Preis für ein Ticket und erwartet dafür mehrstündige Rundum-Unterhaltung für die ganze Familie.

„Big Five" des Sports

Sport in Nordamerika – neben American Football, Baseball, Basketball und Eishockey, gewinnen NASCAR-Autorennen und Fußball (Soccer) immer mehr Fans – ist fest verankert in Geschichte, Kulturleben und sogar im Kalender. Kein Wunder, reichen die Wurzeln vieler Sportarten doch ins 19. Jh. zurück. Selbst Profiligen und -teams können häufig auf eine **jahrhundertealte Tradition** verweisen. So interessiert beispielsweise niemanden der kalendarische Frühlingsbeginn, wenn jedoch der US-Präsident Anfang April, am „Opening Day", die Baseballsaison eröffnet, dann ist für die Amerikaner das Frühjahr da. Bis in den Herbst hinein werden nun das Schlagspiel mit dem kleinen Lederball und die *Boys of Summer* Gesprächsthema Nummer eins sein. **Baseball** ist nicht einfach nur ein Sport – es ist das *National Game* und damit Teil der amerikanischen Geschichte, Kultur und Lebensphilosophie.

Werden die Blätter gelb, die Tage kürzer und die Abende kühler, hört man überall die Blechinstrumente und Trommeln der *Marching Bands*: Der Herbst ist die Jahreszeit des **American Football**. Die Profi-Football-Liga **NFL** (*National Football League*) gilt als die florierendste Sportliga der Welt. Daneben ziehen auf dem „flachen Land", wo die meisten Universitäten angesiedelt sind, die *American Football*-Mannschaften der Hochschulen Millionen von Fans in ihren Bann: **College Football** lockt in Hochburgen wie Texas, Tennessee oder Florida genauso viele Fans in die Stadien wie die NFL. Sportstu-

Baseball, das National Game

info

Um Baseball ranken sich viele Legenden: So behauptete beispielsweise um 1900, als die Sportart gerade ihren Kinderschuhen entwachsen war, der Sportartikelmillionär und ehemalige Spieler *Albert G. Spalding*, dass ein gewisser *Abner Doubleday* 1839 in Cooperstown (New York) das Spiel erfunden haben soll. Wissenschaftler wissen es heute besser, denn Schlagballspiele gab es schon in der Antike und es ist anzunehmen, dass in Nordamerika einfach unterschiedliche Varianten zu einer neuen Spielart verschmolzen.

1845 wurde mit dem **Knickerbocker Club of New York** der erste dokumentarisch belegte Baseballclub gegründet und er war maßgeblich an der Aufstellung eines Regelwerks beteiligt. Nach Bürgerkriegsende hatte sich das Baseballfieber über das ganze Land verbreitet. 1869 wurde mit den **Cincinnati Red Stockings** der erste reine Profficlub ins Leben gerufen und am 2. Februar 1876 wurde jene Liga gegründet, die bis heute das Geschehen mitbestimmt: die **National League** (NL). 1900 wurde dann die **American League** (AL) ins Leben gerufen und beide schlossen sich wenig später zum **Major League Baseball** (MLB) zusammen. Seit 1905 ermitteln die Meister der NL und AL in den **World Series** die beste Profimannschaft.

Was wäre Baseball ohne seine Stars? Selbst hierzulande kennt man *Babe Ruth*, *Lou Gehrig* oder *Joe DiMaggio*, letzteren nicht nur, weil er *Marilyn Monroe* heiratete. Heiß verehrt in den schwarzen Vierteln wurden einst die Stars der berühmten Negro League – denn erst 1946 wurde mit *Jackie Robinson* der erste Afroamerikaner in die MLB aufgenommen. Egal, ob Schwarz oder Weiß, Namen von Legenden und derzeitigen Stars wie *Leroy „Satchel" Paige*, *Willie Mays*, *Hank Aaron*, *Mickey Mantle*, *Pete Rose*, *Yogi Berra*, *Frank Robinson*, *Reggie Jackson*, *Cal Ripken*, *Nolan Ryan*, *Mike Piazza*, *Randy Johnson*, *Derek Jeter* oder *Tim Lincecum* lassen die Augen der Fans leuchten.

Baseball ist Amerikas Nationalsport

Lange Zeit galt der Nordosten als Heimat des Baseball und New York als dessen Hauptstadt, waren dort doch ursprünglich gleich drei der berühmtesten Teams zu Hause: die **Yankees**, die **Giants** und die Brooklyn **Dodgers**. Dank vermehrter Radio- und TV-Übertragungen erlebte Baseball in den 1960er Jahren einen neuen Boom, und der Umzug berühmter Mannschaften, z. B. der Giants und jener legendären Dodgers nach San Francisco bzw. Los Angeles, verbreitete die MLB-Basis landesweit. Längst sind zu Traditionsclubs wie den Yankees oder den Boston **Red Sox** neue Franchises wie die Baltimore **Orioles** oder Philadelphia **Phillies** getreten: 30 Profiteams bilden derzeit die beiden Ligen des MLB, dazu kommen zahllose weitere in den unteren Profiligen.

Wer zwischen April und Oktober die USA besucht, sollte es nicht versäumen, ein Baseballspiel mitzuerleben, beispielsweise im **Oriole Park at Camden Yards** in Baltimore, im legendären **Yankee Stadium** in New York oder im altehrwürdigen **Fenway Park** in Boston. Zugegeben, ein Spiel scheint endlos und zu Anfang versteht man meist nicht viel, doch die Stimmung ist toll und meist findet sich schnell jemand, der einen in die Geheimnisse der Sportart einweiht.

denten, mit Stipendien versehen, stellen vier Semester lang die Kader der Uniteams, um danach – sofern gut genug – in das Profisportgeschäft zu wechseln. Kommen Kälte und Schnee, dann pilgert man in die Hallen, um **Eishockey** der weltbesten Liga, der **NHL** *(National Hockey League)* oder **Basketball** zu sehen. Neben der weltberühmten **NBA** *(National Basketball Association)* ist auch **College Basketball** beliebt.

In den letzten Jahren hat sich eine weitere Sportart zum Volkssport entwickelt: **Fußball**, in den USA „**Soccer**" genannt. Haben einst nur Zuwanderer aus Hochburgen wie Südamerika und Südeuropa dem Fußball gehuldigt, kickt heute in den USA fast jedes Kind und die Bedeutung der **Profiliga MLS** *(Major League Soccer)* wächst stetig.

Wiege alternativer Ideen

Was die Menschen im „Alten Europa" an den USA verwirrt und verunsichert, ist das meist friedliche **Nebeneinander von Extremen und Gegensätzen**. Gelten gerade die Neuengland-Staaten als Wiege des strengen Puritanismus, der westlichen Wirtschaftsordnung und des damit verbundenen Gewinnstrebens, steht hier zugleich die Wiege alternativer Ideen und Lebensformen. Beispielsweise sind dort, wo die stärksten Wurzeln des Puritanismus liegen – in Massachusetts, Connecticut, Vermont und New Hampshire – gleichgeschlechtliche Ehen möglich. Nur noch in Iowa und Washington, D.C. besteht dasselbe Recht. Auch das bis heute legendäre Konzert in Woodstock (New York) im Jahr 1968 ist für die Zeit weder ein Einzelfall noch der Beginn der alternativen Szene.

Friedliches Miteinander

Schon Anfang des 19. Jh. hatte die puritanische Weltordnung zu bröckeln begonnen. Literaten und Denker aus Neuengland fingen an, sich der romantisch-optimistischen Strömung des **Transzendentalismus** zuzuwenden (siehe unten). Es waren auch Politiker und Denker aus Neuengland, die sich im 19. Jh. an die Spitze vieler **Reformbewegungen** stellten. Sie polemisierten vehement gegen die Sklaverei, die auf ihr Betreiben hin schon gegen Ende des 18. Jh. hier im Norden abgeschafft wurde. Die Neuengländerin *Harriet Beecher-Stowe* hatte 1852 mit ihrem weltberühmten Buch „Onkel Toms Hütte" einen wesentlichen Beitrag zur Abschaffung der Sklaverei in den USA geleistet. Nach dem Bürgerkrieg 1865 rückten die Ausbeutung der Arbeiter im Zuge der industriellen Revolution sowie die bis dato untergeordnete Rolle der Frau in der Gesellschaft in den Blickpunkt. So gab es 1879 bereits vier Frauen-Colleges in Massachusetts: Wellesley (bekannt durch Hillary Clinton), Smith, Mount Holyoke und Radcliffe.

Kultur im Überblick

Nirgendwo stellt sich die Frage nach einer einheitlichen Kultur stärker als in den USA. Zwar hat seit der Gründung der Vereinigten Staaten die angloamerikanische Mehrheit ihre Normen gesetzt, doch andererseits definieren sich die USA bis heute als **Summe verschiedener Ethnien**. Auch wenn Amerika von einer sich stets wandelnden, vielschichtigen Gesellschaft geprägt ist, gibt es **kulturelle Konstanten**, die sich seit der *Kulturelle* Kolonialzeit herausgebildet haben: der Glaube, im Gelobten Land zu leben, Tugenden *Konstanten* wie Unabhängigkeit, Optimismus, Selbstvertrauen, Risikofreude, Fortschrittsglaube, Individualismus, Toleranz, Erfolgsstreben, Mobilität und schließlich die Sehnsucht nach „Wide Open Spaces". Nachfolgend können lediglich einige typische Aspekte herausgegriffen werden.

Architektur

Die ältesten erhaltenen Überreste menschlicher Besiedelung an der Ostküste haben die Gestalt von Erdhügeln und Pfostenlöchern. Es handelt sich um die Spuren der sogenannten indianischen **Mississippian Tradition**, die sich in den Südstaaten zwischen dem Mississippi und der Atlantikküste ausdehnte. Mit der Ankunft europäischer Siedler an der Ostküste – abgesehen von Louisiana und Florida in erster Linie Engländer – hielten ab dem frühen 17. Jh. bevorzugt **englische Architekturstile**, Bautypen und -techniken Einzug. Dabei musste allerdings den natürlichen Gegebenheiten der Wahlheimat, insbesondere dem Klima und den vorhandenen Baumaterialien, Rechnung getragen werden. Es handelte es sich um bodenständige Zweckarchitektur mit einfachem Grundriss, daneben existierten primitive Blockhütten, *log cabins*.

Im 17. Jh. waren überwiegend schlichte Einraum-Häuser (*single-room houses*) entstanden, wie die *saltboxes* in Neuengland, mit je einem Raum und zwei Etagen bzw. die *shotgun houses*, besonders im Südosten, mit je einem Zimmer beiderseits eines Mittelgangs. Solchen Grundrissen wurden ab Anfang des 18. Jh. weitere Räume zugefügt.

Vor dem Ausbruch des Unabhängigkeitskrieges 1776 bildete sich unter englischem Einfluss ein architektonischer Stil in der Neuen Welt heraus, der nach den vier englischen Königen namens *George*, die von 1714 bis 1830 aufeinander folgten, **Georgian Style** genannt wurde. Er manifestierte sich in sehr schlichten und klassisch symmetrisch ge- *Strenge* gliederten, unverputzten Ziegel- (oder Holz-)Bauten, rechteckigen zweistöckigen Kä- *Symmetrie* sten, deren Besonderheit in der strengen Symmetrie von Eingang und Fenstern und klassizistischen Architekturelementen wie Zierleisten, Säulen und Giebeln zur Rahmung der Eingänge, lag. Der Stil war zwischen 1700 und 1780 in den englischen Kolonien verbreitet. Besonders viele Beispiele finden sich in Boston, New York, Philadelphia, Ports-

Gothic Revival-Architektur auf dem Campus von Yale

mouth (NH) oder Newport (RI). Englische Baumeister wie *Inigo Jones* (1572–1652) oder *Sir Christopher Wren* (1632–1723) hatten die wegweisenden Traktate des italienischen Renaissance-Baumeisters *Palladio* (1508–80) – der sich wiederum auf den antiken Theoretiker *Vitruv* stützte – studiert.

Aus dem „englischen" Georgian Style wurde nach der Unterzeichnung der Unabhängigkeitserklärung 1776 und mit wachsendem Selbstbewusstsein der jungen Nation der **Federal Style**, allerdings ohne dass es zu gravierenden Veränderungen gekommen wäre. Je nach Region und natürlichen Ressourcen wurde häufig weiter mit Holz gebaut und lediglich durch Anstriche oder Verblendwerk der Eindruck wertvolleren Mauerwerks vorgetäuscht. Besonders der spätere Präsident *Thomas Jefferson* (1743–1826) gab in der repräsentativen Architektur neue Anstöße indem er klassizistisch-antikisierende Elemente einführte. Musterbeispiel ist seine Villa in Monticello/VA, wo *Jefferson* erstmals eine komplette Tempelfront – die Kopie der römischen *Maison Carrée* in Nîmes – anwandte. Das frühe 19. Jh. war jedoch auch die große Zeit von Baumeistern wie *Samuel McIntire* (1757–1811) aus Salem oder *Charles Bulfinch* (1763–1844) aus Boston, deren Bauwerke zu den schönsten Beispielen dieser Epoche zählen.

Im Innenbereich war es der **Adams Style**, der neue Akzente setzte: Romantisch-verspielte Züge traten neben schlicht-strenge, klassizistische Formen. Die beiden britischen Architekten *Robert* und *James Adam* hatten in ihrem Traktat von 1773 eine harmonische und einheitliche Gestaltung des Innenraums gefordert und genügend Beispiele, z. B. in Charleston, geliefert. Aufwändiges und handwerklich hochwertiges Dekor, Stuckaturen an Decken und Wänden, exquisite Kaminverkleidungen, vor allem aber auffällige Grundrisse und gewagte Treppenkonstruktionen wurden erst in England, dann auch in der Neuen Welt Mode.

Antike Bau-elemente Der griechische Befreiungskrieg 1821–30 und das Bekanntwerden archäologischer Entdeckungen waren Faktoren, die das Aufkommen des **Greek Revival Style** in Nordamerika förderten. Vor allem in der Plantagengesellschaft des Südens verbreitete sich der neue Stil schnell und nachhaltig. In der Zeit vor dem Bürgerkrieg, zwischen 1830 und 1861, wurden antike Bauelemente „modern". Bei den sogenannten Ante-Bellum-Häusern wurden nun statt einzelner Säulen um den Eingang ganze Säulenhallen (Portiken) gebaut bzw. komplette Tempelfronten vorgeblendet. Einerseits wurde dies als Mittel zur Selbstdarstellung der wohlhabenden Plantagenbesitzer an Herrenhäusern eingesetzt, andererseits sollte so Repräsentationsbauten Monumentalität und Würde verliehen werden.

Architekturstile

Georgian Style

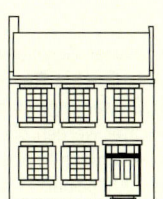

Federal Style

Greek Revival

Gothik Revival

Italianate Revival

Second
Empire
Style

Queen Anne Style

Tudor Revival

Romanesque Revival

Bungalow Style

International Style

Berühmte
Kirchtürme
Neu-
englands
Zu einer neuen architektonischen Aufgabe wurde der **Kirchenbau** und speziell in Neuengland haben bis heute die weißen Kirchtürme symbolhaften Charakter. *Asher Benjamin*, einer der einflussreichsten Baumeister Neuenglands zu Beginn des 19. Jh., der sieben Bücher zur Architektur verfasst hat, ist dieser Typus des Kirchturms ebenso zu verdanken wie die Tatsache, dass der *Greek Revival Style* auch im Nordosten, zumindest eingeschränkt, Einzug hielt.

Gegen Ende des 19. Jh. kam es zu einer Gegenbewegung, einem kurzen, an sich nicht allzu bedeutenden Intermezzo: Das **Gothic Revival** fand vor allem an Kirchen und öffentlichen Bauten Verwendung. Dieser englisch beeinflusste Stil kann jedoch als Wegbereiter für eine Richtung betrachtet werden, die sich nach dem Bürgerkrieg durchsetzte und unter dem Begriff „**viktorianisch**", nach der Königin *Victoria* (1837–1901) firmierte und von etwa 1860 bis 1900 populär war.

Der **viktorianische Stil** fasst verschiedene Regional- und Revivalstile zusammen: Zum Gotischen traten, abgeschaut von italienischen Landhäusern und Renaissance-Palästen, das **Italianate Revival** (ca. 1860–85), der **Second-Empire-Stil** mit seinen charakteristischen Dächern (ca. 1870–85) und, in den beiden letzten Jahrzehnten des 19. Jh., Elemente des **Eastlake** und vor allem des beliebten **Queen Anne Style**, mit pittoresken kleinen Türmchen, viel Dekor und Schnickschnack, mit Buntglas und dunklen Holzvertäfelungen in asymmetrisch konzipierten Räumen. Ein großes Plus war hierbei die ökonomische Herstellungsweise: Einzelne Bauteile und Dekorelemente konnten nach Musterbüchern en masse produziert werden, eine Idee von *John Pelton*. Den Abschluss der viktorianischen Periode bildet der **Romanesque Style** (1895–1910). Durch Architekten wie *Henry Hobson Richardson*, der die Bostoner Trinity Church entwarf, oder *McKim, Mead and White* (Boston Public Library) konnten sich derart extravagante Stilvarianten durchsetzen.

Interna-
tional Style
Revivalstile wurden auch noch im 20. Jh. gepflegt, doch daneben gab es auch Neues: den **California**- oder **Bungalow Style**, 1910 bis 1940 vor allem von *F.L. Wright* geprägt, und den **International Style**. Die beiden New Yorker Architekten *Johnson* und *Hitchcock* hatten 1932 mit ihrem Manifest „The International Style" in der Baukunst neue Wege geebnet und Bauhaus-Anhänger wie *Gropius*, *Le Corbusier* oder *van der Rohe* trugen dazu bei, dass in den 1950er und 1960er Jahren in Boston, New York oder Philadelphia stromlinienförmige, schlicht-funktionale Glastürme entstanden.

Neue Impulse erhielt die Architektur in den 1970er Jahren durch Baumeister wie *Robert Venturi* oder *Charles Moore*. 1972 hatte sich *Venturi* mit dem Manifest „Learning from Las Vegas" gegen den herrschenden kommerziellen, funktionalen und uniformen Baustil gewandt und mit Hilfe von Zitaten verschiedener historischer Stile eine neue Richtung begründet: die Postmoderne Architektur. *Peter Eisenman, Michael Graves, Richard Meier* oder *Charles Gwathmey* folgten. *Charles Jencks* verfasste das wegweisende Buch „The Language of Post-Modern Architecture" und der **postmoderne Stil** – auch als *Pop Architecture* bezeichnet – machte mit Bauten wie dem New Yorker Lipstick Building (1987) Schlagzeilen.

Zitate und Symbolhaftigkeit riefen schon bald eine neue Gegenbewegung hervor: Architektenbüros wie *SOM, J.M. Pei, Burgee-Johnson* oder *Roche, Dinkeloo & Ass.* wandten sich gegen Eklektizismus und Historismus und riefen eine neue Moderne ins Leben. Ab den

1980er Jahren entstand dann vor allem „**spätmoderne Architektur**" ohne Zierrat. Die Palette hat sich mitterweile wieder verbreitert und die besten Beispiele für die modernen Stilrichtungen des 21. Jh. liefert heute in konzentrierter Form New York (s. S. 134).

Malerei

Es sollte lange dauern, bis sich in den USA eigene Stilrichtungen – vor allem eine selbstständige **Porträt- und Landschaftsmalerei** – herausgebildet hatten. Viele Jahre hatten europäische Kunststile, besonders Klassizismus und Romantik, die Malerei beeinflusst. Zu Charleston und New Orleans, die sich schon zu Anfang des 18. Jh. im Süden zu Kunstmetropolen entwickelt hatten, trat im 19. Jh. eine Bewegung im Nordosten, die nach ihrer Leidenschaft für das Hudson-River-Tal „**Hudson River School**" genannt wurde. Streng genommen handelt es sich aber nicht um eine „Schule", sondern um einen losen Zusammenschluss mehrerer Künstler. Anfangs eher abschätzig betrachtet, übte diese von etwa 1825 bis 1875 aktive Künstlergruppe einen unschätzbaren Einfluss auf die folgende amerikanische Landschaftsmalerei aus (siehe unten, INFO).

Mit den Künstlern der Hudson River School rückte **New York** seit dem 19. Jh. **als Kunstmetropole** ins Blickfeld und seither bestimmt die Weltstadt die amerikanische Kunstszene maßgeblich mit. Zu Beginn des 20. Jh. waren Künstler wie *Marcel Duchamp, Georgia O'Keeffe, Ralston Crawford, Joseph Stella, Charles Demuth* oder *Charles Sheeler* in New York tätig. *Thomas H. Benton* lebte ab 1911 in New York und wurde dort, ebenso wie *Reginald Marsh* (1898–1954), zur Identifikationsfigur des „städtischen Sozialrealismus".1917 hatte sich um *Man Ray* und *Duchamp* eine Künstlergruppe formiert, die den New Yorker Dadaismus begründete. Dagegen galten Maler wie *Charles Burchfield* (1893–1967) und *Edward Hopper* (1882–1967) mit ihrem Malstil der Neuen Gegenständlichkeit als Einzelgänger. Gerade *Hoppers* Bilder sind wie jene *Norman Rockwells* bis heute für das Amerikabild prägend und tauchen selbst in der Werbung als Zitate auf. *Kunstzentrum New York*

Der amerikanische Realismus war in den 1940/50er Jahren zum Niedergang verurteilt und wurde abgelöst durch den abstrakten Expressionismus. Ihm gelang es, alle bisherigen Kunstvorstellungen zu sprengen und New York zu internationalem Ruf als **neues Kunstzentrum** neben Paris zu verhelfen. Zu den wichtigsten Initiatoren gehörte *Jackson Pollock* (1912–56). Zusammen mit *Willem de Kooning, Ad Reinhardt, Robert Motherwell, Barnett Newman, Mark Rothko* und *Clyfford Still* malte er gegen die „laienhaft-provinzielle" Haltung in der Öffentlichkeit an.

In den 1960er Jahren sorgte eine weitere Kunstrichtung aus New York für Schlagzeilen, die **Pop-Art**. Typisch amerikanische Dinge, wie Fast-Food-Restaurants, Reklametafeln, Geldscheine, Comics oder Pressefotos, wurden thematisiert und Alltagsgegenstände oder Müll als neue Medien eingesetzt. Neben *Jasper Johns* gehörten *Robert Rauschenberg, Jim Dine, Roy Lichtenstein, James Rosenquist, Tom Wesselmann, George Segal, Claas Oldenburg* und der weltbekannte *Andy Warhol* (1928–88) zu den bedeutendsten Vertretern dieser Kunstrichtung. *Pop Art*

Fotorealismus, Happenings, experimentelle Kunst, Video- und Computerkunst, Konzeptkunst, Minimal Art, Neo-Dada, Neo-Abstraktion, Anti Form, New Image Painting – seitdem Pop-Art als eigenständiger amerikanischer Stil in den 1980er Jahren überwunden worden war, scheint in New Yorks Kunstszene, aber nicht nur dort, alles erlaubt zu sein und die Stadt ist zu einem **spannungsreichen Experimentierfeld der Kunst** geworden, in der sich Künstler aus aller Welt austauschen und anregen.

info

Die Hudson River School

Als *„Father of American Landscape Painting"* gilt der in England geborene *Thomas Cole* (1801-48), der nicht nur die Hudson River School, sondern zugleich ein neues und selbstständiges amerikanisches Genre begründete: die **Landschaftsmalerei**. Erstmals thematisierten amerikanische Künstler dabei die endlose Wildnis Nordamerikas und ihre frühe Besiedelung. Bis dahin hatte die **Porträtmalerei** dominiert, mit *Charles Wilson Peale* (1731-1827) und *Gilbert Stuart* (1755-1828) als wichtigen Vertretern.

Cole hatte ebenfalls als herumziehender Porträtist begonnen, war aber nach einer Reise ins Hudson River Valley dermaßen begeistert von der Landschaft gewesen, dass er sich 1825 in den Catskill Mountains – im Staat New York, südwestlich der Hauptstadt Albany – ansiedelte und begann, die *„American Scenery"* zu malen. *Cole* schuf großformatige **Panoramen der amerikanischen Wildnis**, bei denen atmosphärische Stimmungen und ungewöhnliche Lichteffekte eine ebenso wichtige Rolle spielten wie allegorische Inhalte, religiöse und literarische Anspielungen.

Es entstanden Abbilder eines urtümlichen **Gartens Eden** – Landschaften, die als Gottes Schöpfung ohne menschliche Einflussnahme dargestellt werden. Anders als bei europäischen Meistern der Zeit spielten Mensch, Zivilisation und Technik in den Werken der frühen amerikanischen Landschaftsmaler eine untergeordnete Rolle. Die Hochachtung vor der Natur war ein dominantes und abgrenzendes Merkmal, ein weiteres lag in den breiten Querformaten, die den Horizont betonen und der Landschaft Tiefe verleihen. Obwohl die Naturszenerien größte Detailgenauigkeit aufweisen und überaus realistisch erscheinen, lässt sich ein gehöriges Maß an Idealisierung, an **romantischer Überhöhung** nicht leugnen.

Die neue Landschaftsmalerei ist ein Spiegel ihrer Zeit: Nach dem Krieg von 1812 gegen die Engländer waren das Selbstbewusstsein und der Stolz der jungen Nation gewachsen. Die riesigen und weitgehend unerforschten und unbesiedelten Ländereien im Westen traten erst jetzt richtig ins Bewusstsein. Künstler jener Zeit pflegten Kontakte zu Philosophen und Dichtern des Transzendentalismus zu. So entstand der Mythos der göttlichen und anbetungswürdigen Wildnis; Landschaft war nicht länger nur Kulisse, sondern Träger vielfältiger Beziehungen zwischen Natur, Mensch und Gott und diente als Symbol für individuelle und kollektive Erneuerung, als Ort der Hoffnung und der spirituellen Wiedergeburt.

Neben *Cole* gehörten *Jaspar Francis Cropsey* (1823-1900), *Asher Brown Durand* (1796-1886), *Frederick Edwin Church* (1826-1900), *Thomas Worthington Whittredge* (1820-1910), *George Inness* (1825-94) und der deutschstämmige *Albert Bierstadt* (1830-1902) der Hudson-River-Gruppe an. *Bierstadt* war der erste Künstler, der den damals großteils unbekannten Westen malte. Er war ab 1859 mehrmals dorthin gereist, hatte an Expeditionen in die Rockies und die Sierra Nevada teilgenommen. Die auf den Reisen entstandenen Skizzen und Fotos wurden später in seinem New Yorker Studio in gigantischen Panoramen umgesetzt.

Neuengland – Heimat der Dichter und Denker

Seit den Gründungstagen der ersten britischen Kolonien haben die Neuengland-Staaten Literaten und Denker hervorgebracht haben, die das ganze Land beeinflussten, während in der Weltstadt New York von jeher alle möglichen Einflüsse aufeinander prallen. Ein wichtiger Wegbereiter einer eigenständigen amerikanischen Literatur war **Ralph Waldo Emerson** (1803–82). Als Kopf des **Transzendentalismus** propagierte er die schöpferische Intuition des Einzelnen und seine Eingebundenheit in eine pantheistische Natur. Es gelang Emerson, dessen Essay „Nature" (1836) als Bibel der Bewegung galt, die besten Denker und Dichter seiner Zeit um sich zu scharen.

Amerikanische Literatur

So versuchte **Henry David Thoreau** (1817–62) die Ideen in die Tat umzusetzen und lebte zwei Jahre abgeschottet in einer Hütte in den Wäldern von Massachusetts (Walden Pond). **Nathaniel Hawthorne** (1804–64) entlarvte in seinen Hauptwerken, wie „The Scarlett Letter" („Der scharlachrote Buchstabe", 1850) und „The House of Seven Gables" („Das Haus der sieben Giebel", 1851), die puritanische Doppelmoral. *Emerson* beeinflusste aber auch *Emily Dickinson* (1830–86) oder *Louisa May Alcott* (1832–88), die als Wegbereiterinnen der Gleichberechtigung fungierten.

In New York und in der Abgeschiedenheit der Berkshires war **Herman Melville** (1819–91) zu Hause. Erst nach seinem Tod wurde er als einer der bedeutendsten Dichter der USA verehrt und sein tiefgründiges und symbolisches Hauptwerk „*Moby Dick*" (1851) zum Bestseller. Zu Lebzeiten schätzte man dagegen eher seine in der Karibik spielenden Romane wie „*Typee*" oder „*Omoo*", in denen ein freies Leben ohne Zwänge unter den Ureinwohnern propagiert wird.

Moby Dick

Das Haus von Herman Melville in Pittsfield/MA

Gegen die Sklaverei Intellektuelle und Literaten aus Neuengland standen im 19. Jh., vor dem Bürgerkrieg, an der Spitze der Anti-Sklavenbewegung. Berühmtestes Beispiel ist **Harriet Beecher-Stowe** (1811–96) und ihr 1852 verfasster Roman „*Uncle Tom's Cabin*" („Onkel Toms Hütte"). Weltberühmt war ihr Nachbar **Mark Twain** (1835–1910), der zwar in Neuengland (Hartford) lebte, aber doch Zeit seines Lebens ein Südstaatler geblieben ist, was seine weltberühmten Abenteuergeschichten um „*Tom Sawyer*" (1876) und „*Huckleberry Finn*" (1884) belegen.

Der meistgelesene Neuengland-Autor des 19. Jh. war **Henry Wadsworth Longfellow** (1807–82) aus Portland/Maine. Gerade seine epischen Gedichte „*The Song of Hiawatha*" (1855) und „*Evangeline*" (1847), mit denen er den Indianern und der arkadischen Minderheit Kanadas, den Cajuns, Denkmäler gesetzt hat, haben ihn zu einem bedeutenden Dichter gemacht. In seiner Tradition steht **Robert Frost** (1874–1963), der wie kein anderer die bäuerliche Welt New Hampshires in Worte fasste.

Obwohl im 20. Jh. die literarische Dominanz Neuenglands zu Ende ging, spielt diese Region bis heute eine Rolle in der nordamerikanischen Literaturszene. Viele moderne Autoren stammen aus Neuengland oder leben/lebten dort, z. B. *John Updike* (1932–2009), *Thornton Wilder* (1897–1975), *John Irving* (*1942) oder *Arthur Miller* (1915–2005), der durch sein Schauspiel „*The Crucible*" („Die Hexenjagd", 1953), das die Hexenprozesse von Salem 1692 anprangert, berühmt geworden ist. In den letzten Jahren hat *Annie Proulx* (*1935) für Aufsehen gesorgt. Die aus Connecticut stammende Autorin setzt die große Tradition berühmter Schriftstellerinnen aus Neuengland fort.

Als erster eigenständiger amerikanischer Autor gilt **Edgar Allen Poe** (1809–49). In Boston geboren, war *Poe* zeitweise in Baltimore, die meiste Zeit jedoch in Richmond/Virginia zu Hause. Nach seiner Entlassung aus der Armee 1831, wegen Aufsässigkeit, wandte er sich der Schriftstellerei und dem Journalismus zu. Trotz seines kurzen Lebens gilt *Poe* als **America's Shakespeare**, der in gleich fünf literarischen Genres Meisterschaft erlangte: Detektiv-, Horror- und Kurzgeschichten sowie Lyrik und Science-Fiction.

James Fenimore Coopers (1789–1851) weltberühmte „Lederstrumpf"-Romane stellen einen Meilenstein in der nordamerikanischen

New York – ein Experimentierfeld für moderne Kunst

Literaturgeschichte dar. Der meisterhafte Erzähler *Cooper* war nahe dem heutigen Cooperstown am Lake Otsego (New York) aufgewachsen und hatte die Entwicklung des Nordostens von einem unberührten Naturrefugium zur blühenden Gemeinde miterlebt und in fünf „Lederstrumpf"-Erzählungen, erschienen zwischen 1823 und 1841, verarbeitet.

Literarisches Multikulti in New York

So vielgesichtig wie sich die **Weltmetropole New York** gibt, derart schillernd ist auch ihre Literaturszene. Unzählige berühmte Autoren wurden in New York geboren oder lebten hier, darunter auch deutsche Größen wie *Bert Brecht, Oskar Maria Graf, Thomas* und *Klaus Mann* oder *Ludwig Thoma*. Zu den bekanntesten „New Yorker" Schriftstellern gehören *Henry Miller* (1891–1980), *Norman Mailer* (1923–2007) oder *Jack Kerouac* (1922–69).

John Dos Passos (1896–1970), portugiesischer Abstammung und aktiver Kommunist, beschreibt in „Manhattan Transfer" (1925) die New Yorker Gesellschaft. Der derzeit berühmteste Autor aus der Metropole ist **Paul Auster** – geboren 1947 in Newark/NJ und in Brooklyn lebend –, zu dessen lesenswerten Büchern die „New York Trilogy" (1988) gehört. *Moderne Autoren*

Schon in den 1920er Jahren hat in New York die afroamerikanische Kunst- und Literaturszene für Aufsehen gesorgt. Die **Harlem Renaissance** war Ausdruck eines neuen schwarzen Selbstbewusstseins und äußerte sich in den Bereichen Tanz, Musik, Theater, Kunst und Literatur. *Alain Locke* hatte die Bewegung mit einem Essay in „The New Negro"(1925) initiiert, und *Langston Hughes* (1902–67) thematisierte in „The Big Sea" Harlems Blütezeit in den Roaring Twenties. Damals waren Jazzmusiker wie *Duke Ellington* oder Tänzer wie *Bill „Bojangles" Robinson* neben großen Literaten in Harlem zu Hause: *Jean Toomer* (1894–1967), *Zora Neal Hurston* (1891–1960), *Claude McKay* (1890–1948) oder *Rudolph Fisher* (1897–1934). Den neuerlichen Aufschwung Harlems verkörpert beispielsweise *Toni Morrison* (geb. 1931) mit ihrem Roman „Jazz" (1992). *Afroamerikanische Autoren*

Wie breit das Spektrum der Schriftsteller in New York ist, belegt **Kinky Friedman** (geb. 1944). Mit seinen skurrilen Krimis, die im New Yorker Greenwich Village spielen, hat er weltweit eine große Fangemeinde gewonnen. Friedman ist aber nicht nur ein in New York lebender Cowboy, er ist auch jüdischer Abstammung und setzt so die Tradition der jüdischen Literatur in New York fort. Einer der ersten jüdischen Autoren war *Isaac Bashevis Singer* (1904–91), der 1935 als Sohn eines jüdisch-polnischen Händlers eingewandert war. *J.D. Salinger* (1919–2010) war nicht nur als Romanautor bekannt, sondern auch als Kolumnist für den „**New Yorker**", bis heute das wichtigste Kulturmagazin Amerikas. Zur modernen Generation jüdischer Literaten gehören Autoren wie der 1977 geborene **Jonathan Safran Foer**, der mit seinem 2002 erschienenen „Alles ist erleuchtet" berühmt wurde und 2010 mit „Tiere essen" weltweit Aufsehen erregt hat.

ALLGEMEINE REISETIPPS
A–Z

Hinweis

Die Allgemeinen Reisetipps umfassen **reisepraktische Hinweise** in alphabetischer Anordnung. Sie sollen bei der Vorbereitung der Reise und der Planung des Aufenthalts behilflich sein. Zusätzliche regionale Informationen über Sehenswürdigkeiten, Öffnungszeiten, Unterkünfte, Restaurants etc. finden sich jeweils am Ende der entsprechenden Kapitel im Reiseteil.

Abkürzungen

Abgesehen von den geläufigen Abkürzungen für Tage, Monate, Zeiten etc. sind nachfolgend einige häufig gebrauchte Abkürzungen zusammengefasst, die in den USA (z. B. in Broschüren, auf Landkarten, Straßenschildern usw.) bzw. in diesem Buch benutzt werden:

a.m.	ante meridiem (vormittags)	p.m.	post meridiem (nachmittags)
Ave.	Avenue	Rd.	Road
Bldg.	Building	RV	Recreational Vehicle (Wohnmobil)
Blvd.	Boulevard	S	South
CVB	Convention & Visitors Bureau	SP	State Park
	(Tourismusamt)	St.	Street
Dr.	Drive	VC	Visitor Center
DZ	Doppelzimmer		(Besucherinformationsstelle)
E	East	W	West
EW	Einwohner	/	bei Adressangaben, weist auf eine
Frwy.	Freeway		Straßenecke hin
HS	Hauptsaison (Memorial bis Labor Day,	-	Hinweis auf die Straßen, zwischen denen
	d. h. letzter Mo im Mai bis 2. Mo im		ein Punkt liegt
	Sept.)	D	Deutschland
Hwy.	Highway	AU	Österreich
I	Interstate (Autobahn)	CH	Schweiz
Ln.	Lane		
N	North	**Staatenabkürzungen**	
mi	mile (Meile), entspricht 1,6 km	CT	Connecticut
mph	miles per hour	D. C.	District of Columbia (= Washington)
Mt.	Mount	ME	Maine
Mtn.	Mountain	MD	Maryland
NHS	National Historic Site	MA	Massachusetts
NF	National Forest	NH	New Hampshire
NM	National Monument	NJ	New Jersey
NP	National Park	NY	New York
NRA	National Recreation Area	PA	Pennsylvania
NS	Nebensaison (s.o. „HS")	RI	Rhode Island
OG	Obergeschoss	VA	Virginia
Pkwy.	Parkway	VT	Vermont

Alkohol

Das Mindestalter für Alkoholkonsum (AMA - Minimum Legal Drinking Age) liegt bei 21 Jahren in allen Staaten. Häufig muss man in Supermärkten oder Bars einen Ausweis bzw. Führerschein (letzterer ist in den USA das gängige Identifikationsdokument) vorzeigen.

In der Öffentlichkeit ist der Konsum von Alkoholika (einschließlich Bier) generell verboten, gekaufte Dosen und Flaschen sollten in Papiertüten *(brown bags)* verpackt im Kofferraum verstaut werden. Nie geöffnete Flaschen/Dosen im Fahrgastraum transportieren.

Je nach Staat bzw. County bekommt man Alkohol (manchmal nur Bier und Wein) in Supermärkten und Tankstellen, manchmal auch nur in *Liquor Stores* (v. a. Hochprozentiges) und sonntags oft erst ab mittags. Einfachere Lokale, besonders Fastfood-Restaurants, verfügen meist über keine Alkohollizenz. Auf Indianerreservaten darf nur in Kasinos Alkohol ausgeschenkt werden.

Anreise *siehe „Einreise"*

Auto fahren *siehe auch „Mietwagen"*

Im Allgemeinen fährt man in den USA weniger aggressiv und rücksichtsvoller als in Europa. Man bewegt sich gemächlich vorwärts, aktiviert die *Cruise Control* (Tempomat) und überholt wenig. Abgesehen von städtischen Ballungsgebieten ist die Verkehrsdichte geringer und trotz einer Höchstgeschwindigkeit von überwiegend nur 65 mph (ca. 105 km/h) kommt man über Land zügig voran. Das Fahren in und um große Städte kann hingegen Zeit und Nerven kosten, vor allem während der Rushhour, d. h. zwischen etwa 7 und 9/10 bzw. von 17 bis 20 Uhr.

Amerikanische Wagen

Komfort und Bequemlichkeit spielen bei amerikanischen Pkw eine große Rolle. Tempomat, Klimaanlage *(AC)*, Servolenkung und -bremsung, mehrere Airbags, Zentralverriegelung, automatisches Fahrtlicht etc. gehören meist zur Grundausstattung, ebenso **Automatikgetriebe**. Dabei ist zu beachten, dass die beiden vorhandenen Pedale für Bremse und Gas ausschließlich mit dem rechten Fuß bedient werden und dieser immer bremsbereitsein muss, da das Standgas sonst das Auto langsam in Bewegung setzt. Je nach Fahrzeugkategorie befindet sich der Schalthebel zwischen den Vordersitzen oder (seltener) rechts am Lenkrad. Die Handbremse ist im zweiten Fall als kleineres Pedal im Fußraum ganz links außen angebracht.

Die Symbole des Automatikgetriebes bedeuten:

- **P Park** – Parkposition (blockiertes Getriebe, zum Starten des Wagens bzw. zum Abziehen des Schlüssels)
- **N Neutral** – Leerlauf (Bremsen!)
- **R Reverse** – Rückwärtsgang
- **D Drive** – Fahrstufe. Ein eingerahmtes D steht für normale ebene Strecken, einfaches D für hügeliges bzw. ansteigendes Terrain. Um schnell zu beschleunigen: das Gaspedal durchdrücken.
- **2** – zweiter Gang, bei mittleren Steigungen (kurzzeitig) zu empfehlen. Eine Höchstgeschwindigkeit von 50 mph sollte nicht überschritten werden.
- **1 oder L** (Low) entspricht dem ersten Gang und wird genutzt bei steilen Steigungen und Gefällen und langsamer Geschwindigkeit (max. 25 mph).

Fahrweise

Bei Überlandfahrten passt man sich dem Verkehrsfluss an. Amerikaner wechseln die Spuren nicht häufig und selten abrupt. Ungewohnt ist das erlaubte Rechtsüberholen bei mehreren Spuren. Im Stadtbereich hält man sich an die zweite oder dritte Spur von rechts, auch um auf Linksabfahrten vorbereitet zu sein. Bei nur zwei Fahrspuren wird nur ausnahmsweise überholt; es wird erwartet, dass der Langsamere die nächste Gelegenheit zum kurzen Herausfahren wahrnimmt.

Car Pools sind speziell ausgewiesene Fahrbahnen für Fahrgemeinschaften (meist ab zwei Personen), Taxis oder Busse. Da sie weniger Abfahrten aufweisen und gelegentlich von Mauern oder Zäunen begrenzt werden, die einen Spurwechsel unmöglich machen, ist Vorsicht geboten.

Auf- und Abfahrten auf Interstates *(Exits)* sind entweder nach Meilen zur Staatsgrenze beziffert oder durchnummeriert. Sie können sich auch links befinden. Oft führen mehrere Exits in eine Stadt, wobei Ankündigungsschilder meist nur Straßennummern, keine Orte nennen. Vorheriges Kartenstudium ist erforderlich. Am Straßenrand kündigen blaue Schilder vor Ausfahrten zu erwartende Serviceeinrichtungen wie öffentliche WCs, Rastplätze etc. an.

Straßentypen und -nummerierung

Highway ist der übergeordnete Begriff für Straßen. Exakt wird unterschieden zwischen autobahnähnlichen *Interstates*, übergeordneten bundesstaatlichen, oft vierspurigen **US Highways** und untergeordneten **State oder County Highways**, die meist zweispurig sind und in manchen Staaten auch *Route* (Rte.) genannt werden. State-Highway-Schilder zeigen meist außer der Nummer die jeweilige Staatskontur, *County Highways* werden durch kleinere Schilder, meist mit Nennung des County (Landkreises), markiert. *Gravel* oder *Unpaved Roads* sollten möglichst gemieden werden, erst recht *Dirt Roads* (fast Feldwege).

Interstate Highways werden durch rot-blaue Schilder angekündigt. Ungerade ein- oder zweistellige Straßennummern signalisieren N-S-, gerade O-W-Verlauf. Zubringer oder Nebenstrecken tragen korrespondierende dreistellige Nummern (z. B. I-180 als Zubringer zur I-80). Bei gerader erster Ziffer handelt es sich um eine Stadtumgehung, bei ungerader um eine Stichstraße. *Interstates* heißen im städtischen Großraum gelegentlich auch **Freeway** oder **Expressway** und sind mindestens vierspurig. Gelegentlich werden Interstates im Stadtgebiet bzw. als Umfahrung zu gebührenpflichtigen **Toll Roads** oder **Turnpikes**.

Tanken

1 Gallone (3,8 l) des für die meisten Mietwagen ausreichenden Normalbenzins *(gas)* kostet im Nordosten der USA zwischen $ 3,20 und 4 (Stand 2013). Üblich ist *selfservice*, gezahlt wird bar *(cash)* oder mit Kreditkarte *(credit)* direkt an der Zapfsäule. Gelegentlich muss, vor allem nachts, vor dem Tanken bezahlt werden *(pay cashier first)*.

Die aktuellen Preise finden sich unter http://gasbuddy.com.

Automobilclub AAA

Die *American Automobile Association* – AAA („Triple A") – ist auch für ausländische Besucher eine gute Einrichtung. Mit einem deutschen *ADAC*- oder *AvD*-, einem österreichischen *ÖAMTC*-

Auf Amerikas Highways unterwegs

oder Schweizer *TCS*-Ausweis erhält man gratis vor Ort aktuelle Karten und Stadtpläne, außerdem hilfreiche *Tour-* und *CampBooks*, in denen Sehenswürdigkeiten, Unterkünfte und Restaurants aufgelistet sind. Man kann in den Büros auch Reiseschecks tauschen und sich Routen ausarbeiten lassen. Jede größere Stadt verfügt über eine AAA-Niederlassung (www.aaa.com), in der man sich am besten gleich zu Reisebeginn mit allen nötigen Karten, Stadtplänen und *Tour-Books* eindeckt. In Deutschland gibt es einen Teil der hilfreichen *TourBooks* auch gegen Gebühr beim ADAC.

Pannen- und Notfälle
Notruf ist 911. Mietwagenfirmen haben eigene Telefonnummern für den Fall einer Panne oder eines Unfalls und sollten als Erste informiert werden. Man ruft Hilfe per Mobiltelefon oder an der Notrufsäule. Ein kostenloser zentraler Notruf in deutscher Sprache (ADAC) ist erreichbar unter **1-888-222-1373**, im Sommer rund um die Uhr, sonst von 8 bis 18 Uhr. Der AAA-Pannendienst *(AAA Emergency Road Service,* ① *1-800-222-4357)* hilft ebenfalls weiter.
Bei kleineren Defekten kann ein Mietwagen unkompliziert an der nächsten Verleihstation umgetauscht werden. Als nicht beteiligter Dritter Vorsicht mit der Leistung von Erster Hilfe bei Unfällen, da Gefahr besteht, in einen Schadensersatzprozess wegen „nicht sachgemäßer Hilfeleistung" verwickelt zu werden. Besser, per Mobiltelefon sofort einen Notruf absetzen.

Parken
Parken, vor allem in Parkhäusern, kann in Metropolen, aber auch in Hotels höherer Kategorien, teuer werden. Auf Überlandstraßen und Autobahnen darf nur in Notfällen abseits der Fahrbahn angehalten werden; in Städten sind Hydranten und „*Tow Away*"- bzw. „*No Parking*"-Zonen ein absolutes Tabu. Auf Straßen signalisieren farbige Randsteinmarkierungen die Parkregeln:
* **Rot**: absolutes Halteverbot
* **Gelb/Gelb-Schwarz**: Liefer-/Ladezone, über Nacht ist das Parken erlaubt
* **Grün**: 10-Minuten-Parken
* **Weiß**: Anhalten zum Ein-/Aussteigen erlaubt
* **Blau**: Behindertenparkplätze

Verkehrsschilder
Häufiger tragen Schilder Worte als Symbole und Farben signalisieren zudem, um welche Art von Regel es sich grundsätzlich handelt. Dabei bedeutet
* **Gelb**: Warnung (Kurvengeschwindigkeit, Kreuzung etc.)
* **Weiß**: Gebot (Höchstgeschwindigkeit, vorgeschriebene Fahrtrichtung, Abbiegeverbot etc.)
* **Braun**: Hinweis (Sehenswürdigkeiten, Naturparks etc.)
* **Grün**: Hinweis, z. B. nächste Ausfahrten oder Entfernungen
* **Blau**: Hinweis auf offizielle und Serviceeinrichtungen (Rastplätze, Tankstellen etc.)

Vielfach erfolgen Warnungen nicht in Symbol-, sondern in Schriftform:
* *Yield* – Vorfahrt achten
* *Stop* – Halt
* *Speed Limit/Maximum Speed* – Höchstgeschwindigkeit
* *mph* – Miles per hour (Meilen pro Stunde; 1 mi = 1,6 km)
* *Dead End* – Sackgasse
* *Merge* – Einfädeln, die Spuren laufen zusammen
* *No U-Turn* – Wenden verboten
* *No Passing/Do not pass* – Überholverbot

- *Road Construction* (next … miles) oder **Men working** – Baustelle auf den nächsten … km
- *Detour* – Umleitung
- *Alt Route* – *Alternative Route* oder Umleitungsstrecke
- *RV* – Recreation Van (alle Arten von Wohnmobilen, Campern)
- *Railroad X-ing* (= Crossing) – Bahnübergang
- *Ped X-ing* – Fußgängerüberweg

Besondere Verkehrsregeln und Tipps
- „Rechts vor Links" ist in den USA prinzipiell unbekannt, stattdessen gibt es in Ortschaften, wenn Ampeln fehlen, **Four-way Stops** – d. h. Stoppschilder in allen Fahrtrichtungen. Wer zuerst kommt, fährt zuerst – und das wird auch genau befolgt, falls nötig, mit Handzeichen geregelt.
- **Ampeln** hängen ungewohnt hoch, mitten über der Kreuzung und schalten unmittelbar von Rot auf Grün.
- **Rechtsabbiegen** bei roter Ampel ist erlaubt, sofern gefahrlos möglich und kein Schild **„No turn on red"** vorhanden ist.
- Auf mehrspurigen Straßen darf **rechts überholt** werden.
- Orangefarbene **Schulbusse** dürfen, wenn sie Zeichen (Blinklicht/Kelle) geben, nicht überholt werden, auch nicht in Gegenrichtung. In Schulnähe gilt bei Blinklicht verringerte Höchstgeschwindigkeit.
- Die **Höchstgeschwindigkeit** variiert je nach Bundesstaat, zumeist liegt sie im Nordosten auf Autobahnen (Interstates) bei 65–70 mph (104–112 km/h), auf anderen Landstraßen (US/State Hwy.) sind 55 mph (88 km/h) üblich, im Stadtgebiet zwischen 25 und 30 mph (40–48 km/h). Auf die Schilder achten!
- **Rasen** *(speeding)* wird schärfer überwacht und härter bestraft als hierzulande. Kontrollen erfolgen durch geschickt am Straßenrand oder auf dem Mittelstreifen verborgene Polizeiwagen mit Radargeräten, die sich hinter einem Verkehrssünder einreihen und ihn per Signal zum Halten zwingen. Ggf. sofort halten, im Auto sitzen bleiben, Papiere bereithalten und den Strafzettel widerspruchslos hinnehmen und (bar) bezahlen.
- **Alkohol** im Kofferraum transportieren. Gesetzlich gelten 0,5 Promille und Verstöße werden streng geahndet.
- Achtung bei **Nachtfahrten** bzw. bei Dämmerung: Wildwechsel!
- Nie den Tank komplett leer fahren, manchmal liegen **Tankstellen** weit auseinander.

Besondere Gesellschaftsgruppen

Behinderte
Insgesamt gelten die USA als sehr behindertenfreundlich. Rampen an Zugängen, abgesenkte Bordsteinkanten, Lifts, eigene Parkplätze, Telefonzellen und WCs, spezielle Motelzimmer und Leihwagen, Blindeneinrichtungen, kostenlos zur Verfügung gestellte Rollstühle sowie ein „Helping-Hand-Service" erleichtern *handicapped people* das Reisen. In Detailfragen helfen die regelmäßig aktualisierten Handbücher „Handicapped Driver's Mobility Guide" vom Automobilclub AAA und die Mobility International USA Brochure von MIUSA (www.miusa.org) weiter. Infos erteilt außerdem: **SATH** (Society for Accessible Travel&Hospitality), www.sath.org.

Senioren
Meist ab 62 oder 65 Jahren, gelegentlich auch schon früher, genießt man in den USA gegen Vorlage von Führerschein oder Pass als „*senior (citizen)*" Sonderkonditionen. Abgesehen von zu-

vorkommender Behandlung, z. B. an Flughäfen, gibt es zahlreiche Rabatte, z. B. bei Fluggesellschaften, bei der Eisenbahn, bei Tourveranstaltern, in Motels und Hotels oder auch in Museen und anderen Sehenswürdigkeiten.

Kinder

Amerika ist kinder- und familienfreundlich. Es gibt vielerlei Vergünstigungen, sei es im Flugzeug, in der Bahn oder in öffentlichen Verkehrsmitteln. In vielen Unterkünften übernachten Jugendliche bis 18 Jahre kostenlos im Zimmer der Eltern. Restaurants bieten Kindersitze und -menüs an, in Fast-Food-Lokalen oder Parks gibt es Spielplätze. Neben Swimmingpools für Erwachsene sind Planschbecken die Regel. Größere Sights und Parks stellen oft Kinderwagen zur kostenlosen Benutzung bereit. Öffentliche Picknickplätze sind verbreitet, ebenso Toiletten mit Wickeltischen.

Botschaften und diplomatische Vertretungen *siehe auch „Einreise und Visum"*

Die ausländischen Botschaften und Konsulate im Heimatland sind in erster Linie für die Erteilung von Visa zuständig, nämlich
in Deutschland:
* Amerikanische Botschaft, Pariser Platz 2, 14191 Berlin, ☎ 030-83050; Konsularabteilung (Visa): Clayallee 170, 14191 Berlin, Terminabsprachen: ☎ 0900-1-850055 (Mo–Fr 7–20 Uhr, 1,86 €/Min.), http://germany.usembassy.gov
* US-Generalkonsulat Frankfurt, Gießener Str. 30, 60435 Frankfurt/Main, ☎ 069-7535-0
* US-Generalkonsulat München, Königinstr. 5, 80539 München, ☎ 089-2888-0
in Österreich:
* Amerikanische Botschaft, Boltzmanngasse 16, A-1090 Wien, ☎ 01-31339-0, http://austria.usembassy.gov; Visaabteilung: Parkring 12, A-1010 Wien, ☎ 0900-510300 (2,16 €/Min.)
in der Schweiz:
* Amerikanische Botschaft, Sulgeneckstr. 19, 3007 Bern, ☎ 031-357-7011; Visa-Terminabsprachen: ☎ 0900-878472 (CHF 2,50/Min.), http://bern.usembassy.gov

 Visa-Informationen im Internet
http://germany.usembassy.gov/visa – hilfreiche Informationen der US-Botschaft (englisch)
http://travel.state.gov/visa/visa_1750.html

Botschaften in den USA

* Embassy of the Federal Republic of Germany, 4645 Reservoir Rd. NW, Washington, D.C. 20007-1998, ☎ 202-298-4000, www.germany.info
* Austrian Embassy, 3524 International Court NW, Washington, D.C. 20008, ☎ 202-895-6700, www.austria.org
* Swiss Embassy, 2900 Cathedral Ave. NW, Washington, D.C. 20008-3499, ☎ 202-745-7900, www.eda.admin.ch/eda/en/home/reps/nameri/vusa/wasemb.html
In anderen Städten helfen (Honorar-)Konsulate im Notfall weiter.
* Amerikanische Botschaften in anderen Ländern im Internet unter: www.travel.state.gov.

Listen aller Auslandsvertretungen findet sich auf folgenden Webpages:

* www.auswaertiges-amt.de, Link „Reise & Sicherheit", „Auslandsvertretungen" (D)
* www.bmaa.gv.at, Link „Bürgerservice", „Österreichische Vertretungsbehörden" (A)
* www.eda.admin.ch, Link „Vertretungen" (CH)

Eine Auswahl der wichtigsten Konsulate im Reisegebiet:

Boston
- Consulate General of the Federal Republic of Germany, Three Copley Place, Suite 500, ☎ 617-369-4934 oder -369-4900, www.germany.info/boston
- Austrian Consulate Boston, 15 School St., 5th Floor, ☎ 617-227-3131, www.austria-bos.org
- Consulate of Switzerland, c/o swissnex Boston, 420 Broadway, Cambridge, ☎ 617-876-3076, www.swissnexboston.org

New York
- German Consulate General, 871 United Nations Plaza, ☎ 212-610-9700, www.germany.info/newyork
- Austrian Consulates General, 31 E 69th St., ☎ 212-737-6400, www.austria-ny.org
- Consulate General of Switzerland, 633 3rd Ave., 30th Floor, ☎ 212-599-5700

Busse

Zwar etwas billiger, aber weniger bequem als mit der Eisenbahn, gelangt man mit den Bussen der führenden amerikanischen Busgesellschaft **Greyhound** ans Ziel. Die Überlandbusse galten früher als preiswertes, alternatives Transportmittel für Aussteiger und Weltenbummler, inzwischen sind die Preise jedoch deutlich gestiegen und die Klientel hat sich verändert. Die Busbahnhöfe liegen selten zentral und in guten Vierteln. Vor allem bei nächtlicher Ankunft ist es ratsam, ein Taxi zu nehmen und eine Unterkunft im Voraus zu arrangieren.

Greyhound bietet derzeit keine Netzkarte an, man kann nur Einzeltickets vor Ort bzw. im Internet erwerben.
- **Greyhound USA**: ☎ 1-800-231-2222, www.greyhound.com

Busgesellschaften wie **Megabus** (www.megabus.com/us) oder **Boltbus** (www.boltbus.com) verbinden mittlerweile viele Städte an der Ostküste zu günstigen Preisen. Im Allgemeinen bekommen Reisende, die früh buchen, billigere Tickets als jene, die kurz vor der Abreise kommen.

Camping und Camper   *siehe auch „Nationalparks"*

Camping ist ein Stück Weltanschauung, der eine mag's, der andere nicht. Grundsätzlich sind die **Bedingungen in den USA sehr gut**. Für eine Tour im amerikanischen Nordosten ist ein **Camper**, auch *Motorhome* oder übergreifend „RV" (*Recreational Vehicle*) genannt, im Unterschied zum US-Westen oder Südwesten nicht unbedingt die erste Wahl. Die Region ist aufgrund ihrer teilweise dichten Besiedelung und ihrer spezifischen Infrastruktur mit etlichen großen Städten weniger geeignet für große Gefährte. Die Beweglichkeit ist gegenüber dem Pkw eingeschränkt.

Hinzu kommen die **Kosten**, die selbst im Vergleich zu Mietwagen plus Unterkunft um einiges höher ausfallen: Zu den Mietkosten addieren sich der hohe Benzinverbrauch und die Stellplatzkosten. Ein kleiner *Van Camper* kostet pro Tag inkl. 100 Freimeilen mindestens 70 €, dazu kommen Übergabe-, Endreinigungsgebühren, Kosten für Wartung, Zubehör, Zusatzversicherungen und ggf. Wochenendgebühren. Ebenfalls nicht jedermanns Sache sind die konstant anstehenden **Wartungsarbeiten** (wie Wassertanks füllen, Abwasser entsorgen etc.) und die nötige strategische Vorausplanung (wie das Finden geeigneter Campingplätze und deren Vorreservierung in der HS).

Buchung im Voraus ist immer sinnvoll, in der HS unabdingbar, wobei die Camper-Preise Mitte Oktober bis Anfang April am günstigsten sind. Noch mehr als beim Mietwagen ist es aufgrund der komplizierten Miet-, Versicherungs- und Haftungskonditionen sinnvoll, einen Camper bereits zu Hause, z. B. im Reisebüro, zu buchen. Größte Anbieter sind *El Monte RV*, *Cruise America* oder *Moturis*. Es gibt auch kombinierte Angebote mit Flug.

Unterschieden wird zwischen *Camper Van*, *Motorhome* (kann zum Campingbus werden) und *Pick-up-* bzw. *Truck-Camper* (Kleinlastwagen mit Campingaufsatz). Die beiden zuletzt genannten Typen verfügen über ein Doppelbett über der Fahrerkabine und meist eine tragbare Chemie-Toilette.

Je größer das Fahrzeug, umso komfortabler ist es, umso höher ist jedoch auch der Benzinverbrauch, umso mehr Technik und damit Wartung und Anfälligkeit sind im Spiel und umso eher sind entlegene (romantische) Plätze, aber auch Großstädte tabu. Erfahrung mit dem Lenken eines solchen Fahrzeugs ist nicht unbedingt erforderlich, man gewöhnt sich relativ schnell an Dimensionen und Fahrweise.

Bei **Übernahme vor Ort** – im Allgemeinen am Tag nach der Ankunft, d. h., es ist eine Übernachtung nötig – genügt die Vorlage eines normalen Pkw-Führerscheins und die Kreditkarte für die Stellung einer Kaution. Im Normalfall beträgt das Mindestalter 21 Jahre. Camper-Verleiher holen ihre Kunden in der Regel im Hotel (selten am Flughafen) ab und geben zunächst eine mehr oder weniger gründliche Einweisung; zusätzlich gibt es unterschiedlich umfangreiche Bedienungsanleitungen. Sinnvoll ist es, das gesamte Fahrzeug auf Schäden bzw. Verschmutzungen hin zu prüfen und diese protokollieren zu lassen.

Bei der Übernahme ist es üblich, ein Ausrüstungspaket *(convenience kit)*, ab $ 50 pro Person, zu erwerben, das Geschirr und Kochutensilien beinhaltet. Hinzu kommen die Kosten für die erste Gasfüllung und Toilettenreinigung (ca. $ 40–70) sowie eine per Kreditkarte zu stellende Kaution von ca. $ 500. Um hohe Endreinigungskosten zu vermeiden, sollte der Camper besenrein mit entleerten Abwassertanks und gefülltem Frischwassertank in äußerlich ordentlichem Zustand zurückgegeben werden.

Campingplätze

Campingplätze sind meist leicht zu finden, unterscheiden sich aber in Ausstattung und Lage, Preis und Größe. Allen gemeinsam ist, dass sie meist sauber, gepflegt und großzügig proportioniert sind. Man unterscheidet grundsätzlich zwischen kommerziellen und privaten bzw. staatlichen Plätzen, wobei jene in den Nationalparks besonders begehrt und nicht unbedingt preiswert sind. In den meisten State Parks, National oder State Forests gibt es einfache *campgrounds (campsides)* in landschaftlich reizvoller Lage. Oft besteht auch die Möglichkeit zu kostenlosem *backcountry camping* nach Einholen einer Erlaubnis *(permit)* in einer Ranger-Station.
Relativ teuer, aber in der Regel gut ausgestattet sind die **kommerziell betriebenen Plätze**, speziell jene von *KOA* – mit sogenannten *hook-ups*, d. h. Wasser-, Stromanschluss und Abwasserentsorgung *(dump station)* sowie Luxus Sanitäreinrichtungen, Laden und anderen Gemeinschaftseinrichtungen. Sie liegen meist in Straßennähe, allerdings oft wenig idyllisch. Bei privaten Plätzen ist der Standard höchst unterschiedlich. Die Preise beginnen ungefähr bei $ 20.

Tipps für Camper

*Hilfreich bei der Campingplanung sind die AAA CampBooks für die verschiedenen Regionen und der Rand McNally Campground&Trailer Park Guide, ansonsten helfen zur **Vorabinformation** über Modelle, Angebote, Saisonzeiten:*

- *www.adventuretouring.com, www.cruiseamerica.com, www.elmonterv.com, www.rvamerica.com.*
- ***www.recreation.gov***, ☎ *1-877-444-6777 oder 518-885-3639 – Seite des National Recreation Reservation Service (NRRS); hier können Campingplätze aller Art und überall reserviert werden. Es gibt ein Suchprogramm nach dem passenden Platz mit weiteren touristischen Infos.*
- ***www.reserveamerica.com*** *– Campground Directory für Park- und private Campgrounds, die dem Reservierungssystem angeschlossen sind.*
- ***http://koa.com***, ☎ *406-248-7444, 1-888-562-0000 – KOA-Campingplätze mit Reservierungsmöglichkeit*
- ***www.camping-usa.com*** *– hilfreiche Campgrounds Directory, die über 12.000 Campingplätze in Parks, privat u. a. verzeichnet.*
- *„Schwarz auf Weiß" gibt's Infos in den AAA CampBooks und im Rand McNelly Campground & Trailer Park Guide*

Einreise und Visum *siehe auch „Botschaften und diplomatische Vertretungen"*

27 Staaten, darunter Deutschland, Österreich und die Schweiz, sind an diesem **Visa-Waiver-Programm** (VWP) beteiligt, was bedeutet, das es bei einer Aufenthaltsdauer bis 90 Tage keine Visumspflicht gibt. Außer einem Rückflugticket muss der maschinenlesbare, bordeauxrote Europapass vorgelegt werden. Er muss mindestens die gesamte Aufenthaltsdauer gültig sein. Alte Kinderausweise und Einträge in den Reisepass der Eltern sind nicht mehr gültig. „ePässe" (10 Jahre Gültigkeit) enthalten biometrische Daten wie die digitale Speicherung des Fotos und der Fingerabdrücke.

Nur wer keinen Europapass besitzt bzw. länger als 90 Tage im Land bleiben möchte (z. B. als Schüler, Student oder Mitglied bestimmter Berufsgruppen) oder Staatsbürger eines Landes ist, das nicht am VWP teilnimmt, muss sich der aufwendigen und teuren Prozedur der Visumsbeschaffung unterziehen. Dazu ist persönliche Vorsprache in den Konsulaten (siehe „*Diplomatische Vertretungen*") nach vorheriger Terminvereinbarung nötig. Vorgelegt werden muss dabei das ausgefüllte Antragsformular, Reisepass, Passbild und ein Online-Zahlungsbestätigungsformular über die geleisteten Gebühren.
Über das aktuelle Prozedere informiert die Botschaft ausführlich unter: http://german.germany.usembassy.gov/visa/.

ESTA und Secure Flight

Seit Januar 2009 müssen sich alle Bürger, egal welchen Alters, die ohne Visum einreisen, spätestens 72 Stunden vor Abflug online bei **ESTA**, dem *Electronic System for Travel Authorization* registrieren. Dieser Vorgang kostet einmalig $ 14 (kursabhängig umgerechnet) und kann bereits im Reisebüro oder aber im Internet auf folgender Website erfolgen: http://german.germany.usembassy.gov/visa/vwp/esta (deutsche Erläuterungen und Link zum Antrag).

Erfragt werden dabei prinzipiell dieselben Angaben wie auch auf dem vormals im Flugzeug ausgeteilten grünen *I-94 W-Formular* zur Befreiung von der Visumspflicht: Name, Geburtsdatum, Adresse, Nationalität, Geschlecht, Passdetails, erstes Hotel, Zweck und Dauer der Reise etc.

Wer einmal registriert ist, kann innerhalb von zwei Jahren mehrfach einreisen, sofern der Pass so lange gültig ist.

Seit dem 1. November 2010 müssen die Fluggesellschaften im Rahmen von **Secure Flight** 72 Stunden vor Abflug alle maßgeblichen Passagierdaten zur Weiterleitung an die *TSA (Transportation Security Administration)* vorliegen haben: voller Name gemäß Reisepass, Geburtsdatum, Geschlecht. Normalerweise werden diese Angaben bereits bei Flugbuchung gefordert. Die erste Adresse in den USA kann beim Check-in nachgereicht werden.
- Infos: www.tsa.gov/stakeholders/secure-flight-program

Sicherheit
Seit September 2001 sind **verschärfte Kontrollen** an den Abflughäfen in Deutschland und in den USA üblich. Reisende sollten daher genügend Zeit für Check-in bzw. Umsteigen einplanen. Abgesehen von gelegentlichen Handdurchsuchungen des Gepäcks (Koffer nicht abschließen!) und Körperabtasten wird häufig das Ausziehen der Schuhe und das Aktivieren von Laptops und Kameras verlangt. Alle Arten von spitzen Gegenständen, auch Taschenmesser, Pinzetten, Nagelscheren etc. müssen in den Koffer gepackt werden. Die Mitnahme von Waffen, Gaskartuschen, Feuerzeugen und ähnlichen als gefährlich eingestuften Objekten ist streng untersagt. Gels und Flüssigkeiten (Getränke, Zahnpasta, Cremes etc.) dürfen nur noch in Kleinbehältern bis 100 ml in einer durchsichtigen und wiederverschließbaren 1-Liter-Plastik-Ziptüte im Handgepäck mitgeführt werden. Sie müssen separat aufs Gepäckband. Mengenmäßig ausgenommen sind dringend benötigte Medikamente und Babynahrung.
- Konkrete Auskünfte erteilen die Fluggesellschaften bzw. gibt es unter: www.tsa.gov/traveler-information

 ## Gepäckregeln

Bei Linienflügen nach und von Nordamerika dürfen Economy-Class-Passagiere nur ein Gepäckstück bis 23 kg als Freigepäck aufgeben. Ein zweites Gepäckstück kostet je nach Gesellschaft zwischen 50 und 100 € bzw. um die $ 100 zusätzlich. Außerdem darf ein Handgepäckstück von begrenztem Gewicht (meist 6–8 kg) und genau definierter Größe (je nach Fluggesellschaft variabel und unterschiedlich streng kontrolliert) mit an Bord genommen werden, dazu eine Hand-, Foto- oder Laptoptasche.

Immigration (Einreisekontrolle)
Bei Ankunft am ersten Flughafen in den USA muss der Reisende zunächst durch die „Immigration" und vor einem der Schalter zunächst einmal mehr oder weniger lange Schlange stehen, bis das ausgefüllte Formular und der Pass geprüft, elektronische Fingerabdrücke (beide Daumen und die vier Finger jeder Hand) genommen und ein digitales Foto gemacht werden. Dies alles geschieht, während der Pass gescant wird und der *Officer* Fragen zu Reiseroute, Zweck der Reise, Beruf, Bekannten oder Freunden in den USA, gelegentlich auch zu den Finanzen stellt.
Daraufhin wird die Aufenthaltsdauer auf normalerweise drei Monate festgelegt und in den Pass eingestempelt.
- Infos zu den aktuellen Einreisebestimmungen findet man im Internet unter: http://travel.state.gov/visa/temp/without/without_1990.html

Zollerklärung

Zusätzlich muss pro Familie ein weißes Zollformular – die **Customs Declaration** – ausgefüllt werden. Auf diesem sind ggf. über die Richtwerte hinaus eingeführte Waren und Devisen anzugeben. Streng verboten ist die Einfuhr von Frischprodukten aller Art (Obst, Gemüse, Wurst etc.), Samen, Drogen/Medikamenten, Waffen, Tieren etc. *(siehe „Zoll")*.

@   **Info im Internet**
http://german.germany.usembassy.gov/visa/ bzw. *http://german.germany.usembassy. gov/visa/vwp* – *deutsche Erläuterungen zum Visa Waiver Program und zu ESTA*
https://esta.cbp.dhs.gov – *ESTA-Antrag*

Gepäck und Zollabfertigung

Danach geht es in Richtung **Gepäckband** *(baggage claim)*, auch wenn ein Weiterflug gebucht ist. Letzte Station: der **Zoll** *(customs)*. Beim Ausgang mit der Aufschrift „*Nothing to declare*" wird die Zollkarte abgegeben und abgestempelt; gelegentlich finden schon vorher Checks mit Hunden oder Stichproben statt. Bei inneramerikanischem Anschlussflug muss das Gepäck anschließend neu eingecheckt werden. Sofern man am Endflughafen angelangt ist, sieht man sich entweder nach *Car Rental* (Automietstationen) oder *Ground Transportation/Public Transport* (Öffentlicher Nahverkehr) bzw. Taxis um. Alles ist im Ankunftsgebäude im Allgemeinen gut ausgeschildert und leicht zu finden.

Eintritt

Je nach Art (staatlich/städtisch/privat) und Größe der Einrichtung unterscheiden sich die Eintrittspreise. Wenige **Museen** (meist staatliche) sind gratis. Einige, v. a. in Städten, bieten an bestimmten Tagen oder zu bestimmten Zeiten freien Eintritt. Manchmal wird eine freiwillige Spende *(suggested donation)* erwartet, die Amerikaner in der Regel auch genau bezahlen. In Städten mit zahlreichen Sights gibt es häufig Kombitickets bzw. einen *CityPass*.

Nicht ganz billig sind die neuen und modernen *Hands-on-* und *Science*-Museen, die großen Freiluftmuseen, Zoos, Aquarien oder Vergnügungsparks. Für häufige Nationalparkbesuche lohnt sich der Erwerb eines **National Park Pass** („America the Beautiful „ oder „Annual Pass") für derzeit $ 80. Er gilt für ein ganzes Jahr in allen amerikanischen Nationalparks u.a. staatlichen Naturschutzgebieten für drei Insassen eines Fahrzeugs über 16 Jahren; Kinder unter 15 sind gratis. Der Pass kann im Internet unter http://store.usgs.gov/pass gekauft werden.

Eisenbahn

Eisenbahnreisen in den USA mit der halbstaatlichen Eisenbahngesellschaft *Amtrak* ist eine bequeme und gesellige Art, große Strecken z. T. im Schlaf und überaus bequem zurückzulegen und dabei unterschiedlichste Landschaften und Staaten sowie Menschen kennenzulernen. Im Unterschied zum Flugzeug besteht die Möglichkeit, die Reise beliebig oft gratis zu unterbrechen und so *CityHopping* zu praktizieren. Im Vergleich zum Mietwagen bietet die Bahn den Vorteil, lange Wege stressfrei und unter Einsparung eventuell fälliger Rückführgebühren zurücklegen zu können.

Der Preisunterschied zwischen Bahn und Flugzeug ist auf längeren Strecken nicht sehr groß, allerdings kann man bei rechtzeitigem Bahnticketerwerb (Internet) preiswert wegkommen. Gerade an der Ostküste zwischen Boston, New York, Philadelphia, Baltimore und Washington D.C. ist die Bahn nach dem Auto das Hauptverkehrsmittel. Entsprechend sind hier im **Northeast Corridor** Boston – New York – Washington zahlreiche Züge (mindestens stündlich) unterwegs. Dabei kann man zwischen normalen und billigeren Personenzügen bis hin zu den Acela-Expresszügen (nur 1. Klasse) wählen.

Zumeist sind die **Preise günstig**, sodass sich die Bahn als **Verkehrsmittel auch für Touristen** empfiehlt. Ein reguläres Ticket zwischen Boston und New York kostet um die $ 70, zwischen New York und Washington D.C. ist es unter $ 80 zu bekommen.
Wer den Zug öfters benutzen will und auch über den Nordosten hinaus damit fahren will, für den ist Bahnfahren mit einer Netzkarte *(Rail Pass)*, die ausschließlich Nichtamerikaner über deutsche Reisebüros (siehe unten) für eine bestimmte Gültigkeitsdauer bekommen, preiswerter. Der Pass gilt im „Sitzwagen" *(coach)*, Aufpreise fallen für Schlafwagen an. Maximal zwei Kinder zwischen 2 und 15 Jahren zahlen den halben Preis, ein jüngeres Kind fährt kostenlos. Da in den Fernzügen Reservierungspflicht besteht und täglich bzw. sogar wöchentlich nur ein oder zwei Züge bestimmte Strecken frequentieren, ist genaue **Vorausplanung und Vorreservierung** nötig. Die eigentlichen Tickets holt man sich unter Vorlage von Reisepass und Reservierungsschein am ersten Bahnhof in den USA ab. *Metroliner, Acela Express* u. ä. Züge können mit einem solchen Pass nicht benutzt werden.
- Allgemeine Informationen: **www.amtrak.com**

Bahnverbindungen im Nordosten
- Northeastern Corridor: Intercity (Acela Express)- und regionale Intercity-Züge zwischen Washington, Baltimore, Philadelphia, Princeton, New York, New Haven, Providence und Boston
- Adirondack: New York/Washington – Montreal
- Maple Leaf: New York – Toronto
- Vermonter: New York – Vermont
- Capitol Limited: Washington – Pittsburgh – Chicago
- Cardinal: Washington – Cincinnati – Indianapolis – Chicago
- Lake Shore Limited: New York/Boston – Albany – Buffalo – Cleveland – Chicago

 Preise Rail Pass (Stand 2013)

Seit 2009 gibt es ein vereinfachtes Passsystem auf dem Gesamtstreckennetz mit Segmenten. Ein Segment entspricht dabei einer zurückgelegten Bahnstrecke (ohne Zwischenstopp, vom Einsteigen bis Aussteigen).
- 15 Tage/8 Abschnitte: $ 439
- 30 Tage/12 Abschnitte: $ 669
- 45 Tage/18 Abschnitte: $ 859

Erworben werden können die Tickets z. B. bei:
- **Meso-Amerika-Canada Reisebüro**, Wilmersdorfer Str. 94, 10629 Berlin, ☎ 030-212-34190, www.meso-berlin.de/usa-reisen/usa-zug-bahnreisen
- **North America Travelhouse/CRD International**, Stadthausbrücke 1-3, 20355 Hamburg, ☎ 040-300-6160 bzw. RD Amtrak-Hotline, ☎ 040-300-61623, www.crd.de
- **Flug- und Reiseservice Hageloch & Henes**, Lindenstr. 34, 72764 Reutlingen, ☎ 07121-330-184, www.buspass.de

Essen und Trinken

Die amerikanische Küche besteht nicht nur aus Hamburgern und Hot Dogs, Budweiser und Coke, und die Amerikaner ernähren sich nicht ausschließlich von Dosen und Tiefkühlfertigkost. In den letzten Jahren hat sich das kulinarische Angebot in den USA enorm zum Positiven gewandelt, und gerade die Ostküstenstaaten glänzen durch ein besonders vielfältiges kulinarisches Angebot.

Die amerikanischen **Essenszeiten** unterscheiden sich kaum von den unsrigen: Mittagessen *(lunch)* gibt es zwischen 12 und 14 Uhr, Abendessen *(dinner)* etwa von 18 bis 21 Uhr, die spätere Variante wird auch *supper* genannt. Abends isst man meist sogar etwas früher als hierzulande.

Selbstversorgung ist ebenso kein Problem. Supermärkte sind meist hervorragend sortiert und verfügen häufig über Salatbars und Imbisstheken. Auch die Obst- und Gemüseabteilungen bieten viel und die Auswahl an Naturkost *(Health Food)* ist mittlerweile sehr ordentlich. Es gibt *Mini Marts* in Tankstellen oder Wochenmärkte mit großer Auswahl.

Schnelle Küche

Fastfood ist nichts „typisch Amerikanisches", sondern ein weltweites Phänomen, man denke nur an Döner-Stände, Chinaimbisse, Pizzaschnitten oder Bratwurstsemmeln. Die Palette an Fastfood in den USA ist groß und man überbietet sich gegenseitig mit Sonderangeboten und Werbeaktionen. Die meisten Fastfood-Restaurants sind von frühmorgens bis mitternachts oder sogar rund um die Uhr geöffnet. Alkohol gibt es hier nicht, dafür preiswerte Softdrinks, die manchmal sogar gratis nachgefüllt werden können *(free refill)*. **Diners** und **Food Trucks** servieren das „bessere Fastfood", z. B. „richtige" Hamburger oder Pommes, die zwar etwas mehr kosten, dafür aber auch besser schmecken.

Food Courts oder *Eateries* in Einkaufszentren beherbergen Imbissstände verschiedenster Ausrichtung mit einem gemeinsamen Essbereich mit Tischen und Stühlen. Es gibt internationale Gerichte (Pizza, Chinesisches, BBQ, Hühnchen, Gyros), Salate, Sandwiches, aber auch Kaffee und Süßes zum Gleichessen oder Mitnehmen.

Essen im Restaurant

Selbst im Hinterland wird man immer wieder überrascht von kleinen Lokale, die bodenständige Qualität oder sogar Haute Cuisine zu anständigen Preisen bieten. Zum Lunch bieten viele Lokale spezielle, preiswertere Mittagskarten bzw. *Lunch Specials* mit leichten Gerichten – v. a. Salate, Sandwiches oder Suppen – an. Teurer wird es zum Dinner. In besseren Restaurants ist es, speziell an Wochenenden, ratsam, einen **Tisch zu reservieren**. Die Amerikaner sind bekannt für ihre stoische Geduld beim Schlange stehen vor einem bestimmten Lokal, doch das ist nicht jedermanns Sache, und wer reserviert hat, ist im Vorteil. Dinieren in einem Lokal der gehobenen Kategorie (ggf. nach Kleidervorschriften erkundigen!) ist verhältnismäßig teuer, dafür sind Service und Qualität des Essens hervorragend und die Portionen im Allgemeinen groß. Nach dem **Prinzip „wait to be seated"** wird dem Gast von einem Manager ein Tisch zugewiesen und die Speisekarte *(menu)* überreicht. Die Bedienung *(server)* stellt sich am Tisch vor und zählt die Tagesgerichte *(daily specials)* auf; Brot und Eiswasser kommen (meist vom *busboy*) unaufgefordert auf den Tisch.

Speisenfolge: Man beginnt mit der Vorspeise *(appetizer)*, geht dann zum Hauptgericht *(entrée)* über, wobei ein Salat, wenn er zum Menü gehört ggf. ebenfalls als Vorspeise serviert wird. Den Abschluss bilden der Nachtisch *(dessert)* und der Kaffee. Selbst ein mehrgängiges Menü wird **schnell serviert**; man sitzt nicht im Restaurant, um gemütlich mit Freunden zu plaudern, dazu geht man in eine Bar oder einen Pub.

In amerikanischen Lokalen gibt es viel **Servicepersonal**, wobei die Aufgaben streng aufgeteilt sind. Arbeitskräfte sind billig, schlecht bezahlt und leben zum Großteil von Trinkgeldern. Daher sollte man nach der Schlussfrage, ob alles in Ordnung war, und nach dem anschließenden, unaufgeforderten Erhalt der Rechnung *(cheque)* in einem Ledermäppchen oder auf einem Tellerchen unbedingt mindestens **15 % Trinkgeld** addieren. Selten, in einfacheren oder Familien-Restaurants, wird die Rechnung an einer Kasse *(cashier)* beglichen.

Einpacken von Essensresten in ein ***doggy bag*** ist übrigens selbst in einem Feinschmeckerrestaurant üblich. Die Portionen sind nämlich oft sehr reichlich bemessen.

Getränke

Restaurants verfügen im Allgemeinen über eine Schanklizenz, die meisten Fastfood-Lokale und einfachen Kneipen hingegen nicht. Sie bieten nur Softdrinks, Milkshakes, Tee und Kaffee an. An Sonn- und Feiertagen darf in manchen Staaten generell kein **Alkohol** verkauft bzw. nur zu genau definierten Zeiten ausgeschenkt werden. Im Lokal wird am Tisch gefragt, ob etwas „von der Bar" erwünscht sei. Da jedoch **(Eis-)Wasser** automatisch zum Essen gehört und ständig unaufgefordert nachgeschenkt wird, ist man nicht gezwungen, etwas Zusätzliches zu bestellen.

Ein Glas Bier oder Wein zu einem guten Abendessen ist durchaus üblich, möchte man allerdings mehr, geht man in eine *Cocktail Lounge*, eine Bar oder ein Pub, wo Cocktails, Wein und Bier die beliebtesten Getränke sind. Harte Sachen werden, mit Ausnahme von Whiskey, selten konsumiert. *Brew Pubs* und *Sports Bars* sind gute Alternativen, um den Abend gemütlich ausklingen zu lassen, wobei gerade Erstere oft auch gute, preiswerte Gerichte servieren und *Sports Bars* die Gelegenheit bieten, Sportübertragungen auf Mega-Bildschirmen zu verfolgen. Inzwischen werden auch im Osten der USA **hervorragende Weine** produziert, allerdings dominieren auf Weinkarten vielfach leider immer noch europäische neben (durchschnittlichen) kalifornischen Weinen.

Einkaufen und Genießen im Lexington Market in Baltimore

Wie in Sachen **Kaffee** – es gibt nicht nur *Starbucks*! – hat sich auch, was das **Bier** angeht, in den letzten Jahren viel getan. Ausgehend von der Westküste schossen sogenannte *Microbreweries* (Kleinbrauereien) überall wie Pilze aus dem Boden und produzieren Biere, die ihresgleichen suchen. Die **Kleinbrauereien** betreiben oft eigene Pubs, in denen die eigenen Produkte vom Fass serviert werden. Es gibt mittlerweile beinahe in jedem größeren Ort eine solche Kleinbrauerei und auch Supermärkte und *Liquor Stores* sind zunehmend besser sortiert. Sie bieten neben den Bieren von Großfirmen mehr und mehr Produkte lokaler Brauereien an.

Erfrischungsgetränke – *soft drink, pop* oder *soda* genannt – werden eiskalt getrunken. Gute Durstlöscher sind *ice tea* oder *lemonade,* probieren sollte man *root beer* oder *smoothies* (Frucht-Milchmischgetränke).

Einkaufen

Es gibt in den USA zwar **kein verbindliches Ladenschlussgesetz,** aber dennoch stimmt das Märchen von endlos geöffneten Läden nicht. Die meisten „normalen" Geschäfte, v. a. außerhalb der Städte, sind auch in den USA nur zwischen etwa 9 oder 10 und 18 Uhr geöffnet, lediglich Kaufhäuser, Einkaufszentren und Supermärkte/Drugstores haben verlängerte Öffnungszeiten (bis mind. 20 Uhr, manchmal rund um die Uhr), Buch- und Musikläden sind oft bis 22 oder 23 Uhr geöffnet. Größere Läden öffnen auch sonntags, meist allerdings erst ab 11 oder 12 Uhr und nur bis etwa 17 Uhr. In ländlichen Regionen werden abends die Gehsteige jedoch früh hochgeklappt. New York City, die „Stadt, die niemals schläft", ist da eine Ausnahme.

Zu den angegebenen Preisen kommt in den USA die *Sales Tax*, eine Art Mehrwertsteuer, die jedoch in jeder Stadt bzw. jedem Staat unterschiedlich hoch ist. New Hampshire gilt als „Shoppingparadies", da es hier keine Mehrwertsteuer gibt. Doch zumeist ist es egal, wo man einkauft, denn viele Sachen sind (selbst in New York City), **preiswerter als zu Hause**, z. B. Freizeitkleidung und -zubehör, Jeans, Sportschuhe und -artikel sowie technische Geräte wie Laptops, Digitalkameras, I-Pods etc. Zu beachten ist bei solchen Einkäufen, ob die Garantie weltweit gilt, dass bei Computern die Tastatur eine andere Buchstabenanordnung hat und dass Elektrogeräte auf 110 V laufen und ein Adapter und anderer Stecker nötig sind.

Am günstigsten bekommt man vieles in sogenannten **Factory Outlets** oder **Outlet Malls**, einer Ansammlung von Shops, in denen Markenartikel bestimmter bekannter Firmen zu reduzierten Preisen angeboten werden. Sie befinden sich häufig weit außerhalb von Städten an einer Interstate oder einem viel befahrenen Highway. Die größten Betreiber, auf deren Webpages sich die einzelnen Standorte finden lassen, sind:
- Premium Outlets – www.premiumoutlets.com
- Tanger – www.tangeroutlet.com
- VF Outlets – www.vfoutlet.net

Shopping Malls oder *Centers* sind im Normalfall Mega-Einkaufs- und Kommunikationszentren mit verschiedenen, oft stark spezialisierten Läden, großen *Department Stores* (Bekleidungsgeschäften) und Kaufhäusern – wie *Macy's, Neiman Marcus, Nordstrom* oder *JC Penney* – unter einem Dach. Außerdem verfügen sie über weitere Einrichtungen wie Friseur, Kino, *Food Court* bzw. *Eatery* (Imbissstände) und Restaurants. *Strip Malls* hingegen befinden sich meist am Stadtrand und sind lose Konglomerate verschiedener Shops, meist mit einem großen Vertreter wie *Wal-Mart* oder *Safeway* im Zentrum. Dazu können Serviceeinrichtungen wie Banken, Schlüs-

Größentabelle Kleidung

Herrenbekleidung: deutsche Größe (z. B. 50) minus 10 ergibt amerikanische Größe (40)

Herrenhemden:

D	36	37	38	39	40/41	42	43
USA	14	14,5	15	15,5	16	16,5	17

Herrenschuhe:

D	39	40	41	42	43	44	45
USA	7	8	8,5	8,5	9,5	10,5	11,5

Damenbekleidung:

D	36	38	40	42	44	46	
USA	6	8	10	12	14	16	

Damenschuhe:

D	36	37	38	39	40	41	42
USA	6	6,5	7,5	8,5	9	9,5	10

Kinderbekleidung:

D	98	104	110	116	122		
USA	3	4	5	6	6x		

seldienst, Reinigung, Getränkemarkt, Friseur etc. rings um einen großen gemeinsamen Parkplatz kommen.

Supermärkte – wie *Albertsons* oder *Safeway* oder der **Bio-Supermarkt** *Whole Foods*– und **Drugstores** – z. B. *Walgreen* oder *Duane Reade* – befinden sich meist an Ausfallstraßen am Stadtrand im Rahmen von **Shopping Malls** und sind umgeben von großen Parkplätzen. Die meisten Supermärkte führen Zeitungen, Schreib- und Haushaltswaren, Drogerieartikel und je nach County/Region auch alkoholische Getränke (ab 21 Jahre, oft kein Verkauf am Sonntag), in Drugstores gibt es außer Drogerieartikeln auch Reformkost, Snacks, Softdrinks, Schreib-, manchmal Haushaltswaren und dazu einen Schalter für ärztliche Verordnungen.

In Stadtzentren finden sich häufiger kleinere **Lebensmittelgeschäfte** (*Convenience, General Stores*) oder *Delis* – eine Art Gemischtwarenladen. Große Tankstellen bieten ebenfalls ein breites Lebensmittelangebot, allerdings keine Frischprodukte. *Sears, Kmart, (Super)Target* oder *Wal-Mart (Superstore)* sind **Kaufhäuser**, die preiswert Kleidung, Haushaltswaren, Möbel etc., in letztgenannten drei Fällen auch Lebensmittel führen.

Große **Baumärkte** sind *Home Depot* und *Lowe's*; *Office Depot* oder *Staples* führen **Schreibwaren** und Büroartikel. Zu den großen **Buchläden** mit zahlreichen Filialen gehören *Barnes & Noble* oder *Books-A-Million*. Meist gehören ein gemütliches Café und eine große Zeitschriftenabteilung dazu, manchmal auch eine Musikabteilung.

Feiertage und Veranstaltungen

Da Amerikaner im Schnitt nur **zwei Wochen Jahresurlaub** bekommen und auch die Zahl der Feiertage, der *public holidays*, gering ist, werden einige Feiertage (Ausnahmen: Weihnachten, Ostern und 4. Juli) auf einen Montag gelegt, damit ein verlängertes Wochenende entsteht. Anders als hierzulande ist an Feiertagen nicht grundsätzlich alles geschlossen; Supermärkte, Museen und andere Attraktionen sind häufig geöffnet, zumindest ab mittags.

Aktuelle **Veranstaltungskalender** finden sich im Internet bzw. sind in den CVBs oder Besucherzentren der einzelnen Städte bzw. Bundesstaaten *(Welcome Center)* erhältlich und können regionalen Tageszeitungen und Szene-Magazinen entnommen werden. Wichtige Feste im Jahreskalender werden in den Reisepraktischen Informationen zum jeweiligen Ort aufgeführt.

Neben den offiziellen gibt es im Nordosten verschiedene lokale Feiertage, etwa den 15. April, **Patriot's Day** in Massachusetts, in Rhode Island den **Independence Day**, der am 4. Mai begangen wird, oder **Victory Day** (zweiter Montag im August). Am vierten Montag im April begeht New Hampshire den **Fast Day**, Massachusetts am 20. Mai den **Lafayette Day**. Der erste Dienstag nach dem ersten Montag im November gerader Jahre spielt als General Election Day besonders in Neuengland eine wichtige Rolle.

Gesetzliche Feiertage

- 1. Januar: **New Year's Day** - Neujahr, vorausgeht **New Year's Eve** - Silvester (kein eigentlicher Feiertag)
- 3. Montag im Januar: Martin Luther King Day
- 3. Montag im Februar: **President's Day** *(George Washington's Birthday)* - Gedenktag zu Ehren aller Präsidenten
- Ende März/April: **Easter Sunday** (Ostersonntag); Karfreitag *(Good Friday)* gilt nur eingeschränkt als Feiertag, Ostermontag ist unbekannt.
- Ende Mai/Juni (50 Tage nach Ostern): **Pentecost** (Pfingstsonntag) – kein eigener Feiertag
- Wochenende vor dem letzten Montag im Mai: **Memorial Day Weekend** (zu Ehren aller Gefallenen) – Beginn der Ferienzeit
- 4. Juli: **Independence Day** (Tag der amerikanischen Unabhängigkeit) – Nationalfeiertag
- Wochenende vor dem 1. Montag im September: **Labor Day Weekend** (Tag der Arbeit) – Ende der Ferienzeit
- 2. Montag im Oktober: **Columbus Day** (Erinnerung an die Entdeckung Amerikas)
- 31. Oktober: **Halloween** (kein offizieller Feiertag)
- 11. November: **Veterans' Day** (Ehrentag für die Militärveteranen)
- 4. Donnerstag im November: **Thanksgiving Day** (Erntedankfest), das große Familienfest
- 25. Dezember: **Christmas Day**. Keine Feiertage sind der Heilige Abend *(ChristmasEve, Holy Night)* und der 2. Weihnachtstag

Flüge

Es kann kompliziert sein, den passenden Flug in die USA zu finden. Eine schier unüberschaubare Zahl konkurrierender Reiseveranstalter und Internetbroker sowie verschiedene Airlines stehen zur Auswahl. Dazu kommen unterschiedliche Saisonzeiten, Abflugorte und Routenführungen, ein Wust an Sonder- und Spezialpreisen, Last-Minute- und Internetangeboten. Gerade deshalb ist es sinnvoll, sich vor der Buchung gründlich über Routen, Preise, Flüge und Bedingungen zu informieren. Das kann im Internet oder anhand von Reisekatalogen geschehen. Um zu Anfang eine grobe Preisvorstellung zu bekommen, hilft ein Blick ins Internet, z. B. auf **www.expedia.de**, weiter.

Die meisten Linienfluggesellschaften bedienen die USA täglich oder mehrmals wöchentlich und unterhalten *Codesharing*-Verträge, d. h., sie kooperieren mit anderen Gesellschaften und erweitern dadurch ihr Angebot. Die wichtigsten Allianzen im Nordamerika-Bereich sind das **Sky Team** (www.skyteam.com) u.a. mit *Delta, AirFrance/KLM, Alitalia*, die **Star Alliance** (www.staralliance.com/de/) mit *Air Canada, Austrian, Lufthansa, United, US Airways, SAS und Swiss* oder aber **One World** (www.oneworld.com) mit *Air Berlin, American Airlines, British Airways und Iberia*. Derzeit ist die Fusion von US Air und American Airlines im Gange. Für alle, die regelmäßig mit einer bestimmten Gesellschaft (bzw. Gruppe) fliegen, lohnt es sich, (gratis) Mitglied eines *Frequent Flyer Program* zu werden.

☞ **Besonderer Tipp**
America Unlimited, *Leonhardtstr. 10, 30175 Hannover,* ① *0511-37444750, und Buchenstraße 3, 22299 Hamburg,* ① *040-530348-34, www.america-unlimited.de. Dieser kleine Nordamerika-Spezialist bietet ungewöhnliche Mietwagenrundreisen an. Eine Stärke ist das individuelle Zusammenstellen von Reisen nach Kundenwünschen.*

Hauptflughäfen im Nordosten
United Airlines (UA) und Lufthansa fliegen von München und Frankfurt direkt **Washington** an, ebenso geht es von Zürich und Wien dorthin. Lufthansa/United steuert zudem ohne Stopp von Frankfurt bzw. München beide **New Yorker Flughäfen**, Newark (EWR) und JFK, sowie **Boston** und **Philadelphia** an. *US Airways* verbindet München, Frankfurt und Zürich mit Philadelphia. *United* fliegt nonstop auch von Hamburg Newark an, *Delta* von Frankfurt oder Berlin den New Yorker JFK, ebenso *Air Berlin* von Düsseldorf aus. Europäische Gesellschaften wie *SAS, BA, Air France, KLM, LH* und *Icelandair* verbinden mit Zwischenstopps aus Deutschland die erwähnten Städte im Reisegebiet.

Preise und Bedingungen
Die **Flugpreise** hängen von mehreren Faktoren ab, wobei generell Flüge in der NS, vor allem im zeitigen Frühjahr oder im späten Herbst günstiger sind als solche in der HS. Auch Ferienzeiten bzw. Feiertage und Wochenenden sollte man möglichst meiden. Als Hauptreisezeit gelten im Allgemeinen die Sommermonate (ab Mitte Juni/Anfang Juli bis Ende August/Anfang September), als Zwischensaison die Zeit um Pfingsten und Weihnachten sowie die Monate September und Oktober, allerdings variiert das je nach Ziel.

Zubringerflüge bzw. Bahntickets für die Anreise zum Flughafen sind nicht automatisch inklusive und die *Ticket Handling Fee* (niedriger bei Internetbuchung), die Höhe von Umbuchungs- und Stornierungskosten, bestimmten Zuschlägen sowie Service und Alter des Fluggeräts schwankt. Die **Preise für einen Flug** in den Nordosten (günstig sind v. a. Boston und New York) beginnen inklusive Steuern und Versicherungen im günstigsten Fall und in der NS bei ca. 500 €. Im Allgemeinen muss man eher mit Summen um die 650 € rechnen, im Sommer mit bis zu 900 €. Dabei sind die Unterschiede zwischen den oben genannten Hauptflughäfen gering.

Fluggesellschaften unterscheiden sich nicht nur darin, von wo aus sie wohin, wann und wie oft fliegen, sondern auch darin, wie viele und welche Zwischenstopps sie einlegen. Davon abhängig ist wiederum die Höhe der Steuern und Gebühren. Unterschiedlich wird überdies gehandhabt, ob bzw. zu welchem Aufpreis **Gabelflüge und Stop-over** möglich sind – wichtig, wenn man eine Rundreise plant und auf teure Inlandsflüge verzichten möchte.
Diese Möglichkeiten auszuschöpfen, ist normalerweise günstiger, als **Flugcoupons** zu erwerben. Diese sogenannten Airpässe, die verschiedene Gesellschaften anbieten, umfassen eine bestimmte Anzahl an Gutscheinen für eine bestimmte Zielregion und Dauer und müssen außer-

halb der USA, oft zusammen mit dem Transatlantikflug, erworben werden.

Sondertarife sind das ganze Jahr über zu bekommen, allerdings unterschiedlich in Kontingentierung und Bedingungen. Die angepriesenen Superangebote aus Internet oder Reisezeitschriften erweisen sich häufig als Flop, da nur geringe Platzkapazitäten zur Verfügung stehen, diese oft an strikte Bedingungen gebunden sind oder die Flüge mehrmaliges Umsteigen und lange Zwischenaufenthalte erfordern. Immer häufiger, vor allem in der NS, bieten die Linienfluggesellschaften selbst im Internet bzw. über Zeitungsannoncen **Sonderkonditionen** an, die jedoch nur über einen kurzen Zeitraum gebucht werden können. Die Reise muss dann bis zu einem ebenfalls festgelegten Datum angetreten werden. Es lohnt sich immer, erst einmal die Webpages (s. u.) zu checken!

Preiswerte **Last-Minute-Flüge** offerieren spezialisierte Reisebüros (s. Telefonbuch), z. B. *Travel Overland* (www.travel-overland.de) oder www.mcflight.de, im Internet bieten oft auch „Broker" wie www.expedia.de oder www.opodo.de günstige Tarife.

Über **Ermäßigungen** für Jugendliche und Studenten sowie über die unterschiedlich gehandhabten Bedingungen für Kinder informieren Fluggesellschaften bzw. Reisebüros.

Die wichtigsten Fluggesellschaften im Internet
- **Air Berlin**: www.airberlin.com
- **Air France**: www.airfrance.de
- **American Airlines**: www.americanairlines.de
- **Austrian Airlines**: www.austrian.com
- **British Airways**: www.britishairways.com
- **Delta**: http://de.delta.com
- **KLM:** www.klm.com
- **Lufthansa**: www.lufthansa.com
- **Swiss**: www.swiss.com
- **United Airlines**: www.united.com
- **US Airways**: www.usairways.com

 Wichtige Hinweise *(siehe auch „Einreise")*
Es gibt keine Papiertickets mehr und beim Check-in genügen Pass bzw. Buchungsnummer. Man sollte sicherheitshalber rechtzeitig den Rückflug checken, um die Flugzeiten zu überprüfen. Dies geschieht bei eTickets im Internet oder per Anruf bei der Fluggesellschaft.
Es wird empfohlen, bei internationalen Flügen drei Stunden vor Abflug einzuchecken. Sitzplätze können im Vorfeld reserviert werden und oft kann man schon am Vortag im Internet einchecken. Dennoch muss das Gepäck, auch bei Check-in am Automaten, an einem Schalter, manchmal an speziellen Expressschaltern, abgegeben werden.
Genügend Zeit für Check-in bzw. Umsteigen einplanen, da strenge und mehrmalige Sicherheitskontrollen üblich sind. Die von den Fluggesellschaften als hinreichend angegebenen Umsteigezeiten können sich je nach Flughafen – London und Paris sind diesbezüglich berüchtigt – als Flop erweisen.

Fotografieren

Speicherkarten, Batterien und Akkus für **Digitalkameras** sind in Fotoläden, Elektronikshops und mittlerweile auch in den Fotoabteilungen von Drugstores und Supermärkten zu bekommen. Dort gibt es häufig auch digitale Druckservices, *photo kiosks*. Mitgebrachte Ladegeräte müssen „reisetauglich", d. h. der anderen Spannung angepasst, sein, zudem ist ein Adapter für die anderen Steckdosen nötig.

In Museen und manchen anderen Sehenswürdigkeiten sowie im Umkreis von militärischen Anlagen ist Fotografieren verboten bzw. nur zu Privatzwecken, ohne Blitz und Stativ erlaubt. Bei Personenaufnahmen ist **Respekt** oberstes Gebot.

Kameras und Zubehör sind in den USA preiswerter als hierzulande; beim Kauf ist allerdings zu prüfen, ob die Garantie weltweit gilt und ob die Stromspannung von Netzgerät und sonstigem Zubehör passt bzw. angepasst werden kann. Zum annoncierten Preis muss meist noch die Steuer addiert werden, außerdem u. U. Zoll am deutschen Einreiseflughafen.

Geldangelegenheiten

Bargeld
Obwohl man heute in nur noch wenigen Situationen Bargeld benötigt, sollte man einen **gewissen Dollarbetrag**, v. a. Kleingeld, in der Tasche haben, z. B. um am Flughafen eine Zeitung kaufen zu können, für den Gepäckwagen oder den Getränkeautomaten. Der Umtausch von Euro oder Schweizer Franken in Dollar ist an Flughäfen, in speziellen Wechselstellen oder Banken grundsätzlich kein Problem, lediglich können die Kurse ungünstiger sein, Gebühren anfallen und die ganze Prozedur zeitaufwändig sein. Größere Summen Bargeld kann man sich in den USA mit Reiseschecks oder (teurer) am Automaten per Karte zu beschaffen.

 Währung

1 Dollar ($) = 100 Cent (c.)
An **Münzen** gibt es Penny (1 c.), Nickel (5 c.), Dime (10 c.), Quarter (25 c.); selten sind hingegen 50 c. (Half Dollar) und Dollarmünze. An **Scheinen** sind $ 1, 5, 10, 20, 50, 100 und – theoretisch – auch $ 500 und $ 1.000 in Umlauf. Scheine über $ 20 sind den meisten Amerikanern suspekt und es kann Probleme geben, mit einer $ 50-Note bar zu bezahlen. Quarter (und Dollarscheine) sollte man immer im Portemonnaie haben, da sie für Automaten aller Art bzw. als Trinkgeld benötigt werden.
• Aktuelle Wechselkurse im Internet unter **www.oanda.com**.

Maestro/EC-Karte und Post-Sparcard
Inzwischen kann man an über 200.000 Geldautomaten in den USA Geld abheben, wobei Voraussetzung ist, dass das **Maestro-Zeichen** am „ATM", der *Automated Teller Machine,* vorhanden ist und man seine PIN-Nummer weiß. Auch an vielen Kassen mit Maestro-Zeichen ist mittlerweile Zahlung mit der **EC-Karte** möglich.
Die Gebühr für eine Automatenabhebung variiert je nach Bank, beträgt bis zu 5 € und ist unabhängig von der Höhe der Abhebung (meist max. 500 € pro Tag). Die **Postbank SparCard** ist an *VISA-Plus*-Automaten einsetzbar, und zwar zehnmal jährlich sogar gebührenfrei. Wenn die EC-Karte abhandenkommt, sollte man sie sofort sperren lassen (Sperrnummer s. u.), man muss dazu jedoch seine Kontonummer nennen können.

Kreditkarten
Als Tourist kommt man ohne Kreditkarte nicht aus, denn nur damit gilt man in den USA als kreditwürdig und kann z. B. eine verbindliche Zimmerreservierung, den Erwerb von Tickets via Telefon oder die Stellung der Kaution für einen Mietwagen vornehmen. *Euro/MasterCard* und *VISA* sind die **gängigsten Kreditkarten**, seltener werden *American Express* und *Diners Club* akzeptiert.

Die „Plastikkarten" müssen rechtzeitig bei der Bank oder Unternehmen wie dem ADAC be-
antragt werden. Zweitkarten sind preiswerter, „Goldkarten" beinhalten oft Versicherungen und
Notfallservice. Die getätigten Ausgaben werden unter Aufschlag einer Umrechnungsgebühr
von meist 1 % von einem eigens eingerichteten Konto abgebucht, auf dem für Notfälle immer
ein Guthaben deponiert werden sollte. Gegen Gebühr von bis zu 5,5 % oder mindestens 5 €
lässt sich mit einer Kreditkarte an beinahe jedem Bankautomaten auch Bargeld ziehen.
Kreditkarten sind versichert und bei Verlust oder Diebstahl sorgt die Gesellschaft nach einem
Anruf unter ihrer **Notfallnummer** (s. Kartenrückseite bzw. Merkblatt, Nummer vor der Reise
notieren!) für Sperrung und raschen Ersatz (Informationen auch unter www.kartensicherheit.de).

 ## Kartensperrung

In Deutschland gibt es eine einheitliche Sperrnummer :
☎ **0049-116116** und vom Ausland zusätzlich **0049-30-4050-4050**. Sie gilt mit wenigen Ausnahmen für alle Arten von Karten (auch Maestro/EC-Karten) und Banken sowie Mobilfunkkarten (Details im Internet unter www. sperr-notruf.de).
Für Karten von bisher nicht angeschlossenen Kreditinstituten und für **österreichische** und
Schweizer Karten sind die gültigen Notrufnummern dem mit der Karte erhaltenen Merkblatt zu entnehmen oder bei der jeweiligen Bank vor der Reise zu erfragen und zu notieren.

Reiseschecks

Reiseschecks werden im Kartenzeitalter immer ungebräuchlicher, es gibt sie aber noch. Die
versicherten Schecks nimmt man am besten in \$-50-Stückelung mit. *American Express Tra-
vel(l)ers Cheques* (TC) werden auch von *Travelex* ausgegeben. Man muss sie in der Bank vor-
bestellen oder erhält sie z. B. auch beim ADAC. Schneller und unkomplizierter als in Banken,
wo außer dem Reisepass manchmal ein Fingerabdruck gefordert wird und Gebühren anfallen
können, lassen sich die Schecks in den USA in *American-Express-* oder *Travelex*-Agenturen ein-
tauschen. Am einfachsten ist es aber, im Hotel einen Scheck einzulösen („*to cash a cheque*"),
wobei normalerweise maximal \$ 50 pro Tag ausbezahlt werden, oder gleich damit zu bezah-
len. In Läden und sogar in Supermärkten gelten die Schecks als Zahlungsmittel, mit dem selbst
Kleinstbeträge beglichen werden können. Restsummen werden bar herausgegeben.
Gegen Angabe der Seriennummern (immer notieren!) bzw. des Kaufbelegs werden **Reiseschecks** innerhalb von 24 Stunden ersetzt. Dazu ist bei Verlust oder Diebstahl umgehend Mel-
dung bei *American Express* bzw. *Travelex* nötig: Telefonnummern und Hinweise erhält man zusammen mit den gekauften Schecks (aufschreiben!). Gegebenenfalls wird ein Polizeiprotokoll
gefordert und muss ein Rückerstattungsformular ausgefüllt werden.
Sperrung AmEx Reiseschecks: in D: ☎ 0800-101 2362 (kostenfrei); AU: ☎ 0043-1-
5450120; CH: ☎ 0041-1-7454020. In den USA hilft das deutschsprachige *AmEx*-Kunden-Ser-
vice Center unter ☎ 1-888-412-6945 (gratis).

Gesundheit *siehe auch „Notfälle" und „Versicherungen"*

USA-Reisende sind **keinen besonderen Gesundheitsrisiken** ausgesetzt. Ernährungsbeding-
te Umstellungsprobleme sind selten, das Leitungswasser kann unbesorgt getrunken werden,
besondere Impfungen sind nicht nötig. Häufig sind Erkältungen aufgrund der Vollklimatisierung
der Räume. Eine Strickjacke oder ein Pullover in der Tasche können ganzjährig nützlich sein.
Sauberkeit wird großgeschrieben, und ein eigenes Badezimmer gehört zu jedem noch so bil-

ligen Motel, ein passables WC zu jeder Raststätte oder Tankstelle. Allerdings sollte man nie nach der *toilet* fragen, ein WC heißt *restroom, ladies' room* oder *men's room, bathroom* oder *powder room.*

Im Krankheitsfall ist in den USA für rasche und effektive Behandlung gesorgt. An qualifizierten Ärzten *(physicians)* bzw. Zahnärzten *(dentists)* besteht kein Mangel; der Spezialisierungsgrad ist hoch, die Konkurrenz groß. Namen und Adressen von Ärzten können leicht über die Hotelrezeption bzw. die Gelben Seiten des Telefonbuchs herausgefunden werden. Hausbesuche sind unüblich und meist bieten die in größeren Orten bzw. Städten existierenden *Health Care* oder *Family Centers*, Gemeinschaftspraxen, die ohne Terminvereinbarung *(„walk-in")* weiterhelfen, die schnellste Behandlung.

Im Notfall ruft man die **Ambulanz (911)** oder fährt zur **Notaufnahme** eines Hospitals *(Emergency Room).*

Arzt-, Medikamenten- und Krankenhauskosten sind hoch und jeder Patient wird systembedingt als Privatpatient behandelt. Das setzt auch bei Besuchern einen Nachweis der Zahlungsfähigkeit (Kreditkarte) voraus. Zudem muss für jeden Arztbesuch sofort bezahlt werden. Zu Hause erstattet die Versicherung nach Überprüfung und gegen ausführliche Bescheinigung und Quittungen über Diagnose, Behandlungsmaßnahmen und Medikamente die Kosten zurück. Bei schweren Erkrankungen oder Unfällen sind zusätzlich der Notfallservice der Versicherung und ggf. Botschaft bzw. Konsulat zu informieren.

Außer den dringend benötigten (rezeptpflichtigen) **Medikamenten** (bei größeren Mengen ist eine englischsprachige Bescheinigung für den Zoll nötig) sollte auch die übliche kleine Reiseapotheke mit dabei sein. *Pharmacies* (Apotheken) existieren eigentlich nur in Form von Spezialabteilungen in Supermärkten und vor allem *Drugstores.* Dort gibt es preiswert und rezeptfrei ein Grundsortiment an Arzneimitteln, Standardmedikamente gegen Schmerzen, Durchfall oder Erkältungen. Am *Prescriptions Counter* in Drugstores löst man ärztliche Verordnungen ein und erhält Beratung durch einen Apotheker.

Informationen

Vor Ort helfen *Visitor Information Centers, Convention & Visitor Bureaus (CVB)* oder *Chambers of Commerce* weiter, an den Staatsgrenzen (Interstates) gibt es *Welcome Center* – Besucherzentren, die vielerlei Prospektmaterial, Karten etc. bereithalten, z. T. auch bei der Zimmerreservierung behilflich sind und in denen die lohnenden „Coupon-Hefte" ausliegen. Infos und Adressen finden Sie beim jeweiligen Ort.

Deutsch-Amerikanische Institute bzw. Zentren existieren derzeit in Freiburg, Hamburg, Heidelberg, Kiel, Köln, München, Nürnberg, Saarbrücken, Stuttgart und Tübingen. Daneben gibt es beim **ADAC** allgemeines Informationsmaterial und Karten über die verschiedenen US-Regionen. Allgemeine reisepraktische Infos finden sich auch unter **www.usa.gov/visitors/travel. shtml** oder unter der offiziellen Reise- und Tourismus-Seite des neuen US-Fremdenverkehrsamts „**Brand USA**": **www.discoveramerica.com**. Viele der im Reisegebiet liegenden Staaten sind durch deutsche PR-Agenturen vertreten, die im Allgemeinen auch für Österreich und für die Schweiz zuständig sind. Des Weiteren finden sich nachfolgend die maßgeblichen Webseiten der einzelnen Bundesstaaten in den USA.

Neuengland-Staaten
- **Discover New England, c/o. Get It Across Marketing & PR**, Neumarkt 33, 50667 Köln, ☏ (0221) 2336409, www. neuenglandusa.de oder www.discovernewengland.org

Massachusetts
- **Massachusetts Office of Travel& Tourism**, c/o Buss Consulting, Postfach 1213, D-82302 Starnberg, ☏ 08151-739787, www.massvacation.de bzw. www.massvacation.com

New York
- **NYC & Company**, c/o AVIAREPS Tourism GmbH, Josephspitalstr. 15, D-80331 München, ☏ 089-552533-807, www.nycgo.com/de, www.nycgo.com
- **New York State Division of Tourism**, Seeleitn 65, D-82541 Münsing, ☏ 08177-9989506, www.iloveny.com

Pennsylvania und Philadelphia
- **Fremdenverkehrsamt Pennsylvania**, c/o Wiechmann Tourism Service, Scheidswald-str. 73, D-60385 Frankfurt/Main, ☏ 069-25538250, www.visitpa.com

Capital Region USA – Washington, D. C, Maryland, Virginia
- **Capital Region USA**, c/o Claasen Communication, Hindenburgstr. 2, D-64665 Alsbach, ☏ 06257-68781, http://capitalregionusa.de, www.capitalregionusa.org

Kartenmaterial

Neben der diesem Reiseführer beigelegten Reisekarte empfiehlt sich der Rand „McNally Road Atlas USA/Canada/Mexico", der auch hierzulande erhältlich ist, außerdem gibt es beim ADAC gratis Regionalkarten sowie allgemeine Infos („TourSets") zu Autoreisen in den USA. *Geo Center* (www.geocenter.de) vertreibt topografische und geophysische Karten unterschiedlicher Maßstäbe; sie sind in gut sortierten Buchhandlungen erhältlich. Im Internet verfügt www.amundo.de über ein breites Angebot an Karten und Stadtplänen.

In den USA angekommen, sollte die erste Fahrt zu einem *AAA Office* führen (siehe „Auto fahren") um dort *maps* sowie *AAA TourBooks* mit Motel- und Hotelverzeichnissen, Restaurants, Attraktionen und anderem Wissenswerten, außerdem ggf. *CampBooks* zu besorgen. Manche *TourBooks* sind auch beim *ADAC* gegen Gebühr erhältlich.

Überblickskarten der einzelnen Bundesstaaten bzw. einzelner Städte gibt es im Internet bzw. bei Fremdenverkehrsämtern, *Welcome Centers* oder *CVBs*. Im Internet helfen bei der Planung weiter:
- http://maps.google.com
- www.mapquest.com
- www.nationalatlas.gov (v. a. zahlreiche Spezialkarten)

Maßeinheiten

Hohlmaße	Flächen
1 fluid ounce = 29,57 ml	1 square inch (sq.in.) = 6,45 cm²
1 pint = 16 fl. oz. = 0,47 l	1 sq.ft. = 929 cm²
1 quart = 2 pints = 0,95 l	1 sq.yd. = 0,84 m²
1 gallon = 4 quarts = 3,79 l	1 acre = 4840 sq.yd. = 4046,8 m² oder 0,405 ha
1 barrel = 42 gallons = 158,97 l	1 sq.mi. = 640 acres = 2,59 km²

Längen	Gewichte
1 inch (in.) = 2,54 cm	1 ounce = 28,35 g
1 foot (ft.) = 12 in. = 30,48 cm	1 pound (lb.) = 16 oz. = 453,59 g
1 yard (yd.) = 3 ft. = 0,91 m	1 ton = 2000 lb = 907 kg
1 mile = 1760 yd. = 1,61 km	

Temperaturen
Umrechnung: (Grad F - 32) x 0,56 = Grad C

20 °F = -7 °C	40 °F = 4 °C	60 °F = 16 °C	80 °F = 27 °C
32 °F = 0 °C	50 °F = 10 °C	70 °F = 21 °C	

Medien

An jeder Straßenecke für $ 1 erhältlich ist die einzige wirklich überregionale, optisch gut aufgemachte Tageszeitung „**USA Today**", die vor allem nationale Geschehnisse behandelt und über einen hervorragenden Sportteil und ausführlichen Wetterbericht verfügt.

Renommiert und überall erhältlich ist die überregionale Tageszeitung „**New York Times**". Auch die „**Washington Post**" genießt landesweit guten Ruf, ebenso das „**Wallstreet Journal**". Interessant und hilfreich sind die an verschiedenen Tagen publizierten Beilagen der lokalen Tageszeitungen zu verschiedenen Aspekten des Lebens (Essen und Trinken, Literatur, Einkaufen, Nightlife etc.). In Neuengland gibt es den lesenswerten „**Boston Globe**" – mit Veranstaltungskalender am Donnerstag.

Große Buch- und Zeitschriftenläden, z.B. Hudson News, in Städten oder an Flughäfen und Bahnhöfen führen meist auch **deutsche Zeitungen** und Zeitschriften, allerdings teuer und meist nicht aktuell. Amerikanische Zeitungen und Zeitschriften sind hingegen preiswerter und in größerer Auswahl als hierzulande erhältlich. Beliebte überregionale Wochenmagazine sind „Time", „Newsweek" und „Fortune"; „Ebony" gibt z. B. einen Einblick in die afroamerikanische Szene und „Sports Illustrated" und „Sporting News" in die Welt des Sports.

TV und Radio

Obwohl jedes noch so billige Motelzimmer über einen **Fernseher** verfügt, unterscheiden sich Empfang und Senderzahl enorm. Gängige überregionale Sender sind *PBS, NBC, CBS, ABC* und *Fox*, darüber hinaus gibt es Kabel- und Satellitensender, die je nach gekauftem „Paket", unterschiedlich in Angebot und Zahl sind. Im Stundentakt laufen auf festen Programmschienen dieselben Sendungen zur selben Zeit und am selben Tag.

Bunte Zeitungslandschaft in den USA

Viele Sender haben sich dabei auf bestimmte Genres spezialisiert haben, z. B.
- Spielfilme: *HBO, Hallmark Movie Channel, Fox Movie Channel*
- Soap Operas: *TNT, TBS, Soap*
- Sport: *ESPN*
- Nachrichten: *CNN, Bloomberg TV, ABC News*
- Wetter: *Weather Channel*
- Natur, Abenteuer & Outdoors: *Discovery Channel, National Geographic, Animal, Travel*
- Geschichte: *History*
- Kochen: *Food Network, Cooking Channel*
- Comics/Cartoons: *Disney Channel, Cartoon*
- Musik: *MTV, Great American Country*
- Kinder: *Nickelodeon*

Im **Radio** dominieren die privaten Sender. Sie sind mehr oder weniger stark spezialisiert, z. B. auf Country, Jazz, Rock, Klassik, Sport, Talkshows oder Nachrichten, und je nach Finanzen unterschiedlich stark von Werbung abhängig. Ein überregionaler Sender mit breit gefächertem Angebot ist *National Public Radio (npr)*.

Mietwagen *siehe auch „Auto fahren"*

Finanzielle und sicherheitstechnische Vorteile sprechen dafür, einen **Mietwagen bereits zu Hause zu buchen**, im Reisebüro oder über das Internet, besonders wenn die Mietdauer mindestens eine Woche beträgt. In der Regel sind die **Tarife günstiger**, v. a. weil in Europa die Versicherungspauschalen und sonstigen Gebühren bereits im Preis enthalten sind.

Im Allgemeinen sind die **Wochenpreise am günstigsten**. Normalerweise muss ein Wagen an ein- und demselben Ort abgeholt und abgegeben werden, ansonsten fallen **Rückführgebühren** an, die sich je nach Veranstalter und Strecke unterscheiden. Allerdings gibt es **Ausnahmen**, z. B. zwischen bestimmten Flughäfen oder Städten, differenzierend je nach Anbieter, v. a. zwischen den Flughafenstationen an der Ostküste. Normalerweise fällt kein Aufschlag an, wenn an verschiedenen Stationen in derselben Stadt abgeholt/abgegeben wird.

Ggf. sollte man auch vor Buchung prüfen, ob es am Ankunfts- bzw. Abflugsort, vor allem an Bahnhöfen bzw. in Städten, tatsächlich eine Mietstation gibt und ob diese zur betreffenden Zeit geöffnet ist. **Zahl und Verteilung der Mietstationen** unterscheiden sich je nach Firma.

Im Laufe der letzten Jahre haben sich die Anbieter bezüglich der **Preise und Mietbedingungen** weitgehend angeglichen und alle sind dazu übergegangen, verschiedene Pakete anzubieten. Es gelten außerdem manchmal spezielle (höhere) *Rates* für „Jugendliche" unter 25 Jahren. Alle Pakete schließen **Vollkasko** *(CDW/LDW – Collision/Loss Damage Waiver)*, pauschale Erhöhung der Haftpflicht-Deckungssumme *(ALI – Additional Liability Insurance)* und sämtliche Steuern und Zusatzgebühren *(taxes and fees)* sowie *unlimited milage* (freie Fahrmeilen) ein.

Bei den (selten nötigen) „**Super-(Luxus-)Versionen**" sind u.a. die Kosten für einen Zusatzfahrer und oft eine Tankfüllung im Preis enthalten, außerdem Zusatzversicherungen (Insassen- bzw. Gepäckversicherung, *PAI – Personal Accident Insurance* oder *PEC – Personal Effects Coverage*), die oft jedoch schon durch bestehende Versicherungen oder den Versicherungsschutz

Mit dem Mietwagen unterwegs

von Gold-Kreditkarten abgedeckt sind. Vorher prüfen! Es gibt außerdem Fahrzeuge mit Navigator (GPS) zu buchen.

Die gekoppelte Buchung von Flug und Mietwagen oder auch Campern – **Fly&Drive** – kann eine Alternative sein. Reiseveranstalter bieten oft günstige Varianten an. Man sollte jedoch speziell in der NS, wenn Flüge billig sind, das Angebot mit den Einzelpreisen vergleichen. Eine Vielfalt an **Auto-Rundreisen,** wird ebenfalls in den Katalogen vieler Veranstalter angeboten, z. B. bei *America Unlimited* (www.america-unlimited.de) mit individuell veränderbaren Routen.

Fahrzeugkategorien
Die großen Vermieter verfügen über neuwertige **Fahrzeugflotten** meist spezieller Marken. Ein bestimmter Wagentyp kann nicht reserviert werden, doch ist es vor Ort möglich, Wünsche zu äußern. Alle Wagen haben Automatik, Airbags, Klimaanlage und CD-Player, ab der *Intermediate*-Kategorie sind zudem *Cruise Control* (Tempomat), Servolenkung und -bremsung üblich, meist auch Zentralverriegelung und automatisches Tagfahrlicht.
Die Palette reicht mit unterschiedlichen Bezeichnungen von Klein *(Economy)* über Mittel bzw. *Midsize (Compact, Intermediate* oder *Standard)* bis Groß *(Full Size)*, dazu gibt es eine Luxusversion *(Premium* o.ä.) und je nach Firma *Minivan* oder *Station Wagon, SUV/4-wheel-drive* oder *Cabriolet und Pick-up.* Bei der Wahl der Kategorie sollten v. a. Personenzahl, Art und Menge des Gepäcks und geplante Streckenlänge bzw. Fahrzeiten bedacht werden.

Genaues Vergleichen lohnt sich, denn je nach Anmietort kommt z. B. ein *Mini Van* nicht viel teurer als ein *Full Size Car*, wobei Bequemlichkeit und Geländegängigkeit gegen höheren Spritverbrauch abgewogen werden müssen. Im Allgemeinen dürfte für zwei bis drei Personen ein Fahrzeug der **mittleren Kategorie** vollauf genügen. Oft wird in den amerikanischen Büros, v. a. in Stadtbüros, wesentlich pauschaler unterschieden und die Zahl der Türen spielt dort beispielsweise selten eine Rolle. Mit etwas Glück (erhält man statt der gebuchten Kategorie ohne Aufschlag einen größeren Wagen.

Günstige Mietwagen

Abgesehen von den überregionalen großen Anbietern wie **Avis**, **Alamo** oder **Hertz**, **Budget** und **National** gibt es Mietwagen-Broker, die günstige Konditionen bieten, z. B.

- www.adac.de/autovermietung
- http://holidayautos.de
- www.sunnycars.de,
- www.autoeurope.de
- www.driveFTI.de
- www.tui.de/mietwagen
- www.dertour.de/mietwagen/

Leicht vergleichen lassen sich die Preise auf
- www.mietwagen-broker.de

Wagenübernahme

An jedem internationalen Flughafen befinden sich Niederlassungen der großen Mietwagenfirmen, teilweise gibt es nur einen Schalter im Flughafen, an dem die Formalitäten erledigt werden und von wo aus dann kostenlose Shuttlebusse den Kunden zum Parkplatz des Unternehmens bringen, teilweise muss auch alles im Office auf dem Parkplatz erledigt werden. *Rental Car Return* ist an allen Flughäfen gut ausgeschildert und die Rückgabe verläuft meist unkompliziert und schnell, meist direkt am Auto per Handcomputer.

Am Schalter muss außer der Reservierungsnummer bzw. dem Voucher eine Kreditkarte zur Stellung der Kaution und Begleichung sonstiger anfallender Kosten vorgelegt werden. Dazu kommen der Führerschein (ein internationaler ist kein Muss und alleine ungültig) und die Heimatadresse, Mobilfunknummer und erste Adresse in den USA. Man vereinbart, sofern nötig, vor Abfahrt noch Zusatzversicherungen oder Notfallservice und mietet Sonderzubehör, wie Kindersitz oder Dachgepäckträger. Das vielfach angebotene „günstige" *Upgrading* (Buchen einer höheren Klasse) und das Angebot, eine Tankfüllung im Voraus (teuer) zu bezahlen, lehnt man besser ab und tankt stattdessen vor Abgabe noch einmal selbst.

Der **Mietvertrag** muss mehr oder weniger aufwendig per Initial (z. B. Ablehnung von Zusatzversicherungen oder Tankfüllung) und/oder Unterschrift bestätigt werden. Sicherheitshalber sollte man einen Blick auf die auf dem Mietvertrag angegebene **Rückgabezeit** werfen, da sich hier gerne „Fehler" einschleichen. Jede Verspätung von mehr als einer halben Stunde geht nämlich ins Geld.

Mit Stadtplan und leider meist nur einem (bzw. zwei bombenfest miteinander verbundenen) Autoschlüssel(n) geht es zum auf dem Umschlag mit Mietvertrag angegebenen Stellplatz bzw. zur entsprechenden Reihe. Zunehmend kann man an Flughäfen aus einer Reihe gleichkategorisierter Autos frei auswählen und sollte dann auf möglichst geringen Tachostand, Reifenzustand, Kofferraumkapazität und *Cruise Control* achten. Vor Fahrtantritt sollte kurz der äußere Zustand, v. a. die Reifen, die Sauberkeit (auch innen) sowie die **Funktionstüchtigkeit** von Lichtern, Blinkern, Scheibenwischern, Gurten, Fensterhebern und Zentralverriegelung gecheckt werden. Auch ist es sinnvoll gleich nach Motorhauben- und Kofferraumöffner, Sitzverstellhebeln sowie Tankverschluss Ausschau zu halten und Ersatzreifen sowie Tankanzeige zu prüfen. Es gibt meist nur eine sehr knapp gehaltene Bedienungsanleitung im Auto.

Direktbuchung vor Ort

Ein Leihwagen kann auch kurzfristig vor Ort, gleich am Flughafen (Servicetelefone) oder in der Stadt, gechartert werden; Mindestalter ist meist 21 Jahre (unter 25 fällt ein Zuschlag an). Direktbuchung ist jedoch im Allgemeinen teurer, wobei man trotzdem wegen Service, Sicherheit, Fahrzeugflotte und Netz die großen Anbieter kleineren, lokalen Firmen (in den Gelben Seiten des Telefonbuchs zu finden) vorziehen sollte. Vor allem ist darauf zu achten, ob *unlimited milage* und *CDW/LDW (full coverage)* im genannten Preis enthalten sind. Man sollte auf alle Fälle nach „**Specials**" (z. B. *Weekend/Senior/AAA Specials*) fragen.

Telefonische Reservierung ist sinnvoll (1-800-Nummern gebührenfrei in USA):
- **Alamo**: ☏ 1-877-222-9075, www.alamo.com
- **Avis**: ☏ 1-800-230-4898, www.avis.com
- **Budget**: ☏ 1-800-527-0700, www.budget.com
- **Dollar**: ☏ 1-800-800-3665, www.dollar.com
- **Enterprise**: ☏ 1-800-261-7331, www.enterprise.com
- **Hertz**: ☏ 1-800-654-3131, www.hertz.com
- **National**: ☏ 1-877-222-9058, www.nationalcar.com

Museen und andere Sights
siehe auch „Natur- und Nationalparks", „Eintritte" und „Öffnungszeiten"

Der amerikanische Nordosten ist reich an Kultur, und Museen verschiedenster Ausrichtung sind überall zu finden: Kunstmuseen, historische Museen – dazu gehören auch sogenannte *Living History* (Openair-) Museen – und naturwissenschaftliche Museen, meist *hands-on*, d. h. mit interaktiven Ausstellungsobjekten.

Dazu kommen Spezialmuseen, wie Sports Hall of Fames, Raumfahrtmuseen, Planetarien etc., Geburts- und Wohnhäuser (*Historic Homes*) berühmter Persönlichkeiten (z. B. Schriftsteller oder Politiker) und Gartenanlagen. Der Nordosten ist gepflastert mit Relikten des Revolutionskrieges, weiter südlich sind es vor allem die Bürgerkriegsschlachtfelder, beides häufig kombiniert mit regelmäßig stattfindenden *re-enactments* (nachgestellte Schlachten oder andere Ereignisse).

Nahverkehr

Der öffentliche Nahverkehr ist gerade in den Städten im Nordosten hervorragend ausgebaut und bietet sich dort an Stelle eines Autos zur Erkundung und Besichtigung an. Voraussetzung für die Benutzung von Bahnen und Bussen ist ein Routenplan und etwas Ortskenntnis bzw. ein Stadtplan, außerdem Kleingeld, da Tickets meist vorher am Automaten gekauft oder der Betrag abgezählt beim Fahrer bezahlt werden muss. Für Transfers gibt es eigene verbilligte Zusatztickets, außerdem in vielen Städten ermäßigte Tages-, Mehrtagestickets oder Wertkarten. Bei Bussen wird zwischen *Express* (schneller, da wenige Stops) und *Local* unterschieden. Details finden sich im Reiseteil am Ende der jeweiligen Kapitel.

Natur- und Nationalparks *siehe auch „Camping"*

Das amerikanische **Nationalpark-System** umfasst derzeit 398 *National Parks, Forests, Monuments, Battlefields, Historic Sites, Recreation Areas* u.a. geschützte Areale. Rechtzeitige **Voraus-**

buchung von Unterkünften bzw. Campingplätzen ist dort v. a. in der HS (Juli/August) nötig (s. *Camping*).

 Info National Parks

- www.nps.gov – offizielle Seite des National Park Service mit Links zu den einzelnen Parks
- www.nationalparks.org – Website der National Park Foundation
- www.ohranger.com – Infos zu allen Parks und Public Lands online, eher Blog mit Fragen und Antworten, nach Staaten sortiert (☎ 212-581-3380).

In jedem Nationalpark gibt es eine oder mehrere Zufahrten, dort wird die Gebühr kassiert und gibt es ein Faltblatt mit Basisinfos zum betreffenden Park. Zusätzlich befindet sich fast immer in der Nähe der Zufahrt ein *Visitor Center* (Besucherzentrum), dort informieren **Park Ranger** über Programme, Angebot und Besonderheiten, Unterkunfts- und Wandermöglichkeiten im Park. Zu den VCs gehören häufig **Ausstellungen** bzw. sogar **Museen mit Filmvorführung** und/oder Dia-Shows zur spezifischen Flora und Fauna, Geologie und Geografie, Geschichte oder anderen Besonderheiten des jeweiligen Parks. Meist gibt es auch einen Shop oder Verkaufsstand mit weiterführender Literatur, Karten und Souvenirs.

Eintritt
Der Eintritt wird im Allgemeinen pro (Privat-)Fahrzeug berechnet, im Regelfall inklusive vier Insassen. Die Gebühr liegt bei $ 5–25 je nach Park und mit dem erhaltenen Kassenbon an der Windschutzscheibe darf man im Allgemeinen 7 Tage im Park bleiben bzw. beliebig ein- und ausfahren. Wer mehrere Parks besuchen möchte, sollte einen *America the Beautiful (Annual) Pass* kaufen. Er kostet derzeit $ 80 und gilt ein ganzes Jahr in allen amerikanischen Nationalparks u.a. staatlichen Naturschutzgebieten für drei Insassen eines Fahrzeugs über 16 Jahren; Kinder unter 15 sind gratis. Der Pass kann im Internet unter **http://store.usgs.gov/pass** erworben werden.

Camping
In den meisten National Parks oder Forests gibt es kostenpflichtige *campgrounds* oder *campsites* unterschiedlicher, meist einfacher Ausstattung in reizvoller Lage. Sie sind in der Hochsaison schnell gefüllt, zumal überwiegend das System *first-come, first-served* gilt und nur ein Teil über einen zentralen Reservierungsservice (siehe unten) gebucht werden kann. In der Regel bekommen Interessenten nach Erscheinen einen nummerierten Stellplatz zugewiesen. Oft besteht darüber hinaus die Möglichkeit zu kostenlosem *backcountry camping* nach Einholen einer Erlaubnis *(permit)* in einer *Ranger Station*. Teurer und besser ausgestattet sind meist die kommerziell betriebenen Plätze, speziell jene von KOA. Sie befinden sich nie in den Parks, sondern im Umfeld. Hilfreiche Webseiten dazu finden sich unter „Camping".

Unterkünfte
Die Unterkünfte in den (großen) Parks werden meist – ebenso wie Läden, Tourveranstalter, Busbetreiber u.a. – von Privatunternehmen wie *Xanterra Parks & Resorts* verwaltet. Bei Weitem nicht alle Parks verfügen über Herbergen, doch sofern solche oft rustikalen Unterkünfte *(Lodges)* vorhanden sind, müssen sie langfristig vorher gebucht werden. Darüber hinaus bieten sich meist preiswertere Unterkünfte in den in Parknähe gelegenen Orten.

- Infos zu Unterkünften in den Parks finden sich im Reiseteil unter den einzelnen Parks unter **www.nps.gov/...**
- **www.nationalparkreservations.com**, ① 1-866-875-8456 (gratis) bzw. 406-862-8190 – viele, aber bei weitem nicht alle NPs sind diesem privaten Reservierungssystem, das Gebühr erhebt, angeschlossen.
- **www.nationalparkhotelguide.com** – *Where to stay in America's National Parks?* Liste nach Staaten und Parks sortiert, allerdings vorwiegend Hotels und Motels in Randgemeinden. Mit Sofortbuchungsmöglichkeit.

Notfall, Notruf
siehe auch „Auto fahren", „Botschaften und diplomatische Vertretungen",
„Geldangelegenheiten", „Gesundheit", „Sicherheit" und „Versicherungen"

Im Notfall, egal welcher Art, helfen ein **Polizist** *(cop)*, das nächste **Polizeirevier** (**Operator 0**), die gebührenfreie **Emergency Number 911** (Notrufzentrale) oder die deutschsprachige Notfall-Telefonnummer des ADAC: **1-888-222-1373**. Bei **Diebstahl oder Verbrechen** ist im nächsten Polizeirevier Anzeige zu erstatten, denn nur bei Vorlage eines Polizeiprotokolls ersetzen Versicherungen den erlittenen Verlust. Ebenfalls zu melden ist der Vorfall bei der betreffenden Stelle, wie Fluggesellschaft oder Bank, möglichst mit Nummern bzw. Kopien der entsprechenden Papiere. Bei Verlust der Kreditkarte oder der Reiseschecks muss umgehend die Sperrung bei der auf der Kartenrückseite oder auf dem zugehörigen Merkblatt angegebenen und vorher notierten Notfallnummer veranlasst werden *(siehe „Geldangelegenheiten")*.

In Deutschland gilt für alle Arten von Karten und Banken (mit wenigen Ausnahmen, siehe: www.sperr-notruf.de) die **einheitliche Sperrnummer 0049-116116** bzw. im Ausland zusätzlich **0049-30-4050-4050**. Eine Ersatzkarte wird normalerweise innerhalb von 24 Stunden zur Verfügung gestellt. Bei Schecks sind die Vorlage des Kaufnachweises und die Nummern der ausgegebenen Schecks nötig.

Im Notfall hilft dank ihres Verfügungsrahmens und des schnellen Ersatzes die Kreditkarte weiter, wobei allerdings mit dieser wie auch mit EC/Maestro-Karte pro Transaktion bzw. Woche nur ein eingeschränkter Höchstbetrag bar abgehoben werden kann. Je nach ausgebender Bank und Art der Karte bzw. Konditionen gilt ein Tageslimit von ca. 500–1.000 €, so lange, bis der vorgegebene Kreditrahmen ausgeschöpft ist.

 ## Checkliste für die Reise

- Reiseschecks und Dollars besorgen, sämtliche Notrufnummern notieren, Geld auf dem Kreditkarten-Konto deponieren
- Reiseversicherung, vor allem Auslandsreise-Krankenversicherung bzw. Reise-Notfall-Versicherung abschließen
- Kopien aller wichtigen Dokumente (Pass, Versicherungsscheine, Führerschein, Flugticket etc.) anfertigen und sämtliche Nummern und Telefonnummern in einer Art „Notfall-Pass" aufschreiben
- Originaldokumente am sichersten am Körper (Brustbeutel, Gürteltasche o. Ä.) tragen oder, wenn möglich, im Hotelsafe deponieren
- Wertgegenstände, Dokumente und Karten auf zwei Personen verteilen

Wer dringend größere Geldsummen benötigt, kann sich weltweit über **Western Union** Geld von zu Hause schicken lassen. Der Sender muss dazu bei einer *Western Union*-Vertretung – z. B. Postbank (vom Girokonto) oder ReiseBank (an vielen Bahnhöfen, Flughäfen etc.) – ein Formular ausfüllen und den Code der Transaktion telefonisch oder elektronisch in die USA übermitteln. Mit dieser Nummer und dem Reisepass erhält man in einer beliebigen Vertretung von *Western Union* nach Ausfüllen eines Formulars das Geld binnen Minuten ausgezahlt (www.westernunion.com, ① 0800- 181-1797).

Bei schwerer Erkrankung, Unfall oder schwerwiegenden Verbrechen sind außerdem der Notfallservice der Versicherung und ggf. Botschaften bzw. Konsulate (s. S. 87) zu informieren. Sie stellen bei Passverlust nach Klärung der Identität ein Ersatzdokument aus und sind auch sonst vermittelnd behilflich.

Öffnungszeiten

In den USA gibt es kein verbindliches Ladenschlussgesetz und vielfach gilt sogar „24/7“, d. h. Betrieb rund um die Uhr an sieben Wochentagen. Selbst an Sonn- und Feiertagen sind viele Läden, vor allem Supermärkte und Malls (Einkaufszentren), sowie touristische Shops geöffnet. Geschäfte sind je nach Art und Größe sowie Viertel von 9/10 bis mind. 18 Uhr, oft länger, geöffnet. V. a. Buch- und Musikläden sowie Souvenirshops und Läden in touristischen Arealen sind häufig länger offen. An Sonntagen haben kleinere Geschäfte meist geschlossen. Als „Regelzeiten“ gelten die folgenden:
- **Läden**: meist von 9/10–18 Uhr
- **Kaufhäuser/Malls**: 10–19/20 Uhr, So meist 11/12–17/18 Uhr
- **Restaurants**: ca. 12–14 und 18–21 Uhr warmes Essen
- **Supermärkte** mind. 8–20 Uhr, manchmal 24 Std.
- **Bürozeiten**: Mo–Fr 9–17 Uhr
- **Banken**: werktags 10–14/15 Uhr
- **Postämter**: Mo–Fr 8/9–17, Sa oft bis 13/14 Uhr
- **Tankstellen und Fastfood-Ketten**: mind. 8–20 Uhr, oft bis Mitternacht oder sogar 24 Std.
- **Museen und Sehenswürdigkeiten** 10–17 Uhr (häufig Mo geschlossen). Genaue Öffnungszeiten in den jeweiligen Kapiteln im Routenteil. Bei Angabe mehrerer Öffnungszeiten bezieht sich der längere angegebene Zeitraum auf die HS von Memorial Day (letzter Mo im Mai) bis Labor Day (1. Mo im Sept.), der kürzere auf die NS.

Post

Postämter sind nicht immer leicht zu finden, aber man benötigt sie normalerweise auch nur einmal zum Kauf einer größeren Menge **Briefmarken**. Ein Brief oder eine Karte nach Europa benötigt im Schnitt eine Woche. Standardsendungen *(First-Class Mail)* sind preiswerter als die schnellere *Priority Mail* oder *Express*. Bei **amerikanischen Adressangaben** müssen Bundesstaat sowie die Postleitzahl *hinter* dem Ortsnamen angegeben werden. Briefkästen sind blau-rot mit der Aufschrift „US MAIL“.

Postlagernde Sendungen werden im *General Post Office*, der Hauptpost, 30 Tage lang bereitgestellt und können gegen Vorlage des Passes abgeholt werden. Sie müssen folgendermaßen

Postgebühren (Stand 2013)

- **Europa**: Karten und Briefe bis 1 oz (28 g) 105 c (jedes weitere oz: 87 c)
- **Inland** (*Standard* oder *First-Class*): Briefe bis 1 oz (28 g) 45 c, jedes zusätzliche oz kostet weitere 20 c, Karten 32 c

adressiert sein: Name – Poste Restante – c/o General Delivery – Stadt, Staat, Zip Code (Postleitzahl).

Für **Eilsendungen** gibt es eigene Kurierdienste wie *FedEx, UPS* oder *DHL*. Telegramme oder Geldanweisungen gibt man bei *Western Union* auf *(siehe „Notfälle")*.

Rauchen

Raucher haben in Amerika kein leichtes Leben: Das Rauchen ist auf den meisten öffentlichen Plätzen, in öffentlichen Gebäuden und Einrichtungen, in Nahverkehrsmitteln, Zügen, Taxis und Flugzeugen, in Büros, Geschäften, Theatern, Museen oder Kinos, aber auch in Restaurants und Bars verboten und unter Strafe gestellt. Selbst in offenen Sportstadien ist Rauchen, wenn überhaupt, nur in markierten Arealen *(designated areas)* erlaubt. Hotels, die 100 % *nonsmoking* sind, gibt es vermehrt, und Inns oder B&Bs erlauben Rauchen nur im Freien. Es gibt Raucher-Lounges, Clubs oder Bars mit Patios, auf denen Rauchen erlaubt ist.

Reisezeit *siehe auch „Land und Leute, Geografischer Überblick"*

Pauschal kann gesagt werden, dass für den Nordosten (nördlich von Washington), wo **ähnliches Klima** herrscht wie hierzulande, als Reisezeit die Monate Mai bis Oktober die geeignetsten sind, wobei gerade die Naturregionen im Herbst das prächtigste Farbspiel (**Indian Summer**) bieten. Allerdings können auch die Wintermonate mit viel Schnee ihren eigenen Reiz haben. Das Frühjahr gebärdet sich häufig launischer als der Herbst, für den längere Schönwetterperioden und höhere Wassertemperaturen sprechen, andererseits aber sind die Tageslicht-Stunden geringer.

Je weiter man nach Norden vordringt, umso häufiger kommt es vor, dass von Mitte Oktober bis Ende April/Mai viele Sehenswürdigkeiten und sogar Hotels geschlossen sind. Im Winter liegt nördlich von Boston meist viel Schnee, auch New York kann sich diesbezüglich meist nicht beklagen. Allerdings ist in Städten schlechtes Wetter meist leichter erträglich ist als in Naturregionen.

Eine Rolle bei der Zeitplanung spielt auch die **Art des Reisens**: Wer zeltet oder im Camper unterwegs ist, wird anders planen als ein Hotelgast, der vor allem Städte besucht. Gleiches gilt für sportlich Aktive, für Wanderer und Wassersportler, Baderatten oder Golfer. Zu bedenken ist überdies, dass in der NS Flüge, Leihwagen oder Camper preiswerter sind als **in der HS** und dass dann und während der amerikanischen Ferienzeit vom letzten Montag im Mai (Memorial Day) bis zum ersten Montag im September (Labor Day) und über lange Wochenenden Hotels, Strände, Campingplätze, Naturparks und andere Sights gerne überfüllt sind.

Es empfiehlt sich, pflegeleichte **Kleidung** mitzunehmen und diese ggf. in Schichten übereinander zu tragen. Hut oder Mütze und Sonnenbrille, festes, bequemes Schuhwerk und Regenschutz, aber auch warme Pullover bzw. Anoraks sind unabdingbar, ggf. auch Insektenschutzmittel *(bug repellent)* und Sonnenschutzmittel. Freizeitkleidung und -schuhe aller Art lassen sich jedoch auch preiswert in den USA kaufen.

Sicherheit und Verhaltensregeln *siehe auch „Notfall, Notruf"*

Die USA sind **nicht krimineller oder gefährlicher als jede andere Reiseregion**. Locker baumelnde Handtaschen und aufwendige Fotoausrüstungen, dicke Brieftaschen oder lose Scheine in Gesäßtaschen, teurer Schmuck sowie unbeaufsichtigtes Reisegepäck stellen überall auf der Welt ein potenzielles Risiko dar. Originaldokumente sollten am Körper (Brustbeutel, Gürteltasche o. Ä.) getragen oder, wenn möglich, im Hotelsafe deponiert werden.
Es empfiehlt sich, nur eine **kleine Bargeldmenge** mit sich herumzutragen. Sinnvoll ist es auch, Wertgegenstände, Dokumente und Karten zwischen zwei Personen aufzuteilen und **Kopien aller wichtigen Dokumente** (Pass, Versicherungsscheine, Führerschein, Flugticket etc.) anzufertigen und sämtliche Nummern und Telefonnummern in einer Art „Notfall-Pass" zu notieren.

Bei **Massenveranstaltungen**, Menschenaufläufen oder in öffentlichen Verkehrsmitteln ist Taschendiebstahl *(pick pocket)* ein häufiges Delikt. Mit vollgepacktem **Mietwagen** (auf geschlossenen Kofferraum und nicht sichtbares Gepäck achten!) sollte man möglichst überwachte Parkplätze bzw. Parkgaragen aufsuchen; bei langsamer Fahrt, speziell bei Nacht, die Türen des Wagens verriegeln und die Fenster schließen. Ein Navigator bzw. gutes Kartenmaterial und dessen Studium *vor* der Abfahrt sollten selbstverständlich sein.

In **Motels/Hotels** sollte man Spione, mehrfache Schließanlagen, verschließbare Verbindungstüren sowie das Angebot, Wertgegenstände im Safe zu deponieren, nutzen. Serviceschilder (wie „*Service, please!*") besser nicht an die Türklinke hängen, da sie lediglich anzeigen, dass niemand im Zimmer ist.

„**Bad neighborhoods**" erkennt man an leeren Straßen, verfallenen Häusern, Schrottautos und dubiosen Gestalten. Solche Viertel sollte man durch vorherige Erkundigungen meiden. Falls man sich verirrt hat, weitergehen, bis man wieder in belebteres Areal kommt, und ggf. in einem Laden o. Ä. nachfragen. Auch Parks, dunkle Parkgaragen und Unterführungen sollte man **nach Einbruch der Dunkelheit** (besonders allein) meiden und lieber Umwege oder Taxikosten in Kauf nehmen. In U-Bahn-Stationen gibt es meist gesondert gekennzeichnete und kameraüberwachte Sicherheitsbereiche *(offhour waiting areas)*, und die Zugbegleiter *(attendants)* haben eigene Kabinen in der Mitte des Zuges.

Sport und Freizeit *siehe auch „Land und Leute, Gesellschaftlicher Überblick"*

Sportfans kommen im amerikanischen Nordosten voll auf ihre Kosten – von Wassersport und Angeln über Wandern und Biking, Skifahren und Langlauf bis hin zu Reiten, Golf und Tennis ist alles geboten. Ein besonderes Erlebnis ist der Besuch einer großen Sportveranstaltung, und da ist die Palette ebenfalls breit.

Zuschauersport
Es gibt in den Metropolen Profiteams der vier „Nationalsportarten" – American Football, Baseball, Basketball und Eishockey – außerdem *College Sport* und natürlich auch viel Fußball *(soccer)*.

Eine der großen US-Sportarten ist Basketball

Der Besuch einer Sportveranstaltung bedeutet Spaß für die ganze Familie, mehrere Stunden Unterhaltung und Show mit Wettbewerben und Verlosungen, Musik, Tanz, *Tailgate-Parties*, Hot Dogs oder BBQ.

• **American Football**: Profiteams der **NFL** (*National Football League* – www.nfl.com) spielen sonntags zwischen September und Dezember in Boston, New York (zwei Teams), Philadelphia, Baltimore, Washington und Buffalo.

• **Baseball**: Profiteams der beiden Ligen (**AL** – *American League* und **NL** – *National League*) des **MLB** (*Major League Baseball* – www.mlb.com) tragen ihre Spiele zwischen April und Anfang Oktober in Boston, New York (zwei Teams), Philadelphia, Baltimore und Washington aus. Außerdem lohnt ein Besuch bei einer der zahlreichen Minor-League-Mannschaften (Nachwuchs-Profiteams) der drei Klassen A, AA und AAA, die es fast in jeder größeren Stadt gibt.

• **Basketball**: Profiteams der **NBA** (*National Basketball Association* – www.nba.com) spielen zwischen Ende Oktober und April in Boston, New York (zwei Teams), Philadelphia und Washington.

• **Eishockey**: die Profiteams der weltbesten Liga **NHL** (*National Hockey League* – www.nhl.com) kann man zwischen Oktober und April in Boston, New York (zwei Teams), New Jersey, Philadelphia, Washington und Buffalo sehen.

• **Soccer**: Profiteams der **MLS** (*Major League Soccer* – www.mlssoccer.com) spielen zwischen Mai und Oktober in Boston, New York, Philadelphia und Washington.

Sport aktiv
Über die unzähligen **Wanderwege** in den Appalachen und den berühmten Appalachian Trail informiert z. B. der Appalachian Mountain Club, www.outdoors.org.

In den Neuenglandstaaten kommen **Skifreunde** auf ihre Kosten, Hauptzentren liegen im Staat Vermont – speziell Stowe, Mount Snow, Smuggler's Notch, Stratton oder Killington. Sugarloaf im Carrabassett Valley und Sunday River in Bethel (beide Maine) oder Loon Mountain in Lincoln und das Waterville Valley (beide New Hampshire) sind weitere beliebte Skigebiete. Infos unter www.newenglandskiresorts.com oder www.alpinezone.com.

Der Nordosten ist ein Paradies für **Segler** und solche, die sich einmal den Wind um die Ohren wehen lassen möchten. Für erfahrene Segler gibt es vor allem in Neuengland Gelegenheit, sich eine Jacht zu mieten. Außerdem sind vielerlei Segeltörns auch für Ungeübte im Angebot (siehe z. B. www.sailnewengland.com).

Sprache und Verständigung

Es dürfte schwierig sein, in den USA ganz ohne Englisch auszukommen, doch vermutlich ist eine Verständigung dort eher möglich als an vielen anderen Orten Europas. Die Fremdsprachenkenntnisse der Amerikaner sind gering, dafür sind Geduld und Freude über selbst rudimentäre Englischkenntnisse stark ausgeprägt.

Das **Amerikanische** weicht in mehreren Punkten vom Schulenglisch ab, es gibt **Unterschiede in Wortschatz, Grammatik und Aussprache**. Auffällig ist vor allem, dass viele Substantive auf -re (wie *centre* oder *theatre*) im Amerikanischen auf -er enden *(center, theater)* und *ou* zu *o* wird *(color, harbor)*. Doppellaute *(travelling)* werden im Amerikanischen vereinfacht und es heißt *traveling*. Oft wird geschrieben wie gesprochen, z. B. *nite* für *night*.

Wo möglich, wird abgekürzt, z. B. *Xmas (Christmas), Xing (Crossing), u (you)* oder *4 (for)*. Außerdem unterscheiden sich bestimmte Vokabeln vom Oxford-Englisch, z. B. wird (engl.) *baggage* zu *luggage* (Gepäck), die *bill* zum *check* (Rechnung), der *policeman* zum *cop* (Polizist), *autumn* zu *fall* (Herbst), der *ground floor* zum *first floor* (Erdgeschoss), *petrol* zu *gas* (Benzin), *trousers* zu *pants* (Hosen) oder *holidays* zu *vacation* (Ferien, Urlaub).

Es gibt gewisse **Universalfloskeln**, die man sich angewöhnen sollte, da sie zum guten Ton gehören: „*How are you today?*" ist nicht nur die Frage nach dem Befinden, sondern eine Begrüßungsformel, auf die ein „*fine*" oder „*good*" meist genügt. Wer höflich ist, stellt die Gegenfrage. „*Have a nice day (trip)*" dient der Verabschiedung, ebenso wie „*it was a pleasure to meet/meeting you*". „*I would appreciate it*" meint Bitte und Aufforderung zugleich, während man sich mit „*I (really) appreciate it*" für einen Gefallen bedankt. „*See you*" ist weniger eine Einladung als ein legerer Abschiedsgruß.

Small Talk ist ein beliebter Zeitvertreib. Man beginnt eine Unterhaltung über das Wetter, über die letzten Sportergebnisse oder über Herkunft und Reisen. Europäer sind ungeachtet aller Kontroversen in den letzten Jahren beliebt, „*Good Old Europe*" ist ein (selten realisiertes) Traumziel vieler Amerikaner.

Was die **Anrede** betrifft, sind viele Amerikaner sehr altmodisch: Frau Miller wird möglicherweise nach der Heirat offiziell mit Vor- und Nachnamen ihres Mannes: „*Mrs. Edwin L. Miller*" angesprochen. Dabei wird *Mrs.* (Frau) nicht prinzipiell für verheiratete Frauen verwendet, gebräuchlicher ist, gerade bei jüngeren Frauen, das *Miss* oder im Schriftverkehr neutral „*Ms.*" zu verwenden.

Buchtipp
Im Reise Know-How Verlag (www.reise-know-how.de) gibt es in der Reihe „Kauderwelsch" zahl-reiche Sprachführer Amerikanisch (auch digital und mit Aussprachetrainer).

Strom

Der amerikanische Haushaltsstrom hat eine Wechselspannung von **110-115 V** (60 Hz). Daher müssen mitgebrachte Geräte umstellbar sein. Die besondere Form amerikanischer Steckdosen erfordert zudem einen **Adapter**, den man am besten schon von zu Hause mitbringt.

Telekommunikation

Das Telefonwesen ist in den USA in den Händen privater Gesellschaften und das Telefonnetz ist das dichteste der Welt. Es gibt grundsätzlich **mehrere Möglichkeiten**, innerhalb der USA bzw. nach Europa zu telefonieren: von öffentlichen Apparaten – was sich nur für Ortsgespräche bzw. mit *Calling Card* (s. u.) anbietet, da sonst zu viel Kleingeld nötig ist –, vom Hotel aus (was ohne *Calling Card*, mit Ausnahme von Ortsgesprächen, teuer kommen bzw. unmöglich sein kann) oder per „Handy" (korrekt: *Mobile* oder *Cell Phone*). An Airports, Bahnhöfen oder in Malls ist es häufig auch möglich, mit Kreditkarte zu telefonieren, wobei die Preise höher liegen als mit *Calling Card*.

Formal wird unterschieden zwischen *local calls* (Ortsgespräche, meist 50 c.), *non-local* oder *zone calls* (im gleichen bzw. benachbarten Bundesstaat), *long-distance* (innerhalb USA) und *oversea calls* (z. B. nach Europa). Gebührenfrei, aber regional (oft auf den Bundesstaat) begrenzt, sind 1-800-, 1-866-, 1-877-, 1-888- und bald 1-855-, 1-844- und 1-833-Nummern. Diese können auch von Deutschland aus, allerdings dann kostenpflichtig, gewählt werden. Von Hotels aus kosten diese höchstens so viel wie ein Ortsgespräch, vielfach sind diese aber frei. Ein internationales Gespräch kostet im Schnitt $ 1–2 pro Minute. Anrufe von Deutschland in die USA sind vielfach günstiger.

In jedem Hotelzimmer gibt es **Telefonbücher**: ein *General Directory* (Weiße Seiten) und ein *Classified Directory* (*Yellow Pages* – Gelbe Seiten). Um eine Außenleitung zu bekommen, muss im Allgemeinen eine 9 oder 8 vorgewählt werden.

Amerikanische Telefonnummern bestehen aus einem dreistelliger *Area Code*, der in manchen Bundesstaaten einheitlich ist, dann die normalerweise siebenstellige Rufnummer, manchmal als werbewirksame Buchstabenkombination angegeben:

2 – ABC	3 – DEF	4 – GHI	5 – JKL
6 – MNO	7 – PRS	8 – TUV	9 – WXY

Telefonkarten sind bezüglich ihrer Kosten, Gültigkeit und Bedingungen oft schwer durchschaubar. Grundsätzlich wird zwischen *Calling Cards* und *Prepaid* oder *Phone Cards* unterschieden, bei den meisten handelt es sich um wiederaufladbare Karten. Sie können über eine Hotline – gegen Belastung der Kreditkarte – nachgeladen werden. Anbieter solcher Karten ist u. a. *Telekom* (www.teltarif.de/a/telekom/card.html) und günstig ist z. B. die **US-CallingCard** (www.us-callingcard.info). Mittels persönlicher Geheimnummer (PIN) und Einwahlnummer (USA: 1-800-… kostenfrei) lässt es sich einfach (auch ohne Karte) von jedem Apparat aus telefonieren.

In den USA gibt es **Telefonkarten** auch in Supermärkten oder Tankstellen zu kaufen. Bedingungen (Einwahlgebühren, Zuschläge, Gebühr, Glütigkeitsdauer) bzw. Einsatzmöglichkeiten unterscheiden sich jedoch gravierend und viele sind für Überseegespräche ungeeignet.

Mobile oder **Cell(ular) Phones** funktionieren in der *Triband-* oder *Quadband*-Version mit dem in den USA nötigen 1900-Mhz-Band erfahrungsgemäß gut, vor allem in den Einzugsbereichen größerer Metropolen. Man sollte sich vor Reiseantritt bei seinem Provider nach Roamingpartnern erkundigen und diese dort manuelle Netzauswahl voreinstellen. Die Rufumleitung auf die Mailbox sollte aus Kostengründen auf alle Fälle deaktiviert werden. Die hohen Roamingkosten können mit einer eigenen **amerikanischen SIM-Karte** vermieden werden. Eine solche gibt es ohne Grundgebühr, Mindestumsatzverpflichtungen oder Aktivierungsgebühren z.B. bei **Cellion** (www.cellion.de). Man erhält eine amerikanische Rufnummer, unter der man für jeden erreichbar ist. Anrufer aus Deutschland können bereits für wenige Cent zu einer amerikanischen Handynummer telefonieren.

Falls das Mobiltelefon **verloren geht** oder gestohlen wird, sollte man die Nutzung der SIM sofort beim Provider sperren lassen.

Mit dem eigenen Laptop stellt **Internetnutzung** kein Problem dar. *WLAN/WiFi* ist in Hotels üblich, oft gratis, manchmal kostenpflichtig. Auch stehen des öfteren Gästecomputer zur Nutzung zur Verfügung oder man kann in Internetcafés, öffentlichen Bibliotheken, Buchläden oder Elektronikshops gegen Gebühr bzw. umsonst ins Internet gehen.

 ## Wichtige Telefonnummern

- von den USA nach D: 01149 + Ortsvorwahl (ohne 0) plus Teilnehmernummer
- nach Österreich: Ländervorwahl 01143 + Ortsvorwahl (ohne 0) plus Teilnehmernummer
- in die Schweiz: Ländervorwahl 01141 + Ortsvorwahl (ohne 0) plus Teilnehmernummer
- von Deutschland in die USA: 001 + Ortsvorwahl (dreistellig) plus Teilnehmernummer (siebenstellig)
- Operator: 0

Trinkgeld

Trinkgeld – *tip* oder *gratuity* – ist in den USA nicht inklusive. Da die Löhne der Beschäftigten im Dienstleistungsgewerbe extrem niedrig sind, sind diese auf Trinkgelder angewiesen. Amerikaner achten genau auf die korrekte Höhe von **mindestens 15 %**, die man bei Restaurantbeträgen zu der Gesamtsumme ohne Tax addiert. Etwa denselben Bonus erwarten Taxifahrer, und *bellboys* in Hotels bekommen im Schnitt $ 1 pro transportiertes Gepäckstück. Für das Bereitstellen des Pkws in Hotels ist ebenfalls ein Trinkgeld fällig, auch an der Bar oder für das Zimmermädchen (ca. $ 2–3 pro Tag).

Umgangsformen *siehe auch „Sprache und Verständigung"*

Schlüsseleigenschaften der Amerikaner im Allgemeinen sind Freundlichkeit, Hilfsbereitschaft, Toleranz, Aufgeschlossenheit und Kontaktfreudigkeit. Man stellt sich ordentlich an, ist rücksichtsvoll und lässt anderen den Vortritt oder die Vorfahrt, wartet geduldig und gibt hilfsbereit Auskunft. Freundliche Gesichter in Läden sind für uns ebenso ungewohnt wie ehrlich gemeint – in den USA ist der Kunde noch König und wenn auch ein paar freundliche Worte nur Floskeln sind, machen sie immerhin das Klima angenehmer und erleichtern den Umgang. **Händeschütteln** ist eher nicht üblich, dafür werden gleich die Vornamen benutzt.

Die **amerikanische Art zu Essen** unterscheidet sich von unserer: Amerikaner schneiden mit dem Messer portionsweise vor und benutzen dann nur noch die Gabel. Statt beidhändig „europäisch" zu essen, bleibt eine Hand unter dem Tisch. Andererseits würde es keinem Amerikaner einfallen, Pizza oder Meeresfrüchte mit Messer und Gabel zu essen, nicht einmal in einem Top-Restaurant, wo man zudem einen *doggy bag* ohne schiefe Blicke – ebenso wie Leitungswasser als einzig konsumiertes Getränk – bekommt. Alkohol in der Öffentlichkeit zu konsumieren, und sei es auch nur eine Dose Bier, ist verpönt.

Bei Einladungen und in Restaurants achtet man streng auf **Kleidervorschriften** – *formal* (elegant), *smart/business casual* (ordentlich mit Hemd/Sakko) oder *casual* (leger) – und genau nimmt man es auch mit dem Trinkgeld: Es wird meist auf den Cent genau, oft anhand von Tabellen, berechnet: Mindestens 15 % auf den Basispreis ohne Tax sind üblich. Gibt es in einem Museum eine *suggested admission* (einen vorgeschlagenen Eintrittspreis), würde kaum ein Amerikaner es wagen, weniger zu bezahlen.

Unterkunft

In bestimmten Fällen kann es von Vorteil sein, ein Zimmer **im Voraus**, z. B. im Internet, **zu buchen**: bei später Ankunft in einer Stadt, während Großveranstaltungen, Messen oder an Feiertagen, im Umkreis von Top-Attraktionen und besonders in Nationalparks während der HS. Da sich zudem das Angebot der Reiseveranstalter auf Mittelklasse bis gehobene Kategorie, mit Schwerpunkt Standard- und Kettenhotels/-motels, konzentriert, und daher die Kosten häufig höher sind, sollte man diese Alternative nur in obengenannten Fällen wählen. Preiswerter und flexibler kommt man meist mit Buchung vor Ort weg.

Zimmersuche vor Ort

Im „Normalfall" gibt es kaum Probleme, spontan ein Zimmer zu finden. Zum einen häufen sich an den Ausfallstraßen von Städten oder in der Nähe von Flughäfen die Leuchtreklamen und Plakate von Motels und Hotels unterschiedlichster Kategorien (das Schild *Vacancy* bedeutet, dass es noch freie Zimmer gibt), zum anderen helfen die Unterkunftslisten in den *AAA TourBooks* weiter – manche Häuser gewähren sogar Vergünstigungen für Autoclub-Mitglieder. Auf alle Fälle lohnt es sich, nach *Special Rates* (z. B. auch für Senioren) zu fragen.

Auch in *Welcome* oder *Visitor Centers* gibt es Informationen, Hotellisten und Broschüren; manchmal wird die Reservierung auch gleich für den Besucher vorgenommen. Ideal für Sparsame sind die dort erhältlichen „**Couponhefte**". Anhand dieser Hefte, nach Orten bzw. Regionen sortiert und mit Stadt- und Lageplänen versehen, kann man v. a. in der Nebensaison und an Werktagen günstige Schnäppchen, sogar in Hotels gehobener Kategorien, für eine Nacht bekommen. Man muss lediglich vorher telefonisch mit Hinweis auf den Coupon anfragen und Glück haben. Wer **telefonisch im Voraus** ein Zimmer reservieren möchte, muss häufig eine Kreditkarte bereithalten. Sie garantiert das Zimmer und dem M/Hotel das Geld. Bei Nichterscheinen wird der Zimmerpreis abgezogen. Eine Ankunft nach 18 Uhr („*late arrival*") sollte man ankündigen, ansonsten wird das Zimmer evtl. weitervergeben. Ohne Kreditkarten-Garantie verfällt eine **Reservierung** meist nach 18 Uhr.

Die **Übernachtungspreise** schwanken naturgemäß je nach Lage, Ort und Qualität der Unterkunft. Auch saisonale Unterschiede – lokal unterschiedlich und auch von Veranstaltungen abhängig – können enorm sein. Die Übergänge zwischen den einzelnen **Herbergstypen** sind fließend und eine Kategorisierung nach Bezeichnungen ist kaum möglich.

Unterkunfts-Know-how

Motels und *Motor Inns* sind im Allgemeinen preiswerter (aber schlichter) als Hotels oder Inns. Zahlreiche Hotels verfügen über eigene Gastronomie und Extras wie Fitnesscenter, Wäscherei/Reinigung, Tageszeitung, eine größere Zahl von TV-Programmen, ggf. kostenlosen Flughafentransfer etc.

Zum **Grundpreis**, der sich in Motels (nicht in Hotels!) häufig auf eine Person bezieht (geringer Aufpreis für die zweite und weitere), kommt die *tax* (Steuer). Ein Zimmer darf mit maximal vier Personen belegt werden; Kinder und Jugendliche bis zu einem gewissen Alter können gratis im Elternzimmer übernachten. Bei Motels ist *Check-in* ganztags möglich, wohingegen in Hotels die Zimmer häufig erst ab 15 Uhr freigeben und in B&Bs von etwa 16 bis 20 Uhr bezogen werden können. *Check-out* ist normalerweise am Mittag. Im Motel muss in der Regel gleich beim Einchecken, nach Ausfüllen des Anmeldebogens, bezahlt werden, im Hotel wird die Kreditkarte gespeichert und die entsprechende Summe bei Abreise inklusive eventueller Extras abgerechnet.

Für relativ wenig Geld bekommt man in den USA im Allgemeinen ein **sauberes und großes**, wenn auch (v. a. in Motels) **uniform, funktional-schlicht ausgestattetes Zimmer** mit Badezimmer (meist Dusche), genügend Handtüchern, mehr oder weniger lauter Klimaanlage, Telefon und Fernsehen sowie oft (kleinem) Swimmingpool. In Motels mit Außenkorridoren kann man zwischen *first* oder *second floor* wählen, wobei das Erdgeschoss zwar weniger Gepäckschlepperei bedeutet, aber andererseits auch lauter ist, da sich die Parkplätze direkt vor der Tür befinden. Man bekommt meist zum gleichen Preis *one bed* (*king size* 1,95 m) oder *two beds* (zwei *queen-size*-Betten von 1,40–1,50 m). Bei nur einem Bett bleibt meist Platz für Tisch und Stühle oder Couch.

In vielen Motels/Hotels gibt es mittlerweile ein kostenloses kleines **Frühstück** mit Kaffee und Gebäck (*„continental breakfast"*), manchmal handelt es sich auch um ein richtiges kleines Frühstücksbuffet. *Local calls* sind häufig ebenfalls gratis, und in besseren Hotels wird morgens eine Tageszeitung vor die Tür gelegt.

Kettenmotels und -hotels

Die **Qualität** der Motels/Hotels kann selbst innerhalb derselben Kette, abhängig vom Alter des Hauses bzw. vom Ehrgeiz des Pächters, schwanken, je nach Ort und Zustand auch preislich. Im Allgemeinen sind billige Kettenhotels den unabhängigen superbilligen Einzelmotels vorzuziehen. Die **Verteilung und Dichte** von Hotels und Motels verschiedener Ketten ist ebenfalls unterschiedlich.

Verbreitet sind z. B. Mittelklasse-Motels/-hotels wie **Days Inn** (www.daysinn.com), **Comfort Inn, EconoLodge oder Quality** (www.choicehotels.com), **Howard Johnson** (www.hojo. com), **Ramada** (www.ramada.com), **Best Western** (www.bestwestern.com), **Travelodge**

InterContinental Hotel Boston

(www.travelodge.com), **Radisson** (www.radisson.com) oder **Holiday Inn** (www.holiday inn.com).

Zur preiswerten Motelkategorie zu rechnen sind z. B. **Motel 6** (www.motel6.com), **Red Roof Inn** (www.redroof.com), **Sleep Inn** (www.sleepinn.com) oder **Super 8** (www.super8.com). Eine Liste der wichtigsten Ketten mit Links findet sich im Internet unter: www.us-infos.de/tourtips-motels.html.

Inns und Lodges

Historic Inns bzw. **Country Inns** sowie **Historic Hotels** (www.historichotels.org) sind Hotels bzw. ehemalige Gasthäuser mit Geschichte. **Lodges**, meist malerisch in der Natur gelegene Hotelanlagen oder Resorts (Ferienanlagen mit Sportmöglichkeiten), können preislich nicht pauschaliert werden. In manchen Fällen ist Halb- oder Vollpension – *(Modified) American Plan (MAP oder AP)* – im Preis enthalten. Eine **Übersicht** gibt auch: www.innbook.com, die Seite der *Independent Innkeeper's Association*.

 Spezielle Tipps

www.mainefarmvacation.com – *„Urlaub auf dem Bauernhof" in Maine, vor allem im Süden (im Landesinneren), einige auch an der Küste*
www.maineinns.com – *zumeist historische Gasthöfe und Pensionen*
www.pafarmstay.com – *Unterkünfte auf Bauernhöfen in Pennsylvania*
www.1000inns.com/usa – *Inns, B&Bs und andere individuelle Herbergen in den ganzen USA*

Bed&Breakfast

Immer beliebter wird die Alternative *Bed&Breakfast* (B&B) englischen Stils, allerdings in den USA wesentlich komfortabler (und teurer). Die „Zimmer mit Frühstück" haben persönlichen Touch und sind oft sehr liebevoll mit Antiquitäten und vielerlei Schnickschnack ausgestattet. Das Spek-

Klassifizierung der Unterkünfte

Die Preiskategorien der im Reiseteil empfohlenen Unterkünfte verstehen sich pro Standard-Doppelzimmer (DZ), sofern nicht anders angegeben, ohne Frühstück und Steuer. An Wochenenden, in der Nebensaison, mit Rabattcoupons, bei Sonderaktionen usw. können z. T. erheblich abweichende Tarife gelten.

$	unter $ 80 (einfacher Standard)
$$	80–120 (Mittelklasse)
$$$	$ 120–200 (gehobene Mittelklasse)
$$$$	über $ 200 (Luxushotel)

trum reicht von historischen oder modernen Privathäusern mit zwei oder drei Gästezimmern bis hin zu *B&B Inns* mit bis zu zehn Zimmern, von einfachen Häusern mit Familienanschluss bis hin zu intimen Luxus-Inns und aufwendig restaurierten *Historic Homes*. B&Bs sind teurer als Motels, bieten neben individuellem Service persönlichen Kontakt, denn die Besitzer sind meist Vermieter aus Passion und daher sehr kontaktfreudig und ortskundig. Ein üppiges Frühstück, manchmal auch Extras wie Nachmittagstee, freie Getränke, Kekse, Betthupferl, Abend-Häppchen oder Sherry sind üblich, ebenso die Nutzung von Gemeinschaftseinrichtungen wie Bibliothek, Musikzimmer o. Ä. Manchmal fehlen hingegen ein Fernsehgerät und ein Telefon im Zimmer, und kleine Kinder werden meist nicht aufgenommen.
Infos:
- www.abba.com *(American Bed&Breakfast Association)* – B&Bs nach Staaten, Orten und Zusammenschlüssen sortiert
- www.bedandbreakfast.com oder www.bbonline.com – umfassende Listen nach Staaten und Regionen mit Sofortbuchungsgelegenheit
- www.newenglandinnsandresorts.com – New England Inns & Resorts Association

Jugendherbergen u. Ä.
Ein internationaler Jugendherbergsausweis – zu Hause besorgen über den *DJH* (www.jugendherberge.de) bzw. seine Pendants in Österreich (www.oejhv.at) und der Schweiz (www.youthhostel.ch) – macht sich in *American Youth Hostels (Mitglied von Hostelling International)* bezahlt. Dabei können nicht nur Jugendliche die Herbergen nützen. *YMCA/YWCA* – kurz „The Y" genannt – sind weitere Alternativen, wobei erstere Gäste beiderlei Geschlechts aufnehmen.

Eine ausführliche Liste von Hostels und sonstigen „Billigunterkünften" (Hotels) mit Beschreibungen, Wertungen und Sofortbuchungsmöglichkeit findet sich unter:
- www.hostels.com
- www.hiusa.org oder www.hihostels.com/dba/country-US.de.htm (deutsch)
- www.hostelworld.com/hostels/north-america

Hotelbroker
Am preiswertesten ist meist Buchung im Internet, z. B. bei:
- www.expedia.de/Hotels
- http://de.hotels.com – 24.000 Hotels weltweit, mit www.hoteldiscount.com kooperierend
- www.hotelbook.com – Hotelreservierung in verschiedenen amerikanischen Städten
- www.hrs.de – weltweite Hotelreservierungen, außerdem Auskünfte zu Airports, Fluggesellschaften etc.

- www.quikbook.com– landesweite Hotel-„Schnäppchen" zum Sofortbuchen
- www.roomsusa.com – Zimmersuche und Informationen allgemeiner Art (Restaurants, Touren, Geschichte, Sights, Pläne)
- www.worldres.com – 40.000 Hotels weltweit

Versicherung *siehe auch „Gesundheit, Ärzte und Apotheken"*

Am unkompliziertesten, wenn auch nicht am billigsten, ist es, gleich bei Reisebuchung oder übers Internet eines der angebotenen **Versicherungspakete** unterschiedlicher Gültigkeitsdauer (z. B. *RundumSorglos*- oder *Vierjahreszeiten*-Paket) abzuschließen, das Kranken-, Unfall-, Gepäck- und Haftpflicht-, manchmal auch Reiserücktrittsversicherungen einschließt. Für Leute, die viel reisen, gibt es **Jahresversicherungen**, für Familien preiswertere Familienvarianten. Gold-Kreditkarten-Besitzer sollten Bedingungen und Leistungsumfang der in der Karte enthaltenen Versicherungen prüfen.

Fest steht, dass der gezielte **Abschluss einzelner Policen**, z. B. bei Banken, freien Versicherungsmaklern oder dem ADAC, günstiger ist. Nicht immer sind nämlich alle Versicherungen auch wirklich nötig und sinnvoll, und oft sind z. B. **Unfall- und Haftpflicht** schon durch bestehende Versicherungen abgedeckt. Eine **Gepäckversicherung** hat viele Haken, so sind z. B. „Sonderausstattung" (Laptop, Foto-, Sportgeräte etc.) oder Campinggeräte im Allgemeinen nicht versichert und eine Mitschuld beim Verlust muss ausgeschlossen sein. Auch bei **Reiserücktrittsversicherungen** gibt es viele Einschränkungen. Dazu lohnt sich eine solche meist nur bei Buchung mehrerer (teurer) Leistungen.

Die einzige Versicherung, auf die man auf keinen Fall verzichten sollte, ist die **Reisekrankenversicherung**. Banken, vor allem aber Privatversicherer wie *Debeka* oder *Universa* bieten günstige Tarife, wobei auf Vollschutz ohne Summenbegrenzung, Verlängerung der Versicherung im Krankheitsfall und ggf. Rücktransport zu achten ist. Europäische Krankenkassen – mit Ausnahme einiger Privatversicherer – übernehmen die hohen medizinischen Kosten in den USA nicht. Krankenversicherungen erstatten hingegen gegen Vorlage ausführlicher Bescheinigungen und Quittungen (mit Datum, Namen, Bericht über Art/Umfang der Behandlung, Medikamente etc.) zu Hause die Kosten.

 Tipp
Für alle abgeschlossenen Versicherungen Notfallnummern notieren und mit der Policenummer sicher verwahren!

Visum *siehe „Einreise"*

Zeit und Zeitzonen

Im gesamten Nordosten gilt **Eastern Time**, d. h. sechs Stunden Zeitverschiebung zu Deutschland. Ist es am Reiseziel 12 Uhr mittags, zeigt die Uhr zu Hause bereits 18 Uhr. Auch in den USA gibt es die Umstellung auf Sommerzeit, *Daylight Saving Time (DSL)*, allerdings dauert sie länger: vom 2. Sonntag im März bis zum 1. Sonntag im November.

In den USA werden die **Stunden** nicht bis 24 durchgezählt, sondern in *ante meridiem*, abgekürzt **a.m.** (vormittags), und **p.m.** – *post meridiem* (nachmittags) – unterteilt. So entspricht

6 a.m. unserer Morgenzeit 6 Uhr, dagegen entspricht 6 p.m. 18 Uhr am Abend. 12 Uhr mittags heißt *noon* (12 p.m.), 12 Uhr Mitternacht *midnight* (12 a.m.) Das **Datum** wird in der Reihenfolge Monat-Tag-Jahr angegeben, z. B. *July 22, 2013* oder kurz *7/22/13*.

Bei sechs Stunden Zeitgewinn erreicht man den Nordosten der USA meist am Nachmittag oder frühen Abend und der **Jetlag** spielt kaum eine Rolle, sofern man die innere Uhr gleich an die Ortszeit anpasst. Schwieriger ist es beim Rückflug, da man nach meist durchwachter, unbequemer Nacht in der „Holzklasse" am Morgen oder Vormittag in Deutschland ankommt.

Zoll

Im Flugzeug werden weiße Zollerklärungen *(customs forms)* – eine pro Familie – verteilt, auf denen anzugeben ist, ob und welche Waren mitgeführt werden. Eine Devisenbeschränkung gibt es nicht, lediglich Summen über $ 10.000 müssen deklariert werden. **Einfuhrbeschränkungen** bestehen z. B. für Tiere, Pflanzen, Arzneimittel, Betäubungsmittel, explosive Materialien, Lebensmittel, Raubkopien, bestimmte Schriften (Hetzschriften, Pornografie etc.), Waffen und Munition; in Österreich auch für Rohgold und in der Schweiz für CB-Funkgeräte. Nähere Informationen liefern folgende Stellen:

- Deutschland: www.zoll.de, Zollinfocenter, ☎ 0351 44834510
- Österreich: www.bmf.gv.at, Zollamt Villach, ☎ +43 (0)1 51433 564053 bzw. 0810-810402 (Ortstarif)
- Schweiz: www.ezv.admin.ch, Zollkreisdirektion Basel, ☎ 061-2871287

Einfuhr in die USA
Mitgebracht werden dürfen 1 Liter Alkohol bzw. 200 Zigaretten oder 100 Zigarren (keine kubanischen), dazu Geschenke im Wert bis $ 100. Verboten sind alle tierischen und pflanzlichen Frischprodukte/Lebensmittel sowie Samen und Pflanzen, außerdem Klappmesser u. a. gefährliche Objekte. Bei Medikamenten in größeren Mengen empfiehlt es sich, ein ärztliches Attest dabei zu haben, da die Einfuhr von Rauschmitteln untersagt ist.

- Weitere Details unter: www.cbp.gov/xp/cgov/travel

Einfuhr nach D, AU, CH
Bei der Rückreise nach Europa gelten folgende Bestimmungen:

- Tabakwaren (über 17-Jährige in EU-Länder und CH): 200 Zigaretten oder 100 Zigarillos oder 50 Zigarren oder 250 g Tabak
- Alkohol (über 17-Jährige in EU-Länder): 1 Liter über 22 Vol.-% oder 2 Liter bis 22 Vol.-% und zusätzlich 2 Liter nicht-schäumende Weine; in die Schweiz: 2 Liter (bis 15 Vol.-%) und 1 Liter (über 15 Vol. %)
- Andere Waren für den persönlichen Gebrauch (über 15-Jährige): Waren bis zu 430 €. In die Schweiz dürfen andere Waren bis zum Wert von CHF 300 eingeführt werden.

Das kostet Sie das Reisen im Nordosten der USA

Stand: Sommer 2013

Die „Grünen Seiten" verstehen sich als grober Anhaltspunkt für eine Reise im Nordosten der USA. Sie ermöglichen es, die Kosten für einen Aufenthalts halbwegs realistisch einschätzen zu können. Die Angaben sind jedoch lediglich als Orientierungshilfen zu verstehen und erheben keinerlei Anspruch auf Aktualität oder Vollständigkeit.

Der immer noch relativ günstige Dollarkurs macht die USA zu einem erschwinglichen Reiseziel. Unterkünfte, Restaurants, Touren und Eintritte liegen im Durchschnitt sogar etwas unter europäischem Preisniveau, Ausnahme sind die Großstädte wie New York, Boston oder Washington. Die Flugpreise haben sich – trotzt aller zusätzlicher Steuern – im Vergleich zu vor 10, 20 Jahren nur wenig erhöht, die Grundpreise liegen meist sogar niedriger, wohingegen diverse Steuern und Zuschläge weit deutlicher zu Buche schlagen.

Generell wird in den USA auf alle Waren und Dienstleistungen eine „tax", eine Mehrwertsteuer aufgeschlagen, je nach Staat zwischen 4 und 14 %; Ausnahme: in New Hampshire gibt es keine Steuer. Hotels können zusätzliche Steuern *(room tax)* erheben.

1 € = 1,28 US\$, 1 US\$ = 0,78 €
Der aktuelle Wechselkurs findet sich unter: www.oanda.com.

Beförderung

Flüge
siehe Gelbe Seiten, Allgemeine Reisetipps A–Z, „Flüge"
Das Angebot an Transatlantikflügen ist nahezu unüberschaubar. Als Richtlinie kann gelten, dass während der Hauptsaison je nach Routenführung und Zeit die Preise nach Boston, New York, Philadelphia oder Washington bei ca. 600 bis 900 € liegen. Während der Zwischensaison und besonders in der Nebensaison kann man Flüge für um bzw. unter 500 € bekommen.

Spartipp
Sondertarife sind das ganze Jahr über erhältlich, oft auf den Websites der Fluggesellschaften oder per Zeitungsannonce. Sie sind allerdings unterschiedlich in Kontingentierung und Bedingungen (meist knapper Buchungs- und Flugantrittszeitraum). Vor allem in der NS bieten Fluggesellschaften günstige Tickets an und es lässt sich schon für etwa 450 € ein Flug bekommen.

Inlandsflüge
Auch hier gilt es, besondere Tarife zu beachten, die sich täglich ändern können. Sogenannte Rundflugtickets (Visit-USA/VUSA) bzw. „Air Passes" umfassen eine je nach Gesellschaft differierende Anzahl von Gutscheinen (Coupons) und werden meist in Verbindung mit dem Transatlantikflug erworben. Günstiger ist es in den meisten Fällen Gabelflüge und Stop-overs einzuplanen, was auf Transatlantikflügen in unterschiedlichem Umfang und umsonst oder gegen unterschiedlich hohe Gebühr möglich ist.

Mietwagen
siehe Gelbe Seiten, Allgemeine Reisetipps A–Z, „Mietwagen"
Einen Mietwagen schon zu Hause im Internet bzw. im Reisebüro bei einem der überregionalen großen Anbieter wie *Avis, Alamo, Hertz* oder *Budget* zu buchen, ist bei einer Mietdauer von einer Wo-

che und länger im Allgemeinen wesentlich günstiger als vor Ort, v. a., weil es zu Hause Inklusivpreise gibt. Zu prüfen sind ferner die Tarife von Mietwagen-Brokern wie *ADAC Autovermietung*, *holiday autos*, *Sunny Cars*, *FTI*, *TUI* oder *DERTOURCars*. Direktbuchung vor Ort kann teuer kommen, da meist Versicherungen, manchmal auch Meilen, gesondert berechnet werden.

Mitunter ist es vorteilhaft, Flug und Mietwagen als Kombination **(Fly & Drive)** zu buchen. Diese Kombinationen sind jedoch genau mit den Einzelpreisen zu vergleichen und auf die Personen umzulegen – zudem gelten sie zumeist nur ab zwei Personen. Die Kombination Flug und Mittelklassewagen kostet – je nach Reiseveranstalter – pro Person ab 700 € für eine Woche.

Bucht man direkt bei den Mietwagengesellschaften kostet ein Mittelklassewagen (Compact/Midsize) etwa ab 180 € pro Woche im „Sparpaket". Bei Abgabe des Fahrzeugs an einem anderen Ort als dem Abholort können Rückführungsgebühren anfallen. Diese liegen distanzabhängig zwischen $ 100 und 500.

Gibt man den Mietwagen an einer anderen als der Abholstation zurück, gilt das als „One-way"-Miete und es fällt eine von Veranstalter zu Veranstalter unterschiedliche distanzabhängige Pauschale (Rückführgebühr) ab $ 100 an. Nur bei *AVIS* wird zwischen den Flughafenstationen Boston, New York/Newark, Philadelphia, Hartford, Baltimore und Washington keine Zusatzgebühr verlangt.

Camper
Generell sprechen die komplizierten Miet-, Versicherungs- und Haftungsbedingungen für eine Buchung zu Hause. Wohnmobile oder „RVs" kosten je nach Größe, Ausstattung und Saison zwischen etwa 70 und 250 €/Tag. Der Preis hängt stark von den unterschiedlichen Modellen (*Motorhome, Van* und *Pick*-up- bzw. *Truck Camper*), ein wenig von den diversen Anbietern (wie El Monte, Cruise America, Moturis) und – stärker – von der Saison ab. HS ist im Allgemeinen die Zeit von Anfang Juli bis Mitte August, am preiswertesten sind die Fahrzeuge von November bis März. Zum Grundpreis addieren sich beträchtliche Nebenkosten, für Zusatzausstattung, Endreinigung und gelegentlich Übergabe, ggf. auch für Zusatzversicherungen, Wochenendzuschläge und gefahrene Meilen (meist keine oder nur wenige inklusive). Die Campingplätze schlagen gesondert zu Buche: Für ein Campmobil inklusive zwei Personen sind mindestens $ 20 für den Stellplatz zu rechnen. Eine Kostenersparnis gegenüber einem normalen Mietwagen und Übernachtungen in Motels ergibt sich kaum.

Eisenbahn
siehe Gelbe Seiten, Allgemeine Reisetipps A–Z, „Eisenbahn"
Günstige Preise erhält man bei Benutzung eines USA-Rail Pass, der für einen Zeitraum von 15, 30 oder 45 Tagen gültig ist. Die Railpässe kosten z. B. für 15 Tage (8 Abschnitte) $ 439 oder knapp 340 € (kursabhängig), sie werden nur außerhalb der USA verkauft und vor Ort an den AMTRAK-Schaltern gegen Bahnfahrkarten eingetauscht. Ein Reiseabschnitt beginnt mit dem Einstieg in einen Zug und endet mit dem Aussteigen, unabhängig von der Reisedauer. Lange Strecken sollten im Voraus reserviert werden, Max. zwei Kinder im Alter von 2–15 Jahren fahren in Begleitung zum halben Preis, ein Kind unter 2 J. ist frei.

An der Ostküste sind die Züge von Amtrak eine ernstzunehmende Alternative gerade zwischen den Metropolen an der Ostküste. Hier braucht man nicht lange im Voraus buchen, Tickets gibt es auch tagesaktuell zu günstigen Preisen vor Ort.

Bus
siehe Gelbe Seiten, Allgemeine Reisetipps A–Z, „Busse"
Neben dem altbekannten Busunternehmen Greyhound (keine Netzkarte mehr im Angebot) steigt die Zahl der Busgesellschaften stetig und lokale Busgesellschaften wie Megabus (www.megabus.com/us) oder Boltbus (www.boltbus.com) verbinden mittlerweile viele Städte an der Ostküste zu günstigen Preisen. Im Allgemeinen bekommen Reisende, die früh buchen, billigere Tickets, als jene, die kurz vor der Abreise kommen.

Aufenthaltskosten

Übernachtung
siehe Gelbe Seiten, Allgemeine Reisetipps A–Z „Unterkunft"

Es ist schwer, genaue Preise anzugeben, denn vor Ort bestimmen Angebot und Nachfrage, Saison und Wochentag, Lage und Stadtnähe, Specials und gewährte Rabatte die Preise. Entlang der Highways versuchen Hotels und Motels verschiedener Kategorien mit „Specials" (Sonderangeboten) und Coupons Kunden zu ködern. Generell berechnet sich der Preis in den USA für das Zimmer, unabhängig von der Belegung bzw. bei nur geringem Aufpreis für mehr als zwei Personen.

In den großen Städten ist für ein gutes **Hotelzimmer** leicht mit rund $ 200 aufwärts zu rechnen (besonders in New York). Dafür gibt es in abgelegeneren Regionen durchaus gute Unterkünfte, in denen man unter $ 150 nächtigen kann. Wer die preiswerte Kategorie bekannter **Motelketten** (wie Budget Inn, Red Roof Inn, Comfort Inn oder Motel 6) wählt, kann sogar mit cirka $ 70–80 fürs Doppelzimmer, oft sogar inkl. kleinem Frühstück, wegkommen. In der Mittelklasse (z. B. Days Inn, Howard Johnson, Holiday Inn, Best Western, Hampton Inn) beginnen die Preise je nach Lage bei etwa $ 100. In einem deutschen Reisebüro vorab zu buchen, lohnt nur in Ausnahmfällen wie ev. am Ankunfts- bzw. Abflugtag sowie in Nationalparks bzw. im Umkreis vielbesuchter Attraktionen und in den großen Metropolen wie Boston, New York, Philadelphia oder Washington D.C.

Spartipp
In vielen staatlichen und städtischen Tourismusbüros, Visitor Information Centers, CVBs und vor allem in den Welcome Centern an Staatsgrenzen, liegen kostenlose Couponhefte aus. In diesen bieten Hotels für Kurzentschlossene Zimmer für eine Nacht zu günstigen Preisen – oft bis zu 50 % ermäßigt – an. Vorher anzurufen kann nötig sein um zu reservieren, ansonsten legt man den Coupon beim Check-in vor.

Verpflegung
Generell liegt das Preislevel für Lebensmittel in etwa auf europäischem Niveau. (Ausländische) Feinkost ist teurer, Fertigkost aller Art, Fleisch und Fisch, Softdrinks und Drogerieartikel sind meist billiger. Fast Food ist erheblich preiswerter als in Europa. Die untere und mittlere Restaurantkategorie entspricht trotz dazukommender *taxes* (Steuern) und Trinkgeld in etwa der unsrigen (wobei Qualität und Service meist besser und die Portionen größer sind), durchschnittlich dürften es mit Getränk, alles inklusive, ca. $ 20-40 sein. In Top-Lokalen sind pro Mahl rund $ 50 bis 80 zu rechnen; sie sind allerdings auch ihr Geld wert.

Benzin
Normalbenzin *(regular)* genügt für die meisten Mietwagen und kostet – abhängig von der Region – pro Gallone (3,8 l) im Nordosten der USA zwischen $ 3,30 und 4. Das kommt einem Literpreis von bis 0,75 € gleich.

Eintritte
siehe Gelbe Seiten, Allgemeine Reisetipps A–Z, „Eintritt" und „Natur- und Nationalparks"

Wer viel im Nordosten der USA herumfährt und sich viel anschauen möchte – gerade die Metropolen bieten eine breite Palette außergewöhnlicher Museen und Attraktionen –, sollte genügend Geld für Eintritte einplanen. Speziell Zoos, Aquarien, Vergügungsparks, Filmstudios und spektakuläre Museen sind teuer.

In Einrichtungen des National Park Service wird der Eintritt im Allgemeinen pro (Privat-)Fahrzeug berechnet, im Regelfall inklusive vier Insassen. Es fallen zwischen rund $ 5–25 an. Für den Besuch mehrerer Parks lohnt der **America the Beautiful (Annual) Pass**. Er kostet derzeit $ 80 und gilt ein ganzes Jahr in allen amerikanischen Nationalparks u.a. staatlichen Naturschutzgebieten für drei Insassen eines Fahrzeugs über 16 Jahren; Kinder unter 15 sind gratis.

Auch die Parkplatzgebühren, die häufig bei Attraktionen ($ 10–15), aber auch in Großstädten anfallen, können sich zu einer beträchtlichen Summe addieren. So zahlt man in Stadthotels oft $ 30 bis 50 nur fürs Parken im Hotel.

👉 **Hinweis**
Alle genannten Eintrittspreise im Reiseteil beziehen sich auf den Eintritt eines Erwachsenen; Kinder- und Seniorenermäßigungen sind die Regel, oft gibt es auch stark reduzierte Eintrittspreise für Familien.

Gesamtkostenplanung

Die Kostenplanung, die mehr oder weniger alle anfallenden Reisekosten für eine Reise zusammenfasst, ist für zwei Personen bzw. eine 3-köpfige Familie kalkuliert, die zwei bzw. drei Wochen in der NS unterwegs sind und bei den Übernachtungen auf günstige Mittelklasse-Motels zurückgreifen (Angaben in € und gerundet für 13 bzw. 20 Übernachtungen bzw. 14/21 Tage). Nicht berücksichtigt wurden hier Kosten für Versicherungen, Parken und Trinkgelder, Extragetränke und andere persönliche Zusatzausgaben und Einkäufe.

Aufenthalt:	2 Wochen	3 Wochen
Zwei Flugtickets	1.300	1.300
Mietwagen Standardpaket, Mittelgröße	400	600
Benzin (2.000 bzw. 3.000 km bei ca. 9 l/100 km und $ 3,50/Gallone)	175	250
Unterkunft (Mittelklasse, durchschn. $ 120/DZ, 13/20 Nächte)	1.560	2.400
Verpflegung – Sparversion mit Selbstverpflegung, Fastfood (pro Tag/Pers. $ 35)	490	735
Verpflegung mit regelmäßigen Restaurantbesuchen (pro Tag/Pers. $ 50)	700	1.050
Eintritte (geschätzt, stark variabel)	200	300
Gesamt (2 Personen):	**ca. 4.125–4.335** (je nach Verpflegung)	**ca. 5.585–5.910** (je nach Verpflegung)
Für ein Kind im Alter von unter 11 Jahren kämen noch folgende Kosten hinzu (Übernachtung im Zimmer der Eltern):		
Flugticket (65 % des Normalpreises)	850	850
Unterkunft (zusätzlich $ 20/Tag)	260	400
Verpflegung (Sparversion, halbe Summe)	245	365
Verpflegung (bessere Version, ca. 50 %)	350	525
Eintritte (geschätzt)	50	100
Gesamt:	**ca. 1.405–1.480** (je nach Verpflegung)	**ca. 1.560–1.875** (je nach Verpflegung)
Gesamt (Eltern mit Kind):	**ca. 5.530–5.815** (je nach Verpflegung)	**ca. 7.145–7.785** (je nach Verpflegung)

2. REISEN IM NORDOSTEN DER USA

Routenvorschläge

Der Nordosten der USA, der in diesem Reise-Handbuch beschrieben wird, umfasst das weite Gebiet des Bundesstaates New York mit der Metropole New York City und die nördlich und östlich angrenzenden sechs Neuengland-Staaten Connecticut, Rhode Island, Massachusetts, New Hampshire, Vermont und Maine. Da viele Reisende in dieser Region auch Washington, D. C. und Philadelphia besuchen möchten, wurde die Beschreibung der beiden Städte mit in diesen Reiseführer aufgenommen.

Obwohl der Nordosten ein relativ überschaubares Gebiet ist, bietet er eine Fülle an Sehenswürdigkeiten und eine große Vielfalt an Landschaftsformen. Die Ihnen zur Verfügung stehende Zeit sollte ausschlaggebend für die Planung Ihrer Reise und die Auswahl der zu besichtigenden Sehenswürdigkeiten sein.

Im Folgenden werden vier **Routenvorschläge** vorgestellt, die je nach individuellen Interessen und Möglichkeiten verkürzt oder verlängert oder miteinander kombiniert werden können.

Da die meisten europäischen Besucher, die den Nordosten der USA bereisen wollen, in New York City oder Boston ankommen, wurden diese beiden Städte als Ausgangsorte für die nachfolgenden Rundreisevorschläge gewählt.

Im Nordosten der USA ist es bei einigen Mietwagenfirmen möglich, den **Mietwagen** ohne Zusatzkosten an einem anderen Ort als der Abholstation zurück zu geben, z. B. an den Flughafenstationen in New York, Newark oder Boston.
Genauere Angaben und Übernachtungsvorschläge finden Sie in den entsprechenden Kapiteln im Reiseteil.

Routenvorschlag 1: Neuengland zum Kennenlernen
Dauer: 1–2 Wochen
Gesamtumfang: ca. 1.500 mi/2.400 km

Routenverlauf: Boston – Portland – White Mountains – Green Mountains – Berkshires – Sturbridge – Newport – Cape Cod – Plymouth – Boston

Diese Rundfahrt führt von Boston über Salem und Rockport an der Atlantikküste entlang bis nach Portland. Von dort geht es durch New Hampshire in die White Mountains zum höchsten Berg Mount Washington und weiter durch das Bergland der Green Mountains in Vermont. Sie durchfahren die typisch neuenglischen Dörfer der Berkshires, überqueren den Connecticut River, lernen Hartford, die Hauptstadt Connecticuts, kennen, besuchen das sehenswerte Hafenstädtchen Newport mit seinen prächtigen Herrenhäusern und genießen die malerischen Fischerorte und langen Sandstrände auf Cape Cod, bevor Sie nach Boston zurück fahren.

Routenvorschlag 2:
Rundreise durch die Neuenglandstaaten

Dauer: 2–4 Wochen
Gesamtumfang: ca. 1.650 mi/2.650 km

Routenverlauf: Boston – Portsmouth – Portland – Bar Harbor – Acadia National Park – Bangor – Baxter State Park – Moosehead Lake – Augusta – White Mountains – Mount Washington – Montpelier – Burlington – Green Mountains – Rutland – Hartford – New Haven – Newport – Providence – Cape Cod – Boston

Diese Rundfahrt führt von Boston an der Küste von New Hampshire und Maine entlang nach Norden bis zum Acadia National Park, zum Baxter State Park und zum Moosehead Lake. Auf der Weiterfahrt besuchen Sie u. a. die Städte Augusta, Montpelier, Hartford und Newport mit interessanten Sehenswürdigkeiten und sehenswerten Museen. Ihre Reise führt Sie zu den unberührten Wald- und Seengebieten von Maine, zu den Höhenzügen der White Mountains in New Hampshire und zu den dichten Wäldern der Green Mountains in Vermont, zeigt Ihnen die liebliche Hügellandschaft der Berkshire Hills und ermöglicht einen erholsamen Strandurlaub in den beliebten Badeorten an der Atlantikküste.

Routenvorschlag 3:
Neuengland und die Metropolen der Ostküste

Dauer: 3–4 Wochen
Gesamtumfang: ca. 1.600 mi/2.500 km

Routenverlauf: New York City – New Haven – Newport – Boston – Portland – Bar Harbor – Acadia National Park – Augusta – White Mountains –Hartford – Newark – Philadelphia – Baltimore – Washington – New York City

Diese Rundfahrt führt von New York City nach Boston und weiter an der Küste von New Hampshire und Maine entlang nach Norden bis zum Acadia National Park. Über Augusta geht es in die White Mountains, am Connecticut River entlang nach Süden bis Hartford, der Hauptstadt Connecticuts. Über Newark erreichen Sie die Metropolen Philadelphia, Baltimore und Washington, von wo Sie nach New York City zurückkehren.

Routenvorschlag 4:
Große Rundreise durch den Nordosten der USA

Dauer: 3–5 Wochen
Gesamtumfang: ca. 1.700 mi/2.720 km

Routenverlauf: New York City – New Haven – Newport – Cape Cod – Boston – Portland – Bar Harbor – Acadia National Park – Augusta – White Mountains – Montpelier – Green Mountains – Burlington – Adirondacks – Thousand Islands – Niagara Falls – Corning – Gettysburg – Washington, D. C. – Baltimore – Philadelphia – New York City

Diese Rundfahrt führt von New York City an der Ostküste entlang über New Haven und Newport nach Boston und weiter nach Norden bis Portland und zum Acadia National Park. Vom Acadia National Park fahren Sie landeinwärts am bezaubernden Winnipesaukee-See entlang zu den dicht bewaldeten Höhenzügen der White Mountains in New Hampshire. Über den Kancamagus-Highway erreichen Sie Vermont mit der Hauptstadt Montpelier, fahren nach Burlington zum Lake Champlain, der die Grenze zum Bundesstaat New York bildet.

Für die Weiterfahrt von Burlington aus zu den Niagarafällen können Sie zwischen zwei Wegstrecken wählen:

1. Fahrtstreckenalternative mit dem Schwerpunkt: „Adirondacks"

Mit der Fähre überqueren Sie den Lake Champlain und fahren dann nach Westen durch eine waldreiche Hügel- und Berglandschaft über Lake Placid zum Saranac Lake und weiter zum Tupper Lake. Die Straße führt Sie dann durch fluss- und seenreiches Gebiet nach Ogdensburg zum St. Lorenz-Strom. An seiner Mündung in den Ontario-See können Sie auf einer Bootsfahrt die „Thousand Islands" kennen lernen und dann am Ontario-See entlang über Syracuse zu den Niagarafällen fahren.

2. Fahrtstreckenalternative mit dem Schwerpunkt: Lake Champlain und Lake George

Mit der Fähre überqueren Sie den Lake Champlain, an dessen Westufer eine landschaftlich sehr reizvolle Straße nach Süden führt. Sie kommen am Fort Ticonderoga vorbei und erreichen den Lake George mit seinen ausgezeichneten Erholungsmöglichkeiten. Die Straße führt weiter nach Albany, der Hauptstadt des Bundesstaates New York. Von dort aus fahren Sie nach Westen über Utica und Syracuse zu den Niagarafällen.

Im Süden dieser Straße liegen sehr schöne Landschaften und Erholungsgebiete, deren Schönheiten sich jedoch weniger auf der Durchfahrt als vielmehr bei einem längeren Aufenthalt bei Wanderungen und Bootsausflügen erschließen, wie z. B. die herrlichen Seen der Finger Lakes, das sanfte Hügelland der Catskills oder das liebliche Hudson River Valley.

Wenn Sie von den Niagarafällen aus Ihre Rundreise fortsetzen, können Sie in Corning das Glas-Museum besuchen, in Pennsylvania die Amish People mit ihrem überlieferten Brauchtum kennen lernen und über Gettysburg nach Washington, D. C. fahren. Nach dem Besuch der Regierungshauptstadt fahren Sie über Baltimore und Philadelphia zurück nach New York City.

Zeiteinteilung und touristische Interessen

Gebiet	Unternehmungen/ Ausflugsziele	Tage	ca. km	Touristische Interessen
New York City (S. 134ff)	Stadtrundgänge, Museen, Theater, weltbekannte Attraktionen, Stadtviertel	2–3		Stadterlebnis, moderne Architektur, Museen, Einkaufen, Restaurantbesuche, ethnische Vielfalt
New York City – Mystic (S. 190ff)	Westport, Bridgeport, New Haven, Hartford, Mystic	3–5	180	Stadterlebnis, Marinemuseum, State Parks
Mystic – Boston (S. 235ff)	Newport, Providence, Cape Cod, Plymouth	3	170	Geschichte, Architektur, Inselleben
Boston (S. 277ff)	Stadtrundgänge, Freedom Trail, Museen, Cambridge (Harvard University)	3–5		Stadtleben, Geschichte, Architektur, Kunst
Boston – Acadia National Park (S. 327ff)	Lexington, Concord, Salem, Kennebunkport, Portland, Freeport, Boothbay Harbor, Rockland, Bar Harbor	3–5	500	Geschichte, Strandleben, Hummerfang und Walbeobachtung, Desert of Maine, Einkaufen
Acadia National Park (S. 372ff)	Rundfahrt, Champlain Mountain	2–4	100	Natur erleben, Wandern, Wassersport, Tierbeobachtung, Laubfärbung im Herbst
Acadia National Park – Moosehead Lake (S. 380ff)	Naturerlebnis, Wandern, Wassersport, Tierbeobachtung, Laubfärbung im Herbst	2–4	185	Natur erleben, Wandern, Wassersport, Tierbeobachtung, Laubfärbung im Herbst
Moosehead Lake – White Mountains (S. 390ff)	Kancamagus-Highway, Mount Washington, Bretton Woods, Franconia Notch State Park	1–2	385	Natur erleben, Wanderungen
White Mountains/NH (S. 402ff)	White Mountains National Forest, Mount Washington, Kancamagus-Highway	3–5		Natur erleben, Wandern, Wassersport, Tier- und Pflanzenwelt, Laubfärbung im Herbst
White Mountains – Burlington (S. 434ff)	Montpelier, Stowe, Burlington, Long Trail, Green Mountains	3–5	200	Stadtrundgänge, Wandern, Laubfärbung, Wintersport,
Burlington – Niagara Falls (S. 450ff)	Lake George, Albany, Hudson River Valley, Catskill Mountains, Adirondack Mountains, Tupper Lake, St. Lorenz-Strom, Buffalo	5–8	600	Naturerlebnis, Laubfärbung im Herbst, Wandern, Wassersport, Skifahren, Architektur, Geschichte, Stadtrundgänge
Niagara Falls (S. 509ff)	Wasserfälle, Stadtbesichtigung	2–3		Wasserfälle auf der amerikanischen und kanadischen Seite, Bootsfahrt, Museen, Botanischer Garten
Niagara Falls – Washington (S. 525ff)	Corning, Finger Lakes, Williamsport, Gettysburg	2–3	450	Museen, Geschichte, Wassersport,
Washington (S. 527ff)	Stadtrundgänge, weltberühmte Museen, Ausflüge nach Georgetown und Arlington	2–3		Stadtleben, Museen, Geschichte, Politik, Kunst
Baltimore und Philadelphia (S. 550 u. 560)	Stadtrundgänge in Baltimore, Philadelphia	3	160	Stadtleben, Geschichte, Kunst

3. NEW YORK CITY

Überblick

New York City, die größte nordamerikanische Stadt, liegt an der Mündung des Hudson River in den Atlantik, auf ähnlicher Breite wie Neapel, allerdings ohne dasselbe mediterrane Klima aufzuweisen. Durch atlantische Einflüsse herrscht gemäßigtes Kontinentalklima mit sehr heißen Sommern und kalten Wintern mit Schnee und Blizzards. New York City (NYC) ist mit knapp 800 km² Fläche und knapp 8,2 Mio. Menschen Heimat von etwa 45 % der Bewohner des Bundesstaates New York, dessen Hauptstadt Albany etwa 250 km weiter flussaufwärts am Hudson River liegt. Die Metropole New York besteht aus fünf Bezirken (Boroughs): dem relativ kleinen **Manhattan** (1,6 Mio. EW), **Queens** (2,2 Mio. EW), **Staten Island** (0,5 Mio.), **Brooklyn** (2,5 Mio.) und **Bronx** (ca. 1,4 Mio. Einwohner), eigentlich allesamt Städte für sich. Nur die Bronx ist Teil des Festlands, während Staten Island ebenso wie Manhattan eine Insel ist und Brooklyn und Queens beide auf **Long Island** liegen.

Größte amerikanische Stadt

Zum Inbegriff New Yorks wurde das knapp 60 km² große **Manhattan**, die 21,5 km lange und 1,3 bis 3,7 km breite Insel, die durch Hudson, East und Harlem River vom Festland abgetrennt wird. Manhattans unverwechselbare **Skyline** gilt als Wahrzeichen der Weltmetropole. Hier befinden sich die meisten Sehenswürdigkeiten und touristischen Einrichtungen, hier spielt sich der Großteil des kulturellen Lebens ab.

NYC ist eine **Kulturstadt**, die ihren unverwechselbaren Charakter durch ihre **ethnische Vielfalt** erhält. Kaum anderswo auf der Welt findet man so viele unterschiedliche Hautfarben, Sprachen, Kulturen und Lebensphilosophien. New York ist seit jeher eine **Immigrantenstadt**, in der die einzelnen Ethnien Enklaven mit eigener Infrastruktur und eigenem Charakter bilden. Die bekanntesten ethnischen Stadtviertel sind Chinatown, Little Italy und Harlem in Manhattan, doch vor allem in Queens und Brooklyn wächst die Zahl der Enklaven ständig. Nahezu **alle Religionen** sind in New York vertreten: Es soll rund 6.000 Kirchen, Synagogen, Moscheen und sonstige Gebetsräume geben.

NYC ist die **Finanzhauptstadt** der Welt, Sitz zahlreicher Banken und Versicherungsunternehmen, der legendären New York Stock Exchange (NYSE), der Amerikanischen Aktienbörse (NASDAQ) und zahlreicher Produktbörsen. Wichtigstes wirtschaftliches Standbein und Hauptarbeitgeber ist jedoch das Dienstleistungsgewerbe, vor allem Einzelhandel und **Tourismus**: Inzwischen hat man die sensationelle Zahl von 50 Mio. Besuchern pro Jahr überschritten.

Besichtigungsvorschläge

Der *„**Big Apple**"* ist so groß, dass es unmöglich ist, ihn in wenigen Tagen zu erkunden. Minimale Aufenthaltsdauer wären drei bis vier Tage. Dafür lässt sich eine Liste von *„Must-See"*-Sights aufstellen, die jedoch zwangsläufig immer subjektiv ist und zudem von Interessenslage und Besichtigungstempo des Reisenden abhängt. Stadtrundfahrten sind zwar bequem, kosten jedoch Zeit und Geld und geben oft nur einen unbefriedigenden Überblick. Besser beginnt man die Besichtigung im Süden und rückt mit der U-Bahn stückweise nach Norden vor, wobei einzelne sehenswerte Viertel dann zu Fuß erkundet werden.

Lower Manhattan
Rundgang vorbei an WTC Site, Battery Park und Castle Clinton, South Street Seaport, City Hall, Federal Hall, Bowling Green und Wall Street. Abstecher nach SoHo und Greenwich Village, evtl. nach Chinatown und Little Italy. Abends: Spaziergang über die Brooklyn Bridge zur Promenade, nach Brooklyn Heights und zum neuen Brooklyn Bridge Park.

Midtown
Startpunkt ist der Times Square mit dem Broadway und dem umliegenden Theater District. Vom Aussichtsdeck des nahen Empire State Building oder von jenem des Rockefeller Center sollte man bei klarer Sicht den Ausblick genießen. Radio City Music Hall und St. Patrick's Church sind weitere „Pflicht-Attraktionen". Bei genügend Zeit lohnen ein Bummel im Areal um die Penn Station/Madison Square Garden, ein Blick in den Grand Central Terminal und in ein paar Museen wie MoMA oder Morgan Library. Auf der 5th Ave. geht es nordwärts zum Central Park.

Uptown & Upper Manhattan
Am Ende der 5th Ave. liegt die Grand Army Plaza und hier beginnt die „Museumsmeile" mit renommierten Museen wie Frick Collection, Whitney Museum, Metropolitan, Guggenheim, Cooper-Hewitt, Museum of the City of New York und die Neue Galerie. Der Central Park selbst ist vor allem an einem sonnigen Sonntag ideal zum Leute beobachten und Erholen. Im Norden lohnt Harlems Zentrum um den Martin Luther King Blvd./125th St. und Malcolm X Blvd.

Weitere sehenswerte Attraktionen
Wer etwas mehr Zeit hat, kann Ausflüge unternehmen:
- Coney Island/Brighton Beach, Strandleben und ein sehenswertes ethnisches (russisches) Viertel in Brooklyn
- Yankee Stadium (Bronx), eines der berühmtesten Sportstadien der Welt
- mit der Fähre nach Ellis und Liberty Island (mind. einen halben Tag einplanen) oder nach Governors Island
- Williamsburg, Dumbo und Fort Greene – die angesagten Viertel Brooklyns
- The Cloisters – Filiale des Metropolitan Museums an der Nordspitze Manhattans
- Fahrt mit der Linie 7 durch die ethnischen Viertel von Queens, eine Reise rund um die Welt

Geschichte

New Yorks Aufstieg verlief nicht immer reibungslos, aber insgesamt zielstrebig und rasant: von den Wigwams der Mana-Hatta-Indianer über eine Handelsstation der Holländer und eine englische Kleinstadt bis hin zur größten Stadt Amerikas und zur einzigen **Weltmetropole**.

1524 sichtete ein Italiener in französischen Diensten, Giovanni da Verrazano, als erster Europäer die Insel Manhattan.

1609 setzte mit dem Briten Henry Hudson erstmals ein Europäer seinen Fuß auf New Yorker Boden. Er suchte im Auftrag der holländischen Ostindien-Gesellschaft nach einer Nord-West-Passage nach China.

1626 gelang es Peter Minnewit (oder Minuit) aus Wesel, den Mana-Hatta-Indianern die Insel (*menatay*) abzukaufen. Der kleine Ort mit den paar Hundert holländischen Siedlern wurde **Nieuw Amsterdam** getauft. Dank der Ostindien-Gesellschaft blühte das Gemeinwesen binnen kürzester Zeit um einen alten Indianerpfad, den heutigen Broadway, auf.

1647–64 führte Gouverneur Peter Stuyvesant in Nieuw Amsterdam Steuergesetze ein und ließ eine Mauer entlang der heutigen Wall Street zum Schutz gegen Indianer und Engländer bauen.

1664 musste sich Stuyvesant dem englischen König Charles II. beugen, die Stadt wurde britisch und zu Ehren des Herzogs von York, Bruder des englischen Königs, in **New York** umgetauft.

Mitte des 18. Jh. erlebte die Stadt eine kulturelle Blüte: **1725** wurde die *New York Gazette* gegründet, **1732** öffnete das erste Theater, **1733** erschien erstmals das *New York Weekly Journal* und **1752** wurde *King's College*, die spätere *Columbia University*, gegründet.

1776–83: Nach der *Boston Tea Party* 1773 wurde George Washington 1775 Oberbefehlshaber und machte New York kurzzeitig zum Hauptquartier seiner Truppen. Nach der Niederlage in der Schlacht von Long Island Ende August 1776 fiel die Stadt an die Engländer, die sie erst 1783 wieder räumten.

1789: Am 4. März wurde George Washington im New Yorker Rathaus als erster US-Präsident vereidigt.

1810 war New York mit über 100.000 Einwohnern die größte Stadt der USA.

1811 wurde wegen der wachsenden Zuwanderung aus Europa beschlossen, die Straßen nördlich der Houston St. nach Rasterprinzip anzulegen und durchzunummerieren.

1851: Gründung der *New York Times*.

1869: Eröffnung des *Central Park* als nördliche Stadtgrenze.

1880: Das *Metropolitan Museum of Art* öffnet seine Pforten.

1883: Einweihung der *Brooklyn Bridge* über den East River.

1885 wurde die **Freiheitsstatue** zum neuen New Yorker Symbol.

1898: **Greater New York** entstand aus dem Zusammenschluss der vormals unabhängigen Städte bzw. Landkreise *Manhattan*, *Brooklyn*, *Bronx*, *Queens* und *Staten Island*. Damit war New York zu Beginn des 20. Jh. mit gut 3,5 Mio. die größte Stadt der Welt.

1904 begann der Bau der U-Bahn; **1913** gewann der Eisenbahnverkehr mit der Eröffnung des *Grand Central Terminal* an Bedeutung.

1907 wurde mit 1,285 Mio. Immigranten der Höhepunkt der Einwanderungswelle erreicht. Bis zum Beginn des Ersten Weltkrieges machten insgesamt 12 Mio. Menschen New York zu ihrer neuen Heimat.

Redaktionstipps

Sehens- und Erlebenswertes

▶ Die Aushängeschilder **Metropolitan** (S. 167), **Guggenheim** (S. 168) oder **American Museum of Natural History** (S. 171) muss man natürlich gesehen haben, allerdings sollte man weniger bekannte Museen wie das **Museum of the City of New York** (S. 169), das **Lower East Side Tenement Museum** (S. 150) oder das **South Street Seaport Museum** (S. 148 ebenfalls „mitnehmen".

▶ Vom **Empire State Building** (S. 156) oder **Top of the Rock** (Rockefeller Center) (S. 161) den Ausblick genießen.

▶ Über die **Brooklyn Bridge** (S. 148) spazieren, im neuen **Brooklyn Bridge Park** entspannen oder vergnügen und auf der **Brooklyn Heights Promenade** (S. 176) den Sonnenuntergang erleben.

▶ Mit „**Made in Brooklyn**" einen Spaziergang durch Brooklyn unternehmen (S. 185).

▶ Einen geruhsamen Sonntagnachmittag im **Central Park** (S. 164) verbringen.

Einkaufen

▶ New Yorks **Wochenmärkte** (S. 185), z. B. am Union Square, der **Essex Street Market** oder der **Chelsea Market**, bieten eine breite Palette lokaler Bio-Produkte.

▶ Im riesigen Kaufhaus **Macy's** (S. 156) kann man sich fast verirren, **Uniqlo** hat farbige, preiswerte Mode (S. 185).

Restaurants

▶ Die Vielseitigkeit der New Yorker Küche belegen drei **ausgezeichnete Lokale**: **Alfama**, **Paprika** und **15 East** (alle S. 183).

▶ Wer es etwas preiswerter möchte: **Delis** (wie **Katz's** oder **Zabar's**, S. 183), **Push Carts** oder **Gourmet Trucks** bieten eine tolle Vielfalt.

Übernachten

▶ Statt in einem der (meist teuren) Hotels kann man angenehmer und „mit Familienanschluss" in einem **B&B** (S. 182) nächtigen, z. B. im **Strange Dog Inn** in Brooklyn, im **Easyliving - Harlem** oder in Doms **Bed & Bath** (S. 182).

Am **29. Oktober 1929** markierte der „**Schwarze Freitag**" an der New Yorker Börse das Ende einer glanzvollen wirtschaftlichen Phase. Beginn der Weltwirtschaftskrise.

1932: Bürgermeister Fiorello H. La Guardia (1882–1947) sorgte für infrastrukturelle, verwaltungstechnische und soziale Verbesserungen; gleichzeitig neuer Bauboom.

1949 wurde New York fester Sitz der **UN** und bezog **1952** das Gebäude am East River.

In der Ära des populären demokratischen Bürgermeisters Ed Koch (**1978–89**) wird u.a. der Tourismus forciert.

19. Okt. 1987: Der Börsensturz am „**Black Monday**" verstärkte die sozialen Konflikte erneut und ließ die Kriminalität aufblühen.

1994 begann Bürgermeister Rudolph Giuliani mit „eiserner Hand" gegen Kriminalität und Missstände vorzugehen.

11. September 2001: Terroranschlag auf das World Trade Center, der über 2.800 Menschen das Leben kostete und verheerende Zerstörungen anrichtete.

2002 trat Michael R. Bloomberg das schwere Erbe von Bürgermeister Giuliani an, der sich mit seinem besonnenen Auftreten während der Rettungsarbeiten einen glanzvollen Abgang verschafft hatte.

Im Sommer **2003** begannen die Bauarbeiten auf der „*World Trade Center Site*", sie dauern noch an.

2005: Bloomberg wurde zum zweiten Mal zum Bürgermeister gewählt.

2009: Nicht nur zwei neue *Baseballstadien* wurden eröffnet, zugleich markierten der *High Line Park*, die *Hudson River Park Promenade* und die Schaffung zahlreicher Fußgängerzonen entlang des Broadway New Yorks Bestreben, eine „grüne", **umweltbewusste Stadt** zu werden. Im gleichen Jahr wurde Bloomberg für eine dritte Amtszeit wiedergewählt.

Frühjahr 2011: Der zweite Abschnitt des **High Line Park** zwischen W 20th und 30th St. wurde fertiggestellt.

11. Sept. 2011: Das National September 11 Memorial wurde zum 10. Jahrestag eingeweiht.

29. Okt. 2012: Hurricane Sandy richtet große Verwüstungen in New York und New Jersey an.

Nov. 2013: Bürgermeisterwahlen in NYC (ohne Bloomberg)

Sehenswürdigkeiten in Manhattan

New York ist seit eh und je die unangefochtene Nummer 1 als Reiseziel in den USA. Immerhin warten auf die über 52 Mio. Besucher jährlich (Stand Ende 2012) mehr als 150 Museen, über 5.000 Straßenfeste im Jahr, an die 300 Theater, 200 öffentliche Bibliotheken, unzählige Läden und Lokale sowie mit dem Central Park eine 340 ha große Grünfläche im Stadtzentrum – welche andere Stadt kann das schon bieten?

Manhattan lässt sich grob in vier Hauptabschnitte aufteilen:
▶ Downtown oder **Lower Manhattan** – der Südteil der Insel, der historische Kern plus das nördlich angrenzende Gebiet bis zum Union Square an der 14th St. Hierzu gehören Neighborhoods wie das Bankenviertel um die Wall St., SoHo, Greenwich Village, Chinatown und Little Italy. Da es sich um die Keimzelle der Stadt handelt, ist das Straßensystem hier unregelmäßig. Zudem sind im Südteil (ab Houston St.) die Straßen nicht durchnummeriert, sondern tragen Namen.
▶ **Midtown** – bezeichnet die Gegend zwischen Union Square und Central Park (14th–59th St.), mit der legendären Fifth Ave., dem Times Square und dem Theaterviertel, Madison Square Garden, Empire State Building und UN Complex.
▶ **Uptown** – umfasst die Region um den Central Park, Upper East und Upper West Side sowie die „Museumsmeile" an der 5th Ave.
▶ **Upper Manhattan** – wird der nördlichste Teil Manhattans genannt, der hinauf zum Harlem River reicht. Dazu gehören Harlem, East Harlem, das Areal um die Columbia University und The Cloisters als Filiale des Metropolitan Museum.

Lower Manhattan – die Südspitze

Die Südspitze Manhattans umfasst den historischen Kern New Yorks mit Baudenkmälern aus der frühen Kolonialzeit, fungiert daneben aber auch als das weltgrößte Finanzzentrum mit der Börse, weist die höchsten Wolkenkratzer der Stadt auf und gibt den

 Orientierung in Manhattan

▶ Die Orientierung in Manhattan ist durch das **Rastersystem** der Straßen einfach. **Streets** (St.) verlaufen in **Ost-West-Richtung** und sind ab der 1st St. südlich des Washington Square nach Norden zu durchnummeriert; **Avenues** (Ave.) in **Nord-Süd-Richtung** sind von Ost nach West nummeriert, von der 1st Ave. am East River bis zur 11th Ave. am Hudson. Einige **Avenues** tragen einen eigenen oder zusätzlichen Namen: York Ave., Lexington Ave., Park Ave., Madison Ave., Avenue of the Americas (= 6th Ave.), Columbus Ave., Amsterdam Ave., West End Ave. sowie in Harlem z. B. Frederick Douglass Blvd./8th Ave. oder Lenox Ave./7th Ave.
▶ Die **5th Avenue** bildet die Zentralachse und unterteilt Manhattan in **East und West**. Eine Adresse wie 59 W 44th Street bedeutet demnach: 44. Straße, westlich der 5th Ave., Hausnummer 59. Die Nummerierung auf den Avenues erfolgt von Süden nach Norden.
▶ Der **Broadway**, ein ehemaliger Indianerpfad, durchschneidet die Insel als einzige Ausnahme diagonal.

New York – Lower Manhattan

GREENWICH

WEST VILLAGE

VILLAGE

Washington Square Park

VILLAGE

SOHO

LITTLE ITALY

TRIBECA

CHINA-TOWN

Holland Tunnel

nach New Jersey

Hudson River

Pier 25

FINANCIAL DISTRICT

City Hall Park

Battery

Park

Robert F. Wagner Jr. Park

Pier A

Battery Park

Statue of Liberty, Ellis Island

Staten Island

Governors Island

	Hotels
1	Washington Square Hotel
2	Andaz Wall Street

	Restaurants
1	Dean & Deluca
2	Russ & Daughters
3	Katz´s
4	Loreley
5	Peter Luger Steak House
6	Ferrara´s Bakery
7	L´Ecole
8	Paprika
9	Tasty Dumpling

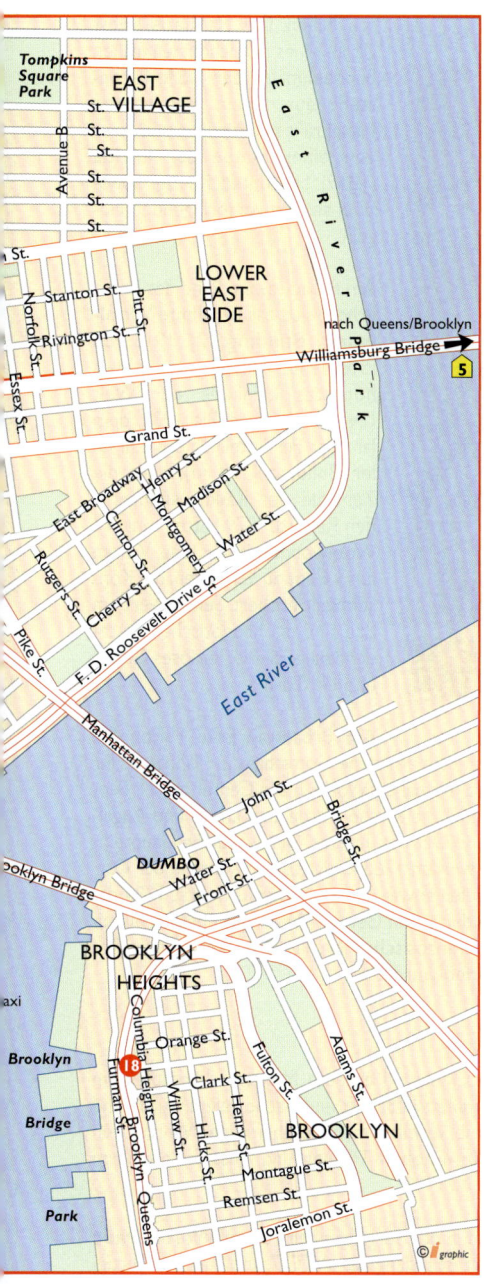

Blick frei auf den Hafen. Ein günstiger Start- und Zielpunkt für einen Rundgang ist die City Hall am City Hall Park.

Von der City Hall zum Battery Park

Viele sind erstaunt über die Bescheidenheit des New Yorker Rathauses, das den Kern des heutigen **Civic Center District** bildet. Als es zu Anfang des 19. Jh. im klassizistischen Stil errichtet wurde, war es für die 60.000-EW-Metropole groß genug. Damals lag die **City Hall (1)** noch am nördlichen Stadtrand und der heutige Park war ein offenes Feld, auf dem es während der Revolution zu mehreren Schlachten gekommen war. 1776 soll General Washington hier vor seinen Truppen die Unabhängigkeitserklärung verle-

1 NY City Hall
2 Woolworth Building
3 St. Paul's Chapel
4 World Trade Center Site und
   National 9/11 Memorial & Museum
5 Tribute WTC Visitor Center
6 World Financial Center
7 Museum of Jewish Heritage
8 Castle Clinton NM
9 Shrine of Mother Seton
10 Fraunces Tavern
11 New York City Police Museum
12 National Museum of the American Indian
13 Trinity Church
14 Federal Hall
15 New York Stock Exchange
16 Museum of American Finance
17 South Street Seaport Historic District
18 Brooklyn Promenade
19 Museum of the Chinese in the Americas
20 Columbus Square
21 Lower East Side Tenement Museum
22 New Museum
23 Old St. Patrick's Cathedral
24 Bayard Building
25 New York University
26 Cooper Union Building
27 St. Mark's in the Bowery
28 Grace Church

New York City Hall

sen haben. Das **Rathaus** selbst gilt als eines der schönsten frühen Baudenkmäler der USA. Es besteht aus einem dominanten Mitteltrakt mit Portikus und einer von einer Statue der Justitia (1819) bekrönten Kuppel sowie zwei seitlich vorspringenden Flügeln.

Am Broadway, am Rand des Parks, erhebt sich das berühmte **Woolworth Building (2)**, 1913 von Präsident Wilson als damals höchstes Gebäude der Welt (241 m) eröffnet. Bis 1930, dem Jahr der Fertigstellung des Chrysler Building (319 m), hielt die Zentrale des Kaufhauskonzerns den Rekord. 1879 hatte Frank W. Woolworth mit der Idee, Waren für 5 Cent zu verkaufen, die Konsumwelt erobert. Sehenswert am Bau sind die neogotischen Fassadendetails, allerlei kurioses Getier, und die Türme.

Am Broadway, Ecke Fulton St., folgt mit der **St. Paul's Chapel (3)** das älteste erhaltene Gotteshaus in Manhattan. Ihr konnte überraschenderweise der Einsturz des nahen World Trade Center am 11. September 2001 nichts anhaben – im Gegenteil, die Kirche wurde zum Dreh- und Angelpunkt der Hilfsaktionen, zum Ruhepol und Ort des Trostes. Der westliche Haupteingang (zum Kirchhof) und das Hauptschiff wurden 1766 fertig gestellt, während der Osteingang (Broadway) mit Portikus und Säulen sowie der westliche Turm erst 1794 dazukamen. Innen überrascht die Kirche, in der schon George Washington betete, mit einem hellen, freundlichen Raum, der vom französischen Architekten L'Enfant, dem Planer der Hauptstadt Washington, entworfen wurde.

World Trade Center Site

„Nine Eleven" Seit der 1973 nach Plänen des Japaners Yamasaki erbaute Mehrzweckkomplex am 11. September 2001 von Terroristen komplett in Schutt und Asche gelegt wurde und Tausende von Menschen unter sich begrub, vermisst man das ehemalige Wahrzeichen New Yorks mit seinen beiden über 400 m hohen Türmen und Aussichtsplattform schmerzlich.

Immerhin geht es nach vielerlei Querelen in der Vergangenheit auf der **World Trade Center Site (4)** voran: Bereits vollendet ist bislang das WTC 7, und kurz vor Fertig-

stellung steht der WTC 1 (Freedom Tower). WTC 4, der WTC Transportation Hub von Santiago Calatrava an der Nordostecke und das National September11 Memorial & Museum sind schon weit fortgeschritten. Die allesamt von vielgerühmten Architekten geplanten Tower 2, 3 und 5 wurden mittlerweile ebenfalls in Angriff genommen. Für das Kernstück, den **Freedom Tower** (WTC 1), ist die Architekturfirma Skidmore, Owings & Merrill (SOM), genauer, David Childs, zuständig. Ganz anders als ursprünglich von Daniel Libeskind geplant, wächst derzeit ein plumper und festungsartiger, angeblich „bombensicherer" Bau in den Himmel, der Ende 2013, evtl. 2014, eröffnen soll. Das **National September 11 Memorial & Museum (4)**, von Arad, Walker und Bond in Zusammenarbeit mit Snøhetta, besteht aus einer Inschriftenmauer, einem Wasserfall um zwei Becken in den *footprints* (den Grundrissen der Türme), einem Meditationsraum und einem Museum. Das Memorial wurde zum 10. Jahrestag des Attentats, am 11. September 2011, eingeweiht, das Museum soll voraussichtlich 2013 folgen. *Infos: www.renewnyc.com und www.panynj.gov/wtcprogress/index.html*
9/11 Memorial, Zugang: 9/11 Memorial Welcome Site, 1 Albany St./Greenwich St. Zeitgebundene Gratistickets unter www.911memorial.org/visitor-passes.
Tribute WTC Visitor Center (5), 120 Liberty St., www.tributewtc.org, Mo–Sa 10–18, So 10–17 Uhr, $ 15. Ausstellung sowie einstündige Touren ($ 10), Kombi $ 20.
9/11 Memorial Preview Site, 20 Vesey/Church St., www.national911memorial.org/previewsite, tgl. 10–19, So 10–18/19.30 Uhr. Kleine Ausstellung zur Neuplanung sowie Shop.

Freedom Tower und Museum

World Financial Center und Battery Park City

Westlich der WTC Site erhebt sich das **World Financial Center (6)**, 1981–88 nach Plänen des Argentiniers Cesar Pelli auf einem 90.000 m² großen Gelände errichtet. Sehenswert im Inneren ist der Wintergarten, in dem verschiedenste Veranstaltungen stattfinden. Ringsum entstand auf dem hier aufgeschütteten Aushub vom World Trade Center eine eigene „Stadt" – **Battery Park City** – mit Apartmentblöcken, Jachthafen, Promenade und Grünanlagen.

Von der **Esplanade** mit ihren Parkbänken bietet sich ein fantastischer Ausblick auf den Hudson River, auf Ellis und Liberty Island und hinüber nach New Jersey. Die Promenade führt vorbei am **Museum of Jewish Heritage (7)** im Wagner Park – das eindrucksvoll mit verschiedensten Medien die Geschichte der Juden ab 1880 schildert – zum Battery Park. Hier bietet sich ein Abstecher zum **Skyscraper Museum** (39 Battery Pl., www.skyscraper.org) im Ritz Carlton Hotel an der West St. an.
Museum of Jewish Heritage, 36 Battery Pl./Battery Park City, www.mjhnyc.org, So–Di/Do 10–17.45, Mi 10–20 Uhr, Fr 10–15/17 Uhr, $ 12 (Mi 16–20 Uhr Eintritt frei).

Sehenswertes Museum

Battery Park und Castle Clinton

Vor der beeindruckenden Wolkenkratzerkulisse des Financial District liegt der **Battery Park** mit Denkmälern und Statuen von bedeutenden Denkern und Dichtern, von Immigranten(gruppen) und anderen wichtigen Persönlichkeiten. Von besonderer Bedeutung ist ein ursprünglich zwischen den Türmen des World Trade Centers aufgestelltes abstraktes Stahl-Bronze-Kunstwerk des Bayern Fritz König, genannt „**The Sphere**" (am Eingang Bowling Green). Es überstand nur leicht beschädigt den Einsturz der Bauten ringsum und soll später wieder an seinen angestammten Ort aufgestellt werden.

Inmitten des Battery Park – benannt nach einer hier ehemals aufgestellten Geschütz-reihe – fällt der massige runde Ziegelkomplex des **Castle Clinton National Monu-ment (8)** ins Auge. In der Nähe des ehemaligen holländischen „Fort Amsterdam" war es als eine von mehreren Befestigungsanlagen zur Sicherung des Hafens während des britisch-amerikanischen Krieges 1812, mit dem Ufer durch eine Zugbrücke verbunden, entstanden. 1824 wurde ein Vergnügungspark, „Castle Garden", daraus. 1855–92 fun-gierte die mittlerweile mit dem Festland verbundene Festung als die Vorgängerin des *Nationale* berühmteren Ellis Island. Nach weiteren 45 Jahren als Heimat des New Yorker Aqua-*Gedenk-* riums drohte 1941 der Abriss, doch zum Glück erfolgte fünf Jahre später die Auswei-*stätte* sung als nationale Gedenkstätte. Abgesehen von Ausstellungssälen gibt es hier Infor-mationsstände der Parkverwaltung und Ticketverkaufsstände für die Fähren nach Liber-ty und Ellis Island. Die Fähren, aber auch Hafenrundfahrten starten am Nordende des Parks (Pier A).

Castle Clinton NM, *Battery Park, www.nps.gov/cacl, tgl. 8.30–17 Uhr, Eintritt frei.*

Liberty Island und die Statue of Liberty

Ein Die **Statue of Liberty** war ein Geschenk des französischen Volkes an die Amerika-*Geschenk* ner. Das Kunstwerk sollte an die Waffenbrüderschaft in der Zeit der Revolution erin-*Frankreichs* nern und an deren vornehmstes Symbol, die *Liberté*. Gleichzeitig diente der erhobene Arm der Figur mit der Fackel der Freiheit als Leuchtturm und fungierte damit auch als neuzeitliches Pendant zum antiken Koloss von Rhodos.

Die Statue besteht aus gehämmerten Kupferplatten und ist ein Werk des Bildhauers Frédéric-Auguste Bartholdi unter Mithilfe von Gustave Eiffel, der für das tragende Ei-

sengerüst zuständig war. Die viel bewunderte Fi-gur mit ihren 46 m Höhe und 204 t Gewicht wurde zuerst auf der Pariser Weltausstellung 1884 ausgestellt, dann zerlegt und in einer spektakulären Aktion über den Atlantik ge-bracht. Am 28. Oktober 1886 wurde das Monu-ment feierlich eröffnet und zum 100. „Geburts-tag" im Jahr 1986 gründlich renoviert.

Im Inneren des Sockels informiert das **Statue of Liberty Museum** über Hintergrund und Bau der Freiheitsstatue, die für alle Amerikaner zum nationalen Heiligtum und zu einer viel be-suchten Pilgerstätte geworden ist. Die Krone soll nach Renovierung 2013 ebenfalls wieder in zahlenmäßig beschränkten Gruppen bestiegen werden können.

Statue of Liberty & Statue of Liberty Muse-um, *Liberty Island, Fähren ab Castle Clinton/Battery Park, www.nps.gov/stli, Tickets siehe INFO-Kasten.*

Ein Geschenk aus Frankreich: die Freiheitsstatue

Ellis Island

Während die Freiheitsstatue die Einwanderer verheißungsvoll begrüßte, bedeutete die kleine Insel **Ellis Island** für viele zunächst einmal langes Warten und langwierige Befragungen. Fast drei Viertel aller US-Einwanderer passierten ab 1892 diesen Nachfolger von Castle Clinton, und die rund 12 Mio. Menschen, die bis 1954 durchgeschleust wurden – bis zu 5.000 täglich –, durchliefen hier eine gründliche Befragung und Inspektion. Vielfach dauerte das Verfahren mehrere Tage bis Wochen, und etwa 350.000 Personen wurden wieder abgeschoben. Besonders für „politisch oder moralisch Fragwürdige" und hauptsächlich während der beiden Weltkriege wurde Ellis Island für viele zur „Träneninsel".

„Tränen-insel"

1965 zum Nationalpark erklärt, sind bislang nur ein paar der insgesamt rund 35 Gebäude zu besichtigen. Für die nähere Zukunft ist die Renovierung und Eröffnung weiterer Bauten geplant. Im Hauptbau mit der Great Hall, der Ankunftshalle, dem Fährbüro, Gepäckraum, Schlafsälen, Krankenstation und Speisesaal befindet sich auch das sehenswerte **Immigration Museum**, das zuletzt um einen neuen Teil, das **Peopling of America Center** erweitert wurde. Dieses schlägt u. a. den Bogen zur „neueren Geschichte" der Immigration. Auf dem Freigelände befindet sich die **Wall of Honor** mit den Namen der Immigranten, außerdem gibt es eine große Forschungsbibliothek mit einem Forschungsarchiv.
Ellis Island Immigration Museum, *Ellis Island, www.nps.gov/elis, Zugang s.u.*

Statue of Liberty und Ellis Island – Ticket-Know-how

info

Ab Castle Clinton/Battery Park verkehren unterschiedlich häufig (mind. 9.30–17 Uhr und mind. alle 30 Min.) Fähren von Statue Cruises für derzeit $ 17 nach Liberty und Ellis Island. Um lange Wartezeit zu vermeiden, sollte man Tickets im Internet kaufen und reservieren, es bilden sich nämlich oft schon um 8 Uhr morgens lange Schlangen vor den Ticketschaltern. Ellis Island ist im „Fähr-Paket" immer enthalten, doch nach 14 Uhr lohnt es sich nicht mehr, an beiden Inseln auszusteigen. Da Besucher, ehe sie an Bord gehen dürfen, eine Sicherheitskontrolle durchlaufen, sollte genügend Zeit eingeplant werden. Für die Gesamttour mit Besichtigungen sind mindestens vier bis fünf Stunden einzuplanen. Nach Sturmschäden durch Hurricane Sandy im Okt. 2012 sollen beide Inseln ab 4. Juli 2013 wieder für Besucher zugänglich sein (Stand: März 2013.

Es gibt drei Ticketvarianten:
• **Reserve Ticket** (kostenlos, automatisch im Fährticket enthalten): Zugang zu beiden Inseln.
• **Pedestal/Museum Pass** (kostenlos): Zugang zu Museum und Observation Deck im Sockel der Freiheitsstatue. Tickets auf „first-come, first-served"-Basis in begrenzter Zahl am Ticketschalter erhältlich.
• **Crown Ticket**: Zugang zu Pedestal, Museum und zur Krone. Das Ticket ist nicht vor Ort erhältlich und muss im Internet oder telefonisch lange im Voraus bestellt werden.

Infos/Reservierung: ☎ 1-877-523-9849 oder www.statuecruises.com

Staten und Governors Island

Ein modernes Gebäude im Süden von Castle Clinton, der **Whitehall Ferry Terminal**, fungiert als Fährbahnhof der *Staten Island Ferry*. Von hier verkehren regelmäßig, rund um die Uhr (kostenlose) Fähren nach **Staten Island**. Die Fahrt dauert einfach eine knappe halbe Stunde (Aussteigen nötig!) und das Faszinierende ist der Ausblick vom Schiff auf die Skyline, besonders auf der Rückfahrt.

Blick auf die Stadt
Ein paar Schritte ostwärts liegt das **Battery Maritime Building** von 1905, das nach einem Feuer renoviert wurde und als Anlegestelle der ebenfalls kostenlosen Fähre nach **Governors Island** fungiert. Innerhalb weniger Minuten gelangt man im Sommer auf die alte Festungsinsel, von deren Uferpromenade sich ein ungewöhnlicher Ausblick auf Stadt, Freiheitsstatue, Ellis Island, den Hafen und den East River bietet.

Während der Kolonialzeit im 18. Jh. war die Insel Privatbesitz des britischen Gouverneurs, dann Festung zum Schutz der Hafeneinfahrt und zuletzt Sitz der Küstenwache. Vom Anfang des 19. Jh. sind die Festungen Fort Jay und Castle Williams erhalten, dazu die Colonel's Row und die Parade Grounds. Inzwischen als National Park ausgewiesen gibt es im Südteil der Insel einen Picknickplatz und entstehen gerade neue Grünflächen, Sportplätze u.a. Einrichtungen. In einen Teil der alten Bauten ziehen zeitweilig Künstler ein und es finden Ausstellungen und andere Events statt. Man kann an Führungen der Park Ranger teilnehmen, Räder ausleihen oder sich im Sommer am Water Taxi Beach vergnügen.
Historic Governors Island, www.nps.gov/gois bzw. www.govisland.com, Ende Mai bis Ende Sept. Fr–So kostenlose Fähren ab Battery Maritime Building, 10 South/Whitehall St., Rangertouren auch Mi, Do und Fr.

Das „alte" New York

New Yorks Wurzeln
Vorbei am **Shrine of Mother Seton (9)** an der State Street – dem Haus einer Ordensschwester (1774–1821), die als erste Amerikanerin 1975 vom Papst heiliggesprochen wurde – geht es in den **Fraunces Tavern Historic District**, einen original erhaltenen Straßenblock aus dem 18. Jh. Bei der **Fraunces Tavern (10)**, Pearl/Broad St., handelt es sich um eines der ältesten Privathäuser des Viertels von 1719.
Shrine of Mother Seton, 7–8 State St., www.setonshrine.com, Di–So 10–16.30 Uhr, Eintritt frei.

Von hier aus weiter auf der Pearl St. zum Hanover Square stößt man auf das India House von 1837 im Barockstil, Sitz der Baumwollbörse. Ein Stückchen weiter südlich, am Old Slip, zwischen Water und South St., befindet sich das **New York City Police Museum (11)**.
New York City Police Museum, 100 Old Slip/South St., www.nycpolicemuseum.org, Mo–Sa 10–17, im Sommer auch So 12–17 Uhr, $ 8.

Bowling Green und Trinity Church

Vom Hanover Square ist es nicht weit zu Battery Park (*via Beaver St.*) und Bowling Green, am spitz zulaufenden Kopfende des Parks. Der Platz markiert jene Stelle, an der

1626 Peter Minnewit, ein Deutscher in holländischen Diensten, den Manna-Hatta-In-
dianern ihre Insel „abgekauft" haben soll. Später fanden hier Viehmärkte und Paraden
statt und ein Bowling-Platz entstand, der dem Platz seinen Namen gab. Seine Nordspitze markiert ein bronzener Stier – Symbol für eine florierende Wirtschaft – vor der re-   *Indianer-*
präsentativen Kulisse des **US Custom House** aus dem Jahr 1907. Der vormalige Zoll-   *museum*
bau zeigt im Inneren Wandmalereien des amerikanischen Malers Reginald Marsh (1898–   *besichtigen*
1954) mit Hafenszenen, und beherbergt das **National Museum of the American
Indian (12)**, einen Ableger der Washingtoner Smithsonian Institution.
*National Museum of the American Indian (NMAI), George Gustav Heye Center – US
Custom House, 1 Bowling Green, http://nmai.si.edu/visit/newyork/, tgl. 10–17, Do bis 20 Uhr,
frei, Wechselausstellungen.*

Ein Stückchen den Broadway nordwärts, fällt zwischen modernen Wolkenkratzern, teils
mit sehenswerter Bauplastik, die **Trinity Church** (*Broadway/Wall St.*) **(13)** ins Auge.
Ihr knapp 100 m hoher Turm hatte bis Mitte des 19. Jh. das Viertel überragt. Die Kirche war Ende des 17. Jh. vom englischen König William III. gestiftet worden; das heutige Gotteshaus stammt aus dem Jahr 1846. Der Friedhof aus der Gründungszeit enthält sehenswerte alte Grabmäler; u. a. fand hier Alexander Hamilton, der erste Finanz-
minister der USA, seine letzte Ruhe. In das Innere der neogotischen Kirche mit ihren
(deutschen) Buntglasfenstern gelangt man durch Bronzeportale nach dem Vorbild der
Florentiner Paradiestür des Renaissance-Künstlers Lorenzo Ghiberti.

Das Finanzviertel

Die **Wall Street** markierte einst wie eine „Mauer" die nördliche Stadtgrenze der holländischen Siedlung, heute ist sie die Schlagader des Finanzviertels. Die Stufen der **Federal Hall (14)** sind im Sommer für eine Lunchpause prädestiniert – und von hier bietet sich auch für Besucher ein Blick auf das hek-
tische Treiben. Bei dem Gebäude selbst handelt es
sich um das alte Zollhaus (1842), vorher befanden
sich hier das alte Rathaus der Stadt, die City Hall
(1701) und die Federal Hall (1788), die bis 1790
als erstes Kapitol der Vereinigten Staaten fungierte. 1789 hatte der erste Präsident der USA,
George Washington, hier seinen Amtseid abge-
legt, wovon eine 1883 errichtete Statue zeugt.
Den Kern der Federal Hall bildet eine Rotunde
im Stil des römischen Pantheon, wohingegen die
Front sich am Athener Parthenon orientiert. Im
Inneren erinnern eine Ausstellung mit Original-
dokumenten und Memorabilien sowie ein Film an
George Washington und seine Zeit.
*Federal Hall, 26 Wall St., www.nps.gov/feha, Mo–
Fr 9–17 Uhr, mit Visitor Information Center, Eintritt
frei und Tourangebot.*

Die New York Stock Exchange in der Wall Street

Schräg gegenüber, an der Broad St., versteckt sich hinter einer klassisch-römischen Tempelfassade von 1903 die berühmte Wertpapierbörse **New York Stock Exchange (15)**, in der die Aktien der mehr als 1.500 mächtigsten Firmen der Welt gehandelt werden. Ihre Besuchergalerie ist seit dem 11. September 2001 geschlossen, doch dafür entschädigt das **Museum of American Finance (16)** ein wenig. Es befindet sich nur wenige Schritte entfernt in der ehemaligen Bank of New York (1927).

Museum of American Finance, 48 Wall St., www.financialhistory.org, Di–Sa 10–16 Uhr, $ 5, mit Shop (Souvenirs der NYSE).

Wall Street Walks, Rundgänge durch die Hauptstadt der Finanzwelt und „Ground Zero", Infos: www.wallstreetwalks.com.

South Street Seaport

Renovierte Lagerhäuser

Der **South Street Seaport Historic District (17)**, der von der Water bis zur South St. und von Pier 14 bis Pier 17/18 bzw. von der Dover bis zur John St. reicht, erinnert an das alte Hafenviertel New Yorks, das nur knapp vor dem Verfall gerettet werden konnte. In die alten Häuser aus dem 19. Jh., vor allem Lagerhäuser, zogen ausgehend von der Schermerhorn Row (Fulton zwischen South und Front St.) Cafés, Lokale und Läden ein und verhalfen dem Viertel zu neuer Attraktivität. So auch auf dem revitalisierten Pier 17, wo zusätzlich eine Aussichtsterrasse und der Beekman Beer Garden mit Bar zur Verfügung stehen. Der nördlich angrenzende Bereich entlang dem Flussufer wurde unlängst zur **East River Promenade** mit Grünflächen und Sitzgelegenheiten umgestaltet. Der nahe Pier 11/Wall St. ist ein wichtiger Fähranleger (East River Ferry, Water Taxi).

Schlendert man heute durch die alten Gassen – den Kern bilden vier Häuserblocks zwischen Beekman und John, Water und South St. – stößt man auf das Titanic Memorial (*Fulton/Water St.*) in Form eines kleinen Leuchtturms oder auf das alte Meyer's Hotel von 1873 (*Peck Slip*). Im **South Street Seaport Museum** (*12 Fulton St.*) gibt es in einer historischen Seefahrerherberge in der Schermerhorn Row interessante Abteilun-

gen zur Seefahrer-, Hafen- und Handelsgeschichte der Stadt sowie Wechselausstellungen zu sehen. Von den historischen Schiffen an den Piers 15 und 16 kann derzeit nur das Feuerschiff „Ambrose" (1907) besichtigt werden.

South Street Seaport, Fulton/South St. (Pier 17), www.southstreetseaport.com.

South Street Seaport Museum, 12 Fulton St., www. southstreetseaportmuseum.org, tgl. 10–18 Uhr, $ 10.

Vom South Street Seaport aus bietet sich, besonders bei Sonnenuntergang, ein Spaziergang über die **Brooklyn Bridge** zur **Brooklyn Heights Promenade** (s. S. 176) **(18)** an. Etwa 60 Brücken verbinden in New York die einzelnen Boroughs miteinander, die Brooklyn Bridge ist eine der ältesten und zweifellos die schönste. 1867 hatte der deutsche Einwanderer

Ein Meisterwerk der Ingenieurskunst, die Brooklyn Bridge

Johann August Roebling mit dieser kühnsten Ingenieurleistung der Epoche begonnen: 84 m hohe gotische Doppelbögen als Hauptpfeiler, an deren Ankerplatten die Haupt-stahlseile befestigt wurden, die wiederum durch Stahlseile verstrebt waren. Der Thü-ringer Ingenieur, der als „Erfinder des Stahlseils" galt, starb bereits drei Wochen nach Baubeginn. Roeblings Sohn Washington, dann dessen Frau Emily vollendeten das Werk im Jahr 1883. Damals war die Brooklyn Bridge nicht nur die erste Hängebrücke New Yorks, sondern mit einer Höhe von 40 m über dem East River und einer Länge von über 1 km (ohne Rampen) auch die längste. Bis zur Fertigstellung der Williamsburg Bridge 1903 blieb die Brooklyn Bridge die längste Hängebrücke der Welt.

Tolle Ingenieur-leistung

Brooklyn Bridge, Zugang zum Fußweg in Manhattan an der Ostseite der City Hall, Park Row, eine Treppe führt auch von der Drumgoogle Plaza (Gold/Frankfort St.) hinauf zum Fußweg der Brücke. Zurück geht es wieder über die Brücke, mit der Subway (Linie A/C High St., von der Promenade Linie 2/3 Clark St.) oder per Fähre ab Pier 1 unterhalb der Brücke.

Lower Manhattan – zwischen Lower East Side und Village

Eine unverwechselbare Atmosphäre kennzeichnet die Stadtviertel im Bereich zwischen Rathaus und 14th St. Oft verwischen die Grenzen, beispielsweise zwischen **Little Ita-ly** und **Chinatown**, wo die Asiaten die Italiener mehr und mehr verdrängen. **SoHo** steht für Gusseisen-Architektur, schicke Lofts, exklusive Boutiquen und ungewöhnliche Galerien, das südlich anschließende **TriBeCa** repräsentiert hingegen ein ehemaliges Industrie- und Lagerhausviertel im Wandel. Die **Bowery**, das ehemalige irische Vier-tel mit Bordellen und Spelunken, genießt noch immer ein bisschen den Ruf legendärer Verkommenheit, wohingegen die **Lower East Side** (LES) sich zu einem schicken Vier-tel mausert und der frühere deutsche bzw. jüdische Charakter weitgehend abhanden gekommen ist. Das nördlich angrenzende **East Village** liegt als Künstler- und Kneipen-viertel voll im Trend und schloss damit zu seinem berühmten westlichen Nachbarn, dem **Greenwich Village**, auf.

Viertel im Wandel

Chinatown

Obwohl die meisten der nach Amerika eingewanderten Chinesen ihre Gemeinden an der Westküste, in San Francisco und Vancouver, gründeten, ist auch das New Yorker Chinesenviertel dicht besiedelt und unverkennbar ostasiatisch, allerdings weniger tou-ristisch geprägt. Es erstreckt sich im Areal von Canal St., Broadway und Bowery St. und die sehenswerten Hauptachsen sind Mott und Grand St. Marktstände mit exotischen Früchten und fremde Gerüche, chinesische Schriftzeichen und Wortfetzen, eine Men-ge fernöstlicher Imbissbuden, Restaurants und Läden machen Chinatown zu einem be-sonderen Viertel. Über die chinesischen Amerikaner informiert das neue und sehens-werte **Museum of Chinese in America (19)**.

Chinesi-sches Zentrum

Museum of Chinese in America, 211–215 Centre St., www.mocanyc.org, Di–So 11–18, Do bis 21 Uhr, $ 7 (Do frei).

Über die **Canal Street**, Lebensachse von Lower Manhattan, und die Mulberry St. geht es zum **Columbus Square (20)**, der heute das Zentrum Chinatowns bildet.

Lower East Side

Sehens-
wert!

Die Canal St. führt ostwärts in die **Lower East Side** (LES), zu der offiziell auch Chinatown, Little Italy und die Bowery gehören. Früher war die LES einmal fest in deutscher Hand, und Anfang des 20. Jh. befand sich hier ein Zentrum der New Yorker Juden. An der Orchard St. mit vielerlei Shops liegt der **Lower East Side Historic District** und an der Ecke zur Delancey St. stößt man auf das neue Besucherzentrum (Film und interessanter Shop) des **Lower East Side Tenement Museum (21)**. Im Angebot stehen verschiedene Touren durch Apartments der früheren Bewohner, Einwanderer, die um 1900 hergekommen sind, oder durch das Stadtviertel.
Lower East Side Tenement Museum VC, 103 Orchard St., www.tenement.org, tgl. 10–18 Uhr, Tickets für Touren ($ 22), mit Shop.

Neuestes Zeichen des Wandels in der LES ist das **New Museum (22)** in der Bowery. Die einstige Skid Row (das „Penner-Quartier") mit Obdachlosenheimen und Suppenküchen weicht zunehmend Boutiquen, neuen Hotels und Restaurants. Allein der ungewöhnliche Bau dieses Museums für zeitgenössische Kunst ragt optisch aus dem Umfeld der alten Backsteinbauten heraus: Es ist ein fensterloser kubischer Bau vom Reißbrett der japanischen Architekten *Sejima/Nishizawa* (SANAA). Innen gibt es neben Wechselausstellungen einen Shop und ein Café.
New Museum, 235 Bowery, www.newmuseum.org, Mi/Fr–So 11–18, Do bis 21 Uhr, $ 14, Do 19–21 Uhr frei. Dachterrasse „Sky Room" nur an Wochenenden geöffnet.

Little Italy

Pizza und
Pasta

Die **Grand Street** ist eine der Lebensadern der LES. An der Kreuzung Grand/Mulberry St. schlägt das Herz von **Little Italy**, des alten Italienerviertels von Manhattan. Statt Dim Sum gibt es plötzlich Pasta und Pizza, anstelle der buddhistischen und taoistischen Tempel römisch-katholische Kirchen wie die **Old St. Patrick's Cathedral (23)** (*260 Mulberry St.*). Die Nordgrenze von Little Italy bildet die Houston (gesprochen „Hauston") Street. Ein wenig nördlich davon steht das **Bayard Building (24)** von 1898 (*65 Bleeker St.*), ein Werk des berühmten Architekten Louis Sullivan, der in Chicago als Wegbereiter der modernen Hochhausarchitektur berühmt wurde.

SoHo

Gusseisen-
architektur
prägend

1848 kam in Amerika erstmals Gusseisen bei der Konstruktion von Häusern zum Einsatz, in der zweiten Jahrhunderthälfte wurde diese Bauweise populär. Die meisten und schönsten der noch erhaltenen Cast-Iron-Bauten befinden sich in **SoHo**, kurz für *South of Houston*. Das Viertel trägt den Beinamen **Cast-Iron-District** und steht unter Denkmalschutz. Da die stabile Konstruktionsweise mit einem Skelett aus Eisenträgern, zwischen die gusseiserne vorfabrizierte Fassadenteile geschoben wurden, keine Stützwände benötigte, sind viele und hohe Fenster typisch für die meist fünf- bis achtstöckigen Gebäude. Die früheren *Sweat Shops*, Fabrikhallen der Leder- und v. a. Textilindustrie in den oberen Etagen, fungieren heute als schicke Lofts, unten sind Künstlerateliers und Galerien, Boutiquen und Cafés eingezogen. Inzwischen haben gestiegene Mietpreise mehr und mehr Bewohner nach **TriBeCa** (*Triangle Below Canal*) abwandern lassen, das im Begriff ist, sich zum neuen Szeneviertel zu entwickeln.

Einen Rundgang (auch ideal zum Shopping) durch SoHo startet man am besten an der Kreuzung Prince Street/Broadway, hier befindet sich auch eine Filiale von *Dean&DeLuca*, einem der besten Delis der Stadt. Ein Block weiter, am Broadway, finden sich einige der sehenswerten Cast-Iron-Bauten wie das **New Era Building** (495 Broadway) und daneben das **Haughwout Building**, in dem 1857 der erste dampfbetriebene Fahrstuhl in Betrieb genommen wurde. Auf der Greene Street (via Broome St.), hinauf zur Houston St., sieht man die schönsten Beispiele von Cast-Iron-Architektur.

Rundgänge im Village

Das **Village**, wie das Areal zwischen Houston und 14th St. von seinen Bewohnern kurz genannt wird, besteht aus zwei Teilen: westlich des Broadway das **Greenwich Village**, östlich davon das **East Village**. Wo schon im 18. Jh. Engländer ihre Gutshöfe bauten und

SoHo ist bekannt für seine Cast Iron Buildings

sich im 19. Jh. schwarze, irische und italienische Einwanderer niederließen, blühte um 1900 das kulturelle Leben. Im Laufe der Jahrzehnte entwickelte sich das Areal zum Treff der Bohème, der Homosexuellen, der Dichter und Künstler. Heute ist es v. a. Wohnort des besser verdienenden Mittelstandes.

Der **Washington Square** ist der größte Platz in Lower Manhattan und ein beliebter Treff. Früher war er Richtstätte, Armenfriedhof, Exerzierplatz und ab 1828 öffentlicher Park. Der augenfällige Triumphbogen von 1892 ist ein Denkmal für *George Washington* und heißt deshalb auch **Washington's Arch**. Östlich des immer belebten Platzes (im Sommer Konzerte und andere Vorführungen) residiert in mehreren Gebäuden die **New York University (25)**. 1831 gegründet, ist sie eine der größten Privatuniversitäten der USA.

Beliebter Treffpunkt

Ein Rundgang durchs **Greenwich Village** führt vom Washington Square über die W 4th St. mit zahlreichen Cafés, Buchläden und Galerien. Sie stößt auf die 6th Ave. (Ave. of the Americas), wobei sich im gesamten Bereich zwischen 6th und 7th Ave. Boutiquen, Lokale und Kneipen, wie der legendäre *Club 55* oder das *Stonewall Inn*, konzentrieren. Bleibt man auf der 4th St., erreicht man in nordwestlicher Richtung den **Sheridan Square** und die 7th Ave. Der Platz, an dem das Jefferson Market Courthouse von 1833 steht, ist das lebhafte Zentrum des Viertels. Hier kreuzt die **Christopher St.**, die wegen der *Christopher Street Day Parade* im Juni berühmt wurde. Die **Bleeker St.** ist eine weitere wichtige Lebensachse des Viertels.

Östlich des Washington Square liegt **Astor Place**, idealer Ausgangspunkt für einen Rundgang durch das **East Village**. Dieses Viertel wandelte sich in den frühen 1980er Jahren vom Slum zum neuen hippen Nightlife-, Kultur- und Kneipenviertel. An der East Houston verläuft die Südgrenze des East Village, dessen Herz um den **Tompkins Square** schlägt.

Der Astor Place geht östlich in den Cooper Square mit dem **Cooper Union Building (26)** über. Von hier führt die 8th St., die jetzt **St. Mark's Place** heißt und reichlich Diskos, Bars, ausgefallene Läden und Kneipen aufzuweisen hat, direkt zum **Tompkins Square**, einem beliebten Demonstrationsort der Flower-Power-Generation. An der Ecke 2nd Ave./10th St. liegt mit der **St. Mark's in the Bowery (27)** eine der ältesten Kirchen der Stadt von 1799; Turm und Vorhalle stammen aus dem 19. Jh. Sie geht auf die Hauskapelle des Holländers *Peter Stuyvesant* zurück, der auf dem zugehörigen Friedhof beigesetzt ist. Ganz in der Nähe (*802 Broadway*) lohnt ein Blick in die neogotische **Grace Church (28)** aus dem Jahr 1846.

Peter Stuyvesant

Zwischen Lower Manhattan und Midtown

Die Abgrenzung von Downtown und Midtown erfolgt durch zwei „Pufferzonen" zwischen der 14th und der 34th St., die wechselweise dieser oder jener Region zugerechnet werden: **Gramercy** im Osten, Richtung East River, und **Chelsea** im Westen, Richtung Hudson River. Mit dem **Flatiron District** südlich des gleichnamigen Gebäudes und der Fashion Row an der 23rd St. verfügen beide Viertel über Bummel- und Vergnügungszonen, zeichnen sich aber sonst durch keine besonderen Sehenswürdigkeiten aus.

Union Square und Gramercy

Der **Union Square** liegt am Übergang vom Village zu Gramercy. Er gilt seit 1839 als Ort von Versammlungen und Demonstrationen und war lange Zeit als Drogenumschlagplatz berüchtigt. Das Viertel ringsum wurde von Künstlern und Aussteigern besiedelt und auch Andy Warhol unterhielt hier ein Atelier. Renoviert und attraktiver gestaltet, ist der Platz heute beliebter Treff und Standort des besten Wochenmarkts der Stadt.

Ein Stückchen östlich (*via 14th St.*) befindet sich mit dem **Stuyvesant Square (1)** ein weiterer markanter Platz auf ehemaligem Farmland Stuyvesants. Er wird u. a. eingefasst vom Versammlungshaus der Quäker und Mennoniten, dem **Rutherford Meeting House** (1861) und von der **St. George's Episcopal Church**. Über den Irving Place, wo sich die älteste Kneipe New Yorks, **Pete's Tavern (2)**, befindet, gelangt man zum **Gramercy Park (3)**. Dieses Grünareal wurde 1840 für die Reichen und Schönen angelegt und ist noch heute der einzige Privatpark Manhattans. Umgeben von vornehmen Clubs, ist es nur einen Steinwurf von **Theodore Roosevelts Geburtshaus (4)** entfernt. *Theodore Roosevelt Birthplace, 28 E 20th St., www.nps.gov/thrb, Di–Sa 9–17, Touren 10/11/13–16 Uhr, frei.*

Älteste Kneipe

Ebenfalls vornehm gibt sich der nördlich, an der Kreuzung von Broadway und 5th St. gelegene **Madison Square Park**; er wurde an Stelle des ehemaligen Roosevelt-Privatparks errichtet. Der Weg dorthin führt vorbei an **St. Luke's Place** (*24th St./Park–Madison Ave.*) – 15 Reihenhäuser aus den 1850er-Jahren. An der Südwestecke des Platzes (*5th Ave./Broadway/23rd St.*) sorgte 1902 das erste Hochhaus von New York für Aufsehen: das **Flatiron Building (5)** von David Burnham.

Das Flatiron Building

Die hier angewandte Konstruktionsweise erwies sich als bahnbrechend für die weitere Entwicklung der Hochhausarchitektur. Ungewöhnlich war schon allein der dreieckige Grundriss des 20-stöckigen Gebäudes, der den Bau wie ein riesiges Bügeleisen aussehen ließ. Im Umkreis, an der 5th Ave., entwickelte sich der lebhafte **Flatiron District**, der heute ein Revival als Shoppingadresse erlebt. An der Ecke 5th Ave. und 27th St. befindet sich das einzigartige **Museum of Sex (6)**.
Museum of Sex, *233 5th Ave/27th St., www. museumofsex.com, So–Do 10–20, Fr–Sa 10–21 Uhr, $ 17,50 plus Tax.*

Chelsea und Meatpacking District

Folgt man der 23rd St. Richtung Westen, taucht man in das rechtwinklig angelegte Mittelklasse-Wohnviertel Chelsea ein. An der Hauptachse, der 23rd St., auch „Fashion Row" genannt, steht zwischen 7th und 8th Ave. das legendäre **Chelsea Hotel (7)**, das schon zahlreiche prominente Gäste wie Ernest Hemingway, Bob Dylan oder Jack Kerouac beherbergte.

 High Line Park

Neueste „grüne" Errungenschaft der Stadt ist der **High Line Park**. Im Juni 2009 wurde die 1929 bis 1934 als Stahlviadukt erbaute Hochbahntrasse der Eisenbahn, die einst das Viertel zwischen der 34th St. (Javits Convention Center) und Gansevoort St. im Meatpacking District auf rund 2,5 km Länge durchschnitt, einer neuen Bestimmung zugeführt: Die in den 1970er-Jahren stillgelegte Bahntrasse wurde und wird abschnittsweise in eine attraktive begrünte Promenade mit Bänken und Sonnenliegen, Aussichtspunkten und Kunstinstallationen, botanischen Raritäten und geschwungenen Wegen umgewandelt. Nachdem der Südabschnitt von der Gansevoort bis zur 20th Street 2009 eröffnet wurde, folgte im Juni 2011 der Abschnitt nordwärts bis zur 30th St. Der dritte und letzte Teil über den West Side Highway bis zur 34th St. nahe dem Javits Convention Center, soll 2014 eröffnen. Als öffentliches Grün- und Parkareal verleiht der High Line Park der West Side neue Attraktivität. Zeichen dieses Wandels sind auch neu entstandene Bauten im Umkreis der High Line wie der HL23 Tower (W 23rd St.) oder *Frank Gehrys* IAC Headquarters (West Side Hwy./18th St.).
Infos: www.thehighline.org

New York – Midtown

West 60 th St.
West 59 th St.
West 58 th St.
West 57th Street
West 56 th
West 55 th
West 54 th
West 53 rd
West 52 nd
West 51 st
West 50 th
West 49 th
West 48 th
West 47 th
West 46 th St.
West 45 th
West 44 th
West 43 rd

Columbus Circle
Central Park South
Grand Army Plaza

UPPER MIDTOWN

THEATER DISTRICT

Times Square

Pier 85

Watertaxi, Fähren N.J.

Lincoln Tunnel

West Side Highway

Twelfth Avenue
Eleventh Avenue
Tenth Avenue
Ninth Avenue
Eighth Avenue
Seventh Avenue
Broadway
Avenue of the Americas (Sixth)
Fifth Avenue

West 42nd Street
West 41 th
Port Authority/ Bus Terminal

West 40 th
West 39 th
West 38 th
West 37 th
West 36 th
West 35 th

GARMENT DISTRICT

Bryant Park

Herald Square

West 34th Street
West 33 rd
32 nd
31 st
30 th
29 th

Hudson River

High Line Park
West 28 th
West 27 th
West 26 th
West 25 th
West 24 th

Chelsea Piers

West 23 rd Street
22 nd
21 st
20 th
19 th
18 th
17 th
16 th
West 15 th
West 14 th St.
West 13 th St.

High Line Park

CHELSEA

MEATPACKING DISTRICT

Gansevoort St.
Hudson St.
Greenwich Avenue

West 13 th St.
West 12 th St.
West 11 th St.
W. 10 th St.
W. 9 th St.

Fifth Avenue

Hotels
3 The Pod Hotel
4 The Belvedere
5 Yotel
6 Chelsea Highline Hotel
7 The Gershwin
8 Chelsea Lodge
9 Hotel Gansevoort

Restaurants
10 Sofritos
11 2nd Avenue Deli
12 Eataly
13 Alfama
14 Tocqueville
15 15 East
16 Chelsea Market

©graphic

Ostwärts, bis zur 9th Ave., erstreckt sich rings um den Chelsea Square der **Chelsea Historic District** (8) mit schönen alten Backsteinhäuschen. Am Hudson River befand sich bis vor einigen Jahren außer einer Müllverbrennungshalle, dem Fleischmarkt und aufgelassenen Docks und Lagerhäusern nicht viel. Hier, wo einst die großen Ozeandampfer anlegten, entstanden in den späten 1990er Jahren die **Chelsea Piers** (*Zugang: 16th oder 23rd St./ West Side Hwy.*), ein vielseitiger Sportkomplex mit Eisbahn, Golfhalle, Bowlingbahn und Fitnessstudio. Ebenfalls kürzlich zu Freizeit- und Erholungszwecken umgestaltet wurden alte Pieranlagen wie Pier 45, 66 oder 84 am Hudson River.

1 Stuyvesant Square
2 Pete's Tavern
3 Gramercy Park
4 Theodore Roosevelt Birthplace
5 Flatiron Building
6 Museum of Sex
7 Chelsea Hotel
8 Chelsea Historic District
9 Macy's
10 Madison Square Garden
11 Empire State Building
12 Morgan Library & Museum
13 New York Public Library
14 Intrepid Sea, Air & Space Museum
15 Jacob K. Javits Convention Center
16 Chrysler Building
17 Tudor City
18 United Nations
19 Radio City Music Hall
20 Rockefeller Center
21 St. Patrick's Cathedral
22 Museum of Modern Art (MoMA)
23 Trump Tower
24 Citicorp Center
25 Waldorf Astoria Hotel
26 Seagram Building
27 Park Plaza Hotel
28 Museum of Arts & Design
29 Hearst Tower

Zwischen West Chelsea und Greenwich Village (*12th bis 14th St.*), Hudson St. und Hudson River liegt der **Meatpacking District**. Ehemalige Fleischlagerhallen und Kühlhäuser erinnern noch an die vormalige Zweckbestimmung des Areals, das zudem bis in die 1990er-Jahre als Rotlichtviertel verrufen war. Heute befindet sich das ehemalige „Bermuda Triangle" im Aufwind und gehört zu den In-Vierteln Manhattans.

Midtown

Midtown, wie das große Areal von der 34th St. nordwärts bis zum Central Park genannt wird, verfügt über die dichteste Konzentration an Wolkenkratzern, darunter so weltberühmte wie das Empire State oder das Chrysler Building. Aber auch der Theaterdistrikt und der schillernde Times Square, der riesige Komplex des Rockefeller Center, das Hauptquartier der Vereinten Nationen, Kaufhäuser, Hotelpaläste, Museen, interessante Plätze, der berühmte Madison Square Garden und elegante Einkaufsstraßen machen diesen Teil Manhattans zum meist frequentierten überhaupt.

Garment District und Murray Hill

Das Zentrum des südlichen Teils von Midtown, das die Viertel **Garment District** und **Murray Hill** umfasst, ist der **Herald Square**. Der Platz an der Kreuzung von 34th St., 6th Ave. (Ave. of the Americas) und Broadway ist benannt nach der Tageszeitung *New York Herald*, deren Hauptquartier sich einst hier befand. Früher ein legendäres Rotlichtviertel, gab an der 34th St. das Kaufhaus **Macy's (9)** den Anstoß zur Sanierung. Als kleiner Laden an der W 14th St. 1857 gegründet, entstand 1902 das nach eigenen Angaben größte Kaufhaus der Welt. Macy's ist vor allem bekannt für die für die **4th of July Fireworks** und eine große **Thanksgiving Parade**, die seit 1927 auf Betreiben der Firmenangestellten stattfindet. Vom Herald Square lohnt ein Abstecher zum **Madison Square Garden (10)**, der bekanntesten Sporthalle der Welt, in der fast jeden Abend eine große Sport-, Musik- oder sonstige Veranstaltung stattfindet. Besonders, wenn die einheimischen Profi-Sportteams – die *Rangers* (Eishockey) oder *Knicks* (Basketball) – zu Hause spielen, sollte man sich das nicht entgehen lassen. Unter der Sporthalle befindet sich der zweite große Bahnhof der Stadt, die **Penn Station**, von der aus Amtrak- und Nahverkehrszüge verkehren.

Berühmtes Kaufhaus

An der Ecke 5th Ave./34th St. ragt das **Empire State Building (11)** auf. Durch den Film *King Kong* 1933 bekannt geworden, frequentieren heute gut 3 Mio. Besucher jährlich das Aussichtsplateau, durchlaufen die strengen Sicherheitskontrollen und warten geduldig vor den Aufzügen. Mit seinen 110 Stockwerken und einer Höhe von 381 m (mit Antenne 443 m) galt das Gebäude von seiner Fertigstellung 1931 bis zum Bau des World Trade Center im Jahr 1973 als das höchste Gebäude der Welt.
Empire State Building, 350 5th Ave./34th St., www.esbnyc.com, tgl. 8–1.15 Uhr, $ 25 (Aussichtsplateau 86th floor) bzw. $ 42 (86th und 102nd floor), Vorbestellung von Tickets empfehlenswert unter www.esbnyc.com/buy_tickets.asp. Wartezeiten wegen der Sicherheitskontrollen einplanen!

King Kong und Weltwunder

Nordwärts wird die 5th Ave. nun vornehmer. In Höhe der 36th St./Madison Ave. – bereits im Stadtviertel **Murray Hill** – kann man einen Blick in die prachtvoll ausgestattete **Morgan Library & Museum (12)** werfen, die eine beachtliche Sammlung alter Bücher und Manuskripte in sehenswertem Ambiente zeigt. Weiter im Norden rückt dort, wo die 5th auf die 40th St. stößt, die **New York Public Library (13)** ins Blickfeld. Nach Westen hin schließt sich der **Bryant Park** an, eine Oase der Ruhe im geschäftigen Midtown. Als Überbleibsel der Weltausstellung von 1853 wird der Park heute zu verschiedensten Veranstaltungen genutzt.

Morgan Library & Museum, 225 Madison Ave., www.themorgan.org, Di–Do 10.30–17, Fr 10.30–21, Sa 10–18, So 11–18 Uhr, $ 12.

Times Square und Theater District

Seinen Namen erhielt der **Times Square** vom Verlagshaus der *New York Times*, die 1904 hierher umzog, inzwischen einige Blocks weiter westlich residiert. Das Besondere an dem Bau war der 1928 hoch oben angebrachte Mega-Bildschirm, auf dem ständig Nachrichten durchliefen. Bekannt ist der Platz auch wegen des 1,80 m messenden Alu-Glitzerballs, der an Silvester pünktlich um Mitternacht von einem Flaggenmast aus 23,5 m Höhe herabgelassen wird.

Synonym für Manhattan

Eigentlich handelt es sich um zwei Plätze, die in den Dreiecken am Schnittpunkt von Broadway und 7th Ave. entstanden: der **Times Square** im Süden und der **Duffy Square** im Norden. 2009 wurde im Zuge einer Verkehrsberuhigung der Broadway zwischen 42nd und 47th St. zur **Fußgängerzone** umgestaltet. Stühle, Liegen, Pflanzkübel und der auffällig rote, bühnenartige Bau des Ticketoffice TKTS am Duffy Square haben das Areal zu einer Art Ruheinsel mitten im geschäftigen Midtown werden lassen.

Times Square, das Herz von Manhattan

Dazu ist in den letzten Jahren rings um den Platz ein attraktives Viertel entstanden, besonders entlang der **New 42nd Street**. Kinokomplexe und Theater, Hotels und Läden, Hochhäuser – wie das Paramount Building von 1927 oder das neue **New York Times Building** – sind markante Punkte.

Theater, nichts als Theater

Um den Times Square schlägt auch das Herz des **Theater District**, des Viertels zwischen 7th und 9th Ave., 42nd und 57th St., das mit seinen knapp 40 Broadway-Theatern und zahllosen weiteren Off- und Off-off-Broadway-Bühnen weltberühmt ist. Schon vom späten 19. Jh. an waren hier im Rotlichtviertel um 42nd St. und Broadway Theater- und Vergnügungsetablissements, Clubs und Bars entstanden. Der Broadway galt als Symbol für Glanz und Glamour, verfiel allerdings nach dem Zweiten Weltkrieg zunehmend. Nach einem erneuten Tiefschlag, dem „Theatersterben" in den 1980ern setzte in den späten 1990ern wieder ein Revival ein.

Von der 42nd bis zur 45th St. reiht sich ein Theater ans andere, z. B. das **Victory** (*42nd St./7–8th Ave.*) als eines der ältesten, das Jugendstiltheater **New Amsterdam** (*214 W 42nd St.*) oder in der Shubert Alley (*44–45th St.*) das **Booth** und **Shubert Theater**. Die W 45th St. wird „Theater Row" genannt: **Royale**, **Golden** und **Lyceum Theatre** sind hier zu finden.

New Yorks Fußgängerzonen

info

Anfang 2010 erklärte Bürgermeister Bloomberg das Pilotprojekt „Fußgängerzone Times Square" zum Dauerzustand, der weiter verbessert und ausgebaut werden soll. Bislang wurde entlang dem Broadway vom Columbus Circle (59th St.) bis hinunter zum Madison Square Park (23rd St.) bzw. Union Square (14th St.) eine Reihe teilweise verkehrsberuhigter und mit Radwegen versehener Areale eingerichtet. Markiert durch roten oder grünen Bitumenboden und ausgestattet mit Stühlen, Tischen und Liegen sowie Pflanzkübeln sind Ruhezonen im tosenden Verkehr entstanden. Die zentralen Bereiche liegen zwischen Times und Duffy Square (42nd-47th St.), am Herald Square (33rd-35th St.) und am Madison Square Park vor dem Flat Iron Building (25th-23rd St.). Das Projekt soll Richtung Columbus Circle ausgeweitet werden.

Abstecher zum Hudson River

Die 42nd St. führt zum Ufer des Hudson River, wobei sich in ihrem Verlauf das Stadtbild ändert: Von den Wolkenkratzern im Zentrum geht es zu den Mietskasernen der Westside, einstmals das Irenviertel **Hell's Kitchen**, das im Musical *Westside Story* verewigt wurde. Auf Höhe der 8th Ave. passiert man den **Port Authority Bus Terminal**, einen der größten Busbahnhöfe der Welt.

Nach Überqueren der 12th Ave. und des West Side Hwy. steht man vor den Schiffsanlegestellen am Hudson River. Vor allem an den nördlichen Piers 88 bis 94 legten früher die transatlantischen Passagierdampfer an, heute sieht man noch gelegentlich Kreuzfahrtschiffe. Einer der wichtigsten Piers ist die Nr. 83, wo die Ausflugsboote zu Rundfahrten ablegen. Hier am Hudson River bekommt man auch einen Eindruck von der neuen Hinwendung der Stadt zum Wasser. Vom Financial Center nordwärts, entlang dem **Hudson River Greenway**, der auch bei Radlern beliebt ist, reihen sich Grünanlagen und Spielflächen, reaktivierte Piers und Freizeitareale aneinander.

Auf Höhe der 45–46th St. liegt an Pier 86 der ausrangierte Flugzeugträger „*USS Intrepid*", der heute als **Intrepid Sea, Air & Space Museum (14)** fungiert. Neben einer **Concorde** gibt es hier auch ein **Space Shuttle** zu bewundern. Drei Straßen weiter südlich befindet sich das gigantische **Jacob K. Javits Convention Center (15)**. *Intrepid Sea, Air & Space Museum*, Pier 86/W 46thSt./12th Ave., www.intrepidmuseum. org, Di–So 10–17 Uhr, (1. Apr.–30. Sept. auch Mo und Sa/So bis 18 Uhr), $ 24, mit Space Shuttle $ 30.

Flugzeug-träger

Grand Central Terminal

Den östlichen Teil der 42nd St. dominiert eine prächtige „Eisenbahn-Kathedrale", der **Grand Central Terminal**. Wo ab 1913 die Fernzüge hielten, verkehren heute nur noch Nahverkehrszüge in den Norden des Staates New York. Der zentrale Grand Concourse, die prunkvolle Empfangshalle, gilt als einer der größten überdachten Räume der Welt. Neben der altehrwürdigen Grand Central Oyster Bar und der Ladenpassage Grand Central Market, ist das **New York Transit Museum** zur Geschichte des New Yorker Schienenverkehrs einen Besuch wert.

Hinter dem Terminal fällt der Blick auf einen gut 260 m hohen architektonischen Meilenstein: Das ehemalige **PanAm Building** (*200 Park Ave.*), von Walter Gropius 1963 erbaut, ist heute im Besitz der Metropolitan Life Insurance Company und heißt nun MetLife Building.

Auf der 42nd St. ostwärts folgt ein architektonisches Highlight im Art-déco-Stil: das **Chrysler Building** (*405 Lexington Ave.*) **(16)**. Walter P. Chrysler, der 1925 die gleichnamige Autofirma gründete, wollte mit dem 1930 eröffneten Gebäude das goldene Zeitalter des Autos symbolisieren und verwendete entsprechende Materialien, z. B. rostfreien Stahl, und Formen wie Kühlerhauben oder -figuren. Die gestaffelte Turmspitze mit ihren Bögen und pfeilförmigen Fenstern ist nachts beleuchtet, sehenswert sind auch die Lobby und die 18 Fahrstühle mit Holzintarsien. Mit 319 m Höhe ohne Antenne galt das Chrysler bis zur Fertigstellung des Empire State Building 1931 als höchster Bau der Welt.

Art-déco-Hochhaus

Fast schon am East River fällt ein hufeisenförmiger Baukomplex ins Auge: die 1929 errichtete, städtebaulich wegweisende Wohnsiedlung **Tudor City (17)**, die sich am gleichnamigen englischen Architekturstil orientiert. Die beiden Teile dieser höher gelegten „Stadt in der Stadt" sind durch eine Brücke über die 42nd St. miteinander verbunden.

United Nations

Von Tudor City ist es nur ein Steinwurf zum Sitz der **United Nations (18)**, einem Areal aus mehreren Gebäuden, Straßen und einem Park. Die meisten Staaten der Welt sind Mitglied dieser Organisation, die aus verschiedenen Ausschüssen und Abteilungen – wie Vollversammlung, Sicherheitsrat, UNESCO, UNICEF u. a. – besteht. Landesflaggen markieren das Areal, das formal weder zu New York noch zu den USA gehört, sondern im Besitz der Staatengemeinschaft ist. 1952 bezog man den 73.000 m² großen

Komplex, der von den Architekten Niermeyer (Brasilien) und Le Corbusier (Schweiz) geplant worden war.

Sitz der Vereinten Nationen Am markantesten sind das 39 Stockwerke hohe, grüne Glashochhaus der Verwaltung, das **Secretarial Building**, und das geschwungene **General Assembly Building** mit dem Saal der Vollversammlung. Hier befindet sich auch der Besuchereingang.
UNO Komplex, *General Assembly Building, 1st Ave./46th St., http://visit.un.org/wcm/content/, 45-Min.-Touren Mo–Fr 9.45–16.45 und Sa/So außer Jan./Feb. 10–16.15 Uhr Audiotouren, $ 16, Shop und Restaurant, wegen der Sicherheitskontrollen ca. 45 Min. früher da sein!*

Upper Midtown – zwischen Rockefeller Center und 5th Avenue

Idealer Ausgangspunkt für einen Rundgang durch Upper Midtown ist die **Radio City Music Hall (19)**. Das im Art-déco-Stil erbaute Theater wird auch „The Showplace of the Nation" genannt. 1932 eröffnet, wurde hier Musikgeschichte geschrieben, fanden und finden Galaveranstaltungen und Ehrungen statt und treten und traten viele Stars in Konzerten auf. Legendär ist in der Weihnachtszeit das Radio City Christmas Spectacular mit der Tanzgruppe *Rockettes*.

Das sich anschließende **Rockefeller Center (20)** besteht aus 21 miteinander verbundenen Gebäuden, die ab 1929 auf Initiative von John D. Rockefeller geplant wurden und täglich von rund einer Viertelmillion Menschen frequentiert werden. Ihre zentrale Achse bildet eine Promenade mit Flaggengalerie. Von hier aus blickt man auf die tiefer gelegene **Sunken Plaza** – mit Eisbahn im Winter – und, vor dem **International Building** (*630 5th Ave.*), auf die Statue eines Atlas, der den Globus schultert. In der Vorweihnachtszeit wird hier ein über 20 m hoher Christbaum aufgestellt.

Das älteste Gebäude ist das **General Electric Building**, in dessen 65. Stock sich der legendäre Rainbow Room befand. Im 70. Stock wurde 2005 die offene Aussichtsplattform im Stil eines Kreuzfahrtschiffes der 1930er Jahre mit Art-déco-Details wiedereröffnet. Im Erdgeschoss sind die Fernsehstudios der NBC (National Broadcasting Company) zu Hause, und vor dem Studiofenster scharen sich jeden Morgen Menschenmengen, um in der NBC Today Show gezeigt zu werden.

Rockefeller Center Plaza

Einen Block südlich (*W 47th St., 5th–6th Ave.*) befindet sich die **Diamond Row**, das Zentrum des New Yorker Diamantenhandels.
Top of the Rock, *Zugang: W 50th St., 5th–6th Ave., www.topoftherocknyc.com, zeitgebundene Tickets $ 25, Onlinereservierung möglich, tgl. 8–24 Uhr (letzter Aufzug: 23 Uhr).*

Fifth Avenue

Auf der Luxusmeile **Fifth Avenue** reihen sich die teuersten und elitärsten Läden wie *Luxusmeile* Chanel, Tiffany, Ralph Lauren, Bergdorf Goodman auf, daneben gibt es renommierte Spezialgeschäfte, die potenzielle Kunden nur nach Klingeln und Gesichtskontrolle einlassen, und bekannte Markenläden.

Wie ein Fels in der Brandung behauptet sich zwischen Shoppingpalästen die **St. Patrick's Cathedral (21)**, die in interessantem Kontrast zur modernen Hochhausarchitektur ringsum steht. An der neogotischen Kirche, die von Anfang an als Bischofskirche und Zentrum des New Yorker Katholizismus fungierte, wurde ab 1858 gearbeitet. 1879 erfolgte die Einweihung, 1888 waren auch die beiden 100 m hohen Westtürme fertig gestellt; im Jahr 1905 kam die östliche Marienkapelle hinzu.

Dort, wo die 5th Ave. auf die 53rd St. stößt, ist ein Stopp im **Museum of Modern Art (22)**, kurz „MoMA" genannt, verpflichtend. Diese weltweit bedeutendste Sammlung moderner Kunst von 1880 bis zur Gegenwart befindet sich in einem architektonisch interessanten, von Philip Johnson entworfenen Gebäude. Seit es Ende 2004 enorm vergrö- *MoMA* ßert neu eröffnet wurde, können Besucher in sechs Abteilungen – Malerei und Skulptur, Druckgrafik und Buchillustration, Grafik, Architektur und Design, Fotografie, Film und Medien – auf sechs Ebenen viele Stunden verbringen. Einige der größten Meisterwerke des Impressionismus, Expressionismus, Kubismus, Fauvismus und der amerikanischen abstrakten Kunst und Pop-Art sind hier zu bewundern.
MoMA, *11 W 53rd St., 5th–6th Ave., www.moma.org, Mi–Mo 10.30–17.30, Fr 10.30–20 Uhr, $ 25 (Fr 16–20 Uhr frei).*

Zurück auf der 5th Ave. geht es zum Sony Building, dem ehemaligen AT&T Building, einem Musterbeispiel für den postmodernen Stil aus rosafarbenem Granit, mit sechsstöckigem Portal und Chippendale-Giebel von Philip Johnson (1983). Weiter geht es zum **Trump Tower (23)** an der Ecke zur 56th St. mit 68 Stockwerken, der 1982 als exklusiver Büro- und Wohnturm vom Immobilien- und Medienmogul Donald Trump privat finanziert wurde. Viel Stahl und verspiegelte Glasflächen, im Inneren edelste Materialien – Marmor, Glas, viel Grün, großzügige Atrien – kennzeichnen dieses Luxuseinkaufszentrum mit einen der wohl teuersten Apartments der Stadt in den oberen Etagen.

In nächster Nachbarschaft erhebt sich 43 Stockwerke hoch das **IBM Building** (*590 Madison Ave./56th St.*), ein weiteres Beispiel moderner Hochhausarchitektur (1982). Am Zugang steht eine Wasserskulptur, im Atrium befindet sich ein schöner Skulpturen- und Bambusgarten.

Wie die 5th oder Madison Ave. ist auch die **Park Avenue**, einen Block östlich des IBM Building, als exklusive Boulevard, Flanier- und Einkaufsstraße, bekannt. An der Park Ave. und der parallel verlaufenden Lexington Ave. findet sich eine Reihe interessanter Ge-

Wegweisende Architektur in New York: das Lipstick Building

bäude, Kirchen und Hochhäuser. Einer der imposantesten Wolkenkratzer erhebt sich an der Ecke 53rd St./Lexington Ave.: das über 300 m hohe **Citicorp Center (24)** aus den Jahren 1973–78. Es fällt auf durch sein weithin sichtbares charakteristisches Schrägdach. Nicht minder auffällig ist das **Lipstick Building** (*855 3rd Ave./53rd. St.*) dahinter, ein postmoderner Bau von John Burgee und Philip Johnson.

Südlich vom Citicorp Center erreicht man auf der 50th St., im Block zwischen Lexington und Park Ave., das weltberühmte **Waldorf-Astoria Hotel (25)** in einem der schönsten Art-déco-Bauten der Stadt. Der Name geht zurück auf die Familie des deutschen Einwanderers Jacob Astor aus Walldorf, der 1848 als einer der reichsten Männer New Yorks gestorben war. Die Familie, deren Zweige sich getrennt und zwei Hotels mit Namen „Astoria" und „Waldorf" eröffnet hatten, vereinigte sich mit diesem 1931 fertig gestellten Bau zumindest nominell wieder.

Weiter nördlich an der Park Ave., zwischen 52nd/53rd St., folgt mit dem **Seagram Building (26)** ein weiterer architektonischer Meilenstein. Der sich über einer Granit-Plaza erhebende 100 m hohe Bau gilt als Paradebeispiel des International Style und wurde unter Leitung von Mies van der Rohe und dessen Schüler Philip Johnson 1958 errichtet.

Vorbei am renommierten **Park Plaza Hotel (27)**, das, 1907 errichtet, lange als die „Grande Dame" unter den New Yorker Hotels galt, tritt der Central Park ins Blickfeld. Unter großem Aufsehen hatte das Hotel im April 2005 seine Pforten geschlossen und sollte in einträglichere Eigentumswohnungen umgewandelt werden. Doch es kam zum Kompromiss: ca. 350 Hotelzimmer, der legendäre Palmenhof und die Oak Bar blieben erhalten.

info

Himmelwärts – New Yorks Wolkenkratzer

Beim Namen „New York" denkt jeder an Wolkenkratzerschluchten und Skyline. New York bietet Alt und Neu, Konventionelles und Revolutionäres auf engstem Raum und das, obwohl die Anfänge der Metropole eher bescheiden waren: *Nieuw Amsterdam*, die erste Siedlung Manhattans, hatte sich ab dem zweiten Viertel des 17. Jh. noch weitgehend planlos entwickelt. Erst 1811 schlug Stadtbaumeister John Randall ein Rastersystem und Planquadrate vor und ließ die Straßen durchnummerieren. Als Mitte des 19. Jh. Gusseisen aufkam, waren dem Bauen in die Höhe keine Grenzen mehr gesetzt. William Le Baron Jenney hatte erstmals 1884 in Chicago Gusseisenträger eingesetzt und das erste Hochhaus errichtet, in SoHo entstanden Ende des 19. Jh. die ersten **Cast Iron Buildings**.

1903 realisierte der Chicagoer Architekt Daniel H. Burnham 21 Stockwerke beim **Flatiron Building**, doch erst das fünf Jahre später fertig gestellte **Singer Building** ging **als erster „Wolkenkratzer"** in die Annalen ein. Anfang des 20. Jh. entstanden repräsentative Bauten im klassizistischen bzw. anderen historisierenden Stilen – *Public Library, Grand Central Terminal, Morgan Library* oder *Farley Building* – und die maßgeblichen Architekturbüros hießen *Carrère & Hastings* oder *McKim, Mead & White* oder *Cass & Gilbert*. Das **Woolworth Building** (1910–13) belegt, wie freimütig man mit historischen Zitaten umging.

Nachdem 1915 das **Equitable Building** fertig gestellt worden war, wurden Bauvorschriften erlassen, die zu enges und zu hohes Bauen untersagten. Ende der 1920er-Jahre feilschte man dann beim **Chrysler** und **Empire State Building** um Höhenmeter. Beide Bauten sind Musterbeispiele für den Art-déco-Stil.

Die beiden New Yorker Architekten Philip Johnson und Henry-Russell Hitchcock stießen mit einer Ausstellung und einem Manifest 1932 das Tor zur Moderne auf: Der **International Style** war geboren. Bauhaus-Anhänger wie Gropius, Le Corbusier oder Mies van der Rohe trugen dazu bei, dass dieser erste eigenständige Stil in den USA Verbreitung fand: Die 1950er und 1960er waren geprägt von stromlinienförmigen Glaspalästen, funktional und von eleganter Schlichtheit. Johnsons 1958 in Zusammenarbeit mit van der Rohe fertig gestelltes **Seagram Building** machte ihn weltweit bekannt. SOM und Eero Saarinen verewigten sich mit dem **TWA Building**, 1962, oder dem **CBS Building**, 1965, Le Corbusier war am **UN-Hauptquartier** (1952) beteiligt und Gropius schuf das **PanAm Building** (1963). Ein Baugesetz regelte 1961 erneut die zulässige Gebäudehöhe und schrieb Rücksprünge sowie das Vorhandensein öffentlicher Plätze vor. Diese wurden ab Ende der 1960er mit Skulpturen berühmter Künstler geschmückt, und man schuf große begrünte Foyers oder Wintergärten.

Neue Impulse erhielt die moderne Architektur in den 1970ern von Baumeistern wie Robert Venturi oder Charles Moore. Als Vertreter der **postmodernen Richtung** bedienten sie sich aus dem großen Repertoire vergangener Stile und ersetzten Funktionalität und Minimalismus durch einen neuen Eklektizismus. Die Architektengruppe der *New York Five*, mit Peter Eisenman, Michael Graves, John Hejdrik, Richard Meier und Charles Gwathmey, die sich 1972 formiert hatte, sorgte für Aufsehen. Selbst Johnson ließ sich von dem „neuen" Stil beeinflussen und schuf mit dem **Sony Building** 1984 den ersten postmodernen Bau der Welt, gefolgt vom symbolträchtigen **Lipstick Building** (1987).

Moderne und **Postmoderne**, diese beiden an sich divergenten und heftig diskutierten Strömungen finden sich in New York eindrucksvoll vereint, dazu kommen zahlreiche in den 1980ern und 1990ern entstandene „spät- oder nachmoderne" Bauten, teils ohne viel Dekor und eher unauffällig. Dazu zählen beispielsweise das **Javits Convention Center** von I. M. Pei, das **World Financial Center** von Cesar Pelli oder das **Citicorp Building**. Wichtige städtebauliche Projekte waren **Battery Park City**, **Times Square**, **Columbus Circle** und natürlich die **World Trade Center Site**. Dort sorgte erst Daniel Libeskind, dann David Childs von *SOM* für Aufsehen.

Wie sieht aber die architektonische Zukunft New Yorks aus? „Himmelwärts" wird weiterhin die Devise lauten und Projekte jüngerer und jüngster Zeit wie der **Hearst Tower** von Sir Norman Foster oder Renzo Pianos **New York Times Tower** zeigen das kreative Potenzial der Stadt auf. Neue spektakuläre Einzelbauten sind beispielsweise Frank Gehrys **IAC/InterActiveCorp** in Chelsea oder sein **Beekman Tower** (8 Spruce St.) nahe der Brooklyn Bridge sowie Bernard Tschumis **Blue Building** in der Lower East Side und schließlich das **Bank of America Building** am Bryant Park (Cook+Fox Architects), ein Musterbeispiel „grünen Bauens".

Uptown und Central Park

Zentraler Anziehungspunkt in Uptown ist die sogenannte **Museum Mile**, die 5th Ave. auf der **Upper East Side** (UES), wo sich mehrere bedeutende Museen aneinander reihen.

Hinweis

Qual der Wahl

*Wie viele und welche Museen man auswählt und wie lange der Rundgang dauert, hängt von der zur Verfügung stehenden Zeit, der Kondition, von persönlichen Interessen und nicht zuletzt auch vom Geldbeutel ab. Im **Metropolitan Museum**, das in einem Atemzug mit Louvre, British Museum, Eremitage oder Vatikanischen Museen genannt werden muss, kann man ganze Tage verbringen, etliche Stunden auch im **Guggenheim Museum**. Ruhiger und überschaubarer sind dagegen die **Frick Collection** oder das **Museum of the City of New York**. Mit Kindern lohnt sich z.B. das **naturhistorische Museum**. Gerade bei den großen Sammlungen ist es nötig, anhand der Lagepläne besonders interessante Abteilungen auszuwählen, ansonsten ist man bei dem Versuch, alles in kürzester Zeit sehen zu wollen, hoffnungslos verloren.*

Der Central Park

So angenehm erholsam und grün der **Central Park** auch ist, es lohnt sich kaum, ihn in seiner gesamten Nord-Süd-Ausdehnung zu durchwandern. Am schönsten ist ein Besuch an einem möglichst sonnigen Sonntagnachmittag, wenn die New Yorker selbst ihre grüne Oase genießen und überall etwas geboten wird. Empfehlenswert ist besonders der südliche Teil mit The Lake, alles vor der majestätischen Kulisse der New Yorker

Die „gute Stube" der Stadt, der Central Park

Wolkenkratzer. Als Erstes sollte man die alte **Dairy (1)**, wo früher Kühe und Schafe Milch für bedürftige Kinder spendeten, im westlichen Teil des Parks nahe der 64th St. aufsuchen, da sich hier ein Besucherzentrum befindet.

Als „Grüne Lunge" und „Gute Stube" New Yorks bekannt, als kühle **Ruheoase** im Sommer, als **Ort sportlicher Betätigung** und für **Picknicks** geschätzt – das ist der Central Park. Im Park gibt es u. a. drei Seen und mehrere Teiche, einen Zoo, eine Eislaufbahn (*Wollman Rink*), einen Pool für Modellboote (*Conservatory Pond*), verschiedenste Sport- und Spielplätze (*Heckscher Playground*), Open-Air-Bühnen, auf denen im Sommer Gratis-Konzerte und -Aufführungen stattfinden (*SummerStage/Rumsey Playfield, Delacorte Theater* u. a.), Picknickplätze, Aussichtspunkte, Liegewiesen, Springbrunnen und Statuen, Sport- und Spielflächen, Rad- und Fußwege. Die wenigen Autostraßen (*Transverse Roads*), die den Park durchqueren, sind an Wochenenden für den Autoverkehr gesperrt und werden dann zum Eldorado für Jogger, Radfahrer und Skater.

Grüne Lunge New Yorks

Die bereits zwischen 1859 und 1873 am nördlichen Stadtrand von dem renommierten **Landschaftsarchitekten** Frederic Law Olmsted angelegte Grünanlage war großzügig proportioniert: Zwischen der 59th (*Central Park South*) und 110th St. und zwischen 5th und 8th Ave. (*Central Park West*) misst der Park rund 4 km in der Länge und 800 m in der Breite und bedeckt damit ein Zwanzigstel der gesamten Bodenfläche Manhattans.
Central Park, *www.centralpark.com, www.centralparknyc.org, zu Veranstaltungen: siehe jeweils Link „Events".*

Museum Mile (Upper East Side)

Im Südosten des Central Parks, wo 5th Ave. und 59th St. aufeinander treffen, am Anfang der **Museum Mile**, verkörpert Manhattan vielleicht am deutlichsten die „Große Welt": Besucher besteigen Pferdekutschen, Straßenmusikanten und Künstler unterhalten ihr Publikum und Diener in Livree bewachen Hauseingänge.

Museumsmeile

Erster auffälliger Bau an der Museum Mile ist die Synagoge **Temple Emanu-El (2)**. Sie stammt aus dem Jahr 1929 und ist Sitz der reichsten jüdischen Gemeinde von New York. Mit 2.500 Plätzen ist das Gotteshaus (mit Ausstellung) nicht nur eines der größten der Stadt, sondern auch eine der größten Synagoge der Welt.
Temple Emanu-El & Herbert & Eileen Bernard Museum, *1 E 65th St., www.emanuel nyc.org, So–Do 10–16.30 Uhr, frei, auch Veranstaltungen.*

Weiter nördlich befindet sich in einem Beaux-Arts-Gebäude die **Frick Collection (3)**. Der dem Central Park zugewandte Bau mit Terrasse, Freitreppe und kleiner Grünfläche entstand zwischen 1913 und 1914 für den Stahlindustriellen Henry C. Frick und ist nicht nur ein Museum, sondern vielmehr ein Gesamtkunstwerk. Im Inneren birgt der prunkvolle Stadtpalast eine großartige Sammlung von 130 Gemälden alter Meister, exquisite Möblierung und elegante Innenarchitektur. An kaum einem anderen Ort wird die Stimmung der Gründerzeit mit ihrem am klassischen Europa orientierten Geschmack so deutlich wie hier.

Gründerzeit

Frick Collection, *1 E 70th St., www.frick.org, Di–Sa 10–18, So 11–17 Uhr, $ 18 (So 11–13 Uhr, Eintrittspreis nach eigenem Gutdünken).*

New York – Central Park und Uptown

West 110th Street

Harlem Meer

W. 108th Street
W. 107th Street
W. 106th Street
W. 105th Street
W. 104th Street
W. 103rd St.
W. 102nd St.
W. 101st St.
W. 100th Street
W. 99th St.
W. 98th St.
W. 97th Street

CENTRAL PARK

East 109th
East 108th
East 107th
East 106th
East 105
East 104th
East 103
East 102nd
East 101st
East 100th
East 99th
East 98th
East

Madison Avenue
Park Avenue

West 96th Street
W. 95th Street
W. 94th Street
W. 93rd Street
W. 92nd Street
W. 91st Street
W. 90th Street
W. 89th Street
W. 88th Street
W. 87th Street

Transverse RdA

Jacquelin Kennedy Onassis Reservoir

East
East
East
East
East
East

UPPER WEST SIDE

West End Avenue
Broadway
Amsterdam Avenue
Columbus Avenue
Central Park West

UPPER EAST SIDE

West 86th Street
W. 85th Street
W. 84th Street
W. 83rd Street
W. 82nd Street
W. 81st Street
W. 80th St.
West 79th St.
W. 78th St.
W. 77th St.
W. 76th St.
W. 75th St.
W. 74th St.
W. 73rd St.
West 72nd St.
W. 71st St.
W. 70th St.

The Great Lawn

Transverse Rd 2

The Lake

East
East
East
East
East
East
East
East
East
East
East

Fifth Avenue

Riverside Park

Hudson River

Henry Hudson Parkway
Riverside Drive
West Side Highway

W. 69th St.
W. 68th St.
W. 67th St.
W. 66th St.
W. 65th St.
W. 64th St.
W. 62nd St.
W. 61st St.
60th St.
59th St.

Sheep Meadow

Heck'scher Playground

The Pond

Columbus Circle

Central Park South

Transverse Rd

West
West
West
West

Columbus Avenue
Central Park West

© graphic

Restaurants
17 Zabar´s
18 The Tangled Wine
19 Numero 28 Cucina

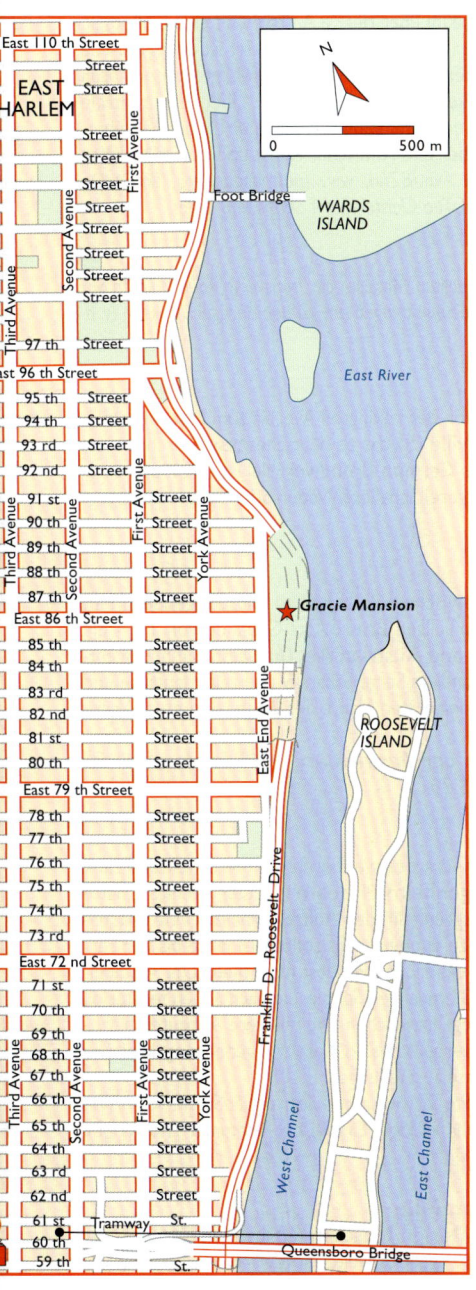

Metropolitan Museum of Art

Als einziger Museumsbau steht das **Metropolitan Museum of Art (4)** im und nicht am Park. Nähert man sich von der Parkseite, präsentiert sich das Museum als moderner Glaskomplex, zur 5th Ave. hin liegt dagegen der Haupteingang im historisierenden Stil. Die Wurzeln des Museums reichen ins Jahr 1870 und die Eigeninitiative einer Künstlergruppe zurück; der Kernbau entstand ab 1880, die monumentale Eingangsfassade Anfang des 20. Jh. und viele Ausstellungsflügel kamen erst in den letzten Jahrzehnten nach und nach dazu. Erweitert und neu arrangiert wurden v. a. die „19th Century European Paintings and Sculpture Galleries" und die „Galleries for Oceanic Art and Art of North America" sowie die Griechisch-römische Abteilung.

Das Museum birgt **die größte Kunstsammlung der westlichen Welt**; in etwa 300 Räumen werden rund 100.000 Exponate gezeigt, Kunst und Kunsthandwerk aller Epochen und von allen Kontinenten; dazu kommen ständig mehrere Wechsel-

1	Dairy
2	Tempel Emanu-El
3	Frick Collection
4	Metropolitan Museum of Art
5	Yorkville
6	Neue Galerie, Museum for German and Austrian Art
7	Guggenheim Museum
8	Cooper-Hewitt National Design Museum
9	Jewish Museum
10	Museum of the City of New York
11	Museo del Barrio
12	Whitney Museum of American Art
13	Bloomingdale's
14	Time Warner Center
15	Lincoln Center
16	Dakota Building
17	New York Historical Society
18	American Museum of Natural History

Welt-klasse-Museum ausstellungen. Außerdem verfügt das Museum über riesige Archive und eine Bibliothek, mehrere gut sortierte Shops und Restaurants. Besonders sehenswert ist die ägyptische Abteilung mit dem komplett nachgebauten Tempel von Dendur, gefolgt vom *American Wing* mit amerikanischen Meisterwerken und Wintergarten. Über das zentrale Treppenhaus gelangt man in das OG mit der Sammlung europäischer Malerei. Berühmt sind zudem die Abteilungen zu griechischer und römischer Kunst und zum Mittelalter **Metropolitan Museum of Art**, *5th Ave./82nd, www.metmuseum.org, So/Di–Do 9.30–17.30, Fr/Sa 9.30–21 Uhr, $ 25 (inkl. The Cloisters), mit Shops und Cafés.*

 Hinweis
Wer möchte, kann nach dem Metropolitan Museum die Transverse Road 2 (79th St.) durch den Central Park zur Upper West Side einschlagen um zu den dortigen Museen (v. a. Museum of Natural History) zu gelangen.

Abstecher nach Yorkville

Östlich der 5th Avenue erstreckte sich, von der Lexington Ave. bis zum East River, zwischen 71st und 96th St., das Viertel **Yorkville (5)**, das als deutsches bzw. jüdisches Viertel bekannt war. Die 86th St. galt einst als **German Broadway**, viel ist davon allerdings nicht geblieben, sieht man von der Metzgerei Schaller&Weber oder dem Heidelberg-Restaurant ab.

Neue Galerie

Etwa auf halbem Weg auf der 5th Ave. zwischen Metropolitan und Guggenheim Museum findet sich in einem nicht allzu auffälligen Beaux-Arts-Gebäude von 1914 die **Neue Galerie, Museum for German and Austrian Art (6)**. Diese Sammlung entstand auf Initiative des deutschen Kunsthändlers Serge Sabarsky und zeigt deutsche und österreichische Kunst aller Genres aus der ersten Hälfte des 20. Jh., darunter Werke von Schiele, Klimt oder Klee.
Neue Galerie, Museum for German and Austrian Art, *1048 5th Ave./86th St., www.neuegalerie.org, Do–Mo 11–18 Uhr, $ 20.*

Guggenheim Museum

Interessanter Bau Schon allein der Bau selbst, ein Meisterwerk des weltberühmten Architekten Frank Lloyd Wright, lohnt den Weg zum **Guggenheim Museum (7)**. Der Architekt hatte 1943 von dem Industriellen Salomon Guggenheim den Auftrag erhalten, eine adäquate Behausung für seine Kunstsammlung zu entwerfen. Es sollten 16 Jahre bis zur Fertigstellung vergehen und Wright erlebte die Eröffnung selbst nicht mehr. Der gestaffelte Rundbau besteht im Kern aus einer 432 m langen Spirale, die nach außen fensterlos ist und sich um einen tiefen Innenraum legt. Inzwischen sind mehrere Anbauten hinzugekommen, doch die thematischen Schwerpunkte sind dieselben geblieben: klassische moderne Kunst und spektakuläre Wechselausstellungen.
Guggenheim Museum, *1071 5th Ave./89th St., www.guggenheim.org, Fr/So–Mi 10–17.45, Sa 10–19.45 Uhr, $ 22 (Sa 17.45–19.45 Uhr beliebiger Eintritt), mit Restaurant* **The Wright** *unter Ägide des Chefkochs David Bouley.*

Weitere Museen an der Museum Mile

Vorbei am **Cooper-Hewitt National Design Museum (8)** im alten Carnegie-Palast von 1902 und am **Jewish Museum (9)** geht es weiter nordwärts. Wer sich für die

Das Guggenheim Museum an der Museum Mile

wechselvolle Geschichte der Stadt New York interessiert, sollte das **Museum of the City of New York (10)** nicht versäumen. Dieses am nordöstlichen Rand des Central Parks gelegene, nicht allzu große, aber hochinteressante Museum zeigt auf fünf Stockwerken etwa 500.000 Exponate – alte Stadtansichten, Kostüme, Fahrzeuge, Schaufenster, Inneneinrichtungen, Spielsachen – von der Kolonialzeit bis heute, dazu gibt es immer wieder sehenswerte Wechselausstellungen. In nächster Nähe liegt das **Museo del Barrio (11)** eine modern aufgemachte Ausstellung zu lateinamerikanischer, puertoricanischer und karibischer Kunst und Kultur, mit Theater und Wechselausstellungen.

Cooper-Hewitt National Design Museum, 2 E 91st St./5th Ave., http://cooperhewitt.org, bis 2014 wegen Renovierung geschlossen.

Jewish Museum, 1109 5th Ave./92nd St., www.thejewishmuseum.org, Fr–Di 11–17.45, Do 11–20 Uhr, $ 12 (Sa 11–17.45 Uhr frei).

Museum of the City of New York, 1220 5th Ave./103rd St., www.mcny.org, tgl. 10–18 Uhr, $ 10.

Museo del Barrio, 1230 5th Ave./104th St., www.elmuseo.org, Di–Sa 11–18, So 13–17 Uhr, $ 9, mit Restaurant und Shop.

Madison Avenue

Der Rundgang in der UES wäre nicht komplett ohne einen Bummel auf der **Madison Avenue**. New Yorker gehen hierher vor allem wegen der Galerien, aber auch Designerboutiquen und exklusiven Shops. Zudem befindet sich hier ein weiteres Museumshighlight: das **Whitney Museum of American Art (12)**. Dieses 1930 von der Bildhauerin Gertrude Vanderbild Whitney gegründete Museum birgt die wohl umfangreichste und wichtigste Sammlung amerikanischer Gegenwartskunst einschließlich Film- und

Luxus-Einkaufszentrum

Videokunst. Es ist darüber hinaus in einem interessanten und zur Umgebung kontrastierenden Gebäude des Architekten *Marcel Breuer* (1966) untergebracht.
Am Übergang der UES zu Midtown liegt mit **Bloomingdale's** (*Lexington Ave./59th St.*) (13), ein Mekka für Shopper, das bereits 1872 gegründet wurde.
Whitney Museum of American Art, 945 Madison Ave./75th St., www.whitney.org, Mi/Do und Sa/So 11–18, Fr 13–21 Uhr, $ 18 (Fr ab 18 Uhr beliebiger Eintritt), mit Shop und Café.

Columbus Circle und Upper West Side

Architektonischer Markstein

Der **Columbus Circle** an der südwestlichen Ecke des Central Parks wird durch einen überdimensionierten versilberten Erdball markiert. Es handelt sich um einen weiteren großen Verkehrsknotenpunkt Manhattans, an dem Broadway, 8th Ave. und 59th St. (*Central Park South*) zusammentreffen. Ein monumentales Denkmal ist Christopher Columbus, dem Entdecker der Neuen Welt, gewidmet. Architektonisch auffallend ist das von SOM geplante **Time Warner Center** (14), das Shops und Lokale (The Shops at Columbus Circle) bietet, aber auch der **Trump International Hotel&Tower** von 1997.

In einem auffälligen Bau befindet sich das **Museum of Arts & Design** (MAD) (28, Karte NY – Midtown S. 154/155). Auf einer Fläche von 5.000 m² und sechs Etagen wird Kunsthandwerk und Designgeschichte höchst anschaulich präsentiert und die Verbindung von Handwerk, Kunst und Design thematisiert.
Museum of Arts & Design, 2 Columbus Circle, www.madmuseum.org, Mi–So 11–18, Do/Fr bis 21 Uhr, $ 15, mit Laden und Café.

Etwas zurückversetzt an der 8th Ave. (*56th–57th St.*) tritt der, von Sir Norman Foster 2006 vollendete Wolkenkratzer aus auffälligen Kuben und weißen Verstrebungen ins Blickfeld: der **Hearst Tower** (29, Karte NY – Midtown). Das Besondere an dem 182 m hohen Glas-Stahl-Bau sind weder Höhe noch Architektur, sondern die Tatsache, dass zum einen der alte Bau von 1928 als Sockel verwendet wurde und es sich zum anderen um das erste „grüne Gebäude" in New York handelt.

Nicht weit entfernt: die **Carnegie Hall** (*Ecke 7th Ave.*), jener weltberühmte Konzertsaal, der 1891 im Neorenaissance-Stil eröffnet wurde und wohl schon Tausende von Berühmtheiten gesehen hat.
Carnegie Hall, 57th St./7th Ave., www.carnegiehall.org, Touren (außer Juli–Sept.) Mo–Fr 11.30/14/15 Uhr, $ 10, Rose Museum (Theatermemorabilien) tgl. 11– 16.30 Uhr, frei.

Lincoln Center

Die „Met"

Nur wenige Schritte vom Columbus Circle entfernt liegt das **Lincoln Center** (15). Zwischen 1959 und 1966 erbaut, umfasst dieser erst neu renovierte Komplex Musikschulen, mehrere Theater und Bühnen, Bibliotheken und ein Opernhaus.
Die Bauten gruppieren sich um die Josie Robertson Plaza, neu umgestaltet zur „Lincoln Center Promenade". Am Kopfende befindet sich das **Metropolitan Opera House**, die berühmte „Met", südlich grenzt der Damrosch Park mit Open-Air-Bühne (*Guggenheim Bandshell*) an. Den südlichen Flügel des Platzes nimmt das **David H. Koch Theater** ein, Sitz des *New York City Ballet*. Die 1962 erbaute **Avery Fisher Hall** an der Nordflanke ist die Heimat des *New York Philharmonic Orchestra*, das 1842 gegründete älteste

Orchester der USA. An der Nordwestecke des Komplexes schließt sich das **Lincoln Center Theater** mit dem Vivian Beaumont und dem Mitzi E. Newhouse Theater an. Zwischen diesem und der Met steht die New York Public Library for the Performing Arts. Das **West 65th Street Project** umfasst eine architektonisch gelungene Erweiterung der Alice Tully Hall (*65th St./Broadway*) mit Plaza und neuer Tribüne; neu ist ebenfalls das **David Rubenstein Atrium at Lincoln Center**, ein Ticket-, Besucher- und Veranstaltungszentrum mit Café und Veranstaltungen zwischen Broadway und Columbus Ave. (*W 62nd–63rd St., Mo–Fr 8-22, Sa/So 9–22 Uhr*).

Lincoln Center, 70 Lincoln Center Plaza, http://llc.lincolncenter.org, Touren ab Rubenstein Atrium, tgl. 10.30–16.30 Uhr (60 Min.), $ 17.

Central Park West

Ab dem Columbus Circle heißt die 8th Ave. Central Park West, und das Nobelviertel **Upper West Side** (UWS) schließt sich westlich an. Das gesamte Areal zwischen der 71st und 84th St., vor allem zwischen Columbus und Broadway, gilt als Shoppingparadies. In den hoch aufragenden, äußer-

Türsteher vor einem Nobelwohnhaus in der UWS

lich klotzigen Wohnanlagen mit livrierten Türstehern und überdachten Zugängen von der Straße befinden sich die wohl teuersten Apartments der Stadt.

Von besonderem Interesse sind Häuser wie das 1931 errichtete **Century** (*62nd/ 63rd St.*) oder das **Hotel des Artistes** (*1 W 67th St.*) von 1910. Am bekanntesten dürfte jedoch das **Dakota Building (16)** (*72nd St.*), sein, das 1894 als erstes Luxusapartmentgebäude im historisierenden Stil erbaut wurde und bis heute die Adresse großer Stars aus Film und Showbusiness ist. Der Bau war Drehort von Roman Polanskis Rosemary's Baby, wurde aber vor allem durch **John Lennon** berühmt, der hier wohnte und vor der Tür ermordet wurde.

Wenig bekannt, doch interessant ist das stadtälteste Museum, die **New-York Historical Society (17)**. Sie wurde 1803 gegründet und informiert, ähnlich dem Museum of the City of New York (siehe oben), über die Geschichte der Stadt.

New-York Historical Society, 170 Central Park W, www.nyhistory.org, Di–Sa 10–18, Fr 10–20, So 11–17 Uhr, $ 15.

American Museum of Natural History

Das **American Museum of Natural History (18)** gilt als eines der ältesten Museen und als eines der größten Naturkundemuseen der Welt. Der ursprüngliche Kernbau von 1877 erfuhr im Laufe der Zeit zahlreiche An- und Umbauten und zuletzt eine Modernisierung. Vor dem Museumseingang erinnert ein Reiterstandbild an Theodore Roosevelt, der sich der Natur besonders verpflichtet fühlte.

Zu den wichtigsten Abteilungen gehören jene mit den Exponaten der Ureinwohner Amerikas, aber auch der dritte Stock mit seinen spektakulären Dinosaurierskeletten.

Eines der größten Naturkundemuseen

Kinder lassen sich gern von den Dioramen begeistern, die hinter Glas ausgestopfte Tiere in „natürlicher" Umgebung zeigen.

Blick in den Sternenhimmel

Zum Komplex gehört das **Hayden Planetarium**, in dem Interessierte ein Modell des Sonnensystems, Meteoriten, Filme, Dias und Modelle der Erde, der Planeten und des Mondes etc. sehen können. Der Sternenhimmel wird an Werktagen zweimal täglich, an Wochenenden nachmittags stündlich gezeigt, am Abend gibt es eine Lasershow. Das **Rose Center of Earth & Space** zeichnet ein hochmodernes, multimediales Konzept auf und geleitet Besucher gezielt durch die Phasen der Entstehung des Universums. **American Museum of Natural History,** *Central Park W/79th St., www.amnh.org, tgl. 10–17.45 Uhr, mit Rose Center $ 19, mit IMAX und Space Show $ 33.*

Upper Manhattan

In **Upper Manhattan** reicht die kulturelle Bandbreite vom afroamerikanischen Harlem über die größte neogotische Kirche der Welt und ein monumentales Mausoleum bis zur angesehensten Universität und einem ungewöhnlichen mediterranen Kloster.

Rundgang durch Harlem

Die **125th Street**, auch „Martin Luther King Blvd." benannt, bildet das **Herz von Harlem**, einem Viertel, das in den letzten Jahrzehnten einen enormen Wandel zum Positiven durchgemacht hat. Zu Harlem wird offiziell das Areal von der Nordgrenze des Central Parks (*110th St.*) bis zur 155th St. im Norden und von der 8th Ave. im Westen bis zur Madison Ave. im Osten gerechnet. Östlich schließt sich **East** oder **Spanish Harlem** an, schwerpunktmäßig das Viertel der Puerto Ricaner.

Harlem Renaissance

Der Name „Harlem" stammt aus der Kolonialzeit, als sich hier ein holländisches Dorf befand. In den 1920er Jahren waren gehäuft Afroamerikaner zugewandert und Harlem hatte sich zum *Black Capital* der westlichen Welt entwickelt. Die Künstler- und Literatenbewegung Harlem Renaissance kam auf, und die Roaring Twenties, das Aufblühen von Jazz, Bebop, Blues und Soul, sorgten für weltweites Interesse und brachten das afroamerikanische Viertel, vor allem die Etablissements entlang der 125th St., wie das legendäre Apollo Theater oder den Cotton Club, ins Gespräch.

Das **Apollo Theater (1)** *(253 W 125th St.),* ist ebenso eine Legende wie das **Restaurant Silvia's** *(328 Lenox Ave./W 126th St.).* Das **Studio Museum of Harlem** lohnt wegen der Ausstellung zeitgenössischer afroamerikanischer Kunst und einer großen, wechselnden Fotosammlung. **Studio Museum of Harlem,** *144 W 125th, www.studiomuseum.org, Do/Fr/So 12–18, Sa 10–18 Uhr, $ 7 (So frei), mit Official NYC Info Center (Mo–Fr 12–18, Sa/So 10–18 Uhr).*

Das südlich angrenzende Areal zwischen W 119th und 124th St. ist der **Mount Morris Historical District (2)**, ein hübsches Viertel mit viktorianischen Reihenhäuschen aus dem späten 19. Jh. und Kirchenbauten an jeder Straßenecke. Ein Stück weiter nördlich, an der Lenox Ave., befindet sich das **Schomburg Center (3)**, Museum und Forschungsstätte für afroamerikanische Kultur. Die weiter nördlich gelegene **Abyssinian Baptist**

New York – Der Norden Manhattans

0 Sehenswürdigkeit
1 Apollo Theater
2 Mount Morris Historical District
3 Schomburg Center
4 St. Nicholas Historic District
5 Columbia University
6 St. John the Divine
7 Riverside Church
8 General Grant NM
9 The Cloister

0 Hotels
10 Easyliving – Harlem
11 Harmony Hospitality House

0 Restaurants
20 Yatenga Bistro

0   1 km

Henry Hudson Bridge

Inwood Hill Park

INWOOD

University Heights Brigde

Broadway

Dyckman St.

Nagle Avenue

10th Avenue

Fort Tryon Park

Henry Hudson Parkway

Broadway

M

9

FORT GEORGE

Harlem River

Alexander Hamilton Brigde

95

George Washington Bridge

WASHINGTON HEIGHTS

St. Nicholas Avenue

THE BRONX

Hudson River

Broadway

Macombs Dam Bridge

Yankee Stadium

West 155th   Street

Riverbank SP

Amsterdam   Avenue

145th St. Bridge

Harlem River Drive

West 145th Street

Convent Avenue

St. Nicholas Avenue

Frederick Douglas Boulevard

Powell Jr. Boulevard

Madison Ave.

3rd Ave. Bridge

Major Deegan Expressway

4

10

3

West 135th St.

20

Madison Ave.

5th Avenue

Lenox Avenue

Adam Clayton

NEW JERSEY

8

Henry Hudson Parkway

West 125th

1

T

West 125th St.

East 125th Street

Willis Ave. Bridge

Triboro Bridge

Morningside Park

Marcus Garvey Park

11

2

HARLEM

Madison

Lexington

3rd Avenue

2nd Avenue

1st Avenue

Riverside Park

7

5

West 116th Street

East 116th Street

6

Cathedral Pkwy

Central Park North

Central Park

East 110th Street

EAST HARLEM

© graphic

Church (132 W 138th St.) ist eine der ältesten „schwarzen" Kirchen New Yorks und eine Touristenattraktion. Sie liegt im historischen **St. Nicholas Historic District (4)** (W 138–139th St.) mit Reihenhäuschen aus dem späten 19. Jh. *Schomburg Center for Research in Black Culture, 515 Lenox Ave./135th St., www.nypl.org/research/sc/sc.html, Di–Do 12–20, Fr/Sa 10–18 Uhr, freier Eintritt.*

Columbia University

Westlich von Harlem, im Viertel Washington Heights, erstreckt sich der Campus der privaten **Columbia University (5)**. Mit etwa 20.000 Studierenden ist sie die bekannteste und älteste

Renommierte Hochschule städtische Institution, deren Ruf weit über die amerikanische Ostküste ausstrahlt. Sie war 1754 vom englischen König Georg II. als „King's College" gegründet worden. Mitten auf dem Campus liegt die **Low Memorial Library** (mit VC) von 1893. Neben diesem Bau finden sich die heutige Zentralbibliothek, die *Butler Library*, und ebenfalls am Platz die renommierte, von *Joseph Pulitzer* gegründete *School of Journalism.* Die *St.*

Harlems Aushängeschild: das Apollo Theater

Paul's Chapel (1907) an der Nordostecke wurde Anfang des 20. Jh. erbaut.

St. John the Divine

Läuft man von der Columbia University über die Amsterdam Ave. ein Stück in südlicher Richtung, kann man den riesenhaften Bau der Kathedrale **St. John the Divine (6)** nicht verfehlen. 1892 begonnen, ist das „größte gotische Gotteshaus der Welt" mit 42 m Höhe, 50 m Breite und 200 m Länge, dessen Vorbild Notre-Dame in Paris ist, bis heute nicht vollendet. Immer wieder fehlt das nötige Geld, und die authentisch mittelalterliche Bauweise ist zudem sehr zeitaufwändig. Dennoch wird der neogotische Bau mit kleinem Kirchenmuseum und Garten bereits seit vielen Jahren genutzt. *Cathedral of St. John the Divine, 1047 Amsterdam Ave./110–112th St., www.stjohn divine.org, tgl. 7–18, So bis 19 Uhr, Eintritt frei, verschiedene Führungen sowie Turmbesteigung ab $ 10.*

Riverside Church und General Grant NM

Auf der 112th St. westwärts erreicht man nach der Kreuzung mit dem Broadway den Riverside Drive am gleichnamigen Park. Richtung Norden fällt der Blick auf den imposanten Turm der **Riverside Church (7)**. Von John D. Rockefeller gestiftet, wurde die Kirche mit ihrer gotischen Chartres-Fassade im Jahr 1930 fertig gestellt. Im Inneren sind europäische Glasmalereien des 16. Jh. zu sehen, außerdem Ehrentafeln und Statuen. Das eigentlich Ungewöhnliche aber ist der zwölfstöckige Turm, in dem ein Glockenspiel mit 74 Glocken an die Mutter Rockefellers erinnert.

Riverside Church, 490 Riverside Dr., www.theriversidechurchny.org; Gratistour nach dem Sonntagsgottesdienst, ab Balkon 12.15 Uhr.

Vis-à-vis der Kirche, an exponierter Stelle im Riverside Park, ragt das Mausoleum des Bürgerkriegsgenerals und US-Präsidenten Ulysses S. Grant (1869–77) über das hohe Ufer des Hudson River. Der mächtige Zentralbau, der sich an antiken Vorbildern orientiert, wurde 1897 nach sechsjähriger Arbeit vollendet. Das **General Grant NM (8)** birgt in der Krypta die Sarkophage Grants (1822–85) und seiner Frau.

Grabmal des Präsidenten Grant

General Grant National Monument, W 122nd St./Riverside Dr., www.nps.gov/gegr, tgl. 9–17 Uhr, frei.

Washington Heights und Fort Tryon Park

Washington Heights heißt das Stadtviertel nördlich der 151st St. und südlich der I-95. Es wurde als Endstation des von Duke Ellington besungenen A-Train bekannt. Zahlreiche deutsche Emigranten hatten sich in der ersten Hälfte des 20. Jh. hier angesiedelt, wobei in den 1940er Jahren die deutschstämmigen Juden in der Überzahl waren. Auch Oskar Maria Graf lebte hier mit seiner jüdischen Frau Mirjam.

Direkt am Hudson River liegt der **Fort Tryon Park**, mit Manhattans höchstem natürlichem Punkt (76 m ü. d. M.). Der Blick fällt von hier über den Hudson River auf das gegenüberliegende Ufer, aber auch auf die weiter südlich gelegene **George Washington Bridge**, eine der längsten Brücken New Yorks. Als achtspurige Hängebrücke mit 2.650 m Länge 1931 vollendet, war ihre Kapazität bereits in den 1950er-Jahren erschöpft und man zog in einem komplizierten Verfahren ein zweites sechsspuriges Deck ein.

Eindrucksvolle Hängebrücke

In erster Linie fährt man jedoch wegen **The Cloisters (9)** hierher, einem ungewöhnlichen Museum in idyllischer Umgebung, das einem das Gefühl gibt, irgendwo in Spanien oder Italien zu sein. Diese **Dependance des Metropolitan Museum** widmet sich der mittelalterlichen Sakralkunst, und obwohl der Bau selbst neuzeitlich (1935–38) ist, wirkt der Komplex wie ein mittelalterliches Klostergebäude. Das liegt vor allem an den vielen originalen Architektur- und Ausstattungsteilen, die man aus den verschiedensten französischen, italienischen, spanischen, englischen und deutschen Kirchen, Kapellen und Klöstern zusammengetragen hat. Zu sehen gibt es von ganzen Kapellen über einzelne Bauteile und Skulpturen, Glaskunst und Gobelins auch wertvolle Schätze der Sakralkunst.

Mittelalterliche Kunst

The Cloisters, 99 Margaret Corbin Dr., Fort Tryon Park, www.metmuseum.org/cloisters, außer Mo tgl. 9.30–16.45 bzw. im Sommer bis 17.15 Uhr, $ 25 (mit MMA).

Sehenswertes in den New Yorker Boroughs

1898 war ein einschneidendes Jahr für New York: Damals wurden die **Bronx**, **Queens**, **Brooklyn** und Richmond – letzteres 1975 in „**Staten Island**" umbenannt – in die vormals nur aus der Insel Manhattan bestehende New York City eingemeindet. Zugegeben, Manhattan allein sorgt für ein volles Besichtigungsprogramm, doch ohne einen Abstecher in zumindest einen der vier anderen **Boroughs** wäre eine New York-Reise unvollständig.

Brooklyn

Neue Topadresse

Brooklyn ist für sich genommen die viertgrößte Stadt der USA und war 1646 von Holländern gegründet worden. Lange Zeit galt es als der wenig beachtete „Hinterhof" New Yorks, heute heißt die Parole hingegen *„Brooklyn is hip, Brooklyn is hot"*. In den späten 1990er-Jahren wurde Brooklyn von einer bis heute ungebremsten Aufbruchsstimmung erfasst. Eine Schlüsselrolle spielte dabei **Brooklyn Heights**, das Stadtviertel direkt am East River.

Schön zum Bummeln

Inzwischen sind jedoch nicht nur die hübschen Brownstone-Häuschen dort renoviert, auch andere Viertel erfreuen sich regen Zuspruchs: **DUMBO**, direkt unterhalb der Brooklyn Bridge, **Williamsburg** und **Greenpoint** sind längst zu neuen Bohèmevierteln, zu hippen und lebhaften Multikultizentren geworden. Auch die Wohnviertel **Cobble Hill, Boerum Hill** und **Carroll Gardens** um das einstige Hafenviertel **Red Hook** in South Brooklyn sind gefragt, ebenso wie **Park Slope** und **Prospect Heights**, **Sunset Park, Gowanus** oder **Bensonhurst**. Perfekt zum Bummel ist auch die **Atlantic Avenue** in **Downtown Brooklyn**. Dort befindet sich seit 2012 das **Barclays Center**, eine neue Sport- und Veranstaltungshalle neben der Subway-Station „Atlantic Ave.".

Brooklyn Heights und Brooklyn Heights Promenade

Über die Brooklyn Bridge gelangt man in das Stadtviertel **Brooklyn Heights**, den ersten Historic District New Yorks von 1965. Hier wurden nach der Einrichtung der Fährverbindung mit Manhattan (1814) elegante Ein- oder Mehrfamilienhäuser in historisierenden Stilen gebaut. Besonders reizvoll ist der Kontrast zur gegenüberliegenden Hochhauskulisse Lower Manhattans, der am besten von der Uferpromenade **Brooklyn Heights Promenade** (**18**, Karte NY – Lower Manhattan) – am schönsten bei Sonnenuntergang – bewundert werden kann.
Anfahrt: *Linien A/C bis Haltestelle High St., Linien 2/3 bis Clark St.*

Brooklyn Bridge Park

Derzeit greift das Revival Brooklyns auch auf die alte Hafenfront über: Die alten Piers zwischen Brooklyn Bridge und Red Hook werden zum **Brooklyn Bridge Park** umgestaltet. Empire Fulton Ferry Park, Pier 1, 5 und 6 sind bereits fertig, Piers 2, 3 und Verbindungsstücke dazwischen in Arbeit. Bis Ende 2013 sollen gut 2 km von der Manhattan Bridge bis zur Atlantic Ave. mit Grünanlagen und Fahrradwegen, Bühnen, Spiel- und

Brooklyn Museum of Art

Sportflächen, aber auch renaturiertem Marschland und Angelpiers ausgestattet sein.
*Infos: www.brooklynbridgeparknyc.org, Subway A/C „High St.", auch Spaziergang über die
Brooklyn Bridge oder Fährverbindung (Fulton Ferry) sowie Zugang von Süden über Atlantic Ave.*

Brooklyn Museum of Art

Im Zentrum Brooklyns liegt der große **Prospect Park**, in dem sich der Botanische
Garten und ein Museum von Weltruf befinden. Die Grünanlage war vom Planer des
Central Parks, Frederic Law Olmsted, als Ort der Erholung, der körperlichen Ertüch-
tigung und der Geselligkeit, aber auch als Stätte der kulturellen Erbauung angelegt.

Am Nordostrand des Parks liegt das **Brooklyn Museum of Art**, das mit seinen be-   *Sehens-*
deutenden kulturhistorischen Sammlungen zu den wichtigsten in den USA gehört. In   *wertes*
dem grandiosen Beaux-Arts-Bau (1897), der 2004 um einen umstrittenen modernen   *Museum*
Glaspavillon erweitert wurde, sind auf fünf Stockwerken völkerkundliche Exponate
(Amerika, Afrika, Naher und Ferner Osten, Ozeanien), antike Kunst, eine der größten
ägyptischen Sammlungen der Welt, europäische Malerei und neuzeitliche Architektur
ausgestellt. An das Museum grenzen die zwischen 1859 und 1869 angelegten **Brooklyn Botanic Gardens** an. Die Anlage besteht aus mehreren unterschiedlichen Einzel-
gärten, es gibt Seen und ein schönes gründerzeitliches Bootshaus, einen Rosen- und einen Japanischen Garten.
Brooklyn Museum of Art, *200 Eastern Parkway, www.brooklynmuseum.org, Mi–So 11–18,
Do bis 22 Uhr, $ 12, Kombiticket mit Botanic Garden: $ 20.*
Brooklyn Botanic Garden, *900 Washington Ave./Eastern Parkway, www.bbg.org, Di–Fr
8–18, Sa/So 10–18 Uhr, $ 8.*
Anfahrt: *Linien 2/3 bis Haltestelle Eastern Pkwy./Brooklyn Museum*

Coney Island

Im äußersten Süden von Brooklyn liegt New Yorks Sommerfrische **Coney Island**. Seit
1920 mit Manhattan verbunden, war es bis zum Zweiten Weltkrieg das heiß geliebte

Vergnü-
gungspark
Ausflugsziel der New Yorker, nicht nur wegen des Strands, sondern vor allem wegen des riesigen Vergnügungsparks. Nach Jahrzehnten des Verfalls gibt es heute wieder genügend Fahrgeschäfte und Vergnügungen, teils alt, teils neu. „Überlebt" haben z. B. der legendäre **Cyclone Rollercoaster** aus dem nicht mehr existenten **Astroland Amusement Park** oder **Deno's Wonder Wheel Amusement Park** mit Riesenrad. Der Fallschirmturm der Weltausstellung 1940, der **Parachute Jump**, markiert das Gelände und ist zum Wahrzeichen Coney Islands geworden. Erst 2010 wurde **Zamperla's Luna Park** mit 19 Fahrgelegenheiten und neuem Scream Park (Wasserpark) eröffnet.

Nicht entgehen lassen sollte man sich nahe der neuen Subway-Endstation an der Stillwell Avenue – flächenmäßig die größte U-Bahn-Station der Welt – und dem kleinen Baseballstadion MCU Park, einen Hot Dog bei **Nathan's**, dem „Erfinder" des Hot Dog (1871) – zumindest nach einer Version der Geschichte. Ein Spaziergang über den 4 km langen Riegelmann Boardwalk, eine hölzerne Strandpromenade, die während Hurricane Sandy im Nov. 2012 stark litt, führt nach **Brighton Beach** in das sehenswerte ukrainisch-russische Viertel mit der Brighton Beach Ave. als lebhafter Hauptachse.
Anfahrt: *Linien D, F, N und Q bis Coney Island/Stillwell Ave. oder Linien B und Q bis Brighton Beach*
Infos: *www.coneyisland.com (auch zu Events)*

Queens

Die meisten Besucher betreten in **Queens** erstmals New Yorker Boden, nämlich auf dem **John F. Kennedy International Airport**. Hier finden aber auch die *US Open* statt, und hier gibt es mehr verschiedene Ethnien als sonst irgendwo. Der „International Express", die **Subway-Linie 7** (ab Times Square), erlaubt es, zwanglos auf Weltreise zu gehen und die bunten Viertel von Queens zwischen der 33rd St. und dem Endpunkt in Flushing zu entdecken.

Multikulti-
Viertel

Zentrum von Queens ist **Long Island City**, wo sich zwei ungewöhnliche Museen befinden. Zum einen das **MoMA PS1**, in dem den allerneuesten, nicht immer leicht verständlichen Kunstentwicklungen Rechnung getragen wird. Zum anderen gibt es Steinskulpturen eines japanischen Bildhauers im architektonisch sehenswerten und mit Garten versehenen **Isamu Noguchi Garden Museum** zu betrachten.
MoMA PS1, *22–25 Jackson Ave., http://momaps1.org, Do–Mo 12–18 Uhr, $ 10, Anfahrt: Linie 7, Haltestelle 45th Rd./Courthouse Square.*
Isamu Noguchi Museum, *Vernon Blvd., 10th St–33rd Rd., www.noguchi.org, Mi–Fr 10–17, Sa/So 11–18 Uhr, $ 10, Anfahrt: Linie N bis Haltestelle Broadway (So Shuttle ab Park Ave./70th St.).*

Im ehemaligen „Griechen-Viertel" **Astoria**, heute ein multikulturelles Viertel, lohnt der Bummel schon allein wegen der kulinarischen Vielfalt, aber auch wegen des überaus sehenswerten und informativen **Museum of the Moving Image**, in dem es um alle Aspekte des bewegten Bildes – Kunst, Geschichte, Technik, inklusive Filmvorführungen – geht.
American Museum of the Moving Image, *35th Ave./37th St., www.movingimage.us, Di–Do 10.30–17, Fr 10.30–20 (frei ab 16 Uhr), Sa/So 10.30–19 Uhr, $ 12, mit Café und Shop; Anfahrt: Linie N „36th St." oder Linie R „Steinway St.".*

Im Flushing Meadows Corona Park, wo alljährlich das Tennisturnier *US Open* ausgetragen wird und wo sich **CitiField**, das Stadion der Baseball-Mannschaft New York **Mets**, befindet, steht auch das **Queens Museum of Art**. Es ist Teil des ehemaligen Weltausstellungsgeländes, neben der Unisphere, und lohnt vor allem wegen des weltgrößten **Architekturmodells** von New York einen Besuch.

Queens Museum of Art, New York City Building, Flushing Meadows Corona Park, 111th St./47th Ave., www.queensmuseum.org, Mi–So 11–18 Uhr, im Sommer Fr bis 20 Uhr, $ 5, Anfahrt: Linie 7 „Mets–Willets Pt.".

Bronx

Die größte Attraktion der **Bronx** neben dem **Yankee Stadium**, der Heimat der bekannten Baseball-Mannschaft New York Yankees, ist der weltberühmte **Bronx Zoo**, Teil des Wildlife Conservation Center im **Bronx Park**. Hier leben über 4.000 Tiere, darunter schwerpunktmäßig Reptilien, Vögel und Säuger aus Malaysia, dem Himalaja, Afrikas Steppe und Asiens Dschungel; daneben ist auch die amerikanische Tierwelt vertreten.

Heimat der „Yankees"

New Yankee Stadium, E 161st St./ River Ave., www.yankees.com, Touren (vorab reservieren!) tgl. mind. 12–13.40, bei erhöhter Nachfrage 9–16.40 Uhr, $ 20, großer Souvenirshop. Anfahrt: Subway-Linien 4, B und D bis 161st St./Yankee Stadium.

Bronx Zoo, 2300 Southern Blvd., www.bronxzoo.com, mind. 10–16.30 Uhr, $ 17 (Mi beliebig), Parken $ 15. Anfahrt: Subway-Linie 2 bis Pelham Pkwy.

Mit dem Zoo verbunden ist der nördlich gelegene **New York Botanical Garden**, der ebenso hohes Ansehen genießt, vor allem wegen der Enid A. Haupt Conservatory, des größten viktorianischen Glashauses der USA (1902) mit 30 m hoher Kuppel. Zudem gibt es mehrere Themengärten, Herbarien, Palmenhäuser und ein Museum.

New York Botanical Garden, 200th St./Kazimiroff Blvd., www.nybg.org, Di–So 10–mind. 17 Uhr, inkl. Conservatory $ 25, nur Garten $ 10, Anfahrt: Linien 2 oder 5 bis Pelham Parkway.

Reisepraktische Informationen New York City

ℹ️ Information

NYC & Company, *c/o Aviareps Tourism PR, Josephspitalstr. 15, 80331 München, ☎089-552533-835, www.nycgo.com/de*

Official NYC Information Center, *810 7th Ave./53rd St., ☎ 212-484-1200, www.nycgo.com, Mo–Fr 8.30–18, Sa/So 9–17 Uhr. Allerlei Infos sowie freundliches und hilfsbereites – meist mehrsprachiges – Servicepersonal.*

Information Center – Times Square Alliance, *1560 Broadway, 46th–47th St., tgl. 8–20 Uhr. Infomaterial, Tickets, Touren, Souvenirs u. a. in historischem Theater, betrieben von der Times Square Alliance (www.timessquarenyc.org).*

Official NYC Information Kiosks *(meist Mo–Fr 9/10–17/18 Uhr):*
City Hall, Broadway, am Südende des City Hall Park, auch Sa/So; Federal Hall, 26 Wall St.; Chinatown, Ecke Canal/Walker/Baxter St.; Studio Museum of Harlem, 144 W 125th St., auch Sa/So

Im **Internet** sind interessant:
www.nycgo.com – offizielle Webpage (auf Deutsch: www.nycgo.com/de) von NYC & Company, dem Tourismusamt, mit Listen, Informationen und Links verschiedenster Art.
www.nyc.gov – offizielle Webpage der Stadtverwaltung
http://newyork.citysearch.com –Veranstaltungen, Theater, Museen, Shopping etc.
www.timeout.com/newyork – Website des gleichnamigen Wochenmagazins (siehe unten) mit Infos zu Veranstaltungen, Restaurants und Nachtleben
http://nymag.com – Webpage des New York Magazine (siehe unten)
http://innewyork.com – Tipps u. a. zu Shopping, Dining und Entertainment

Informative Medien sind die Wochenend-Beilagen in der „New York Times“, die Stadtmagazine „Time Out New York“ (www.timeoutny.com), „IN New York“ (www.innewyork.com), „New York Magazine“ (http://nymag.com) oder auch die Gratishefte „Village Voice“ (www.villagevoice.com), „WHERE“ oder „Quickguide“.

Buchtipp

Ausführliche Beschreibungen der Attraktionen und Sehenswürdigkeiten abseits der Touristenpfade liefert der **New York Reiseführer** von Dirk-Kruse-Etzbach (Iwanowski's Reisebuchverlag). Zudem wird mit Hintergründen, Geschichte und Fakten vertraut gemacht. Routenvorschläge zur Stadterkundung erleichtern die Orientierung.

Internet

Es gibt WLAN-Hotspots in New York z. B. in Parks und auf Plätze wie dem Times Square, Bowling Green Park, Bryant Park, City Hall Park Pier 17 (South Street Seaport), Union Square Park, World Financial Center und Winter Garden.
In Hotels ist Internetzugang nicht immer kostenlos, hingegen gibt es in vielen Cafés (wie Starbucks), Geschäften und öffentlichen Einrichtungen (Public Library) ebenfalls WLAN-Hotspots oder frei bzw. preiswert nutzbare internettaugliche Computer. Listen der Hotspots finden sich unter: http://manhattan.about.com/od/citylife1/a/freewifihotspot_2.htm.
Internetcafés unter http://anywwwhere.com/findalocation.aspx.

Wichtige Telefonnummern

Notruf (Polizei, Notarzt, Feuerwehr): ① **911**
Doctors House Call Service/Travelers Medical Center, 952 5th Ave., ① 212-737-1212, www.travelmd.com, mehrsprachig, tgl. 24 Std.
Ambulanz: St. Vincent's Hospital, 153 W 11th St./7th Ave., ① 212-604-7000

Unterkunft

Viele deutsche Reiseveranstalter bieten ein breites Angebot an Stadthotels, wobei die Preise bei etwa 150 Euro pro DZ in der NS beginnen. Der offizielle Durchschnittspreis liegt bei über $ 200, dazu kommen noch knapp 15 % Steuern. Praktisch ist es, ein Hotel in Midtown zu wählen, da sich hier die beste Ausgangsbasis für Stadtrundgänge bietet. Vorausbuchung ist in New York das ganze Jahr über empfehlenswert, sei es im Reisebüro oder über das Internet. Angesichts der ungeheuren Fülle von Unterkünften und wegen der ständigen Veränderungen sind zutreffende und aktuelle Hotelbeschreibungen kaum möglich. Die Qualität der Unterkünfte variiert ebenso wie Preise und Ausstattung, wobei in New York das Preis-Leistungs-Verhältnis häufig nicht ganz stimmt.

Bei Buchung im Internet helfen:
www.expedia.de/hotels („New York")
www.hotelbook.com/hotels/new-york-city-hotels/all-hotels
www.nycgo.com/de („where to stay")
www.reservation-services.com/new-york-newyork-hotels.html

Günstige Hostels und Hotels ($–$$)

Eine Übersicht über preiswerte Herbergen/Hostels gibt es auf **www.hostels.com/new-york/usa**.

Chelsea Highline Hotel (6), 184 11th Ave./24rd St., ② (212) 3664129, www.jazzhostels.com/jazzchelsea.php. Gute Lage, verschiedene, neu eingerichtete, komfortable Zimmer zu erschwinglichen Preisen.

Chelsea Lodge (8), 318 W 20th St./zwischen 8&9th Ave., ② 212-243-4499, www.chelsea lodge.com; Brownstone-Bau in Chelsea mit 22 preiswerten, kleinen Zimmern mit Waschbecken und Dusche, WC auf dem Gang.

The Gershwin (7), 7 E 27th (Gramercy), ② 212-545-8000, www.gershwinhotel.com; ca. 100 unterschiedliche Zimmer in prima Lage zwischen SoHo und Theater District, preiswerter mit Stockbetten.

The Pod Hotel (3), 230 E 51st St., ② 1-800-742-5945, www.thepodhotel.com; Midtown-Hotel mit ansprechenden Zimmern (360), gut ausgestattet, wenn auch winzig. Freiluftterrasse für Gäste und Dachterrasse.

 ### Hoteltipp für Sparsame

Apple Core bietet mehrere neu renovierte Hotels – The Hotel@Times Square, New York Manhattan Hotel, Broadway@Times Square, La Quinta Manhattan – in guter Lage zu relativ günstigen Preisen an. Infos: http://applecorehotels.com.

Mittelklasse ($$–$$$)

The Belvedere (4), 319 W 48th St., ② 212-245-7000, www.belvederehotelnyc.com, Art-déco-Bau im Theater District, große Zimmer mit Kitchenette, breites Preisspektrum (ab ca. $ 140).

YOTEL (5), 570 10th Ave., ② (646) 449-7700, www.yotel.com/en/Hotels/New-York-City. Nahe Times Square mit verschiedenen „cabins", wie die Bäder eher klein, doch sehr hipp. Gratis-WLAN.

Washington Square Hotel (1), 103 Waverly Place, ② 212-777-9515, www.washington squarehotel.com; neu renovierte Zimmer mit Frühstück, besonders obere Etagen empfehlenswert.

Tophotels ($$$$)

Andaz Wall Street (2), 75 Wall St., ② 212-590-1234, www.andaz.com. Schick-moderne Zimmer mit vielen Extras. Filiale: Andaz 5th Ave, 485 5th Ave./41st St., gegenüber der New York Public Library.

Hotel Gansevoort (9), 18 9th Ave./13th St., ② 212-206-6700, www.hotelgansevoort.com; luxuriöses Designer-Hotel (187 Zimmer) im trendigen Meatpacking District; Pool auf dem Dach, Spa und Restaurant.

Waldorf Astoria, 301 Park Ave./50th St. bzw. 100 E 50th St., ② 212-335-3000, www.waldorf astoria.com; traditionsreiches Haus von Weltruf mit mehreren Restaurants.

Bed&Breakfast ($$–$$$)

Easyliving - Harlem (10), 214 W 137th St., ① 646-599-5651, http://easylivingharlem.com; vier schöne Gästezimmer (ab $ 125) in einem historischen Brownstone House in gutem Viertel in Harlem, mit Gemeinschaftsküche und -wohnzimmer (mit TV), Garten, Gratis-WLAN und kenntnisreichen und hilfsbereiten Gastgebern (Heidi ist Deutsche).

 Bed & Bath in Brooklyn

Dominick Gervasi vermietet ein Gästezimmer für max. 2 Personen mit eigenem Badezimmer – zwar ohne Frühstück, dafür aber mit Familienanschluss. In der hellen und freundlichen Wohnung in Bay Ridge, in einem attraktiven Viertel, dürfen Gäste außer der Küche mit Waschmaschine etc. auch das Wohnzimmer mit Balkon, DVD-Player und WLAN benutzen. Subway-Stopp nahe!

***Private Bed & Bath**, 68th St, Brooklyn (Bay Ridge). Zu buchen unter: www.airbnb.de/rooms/ 683093, ab 64 € pro Nacht im DZ!*

The Strange Dog Inn, Paula & Gail Monroe, 51 DeKoven Court (Brooklyn), ① 718-338-7051, www.strangedoginn.com; B&B in historischem Haus und ruhigem Wohnviertel, großes Apartment im Dachgeschoss (max. 4 Personen, Kitchenette), inkl. Gourmet-Frühstück, Reservierung langfristig im Voraus nötig.

⚔ Restaurants

In New York ist das ganze Spektrum – von Fastfood aller Art über ethnische Spezialitäten bis hin zur Sterneküche – zu finden, die ganze Welt auf engstem Raum. Zum Preis auf der Speisekarte müssen in New York insgesamt noch rund 25 % für tax (MWSt.) und tip (Trinkgeld) aufgeschlagen werden. Als preiswertere Alternativen gibt es Imbissstände an den Straßen (pushcarts), „Food Trucks", Schnellrestaurants und Garküchen, Delis, Märkte oder Supermärkte mit Imbissabteilungen. Während der Winter bzw. Summer Restaurant Week bieten ausgewählte Restaurants Menüs zu festen Preisen an (Infos: www.nycgo.com/restaurantweek).

Folgende Webseiten helfen bei der Suche nach bestimmten Lokalen:
  http://nymag.com/restaurants
  http://newyork.citysearch.com/find/section/newyork/restaurants.html
  www.timeout.com/newyork/food-drink
  www.nyc.com/restaurants
  www.chowhound.com/boards/18 (v. a. preiswerte Spots, Blogs, News, Rezepte)
  www.eater.com (Was tut sich in der Restaurantszene?)

Imbiss

Chelsea Market (16), 75 9th Ave.; „Gourmet Mall" mit vielerlei Läden und Imbissgelegenheiten.
Dean&Deluca (1), 560 Broadway/Prince St. (SoHo); mit Espressobar und großer Käseauswahl. In nächster Nähe ebenfalls empfehlenswert: **The Garage** (453 Broome St.).
Eataly (12), 200 5th Ave./Madison Square Park, www.newyork.eataly.it; italienische Marktstraße mit Restaurants und Shops.
Ferrara's Bakery & Café (6), 195 Grand St.; historisches Café von 1892 mit italienischen Spezialitäten wie cannoli.
Katz's Delicatessen (3), 205 E Houston/Ludlow St.; Super-Sandwiches am Tresen bestellt.

Tasty Dumpling (9), 54 Mulberry St. (Chinatown), chinesische Teigtaschen mit unterschiedlichen Füllungen, gut und billig.
Russ & Daughters (2), 179 E Houston St.; legendärer „appetizer store" von 1914 mit riesiger Auswahl an jüdischen (und anderen) Spezialitäten.
Zabar's (17), 2245 Broadway (UWS); Top-Gourmettempel mit allen erdenklichen Delikatessen plus Küchenaccessoires.
2nd Avenue Deli (11), 162 E 33rd St./3rd Ave. (East Village); Pastrami, Cornedbeef, gehack-
te Leber u. a. (jüdische) Delikatessen.

Restaurants (Auswahl)
15 East (15), 15 E 15th St. (Union Sq.), ☎ 212-647-0015, japanisches Restaurant mit eigenem Sushi-Meister, Sake-Karte und Sushi/Sashimi-Bar, hausgemachte Soba Nudeln,
Thunfisch-Kreationen und günstiges Mittagsmenü!
Alfama (13), 214 E. 52nd St., ☎ (212) 759-5552; moderne portugiesische Küche mit guten Würsten, Oktopus und Kabeljau, dazu hausgemachte Backwaren und Cocktails. Günstige Festpreismenüs, Wochenend- Brunch und Fado-Musik.
L'Ecole (7), 462 Broadway (SoHo), ☎ 212-219-3300; empfehlenswertes und vor allem mit-
tags preiswertes Toplokal des French Culinary Institute (Kochschule).
Numero 28 Cucina (19), 660 Amsterdam Ave., ☎ (212) 706-7282. Rustikale italienische
Trattoria mit offenem Holzofen, aus der grandiose neapolitanische Pizze kommen; außerdem
moderne sizilianische Küche.
Paprika (8), 110 St. Mark's Place, ☎ (212) 677-6463. Norditalienisch-österreichische Alpen-
küche mit Spätzle, Buchweizennudeln, Polenta, Lamm und Forelle. Es gibt überaus günstige
Festpreis-Menüs.
Peter Luger Steak House (5), 178 Broadway, Brooklyn, ☎ 718-378-7400; für ein Steak in
dieser 1887 gegründeten Institution nehmen New Yorker trotz Reservierung Wartezeiten in Kauf.
Sofrito (10), 400 E 57th/1st Ave., ☎ 212-754-5999; puertoricanische Küche zu günstigen
Preisen und in großen Portionen. Bar und Liveunterhaltung am Abend.
Tangled Vine (18), 434 Amsterdam Ave. (UWS), ☎ 646-863-3896, ausgezeichnete Weinbar
mit kreativer amerikanischer, spanisch-mediterran angehauchter Küche, dazu riesige Weinkarte.
Tocqueville Restaurant (14), 1 E 15th St. (Union Sq.), ☎ 212-647-1515; französisch in-
spirierte, ungewöhnliche Haute Cuisine in angenehmem Ambiente.
Yatenga Bistro (20), 2269 Powell Blvd/7th Ave. Das neben dem legendären Jazz- und Mu-
sikclub Shrine (2271 7th Ave, shrinenyc.com) gelegene Lokal bietet in rustikal-gemütlicher
Atmosphäre französisch-afrikanisch angehauchte Gerichte.

▼ Nachtleben
Das Nachtleben im Big Apple ist legendär und auch sehr vielseitig. Bestimmte Viertel
sind für bestimmte Richtungen bekannt, z. B. dominieren in der Lower East Side Klubs und Diskos, im East Village ist es mehr Folk, im Greenwich Village Jazz, gefolgt von Folk, Rock und Blues,
in Chelsea und TriBeCa Jazz und Rock und in Harlem Gospel und Jazz. Neue und schicke
nightspots befinden sich in Chelsea (W 27th St., 10th–11th Ave.) und im Meatpacking District
sowie zwischen Bowery und East Village, um Houston St. und Lafayette Ave. sowie um Tompkins Square und 6th St. Cool und angesagt sind Cocktailbars, die sich der „Mixology" verschrieben haben und mehrseitige Cocktailkarten bieten. Gut aufgehoben sind Nachteulen auch in
Brooklyn und dort vor allem in Williamsburg (Bedford Ave.) und in Greenpoint.
Infos z.B. auf www.nycgo.com/nightlife, http://joonbug.com/newyork, http://nymag.com/nightlife.

Eine kleine Auswahl:

Birdland, 315 W 44th/8th Ave., ☏ 212-581-3080, http://birdlandjazz.com; benannt nach Charlie „Bird" Parker, in dessen Fußstapfen heute andere Topstars treten; Progressive Jazz und dazu südamerikanische Küche.

Blue Note, 131 W 3rd St./MacDougal–6th Ave., ☏ 212-475-0049, www.bluenote.net/ newyork/index.shtml; wechselnde Bands (Jazz, R&B, Soul, Blues u. a.); hier traten schon Dizzy Gillespie, Ray Charles und B.B. King auf.

Boom Boom Room, 848 Washington St., todschicker Lounge-Klub, in dem Stars ein- und ausgehen. Im 18. Stock des Standard Hotel im Meatpacking District mit 360-Grad-Panoramablick!

Village Vanguard, 178 7th Ave./11th St., ☏ 212-255-4037, http://villagevanguard.com; einer der ältesten Jazzkeller der Stadt mit hochkarätigem Programm.

55 Bar, 55 Christopher St./7th Ave., ☏ 212-929-9883, www.55bar.com, tgl. live Blues und Jazz im Village, schon seit 1919. Daneben liegt das legendäre historische **Stonewall Inn**.

Einkaufen

Die **Sales Tax** (Mehrwertsteuer), bestehend aus City Tax (4,5 %), State Tax (4 %) sowie MCTD (Metropolitan Commuter Transportation District) Tax (0,375 %), beträgt in New York City derzeit 8,875 %. Für Kleidung und Schuhe gilt eine Sonderregelung: Unter $ 110 Warenwert fallen keine Steuern an, darüber werden ebenso wie bei allen anderen Artikeln 8,875 % fällig.

Bei einem **Einkaufsparadies** wie New York ist es fast unmöglich, einzelne Läden hervorzuheben, deshalb nachfolgend ein paar **regionale Schwerpunkte**:

Broadway, zw. Canal, Houston und 14th St., zahllose billigere, aber auch noble Boutiquen.

Lower East Side/Bowery (Canal, Delancey und Orchard-Essex St.), Billigkleidung und Designer-Outlets, Lederwaren, Elektro- und Elektronikartikel.

Chinatown, vor allem Canal und Mott St., Souvenirs, Asiatisches.

SoHo, rings um den Broadway: Kunstgalerien, Antiquitäten, Geschenke, Avantgarde-Kleidung.

Greenwich Village (Umgebung von Sheridan Square sowie Bleeker St.): Kunstgalerien, Boutiquen, Kurioses und Skurriles.

East Village, St. Mark's Place bis Tomkins Square: Flohmärkte, Boutiquen, Secondhandläden, Designermode, Bücher, Antiquitäten u. a.

5th Ave./51st–59th St., Luxus-Einkaufsmeile mit weltbekannten Läden wie Tiffany, Cartier, Chanel, Bergdorf, F.A.O. Schwarz.

Madison Ave. (UES), Antiquitäten (Sotheby's), Schuh-, Museumsläden und Galerien, Luxusboutiquen.

Amsterdam Ave./Broadway (UWS), zw. 71st und 84th St., Designerkleidung, Antiquitäten, Galerien, Delis, Buchläden.

An großen **Kaufhäusern** und **Einkaufszentren** empfehlen sich besonders:

Bloomingdale's, 1000 3rd Ave./59–60th St., und neu: 504 Broadway, Spring-Broome St. (SoHo).

Century 21 Department Store, 22 Cortlandt St. Kleidung, Haushaltswaren, Schuhe, Taschen u. v. m. zu sagenhaften Preisen.

Macy's, Herald Square/34th St., weltgrößtes Kaufhaus mit 5 Lokalen, ein Muss für jeden Besucher.

The Shops at Columbus Circle, Time Warner Center, Columbus Circle, Einkaufszentrum mit exklusiven Shops und Bio-Supermarkt Whole Foods.

Uniqlo, 546 Broadway (SoHo), www.uniqlo.com. Trendiges japanisches Bekleidungsgeschäft mit praktischer und günstiger Mode. Filialen: 5th Ave./53rd St. und 34th St., 5th–6th Ave.

 ## Märkte

In New York findet in den Sommermonaten fast täglich irgendwo ein **Farmers'** oder **Greenmarket** statt. Bauern aus der Umgebung verkaufen ihre Produkte (vielfach aus biologischem Anbau), auch Backwaren, Honig, Eingemachtes, Käse, Cidre und weitere Köstlichkeiten. **Infos:** www.nyfarmersmarket.com oder www.grownyc.org/ourmarkets.

Der größte, ganzjährig stattfindende Markt ist jener auf dem **Union Square** (Mo/Mi/Fr/Sa 8–18 Uhr). Überdachte Märkte sind:
Essex Street Market (120 Essex/Delancey St., www.essexstreetmarket.com) sowie **Chelsea Market** (75 9th Ave., www.chelseamarket.com).

 ## Touren

Bustouren veranstaltet Gray Line (www.newyorksightseeing.com), auch eine mehrsprachige „Hop-on-hop-off"-Tour, ähnlich ist das Programm von City Sights New York (www.citysightsny.com).
Gratis sind die Touren des **Big Apple Greeter Program** (www.bigapplegreeter.org), durchgeführt von New Yorkern, die durch ihre jeweiligen Wohnviertel führen. Auch die **Historic Orchard St. Walking Tour** (www.lowereastsideny.com) durch die Lower East Side (So 11 Uhr, ohne Anm.) kostet nichts.

 ## Brooklyn entdecken

Dom Gervasi – Brooklynite mit italienischen Vorfahren – gewährt bei seinen interessanten „Made in Brooklyn"-Walkingtouren Einblicke in die Viertel DUMBO, Red Hook, Williamsburg oder Bensonhurst. Abgesehen von historischen Informationen und Anekdoten werden vor allem Unternehmen vorgestellt, die in der früher boomenden Industriestadt Brooklyn verschiedene Waren herstellen – wie Wein, Kaffee, Schokolade, Glas, Kleidung, Möbel oder Keramik. **Infos:** *Made in Brooklyn Tours,* ① *1-800-838-3006, www.madeinbrooklyntours.com; Treffpunkte leicht mit Nahverkehr erreichbar.*

Kostenpflichtig sind hingegen:
Harlem Heritage Tours, ① 212-280-7888, www.harlemheritage.com. Walking-Touren durch Harlem zu verschiedenen Aspekten (Gospel, Jazz, Hip-Hop, Salsa).
Made in Brooklyn Tours, www.madeinbrooklyntours.com, s. Tipp
On Location Tours, ① 212-209-3370, www.screentours.com. Auf den Spuren großer Stars und ihrer Filme New York entdecken, z. B. „Sex and the City".

 ## Tipp für Gourmets

Susan Rosenbaum bietet kulinarische Touren – **Enthusiastic Gourmet**, ① 646-209-4724, www.enthusiasticgourmet.com – durch verschiedene ethnische Viertel wie die jüdische Lower East Side, Little Italy oder Chinatown an. Sie dauern gut 3 Stunden (\$ 50 inkl. Kostproben).

Feste und Veranstaltungen

Informationen zu Events findet man unter www.nycgo.com/events.
Außerdem helfen die Tageszeitungen und Stadtmagazine weiter.

Es gibt eine Reihe regelmäßiger Veranstaltungen wie
1. Vollmond nach dem 19. Jan.: **Chinese New Years Celebration***, 10-tägiges Neujahrsfest*
um die Mott St. mit Umzug, Feuerwerk u. a. Events.
17. März: **St. Patrick's Day***, große Parade auf der 5th Ave. (44th–96th St.) und irisches Fest*
mit viel Grün, Guinness und Whiskey (http://nycstpatricksparade.org).
Juni: **PrideFest***, schwul-lesbisches buntes Fest in Greenwich Village mit großer Parade (Chris-*
topher Street Parade, www.nycpride.org/events).
4. Juli: **Independence Day***, amerikanischer Nationalfeiertag mit Parade u. a. Veranstaltun-*
gen rund um Battery Park/City Hall, Feuerwerk auf dem Hudson River.
3. Wochenende im Sept.: **Steuben Parade***, deutsch-amerikanische Parade auf der 5th Ave.*
in Erinnerung an General Friedrich Wilhelm von Steuben (www.germanparadenyc.org).
31. Okt.: **Village Halloween Parade** *(6th Ave./SoHo–20th St., www.halloween-nyc.com).*
Letzter Do im Nov.: **Macy's Thanksgiving Day Parade***, Central Park West–Columbus*
Circle und über den Broadway zum Herald Square (34th St.), zu Macy's.
New Year's Eve*: Silvesterparty am Times Square (http://timessquarenyc.org/nye/nye.html).*

 Unterhaltung

Die meisten großen Theater konzentrieren sich um Broadway und Times Square, da-
zu kommen kleinere Off- und Off-off-Broadway-Theater – wobei sich „off" auf die Größe be-
zieht – verteilt über die ganze Stadt. Sonstige bedeutende Veranstaltungsorte sind die Carne-
gie Hall (www.carnegiehall.org), das Lincoln Center for the Performing Arts (www.metopera.org),
Jazz at Lincoln Center (www.jazzatlincolncenter.org), der Madison Square Garden
(www.thegarden.com), die Radio City Music Hall (www.radiocity.com) oder die **Brooklyn Aca-**
demy of Music/BAM *(www.bam.org).*
Infos*:*
www.nycgo.com/broadway – aktuelles Programm von NYC & Company
www.broadway.com – ausführliche Listen, was wo gespielt wird, mit Möglichkeit zur Ticket-
bestellung
www.nytheatre.com – Hintergrund und Besprechungen von Stücken
www.nytheatre-wire.com – Bühnen, News, Besprechungen und Vorschau
www.broadwaycollection.com – Infos und Tickets zu 20 Broadway-Shows, darunter Chicago,
Mamma Mia!, Phantom of the Opera, Lion King oder Mary Poppins.

Tickets *(auch ermäßigt für Veranstaltungen am selben Tag):*
TKTS*, W 47th St./ Broadway (Duffy Square),* ☏ *212-221-0885, www.tdf.org/TKTS, außer-*
dem Stand am South Street Seaport und in Downtown Brooklyn (1 Metrotech Center, Jay
St./Myrtle Ave.).

Kostenlose Konzerte *kann man den Sommer über in Parks (vor allem Central Park, Bryant*
Park, Washington Sq., Prospect Park), auf Plätzen (South Street Seaport, Chelsea Piers), in
Museen (MoMA, Frick Collection, MMA, Whitney u. a.) oder in Kirchen (St. John Devine, St. Pe-
ter's, St. Pauls, Trinity Church) erleben.

Spartipp

Kostenersparnis bringen der **New York CityPass** (www.citypass.com, 9 Tage, 6 Attraktionen, $ 89), der **Explorer Pass** (www.smartdestinations.com, ab $ 75) oder der **New York Pass** (www.newyorkpass.com, für 1–7 Tage, ab $ 80) – im Internet zu ordern oder im VC erhältlich. Sie gelten mehrere Tage und gewähren freien Eintritt zu verschiedenen Attraktionen. Bei TKTS (Times/Duffy Sq., ☎ 212-221-0885 bzw. 212-768-1818, www.tdf.org/tkts) gibt es verbilligte Theater- und Konzertkarten für Veranstaltungen am selben Tag.

Zuschauersport

Es gibt in New York Profi-Mannschaften in allen vier Nationalsportarten – Basketball (NBA-Männer: Nov.–Anf. Juni; WNBA-Frauen: Juni–Aug.), Baseball (MLB, April–Okt.), American Football (NFL: Sept.–Jan.) und Eishockey (NHL: Okt.–Mai), dazu auch ein Fußballteam (Soccer/MLS: Apr.–Okt.). Infos zu Spielterminen und -orten sowie Ticketkauf gibt es auf den Webpages der Teams.

New York Yankees *(MLB), www.yankees.com, Yankee Stadium (Bronx, Subway 4, B oder D)*
New York Mets *(MLB), www.mets.com, CitiField (Queens, Subway 7, Mets)*
New York Rangers *(NHL), http://rangers.nhl.com, Madison Square Garden*
New York Knicks *(NBA), www.nba.com/knicks, Madison Square Garden*
New York Liberty *(WNBA), www.wnba.com/liberty, Madison Square Garden*
New York Giants *(NFL), www.giants.com, Spiele im neuen Giants Stadium im Meadowlands Sports Complex New Jersey (S-Bahn-Anschluss ab Manhattan)*
New York Jets *(NFL), www.newyorkjets.com, Spiele ebenfalls im neuen Giants Stadium*
New Jersey Devils *(NHL), http://devils.nhl.com, Prudential Center in Newark (mit PATH aus Manhattan erreichbar)*
Brooklyn Nets *(NBA), www.nba.com/nets, Barclays Center (Brooklyn, Subway Atlantic Ave.)*
New York Islanders *(NHL), http://islanders.nhl.com, Nassau Veterans' Memorial Coliseum in Uniondale (Long Island)*
New York Red Bulls *(MLS), www.newyorkredbulls.com, Red Bull Arena in Harrison/NJ (mit PATH aus Manhattan erreichbar)*

Freizeitsport

Hauptfreizeitareal in New York ist der **Central Park**, *wo die verschiedensten Sportarten ausgeübt werden: vom Joggen über Fahrradfahren bis zu Eislaufen und Langlauf im Winter. Auch Fahrrad-/Skater-Wege und -Verleih.*
Infos *gibt's bei The Dairy und www.centralparknyc.org.*
Der **Manhattan Waterfront Greenway** *(www.nyc.gov/html/dcp/html/mwg/mwghome. shtml), ein Bike Trail, lädt vor allem an der West Side zwischen Battery Park und George Washington Bridge entlang des Hudson River zur Radtour ein. Fahrradverleih und geführte Radtouren bieten beispielsweise* **Bike and Roll** *(Pier 84, Hudson River Park, 557 12th Ave./43rd St., www.bikeandroll.com).*
Citi Bike *ist ein neues Bike-Sharing-Projekt, bei dem ab März 2013 an 400 solarbetriebenen Docking-Stationen blaue Leihfahrräder zur Verfügung stehen (www.citybikenyc.com).*

✈ Flughäfen

Von den drei New Yorker Flughäfen – **John F. Kennedy International** (JFK), **Newark Liberty International** (EWR) und **La Guardia Airport** (LGA, nur inneramerikanischer Flugverkehr) – ist der JFK in Queens der größte und wichtigste.
Eine **Taxifahrt von JFK nach Manhattan** kostet derzeit $ 52 plus Brückenzoll und Trinkgeld.
Mit insgesamt $ 7,50 wesentlich preiswerter, wenn auch zeitaufwändiger ist die Fahrt mit der **Subway**. Die Subwaystation „Howard Beach" erreicht man mit dem AirTrain von jedem Flughafenterminal und von dort geht es mit der Linie A („Far Rockaway") in 70 bis 90 Minuten nach Manhattan. Diese Variante ist wegen eventuell nötigen Umsteigens nur etwas für Reisende mit leichtem Gepäck. Infos: Metropolitan Transit Authority (MTA), www.mta.info bzw. www.panynj.gov/airports/jfk-public-transportation.html.

Shuttle Busse verschiedener Unternehmen wie **GO Airlink** (www.goairlinkshuttle.com) fahren für etwa $ 15–22 nach Manhattan. Am Informationsstand im Flughafen können Auskünfte über die Preise, Abfahrtszeiten und Haltestellen (evtl. bestimmte Hotels) der einzelnen Betreiber eingeholt werden.
Infos: www.panynj.gov/airports/jfk-taxi-car-van-service.html

Der **New York Airport Service Express Bus** (www.nyairportservice.com) kostet einfach $ 15, fährt ab an jedem JFK-Terminal und hält an Grand Central Terminal, Penn Station und Bryant Park.

Der **Newark Liberty International Airport** (EWR), 26 km südwestlich von Manhattan in New Jersey gelegen, ist per Airtrain (zwischen Newark Liberty International Airport Station und Airport) und Nahverkehrszug (NJ Transit oder Amtrak, z. B. nach/ab Penn Station) relativ gut erreichbar (5–2 Uhr, $ 12,50, www.njtransit.com). Es verkehren ebenfalls Shuttlebusse ($ 15–20) und Taxis ($ 60–80).

Infos:
www.panynj.gov/airports, Pläne, Verkehrsverbindungen, Services etc.
JFK International Airport, www.panynj.gov/airports/jfk.html, ① 718-656-4520
Newark International Airport, www.panynj.gov/airports/newark-liberty.html, ① 201-961-2000
La Guardia Airport, www.panynj.gov/airports/laguardia.html, ① 718-476-5000

🚌 Nahverkehr

Der öffentliche Nahverkehr, d. h. **Busse** und **Subways**, unterstehen in New York City der **MTA** (Metropolitan Transit Authority). U-Bahnen („trains") fahren in Manhattan entweder „Uptown" (nach Norden) oder „Downtown" (Süden) und sind mit Buchstaben oder Nummern sowie mit der Endstation gekennzeichnet. Busse (vorn Angabe der Endhaltestelle) sind wesentlich stärker verkehrsabhängig und erfordern mehr Zeit und bessere Ortskenntnis. Sie verkehren entlang den Avenues in Nord-Süd-Richtung und etwa jede 10. Straße ist das Umsteigen in „Crosstown-Busse" – in West-Ost-Richtung – möglich. Bei Bussen und U-Bahnen wird zwischen „Express" und „Local" unterschieden. Erstere halten nicht überall und sind schneller (und im Fall der Busse teurer).
Kosten: Eine **Einzelfahrt** („Single- Ride") kostet $ 2,75 bzw. Expressbusse $ 6. Bei Bezahlung bar im Bus oder mit einer aufladbaren MetroCard („Regular") sind nur $ 2,50 fällig. MetroCards ($ 1 einmalige Gebühr) sind an Automaten oder Schaltern erhältlich, der Fahrpreis

wird an einer Schranke automatisch abgebucht. Die Karte kann von mehreren Personen gleich-
zeitig benutzt werden. Umsteigen in ein anderes Verkehrsmittel ist innerhalb von 2 Std. mit
Transfer-Ticket (beim Schaffner bzw. am Automaten) möglich. Für Besucher besonders emp-
fehlenswert sind **Zeitkarten** („MetroCard Unlimited Ride") für beliebig viele Fahrten, z. B. die
Wochenkarte für $ 30. Kinder unter 1,12 m Größe fahren gratis.
Infos: ① 718-330-1234 bzw. 718-330-4847 (mehrsprachig), www.mta.info (Infos, Karten und
Fahrpläne). Interessant sind auch: www.straphangers.org und www.nycsubway.org.

Bahn/Bus

Die zwei größten Bahnhöfe der Stadt heißen **Grand Central Terminal** (Park
Ave./42nd St.; MNR-Nahverkehrszüge Richtung NY State und Connecticut) und **Penn Station** (7th Ave./33rd St./Madison Square Garden, www.amtrak.com; PATH-, LIRR-Nahverkehrs-
züge nach New Jersey, Long Island sowie Amtrak-Fernzüge).
Die (halbstaatliche) **Eisenbahngesellschaft Amtrak** bietet sich dank der Acela-Express-Zü-
ge und Metroliner für Städtetrips entlang der Ostküste zwischen Boston, New York, Philadelphia und Washington an. Es verkehren auch Züge nach Chicago (und weiter an die Westküste) sowie nach Atlanta, New Orleans und Florida.
Infos: www.amtrak.com bzw. www.crd.de/amtrak/bahnpaesse.php
Der Greyhound-Busbahnhof befindet sich am **Port Authority Bus Terminal** (W 40th St./8th
Ave.). Außerdem gibt es lokale Busgesellschaften wie Megabus oder Boltbus, die ebenfalls die
großen Ostküstenstädte (preiswert) miteinander verbinden.
Infos: http://us.megabus.com, www.boltbus.com

Taxi

New Yorks legendäre **gelbe Taxis** sind allgegenwärtig. Grundsätzlich sollte man nur
in die gelben Medallion-Taxis, die mit Taxameter, Foto des Fahrers und Lizenznummer ausgestattet sind, einsteigen. Es ist üblich, ein Taxi auf der Straße anzuhalten, wobei ein erleuchte-
tes Schild auf dem Dach zeigt, dass das Taxi frei ist. Es werden auch mehrere nicht zusammen-
gehörige Passagiere in die gleiche Fahrtrichtung befördert, wobei jeder für sich zahlt. Man sitzt
immer auf der Rückbank, die von den Vordersitzen durch Plexiglas abgetrennt ist.
Taxipreise (Sommer 2011): Grundgebühr: $ 3 plus 50 c für jede zusätzliche 1/5 mi (ca.
300 m) bzw. 50 c pro Min. Wartezeit. Aufschläge können nachts, zu Stoßzeiten, bei viel Gepäck oder für besondere Fahrten anfallen. Dazu addieren sollte man ein Trinkgeld von ca. 15 %.

Fähren/Water Taxi

Als regelmäßiger Schnellboot-Service verbindet **New York Water Taxi** verschiedene
Anlegestellen in Manhattan und Brooklyn, es gibt zusätzlich Hop-on-, Hop-off-Touren sowie eine
Fähre zwischen Manhattan (Pier 11) und Red Hook (IKEA). Infos: www.nywatertaxi.com.
Bootsrundfahrten bieten außer Water Taxi auch das kooperierende Unternehmen **Circle
Line Downtown**, von Pier 16 (www.harborexperience.com), und **New York Waterway**
(www.nywaterway.com). Letztere verbinden Manhattan und Weehawken, Hoboken, Jersey City (NJ), außerdem gibt es einen Shuttle von Pier A–11. Die **East River Ferry** (www.nywater
way.com/ERF-Home.aspx) verbindet Lower Manhattan (Pier 11) mit Brooklyn (Pier1, Williamsburg), Queens (LIC) und Uptown Manhattan.
Lohnend sind zudem die kostenlosen Fahrten mit der **Staten Island Ferry** (Whitehall Terminal, Whitehall/South St., www.siferry.com) nach Staten Island. Auch der freie Pendelverkehr
im Sommer mit der **Governors Island Ferry** (Battery Maritime Building, neben Ablegestel-
le der Staten Island Ferry) auf die gleichnamige Insel erlaubt traumhafte Ausblicke.

4. DIE NEUENGLAND-STAATEN

Connecticut

Überblick

Der breite Connecticut River, der den Bundesstaat von Norden nach Süden durchzieht, gab dem Land seinen Namen. Das indianische Wort „Quinnehtukqut" wird übersetzt mit: „an dem langen Fluss, der dem Wechsel der Gezeiten unterworfen ist", denn die Gezeitenströmung macht sich bis weit ins Land hinein bemerkbar.

Die Geschichte Connecticuts begann im Jahr 1614, als Adrian Block das Land erkundete. 1633 entstand eine holländische Handelsniederlassung; ab 1636 kamen auch englische Siedler, die dem Land den heutigen Namen und eine erste Verfassung gaben. Da diese Verfassung aus dem Jahr 1639 (Fundamental Orders of Connecticut) als die erste schriftliche Verfassung Amerikas gilt, trägt Connecticut den Beinamen „Constitution State". Bereits im Jahr 1637 wurden im „Pequot War" die ansässigen Indianer vertrieben oder getötet, sodass im Sinne der weißen Kolonisten Raum und Sicherheit für weitere Siedlungen geschaffen wurde. Das Land beteiligte sich schon frühzeitig an den **Unabhängigkeitsbestrebungen** und trat als fünfter Staat der Union bei.

Mit dem Namen Connecticut ist eine bis in die Gegenwart für die amerikanische Verfassung gültige Entscheidung verbunden: Der „Connecticut-Kompromiss", der 1787 von C. Roger Sherman vorgeschlagen wurde, sichert die Interessen der kleineren Bundesstaaten. Auf diesen Kompromiss geht die Unterteilung des Kongresses zurück:
• in den Senat, in dem alle Staaten mit gleicher Stimmenzahl vertreten sind, und
• in das Repräsentantenhaus, in dem die Bundesstaaten im Verhältnis zur Bevölkerungszahl vertreten sind.

Schon frühzeitig machte Connecticut sich mit der Gründung kleiner Betriebe und Fabriken einen Namen als technisch orientiertes Land. Heute ist Connecticut ein **hoch entwickelter Industriestaat** mit dem zweithöchsten Pro-Kopf-Einkommen der USA, in dem Computer und Uhren hergestellt sowie Flugzeugmotoren, Hubschrauber und Unterseeboote gebaut werden. Außerhalb der Großstädte Hartford, Bridgeport, New Haven oder Waterbury macht Connecticut auf den Reisenden einen eher **ländlichen Eindruck**: kleine Dörfer mit spitzen Kirchtürmen, weißen Häusern und gepflegten Gärten, große Farmhäuser inmitten gut bestellter Felder, sanftes Hügelland, klare Seen und dichte Wälder.

NH = New Hampshire
MA = Massachusetts
CT = Connecticut
RI = Rhode Island

Diese Vorzüge werden natürlich auch von den New Yorkern geschätzt: Da die Entfernung zwischen New York City und beispielsweise New Haven nur ca. 120 km beträgt, wählen immer mehr Menschen ihren Wohnsitz im westlichen Connecticut, behalten aber ihren Arbeitsplatz in New York. So gehört das Land zwischen New York City und New Haven zu den begehrtesten Wohngegenden Neuenglands. Die Städte Stamford und Greenwich, nur eine gute Autostunde von New York City entfernt, zählen zu den teuersten Wohngebieten der gesamten USA.

Connecticut gilt als „Bedroom Community of New York" und bietet seinen Bewohnern ein breit gefächertes Angebot an Sport- und Freizeitaktivitäten, an dem auch die Touristen teilhaben können. Es ist kein Land der Superlative; es bietet keine spektakulären Attraktionen, aber es hat durch die harmonische Verbindung von Kultur- und Naturlandschaften seinen ganz eigenen, typisch „neu-englischen" Reiz.

Connecticut bietet ein hohes Maß an Lebensqualität

Connecticut auf einen Blick	
Fläche	12.973 km²
Einwohner	ca. 3,58 Mio.
Einwohnerdichte	249 Einwohner/km² (USA 32 Einwohner/km²)
Hauptstadt	Hartford, 124.775 Einwohner, Metropolitan Area knapp 1,2 Mio. Einwohner
Staatsmotto	Qui transtulit sustinet (Wer schon etwas erduldet hat, der hält durch)
Staatsbaum	Weißeiche
Staatsblume	Berglorbeer
Staatsvogel	Wanderdrossel
Wirtschaft	Connecticut ist ein hoch entwickelter Industriestaat, in dem vor allem Präzisionsgeräte wie Computer, Uhren oder Flugzeugmotoren hergestellt werden. Die Landwirtschaft verliert immer an Bedeutung; sie dient vorwiegend der Selbstversorgung, nur Tabak aus dem Connecticut Valley wird exportiert. Connecticut hat das zweithöchste Pro-Kopf-Einkommen der USA ($ 50.332), profitiert dabei jedoch von den vielen Pendlern, die in New York City arbeiten, aber im Südwesten Connecticuts wohnen.
Arbeitslosenrate	8,3 % (USA 7,8 % im April 2013)
Zeitzone	In Connecticut gilt die Eastern Standard Time (= MEZ -6 Stunden)
Städte	Bridgeport (144.000 Einwohner), New Haven (124.000 Einwohner) und Waterbury (104.500 Einwohner)
Information	Connecticut Commission on Culture and Tourism, One Constitution Plaza, Hartford, CT 06103, ✆ 860-256-2800 und 1-888-288-4748, www.ctbound.org
Hotline zur herbstlichen Laubfärbung	1-800-282-6863, www.leafpeepers.com/contents.htm

Durch Connecticut

Von New York City führen drei Hauptstraßen nach Norden:

- die Highways I-91, I-84, I-90 als direkte, schnellste Verbindung zwischen New York und Boston.
- der I-95, der durch die Bundesstaaten Connecticut, Rhode Island, Massachusetts und Maine führt. Die Fahrt über diesen Highway ist für eilige Reisende zu empfehlen, die schnell, ohne große Abstecher und Besichtigungen, nach Norden kommen, aber dennoch den einen oder anderen Stopp an der Küste einlegen wollen.
- der US-1, der an der Atlantikküste entlang nach Norden führt; vom US-1 aus sind Abstecher an die Küste oder ins Inland möglich.

Von diesen Hauptstrecken zweigen viele Straßen aller Größenordnungen ins Inland von Connecticut und zur Hauptstadt Hartford ab.

Von New York City nach New Haven

Redaktionstipps

Sehens- und Erlebenswertes

▶ Die ehrwürdigen Gemäuer der Yale-Universität (S. 203) in New Haven mit der eindrucksvollen Beinecke-Bibliothek besuchen.

▶ Von Old Saybrook (S. 208) aus eine Fahrt mit der Dampfeisenbahn und dann mit dem Boot auf dem Connecticut River machen.

▶ In Mystic Seaport (S. 214) das Leben einer Hafenstadt im 19. Jh. erleben.

▶ In der Hauptstadt Hartford (S. 219) die Welt von Mark Twain und Harriet Beecher-Stowe kennen lernen.

▶ Im Mashantucket Pequot Museum (S. 230) viel Interessantes über die indianischen Ureinwohner Neuenglands erfahren.

▶ Im Olde Mistick Village (S. 216) wie in einem Dorf des 18. Jh. einkaufen und speisen.

▶ In einem der schönen State Parks an der Atlantikküste schwimmen, tauchen, wandern und ein Picknick machen.

 Hinweis zur Route

Entfernung: 77 mi/123 km
Die Fahrt nach Norden beginnt in New York City, dabei stehen die Straßen I-95 oder US-1 zur Auswahl.
Der I-95 ist zu erreichen:
- von Manhattan-Ost: über den East River Drive oder den Henry Hudson Parkway direkt auf den streckenweise mautpflichtigen I-95;
- vom Kennedy Airport: über den I-678 direkt auf den I-95.
Der US-1 ist zu erreichen:
- vom I-95 (s. o.), Exit 15 oder Exit 20, aus direkt auf den US-1; dabei umfährt man die Bronx.

Entlang der Küste und beiderseits des I-95 und des US-1 gibt es eine so große Fülle von historischen, künstlerischen, technischen und naturkundlichen Sehenswürdigkeiten, dass eine Auswahl getroffen werden muss. Die folgende Routenbeschreibung folgt dem US-1 und beschreibt interessante Ziele, die von hier aus gut erreichbar sind. Auf der Fahrt nach Norden verlässt man bei Port Chester den Staat New York und kommt bei Greenwich in den Bundesstaat Connecticut.

Greenwich

Obwohl sich Siedler bereits 1614 in Greenwich niederließen, entstand eine dauerhafte Siedlung erst um 1640. Heute ist die Stadt mit rund 62.000 Einwohnern eine Mischung aus Wohnsiedlung für wohlhabende New Yorker, exklusiven Countryclubs, modernen Firmensitzen und einem alten restaurierten Stadtkern als Einkaufszone.

Sehenswürdigkeiten sind das **Bruce Museum of Arts and Science**, das in einem ehemaligen Landgut Gemälde amerikanischer Künstler, indianische Töpfereien und Textilien sowie Schaustücke zur Naturgeschichte ausstellt, und das **Bush Holley House**, das um 1732 von dem wohlhabenden Mühlenbesitzer David Bush gebaut wurde und Gemälde der Impressionisten und Möbel des 18. Jh. zeigt.
Bruce Museum of Arts and Science, 1 Museum Dr., ☎ 203-869-0376, http://bruce museum.org, Di–Sa 10–17, So 13–17 Uhr, $ 7 (Di frei).
Bush Holley House, 39 Strickland Rd., Abfahrt vom US-1 in Cos Cob, ☎ 203-869-6899, www.hstg.org/visit_bh.php, Mi–So 12–16 Uhr, $ 10 (inkl. Führung).

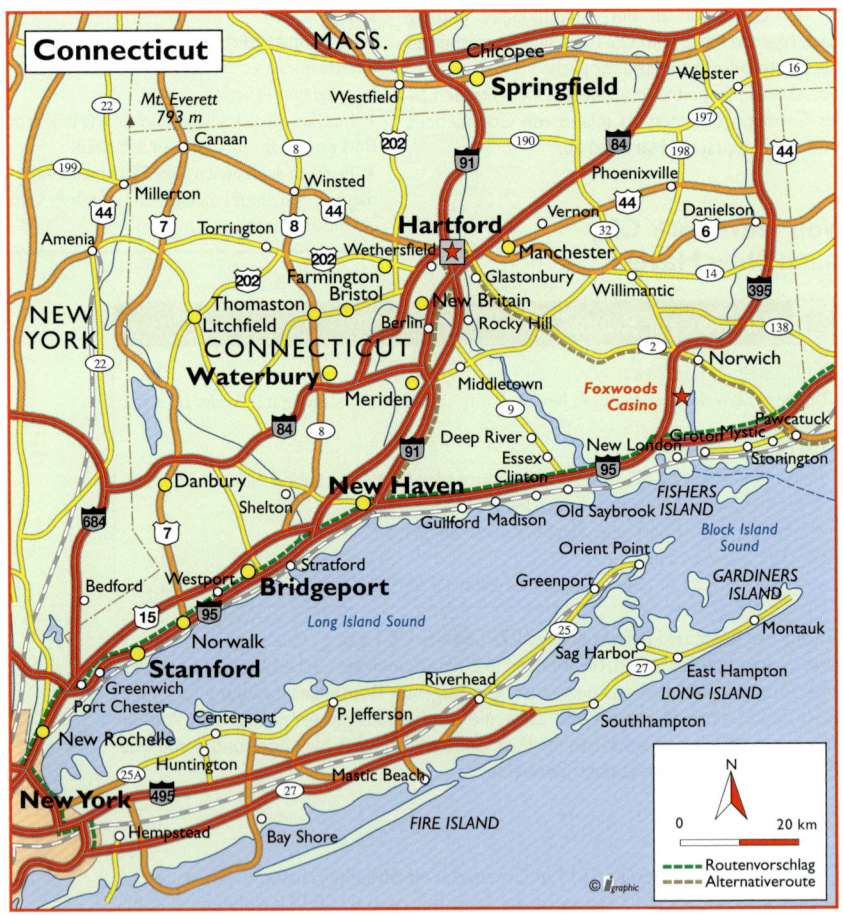

Das **Audubon Center of Greenwich** ist ein weitläufiges Parkgelände mit schönen Wanderwegen, einem Besucherzentrum, Souvenir- und Buchladen. Im Dezember 2012 eröffnete die **Oppenheimer Gallery at Audubon Greenwich**, in der wechselnde Ausstellungen naturgeschichtlicher Kunst zu sehen sind (*www.audubonart.com*).
Audubon Center of Greenwich, 613 Riversville Rd., ☎ 203-869-5272, http://greenwich. audubon.org, tgl. 9–17 Uhr, Wanderwege bis zum Einbruch der Dämmerung, $ 7.

 Information
www.visitfairfieldcountyct.com

Stamford

1640 erwarben Siedler das Land von den hier ansässigen Indianern und begannen im darauf folgenden Jahr mit dem Bau ihrer Häuser. Das interessanteste Gebäude innerhalb der Ortschaft ist die **First Presbyterian Church** (*1101 Bedford St., www.fish church.org*) mit einem fischförmigen Grundriss, modernen Glasfenstern und der größten mechanischen Orgel in Connecticut.

Das **Stamford Museum and Nature Center** ist eine typische neuenglische Farm mit Tieren, einer Werkzeugsammlung und indianischen Ausstellungen. Außerdem gibt es ein Planetarium, Wanderwege, Picknickplätze und einen Aussichtsturm.
Stamford Museum and Nature Center, 39 Scofieldtown Rd., 6,5 km nördl. am CT-137, ☎ 203-322-1646, www.stamfordmuseum.org, tgl. 9 Uhr bis Sonnenuntergang, die Gebäude sind Mo–Sa 9–17, So 11–17 Uhr geöffnet, $ 10.

Einen Ausflug lohnt **The Bartlett Arboretum and Gardens**, eine große Garten- und Parkanlage, die vor allem wegen ihrer vielfältigen Rhododendren, Azaleen und Wildblumen bekannt ist; interessant sind auch die Bibliothek und die Gewächshäuser. Durch das angrenzende Waldgebiet führen Naturpfade, ganzjährig geöffnet.

Neuenglische Farm

The Bartlett Arboretum and Gardens, 151 Brookdale Rd., ☎ 203-322-6971, http:// bartlettarboretum.org, tgl. 9–bis zum Einbruch der Dämmerung, $ 6, Mi frei.

Reisepraktische Informationen Stamford

Information
Fairfield County Connecticut, ☎ 203-840-0770 oder 1-800-866-7925, *www.visit fairfieldcountyct.com, http://www.stamfordct.gov/visitors*

Unterkünfte
Sheraton Stamford Hotel *$$$*, 700 E Main St., ☎ 203-358-8400, *www.sheraton stamford.com, zentral gelegenes Hotel mit großzügigem Atrium, modernen Zimmern, gutem Restaurant und Pool.*
Hilton Stamford Hotel *$$$*, 1 Stamford Place, ☎ 203-967-2222, *www.hiltonstamford hotel.com, großes Hotel am Interstate 95 mit 484 gut ausgestatteten Zimmern, Pool, Tennisplatz und Terrasse.*

Norwalk

Um 1650 beginnt die Geschichte Norwalks, das zur damaligen Zeit die größte Küstensiedlung war. Heute leben hier ca. 83.000 Menschen. Das Hafengebiet in **South Norwalk**, das in Anlehnung an den New Yorker Stadtteil SoHo „SoNo" genannt wird, wurde im Stil des 19. Jh. restauriert und bietet jetzt vor allem in der Washington St. eine Vielzahl von Galerien, Boutiquen, Restaurants und Bars.

Restauriertes Stadtviertel

Zum **Mill Hill Historic Park** *(Smith/East Wall St.,* ➀ *203-846-0525, http://norwalkhistoricalsociety.org/mill-hill-historic-park/),* einem Komplex restaurierter historischer Kolonialgebäude, gehören das Rathaus (ca. 1835), das Gerichtsgebäude (ca. 1740), das Schulhaus (1826) und ein alter Friedhof.

Hauptsehenswürdigkeiten des **Maritime Center at Norwalk** sind das **Aquarium** mit mehr als 125 Tierarten, zu denen auch Seelöwen und Haie zählen, Filmvorführungen, historische Nachbildungen und Kinderprogramme. Eine besondere Attraktion ist das sechs Stockwerke hohe **IMAX-Theater** mit einem faszinierenden Filmangebot. Die Filmvorführungen beginnen in der Hochsaison zu jeder vollen Stunde.
The Maritime Museum at Norwalk, 10 N Water St., ➀ *203-852-0700, www.maritime aquarium.org, tgl. 10–17, Juli–Aug. 10–18 Uhr, $ 19,95 (nur Aquarium), mit IMAX Classic $ 24,95.*

Inselausflug

Reizvoll ist eine Fährüberfahrt nach **Sheffield Island**. Die Anlegestelle ist beim **Maritime Center**, Seaport Dock. Auf der knapp zweistündigen Rundfahrt geht es durch den Long Island Sound, vorbei an einigen **Norwalk-Inseln**. Auf der Insel Sheffield kann man für etwa 90 Minuten aussteigen und den alten vierstöckigen Leuchtturm aus dem Jahr 1868 mit dem dazugehörigen Park besichtigen.
G.W. Tyler Lighthouse Ferry, ➀ *203-838-9444, Abfahrt: Juni–Sept. Mo–Fr 11 und 15 Uhr, Sa/So 11, 14 und 15.30 Uhr, $ 22, www.seaport.org.*

Ein Ausflug nach Sheffield Island verspricht einen entspannten Nachmittag

Reisepraktische Informationen Norwalk

 Information
Fairfield County Connecticut, 297 West Ave., Norwalk, ☎ 203-853-7770 oder 1-800-663-1273, www.visitfairfieldcountyct.com

Unterkünfte
Courtyard Norwalk $$, 474 Main Ave., ☎ 203-849-9111, www.marriott.com; gut geführtes Hotel mit 145 geräumigen, ansprechenden Zimmern, Swimmingpool und Restaurant.
Hilton Garden Inn Norwalk $$, 560 Main St., ☎ 203-523-4000, www.hiltongarden inn.hilton.com; gutes Mittelklassehotel mit 170 freundlichen Zimmern, Pool, Fitnessraum.
Norwalk Inn $$, 99 East Ave., ☎ 203-838-200, www.norwalkinn.com, familiengeführtes Hotel mit 72 ansprechend eingerichteten Zimmern; freundlicher Service, gutes Restaurant.

Westport

Viele bekannte Schauspieler, Schriftsteller und Werbefachleute haben sich in der kleinen Stadt niedergelassen, die nur 45 mi/72 km von New York City entfernt ist und mit bewaldeten Hügeln, Stränden und dem Sherwood Island State Park gute Erholungsmöglichkeiten bietet. Die Strände sind die eigentliche Hauptattraktion, leider sind die Parkgebühren z. T. sehr hoch.

Beliebtes Wohngebiet

Zur Erinnerung an den 11. September 2001 wurde im **Sherwood Island State Park** mit Blick auf die Skyline von Manhattan ein Denkmal aus Granit errichtet.

Earth Place, ein großes Wald- und Wiesengelände mit Freigehegen, Wanderwegen und einem naturwissenschaftlichen Museum bietet interessante Ausstellungen und Diavorführungen. In Experimenten und Wassergüteuntersuchungen beschäftigt man sich u. a. mit Fragen zur Umwelterziehung; im Freigehege sind einheimische Tierarten zu beobachten.
Earth Place, The Nature Discovery Center, 10 Woodside Lane, ☎ 203-227-7253, www.earthplace.org, Gelände tgl. 7 Uhr bis Sonnenuntergang, Eintritt frei; Museum: Mo–Sa 9–17, So 13–16 Uhr, $ 7.

Reisepraktische Informationen Westport

Information
www.visitfairfieldcountyct.com, ☎ 1-800-663-1273

Unterkunft
The Westport Inn $$$, 1595 Post Rd. East, ☎ 203-259-5236, www.westportinn.com, gut geführtes Motel mit 115 Zimmern, Pool, Frühstück und kostenlosem Fahrradverleih.

Ein Abstecher führt zum kleinen Städtchen **Southport** (*Exit 19, I-95*), 10 mi/16 km östlich von Westport, das direkt am Long Island Sound liegt. Reizvoll ist der historische Stadtkern. Häuser, Kirchen und öffentliche Gebäude gruppieren sich um den malerischen Hafen.

Bridgeport

Die erste Ansiedlung stammt aus dem Jahr 1639. Heute zählt die moderne Industriestadt ca. 140.000 Einwohner und ist damit die größte Gemeinde des Bundesstaates. Die Stadt leidet aber immer noch erkennbar unter den Strukturproblemen, die Ende des 20. Jh. zur Schließung vieler Fabriken und Geschäfte führten.

Einkaufsbummel

An der Promenade am historischen **Black Rock Harbor** wurde der Gebäudekomplex **Captain's Cove Seaport** (*1 Bostwick Ave., www.captainscoveseaport.com*) restauriert und mit kleinen Souvenir- und Kunsthandwerksläden, Handwerksbetrieben, Cafés, Restaurants und einem Fischmarkt zu einem beliebten Ausflugsziel. Die Geschäfte sind vom 1. März bis zum 1. November geöffnet. In den Sommermonaten werden Hafenrundfahrten durchgeführt und Tauchbootfahrten angeboten.

Die Hauptattraktion des Ortes ist zweifellos das **Barnum Museum**. Hier lernen Sie das Leben und die Karriere von P.T. Barnum kennen und erfahren Wissenswertes über seinen Zirkus, seine Kuriositäten und Stars. Der bedeutendste Star des Zirkus und zugleich ein Sohn der Stadt Bridgeport war Charles S. Stratton. Diesem nur 71 cm großen Mann, der als General Tom Thumb auftrat, ist auf dem Mountain Grove Cemetery ein Denkmal errichtet worden: eine Figur in Lebensgröße auf einer 3 m hohen Säule. Einen Besuch wert ist auch das **Discovery Museum**, das mit Ausstellungen, Labors, Computern, Versuchsstationen und einem Planetarium zum Hantieren, Probieren und Studieren einlädt.
The Barnum Museum, 820 Main St., ☏ 203-331-1104, www.barnum-museum.org, Di–Sa 10–16.30 Uhr, So 12–16.30 Uhr, $ 7. Wegen Tornadoschäden derzeit geschlossen, Infos zur geplanten Wiedereröffnung auf der Homepage.
Discovery Museum, 4450 Park Ave., ☏ 203-372-3521, www.discoverymuseum.org, Di–So 10–17 Uhr, $ 9,50.

info

Wer war Phineas Taylor Barnum?

1810 wurde in der kleinen Stadt Bethel/Connecticut ein Junge geboren, der später als der größte „Showman" galt und unter dem Spitznamen „König des Humbugs" weltbekannt wurde. Unter seiner Leitung wurde Scudders Amerikanisches Museum in New York zu einer Weltattraktion, denn hier wurden immer ganz neue und aufregende Kuriositäten zur Schau gestellt. Später wurde Barnum Unternehmer: Sein Name ist untrennbar mit dem Zirkus Barnum und „der größten Show der Welt" verbunden.

Zu jener Zeit passierte es gelegentlich, dass Zugreisende bei ihrer Fahrt durch Bridgeport voller Staunen Elefanten erblickten, die vor einen Pflug gespannt waren! Dann wusste man, dass der Zirkus Barnum wieder sein Winterquartier bezogen hatte.

1891 starb Barnum in Bridgeport. Ihm zu Ehren findet in jedem Jahr Ende Juni/Anfang Juli das Barnum Festival mit Paraden, Konzerten und Shows statt, die an die „größte Show der Welt" erinnern.

Reisepraktische Informationen Bridgeport

i **Information**
Fairfield County Connecticut, ☎ 203-853-7770 oder 1-800-663-1273, *www. visitfairfieldcountyct.com*

🛏 **Unterkunft**
Holiday Inn $$, 1070 Main St., ☎ 203-334-1234, www.ihg.com; das Mittelklassehotel mit 234 Zimmern und Swimmingpool, das auch viel von Geschäftsreisenden aufgesucht wird, liegt in der Innenstadt, ca. 8 km vom Flughafen entfernt.

Ausflug nach Long Island

Long Island, mit kilometerlangen Sandstränden das beliebteste Naherholungsziel der New Yorker, liegt nur etwa ein bis zwei Autostunden von New York City entfernt. Die größte Insel an der Ostküste der USA erstreckt sich zwar vor der Küste Connecticuts, sie gehört jedoch zum Bundesstaat New York. Die Insel ist etwa 190 km lang, zwischen 20 und 32 km breit und bietet auf einer Fläche von 4.463 km² nicht nur Platz für den J. F. Kennedy International Airport und die beiden New Yorker Stadtteile Queens und Brooklyn, sondern auch für einladende Ferienorte mit schönen Jachthäfen, weiße Dünenlandschaften, prächtige Landsitze und Weingüter. Seit den 1950er-Jahren nimmt die Bevölkerung ständig zu und ist inzwischen, Queens und Brooklyn eingeschlossen, auf über 8 Mio. Einwohner angewachsen.

Die Insel wird in West-Ost-Richtung von mehreren parallel verlaufenden Straßen durchzogen, von denen Stichstraßen zu den Ortschaften an der Nord- und Ostküste abzweigen.

Im Norden, am Long Island Sound, finden sich lange Strände, schöne Buchten und kleine Hafenstädte. Der Küstenabschnitt von Glen Cove über Oyster Bay nach Huntington Bay wird seit Anfang des 20. Jh. als „Gold Coast" bezeichnet, da sich hier besonders viele New Yorker Millionäre herrschaftliche Landsitze mit wunderschönen Gartenanlagen bauten, ganz so, wie im Roman „Der große Gatsby" von F. Scott Fitzgerald beschrieben. In Huntington steht das zweitgrößte Privathaus Amerikas, das 1919 bis 1921 erbaute Oheka-Castle mit 125 Zimmern des Architekten Stanford White.

In **South Huntington** befindet sich das Geburtshaus von **Walt Whitman**. Ausstellungen mit Bildern, Briefen, Manuskripten und Erinnerungsstücken dokumentieren das Leben des Dichters, der 1819 als Sohn eines Zimmermanns geboren wurde, im Kreis von sieben Geschwistern aufwuchs und im Laufe seines Lebens an vielen Orten in vielen verschiedenen Berufen arbeitete. 1855 veröffentlichte er den Gedichtband „Grashalme", der ihn berühmt machte. In seiner Lyrik thematisiert Whitman die Schönheit der Natur, die Kraft menschlicher Gefühle, aber auch politische Themen wie Fragen zum Bürgerkrieg und zur Gleichberechtigung der Geschlechter. Whitman gilt als einer der Begründer der modernen amerikanischen Dichtung. Seine Schriften hatten nicht nur großen Einfluss auf Ralph Waldo Emerson und das pantheistische Gedankengut der Transzendentalisten, sondern auch auf den europäischen Naturalismus und Expressionismus. Am 26. März 1892 starb Walt Whitman mit 73 Jahren in Camden, New Jersey.

Walt Whitman Birthplace State Historic Site and Interpretive Center, *240 Old Walt Whitman Rd., ✆ 631-427-5240, www.waltwhitman.org; Mitte Juni – Anfang September Mo-Fr 11-16 Uhr, Sa/So 12-17 Uhr, sonst Mi-Fr 13-16 Uhr, Sa/So 11-16 Uhr, $ 6.*

In **Centerport** bietet das **Vanderbilt Museum** *(180 Little Neck Rd., ✆ 631-854-5579, www.longislandmuseum.org, Di–Sa 10–17, So 12–17 Uhr, $ 9)* eine große Sammlung an Marine-Ausstellungsstücken; in **Stony Brook**, das schon 1665 gegründet wurde, finden Sie an der restaurierten Hauptstraße das **Long Island Museum of American Art, History and Carriages** *(Main St., ✆ 631-751-0066, www.longislandmuseum.org)*, in dem neben wechselnden Ausstellungen eine große Kutschen- und Schlittensammlung zu sehen ist. Außerdem sind ein altes Schulhaus, die Schmiede und eine Scheune aus dem 18. Jh. zu besichtigen.

Auch im Süden reihen sich lange Sandstrände aneinander, die im Sommer viele Besucher anziehen. Besonders beliebt sind die schönen **State Parks**, wie z. B. der Jones Beach State Park oder der Robert Moses State Park mit ausgezeichneten Bademöglichkeiten, Bootsverleih, geführten Wanderungen und Besucherzentrum. Der Küste vorgelagert sind die Dünenlandschaften der „Barrier Islands", von denen ein großer Teil als **„Fire Island National Seashore"** unter Naturschutz gestellt wurde. Sie erreichen den Park mit Besucherzentren, schönen Stränden und Marinas mit dem Auto über den Robert Moses Causeway im Westen oder den Smith Point County Park im Osten; Fährüberfahrten gibt es im Sommer ab Bay Shore, Sayville und Patchogue. Informationen über das Meer, die Meeresbewohner und die Lebensbedingungen der Fischer erhalten Sie im **Long Island Maritime Museum** in West Sayville *(86 West Ave., http://limaritime.org, tgl. 10–16 Uhr, im Winter Fr geschlossen)*.

Während der Westen von den dicht bevölkerten Stadtteilen Queens und Brooklyn dominiert wird, ist der Osten eher ländlich geprägt. Die Ostspitze, das **East End**, läuft in zwei lang gezogene Landzungen aus, die durch eine tief einschneidende Meeresbucht getrennt sind: North Fork mit Gartenbaubetrieben, Obstplantagen und bekannten Weingütern, South Fork mit langen Sandstränden, die der Küste den Namen **„New York Riviera"** geben, historischen Ortschaften und viel besuchten Seebädern wie Sag Harbor, Montauk und den „Hamptons", die alle ausgezeichnete Wassersport- und Unterhaltungsmöglichkeiten bieten.

Aufgrund der geschützten Lage war **Sag Harbor** seit seiner Gründung um 1707 ein wichtiger Hafenort, der durch den Walfang zunehmend an Bedeutung gewonnen hatte. Die restaurierten, unter Denkmalschutz stehenden Häuser im historischen Bezirk zeugen vom einstigen Wohlstand der Inselbewohner. Das **Sag Harbor Whaling & Historical Museum** *(Main St., ✆ 631-725-0770, www.sagharborwhalingmuseum.org, nur im Sommer Sa/So geöffnet)* informiert über Walfang, Schiffsbau und die Geschichte der Region. Sehenswert ist der Hafen, in dem Jachten aller Größen Mast an Mast liegen.

Südwestlich von Sag Harbor liegen die **„Hamptons"**, kleine, freundliche Ortschaften wie East Hampton, Hampton Bays, Beach Hampton oder Bridgehampton, die sich seit dem Bau der Long-Island-Eisenbahn im Jahr 1870 zu bevorzugten Sommerzielen wohlhabender New Yorker entwickelten und heute Feriengäste mit netten Restaurants, Geschäften, kleinen Mu-

seen und sommerlichen Festveranstaltungen, vor allem aber mit sehr schönen Stränden einladen. Eine der ältesten Ortschaften ist Southampton, das schon 1640 gegründet wurde. An
die Vergangenheit des Ortes erinnern einige restaurierte Häuser aus der Kolonialzeit.

Über East Hampton und Amagansett, bei Künstlern sehr beliebten Wohnorten, führt der
Hwy. 27 nach **Montauk** und weiter bis an die äußerste Spitze zum Montauk Point State
Park. Das **Montauk Point Lighthouse Museum** wurde im 1796 gebauten Leuchtturm ein-
gerichtet, der zu den ältesten noch aktiven Leuchttürmen des Landes gehört. Seine Spitze
erreicht man nach 137 Stufen! Montauk ist besonders für Surfer und Angler ein beliebtes
Ausflugsziel.

Montauk, das von Max Frisch in seinem gleichnamigen Buch beschrieben wird, ist nur ein
Beispiel für die literaturgeschichtliche Bedeutung der Insel. Long Island ist eng mit dem Namen **Walt Whitman** verbunden, der auf der Insel geboren wurde, mit dem Schriftsteller
F. Scott Fitzgerald, der hier ab 1922 lebte und mit **John Steinbeck**, der die letzten Lebens-
jahre in Sag Harbor verbrachte.

Reisepraktische Informationen Long Island

i Information
Long Island Convention & Visitors Bureau, *330 Motor Parkway, Hauppauge,*
⑦ 877-386-6654, www.discoverlongisland.com und www.hamptons.com

Unterkünfte
The Inn at Baron's Cove *$$$, 31 W Water St., Sag Harbor, ⑦ 631-725-2100,*
*www.baronscove.com, sehr gut ausgestattetes Haus mit 66 Zimmern und Pool, nicht weit vom
Zentrum entfernt.*
Southampton Inn *$$$$, 91 Hill St., ⑦ 631-283-6500, www.southamptoninn.com, schön
gelegenes, gepflegtes Haus mit 90 komfortablen Zimmern.*

Fähre
The Bridgeport & Port Jefferson Steamboat Company, *⑦ 1-888-443-3779,*
*www.88844ferry.com, tgl. mehrere Abfahrten, PKW mit Fahrer $ 54, ohne Auto $ 18 p. P. (ein-
fache Fahrt), Fahrzeit: ca. 75 Min.*
Von **Viking Landing** *fährt von Mitte Mai bis Mitte Oktober täglich um 9 Uhr eine Fähre von
Montauk nach Block Island/RI, ⑦ 631-668-5700, www.vikingfleet.com.*

Stratford

Die 1639 gegründete Ortschaft erhielt ihren Namen in Erinnerung an Shakespeares Ge-
burtsort. Um Shakespeares Dramen aufführen zu können, wurde in der Elm St. eine ori-
ginalgetreue Nachbildung des Globe Theatre in London errichtet. Das **American
Shakespeare Theater** (1850 Elm Street) dient nach einigen Jahren des Leerstands u.a.
während des jährlichen „Festival! Stratford" als Veranstaltungsort (*http://festivalstrat
ford.org*), geplant ist, auch wieder Shakespeare auf die Bühne bringen zu können.

In dem um 1750 errichteten **David Judson House** gibt es ein Museum mit Ausstellungsstücken aus der Kolonialzeit und eine Bibliothek zur Ahnenforschung.
David Judson House, 967 Academy Hill, ① 203-378-0630, Museum: Juni bis Okt. Mi und So 12–16 Uhr, Bibliothek: Di und Do 9–14.30 Uhr, $ 5.

Im **Boothe Memorial Park and Museum** wurden zehn der 20 historischen Gebäude, z. B. eine Schmiede und ein Uhrenturm, auf dem ehemaligen Besitztum der Familie Boothe hergerichtet und zu einem Museum umgewandelt, in dem landwirtschaftliche Geräte, Kutschen und Fahrzeuge ausgestellt sind. Beliebt ist der schön angelegte Rosengarten.
Boothe Memorial Park and Museum, Main Street, ① 203-381-2046, www.boothe memorialpark.org; Park: tgl. 9–17 Uhr, Museum: Juni bis Okt. Di–Fr 11–13 Uhr, Sa/So 13–16 Uhr, Eintritt frei.

Reisepraktische Informationen Stratford

Information
Town of Stratford, ① *203-381-6941, www.townofstratford.com*

Unterkünfte
Rodeway Inn $$, *10 Washington Parkway, ① 203-377-6288, www.rodewayinn.com, modernes Hotel in Strandlage mit geräumigen Zimmern und Blick auf den Long Island Sound.*
Homewood Suites by Hilton $$, *6905 Main Street, ① 203-377-3322, http://homewood suites3.hilton.com, gut ausgestattetes Hotel mit schönem Blick auf den Housatonic River und 135 Zimmern, Swimmingpool und gutem Service*

New Haven

Der Ruf der 1638 gegründeten Stadt ist eng mit der Yale-Universität und den Namen bedeutender Techniker und Erfinder verbunden. Von 1701 bis 1873 war New Haven zusammen mit Hartford Hauptstadt von Connecticut. Um 1830 wanderten viele Iren und Bayern nach New Haven ein, die ebenso wie die ab 1870 gekommenen Italiener und russischen Juden dem Wirtschafts- und Kulturleben starke Impulse gaben.

Stadt der Wissenschaft Das Jahrhundert von 1765 bis 1860 war das Zeitalter der großen Erfindungen in New Haven. In den schmalen Gassen der Stadt lebten so bedeutende Männer wie Eli Whitney, Samuel Colt und Charles Goodyear eng beieinander.

Das Zentrum der Stadt wurde in den vergangenen Jahren gründlich renoviert und präsentiert sich jetzt rund um die Grünanlage „The Green" ansprechend mit zahlreichen Geschäften, Restaurants und Cafés.

„The Green" wird von der Elm St., Church St., Chapel St. und College St. begrenzt; an dieser zentralen Stelle wurden 1638 die ersten Häuser von New Haven nach einem einheitlichen Entwurf gebaut. New Haven gilt daher als die erste geplante Stadt in den USA.

Sehenswert sind die drei historischen Kirchen Center Church on the Green (1812) – die Krypta birgt Grabstätten, die bis in das Jahr 1687 zurückreichen –, Trinity Episcopal (1816) und besonders die aus dem Jahr 1813 stammende United Congretional Church, die zu den Meisterwerken der georgianischen Architektur („Georgian Style") in Amerika gehört. Am Südostende des Greens liegt die Town Hall von 1861 mit einem Stadtmodell. *Sehenswerte Kirchen*

Nordöstlich vom „Green" liegt der **Grove Street Cemetery** *(Grove/Prospect St.)*. Auf diesem alten Friedhof sind einige der bekannten Erfinder wie Noah Webster, Charles Goodyear und Eli Whitney begraben. Westlich vom „Green" liegt die **Yale University**, eine der ältesten, berühmtesten und besten Universitäten der Vereinigten Staaten. Die 1701 in Old Saybrook gegründete Collegiate School wurde 1716 nach New Ha-

	Sehenswürdigkeiten		Übernachtung		Restaurants
1	Yale Center for British Art	1	Courtyard New Haven	1	Claire's Corner Copia
2	Yale Art Gallery	2	The Study at Yale	2	Union League Café
3	Peabody Museum of Natural History	3	New Haven Hotel	3	John Davenport's
4	Yale Collection of Musical Instruments	4	Premiere Hotel & Suites		
5	Beinecke Rare Book and Manuscript Library	5	Omni New Haven at Yale		

info

Die „Väter der amerikanischen Technologie"

Eli Whitney wurde 1765 in Westborough/Massachusetts geboren. Schon 1793 erfand er die Baumwollentkernungsmaschine, die weitreichende Veränderungen für die Baumwollwirtschaft der Südstaaten mit sich brachte. Das bahnbrechend Neue seiner Erfindung war die Einführung der Serienherstellung und der Arbeitsteilung. Gleichartige Einzelteile einer Maschine konnten im Bedarfsfall jederzeit und beliebig oft ausgetauscht werden.

Samuel Colt wurde 1814 in Hartford/Connecticut geboren. 1835 entwickelte er eine Repetierschusswaffe, die in den folgenden Jahren seinen Namen weltberühmt machte. 1853 gründete Colt in Hartford eine große Waffenfabrik, „Colts Armory". Auch hier wurde weitgehend das Prinzip der Austauschbarkeit von Einzelteilen angewandt.

Charles Goodyear wurde 1800 in New Haven geboren. 1839 gelang es ihm, Kautschuk zu vulkanisieren, d. h. in Gummi umzuwandeln. Durch die Fabrikation von Hartgummi im Jahr 1852 wurde er zum Begründer der modernen Gummiindustrie.

ven verlegt. Von dem Mäzen Elihu Yale zur Verfügung gestellte Geldmittel ermöglichten den Ausbau des Colleges, das 1887 zur Universität wurde. Heute sind etwa 10.000 Studenten an der Universität eingeschrieben; viele der ehemaligen Studenten wurden durch große wissenschaftliche Erfolge oder durch politische Karrieren bekannt. Auch Bill Clinton ist ein „Yaly"!

𝑖 Tipp für Besucher
*Ein **Informationsbüro** befindet sich im Besucherzentrum, 149 Elm St., ② 203-432-2300, www.yale.edu/visitor; Mo–Fr 9–16.30, Sa/So 11–16 Uhr. Hier erhalten Sie Informationen, Kartenmaterial und Broschüren; hier beginnen auch die kostenlosen, einstündigen Führungen über den sehenswerten Campus; Führungen: Mo–Fr 10.30 und 14 Uhr, Sa/So 13.30 Uhr.*

Sehenswertes auf dem Universitätsgelände
• Die georgianische **Connecticut Hall** aus dem Jahr 1752, das älteste Gebäude New Havens.
• Das **Yale Center for British Art (1)** wurde wie die Yale Art Gallery von dem bekannten Architekten Louis Kahn entworfen. Hier sind britische Kunstwerke von der Elisabethanischen Zeit bis zur Gegenwart ausgestellt. Im Museum finden Führungen, Lesungen, Konzerte und Filmvorführungen statt; die aktuellen Termine erfahren Sie im Informationsbüro.
Yale Center for British Art, 1080 Chapel St., ② 203-432-2800, http://britishart.yale.edu/; Di–Sa 10–17, So 12–17 Uhr, Eintritt frei.
• Die **Yale University Art Gallery (2)** wurde von dem amerikanischen Maler John Trumbull gegründet, dessen bekanntestes Werk „Die Unabhängigkeitserklärung" ist. Das Museum besitzt wertvolle Sammlungen europäischer Malerei des 13.–20. Jh. sowie amerikanischer und asiatischer Kunst, daneben auch afrikanische Skulpturen.
Yale Art Gallery, 1111 Chapel St., ② 203-43-0600, www.artgallery.yale.edu; Di–Fr 10–17, Sa/So 11–17 Uhr, Eintritt frei.
• Im **Yale Peabody Museum of Natural History (3)** gibt es sehr interessante naturwissenschaftliche Sammlungen, einen „Entdeckerraum" für eigene Experimente und Beobachtungen sowie Filmvorführungen an den Wochenenden. Bekannt ist das Museum vor allem für die Dinosauriersammlung.

Museen auf dem Campus

Im Zentrum von New Haven

Peabody Museum of Natural History, 170 Whitney Ave., ☎ 203-432-5050, www.pea body.yale.edu, Mo–Sa 10–17, So 12–17 Uhr, $ 9.
• Die **Yale Collection of Musical Instruments (4)** bietet Konzerte, Lesungen und Ausstellungen.
Yale Collection of Musical Instruments, 15 Hillhouse Ave., ☎ 203-432-0822, www. yale.edu/musicalinstruments; Sept. bis Juni Di–Fr 13–16, So 13–17 Uhr, Eintritt frei.
• Der Bestand der **Beinecke Rare Book and Manuscript Library (5)** wird mit einer halben Million Büchern und über 1 Mio. Manuskripten angegeben! Zu den wert- vollsten Ausstellungsstücken gehören illustrierte mittelalterliche Handschriften und ei- *Gutenberg-* ne Gutenberg-Bibel. Sehenswert sind auch die Architektur und die Innengestaltung der *Bibel* 1963 gebauten Bibliothek: Zum Schutz der Bücher vor zu großer Sonneneinstrahlung wurde das Gebäude fensterlos errichtet und mit hellen, durchscheinenden Alabaster- platten verkleidet, sodass das Innere der Bibliothek von einem warmen Licht erfüllt ist.
Beinecke Rare Book and Manuscript Library, High St., ☎ 203-432-2977, www.library.yale. edu/beinecke, Mo–Do 9–19, Fr 9–17 Uhr, So nur Ausstellungsräume 12–17 Uhr, Eintritt frei.

In East Haven können Sie im **Shore Line Trolley Museum** mehr als hundert Stra- ßenbahn- und Schnellverkehrswagen aus den Jahren 1878 bis 1939 besichtigen. Außer- dem kann man in historischen Wagen eine beschauliche, ca. 3 km lange Fahrt über das Gelände machen (Abfahrt alle 30 Minuten).
Shore Line Trolley Museum, 17 River St., ☎ 203-467-6927, www.shorelinetrolley.com, er- reichbar über I-95, Exit 51, Mai/Sept.–Okt. Sa/So, Juni–Aug. tgl. 10–17 Uhr, $ 10.

Das rekonstruierte **Black Rock Fort** wurde um 1775 gebaut; das Fort Nathan Hale stammt aus der Zeit des Bürgerkrieges. Von der Befestigungsanlage *(Woodward Ave.)* bie- tet sich ein schöner Blick auf den Hafen von New Haven. Ruhe, Entspannung und Ba- demöglichkeiten gibt es im **Lighthouse Point Park** *(2 Lighthouse Rd.)* oder im East Rock Park *(Zugang über die Davis Road)*, mit schönem Blick auf den Long Island Sound und New Haven, mit Wanderwegen, Spiel- und Picknickplätzen.

Reisepraktische Informationen New Haven

Information
Yale University Visitor Center, 149 Elm Street, ☎ 203-432-2300, www.yale.edu/
visitor/.
Greater New Haven Convention & Visitors Bureau, ☎ 203-777-8550, www.visitnew
haven.com. Infos zum historischen Zentrum auch unter http://nhpt.org/.

Unterkünfte
Courtyard New Haven at Yale $$ **(1)**, 30 Whalley Ave., ☎ 203-777-6221,
www.marriott.com; Mittelklassehotel mit 160 ansprechend eingerichteten Zimmern, Swimming-
pool und Restaurant, ganz in der Nähe der Yale-Universität.
The Study at Yale $$ **(2)**, 1157 Chapel St., ☎ 203-503 3900, www.studyatyale.com; zentral am Campus gelegenes Hotel mit 86 komfortabel eingerichteten Zimmern auf fünf Eta-
gen in der Innenstadt.
New Haven Hotel $$$ **(3)**, 229 George St., ☎ 203-498-3100, www.newhavenhotel.com;
zentral in der Innenstadt gelegenes Hotel mit 92 ansprechenden Zimmern und großem Swim-
mingpool, nicht weit von der Yale University entfernt.
Premiere Hotels & Suites $$$ **(4)**, 3 Long Wharf Dr., ☎ 203-777-5337, www.newhaven
suites.com; ansprechendes Hotel mit 112 geräumigen Zimmern mit voll ausgestatteter Küche,
Shuttlebus, nicht weit von der Innenstadt entfernt.
Omni New Haven Hotel at Yale $$$$ **(5)**, 155 Temple St., ☎ 203-772-6664, www.omni
hotels.com; großes Hotel mit 306 sehr komfortablen Zimmern mit Blick auf die Universität
oder den Hafen, nur wenige Gehminuten vom „Green" gelegen.

Restaurants
Claire's Corner Copia **(1)**, 1000 Chapel St., ☎ 203-562-3888; gutes vegetarisches
Restaurant gegenüber der Universität, das schon seit 30 Jahren sehr geschätzt wird.
Union League Café **(2)**, 1032 Chapel St., ☎ 203-562-4299; stilvoll, mit sehr guter krea-
tiver französischer Küche.
John Davenport's **(3)**, 155 Temple St., ☎ 203-974-6858; das Restaurant liegt im 19. Stock-
werk des Omni New Haven Hotels und bietet neben guten Fleisch- und Seafood-Gerichten
einen schönen Panoramablick auf New Haven und den Long Island Sound.

Einkaufen
Barnes & Noble Yale Bookstore, 77 Broadway, Buchhandlung und Souvenirladen
der Yale University.

Touren
Eine Besonderheit sind Bootsausflüge mit **Schooner Sound Learning**, 60 South Water St., ☎ 203-865-1737, www.schoonerinc.org. An Bord des „Quinnipiack", dem Nachbau
eines Frachtschiffes aus dem späten 19. Jh., können Sie nicht nur die Fahrt entlang der Küste
von Connecticut genießen, sondern an Bord des Zweimasters beim Segeln helfen, Segeltech-
niken kennen lernen und Neues zur Meeresbiologie erfahren.

Flughafen
Der Flughafen liegt etwa 8 km südöstlich der Stadt in East Haven; es gibt keinen Autobuszubringerdienst. Flugverbindungen: u. a. nach Boston, New York, Washington.

Von New Haven entlang der Atlantikküste nach Mystic

 Hinweis zur Route

Entfernung: 61 mi/97 km
Sie können ab New Haven wahlweise dem schnellen I-95 bis Groton folgen oder über den landschaftlich reizvollen US-1 fahren, von dem die sogenannten „shun-pikes" abzweigen, die direkt ans Meer führen.
Bei beiden Alternativen fahren Sie von Groton aus auf dem US-1 nach Mystic.

Die Fahrt von New York an der Atlantikküste entlang nach Norden gehört zu den schönsten Küstenstrecken der Neuengland-Staaten. Im Gebiet von Connecticut führt die „Route No. 1" durch malerische Ortschaften mit weißen Holzhäusern, hohen Kirchtürmen und gepflegten Gartenanlagen, wie sie charakteristisch für die neuenglischen Dörfer sind. An dieser Strecke liegen auch einige schöne State Parks: *Sehens-werte State Parks*

• der **Hammonasset Beach State Park**, *2 mi/3,2 km östlich von Madison,* ① *203-245-2785.* Der größte State Park liegt am Long Island Sound und bietet mit seinem schönen Strand, Sonnenschutzdächern, Picknick- und Campingplätzen gute Sport- und Erholungsmöglichkeiten.
• der **Rocky Neck State Park**, *6 mi/9,6 km östlich von Old Lyme,* ① *203-739-5471.* Der Park wird geschätzt wegen seiner guten Schwimm- und Tauchmöglichkeiten. Es gibt Angelgelegenheiten, Wanderwege, Picknickplätze und einen Campingplatz.
• der **Ocean Beach Park**, *3 mi/4,8 km südlich an der Ocean Ave.,* ① *203-447-3031, Mai–Okt. tgl.* Der Park gehört mit seinem langen Strand, den gepflegten Anlagen, dem großen Wassersportangebot, Geschäften und Picknickplätzen zu den schönsten, aber auch meistbesuchten Stränden der Neuengland-Staaten.

Wer sich für Architektur und Geschichte interessiert, findet in nahezu jedem Ort Sehenswertes. Im Folgenden werden nur einige interessante Häuser, meist sogenannte „saltbox houses", kurz beschrieben.

In **Guilford** (*Guilford Chamber of Commerce, 51 Whitfield St.,* ① *203-453-9677, www.guilfordct.com*) können drei historische Häuser auch von innen besichtigt werden:
• Das **Hyland House** aus dem Jahr 1660 wurde völlig renoviert und mit Mobiliar des 17. Jh. eingerichtet. Sehenswert ist auch der Kräutergarten.
Hyland House, *84 Boston St.,* ① *203-453-9477, www.hylandhouse.com, Juni bis Anf. Sept. Di–So 12–16.30 Uhr, sonst nur Sa/So, $ 3.*
• Das 1639 gebaute **Henry Whitfield House** gilt als das älteste Steinhaus in Neuengland; mit Möbeln des 17. und 18. Jh., einer kleinen Brauchtumsausstellung und einem Kräutergarten. *Historische Häuser*
Henry Whitfield House, *248 Old Whitfield St.,* ① *203-453-2457, Mai bis Nov. Mi–So 10–16.30 Uhr, $ 9.*
• Das **Thomas Griswold House Museum** ist ein gutes Beispiel für das traditionelle „saltbox house". Es wurde um 1774 gebaut. Zu sehen sind historische Ausstellungen und eine restaurierte Schmiede.
Thomas Griswold House Museum, *171 Boston St.,* ① *203-453-3176, www.guilford keepingsociety.com, Juni bis Mitte Sept. Di–So 10–17 Uhr.*

Die historischen Häuser von **Madison** (*Madison Chamber of Commerce, 12 School St.,* ✆ *203-245-7394, www.madisonct.com*) lohnen ebenfalls einen Besuch:

• Das **Allis-Bushnell House** wurde im Jahr 1785 mit vier Feuerstellen gebaut; interessant ist der „Arztraum" mit Inventar und medizinischen Instrumenten des 18. Jh.
Allis-Bushnell House and Museum, 853 Boston Post Rd., ✆ *203-245-4567, www.madisonsthistorical.org, Juni bis Okt. Mi, Fr/Sa 13–16 Uhr, sonst nach Voranmeldung, Eintritt frei.*

• Das **Deacon John Grave House** ist ein Wohnhaus aus dem Jahr 1675, das sich immer im Besitz der Familie Grave befand, aber im Laufe der Zeit vielfältigen Zwecken diente.
Deacon John Grave House, Academy/School St., ✆ *203-245-4798, www.deaconjohngrave.org, Mai bis Okt. Di–So.*

Zu dem 1789 gebauten **Stanton House** in **Clinton** (*Clinton Chamber of Commerce, 50 E Main St.,* ✆ *860-669-3889, www.clintonct.com*) gehörte ein Laden, dessen Einrichtung noch vorhanden ist. 1824 übernachtete der Marquis de La Fayette in diesem Haus.
Stanton House, 63 E Main St., ✆ *860-964-0154, Öffnungszeiten ganzjährig nach Vereinbarung.*

Von der Wende zum 20. Jh. bis zur Gegenwart ist **Old Lyme** (*Old Lyme Chamber of Commerce,* ✆ *866-274-5587, www.lolcc.com*) ein vor allem von Künstlern sehr geschätzter Aufenthaltsort. Das 1817 im georgianischen Stil gebaute **Florence Griswold Museum** wurde zu einem kleinen Museum umgestaltet, in dem Werke dieser „Künstlerkolonie" ausgestellt sind.
Florence Griswold Museum, 96 Lyme St., ✆ *203-434-5542, Di–Sa 10–17 Uhr, So 13–17 Uhr, $ 10, www.flogris.org.*

info

Das „saltbox house"

Die „saltbox" ist das typische Siedlerhaus Neuenglands; es entstand nach dem Vorbild und in der Tradition der Bauernhäuser in der alten Heimat: ein einfaches rechteckiges Rahmengerüst mit Holzwänden und einem steilen Giebeldach.

Zentrum des Hauses war eine offene Feuerstelle mit einem großen, hohen Kamin, der das obere Stockwerk mitbeheizte. Wenn die Familie sich vergrößerte und mehr Raum benötigt wurde, zimmerten die Siedler einen niedrigeren Anbau an die Rückseite des Hauses. Um Sonnenwärme zu nutzen, waren die Häuser immer mit der Front nach Süden ausgerichtet. Die Häuser erinnerten in ihrer Bauweise an die damals gebräuchlichen Holzkisten mit Klappdeckel, in denen das Salz aufbewahrt wurde.

Old Saybrook

Puritanische Siedler errichteten 1635 ein Fort, um die Einfahrt in den Connecticut River zu überwachen. Bedeutung erlangte Old Saybrook durch Schiffsbau und Seehandel, wovon noch einige Häuser an der Main St. zeugen. Das 1767 gebaute **General William Hart House** (*350 Main St.*) enthält viele architektonisch reizvolle Details, wie z. B. die bemalten Kacheln der Öfen und die Original-Wandtäfelungen. Sehenswert ist auch der nach alten Vorbildern angelegte Kräutergarten. In Old Saybrook stand das erste Gebäude des Yale College, bevor dieses 1716 nach New Haven umsiedelte. Heute ist Old Saybrook an der Mündung des Connecticut River ein beliebter Ferienort mit einem großen Sport- und Unterhaltungsangebot.

Reisepraktische Informationen Old Saybrook

i **Information**
Old Saybrook Chamber of Commerce, *1 Main St.*, ① *860-388-3266, www.old saybrookct.org, http://oldsaybrookchamber.com/*

Unterkünfte
Comfort Inn Old Saybrook *$$, 100 Essex Rd.,* ① *860-395-1414, www.comfort inn.com, modernes Hotel mit 50 freundlich eingerichteten Zimmern, Restaurant und Unterhaltungsangebot.*
Deacon Timothy Pratt Bed and Breakfast *$$$, 325 Main St.,* ① *860-395-1229, www. pratthouse.net/, im Zentrum von Saybrook steht das 1746 gebaute Haus mit sieben ansprechend eingerichteten Gästezimmern.*
Saybrook Point Inn & Spa *$$$$, 2 Bridge St.,* ① *860-395-2000, www.saybrook.com, schönes Resorthotel mit 81 sehr geräumigen Zimmern, teilweise mit Balkon, mit mehrfach ausgezeichnetem Restaurant, Innen- und Außenpool, Sauna, Fitnessraum, Tennisplätzen, Marina und schönem Blick auf den Connecticut River sowie Long Island Sound.*

Abstecher entlang des Connecticut River

Von Old Saybrook aus besteht die Möglichkeit, den Unterlauf des Connecticut River zu erkunden. Zwei Ausflüge bieten sich an:

1. Mit Dampfzug und Flussboot am Connecticut River entlang

Bei dieser Fahrt werden Sie in die Vergangenheit versetzt: In Essex (*3 mi/4,8 km nördlich von Old Saybrook*) beginnt eine ca. zweistündige Fahrt mit dem Dampfzug durch das Connecticut-Tal nach Deep River/Chester. Dort können Sie an Bord des alten Flussbootes gehen und eine einstündige Fahrt über den Connecticut River machen. Die Fahrt führt Sie auch an Gillette Castle (s. u.) vorbei. Für die Rückfahrt nach Essex nehmen Sie wieder den Zug, dessen Abfahrtszeiten auf die Schiffsanlegezeiten abgestimmt sind.
Essex Steam Train and Riverboat, ① *860-767-0103 oder 1-800-377-3987, www.essex steamtrain.com; Abfahrtszeiten Ende Juni bis Ende August tgl. 11, 12.30 und 14 Uhr, $ 26.*

2. Von Old Saybrook zum Gillette Castle

Von Old Saybrook aus können Sie eine lohnende Rundfahrt über die landschaftlich schöne Strecke Essex - Chester – Gillette Castle - Hamburg – Old Lyme machen, die Ihnen den Zauber Neuenglands erschließt und die Besichtigung von Gillette Castle ermöglicht.
Von Old Saybrook aus fahren Sie über den CT-154 nach Essex und auf derselben Straße weiter bis zur Kreuzung mit dem CT-148, der Sie dann am Gillette Castle vorbei auf den CT-82 führt. Diesen verlassen Sie an der Kreuzung zum CT-156, dem Sie bis zum US-1 folgen, der Sie zurück nach Old Saybrook bringt. Entfernung: ca. 38 mi/60 km.

Im beliebten, am Fluss gelegenen Naherholungsziel Essex befindet sich das in einem Pack-haus aus dem Jahr 1878 untergebrachte **Connecticut River Museum**. Die ehemalige Be-deutung des Flusses, als Verbindung zwischen New York und Hartford, wird in Gemälden, Fotografien und Modellen dargestellt. Eine Hauptattraktion ist eine 1:1-Nachbildung des weltweit ersten U-Bootes, der allerdings ziemlich erfolglosen „American Turtle".
Connecticut River Museum, 67 Main St., ① 860-767-8269, www.ctrivermuseum.org, Di–So 10–17 Uhr, im Sommer tgl., $ 8.

Gillette Castle in East Haddam/Hadlyme ist eine amerikanische Kuriosität: In einem gro-ßen Park am Ostufer des Connecticut River liegt ein Schloss, das auf den ersten Blick an die rheinischen Burgen erinnert. Der amerikanische Schauspieler William Gillette, der aus Hart-ford stammte, ließ sich dieses Schloss mit 42 Zimmern in den Jahren 1914–19 aus Feldstei-nen bauen. Nach der Besichtigung des Schlosses können Sie im Park den Blick auf den Con-necticut River genießen, picknicken und wandern. Wenn Sie der R 148 folgen, können Sie für ein geringes Entgelt mit der Fähre übersetzen.
Gillette Castle State Park, in East Haddam/Hadlyme, ① 860-526-2336, der Park ist ganz-jährig ab 8 Uhr geöffnet, das Haus ab Ende Mai bis Mitte Okt. tgl. 10–16.30 Uhr, Eintritt frei für das Parkgelände, für die Hausführung $ 6.

New London

Noch immer ist New London die wichtigste Hafenstadt Connecticuts, die seit ihrer Gründung im Jahr 1646 von Seeleuten und Fischern wegen ihrer tiefen Hafenbecken *Wohlstand durch Walfang* gleichermaßen geschätzt wird. Die Stadt verdankte ihren Reichtum der großen Walfang-flotte, die Mitte des 19. Jh. nur von der Flotte New Bedfords in Massachusetts übertrof-fen wurde. Noch heute zeugen davon die Herrenhäuser in der Whale Oil Row (*105–119 Huntington St.*), die zwar nicht von innen besichtigt werden können, aber ahnen las-sen, wie viel Geld mit Walfang zu verdienen war. Ebenfalls sehenswert sind das alte Ge-richtsgebäude oder die Tiffany-Glasfenster in der Kathedrale.

Der „New London's Historic District" ist mit mehr als 30 Restaurants, zahlreichen Ga-lerien, Kunstausstellungen und Boutiquen der beliebte Mittelpunkt der Stadt.

Im Hafen von New London sieht man heute Schiffe aller Art: Fischkutter, Segeljachten, Kreuzfahrtschiffe, Marinekreuzer und U-Boote. Von New London fahren ganzjährig Fäh-ren nach Orient Point auf Long Island.

Die meistbesuchte Sehenswürdigkeit der Stadt ist die **US Coast Guard Academy**, eine der vier militärischen Akademien der USA, die schon 1876 gegründet wurde. *Segelschul-schiff „Eagle"* 750 Kadetten werden hier am Westufer des Thames River ausgebildet. Die Haupt-attraktion ist das Segelschulschiff „Eagle", das besichtigt werden kann. Die „Eagle" wur-de 1932 in Deutschland gebaut und ist ein fast identischer Vorgänger des deutschen Seglers „Gorch Fock". Fotografieren ist erlaubt. Im Museum sind Schiffsmodelle, Uni-formen und nautische Geräte ausgestellt. Schräg gegenüber der Akademie liegt der Ein-gang zum **Lyman Allyn Art Museum**, das sehenswerte Sammlungen europäischer und amerikanischer Malerei sowie eine Puppenausstellung besitzt.
US Coast Guard Academy, 15 Mohegan Avenue, ① 860-444-8511, www.uscg.mil/hq/

cg092/museum/, 1 mi/1,6 km nördlich am I-95, Exit 83; Mai–Sept. Mo–Fr 9–16 Uhr, Eintritt frei. Ausländer müssen sich vorher anmelden, Pass mitbringen!
Lyman Allyn Art Museum, 625 Williams St., ② 860-443-2545, www.lymanallyn.org, Di–Sa 10–17, So 13–17 Uhr, $ 10.

Zu den historischen Häusern gehören das **Joshua Hempstead House**, das älteste, 1678 gebaute Wohnhaus der Stadt, und das **Nathaniel Hempstead House** aus dem Jahr 1759 auf demselben Grundstück. *Ältestes Wohnhaus*
Joshua Hempstead House, 11 Hempstead St., ② 860-443-7949, Mai bis Sept. Sa/So 12–16 Uhr, $ 7.

Im **Monte Cristo Cottage** verbrachte Eugene O'Neill seine Kindheit. Sein Leben wird durch Bücher, Bilder und eine Medienpräsentation dargestellt. Zum Gesamtkomplex **Eugene O'Neill Theater Center** *(305 Great Neck Rd., Waterford, www.theoneill.org)* gehören verschiedene Kulturinstitute. In den Sommermonaten finden Bühnenlesungen neuer Stücke im Theater oder Amphitheater statt.
Monte Cristo Cottage, 325 Pequot Ave., ② 860-433-5378, www.theoneill.org/monte-cristo-cottage, Ende Mai bis Anfang Sept. Do–Sa 12–16, So 13–15 Uhr, $ 7.

Wer war Eugene O'Neill?

info

Eugene O'Neill wurde 1888 in New York geboren. Nach seinem Studium in Princeton wurde er zunächst Kaufmann und arbeitete dann als Goldgräber, Matrose, Journalist und Schauspieler. 1913 begann er mit seiner literarischen Arbeit; in den nächsten Jahren schloss er sich der Künstlerkolonie in Provincetown/Cape Cod an.

Für die „Provincetown Players" schrieb er Einakter wie „Unter dem karibischen Mond". Seine nachfolgenden Dramen brachten ihm internationale Anerkennung. Er wurde Direktor der „Provincetown Players" und gründete die „Theatre Guild", die seine späteren Stücke aufführte. Einige seiner Dramen tragen autobiografische Züge; das Haus in New London bildet zuweilen den Rahmen dazu, wie z. B. in „Eines langen Tages Reise in die Nacht". Höhepunkt seines künstlerischen Schaffens ist die Trilogie „Trauer muss Elektra tragen", eine Übertragung des griechischen Schicksalsdramas in die Gegenwart. Nach dem Pulitzer-Preis wurde O'Neill 1936 auch der Nobelpreis für Literatur verliehen. Er starb 1953 in Boston.

Die 1650 gebaute, 1981 restaurierte Mühle **Ye Olde Town Mill** liegt unter der Gold Star Bridge, auf der man von New London nach Groton fährt.
Ye Olde Town Mill, 8 Mill St./State Pier, ② 860-444-2206, Juni–Mitte Sept., tgl. 13–16 Uhr.

Der **Ocean Beach Park** gehört mit seinem langen Strand, den gepflegten Anlagen, dem großen Wassersportangebot, Geschäften und Picknickplätzen zu den schönsten, aber auch meistbesuchten Stränden der Neuengland-Staaten. In den Sommermonaten werden Beobachtungsfahrten zu Wal-, Delfin-, Seehund- und Tümmlerplätzen durchgeführt, außerdem werden ein- und mehrtägige Segelbootfahrten angeboten. *Vielbesuchter Strand*
Ocean Beach Park, 3 mi/4,8 km südl. an der Ocean Ave., ② 860-447-3031, www.ocean-beach-park.com, Mai bis Okt. tgl. 8–22 Uhr, $ 5, mit Pkw Sa/So $ 20, sonst $ 15.

Erinnerung an kriegerische Zeiten im Fort Trumbull State Park

Der **Fort Trumbull State Park** ist eine Befestigungsanlage aus dem Jahre 1852, die zum Schutz der Küste und des Thames Rivers errichtet wurde. Eine Ausstellung informiert über die Geschichte des Forts und der Stadt.
Fort Trumbull State Park, *90 Walbach St., I 95, Exit 83N/84S, ☏ 860-444-7591, Außengelände tgl. bis zur Dämmerung geöffnet, Fort und Besucherzentrum Mai bis Sept. Mi–So 9–16 Uhr, Eintritt frei.*

Reisepraktische Informationen New London

ℹ️ Information
New London Welcome Center, *kleine Infobude auf der State Street, ☏ 860-444-7264, Mai–Okt. 10-16 Uhr (Mai/Sept./Okt. nur am Wochenende), www.chamberect.com.*
Mystic Country Eastern Regional Tourism District, *27 Coogan Blvd., Mystic/CT, ☏ 860-536-8822, www.mystic.org, www.mysticchamber.org*

🛏️ Unterkünfte
Clarion $$, *269 N Frontage Rd., ☏ 860-442-0631, www.clarionhotel.com; das Hotel mit 136 schlichten Zimmern, Restaurant und Swimmingpool liegt günstig zu allen regionalen Sehenswürdigkeiten und zu den beiden Kasinos.*
Red Roof Inn $, *707 Colman St., ☏ 860-444-0001, www.redroof.com; einfaches Hotel mit 108 Zimmern, ca. 3,5 km von der Innenstadt entfernt.*
Holiday Inn New London North $$, *35 Governor Winthrop Blvd., ☏ 860-443-7000; www.ihg.com, zentral gelegenes Hotel am Hafen mit 120 geräumigen Zimmern, Restaurant und großem Innenswimmingpool.*

Restaurants

Captain Scott's Lobster Dock, 80 Hamilton St., ☎ 860-439-1741, bekanntes, familiär geführtes Restaurant mit Außenterrasse, wo sich der Blick auf die Stadt und die Marina sowie gut zubereitete Fische, Hummer und Meeresfrüchte genießen lassen.
Goldy's Restaurant, 566 Colman St., ☎ 860-442-7146, ganztägig geöffnetes zwangloses Restaurant mit lokaler amerikanischer Küche, gutes Frühstück.

Flughafen

Der Flughafen Groton New London Airport liegt etwa 10 km südöstl. der Stadt, nahe Groton. Verbindungen nach New Haven, New York, Washington; kein Autobuszubringerdienst.

Fähre

Cross Sound Ferry Services, 2 Ferry St., ☎ 860-443-5281, www.longislandferry.com.
ganzjährig mit Fisher's Island/NY, Abfahrt State St., ☎ 631-788-7463
ganzjährig mit Orient Point/NY, Abfahrt Ferry St., ☎ 860-443-5281
Mitte Juni–Mitte Sept. mit Block Island/RI, Abfahrt Ferry St., ☎ 860-442-7891

Beliebt: Fisch und Meeresfrüchte bei Captain Scott's

Groton

Groton, eine Stadt mit etwa 10.000 Einwohnern, ist Heimatort einer sehr großen U-Boot-Basis der amerikanischen Marine. Schiffsbau und Marine haben in Groton eine lange Tradition; schon 1912 wurde hier von einer privaten Werft das erste dieselbetriebene U-Boot gebaut. 1955 gelang der Bau des ersten nukleargetriebenen U-Bootes, der „USS Nautilus". Das moderne **U.S. Submarine Force Museum** liegt nördlich der Innenstadt am Thames River, wo die USS Nautilus 1955 vom Stapel lief. In ei-

U-Boot-
Museum

ner großen Ausstellungshalle wird die Geschichte der amerikanischen Marine in Filmen, Diashows, Materialsammlungen, Büchern und kleinen Theaterszenen anschaulich präsentiert. Arbeitsweisen und technische Hilfsmittel werden vorgeführt; in einem Nebenraum können betriebsbereite Periskope erprobt werden. Das U-Boot erreicht man über eine Brücke; am Eingang werden Kopfhörer verteilt mit ausführlichen Informationen (in englischer Sprache) über das Schiff, dessen Funktionen und die Lebensweise seiner Besatzung. Außerdem ist ein Modell der „Nautilus" aus der Jules-Verne-Verfilmung „20.000 Meilen unter dem Meer" zu sehen.

U.S.Submarine Force Museum, 1 Crystal Lake Rd., ☎ 860-448-0893, www.ussnautilus.org, Mitte April bis Mitte Okt. Mi–Mo 9–17, sonst Mi–Mo 9–16 Uhr, Eintritt frei.

Reisepraktische Informationen Groton

i **Information**
Chamber of Commerce Eastern Connecticut, ☎ 860-464-7373 oder 1-866-274-5587, www.chamberect.com

🛏 **Unterkünfte**
Hampton Inn Groton $$, 300 Long Hill Rd., ☎ 860-405-1585, www.hamptoninn.com, Mittelklasse-Hotel mit 80 geräumigen Zimmern, inklusive Frühstück.
Best Western Olympic Inn $$, 360 Route 12, ☎ 860-445-8000, www.bestwestern.com; freundliches Hotel mit 140 geräumigen Zimmern, alle mit Mikrowelle und Kühlschrank. Shuttleservice zum Flughafen, gute Lage für Ausflüge in die Umgebung.
Mystic Marriott Hotel & Spa $$$$, 625 North Rd., ☎ 860-446-2600, www.mysticmarriott.com; modernes, elegant gestaltetes Hotel mit 285 komfortablen Zimmern, Pools, Spa und empfehlenswertem Restaurant; günstig zu allen Sehenswürdigkeiten der Region gelegen.

👁 **Touren**
Von Juli bis September werden 2 ½-stündige Kreuzfahrten mit dem Umweltschiff „Enviro-Lab" mit fachkundigen Erklärungen durchgeführt. Es werden auch „Sunset cruises" zum Ledge Lighthouse und Fahrten zur Seehundbeobachtung angeboten. Abfahrtsstelle: Avery Point.
Project Oceanology, Avery Point Campus, 1084 Shennecossett Road, ☎ 860-445-9007, www.oceanology.org; $ 25.

Mystic

Die Ortschaft Mystic ist mit dem Freilichtmuseum Mystic Seaport, dem Mystic Marinelife Aquarium und dem in der Nähe liegenden USS Nautilus Museum mit jährlich rund 500.000 Besuchern die meistbesuchte Stadt Connecticuts. Vom 17. bis zum 19. Jh. war Mystic eine bedeutende Schiffsbauer- und Walfängerstadt. In der Innenstadt finden Sie die alte Zugbrücke, die immer noch stündlich öffnet; von den Anlegestellen an der Zugbrücke fahren Ausflugsboote in den Fishers Island Sound; dabei sind Fahrten zur Zeit des Sonnenuntergangs besonders beliebt. Ebenfalls am Wasser liegt die Mystic Art Association Gallery mit Werken des modernen Impressionisten William North und wechselnden Ausstellungen.

Mystic Seaport lädt ein

Mystic Seaport, das größte Marinemuseum der Vereinigten Staaten, ist die sorgfältige Rekonstruktion einer Hafenstadt des 19. Jh., als die großen Segelschiffe noch die Weltmeere kreuzten. Am Eingang erhalten Sie Informationsmaterial und das Tagesprogramm mit den genauen Anfangszeiten der einzelnen Aktivitäten. Mystic Seaport ist für Besucher jeden Alters interessant und man sollte sich einen ganzen Tag Zeit nehmen, um durch die Straßen mit ihren historischen Häuserfronten zu bummeln und dabei in die Wohnhäuser und Werkstätten zu schauen, in denen Seiler, Schmiede, Drucker oder Kupferstecher arbeiten. Man kann den Handwerkern, die in der Tracht des 19. Jh. ihrer Arbeit nachgehen, Fragen stellen und vielleicht auch einmal selbst mitarbeiten, z. B. in der Bootswerft, wo die Boote wie im 18. und 19. Jh. gebaut werden.

Im Hafen von Mystic Seaport liegen Schiffe aller Art, darunter auch einige alte Segelschiffe. Sie können an Bord der „Charles W. Morgan" gehen; dieses im Jahr 1841 gebaute Schiff ist das letzte erhaltene hölzerne Walfangschiff; Sie können dem Segelsetzen auf der „Charles W. Morgan" oder der „Joseph Conrad" zuschauen und sich die Handgriffe erklären lassen. Außerdem gibt es ein Museum und ein Spielzimmer für Kinder, Vorträge, Filmvorführungen, Konzerte, ein Planetarium, Kutschfahrten, einen Bootsverleih, Restaurants, Geschäfte und einen interessanten Museumsladen. Je nach Saison besteht auch die Möglichkeit, einen Ausflug mit einem Segel- oder Dampfschiff zu unternehmen. Die Tickets für die Kutschfahrten bekommt man an Chubb's Wharf, die Tickets für die Dampferfahrten am Sabino Booth.

Größtes Marinemuseum der USA

Mystic Seaport Museum, *75 Greenmanville Ave., am CT-27, 1 mi/1,6 km südl. vom I-95, Exit 90, ① 860-572-5315, www.mysticseaport.org, Ende März–Okt. tgl. 9–17, Okt.–Nov. tgl. 10–16, Jan. 2014 geschlossen, Dez./Feb. Do–So 10–16 Uhr (Öffnungszeiten können sich ändern, am besten vorher auf der Homepage erkundigen), $ 24.*

In den Aquarien und großen Freigehegen des sehenswerten **Mystic Aquarium** leben mehr als 3.500 Tiere, die aus allen Gewässern der Welt stammen. Zwischen 10 und

16 Uhr gibt es stündliche Vorführungen mit Delfinen, Seelöwen und Walen. Einen interessanten Einblick in die Forschungsarbeit des Instituts vermitteln die Ausstellungen zur Unterwasserarchäologie und zu verschiedenen Forschungsexpeditionen.

Mystic Aquarium and Institute for Exploration, 55 Coogan Blvd., am I-95, Exit 90, ① 860-572-5955, www.mysticaquarium.org, April bis Okt. tgl. 9–18 Uhr, sonst 9–17 Uhr, $ 29,95 (Ticket 3 Tage gültig, Kombiticket mit 4D-Theatre $ 33,95).

Reisepraktische Informationen Mystic

i Information

Welcome Center at Mystic Depot, 2 Roosevelt Ave., ① 860-572-9578, www.mysticchamber.org und http://mystic.org, ganzjährig tgl. 10–16 Uhr

Unterkünfte

Comfort Inn $$, 48 Whitehall Ave., ① 860-572-8531, www.comfortinn.com; zweistöckiges Motel mit 120 ordentlichen Zimmern und Frühstück, nicht weit von Mystic Seaport und Mystic Marinelife Aquarium entfernt.

Hampton Inn & Suites Mystic $$, 6 Hendel Drive, ① 860-536-2536, http://hamptoninn. hilton.com, modernes Hotel mit 92 freundlich eingerichteten Zimmern, Pool und Fitnessraum, Parkplatz.

Steamboat Inn $$$, 75 Steamboat Wharf, ① 860-536-8300, www.steamboatinnmystic.com; am Mystic River gelegenes B&B-Haus mit 10 geräumigen, gut ausgestatteten Zimmern, einige mit Whirlpool und Kamin, direkt am Hafen von Mystic im historischen Distrikt, inklusive Frühstück.

Taber Inn & Suites $$$, 66 Williams Ave., ① 860-536-4904, www.taberinn.com; vom Motel, das über gut ausgestattete Zimmer und Suiten verfügt, kann man den historischen Distrikt und Williams Beach gut zu Fuß erreichen.

The Inn At Mystic $$$, 3 Williams Ave, ① 860-536-9604, www.innatmystic.com; traditionelles Hotel mit 67 stilvoll eingerichteten Zimmern in verschiedenen Gebäuden, mit bekanntem Restaurant, in Strandnähe, Tennis, Kanu-, Ruder- und Segelbootverleih, mit schönem Blick auf Mystic Harbour und den Long Island Sound, einschließlich Frühstück und Nachmittagstee.

The Whaler's Inn $$$, 20 E Main St., ① 860-536-1506, www.whalersinnmystic.com, kleines Motel mit 49 ansprechend eingerichteten Zimmern und beliebtem Restaurant. Der Hafen und Mystic Seaport sind nur wenige Gehminuten entfernt.

Restaurants

Captain Daniel Packer Inne, 32 Water St., ① 860-536-3555; historisches Haus aus dem Jahr 1754 mit kleinem, sehr gut besuchtem Restaurant, Pub und Bar.

Flood Tide Restaurant, 3 Williams Ave., ① 860-536-8140; mit Blick auf den Mystic River können Sie den Nachmittagstee oder am Abend neuenglische Spezialitäten, wie „Maine Crab Cakes" genießen.

Einkaufen

Nahe beim Aquarium liegt das beliebte **Olde Mistick Village** (Coogan Boulevard, www.oldemistickvillage.com), ein im Kolonialstil des 18. Jh. nachgebautes Dorf mit über 60 Geschäften, Boutiquen, Kunstgewerbeläden, Souvenirshops und Restaurants. Gegenüber locken die Mystic Factory Outlets.

Touren
Argia Mystic Cruises, Schooner Wharf, 15 Holmes St., 1,5 mi/2,5 km südl. vom I-95, Exit 90, ① 860-536-4218, www.argiamystic.com; auf dem alten Segelschiff werden von Mai bis Oktober zwei- und mehrstündige Fahrten angeboten, Abfahrt: 10.20, 14.20 und 17.30 Uhr, ab $ 42.

Veranstaltungen
Spring Lobster Festival, Ende Mai wird das Frühlingsfest mit Musik und Tanz gefeiert, für das leibliche Wohl gibt es vor allem Hummer und anderes Meeresgetier.
Chowder Festival, Mitte Okt. werden traditionsgemäß bei einem Trachtenfest drei verschiedene Fischsuppen angeboten.

Abstecher nach Stonington

3 mi/4,8 km östlich von Mystic lohnt ein Abstecher ins beschaulichere Stonington, das sich den Charme einer gewachsenen Gemeinde erhalten hat und Heimathafen der letzten nennenswerten Fischereiflotte Connecticuts ist. Ein Spaziergang entlang der Main und Water St. ist reizvoll. Im alten Leuchtturm wurde das **Old Lighthouse Museum** *(7 Water St.)* eingerichtet. Der Turm wurde 1823 errichtet, aber bereits 1840 wegen Erosionsgefahr ein Stück landeinwärts versetzt. Anhand von Originalexponaten erhält man einen guten Überblick über die lokale Seefahrtsgeschichte sowie Fischerei und Walfang. Empfehlenswert ist der Aufstieg auf den Turm, der bei entsprechendem Wetter mit der Aussicht auf drei Bundesstaaten und den Long Island Sound entlohnt.

Eine Zeitreise in die Ära der geografischen Entdeckungsfahrten bietet das **Captain Nathaniel Palmer House**. Palmer wurde berühmt durch die Entdeckung des antarktischen Kontinents im Jahr 1820. Ausgestellt sind Stücke, die an Palmers und andere Reisen seiner Zeit erinnern.
Captain Nathaniel Palmer House, 40 Palmer Street, ① 860-535-8445, www.stonington history.org, Mai–Okt. Do–So 13–17 Uhr, $ 9 (einschl. Eintritt ins Lighthouse Museum).

Routenalternative:
Von New Haven über Hartford nach Mystic

Die Fahrt nach Hartford führt durch landschaftlich reizvolle Gegenden mit klaren Wasserbächen und Flussläufen, zu State Parks mit Wanderwegen, Naturpfaden und Picknickplätzen und auf möglichen Abstechern links und rechts der Hauptstraße zu vielen Ortschaften mit historischen Gebäuden und Sehenswürdigkeiten.

☞ Hinweis zur Route

Entfernung: 97 mi/152 km
Im Zentrum von New Haven fahren Sie auf den I-91, der direkt nach Hartford führt. Alternativ können Sie auch über den vom I-91 abzweigenden US-5 über Meriden nach Berlin fahren und von dort aus weiter über den CT-9 durch New Britain auf den I-84 nach Hartford.

Middletown

Liberale Universität

Am Connecticut River auf halber Strecke zwischen New Haven und Hartford liegt Middletown, Sitz der Wesleyan-University, die bekannt für ihre liberale und offene Geisteshaltung ist. Auf dem Campus dominieren einige alte herrschaftliche Häuser aus dem frühen 19. Jh. Vom Harbor Park legen Schiffe zu vierstündigen Kreuzfahrten auf dem Connecticut River ab. Eindrucksvoll sind besonders die „foliage cruises" im Herbst zur Zeit der Laubfärbung.

Der **Wadsworth Falls State Park** *(am CT-157, ➀ 203-344-2950, www.stateparks.com/ wadsworth_falls.html)* ist ein schöner Park mit einem Wasserfall, Aussichtsturm, Wanderwegen, Schwimm- und Angelgelegenheiten. Beim Spaziergang durch den Park kann man die Staatsblume Connecticuts, den Berglorbeer, bewundern, der hier stark verbreitet ist.

> *i* **Information**
> **Middletown Chamber of Commerce**, *393 Main St.,* ➀ *860-347-0028, www. cityofmiddletown.com, www.middlesexchamber.com*

New Britain

Eisenverarbeitung

Die Stadt kann auf eine große Tradition der Eisenwarenherstellung und Metallverarbeitung zurückblicken; von Schlittenglocken bis zu Schleusentoren wurde hier früher alles aus Eisen angefertigt. Im **New Britain Industrial Museum** wird die Entwicklung der Eisenwarenproduktion in der Stadt anhand von Werkzeugen über Art-déco-Küchenmaschinen bis hin zur Geschichte der großen Eisen verarbeitenden Firmen dargestellt.
New Britain Industrial Museum, *185 Main St. (2. Stock),* ➀ *860-832-8654, www. nbim.org, Mo–Fr 14–17, Mi 12–17 Uhr, Eintritt frei.*

Das **New Britain Museum of American Art** beherbergt eine umfangreiche Ausstellung amerikanischer Künstler des 18. bis 20. Jh. sowie Wandmalereien von Thomas Hart Benton.
New Britain Museum of American Art, *56 Lexington St.,* ➀ *860-229-0257, www. nbmaa.org, Mo/Di/Mi/Fr 11–17, Do 11–20, Sa 10–17, So 12–17 Uhr, $ 12.*

Bristol

Uhrenstadt

Seit 1790 ist Bristol als „Uhrenstadt" bekannt, weil Gideon Roberts hier seine ersten Uhrwerke herstellte und verkaufte. Heute ist Bristol eine Industriestadt mit ca. 57.000 Einwohnern, in der Präzisionskugellager und Elektrogeräte hergestellt werden. Sehenswert ist das **American Clock and Watch Museum** im historischen Gebäude von 1801. Eine umfangreiche Ausstellung mit mehr als 3.000 Uhren verschiedenster Art und eine interessante Diashow vermitteln einen Überblick über die Herstellung von Uhren in Vergangenheit und Gegenwart. Interessant ist auch der Garten mit Sonnenuhren.
American Clock and Watch Museum, *100 Maple St.,* ➀ *860-583-6070, http://clockand watchmuseum.org, April–Nov. tgl. 10–17 Uhr, $ 6.*

Für Nostalgiker und Karussell-Liebhaber gibt es das **New England Carousel Museum** (*95 Riverside Ave., www.thecarouselmuseum.org, im Sommer Di–Sa 10–17, So 12–17 Uhr, $ 6 inkl. eine Karussell-Fahrt*) mit alten Karussells und einer Menge Figuren.

i **Information**
Greater Bristol Chamber of Commerce, *200 Main St., ① 860-584-4718, www.*
bristol-chamber.org

Ca. 8 mi/12,8 km westlich von Bristol ist der Bahnhof von **Thomaston** Ausgangspunkt für eine 20 mi/32 km lange und ca. 1 ½-stündige Fahrt mit der **Museumsbahn Naugatuck Railroad**. Die Route führt durch den Black Rock State Park nach Waterville. Besonders lohnend ist die Tour im Oktober während des Indian Summer; als Special werden Weinproben an Bord des Zuges angeboten. Der Bahnhof von Thomaston beherbergt ein kleines Eisenbahnmuseum.
Railroad Museum of New England, *ca. 8 mi/12,8 km westl. von Bristol, Bahnhof von Thomaston, ① 860-283-7245, http://rmne.org, Mai–Okt., Fahrt mit der Museumsbahn ab $ 14.*

Das nahe gelegene **Farmington** wartet mit sehenswerten historischen Gebäuden auf. Das **Stanley-Whitman-House** stammt aus dem 18. Jh. und ist mit antikem Mobiliar eingerichtet. Hier finden Wechselausstellungen statt. Kräuter- und Blumengarten sind im Stil des 17. und 18. Jh. angelegt. Das **Hill-Stead Museum** beherbergt eine Sammlung französischer und amerikanischer Impressionisten im ehemaligen Anwesen des Industriellen Alfred A. Pope. *Impressionisten*
Stanley-Whitman-House, *37 High St., Farmington, ① 860-677-9222, www.stanleywhitman.org, Mai bis Okt. Mi–So 12–16 Uhr, sonst nur So, $ 7.*
Hill-Stead Museum, *35 Mountain Rd., Farmington, ① 860-677-4787, www.hillstead.org, Di–So 10–16 Uhr, $ 12.*

Hartford

Die Hauptstadt des Staates Connecticut entwickelte sich aus einer holländischen Poststation, die 1633 eingerichtet worden war. Einer der Gründer der neuen englischen Siedlung war Samuel Stone, der aus Hartford/England stammte und dem neuen Ort den Namen seiner Heimatstadt gab. Gegen Ende des 19. Jh. gehörte Hartford zu den wohlhabendsten Städten der USA. Zugleich ließen sich Schriftsteller und Künstler nieder, z. B. Mark Twain und Harriet Beecher-Stowe. 1758 wurde hier der Lexikograf und Grammatiker Noah Webster geboren, der 1828 das inzwischen berühmte „American dictionary of the English language" herausgab, das seitdem wie der „Duden" laufend neu bearbeitet wird. Bereits 1764 wurde mit dem Druck der Zeitung „Hartford Courant" begonnen, die noch heute erscheint. *Hauptstadt von Connecticut*

Hartford ist die Versicherungshauptstadt der USA, wie die modernen, hoch aufragenden Verwaltungsgebäude der fast 40 Versicherungsgesellschaften zeigen, die das Zentrum der Stadt prägen. Wichtig für die Wirtschaft Hartfords ist auch die Gewehrfabrik Colt, deren blaue Kuppel weithin sichtbar ist. Hartford besitzt eines der ältesten öffentlichen Museen Amerikas. In der näheren Umgebung gibt es etwa 50 Parkanlagen, die mit vielen Sport-, Kultur- und Freizeitangeboten der Bevölkerung zur Erholung dienen. *Parks und Museen*

Geeigneter Ausgangsort für eine Stadtbesichtigung ist der **Bushnell Park**, der sich vor dem Capitol ausdehnt. Von hier aus sind die interessantesten Sehenswürdigkeiten gut zu Fuß erreichbar.

Hartford

❶ Sehenswürdigkeiten
1. State House
2. Museum of Connecticut History
3. Wadsworth Atheneum
4. Ancient Burying Ground
5. Bushnell Park
6. Traveler's Tower
7. Old State House
8. Nook Farm/Mark Twain House
9. Harriet Beecher-Stowe Center

❶ Übernachtung
1. Hilton Hartford Hotel
2. Holiday Inn Express Downtown
3. Residence Inn Hartford
4. Butternut Farm

❶ Restaurants
1. Hot Tomato's
2. Trumbull Kitchen
3. Max Downtown
4. U.S.S.Chowder Pot IV

Das **Connecticut State House (1)**, das auffallende Gebäude mit der goldenen Kuppel, wurde 1878/79 nach Plänen von Richard Upjohn errichtet. Bei den Führungen durch das State House mit seiner historischen Ausstellung wird auf einen Stuhl hingewiesen, der aus dem Holz der berühmten „Charter Oak" geschnitzt ist.
Connecticut State House, *Capitol Ave./Trinity St.,* ① *860-240-0222, www.cga.ct.gov/capitol tours, Mo–Fr 8–17 Uhr, Führungen stdl. 10.15–13.15 Uhr; Eintritt frei.*

„Charter Oak"

info

Die Eiche ist der Staatsbaum von Connecticut. Ein alter Eichbaum aus dem 17. Jh. ist eng mit der Geschichte Connecticuts verbunden. Im Jahr 1662 hatte König Charles II. der „English Colony of Connecticut" die Selbstständigkeit in einer Charta gewährt, aber schon 1687 versuchte Sir Edmund Andros, der Gouverneur Neuenglands, diese königliche Charta wieder einzuziehen. Um das Dokument zu retten, versteckte Joseph Wadsworth es in einer hohlen Eiche, die seitdem als „Charter Oak" bekannt ist. Als der Baum 1856 gefällt werden musste, wurde die Charta ins Historische Museum nach Hartford gebracht. Die Erinnerung an das historische Ereignis wird lebendig gehalten durch die Markierung der Stelle, an der die Eiche stand. Außerdem gab man einer quer durch das Land führenden Straße den Namen „Charter Oak Trail". Wer diesem Weg folgt, lernt Connecticut sehr gut kennen.

Im gegenüberliegenden Gebäude, dem State Library and Supreme Court Building, befindet sich das **Museum of Connecticut History (2)** mit dem Original der Charta von 1662 und der bekannten „Colt-Feuerwaffen-Sammlung".
Museum of Connecticut History, *231 Capitol Ave.,* ① *860-757-6535, www.museumofct history.org, Mo–Fr 9–16, Sa 9–14 Uhr, Eintritt frei.*

Das **Wadsworth Atheneum (3)** wurde bereits 1842 als Bibliothek und Kunstgalerie gegründet und gehört damit zu den ältesten öffentlichen Museen der USA. Es besitzt in 5 Gebäuden außer historischen Sammlungen eine bemerkenswerte Gemäldesammlung europäischer Meister des 16. und 17. Jh. und der Impressionisten, zeitgenössische Kunst, eine Textil- und Porzellanausstellung und zwei Galerien mit afroamerikanischer Kunst. Eine Gedenktafel erinnert an George Washington, der die Stadt sechsmal besuchte.
Ältestes Museum der USA
Wadsworth Atheneum, *600 Main St.,* ① *860-278-2670, www.wadsworthatheneum.org, Mi–Fr 11–17, Sa/So 10–17 Uhr, $ 10.*

Ganz in der Nähe des Museums liegt der **Ancient Burying Ground (4)** (*60 Gold St.*). Auf dem alten Friedhof befinden sich die Gräber der ersten Siedler und von bekannten Persönlichkeiten der Stadt sowie die Center Church aus dem Jahre 1807, die 1636 zunächst als Bethaus gebaut worden war.

Im Norden und Osten des **Bushnell Parks (5)** (*www.bushnellpark.org*) liegt der alte Teil der Stadt, der in den letzten beiden Jahrzehnten saniert wurde und durch die Umgestaltung ein völlig neues Gesicht bekommen hat. Wo ehemals ein Slumgebiet war, sieht man heute ein modernes Stadtzentrum mit markanten Bauwerken:
• **Hartford Civic Center** mit vielen Geschäften und Restaurants,
• **Constitution Plaza**, ein bekanntes Geschäfts- und Einkaufszentrum,

Weiter Blick • **Phoenix Mutual Life Insurance Co. Building**, eines der modernsten Gebäude des Staates, ein elliptisches Bürohaus, das „The Boat" genannt wird,
• **Traveler's Tower (6)** (*Main/Gold St.*). Mit Aufzügen und über 70 Stufen erreichen Sie in 160 m Höhe die Aussichtsplattform des höchsten Versicherungsgebäudes und haben einen weiten Blick über die Stadt Hartford und das Tal des Connecticut River (*nur Mai–Okt. nach Anmeldung,* ☏ *860-277-4208*).

Zwischen all den modernen Gebäuden zieht das alte Rathaus die Blicke auf sich. Das **Old State House (7)** wurde 1796 nach Plänen des berühmten Architekten Charles Bulfinch errichtet. In der restaurierten Senatskammer ist ein von Gilbert Stuart gefertigtes Porträt George Washingtons zu sehen. Im Old State House gibt es eine **Touristeninformation** und einen Museumsshop. Auf dem Rasenplatz vor dem Haus finden im Sommer Konzerte statt.
Old State House, 800 Main St., ☏ *860-522-6766, www.ctosh.org, Di–Sa 10–17 Uhr (im Winter Mo–Fr), $ 6.*

Berühmter Bewohner Etwa 3,5 km vom Zentrum entfernt liegt im Westen der Stadt die größte Sehenswürdigkeit von Hartford, die **Nook Farm (8)**, auf deren Gelände sich das „**Mark-Twain-Memorial-Haus**" befindet. Mark Twain ließ das Haus 1873/74 nach eigenen Vorstellungen und Plänen bauen. Er liebte das verwinkelte, mehrgiebelige Haus mit seinen Balkons, seinen Türmchen und seinem Anbau, das an einen Mississippi-Dampfer erinnert. Im Inneren wurde das Haus von Louis Comfort Tiffany gestaltet. Hier lebte Twain mit seiner Familie bis 1891 und verfasste einige seiner bekanntesten Werke wie „Tom Sawyer" und „Die Abenteuer von Huckleberry Finn". Wechselnde Ausstellungen mit Manuskripten, Fotos und Erinnerungsstücken sowie der Film „Mark Twain" veranschau-

Relikt aus alter Zeit: das Old State House von 1796

Vom Dichter selbst entworfen: das ehemalige Wohnhaus von Mark Twain

lichen das Leben des Dichters. Das Haus ist nur im Rahmen einer knapp einstündigen Führung zu besichtigen, die letzte Tour startet um 16.30 Uhr.
Mark Twain House & Museum, *351 Farmington Ave., ① 860-247-0998, www.marktwain house.org, Mo–Sa 9.30–17.30, So 12–17.30 Uhr (im Winter Di geschl.), $ 16 (inkl. Führung).*

Mark Twain

info

Mark Twain wurde am 30. November 1835 als Samuel Langhorne Clemens im Dorf Florida in Missouri geboren. 1839 zog er mit seinen Eltern ins nahe Hannibal und begann dort im Jahr 1848 eine Setzer- und Druckerlehre. Schon bald veröffentlichte er in der Zeitung seines Bruders eigene kleine Artikel. Von 1857 bis 1860 arbeitete er als Lotse auf dem Mississippi. Während des Bürgerkrieges ging er als Silbergräber und Reporter unter dem Namen Mark Twain nach Nevada und Kalifornien. 1865 erschien seine erste bedeutende Kurzgeschichte „The Celebrated Jumping Frog of Calaveras County". Reisen führten ihn nach Hawaii und ans Mittelmeer; sie fanden ihren literarischen Niederschlag in Kurzgeschichten und seinem ersten Buch „The Innocents Abroad". Auf einer der Reisen lernte er Olivia Langdon kennen, die er 1870 heiratete. 1871 zog das Ehepaar nach Hartford, wo 1872 seine Tochter Susy geboren wurde. 1873/74 ließ er das Haus in der Farmington Ave. bauen, wo er intensiv arbeitete. 1878/79 machte er noch einmal eine Europareise, und 1889 erschien sein Buch „A Connecticut Yankee in King Arthur's Court".

Die folgenden Jahre brachten schwere Schicksalsschläge für Mark Twain. Die Beteiligung an einem Verlag, Investitionen in eine neue Setzmaschine und andere Erfindungen führten 1894 zum finanziellen Bankrott. Um seine Schulden in Höhe von $ 190.000 zurückzahlen zu können,

Mark Twain

unternahm er in den folgenden Jahren ausgedehnte Vortragsreisen durch die ganze Welt. Sein Privatleben wurde 1896 durch den Tod seiner Tochter Susy und 1897 durch den Tod seines Bruders erschüttert. Um die Jahrhundertwende begann für ihn mit der Verleihung der Ehrendoktorwürde von Yale, Missouri und Oxford die Zeit der großen Ehrungen. Seine Lausbubengeschichten von Tom Sawyer und der als Fortsetzungsgeschichte geschriebene Schelmenroman von Huckleberry Finn waren durch Humor, Spottlust, Heimatliebe und Menschlichkeit geprägt.

Nach dem Tod seiner Frau im Jahr 1904, mit der er, aus Sorge um ihre Gesundheit, nach Italien umgezogen war, nahm Mark Twain die Arbeit an seiner Autobiografie auf, die aber auf seinen ausdrücklichen Wunsch hin erst nach seinem Tod veröffentlicht wurde. Er starb am 21. April 1910 in Redding/Connecticut.

Ebenfalls auf dem Gelände der Nook Farm liegen das **Harriet Beecher-Stowe Center (9)** und das Wohnhaus von Harriet Beecher-Stowe. Die Verfasserin von „Onkel Toms Hütte", kaufte das zwei Jahre zuvor gebaute Haus im Jahr 1873 und lebte mit ihrer Familie darin bis zu ihrem Tod im Jahr 1896. Das Haus hat 14 Räume, die mit Erbstücken aus dem 18. Jh. und mit Möbeln der viktorianischen Zeit eingerichtet sind. Bilder, Wandteller und viele Sammelobjekte sind Erinnerungsstücke, die die Stowes von ihren Reisen nach Europa mitgebracht haben. Zum Haus gehört ein schön angelegter Garten. Im daneben liegenden Day House, 1884 gebaut, befinden sich eine Präsenzbibliothek und Ausstellungen zum Leben und Werk von Harriet Beecher-Stowe.
Harriet Beecher-Stowe House, 77 Forest St., ① 860-522-9258, www.harrietbeecher stowe.org, Mi–Sa 9.30–16.30, So 12–16.30, $ 10.

Harriet Beecher-Stowe

Harriet Beecher-Stowe wurde 1811 in Litchfield/Connecticut geboren, wo sie in einem streng puritanischen Elternhaus aufwuchs. Sie entschloss sich, Lehrerin zu werden, und heiratete 1836 Calvin Ellis Stowe, der Professor für Bibelkunde war.

1857 veröffentlichte sie in einer Zeitung die Fortsetzungsgeschichte „Onkel Toms Hütte" („Uncle Tom's cabin or Life among the lowly"), die schon im darauf folgenden Jahr auch als Buch erschien. „Onkel Toms Hütte" ist ein scharfer Angriff gegen die Sklaverei; es wurde im amerikanischen Bürgerkrieg (1861–65) zu einer Propagandawaffe, die gegen die Südstaaten und gegen die Befürworter der Sklaverei eingesetzt wurde. Das Buch erregte Aufsehen in der ganzen Welt und wurde in 37 Sprachen übersetzt. Auch in ihren weiteren Schriften setzte Harriet Beecher-Stowe sich immer wieder für die Befreiung der Sklaven und für die Emanzipation der Frauen ein. Im Jahr 1896 starb Harriet Beecher-Stowe in Hartford/Connecticut.

Reisepraktische Informationen Hartford

i Information

Central Regional Tourism District, 1 Constitution Plaza (2. Stock), ☏ 888-288-4748 (in den USA) oder 860- 256-2800, www.centerofct.com/
Visitor Center im Old State House, 800 Main St., ☏ 203-522-6766, Mo–Sa 10–17, So 12–17 Uhr

Unterkünfte

Hilton Hartford Hotel $$$ (1), 315 Trumbull St., ☏ 860-728-5151, www.hilton.com; großes Hotel mit 393 komfortablen Zimmern, Restaurant, Swimmingpool, Sauna, Sportstudio.
Holiday Inn Express Downtown Hartford $$ (2), 440 Asylum St., ☏ 860-246-9900, www.hiexpress.com; modernes Hotel mit 96 gut ausgestatteten Zimmern, in der Innenstadt.
Residence Inn Hartford $$$ (3), 942 Main St., ☏ 860-524-5550, www.marriott.com; angenehmes Hotel im Zentrum der Stadt in einem historischen Gebäude aus den 1870er Jahren mit 120 geräumigen, ansprechend eingerichteten Zimmern mit Küchenzeile.
Butternut Farm $$$ (4), Glastonbury, 1654 Main St., ☏ 860-633-7197, www.butternut farmbandb.com; das 1720 gebaute und mit Antiquitäten liebevoll und kenntnisreich eingerichtete Haus liegt im Vorort Glastonbury. Der Besitzer ist sehr um das Wohlergehen seiner Gäste bemüht, die das ausgezeichnete Frühstück ebenso genießen können wie den schönen Garten mit seinen alten Nussbäumen. Außerdem gehört eine Minifarm mit Ziegen und Geflügel zum Haus. Eine Reservierung ist erforderlich, da das Haus nur über 4 Zimmer/Bad verfügt.

Restaurants

Hot Tomato's (1), 1 Union Place, ☏ 860-249-5100, im Herzen der Stadt gelegenes, gutes italienisches Restaurant.
Trumbull Kitchen (2), 150 Trumbull St., ☏ 860-493-7417, ganztägig geöffnetes Restaurant mit kreativer Küche und ungewöhnlicher Ausstattung.
Max Downtown (3), 185 Asylum St., ☏ 860-522-2530, gegenüber dem Civic Center gelegenes modernes Restaurant mit innovativer Küche.
U.S.S. Chowder Pot IV (4), 165 Brainard Rd, ☏ 860-244-3311; außerhalb des Zentrums gelegenes maritimes Restaurant mit aufmerksamem Service und bekannt guter Küche, zu deren Spezialitäten neben Fischgerichten auch der „lobster bisque" gehört.
Außerdem gibt es im nahe gelegenen **Glastonbury**, im Südosten von Hartford, einige sehr reizvolle, gepflegte Restaurants in historischen Gebäuden und schöner Umgebung, z.B. das: **2 Hopewell American Bistro & Bar**, 2 Hopewell Rd., ☏ 860-633-9600.

Einkaufen

Marlborough Country Barn, Marlborough, N Main St., ☏ 860-295-8231, Di–Sa 10–17.30, So 12–17, Do/Fr bis 20 Uhr. Südöstl. von Hartford liegt das ländliche „Shopping Village", wo Sie in alten Scheunen und typischen Neuengland-Häusern eine große Auswahl an rustikalen Möbeln, Gardinen, Stoffen, Lampen, Trockenblumen, Kerzen, Geschirr, Körben und vielen schönen Kleinigkeiten finden. Außerdem gehören ein „Christmas Shop" und ein Restaurant dazu.
Mitte September. findet die **Connecticut Antique Show** statt, im Connecticut Expo Center, 265 Reverend Moody Overpass, wo vor allem antike Möbel, Gemälde, Schmuck und Kunsthandwerk angeboten werden.

Der **Hartford Downtown Farmers' Market**, 855 Main St., wird von Juni bis Nov. Mo, Mi und Fr von 9–14 Uhr abgehalten.

Touren

Mai bis Mitte Okt. Mo–Fr 11–14.30 Uhr halbstündl. Führungen durch **Traveler's Tower**, 1 Tower Square, ☎ 860-277-0111, das höchste Versicherungsgebäude der Stadt. Von der Aussichtsplattform (Mai–Okt. werktags geöffnet, frei) bietet sich der beste Blick über die Stadt und das Connecticut River Valley.

Backstage at the Bushnell, 166 Capitol Ave., ☎ 860- 987-6033 oder 527-3123, www.bushnell.org, 45-minütige Führung, die die Geschichte der Stadt erläutert, ganzjährig Mi und Do zwischen 11 und 15 Uhr.

Riverboat Cruises: Hartford Belle (www.hartfordbelle.com) bietet geruhsame Bootsausflüge auf dem Connecticut River, 1 Stunde kostet $ 14, 90 Min. $ 20, die Touren finden nur im Sommer und nur am Wochenende statt (13.15 Uhr ab Riverfront Plaza, 13.30 Uhr ab Charter Oak Landing) Juli/Aug. auch Do/Fr, Buchung von Tickets online möglich oder unter ☎ 212-209-3370. Ein weiterer Anbieter ist. **Lady Katherine Cruises** (www.ladykatecruises.com), er bietet eher spezialisierte Touren wie u.a. Brunch- oder Jazz-Touren.

Flughafen

Der **Bradley International Airport**, ☎ 860-292-2000, www.bradleyairport.com, liegt ca. 20 km nördl. von Hartford in Windsor Locks; regelmäßiger Autobuszubringerdienst. Flugverbindungen u. a. nach New York, Boston, Washington, Providence sowie nach Toronto und Montréal.

Nahverkehr

Busse von **CTTransit**, ☎ 860-525-9181, www.cttransit.com, fahren auf mehr als 30 Strecken im Großraum Hartford. Der Einzelfahrschein kostet $ 1,30, ein Tagesticket $ 3,25, ein 3-Tage-Ticket $ 7,80.

Eisenbahn/Bus

Union Station Transportation Center, 1 Union Place, ☎ 860-727-1776, ist der Bahnhof von Amtrak und Haltestelle aller innerstädtischen Buslinien.

Täglich verkehren mehrere **Busse** zwischen Hartford und New York, Washington, Boston etc. Informationen erhalten Sie unter der Rufnummer ☎ 860-727-1776 oder 1-800-872-7245.

Sehenswertes in der Umgebung von Hartford

Historischer Bezirk

Wethersfield ist eine der beiden ältesten Siedlungen in Connecticut. Die ersten Siedler, deren Familien bald folgten, kamen schon 1634 und gaben dem Dorf seinen heutigen Namen. Mit mehr als 115 vor 1840 errichteten Gebäuden ist Wethersfield der größte historische Bezirk Connecticuts. Die historischen Häuser, von denen das Buttolph Williams House (1692) und das Webb Deane Stevens Museum (1752), das aus drei restaurierten Häusern besteht, besonders sehenswert sind, zeugen vom Wohlstand des Ortes. Am Nordende der Main St. steht The Cove Warehouse, in dem eine Ausstellung über die maritime Vergangenheit berichtet, durch die Wethersfield zu Wohlstand gelangte. An einigen der Häuser, die vor 1800 gebaut wurden, kann man den Namen des Bauherrn und das Datum der Fertigstellung ablesen.

3 mi/4,8 km südlich von Wethersfield befindet sich bei Rocky Hill der **Dinosaurier State Park**. Im Park kann man über 2.000 Fußabdrücke von dreizehigen Dinosauriern entdecken, die vor etwa 200 Mio. Jahren hier lebten, und das Modell eines Sauriers in Originalgröße betrachten. Kinder können auch selbst einen Fußabdruck in Gips gießen.
Dinosaur State Park, 400 West St., südlich vom I-91, Ausfahrt 23, ☎ 860-529-8423, www.dinosaurstatepark.org, täglich 9–16.30 Uhr, Ausstellung Mo geschlossen, Eintritt für das Museum: $ 6, Gelände frei.

Glastonbury ist seit 1693 eine selbstständige Ortschaft. Seit Mitte des 17. Jh. ist es durch eine Fähre mit Rocky Hill auf der anderen Seite des Connecticut River verbunden. Bei Glastonbury liegt das **Connecticut Audubon Society Holland Brook Nature Center** *(www.ctaudubon.org)*. Auf dem großen Gelände am Connecticut River gibt es naturkundliche Ausstellungen, eine Pflanzenbörse und einen Forschungsraum für Besucher.

An der Route 185 liegt der **Talcott Mountain State Park**. Vom Parkplatz führt ein ca. 2 km langer Weg hinauf zum **Heublein Tower**, von dessen Höhe man einen Rundblick über vier Bundesstaaten hat. Im Inneren des Turmes gibt es ein kleines Museum. *Blick vom Heublein Tower*

Nordwestlich von Hartford erreicht man über die Route 44 **Avon** und das Tal des **Farmington River**. Die Gegend ist noch landwirtschaftlich geprägt, auch wenn jetzt viele Pendler aus dem Großraum Hartford hier ansässig sind. Große Farmhäuser zeugen davon, dass sich die Landwirtschaft hier lohnte und auch heute noch lohnt. Beliebt ist **Riverdale Farms Shopping** *(Route 10 North, ☎ 860-677-6437, www.riverdalefarms shopping.com)* mit seinen historischen Gebäuden, in denen Geschäfte, Handwerksbetriebe und Restaurants eingerichtet wurden.

Litchfield und der Nordwesten Connecticuts

Von Hartford aus bietet sich ein Ausflug in den reizvollen Nordwesten Connecticuts an. Auf der Fahrt nach Litchfield und Umgebung lernt man am besten den Charme der neuenglischen Dörfer kennen, die mit ihren gepflegten „Commons", den alten Häusern und den für Neuengland typischen weißen Kirchtürmen in ein sanftes Hügelland eingebettet sind. In Litchfield, einem bereits 1719 gegründeten Ort mit schönen alten Kolonialhäusern, wurde **Ethan Allen** geboren (S. 443) und **Harriet Beecher-Stowe**, die Verfasserin von „Onkel Toms Hütte", verbrachte hier ihre Kindheitsjahre (S. 224). Heute ist Litchfield ein beliebter Ausflugsort mit kleinen Boutiquen, Antiquitätengeschäften, Galerien und Restaurants. Die Ortsmitte mit der weißen **Congregational Church** auf dem weitläufigen Rasen und den alten Bäumen ist ein beliebtes Fotomotiv. Das **Litchfield Historical Society Museum** informiert über die Stadtgeschichte und die Region vom 18. Jh. bis zur Gegenwart. *Ausflugsziel*
Litchfield Historical Society Museum, 7 South St., ☎ 860-567-4501, www.litchfieldhisto ricalsociety.org, April–Nov. Di–Sa 11–17, So 13–17 Uhr, $ 5.

Das Weingut **Haight-Brown Vineyard and Winery**, gegründet 1975, lädt zu Führungen und Weinproben ein. Angebaut werden Weißweine, vor allem die Rebsorten Chardonnay und Riesling.
Haight-Brown Vineyard and Winery, 29 Chestnut Hill Rd., ☎ 860-567-4045, http:// haightvineyards.com/, Mai–Nov. Mo–So 12–17 Uhr, im Winter nur am Wochenende geöffnet.

Weiße Kirchtürme setzen Akzente in Neuengland

ℹ Information
Litchfield Hills/Northwest Connecticut Convention & Visitors Bureau, *US-202, ☎ 860-567-4506 o. 1-800-663-1273, www.litchfieldhills.com, www.visitwesternct.com*

🛏 Unterkünfte
The Litchfield Inn *$$$, 432 Bantam Road (Rt. 202), ☎ 860-567-4503 oder 1-800-499-3444, www.litchfieldinnct.com, charmantes, historisches Landgasthaus mit 32 komfortabel eingerichteten Zimmern und gutem Restaurant mit Spezialitäten aus Neuengland.* ***Tollgate Inn*** *$$$, 571 Torrington Road (Rt. 202), ☎ 860-567-1233, www.tollgatehill.com, das Hotel mit unterschiedlich eingerichteten Zimmern und gut geführtem Restaurant befindet sich in den Gebäuden einer historischen Zollstation.*

Von Hartford über Norwich nach Mystic

Norwich

Norwich, 1659 gegründet, zählt zu den ältesten Städten von Connecticut. Die Stadt liegt an den beiden Flüssen Yantic und Shetucket, die sich im Stadtgebiet zum **Thames River** vereinigen. Norwich wird auch nach dem Dichter James Lloyd Greene die „Rose New Englands" genannt, da die umgebenden Hügel die Form einer Rosenblüte haben sollen. Im 18. Jh. wurde die Stadt durch technische Neuentwicklungen bekannt: 1766 wur-

„Rose" Neu-englands

Hinweis zur Route

Entfernung: 55 mi/85 km

Sie fahren von der Broad St. auf den I-84, verlassen diesen am Exit 56 und folgen nun dem CT-2, der Sie direkt nach Norwich führt.

Alternativroute: Wenn Sie nicht bis Norwich die Schnellstraße CT-2 benutzen wollen, sondern eine reizvolle, sehr abwechslungsreiche Hügel-, Fluss- und Seenlandschaft, die zum Wandern, Schwimmen und Erholen einlädt, kennenlernen möchten, bietet sich folgende Alternativroute an: von Hartford über den US-44 über Manchester bis Bolton Notch, dann über den US-6 in Richtung Willimantic, bis Sie auf den CT-66 stoßen, der Sie dann zum CT-32 führt. Es schließen sich noch 2 mi/3,2 km auf dem CT-2 bis Norwich an.

de hier die erste Papiermühle Connecticuts in Betrieb genommen, 1772 wurden die ersten Nägel maschinell gefertigt, und 1790 wurde mit der Baumwollspinnerei begonnen.

Das **Leftingwell Inn-Haus** stammt aus dem Jahr 1675 und war im Besitz von Thomas Leftingwell, eines Führers der Unabhängigkeitsbewegung. Die Ausstellungsstücke im heutigen Museum erinnern an die hier abgehaltenen Versammlungen. Das **Slater Memorial Museum & Converse Art Gallery** besitzt Sammlungen amerikanischer Kunst des 17.–20. Jh. sowie indianische Gebrauchsgegenstände.

Leffingwell Inn-Gebäude, 348 Washington St., ☎ 860-889-9440, www.leffingwellhouse museum.org, Mai bis Okt. Sa 12–16, $ 5.

Slater Memorial Museum & Converse Art Gallery, auf dem Gelände der Norwich Free Academy, 108 Crescent St., ☎ 860-887-2506, www.nfaschool.org, Di–Fr 9–16, Sa/So 13–16 Uhr, $ 3.

Der **Mohegan Park and Memorial Rose Garden** mit einem kleinen Zoo und Bademöglichkeiten wird vor allem von Juni bis September wegen des schönen Rosengartens gern besucht.

Rosengarten und Tiergehege

Mohegan Park and Memorial Rose Garden, Rockwell St., ☎ 860-823-3700, www. norwichct.org, Mai bis Okt. von 9 Uhr bis Sonnenuntergang, Eintritt frei.

Im **Chelsea Harbor Park**, an der Hafenfront, finden sich Einkaufsmöglichkeiten, Restaurants und die Bootsanlegestelle; ganzjährig gibt es kleine Konzerte und Straßenveranstaltungen.

Reisepraktische Informationen Norwich

Unterkünfte

Comfort Suites $$$, 275 Otrobando Ave., ☎ 860-892-9292, www.comfortsuites norwich.com; Motel mit 119 Zimmern, Swimmingpool, Sauna, kostenloser Shuttlebus zu den Kasinos, Frühstück im Preis inbegriffen.

The Spa at Norwich Inn $$$, 607 W Thames St., ☎ 860-886-2401, www.thespaatnorwich inn.com; um 1930 gebautes Hauptaus mit Nebengebäuden auf großem Gelände mit 103 Wohneinheiten mit allem Komfort; Swimmingpool, Tennis, Wanderwege und Joggingpfade, Golfplatz und gepflegtes Restaurant.

Auf den Spuren der Indianer

Wer Interesse an der Kultur der Indianer hat, kann in der näheren Umgebung von Norwich Stätten aufsuchen, die an das Leben, die Kultur und Geschichte der einstmals hier ansässigen Indianer erinnern:

- **Indian Leap**, an den Wasserfällen des Yantic River. Die Wasserfälle waren ein bei den Mohegan-Indianern beliebter Rast- und Beobachtungsplatz. Nach einem Kampf mit einer Schar Narragansetts im Jahr 1643 flohen diese vor ihren Verfolgern bis an den Yantic River. Um sich zu retten, mussten sie von den Klippen in die tiefer liegende Schlucht springen; daher der Name „Indian Leap" („Indianer-Sprung").
- **Indian Burial Grounds**, Sachem St., am CT-32. Dies ist der Begräbnisplatz von Uncas, einem großen Häuptling der Mohegan-Indianer, der den ersten Siedlern in der Umgebung von Norwich indianisches Land zur Bebauung gab.

Indianer-kultur

- Das **Tantaquidgeon Indian Museum** zeigt altes und modernes Kunsthandwerk, Gebrauchs- und Kultgegenstände der Mohegan-Indianer und anderer Indianerstämme aus den Neuengland-Staaten.

Tantaquidgeon Indian Museum, am CT-32 bei Uncasville, ☎ 860-848-9145, Mai–Okt. Mi–So 10–16 Uhr, Spende erwünscht.

- Besonders lohnend ist ein Besuch des **Mashantucket Pequot Museum and Research Center** im Indianerreservat an der Route 2A. Das moderne Museum vermittelt durch große, begehbare Dioramen, eindrucksvolle Dokumentarfilme und Fotos einen vielseitigen und interessanten Einblick in das Leben der Pequot-Indianer von der Eiszeit bis zur Gegenwart. Das lebendig gestaltete Museumsdorf zeigt das Alltagsleben in einer typischen Siedlung aus der Mitte des 16. Jahrhunderts. Von der Plattform des hohen Aussichtsturmes bietet sich ein eindrucksvoller Panoramablick über das Reservat der Pequots.

Mashantucket Pequot Museum and Research Center, 110 Pequot Trail, ausgeschildert ab Hwy 2, ☎ 1-800-411-9671, www.pequotmuseum.org, Mi–Sa 10–16 Uhr, $ 15.

Im Mashantucket Pequot Museum

James F. Cooper und die Indianer Neuenglands

Titel wie „Lederstrumpf" und „Der letzte Mohikaner" erinnern an die eigene Kindheit, als man die Geschichten von Indianern, Siedlern und Trappern, vom Kampf zwischen Weißen und Roten verschlang. Neben Karl May ist James F. Cooper der bei uns bekannteste Autor von Indianergeschichten, der 1826 mit seinem Buch „Der letzte Mohikaner" ein literarisches Denkmal schuf. James Fenimore Cooper wurde 1789 in Burlington/New Jersey geboren und wuchs in Cooperstown, einer Pioniersiedlung im Norden des Staates New York auf, die von seinem Vater, dem Friedensrichter William Cooper, gegründet worden war. Nach seinem Studium in Yale und einer fünfjährigen Dienstzeit in der amerikanischen Marine verbrachte er sieben Jahre in Europa und lebte dann ab 1833 wieder auf seinem Besitztum in Cooperstown. Er interessierte sich für die indianische Kultur und verfasste zahlreiche Romane, die das naturnahe, abenteuerliche Leben der ersten Siedler, der Trapper und Indianer schildern. Dabei sind seine Erzählungen geprägt durch geschichtstreue Darstellungen und eine Fülle kulturgeschichtlich interessanter Einzelheiten.

Die **Mohikaner** (engl. Mohican) waren ein nordamerikanischer Indianerstamm aus der Gruppe der Algonkin-Indianer; sie lebten im Osten des heutigen Bundesstaates Connecticut, in der weiteren Umgebung des Hudson River. Bei der Ankunft der ersten europäischen Siedler in Neuengland verbündeten sich die Mohikaner mit den Engländern gegen andere Indianervölker und waren um 1700 das letzte größere Indianervolk in dieser Region. Die Mohikaner lebten vorwiegend von Jagd, Fischfang und Landwirtschaft; dabei war Mais ihr Hauptnahrungsmittel. Durch die fortschreitende Ausbreitung der weißen Siedler verloren sie mehr und mehr ihre Lebensgrundlage. Ihre Zahl ging immer weiter zurück; heute leben nur noch etwa 500 stark mit anderen Indianerstämmen vermischte Mohikaner in der Nähe von Norwich.

Der mächtige Stamm der **Pequot-Indianer**, der in ständigem Streit mit den Mohigan lebte, widersetzte sich der Landnahme durch die weißen Siedler und kämpfte mit anderen Indianerstämmen gegen die Kolonisten. Überfälle der Weißen auf die größte Siedlung des Stammes im Jahr 1637 und verlustreiche Kämpfe dezimierten jedoch ihre Zahl, sodass der Stamm vom Aussterben bedroht war. Die wenigen Überlebenden flüchteten zu anderen Stämmen. Auch mit der Einrichtung der Indianerreservate verbesserten sich die Lebensumstände nicht wesentlich. Die Pequots erzählen gern die folgende Geschichte: Als die letzte im Reservat lebende Frau im Sterben lag, nahm sie ihrem Neffen das Versprechen ab, die im ganzen Lande verstreut lebenden Pequots zur Rückkehr ins Reservat zu bewegen. Dieser konnte einige Freunde und Verwandte überzeugen und plante mit ihnen mehrere landwirtschaftliche Projekte, die aber nur geringe Einnahmen erbrachten. Erst eine Pizzeria warf genügend Geld ab, um damit eine kleine Bingo-Halle zu finanzieren – dies war der erste Schritt auf dem Weg zum erfolgreichen Foxwoods Casino, das mitten im Mashantucket Pequot Reservat liegt.

Kasinos

In der Nähe von Ledyard liegt mitten im Mashantucket Pequot Reservat das **Foxwoods Casino**, das mit bis zu 50.000 Besuchern täglich zu einem Publikumsmagneten geworden ist. Das von den Mashantucket Pequot-Indianern betriebene Kasino verfügt über 4.600 Spielautomaten und 300 Spieltische, an denen u. a. Roulette, Poker und Bakkarat gespielt werden kann – damit ist es das größte weltweit! In dem riesigen Komplex gibt es Spielhallen, Ladenpassagen, Restaurants, Kinos und Theater, Fitness-Studios, Freizeitangebote, Konzertsäle und ein Luxushotel. Von den Einnahmen werden jährlich mehr als $ 150 Mio. an den Staat Connecticut abgeführt. Das Kasino ist täglich 24 Stunden geöffnet.

Publikums-magnet

Blick auf das Foxwoods Casino

Foxwoods Casino, *am CT-2, von Norwich der Route 2 in Richtung Pawcatuck und der Ausschilderung folgen,* ☎ *860-312-3000, www.foxwoods.com.*

Das **Mohegan Sun Casino** bei Uncasville wird von den Mohegan-Indianern betrieben und zieht mit Spielautomaten, Geschäften, Restaurants, dem Hotel und einer großen Sport- und Konzerthalle ebenfalls viele Besucher an.
Mohegan Sun Casino, *1 Mohegan Sun Blvd., I-395, Exit 79A,* ☎ *1-888-226-7711, www. mohegansun.com, täglich 24 Stunden geöffnet.*

Reisepraktische Informationen Uncasville

 Unterkünfte
Microtel Inn & Suites *$$, 1954 Norwich New London Turnpike,* ☎ *860-367-0880, www.microteluncasville.com; das Hotel hat 120 Zimmer und 58 Suiten, die teilweise über eine zusätzliche Schlafcouch, Kühlschrank und Mikrowelle verfügen, knapp 2 km vom Mohegan Sun Casino und ca. 20 km vom Foxwoods Resort Casino entfernt.*
Mohegan Sun *$$$$, 1 Mohegan Sun Blvd.,* ☎ *860-862-7100, www.mohegansun.com; in diesem Kasino-Hotel gibt es 1.176 luxuriöse Zimmer, 186 Suiten und 22 Restaurants, die Tag und Nacht geöffnet sind; außerdem gibt es Geschäfte, Swimmingpools, Saunen, Spas und Unterhaltung jeder Art.*

☞ Hinweis zur Route

Von Norwich fahren Sie über den CT-12 nach Groton und folgen dann dem US-1 in Richtung Mystic. Von Ledyard folgen Sie der CT-117 nach Groton oder der SR-2 nach Pawcatuck, bis Sie den I-95 oder den US-1 erreichen.

Rhode Island

Überblick

Rhode Island ist der kleinste und zugleich der am zweitdichtesten bevölkerte Bundes- *Kleinster* staat der USA. Über die **Entstehung des Namens** gibt es zwei Versionen: Die erste *Bundes-* geht auf den Seefahrer Giovanni da Verrazano zurück, der 1524 durch die Narragan- *staat der* sett Bay segelte, sich beim Anblick der Insel an Rhodos erinnert fühlte und ihr daher *USA* den Namen Rhode Island gab. Die zweite Version bezieht sich auf den Holländer Adriaen Block, der 1614 die Insel erkundete und ihr wegen der rötlichen Färbung des Ackerbodens und der Felsen die holländische Bezeichnung „Roodt Eyland", „rotes Ei- land", verlieh.

Die Menschen finden Arbeit in der Hauptstadt Providence und in den Industriestädten in der Narragansett Bay; den Besucher locken dagegen eher die kleinen Hafenstädte, die schönen Strände und die guten Wassersportbedingungen an der 644 km langen Küste des Atlantischen Ozeans.

Die größte Sehenswürdigkeit von Rhode Island ist die Stadt **Newport** mit ihren kul- turellen und sportlichen Höhepunkten, wie z. B. der Segelregatta um den „America's Cup", und ihren prunkvollen Häusern des 19. Jh. Diese bescheiden als „Cottages" be- zeichneten Sommerhäuser reicher amerikanischer Familien sind europäischen Schlös- sern vergleichbar – eine Besichtigung lohnt sich!

Schon 1524 hatte Giovanni da Verrazano die Narragansett Bay besucht, aber die Besied- lung von Rhode Island begann erst 1636 und ist mit den Namen Roger Williams und Anne Hutchinson eng verbunden. Beide wurden wegen ihrer individualistischen, vom Freidenkertum geprägten Überzeugung aus dem strenggläubigen, puritanischen Massa- chusetts ausgewiesen, flohen nach Süden und gründeten dort neue Siedlungen. So entstand 1636 Providence, die heutige Hauptstadt von Rhode Island; andere Dörfer gehen auf den Zuzug weiterer Glaubensgemeinschaften zurück. 1643 reiste Roger Williams nach London, um durch eine Charta des briti- schen Parlaments eine Rechtsgrundlage für die neuen Städte und eine Bestätigung ihrer Religionsfreiheit zu erwirken. So wurde „Rhode Island and Providence Plantations", wie der offizielle Name nun lautete, zu einer Zufluchtsstätte und neuen Heimat für Frei- denker und Anhänger verfolgter Sekten

Rhode Island auf einen Blick

Fläche	3.144 m²
Einwohner	ca. 1,05 Mio.
Einwohnerdichte	387,3 Einwohner/km² (USA 32 Einwohner/km²)
Hauptstadt	Providence, 174.000 Einwohner, Metropolitan Area 900.000 Einwohner (Providence, Warwick, Pawtucket)
Staatsmotto	Hope (Hoffnung), Ocean State
Staatsbaum	Rot-Ahorn
Staatsblume	Veilchen
Staatstier	Rhodeländer Huhn
Wirtschaft	Textilindustrie, Maschinenbau und Metallwarenherstellung sind die Schwerpunkte der Wirtschaft Rhode Islands, das zu den sehr stark industrialisierten Bundesstaaten der USA gehört; die Landwirtschaft hat nur wenig Bedeutung. Das jährliche Pro-Kopf-Einkommen entspricht dem nationalen Durchschnitt.
Arbeitslosenrate	9,8 % (USA 7,8 % im April 2013)
Zeitzone	In Rhode Island gilt die Eastern Standard Time (= MEZ -6 Stunden)
Städte	Warwick (86.000 Einwohner), Cranston (81.000 Einwohner), Pawtucket (74.000 Einwohner)
Information	Rhode Island Tourism Division, 315 Iron Horse Way, Suite 101, Providence, RI 02908, ☎ 1-800-250-7384 und 401-273-8270, www.visitrhodeisland.com
Hotline zur herbstlichen Laubfärbung	☎ 1-800-556-2484, www.leafpeepers.com/contents.htm

und Religionen, wie z. B. Juden, Quäker und Baptisten. Obwohl auch Rhode Island vom transatlantischen Dreieckshandel mit Sklaven, Rum und Zuckermelasse profitierte, erließ es 1652 das erste Gesetz gegen Sklaverei in Nordamerika. 1790 ratifizierte Rhode Island als letzter der 13 Gründungsstaaten die Verfassung der Vereinigten Staaten, nachdem die Bill of Rights verabschiedet worden war, die individuelle Rechte garantierte. Rhode Island schmückt sich gerne mit dem Titel der **Geburtsstätte der industriellen Revolution**, da 1790 im Blackstone River Valley die erste wassergetriebene Baumwollmühle in Nordamerika ihren Betrieb aufnahm. Und … der kleinste aller Bundesstaaten beherbergt mehr als 20 % aller National Historic Landmarks der USA!

Das Gebiet von Rhode Island ist durch die Narragansett Bay geprägt. In dieser Bucht, die etwa 45 km weit ins Land hineinreicht, liegen zahlreiche Inseln, z. B. Rhode Island und Prudence Island. Im Westen der Narragansett Bay geht das flache Land, das New England Seaboard Lowland, allmählich in hügeliges Land über, die New England Uplands. Dabei nimmt die Bedeutung der auf Milchwirtschaft und Geflügelhaltung („Rhode Island Red" ist eine bekannte Hühnerrasse) spezialisierte Landwirtschaft ständig ab; heute sind nur noch weniger als 1 % der Bevölkerung in der Landwirtschaft beschäftigt. Haupterwerbszweige sind die traditionsreiche Textil-

Redaktionstipps

Sehens- und Erlebenswertes

▶ In **Newport** Prunk und Pracht der noblen Herrenhäuser kennen lernen (S. 239ff)

▶ Ein Konzert beim **Newport Jazz Festival** miterleben (S. 239)

▶ Zu einer Radtour auf **Block Island** starten (S. 238)

▶ Eine Rundfahrt mit der **„Amazing Grace"** durch den Hafen von Newport unternehmen (S. 247)

▶ In einem Fischrestaurant am Hafen von **Newport** essen

▶ Das Essen in der schon 1687 eröffneten **White Horse Tavern** in Newport genießen (S. 247)

▶ An einer Weinprobe in der Winzerei **Newport Vineyards** teilnehmen (S. 247)

Segeln in der Narragansett Bay

industrie, der Maschinenbau und die Metallwarenherstellung mit dem Schwerpunkt von Tafelsilber. Die bedeutendsten Industriestädte sind Woonsocket, Pawtucket, Cranston und Warwick, die an den Flussmündungen im Inneren der Narragansett Bay liegen.

In zwei bis drei Tagen kann man die Sehenswürdigkeiten von Rhode Island kennenlernen, aber auch ein längerer Aufenthalt lohnt sich durchaus. Ganzjährig gibt es zahlreiche sportliche Veranstaltungen wie Segelregatten und Tennisturniere und ein vielfältiges kulturelles Angebot mit Konzerten und Theateraufführungen. Die Wassersportbedingungen und die **langen Sandstrände** sind ausgezeichnet, und die beiden Weltstädte New York und Boston sind auch nicht weit entfernt. Da Rhode Island nur 78 km lang und 60 km breit ist, kann man auf schönen Fahrradtouren die abwechslungsreiche Landschaft besonders gut kennen lernen.

Schöne Fahrradtouren

Durch Rhode Island

Zwei Hauptstraßen durchziehen Rhode Island:
• der I-95, der von Connecticut kommt, Rhode Island durchquert und zur Hauptstadt Providence und weiter nach Boston/Massachusetts führt,
• der US-1, der zunächst der Küstenlinie folgt, dann in die Narragansett Bay hineinführt, nach Providence und weiter nach Massachusetts führt. Vom US-1 zweigen jeweils kleine Stichstraßen zu den State Parks und Badeständen am Meer ab. Von Connecticut kommend, erreicht man über den US-1 und den RI-138 die Stadt Newport.

Von Mystic nach Newport

Die Grenze zwischen Connecticut und Rhode Island ist der **Pawcatuck River**, mit etwa 40 km der längste Fluss von Rhode Island.

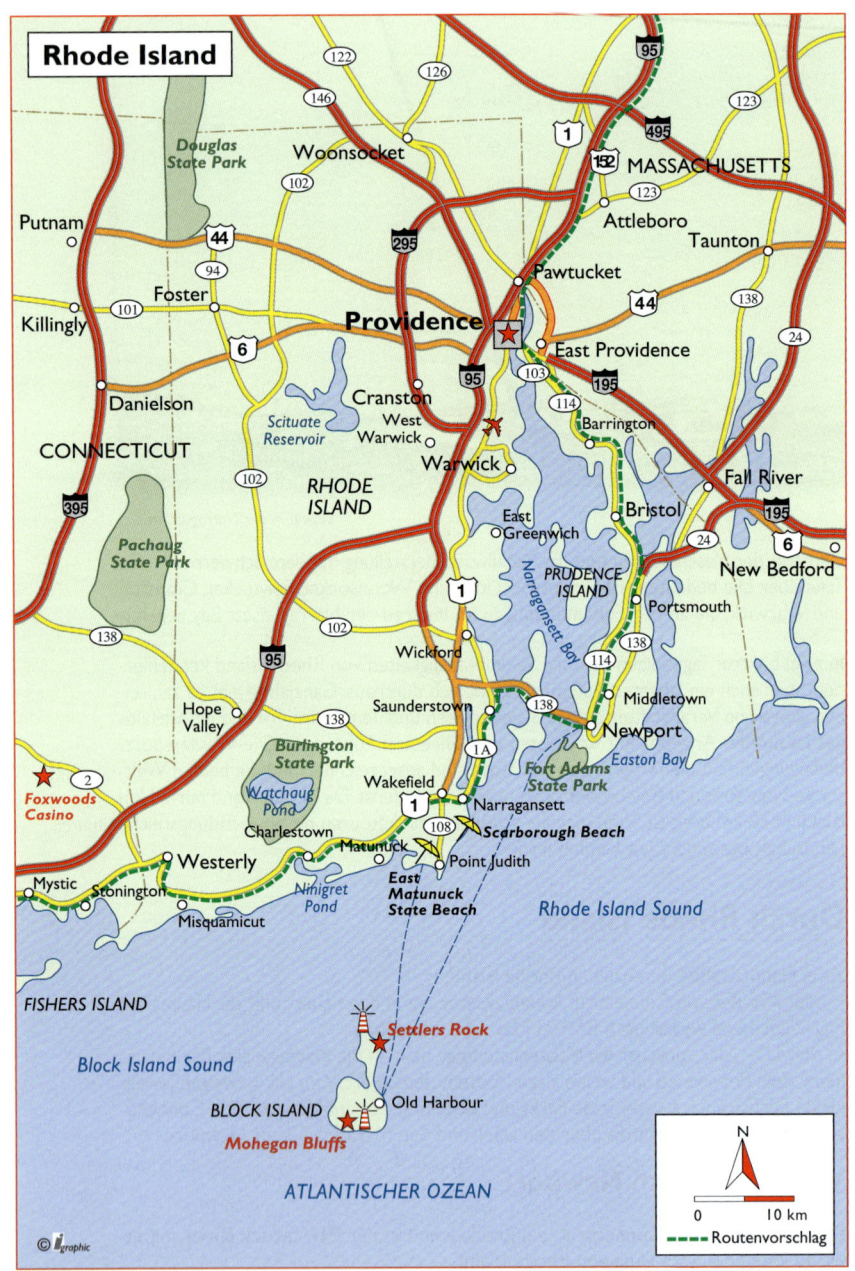

Rhode Island

- 122
- 126
- 95
- 146
- 123
- Douglas State Park
- Woonsocket
- 1
- 495
- 102
- 152
- MASSACHUSETTS
- 123
- Putnam
- 44
- Attleboro
- Taunton
- 94
- 295
- Pawtucket
- Foster
- 101
- 44
- 138
- Killingly
- Providence
- East Providence
- 24
- 6
- 103
- 195
- Danielson
- Cranston
- 95
- 114
- Barrington
- CONNECTICUT
- Scituate Reservoir
- West Warwick
- Fall River
- 102
- RHODE ISLAND
- Warwick
- East Greenwich
- Bristol
- 195
- 395
- Pachaug State Park
- PRUDENCE ISLAND
- 24
- 6
- New Bedford
- 1
- Portsmouth
- 102
- Wickford
- 138
- 95
- 114
- Middletown
- 138
- Hope Valley
- 138
- Saunderstown
- 138
- Newport
- Burlington State Park
- Wakefield
- 1A
- Fort Adams State Park
- Easton Bay
- Watchaug Pond
- 1
- Narragansett
- 2
- 108
- Scarborough Beach
- Foxwoods Casino
- Charlestown
- Matunuck
- Point Judith
- Westerly
- Nimigret Pond
- East Matunuck State Beach
- Rhode Island Sound
- Mystic
- Stonington
- Misquamicut

FISHERS ISLAND

Settlers Rock

Block Island Sound

BLOCK ISLAND — Old Harbour

Mohegan Bluffs

ATLANTISCHER OZEAN

Narragansett Bay

N

0   10 km

----- Routenvorschlag

© *graphic*

Im **South County**, entlang der Strecke von Mystic nach Newport, gibt es attraktive Ausflugsziele. Kleine Hafenstädte, Feriensiedlungen, Badestrände (State Beaches) und herrliche Ausblicke auf das Meer prägen den südlichen Teil Rhode Islands, der vor allem auch für Segler und Surfer interessant ist. *Für Segler und Surfer*

Westerly, eine kleine Stadt mit ca. 15.000 Einwohnern, ist das Handels- und Einkaufszentrum für die nahe gelegenen Feriengebiete.

 ## Hinweis zur Route

Entfernung: 52 mi/83 km
Sie können wahlweise dem US-1 oder der landschaftlich reizvollen Alternativroute RI-1A folgen, die dann beide auf den RI-138 treffen, der nach Newport führt. Besonders der letzte Streckenabschnitt ist sehr interessant, wenn der RI-138 als Brücke „Newport Bridge" in einer Länge von 488 m über die Narragansett Bay führt. Die Brücke wurde 1969 fertig gestellt.

Sehenswertes in Charlestown und Umgebung

Das **Kimball Wildlife Refuge** *(2,5 mi/4 km südwestlich vom US-1, ☎ 401-521-1670, www.asri.org)* liegt am Südende des Watchaug Pond im Burlington State Park; in den Sommermonaten gibt es Führungen und Veranstaltungen.

Eine Begräbnisstätte von Familien und Häuptlingen der Narragansett-Indianer ist der **Royal Indian Burial Ground** *(Narrow Lane, am US-1)*. *Indianer-grab*

An diesem Streckenabschnitt liegen einige schöne State Parks und **State Beaches** mit ausgezeichneten Bade- und Wassersportmöglichkeiten, wie z. B. Misquamicut State Beach, East Matunuck Beach, Roger Wheeler State Beach, Galilee State Beach, Fisherman's Memorial State Park und Scarborough State Beach mit dem nahe gelegenen Point Judith Lighthouse (1460 Ocean Rd.) aus dem Jahre 1816.

 Veranstaltungen
Seafood Festival, am ersten Sonntag im August, mit Verkaufsständen und Heißluft-Ballonfahrten (www.charlestownrichamber.com/seafoodfestival.html)

Narragansett

Narragansett liegt an der Westseite des Eingangs zur gleichnamigen Bucht. Ende des 19. Jh. konkurrierte der Ort mit Newport um die Stellung des führenden Seebadeortes. Ein Feuer zerstörte 1900 den Kasinokomplex und damit auch die Hoffnungen auf eine glamouröse Zukunft. Heute befindet sich im restaurierten Kasino das Fremdenverkehrsamt. Der Ortskern um den Narragansett Pier wirkt recht beschaulich, lohnt aber einen Abstecher.

Das **South County Museum** informiert über die Ortsgeschichte und gibt einen Einblick in das Leben in der Gegend von 1800 bis 1940. Zu Ehren der Indianer wurde das

Indianer-Denkmal **Narragansett Indian Monument** *(Kingstown Rd./Strathmore St.)* aufgestellt. Der Künstler Peter Toth schnitzte in eine Douglastanne Szenen aus der Geschichte der Narragansett-Indianer.

South County Museum, *Strathmore St.,* ☏ *401-783-5400, www.southcountymuseum.org, Juli/Aug. Mi–Sa 10–16, Mai/Juni/Sept. Fr/Sa 10–16 Uhr, $ 10.*

In den Sommermonaten beginnen am State Pier die knapp zweistündigen Southland Riverboat Cruises, die durch den Great Salt Pond führen und einen schönen Blick auf Block Island bieten.

Reisepraktische Informationen Narragansett

ℹ Information
Narragansett Information Center & Chamber of Commerce, *36 Ocean Rd.,* ☏ *401-783-7121, www.narragansettcoc.com/*

🛏 Unterkunft
The Village Inn at Narragansett Pier *$$$, 1 Beach St.,* ☏ *401-783-6767, www.v-inn.com; Hotel mit 62 komfortablen Zimmern, durch eine Straße vom Stadtstrand getrennt, mit italienischem Restaurant, Swimmingpool.*

👁 Touren
Frances Fleet Whale Watching, ☏ *401-783-4988, www.francesfleet.com, 33 State Street, Juli–Ende August ab Port of Galilee, Abfahrt Di/Do/Fr/Sa 13 Uhr, $ 45.*
Rhode Island Bay Cruises, *1347 Roger Williams Way, North Kingstown,* ☏ *401-295-4040, www.rhodeislandbaycruises.com, $ 35. Auf der 90min. Tour geht es vorbei an den 10 schönsten Leuchttürmen von RI. Variierende Abfahrtszeiten, daher vorher auf der Website informieren. Abfahrt in Quonset Point, North Kingstown (ca. 20 Minuten nördlich von Narragansett).*

Block Island

👉 Tipp: *Sollten Sie einen längeren Aufenthalt auf Block Island planen, buchen Sie Fähre und Unterkunft auf jeden Fall rechtzeitig im Voraus, z. B. bei www.blockislandferry.com, www.goblockisland.com oder www.vikingfleet.com.*

In den Sommermonaten, von Mitte Juni bis Anfang September, besteht reger Schiffsverkehr zwischen dem Festland und der Insel. Abfahrtshäfen sind Providence, Newport, Point Judith und New London/Connecticut. Flugverbindungen nach Block Island bestehen vom Westerly State Airport, Flugzeit ca. 15 Minuten *(www.block-island.com/neal/)*.

Traditionelles Ferienziel Die 11 km lange und 5,6 km breite Insel liegt etwa 19 km von der Küste Rhode Islands entfernt. Die Insel ist nach dem holländischen Forscher Adriaen Block benannt, der dort 1614 anlegte; besiedelt ist die Insel seit 1661. Der Tourismus begann mit dem Bau des ersten Hotels im Jahr 1842. Heute leben etwa 800 Menschen auf Block Island, das wegen seines besonders angenehmen Klimas sehr geschätzt und oft mit Schottland verglichen wird. In den letzten Jahren wurden von Seiten der Bewohner Anstrengungen unternommen, den Massentourismus einzudämmen, Zelte und Wohnmobile wurden verbannt, ein nächtliches Fahrverbot verhängt; Verkehrsampeln gab es noch nie auf der Insel. Bemerkenswert ist auch das Fehlen von Fast-Food-Restaurants und Kettenhotels. Am Fährhafen Old Harbor liegen mehrere Hotels, Restaurants, Geschäfte, Kunstgalerien und Boutiquen.

Besuchenswert sind die steilen, ca. 60 m hohen Klippen von **Mohegan Bluffs** im Süden, die heute noch aktiven Leuchttürme North und Southeast Light, **Settlers Rock**, eine Erinnerungsstätte für die ersten holländischen Siedler, und **Rodman's Hollow**, eine glazial geprägte Schlucht, die jetzt ein Vogelreservat ist. Außerdem bietet Block Island jede Menge Strände, der längste, **Crescent Beach**, ist der „Hausstrand" von Old Harbor an der Ostküste. Aufgrund des geringen Verkehrsaufkommens und der abwechslungsreichen Natur (es werden 365 Seen und Teiche gezählt) bietet sich das Fahrrad zur Erkundung der Insel an.

Klippen von Mohegan Bluffs

Reisepraktische Informationen Block Island

Information
Block Island Chamber of Commerce, Old Harbor Ferry, ☎ 401-466-2982 oder 1-800-383-2474, www.blockislandinfo.com

Unterkünfte
The Blue Dory Inn $$, Dodge St., ☎ 401-466-5891 oder 1-800-992-7290, www. blockislandinns.com/bluedory.html; freundlich und einladend wirkt das gut eingerichtete viktorianische B&B-Haus mit 11 geräumigen Zimmern, eigenem Bad, schönem Blick auf die See sowie gemütlichen Cottages direkt am Strand. Der Tag beginnt mit einem ausgiebigen Frühstücksbuffet.
The 1661 Inn and Hotel Manisses $$, 1 Spring St., ☎ 401-466-2421 oder 1-800-626-4773, www.blockislandresorts.com; schönes, viktorianisches Haus mit elegant eingerichteten Zimmern und dazugehörigem Gästehaus und Cottage, empfehlenswertes Restaurant.

Newport

☞ **Tipp:** Die **Newport Historical Society** bietet Führungen durch das historische Viertel von Newport an (Mitte Juni–Ende Okt. Di, Do und Sa jeweils um 10.30 Uhr, April–Mitte Juni und November nur Sa/So, ☎ 401-846-0813, www.newporthistorytours.org, ab Brick Market: Museum & Shop, 127 Thames Street).

Newport, das den Beinamen „America's First Resort" trägt, ist ganzjährig ein beliebtes Reiseziel in- und ausländischer Touristen, ein liebenswerter Ort in schönster Lage an der Narragansett Bay mit großen Segelhafen und schöner Hafenpromenade, historischer Altstadt, gepflegten Parkanlagen, Museen und vielen Wanderwegen mit großartigen Ausblicken auf die Bucht.

Lohnendes Reiseziel

Während des ganzen Jahres finden **Konzerte, Festivals und Ausstellungen** statt, z. B. das Newport Jazz Festival oder das Newport Music Festival mit Konzerten klassischer Musik, das man jedes Jahr Ende Juli/Anfang August an historischen Orten miterleben kann, und natürlich im Sommer die großen traditionellen Segelregatten.

Redaktionstipps

▶ Besuch der prachtvollen **Sommerresidenzen** des 19. Jh. mit Innenbesichtigung (S. 243f).

▶ Fahrt über den „**Ten Mile Ocean Drive**": Die 16 km lange Autofahrt entlang der wild zerklüfteten Atlantikküste bietet großartige Ausblicke auf das Meer und führt zu einigen der schönsten und interessantesten Sommerhäusern (S. 245).

▶ Spaziergang über den „**Cliff walk**" mit herrlichem Blick auf Küste und Ozean (S. 245).

▶ Bummel durchs **Hafenviertel** und entlang der schönen Uferpromenade, zu den zahlreichen Geschäften und vielen kleinen Restaurants, in denen Sie die Ostküsten-Spezialität Clam Chowder (Muschelsuppe) oder frische Meeresfrüchte probieren können (S. 240).

▶ Fahrradtour über die Bellevue Ave. und den **Ocean Drive**, der an einigen Herrenhäusern vorbeiführt (S. 245).

Die Stadt wurde 1639 von Gefolgsleuten von Roger Williams gegründet; 1640 wurde die erste Schule gebaut, und seit 1646 hat der Schiffsbau in Newport Tradition. Die Stadt nahm aktiv an den Unabhängigkeitskämpfen teil. Newports Ruhm als besonders schöner Sommeraufenthaltsort begann nach dem Bürgerkrieg und erreichte seinen Höhepunkt in der Belle Epoque vor dem Ersten Weltkrieg. Einige reiche Familien wie die Belmonts, Astors und Vanderbilts machten die Stadt zu ihrem sommerlichen Treffpunkt und zu einem Ort prunkvoller und verschwenderischer gesellschaftlicher Ereignisse. Sie errichteten sich **Sommerresidenzen**, die mit 50 und mehr prachtvoll ausgestatteten Räumen eher Schlössern als Wohnhäusern ähneln. Heute sind acht dieser Herrenhäuser von der „Preservation Society of Newport County" aufgekauft und können besichtigt werden (s. Newport Mansions, S. 243f).

Einen Stadtrundgang beginnt man am besten am **Gateway Visitor Center** *(23 America's Cup Ave./ Long Wharf)*, wo es neben reichlichem Informationsmaterial auch den Ticketverkauf für die Herrenhäuser und für Führungen und Touren gibt. Es sind ausreichend Parkmöglichkeiten vorhanden.

Newport besitzt viele interessante, gut restaurierte Bauwerke, die die Geschichte der Stadt und den Reichtum ihrer Bewohner widerspiegeln; etwa 70 Herrenhäuser und mehr als 200 Gebäude aus dem 18. Jahrhundert prägen das Stadtbild, z. B. das **Hunter House**, das zwischen 1748 und 1754 gebaut und mehrfach erweitert wurde. *Hunter House, 54 Washington St., www.newportmansions.org, Mai–Okt. tgl. 10–18 Uhr, 9 \$.*

Stadt-geschichte Das **historische Viertel** von Newport, die **Thames Street** und das angrenzende **Hafenviertel** laden zum Bummeln, Schauen und Kaufen in den zahlreichen Kunstgalerien, Antiquitätenläden und Modeboutiquen ebenso ein wie zum Einkehren in die ansprechenden Cafés und Restaurants. **Brick Market**, ein Gebäude aus dem Jahr 1762, heute National Historic Landmark, beherbergt auch das **Museum of Newport History (1)**, das anschaulich über die Geschichte der Stadt und der Region informiert. *Museum of Newport History, 127 Thames St., ① 401-841-8770, www.newporthistorical. org, tgl. 10–17 Uhr, \$ 4.*

Im **Newport Art Museum (2)**, das in einem stattlichen Herrenhaus untergebracht ist, werden neben Wechselausstellungen u.a. Werke von Winslow Homer und George Innes gezeigt. *Newport Art Museum, 76 Bellevue Ave., ① 401-848-8200, www.newportartmuseum.org, Di–Sa 10–16, So 12–16 Uhr, \$ 10.*

Die **Touro Synagogue (3)** wurde 1763 nach Plänen des Architekten Peter Harrison gebaut. Sie ist die älteste Synagoge Amerikas. Als eines der ältesten Bauwerke der Ver-

Newport

Providence

Hunter House

Narragansett Bay

GOAT ISLAND

Block Island

Fort Adams State Park

Hammersmith Farm

Brenton Pt. State Park

Price's Neck

GOOSEBERRY ISLAND

Rhode Island Sound

Eatons's Pond

Cliff Walk Start

Kingscote

The Elms

Chateau-sur-Mer

The Breakers

Rosecliff

Marble House

Beleourt Castle

Hazard's Beach

Cliff Walk End

Bailey's Beach

Lily Pond

Almy Pond

Washington St. · Farewell St. · Broadway · Touro St. · Mill St. · Thames St. · Spring Street · Wellington Ave. · Old Beach Road · Washington Memorial · Narragansett Ave. · Bellevue Avenue · Harrison Ave. · Bateman Ave. · Ruggles Ave. · Ocean Dr. · Fort Adams Rd. · Hammersmith Rd. · Beacon Hill Road · Brenton Road · Hazard Road · Carrol Ave. · Ocean Drive · Ridge Rd. · Castle Hill · Harrison Ave. · Harrison Ave. · Ocean Drive

Sehenswürdigkeiten
1 Museum of Newport History
2 Newport Art Museum
3 Touro Synagogue
4 Old Stone Mill
5 Redwood Library and Athenaeum
6 Trinity Church
7 International Tennis Hall of Fame
8 Astors' Beechwood Mansion
9 Museum of Yachting
10 Oceancliff
11 Castle Hill Coast Guard Station

Unterkunft
1 Best Western Mainstay Inn
2 Pilgrim House Inn
3 Jailhouse Inn
4 Castle Hill Inn & Resort
5 Mill Street Inn
6 Cliffside Inn
7 Hyatt Regency Newport Hotel & Spa
8 Admiral Fitzroy

Essen und Trinken
1 White Horse Taverne
2 La Forge Casino Restaurant
3 Corner Café

© lgraphic

N

0   1 km

Am Hafen von Newport

einigten Staaten gilt die **Old Stone Mill (4)** *(am Touro Park, Mill St.)*, aber über die genaue Entstehungszeit des von Säulen getragenen Rundbaus gibt es unterschiedliche Auffassungen. Während einige Historiker den Bau den Wikingern zuschreiben, die hier um 1040 gelandet waren, weisen neuere Ausgrabungen darauf hin, dass die alte Steinmühle zur Zeit der ersten Siedler auf den Resten eines älteren, unbekannten Gebäudes aufgebaut wurde. Beide Meinungen haben viele Fürsprecher.
Touro Synagogue, 85 Touro St., ☏ 402-847-4794, www.tourosynagogue.org, Öffnungszeiten variieren, i. d. R. So–Fr 11.30–14.30 Uhr (im Winter nur So), auch Führungen möglich, $ 12.

Älteste
Bibliothek
Das aus dem Jahr 1748 stammende Gebäude der **Redwood Library (5)** ist die älteste Bibliothek der USA, die seit ihrer Einweihung ohne Unterbrechung genutzt wird. Am Eingang steht eine Bronzestatue von George Washington.
Redwood Library and Athenaeum, 50 Bellevue Ave., ☏ 401-847-0292, www.redwood library.org, Mo–Sa 9.30–17.30, Do 9.30–20, So 13–17 Uhr.

Die **Trinity Church (6)** am Queen Ann Square gilt als erstes Kirchengebäude der anglikanischen Kirche aus dem Jahr 1726. Sehenswert sind die Kirchenfenster und die Orgel. Der schneeweiße, fast 50 m hohe Turm dient auch der Schifffahrt als Navigationshilfe.

Wo im ehrwürdigen Country Club 1881 die ersten nationalen Tennismeisterschaften ausgetragen wurden und auch heute noch Turniere stattfinden, zeigt das größte Tennismuseum der Welt, die **International Tennis Hall of Fame (7)**, Wissenswertes über prominente Spieler und Persönlichkeiten aus der Tenniswelt.
International Tennis Hall of Fame, Newport Casino, 194 Bellevue Ave., ☏ 401-849-3990, www.tennisfame.com, tgl. 9.30–17 Uhr, $ 12.

Newport Mansions

Eher Palästen als Wohnhäusern gleich, erinnern die „Mansions" an französische, italienische oder deutsche Schlösser, nach deren Vorbild sie gebaut wurden. Die Preservation Society verwaltet und betreut acht der früheren Sommerresidenzen; alle Einnahmen der Gesellschaft werden für die Restaurierung und Erhaltung der Gebäude verwendet, für die in den nächsten 30 Jahren ca. $ 100 Mio. aufgewendet werden müssen.

Ein Shuttlebus startet in kurzen Abständen am Visitor Center und hält an allen Mansions.

Die Herrenhäuser sind meist von großen Parkanlagen umgeben und liegen an der **Bellevue Avenue** und am **Ocean Drive**. Mindestens zwei der herrschaftlichen Häuser sollte man auf jeden Fall von innen besichtigen; schon dann lohnt sich der Kauf eines kombinierten Tickets, das für mehrere Häuser gilt. Karten und Informationsmaterial sind erhältlich an den Eingängen aller Mansions und bei der Preservation Society of Newport County (s. S. 254).

Verschwenderische Pracht

In der jeweiligen Eingangshalle der Herrenhäuser wird eine Vielzahl von Büchern, Informationsschriften, Bildern, Dias und Kunstkarten angeboten. Eine gute bebilderte Darstellung findet sich in der Schrift „A Guidebook to Newport Mansions", die von der Preservation Society herausgegeben wird.

• **The Breakers** *(Ochre Point Ave.)*: 1895 entwarf Richard Morris Hunt, der Architekt von Marble House, dieses 70 Räume umfassende Haus für die Familie von Cornelius Vanderbilt nach dem Vorbild eines italienischen Palastes des 16. Jh. Es ist die größte Sommerresidenz in Newport und beeindruckt durch die prunkvolle Ausstattung der

The Breakers – eine Sommerresidenz in Newport

Räume mit Marmor, Mosaiken, Kristall und Vergoldungen und den großartigen Blick auf die weite Gartenanlage, die sich bis zum Atlantischen Ozean erstreckt.

• **The Elms** *(Bellevue Ave.):* 1901 wurde das Haus in Anlehnung an das Schloss d'Asnieres bei Paris für den aus Pennsylvania stammenden Kohlemagnaten Edwars Berwind erbaut. Besonders reizvoll ist die Gartenanlage.

• **Marble House** *(Bellevue Ave.):* Marble House wurde 1892 von dem berühmten Architekten Richard Morris Hunt für William Vanderbilt entworfen. Vorbild war das Petit Trianon in Versailles. Die Gestaltung aus europäischem Marmor und die Inneneinrichtung mit dem Originalmobiliar sind luxuriös; geradezu verschwenderisch aber ist der Goldene Ballsaal, der als prunkvollster Raum Nordamerikas gilt. Zum Anwesen gehört auch ein chinesisches Teehaus.

Versailles als Vorbild

• **Rosecliff** *(Bellevue Ave.):* Das Haus wurde 1902 nach dem Vorbild des Grand Trianon der Marie Antoinette in Versailles gebaut. Die Besitzerin, Mrs. Hermann Oelrichs, rühmte sich, den größten privaten Ballsaal in Newport zu besitzen.

• **Chateau-sur-Mer** *(Bellevue Ave.):* Das „Schloss" ist eines der besten Beispiele für die geradezu verschwenderische Pracht der viktorianischen Architektur in Amerika. Chateau-sur-Mer wurde 1852 für William S. Westmore gebaut, der sein Vermögen im China-Handel gemacht hatte. 1872 wurden von Richard Morris Hunt sehr umfangreiche Renovierungsarbeiten durchgeführt; eine Besonderheit der prachtvollen Gartenanlage ist das chinesische „Mondtor" in der Südmauer.

• **Kingscote** *(Bellevue Ave.):* wurde 1839 im viktorianischen Stil erbaut und 1864 von William Henry King erworben. Sehenswert sind das 1881 angefügte „Weiße Speisezimmer", die Tiffany-Fenster, das schöne Mobiliar und die chinesische Porzellansammlung.

• **Hunter House** *(54 Washington St.):* Das Hunter House wird auch von der Preservation Society unterhalten; es ist jedoch keine ehemalige Sommerresidenz, sondern das Haus von Jonathan Nichols, eines Gouverneurs von Rhode Island. Das 1748 im Kolo-

Newports Reiche und Superreiche

Alljährlich zwischen 1890 und 1914 war Newport in den Sommermonaten der exklusive Treffpunkt für die reichen Familien Amerikas. Hier ließen sie sich ihre Sommerhäuser bauen, die sie dann für zwei bis drei Monate bewohnten. Sie brachten ihre Kinder und deren Kindermädchen mit, aber auch Köche und Küchenhilfen, Gärtner und Pferdeknechte, das gesamte Dienstpersonal eines großen Hauses. Die kurze Zeit war für die „Sommerfrischler" eine Zeit der Abendgesellschaften, der Feste und Bälle, die in großem Rahmen gefeiert wurden und immer wieder Reichtum und Luxus, aber auch Originalität des Gastgebers demonstrieren sollten.

Mittelpunkt des gesellschaftlichen Lebens war „Mrs. Astor". Ihre Einladungsliste war der Maßstab der gesellschaftlichen Anerkennung: Da ihr Ballsaal in „Beechwood" nur 400 Gäste aufnehmen konnte, gehörten nur jene in den Kreis der „oberen Vierhundert", die zu ihren Festen geladen wurden.

Im Sommerhaus **Astors' Beechwood (8)** *(Bellevue Ave.)* konnte man bis vor kurzem als Hausgast an einer von der „Beechwood Theatre Company" inszenierten Gesellschaft Lady Astors teilnehmen. Inzwischen wurde das Anwesen aber an einen privaten Investor verkauft und Pläne für die Zukunft sind noch nicht bekannt.

nialstil errichtete Haus diente während des Amerikanischen Unabhängigkeitskampfes als Hauptquartier von Admiral de Ternay.

Newport Mansions, *Preservation Society of Newport County, 424 Bellevue Ave., ☎ 401-847-1000, www.newportmansions.org, i. d. R. Mitte Mai bis Nov. tgl. 10–17 Uhr, einige Häuser auch ab März, im Winter verkürzte Öffnungszeiten, Einzelheiten auf der Website, außerdem Sonder- und Festveranstaltungen, Konzerte.* ***Einzelpreise*** *für die Besichtigung eines Herrenhauses: $ 14–19,50;* ***kombinierte Eintrittskarten*** *für 5 ausgewählte Häuser (Newport Mansions Experience), $ 31,50.*

Einen lohnenden Blick von außen auf die Rückseite der Mansions bietet ein 1- bis 2-stündiger Spaziergang über den bekannten **Cliff Walk**. Der gut angelegte, ca. 5 km lange Weg beginnt am Memorial Blvd. (Easton's Pond) und führt entlang der felsigen Atlantikküste mit steil abfallenden Klippen bis Lands End. Dabei bieten sich grandiose Ausblicke auf den Rhode Island Sound. Etwa auf der Hälfte des Weges, an der Narragansett Ave., geht es über die **Forty Steps** hinunter ans Wasser.

Empfehlenswerter Spaziergang

Ocean Drive

Ein besonderes Erlebnis ist eine Fahrt mit dem Auto oder dem Fahrrad über den 10 mi/16 km langen Ocean Drive, der beim Ida Lewis Yacht Club an der Wellington Ave. beginnt. Er bietet eindrucksvolle Ausblicke auf den Atlantischen Ozean sowie die klippenreiche Küste und führt an den folgenden Sehenswürdigkeiten vorbei:

• **Fort Adams State Park** *(Harrison Ave., auf der Landspitze gegenüber Downtown und den Wharfs)*: Das Fort wurde in den Jahren 1824 bis 1857 zum Schutz der Einfahrt in den Newporter Hafen und der Narragansett Bay errichtet. Die Wiesen laden zum Pick-nicken, Grillen und Sonnenbaden ein und bieten eine hervorragende Aussicht auf die Einfahrt in die Narragansett Bay. Hier finden im Sommer das Newport Jazz Festival und andere Konzerte statt. Innerhalb des Parks stehen das Eisenhower Summerhouse und das **Jachtmuseum (9)**, in dem die Geschichte der Segelschifffahrt lebendig wird. Von besonderem Interesse ist eine Ausstellung zur berühmten Segelregatta „America's Cup", der begehrtesten Seglertrophäe, die zwischen 1930 und 1983 vor Newport ausgesegelt wurde. Einige der „America's Cup"-Veteranen wurden vor dem Abwracken gerettet, liegen vor dem Museum vor Anker oder segeln in der Bucht. Für Segelinteressierte ein Muss!

Museum of Yachting, *Ocean Drive, ☎ 401-847-1018, www.moy.org, Mitte Mai bis Okt. Do–So 10–17 Uhr, $ 5.*

Das romantische Newport gehört zu den beliebtesten Reisezielen in Neuengland

Einstiger Sommersitz der Kennedys

• Die 1887 gebaute **Hammersmith Farm** war vier Generationen lang der Sommeraufenthaltsort der Familie Auchincloss und ist noch heute mit dem Originalmobiliar eingerichtet. Das Haus diente 1953 nach der Trauung von Tochter Jacqueline Bouvier mit John F. Kennedy in der Kirche St. Mary's Church in Newport dem Empfang der Hochzeitsgäste. In den 1960er-Jahren war Hammersmith Farm vor allem als Sommersitz der Familie Kennedy bekannt. Während seiner Amtszeit als Präsident der Vereinigten Staaten zog Kennedy sich oft hierher zurück, sodass der Name „Summer White House" geprägt wurde. Die Hammersmith Farm wird wieder privat genutzt und ist daher für die Öffentlichkeit geschlossen.

• **Oceancliff (10)**, wo ein im Jahr 1896 im irischen Stil errichtetes Sommerhaus steht, bietet einen besonders eindrucksvollen Blick auf die imposante **Newport Bridge**, die die Narragansett Bay überquert.

• **Castle Hill Coast Guard Station (11)**, ☎ 401-846-3676, 9–16 Uhr. Besucher sind in der Küstenwachstation willkommen.

• Der **Brenton Point State Park** bietet einen großartigen Blick auf den Atlantischen Ozean und die Narragansett Bay und ist zugleich bevorzugter Ort von Fischern und Tauchern. Es gibt einige Picknickplätze.

Reisepraktische Informationen Newport

ℹ️ Information
Newport County Convention & Visitors Bureau, 23 America's Cup Ave., ☎ 401-845-9123 oder 1-800-976-5122, www.gonewport.com, tgl. 9–17 Uhr.

🛏️ Unterkünfte
Das Angebot an Übernachtungsmöglichkeiten ist groß und vielseitig, jedoch sind die Kosten vergleichsweise hoch. In der Hochsaison sind rechtzeitige Buchungen notwendig. Besonders reizvoll ist das Wohnen in den traditionsreichen Inns oder den meist sehr ansprechend mit Antiquitäten eingerichteten historischen Kapitänshäusern. Im Besucherzentrum gibt es eine Zusammenstellung der Übernachtungsmöglichkeiten in „Newport Historic Inns".
Best Western Mainstay Inn $$ (1), 151 Admiral Kalbfus Rd., ☎ 401-849-9880, www.bestwestern.com; Motor Inn mit 165 modernen, geräumigen Zimmern, gegenüber vom Kasino gelegen und ca. 2 mi/3,2 km von den Herrenhäusern entfernt.
Pilgrim House Inn $$ (2), 123 Spring St., ☎ 401-846-0040, www.pilgrimhouseinn.com; das 1806 gebaute Haus mit 11 geschmackvoll eingerichteten Zimmern, jeweils mit eigenem Bad, bietet vom großen Dachgarten einen schönen Blick auf Newport Harbor; es liegt nur wenige Gehminuten von der Hafenpromenade entfernt.
Jailhouse Inn $$$ (3), 13 Marlborough St., ☎ 401-847-4638, www.jailhouse.com, das 1772 gebaute, ehemalige Kolonialgefängnis liegt ruhig im historischen Viertel und bietet heute sechs komfortable Gästezimmer.
Mill Street Inn $$$ (5), 75 Mill St., ☎ 401-848-9500, www.millstreetinn.com; in einer restaurierten Mühle aus dem Jahr 1815 wurden 23 komfortable Suiten, teilweise mit Balkon, eingerichtet; bei schönem Wetter können Sie das Frühstück auf der Dachterrasse mit herrlichem Blick auf den Hafen und die Newport Bridge genießen; das Haus liegt nur wenige Minuten vom Hafen entfernt.
Admiral Fitzroy $$$ (8), 398 Thames St., ☎ 401-848-8000, www.admiralfitzroy.com; im Zentrum gelegenes, 1854 zunächst als Kloster errichtetes, 1987 umgebautes und erneuer-

tes Haus mit 17 freundlich eingerichteten Zimmern, von denen einige einen schönen Blick auf den Hafen bieten; mit Aufzug und nettem Frühstücksraum.

Castle Hill Inn & Resort $$$$ (4), 590 Ocean Dr., ⟳ 401-849-3800, www.castlehill inn.com; das außerhalb Newports auf einer Halbinsel gelegene Resorthotel mit herrlicher Aussicht auf das Meer bietet 25 komfortable Zimmer und Cottages am Strand, mit Restaurant und Privatstrand.

Cliffside Inn $$$$ (6), 2 Seaview Ave., ⟳ 401-847-1811, www.cliffsideinn.com; in einer ruhigen Straße gelegene viktorianische Villa aus dem Jahr 1876 mit 16 eleganten, gut ausgestatteten Zimmern und 2 Suiten; köstliches Frühstück.

Hyatt Regency Newport Hotel & Spa $$$$ (7), 1 Goat Island, ⟳ 401-851-1234, www.hyatt.com; das Hotel liegt auf Goat Island im Hafen von Newport; die meisten der 264 komfortablen Zimmer und Suiten bieten einen schönen Blick auf den Hafen und die Stadt; mit mehreren Restaurants, Swimmingpools, Wellness- und Spa-Bereich und Tennisplätzen.

Restaurants

White Horse Tavern (1), 26 Marlborough/ Ecke Farewell St., ⟳ 401-849-3600, www.whitehorsenewport.com; die Geschichte einer der ältesten Tavernen Amerikas reicht bis ins Jahr 1673 zurück. Stilvolles Fachwerkhaus mit Kaminen und schöner Ausstattung, Spezialitäten sind Beef Wellington, Entenbrust mit Pflaumensauce; Tischreservierung empfehlenswert.

La Forge Casino Restaurant (2), 186 Bellevue Ave., ⟳ 401-847-0418; gepflegtes Restaurant im 1880 gebauten Kasino von Newport mit Blick auf die alte Piazza und die Tennisanlage der International Hall of Fame, auch der preiswertere Crowley's Casino Pub gehört zur Hall of Fame.

Corner Café (3), 110 Broadway, ⟳ 401-846-0606; eher kleines Restaurant, bekannt für das leckere Frühstück, auch Mittagessen. Amerikanische Küche und irische Spezialitäten, gemütliche Atmosphäre.

Einkaufen

Individuelle und originelle Geschäfte, Boutiquen und Souvenirläden finden sich auf Bannister's Wharf, America's Cup Ave. und im **historischen Distrikt** rund um den Hafen. Antiquitätengeschäfte liegen vor allem in der Thames St. und Spring St.

Newport Vineyards, 909 E Main Rd. (Route 138), ⟳ 401-848-5161, www.newportvineyards.com, Mo–Sa 10–17, So 12–17 Uhr, tägliche Führungen 13 und 15 Uhr, Shuttlebus von Newport, Weingut mit angrenzenden Rebflächen, Laden und Probierstube.

Touren

Newport on Foot, ⟳ 401-846-5391, www.newportonfoot.blogspot.com, geführte Spaziergänge (ca. 2 km) durch die historischen Stadtviertel.

Viking Tours of Newport, 101 Swinburne Row, ⟳ 401-847-6921, www.vikingtoursnewport.com, bietet Bustouren: 2-, 3- und 4-stündige Rundfahrten mit Besichtigungen ausgewählter Sommerresidenzen, Abfahrtsstelle am Eingang der Touristeninformation.

Oldport Harbour Tours, America's Cup Ave., ⟳ 401-847-9109, www.oldportmarine.com, 1-stündige Rundfahrt mit der „Amazing Grace" entlang der historischen Wasserfront, Mitte Mai–Mitte Okt., $ 16.

Old Colony and Newport Railroad, 19 America's Cup Ave., ⟳ 401-624-6951, www.ocnrr.com, Fahrt mit der Eisenbahn zu den Weingärten von Portsmouth.

Bird's Eye View Helicopters, 211 Airport Access Road, Middletown, Newport State Airport, ☎ 401-843-8687, www.riaerial.com, Rundflüge mit dem Helikopter über Newport, die Narragansett Bay und verschiedene Sommerhäuser.

☞ Veranstaltungen

Newport Music Festival, jährlich Mitte Juli stattfindende Kammerkonzerte. Die Aufführungen finden in den prunkvollen Räumen der „Mansions" statt. Kartenvorbestellung und Verkauf: Festival Box Office, 45 Valley Rd., Middletown, RI; Information: ☎ 401-846-1133, www.newportmusic.org.

Newport Folk Festival, bekanntes Musikfest, das im Aug. im Fort Adams State Park stattfindet, Kartenvorbestellung ☎ 401-847-3700, www.newportfolkfest.net/.

🏖 Strände

Easton's Beach, vom nördlichen Ende des Klippenweges bis zur Stadtgrenze von Middletown; viel besuchter, langer Sandstrand mit Badeeinrichtungen, Restaurants und Geschäften, Surfmöglichkeiten, bewachter Parkplatz.

King Park, Wellington Ave., schmaler Strand in Ortsnähe, an Wochenenden gibt es am Ostende des Hafens Strandkonzerte, gebührenfreie Parkplätze.

Fort Adams State Park, Ocean Dr./Fort Adams Rd., Badestrand mit Picknick-, Angel-, Surfmöglichkeiten, Bootshafen; bewachte Parkplätze.

🚢 Fähren

Block Island Ferry, ☎ 401-783-4613 oder 1-866-783-7340, www.blockisland ferry.com. Block Island Mitte Juni bis Anf. Sept., Point Judith ganzjährig, New London/CT Anf. Juli bis Anf. Sept. Fahrpreise: einfache Fahrt ab $ 8,10, H+R ab $ 12,15, mit der Schnellfähre: einfache Fahrt ab $ 19, H+R ab $ 35,85.

Von Newport über Providence nach Boston

Hinweis zur Route

Entfernung: 35 mi/56 km bis Providence
Sie verlassen Newport auf dem RI-114, fahren über die mautpflichtige Mount Hope Bridge bis nach Bristol und weiter über RI-114 oder RI-103 nach East Providence; über die Washington Bridge erreichen Sie das Zentrum von Providence.

Die Region Providence – Warwick – Pawtucket liegt an der Ostseite der Narragansett Bay und umfasst die Bezirke Bristol, Kent, Providence und Washington mit ca. 962.900 Einwohnern. Vom Flughafen, der sich südlich von Providence und östlich von Warwick unweit der I-95, Exit 13 befindet, werden rund 30 Flugziele an der Ostküste direkt angeflogen.

Portsmouth

Für Gartenliebhaber lohnt sich eine Fahrtunterbrechung in Portsmouth für einen Besuch von **Green Animals Topiary Garden**. Die bekannte Gartenanlage wurde bereits 1880 angelegt. Mehr als 80 Bäume und Sträucher wurden zu Tier-Skulpturen ge-

schnitten, z. B. Elefant, Löwe und Giraffe, ferner gibt es einen Rosengarten, Blumen- *Wohlstand* rabatten, Obst- und Gemüsegärten. Zur Anlage gehören noch eine Pflanzenverkaufs- *durch* stelle und ein Spielzeugmuseum. *Sklaven-*
Green Animals Topiary Garden, *380 Cory's Lane, am RI-114, ① 401-847-1000, www.new* *handel* *portmansions.org, Ende Mai bis Anf. Okt. tgl. 10–18 Uhr, $ 14,50.*

 Information
Town of Portsmouth/RI Offices and Services, *Town Hall, 2200 East Main Rd.,*
① 401-683-6804, www.portsmouthri.com

Bristol

Die kleine Hafenstadt Bristol ist mit 22.000 Einwohnern der Hauptort an der östlichen Narragansett Bay. Im 18. und 19. Jahrhundert war der Hafen ein wichtiger Umschlag- platz für den Handel mit Sklaven und Rum; das einträgliche Geschäft verhalf den Bür- gern zu einigem Wohlstand, was noch heute an den stattlichen Häusern am Hafen zu erkennen ist.

Sehenswert ist **Blithewold Mansion & Gardens**, das frühere Sommerhaus des Kohl- eindustriellen Augustus van Wickle, das 1908 mit 45 Zimmern nach dem Vorbild eines englischen Herrenhauses des 17. Jh. gebaut wurde. Besonders schön ist die ausgedehn- te, landschaftlich sehr reizvoll gestaltete Gartenanlage mit mehreren Themengärten, z. B. einem japanischen Garten, mehr als 3.000 Bäumen, darunter einem gewaltigen Rie- senmammutbaum, und mit herrlichen Ausblicken auf die Narragansett Bay. Es werden knapp einstündige Führungen durch das Haus und den Park durchgeführt; der Park ist ganzjährig für Besucher geöffnet.
Blithewold Mansion & Gardens, *101 Ferry Rd., am RI-114, ① 401-253-2707, www.blithewold.org, April bis Anf. Sept. Mi–Sa 10–16, So 10–15 Uhr, Gärten ganzjährig bis 17 Uhr, $ 11.*

 Information
East Bay Tourism Council, *① 401-245-0750 oder 1-888-278-9948, www.eastbay* *chamberri.org*

Providence

Providence liegt am nördlichen Ausläufer der Narragansett Bay. Die Stadt wurde 1636 von Roger Williams, einem Vorkämpfer der Religionsfreiheit und frühen Vertreter der Trennung von Kirche und Staat, und seinen Gefährten gegründet. 1663 erkannte Charles II. von England die neue Kolonie als „Rhode Island and Providence Plantations" an. Providence entwickelte sich im 18. Jh. zu einer **bedeutenden Handelsstadt** und *Metropole* wurde im 19. Jh. ein wichtiges Industriezentrum. Heute ist Providence mit ca. 174.000 *Neu-* Einwohnern die drittgrößte Stadt Neuenglands und zugleich führender Wirtschafts- *englands* standort von Rhode Island. Sieben Hügel und die beiden Flüsse Moshassuck River und Woonasquatucket River, an deren Ufern sich die Stadt entlang zieht und die sich im

Providence ist heute das Wirtschaftszentrum Rhode Islands

Stadtzentrum zum Providence River vereinen, geben der Stadt ihre geografische Struktur. Ende des 20. Jh. wurden große stadtplanerische und finanzielle Anstrengungen unternommen, um die Innenstadt zu revitalisieren. Der Erfolg kann sich zu beiden Seiten des Providence River sehen lassen.

Einen **Stadtrundgang** beginnt man am besten am **Rhode Island State House** auf dem Constitution Hill. Das State House, das zu den schönsten der USA gehört, wurde von 1891–1904 gebaut. Auffallendes Merkmal ist die große Marmorkuppel des Kapitols; nur die Kuppeln des Petersdoms in Rom, des State House in Minnesota und des Taj Mahal in Indien sind noch größer! Auf ihrer Spitze erhebt sich eine 3 m hohe vergoldete Bronzestatue, die den „unabhängigen Menschen" (Independent Man) symbolisiert. Im Inneren können die Bibliothek, der Senat und der Audienzraum besichtigt werden.

„Independent Man"

Rhode Island State House, *82 Smith St.,* ① *401-222-3983, www.rilin.state.ri.us/, Mo–Fr 8.30–16.30 Uhr, Führungen Mo–Fr 9–12 Uhr (Voranm. notwendig), Eintritt frei.*

Südlich des State House liegt am Zusammenfluss von Moshassuck und Woonasquatukket in den Providence River der **Waterplace Park**, dem ein Amphitheater, venezianische Brücken und Gondeln italienisches Flair verleihen. Gepflegte Parkwege führen ans andere Ufer des Providence River, wo rund um die Benefit St. das historische Stadtviertel mit Gebäuden im Colonial und Federal Style liegt. Im **Old State House**, dem heutigen Gerichtsgebäude, tagte von 1762 bis 1900 die Generalversammlung von Rhode Island. Hier rief am 4. Mai 1776 die Versammlung von Rhode Island ihre Unabhängigkeit aus, noch vor der Unterzeichnung der Unabhängigkeitserklärung in Philadelphia, die erst zwei Monate später erfolgte.

Old State House, *150 Benefit St., Mo–Fr 8.30–16.30 Uhr, Eintritt frei.*

Im **Museum of Art** der **Rhode Island School of Design** (RISD) wird eine reich- *Kunst-*
haltige und vielseitige Kunstsammlung mit Skulpturen der griechischen Antike, chine- *sammlung*
sischen Terracottafiguren, Gemälden französischer Impressionisten und zeitgenössischer
Kunst präsentiert.
Museum of Art, 224 Benefit St., ☎ 401-454-6500, www.risdmuseum.org, Di–So 10–17, $ 12.

Das **Providence Athenaeum** wurde schon 1753 gegründet und befindet sich seit
1838 in einem schönen, im Greek Revival Style errichteten Gebäude. Es zählt zu den
ältesten Bibliotheken der USA, in deren Besitz sich wertvolle Bücher, Gemälde und
Handschriften befinden. Häufiger Nutzer war George Bernard Shaw.
*Providence Athenaeum, 251 Benefit St., ☎ 401-421-6970, www.providenceathenaeum.org,
Mo–Do 9–19, Fr/Sa 9–17, So 13–17 Uhr (Juni bis Aug. Sa 9–13, So geschl.), Eintritt frei.*

An der „**Mile of History**" liegen mehr als 200 Gebäude wohlhabender Bürger von
Providence aus dem 18. und 19. Jh., die aufwändig restauriert wurden und nun als
Wohnhäuser und Geschäftsgebäude genutzt werden. Eines der schönsten Häuser ist
das dreistöckige **John Brown House**, das 1786 von dem reichen Kaufmann John
Brown gebaut und mit kostbaren Gemälden, Möbeln, Porzellan, Silber- und Zinngeschirr
ausgestattet wurde. Hier beginnen 1 ½-stündige Stadtführungen durch das historische
Stadtviertel, die von der Providence Preservation Society durchgeführt werden.
*John Brown House Museum, 52 Power St., ☎ 401-273-7507, www.rihs.org/museums_jbh.
html, Führungen April–Nov. Di–Fr 13.30 und 15 Uhr, Sa 10.30, 12, 13.30 und 15 Uhr, $ 10.*

Auf der East Side von Providence liegt auch die traditionsreiche, schon 1764 gegrün- *Renom-*
dete **Brown University**, eine der neun Universitäten der Ivy-League und damit eine *mierte*
der renommiertesten Hochschulen der USA. Das älteste Gebäude ist die University *Universität*
Hall aus dem Jahr 1770, die im Unabhängigkeitskrieg als Hospital diente. In den Straßen
auf dem College Hill herrscht reges studentisches Leben, z. B. auf der lebhaften Thayer
St. mit beliebten Straßencafés, Kneipen und Buchhandlungen.
*Brown University, College St., ☎ 401-863-1000, http://brown.edu, Mo–Fr 8.30–16.30, Füh-
rungen Mo–Fr 9–15 Uhr (Zeiten variieren, s. Website).*

Im **Prospect Terrace Park** *(Congdon St.)* kann man einen herrlichen Ausblick auf die
Stadt genießen. Das **Roger Williams National Memorial** in der Nähe des State
House *(282 Main St.)* erinnert an die Stelle der ersten Ansiedlung an den Gründer der
Stadt, der hier auch begraben wurde.

Weitere Sehenswürdigkeiten in Providence sind:
• die renovierte **Union Station**, die eindrucksvolle ehemalige Eisenbahnstation aus
dem Jahr 1898.
• die im Greek Revival Stil erbaute **Arcade** *(65 Weybosset St.)* in der 1828 das erste
Einkaufszentrum Amerikas eröffnet wurde.
• die **Cathedral of St. John** *(271 North Main St.)* eine 1810 gebaute anglikanische
Kirche mit neogotischen Details.
• die **First Baptist Meeting Church** *(75 North Main St.)*, eine schöne Kolonialkir-
che von 1775. Sie ist die Nachfolgerin der 1638 an gleicher Stelle errichteten ersten
Kirche von Roger Williams. Es handelt sich um die größte Holzkirche Neuenglands mit
einem 55 m hohen Turm.

- das 1707 gebaute **Governor Stephen Hopkins House** *(Benefit/Hopkins St.)*; das Wohnhaus von Stephen Hopkins, einem der beiden Männer, die die Unabhängigkeitserklärung für Rhode Island unterzeichneten.
- das **Haffenreffer Museum of Anthropology** mit Ausstellungen zur Geschichte und Kultur der Indianer in Nord- und Südamerika.
Haffenreffer Museum of Anthropology, *Prospect/Waterman St.,* ✆ *401-863-2065, www. brown.edu/Facilities/Haffenreffer, Di–So 10–16 Uhr (während der Ferien geschl.), Eintritt frei.*

Der Flughafen von Providence liegt südlich von Providence in Warwick, der mit ca. 83.000 Einwohnern zweitgrößten Stadt des Bundesstaates. Dort finden von April bis Mitte September im Ocean State Theatre Theateraufführungen von bekannten New Yorker Bühnen statt.
Ocean State Theatre, *1245 Jefferson Blvd, Warwick,* ✆ *401-921-6800, www.oceanstate theatre.org/.*

 Hinweis zur Route

Entfernung: 51 mi/82 km; Streckenabschnitt von Providence nach Boston: Von Providence aus fahren Sie auf dem I-95 über Pawtucket direkt nach Boston.

Reisepraktische Informationen Providence

 Information
Providence Warwick Convention & Visitors Bureau, *1 Sabin St.,* ✆ *401-751-1177 oder 1-800-233-1636, www.goprovidence.com, Mo–Sa 9–17 Uhr.*

 **Unterkünfte**
Courtyard Downtown Providence *$$$, 32 Exchange Terrace,* ✆ *401-272-1191, www.marriott.com; das Haus mit 216 großzügig geschnittenen Zimmern liegt innerhalb der historischen Union Station Plaza, angrenzend u. a. an die Providence River Mall, es verfügt über Swimmingpool und Fitnesscenter.*
Wyndham Garden Providence *$$$, Providence 220 India St.,* ✆ *401-272-5577, www.wyndham.com; das angenehme Hotel mit 136 ansprechend eingerichteten Zimmern liegt direkt an der Wasserfront, gutes Restaurant mit schöner Terrasse und Blick auf den Hafen.*
Old Court B&B *$$, 144 Benefit St.,* ✆ *401-751-2002, www.oldcourt.com, mit alten Möbeln und Dekor ausgestattetes Haus mit zehn Zimmern, zentral gelegen in einem historischen Viertel, nette Gastgeber und gutes Frühstück.*

 **Touren**
Walking Tours of Providence, ✆ *401-273-7507 x62 oder 401-331-8575, www.rihs.org/events_walking_tours.html, Juni bis Okt. Di–Sa 1½-stündige Stadtführungen durch das historische Stadtviertel, Start: John Brown House, 52 Power St., $ 12.*

✈ **Flughafen**
T.F. Green Airport, *in Warwick,* ✆ *401-691-2471 oder 1-888-268-7222, www.pvd airport.com, Rhode Islands Regionalflughafen mit Anbindung an alle Ostküstendrehkreuze. Sie erreichen den Flughafen über den I-95, Exit 13, über die Airport Access Road in Warwick, 9 mi/14,5 km südl. von Providence.*

Hinweis zur Route

Die Streckenbeschreibung von Providence über New Bedford nach Cape Cod und weiter an der Atlantikküste entlang nach Boston finden Sie im Kapitel Massachusetts, S. 257.

Pawtucket

Im Nachbarort Pawtucket liegt die **Slater Mill Historic Site**, der Ort, der als die Geburtsstätte der industriellen Revolution in Amerika gilt. Durch Ausstellungen, Modelle und Demonstrationen wird in den drei restaurierten Gebäuden das beginnende Industriezeitalter lebendig. In Old Slater Mill, der 1793 gebauten Mühle, wurde die erste durch Wasserkraft betriebene Baumwollspinnerei Amerikas in Betrieb genommen; sehenswert ist die restaurierte Wasserkraftanlage mit dem großen Wasserrad. *Slater Mill Historic Site*, 67 Roosevelt Ave., ① 401-725-8638, www.slatermill.org, Mai bis Okt. Di–So 10–16 (Hochsommer tgl.), März/April Sa/So 11–15 Uhr, $ 12.

Slater Mill: Hier begann die industrielle Revolution

Im Frühjahr 2013 eröffnet auf dem Gelände des Pawtucket's Hope Artiste Village (einer Kunstgalerie) die **Rhode Island Musical Hall of Fame**, in der an Musiker, Produzenten, Komponisten oder andere für die Musik bedeutende Persönlichkeiten aus Rhode Island erinnert wird. *Rhode Island Musical Hall of Fame*, 999 Main Street, Pawtucket, Öffnungszeiten standen bei Drucklegung noch nicht fest, Infos unter www.rhodeislandmusichalloffame.com.

Der **Blackstone River Valley National Heritage Corridor** zieht sich von Pawtucket bis Worchester in Massachusetts. Die Route 122 folgt dem Tal in vielen Kurven und gibt immer wieder den Blick frei auf typische Neuengland-Siedlungen, gepflegte Kolonialhäuser, Farmen, Wälder und den Blackstone River. Wer möchte, kann eine Fluss- oder eine Trolleyfahrt mit Blackstone Valley Explorer unternehmen.

Reisepraktische Informationen Pawtucket

ℹ Information
Blackstone Valley Tourism Council and Visitor Center, 175 Main St., ① 401-724-2200 oder 1-800-454-2882, www.tourblackstone.com, Mo–Sa 10–17, So 13–17 Uhr.

 Touren
Blackstone Valley Explorer, 175 Main St., ① 401-724-2200, www.rivertourblackstone.com. Fluss- und Trolleyfahrten im Blackstone River Valley.

Massachusetts

Überblick

Indiani-
scher
Ursprung

Der Name Massachusetts ist indianischen Ursprungs und ein Hinweis auf die anfäng-
lich hier ansässigen Indianer aus einem von sechs Stämmen auf dem Gebiet des heutigen Bundesstaates. Bedeutsam für Massachusetts sind die hohe Bevölkerungsdichte
mit etwa der Hälfte der Bevölkerung der Neuengland-Staaten, die Metropolitan Area
um die Großstadt Boston, die landschaftliche Vielfalt und die vielen historischen Stätten.

Obwohl bereits während des gesamten 16. Jh. europäische Abenteurer an den Küsten
Neuenglands und Neufundlands auf der Suche nach der Nordwestpassage entlang gesegelt waren, begann die Geschichte von Massachusetts mit der Gründung der ersten
Siedlungen in **Plymouth** (1620) und **Salem** (1626), denen viele weitere Ansiedlungen
folgten. Die ersten Siedler waren nicht nur die heute so verehrten „Pilgrim Fathers",
sondern ihnen schlossen sich auch „Stranger" an, die England aus wirtschaftlichen und
nicht aus religiösen Motiven verließen. Außerdem machten Diener („Tenants") einen
bedeutenden Anteil aus, die sich auf sieben Jahre verpflichteten und hofften, danach als
Freie ein neues Leben beginnen zu können. In den ersten 30 Jahren folgten ca. 20.000
weitere Einwanderer aus England. 1632 wurde **Boston** Hauptstadt der streng theokra-
tisch regierten „Massachusetts Bay Colony". Nach dem blutigen Indianerkrieg
1675/76 (King Philip's War) und nach einem Zerwürfnis mit dem Mutterland wurde die
Kolonie 1686 mit den Nachbarkolonien
und New York zum „Commonwealth of
New England" vereinigt. 1691 erhielt Massachusetts einen neuen Freibrief, der die
Theokratie abschaffte und Massachusetts seine Selbstständigkeit unter einem königlichen Gouverneur gab.

Der stark angewachsene Handel im 18. Jh.
schuf viele Berührungspunkte mit England,
dessen Handels- und Steuerpolitik die Einwohner von Massachusetts zunehmend als
Unterdrückung empfanden; deshalb wurde
Massachusetts zum Vorkämpfer der Unabhängigkeitsbewegung. Im 19. Jh. erlebte Massachusetts im Zuge der Industrialisierung einen wirtschaftlichen Aufschwung. Gleichzeitig errang es als Ausgangspunkt der Anti-
Sklavereibewegung politische Bedeutung
und entwickelte sich auch zum kulturellen
Mittelpunkt Neuenglands.

Massachusetts ist heute ein hoch entwickelter Industriestaat, dessen wirtschaftlicher
Aufschwung vor allem durch die Ansiedlung

Massachusetts auf einen Blick

Fläche	21.386 km²
Einwohner	ca. 6,6 Mio.
Einwohnerdichte	312,7 Einwohner/km² (USA 32 Einwohner/km²)
Hauptstadt	Boston, 590.000 Einwohner (Metropolitan Area 5,85 Mio. Einwohner)
Staatsmotto	Mit dem Schwert suchen wir Frieden, aber Frieden nur in Freiheit
Staatsbaum	Amerikanische Ulme
Staatsblume	Maiblume
Staatsvogel	Schwarzmeise
Wirtschaft	Massachusetts war lange ein Industriestaat mit den Schwerpunkten Elektroindustrie und Maschinenbau, die in jüngster Zeit von Finanzdienstleistungen, Computer- und Biotechnologie abgelöst worden sind. Boston, die Hauptstadt, ist das Wirtschafts- und Verkehrszentrum der Neuengland-Staaten und zugleich der kulturelle Mittelpunkt mit angesehenen Universitäten und ausgezeichneten Museen.
Arbeitslosenrate	7,6 % (USA 7,8 % im April 2013)
Zeitzone	In Massachusetts gilt die Eastern Standard Time (= MEZ -6 Stunden)
Städte	New Bedford (94.000 Einwohner), Springfield (152.000 Einwohner), Worcester (173.000 Einwohner)
Information	The Massachusetts Office of Travel and Tourism, 10 Park Plaza, ☎ 617-973-8500 und 1-800-227-6277, www.massvacation.com
Hotline zur herbstlichen Laubfärbung	☎ 1-800-632-8038, www.leafpeepers.com/contents.htm

von High-Tech-Industrie erreicht wurde. Verkehrs-, Wirtschafts- und Kulturzentrum von Massachusetts und zugleich von Neuengland ist Boston, eine lebendige Stadt, in der sich Vergangenheit und Gegenwart harmonisch vereinen. Massachusetts bietet eine Fülle von historischen Sehenswürdigkeiten, deren zentrales Thema die Entwicklung des amerikanischen Staates von der Zeit der ersten Siedler bis zum Unabhängigkeitskampf ist. Fast jeder Ort hat solche Gedenk- und Erinnerungsstätten, die sorgfältig restauriert und oft als Museen eingerichtet sind.

Groß ist auch das weitere touristische Angebot von Massachusetts, das von ausgezeichneten kulturellen Veranstaltungen der Städte über Sport- und Unterhaltungsangebote in den Ferienorten an der Atlantikküste bis zu den ruhigen, beschaulichen Erholungsmöglichkeiten im sanften Hügelland der Berkshires reicht.

Großes touristisches Angebot

Durch Massachusetts

Massachusetts ist von einem Netz an Highways durchzogen. Der Reisende in Richtung Boston und nördliche Neuengland-Staaten kann die folgenden Hauptstraßen benutzen:
- I-95 von Providence nach Boston und weiter nach Norden
- I-195 von Providence über New Bedford nach Cape Cod
- I-495 zur weiträumigen Umfahrung von Boston

Redaktionstipps

Sehens- und Erlebenswertes

▶ Auf dem **Freedom Trail** (S. 280ff) die historische und moderne Stadt **Boston** kennen lernen.

▶ **Cape Cod** (S. 256ff) mit dem Fahrrad erkunden und die langen Sandstrände genießen.

▶ Mit der Fähre nach **Martha's Vineyard** (S. 270f) oder **Nantucket Island** (S. 272) fahren.

▶ In **Plimoth Plantation** (S. 276) und **Plymouth** (S. 274) die Welt der Pilgrimväter kennen lernen.

▶ Die **Harvard University** und das **MIT** in **Cambridge** (S. 303f) besuchen.

▶ In **Salem** (S. 328) nicht nur den „Hexen" nachspüren, sondern auch den Seefahrern und Kaufleuten im **Peabody Essex Museum**.

▶ Im **Old Sturbridge Village** (S. 315) vom Leben im 18./19. Jh. erfahren.

▶ In **Stockbridge** das Norman Rockwell Museum (S. 317) besuchen.

▶ Ein Konzert der Boston Symphoniker in **Tanglewood** (S. 321) erleben.

Essen und Trinken

▶ Die erste **Clam Chowder** in Bostons Faneuil Hall Marketplace probieren.

▶ Im ältesten Restaurant von Boston, dem **Ye Olde Union Oyster House** (S. 300), frischen Fisch genießen.

• I-91 von Hartfort/CT über Springfield nach New Hampshire

• I-90, der gebührenpflichtige Massachusetts Turnpike durchquert Massachusetts in Ost-West-Richtung

Der US-1, der sich auch durch Connecticut und Rhode Island zieht, verläuft in Massachusetts parallel zum I-95 und führt über Providence nach Boston und weiter in den Norden. Der US-20 ist die Parallelstraße zum gebührenpflichtigen Massachusetts Turnpike, der von Boston zum Bundesstaat New York führt. Durch landschaftlich schöne Gegenden und an der Atlantikküste entlang führen MA-Straßen, von denen wiederum viele kleine Straßen zu allen Sehenswürdigkeiten abzweigen.

 Hinweis zur Route

Entfernung: 55 mi/88 km

Von Newport fahren Sie über den RI-114 auf den RI-24; diesen verlassen Sie an der Auffahrt zum I-195. Der I-195 führt Sie über New Bedford zum MA-25, dem Sie bis zum Ende folgen, wo die Halbinsel Cape Cod beginnt. Die südlichere Bourne Bridge wie auch die nördlichere Sagamore Bridge sind im Sommer verkehrstechnische Nadelöhre.

Von Newport über New Bedford nach Cape Cod

Fall River

Die Straße führt von Newport über Portsmouth zunächst nach Fall River, einer Stadt an der Mount Hope Bay, die im 19. Jh. durch die Textilindustrie zu Wohlstand gekommen war. Mit deren Niedergang in der ersten Hälfte des 20. Jh. versank die Stadt in Depression, von der sie sich inzwischen wieder erholt hat.

Hauptsehenswürdigkeit ist das Schiffsmuseum **Battleship Cove**. Hier können U-Boote und Kriegsschiffe des 20. Jh. besichtigt werden, so z. B. das U-Boot „Lionfish" und das Schlachtschiff „USS Massachusetts" aus dem Zweiten Weltkrieg sowie Zerstörer aus dem Korea- und dem Vietnamkrieg. Im **Marine Museum** gibt es Ausstellungen zur Geschichte der Dampfschifffahrt und zur „Titanic", u.a. mit einem 8,5 m langen Modell

Schiffs-museum

Restau-
riertes
Karussell

des Schiffes. Kinder freuen sich über das altmodische Fall River Carousel, das ganz nah beim Battleship Cove steht. Es ist ein restauriertes Karussell aus dem Jahr 1920 mit 48 handgeschnitzten und bemalten Karussellpferden und zwei Kutschen. Das Karussell fährt in den Sommermonaten tgl. 10–21 Uhr.

Battleship Cove, 5 Water St., ☎ 508-678-1100, www.battleshipcove.org, tgl. 9–17 (im Winter 16.30) Uhr, $ 17.

Marine Museum, 70 Water St., ☎ 508-674-3533, Mo–Fr 9–17, Sa 12–17, So 12–16 Uhr, $ 5.

Es gibt eine Reihe von Outlet-Malls in und um Fall River, zum Beispiel die **Burlington-coat Factory** (181 Mariano Bishop Boulevard, www.burlingtoncoatfactory.com) mit verschiedenen bekannten Marken (z. B. Calvin Klein, Polo), und einige andere rund um die Quequechan Street.

Reisepraktische Informationen Fall River

Information
Fall River Heritage State Park Information Center, Battleship Cove, 200 Davol Street, ☎ 508-675-5759, www.bristol-county.org, www.fallriverma.org.

Unterkunft
Comfort Inn & Suites $$, 360 Airport Rd., ☎ 508-672-0011, www.comfortinn.com; zweckmäßig eingerichtetes Mittelklassehotel mit 82 Zimmern und Swimmingpool, nicht weit von den Fall River Outlets entfernt.

New Bedford

Die 1640 gegründete Stadt New Bedford war bis zur Mitte des 19. Jh. der bedeutendste Walfanghafen der Welt und ist heute ein wichtiger Seehafen mit einer großen Fischereiflotte. Der historische Distrikt – zusammengefasst im **New Bedford Whaling National Historic Park** – zeugt mit seinen kopfsteingepflasterten, mit Gaslaternen beleuchteten Gassen und einigen alten Häusern aus der 1. Hälfte des 19. Jahrhunderts noch vom damaligen Wohlstand der Stadt. **Seamen's Bethel** (15 Johnny Cake Hill) ist die 1832 eingeweihte Kirche der Walfänger und Seefahrer, bekannt aus Melvilles „Moby Dick".

New Bedford Whaling National Historic Park mit Besucherzentrum, 33 William St., ☎ 508-996-4095, www.nps.gov/nebe, tgl. 9–17 Uhr, Eintritt frei, Informationsmaterial, Führungen und Veranstaltungen.

Sehens-
wertes
Walfang-
museum

Das besuchenswerte **New Bedford Whaling Museum** vermittelt mit vielen Ausstellungsstücken, dem Modell eines großen Walfangschiffes, mit Walfängerbooten, Harpunen, Lanzen, Netzen und einem anschaulichen Film einen guten Einblick in die Arbeit der Walfänger und die Geschichte der Stadt. Dazu kommen Wechselausstellungen über aktuelle maritime Themen.

New Bedford Whaling Museum, 18 Johnny Cake Hill, ☎ 508-997-0046, www.whaling museum.org, Mai–Sept. tgl. 9–17, sonst Di–Sa 9–16, So 12–16 Uhr, $ 14.

Einen Besuch wert: das New Bedford Whaling Museum

Im nur wenige Schritte entfernten **Hafen** liegt der im Jahr 1894 gebaute Schoner „Er-
nestina". Von hier aus fahren Personenfähren hinüber nach Martha's Vineyard und nach
Cuttyhunk Island.

Moby Dick und Herman Melville

info

„Moby Dick" heißt der große weiße Wal in der gleichnamigen Erzählung von Herman Melville,
der von Kapitän Ahab gesucht und gejagt wird. New Bedford, das große Walfangzentrum, Sea-
men's Bethel, die Seefahrerkirche und der Atlantische Ozean sind die Schauplätze des Romans.

Herman Melville wurde 1819 in New York geboren. Schon als Siebzehnjähriger ging er als Matrose zur See; vier Jahre lang fuhr er auf amerikanischen Kriegsschiffen durch alle Weltmeere.
Das Erlebnis dieser Seefahrten wurde die Grundlage seines dichterischen Werkes.

Sein Roman „Moby Dick" ist die Geschichte einer Walfischjagd, aber auch die Geschichte des ver-
geblichen menschlichen Strebens, zum wahren Sinn der Dinge vorzudringen. Nach anfänglichen
Erfolgen lebte Herman Melville bis zu seinem Tod im Jahr 1891 einsam und unbekannt in New
York.

Reisepraktische Informationen New Bedford

Information
New Bedford Waterfront District Information Center, Pier 3, ① 508-979-1745 oder 1-800-508-5353, www.newbedford-ma.gov
Bristol County Convention & Visitors Bureau, 70 North Second Street, ① 508-997-1250, www.bristol-county.org

Unterkunft
The Orchard Street Manor $$$, 139 Orchard St., ① 508-984-3475, www.the-orchard-street-manor.com; restauriertes Kapitänshaus aus dem Jahr 1845 mit vier mit Antiquitäten liebevoll eingerichteten Zimmern, jeweils mit Bad, nicht weit vom Walmuseum entfernt.

Fähre
Martha's Vineyard Ferry, Billy Woods Wharf, ① 508-495-3278 oder 508-997-1688, www.steamshipauthority.com, tgl. Verbindungen mit Martha's Vineyard.

☞ Streckenhinweis

Von New Bedford führt der I-195 nach Wareham und Buzzards Bay. Man überquert auf der Sagamore Bridge den Cape Cod Canal und erreicht die Insel Cape Cod.
Von Juni bis Oktober gibt es tägliche Bootsfahrten durch den Cape Cod Canal: **Hy-Line Cruises**, Onset Town Pier, ① 508-295-3883, https://hylinecruises.com/.

Cape Cod und die Inseln Martha's Vineyard und Nantucket

☞ Hinweis zur Cape-Cod-Rundfahrt

Entfernung: 145 mi/235 km. Das gute Straßennetz von Cape Cod ermöglicht eine schöne Rundfahrt über die Insel. Dabei durchzieht der US-6, die schnellste Verbindung, Cape Cod in der gesamten Länge. Abwechslungsreicher ist die Fahrt, wenn Sie zunächst von Saganmore aus über den MA-6A an der Nordküste entlang bis Orleans fahren. Für die Hin- und Rückfahrt nach Provincetown, am Nordzipfel der Insel, benutzen Sie den US-6.
Auf dem Rückweg können Sie von Orleans auf dem MA-28 die Südküste mit den Ortschaften Chatham, Hyannis und Falmouth erreichen. Bei Bourne fahren Sie dann auf den direkt nach Sagamore führenden MA-25 oder US-6.

Tipp für Wanderer und Radler
Wanderer und Radfahrer können auf dem 39 mi/62,5 km langen Cape Cod Rail Trail die schönsten Stellen der Insel erkunden. Er führt von Dennis über Brewster und Eastham nach Wellfleet und folgt dabei einer alten Eisenbahntrasse. Informationen: www.mass.gov/dcr/parks/southeast/ccrt.htm. Fahrräder mieten kann man u.a. in South Dennis bei Barb's Dennis Shop, 430 Route 134, ① (508) 760-4723, www.barbsbikeshop.com.

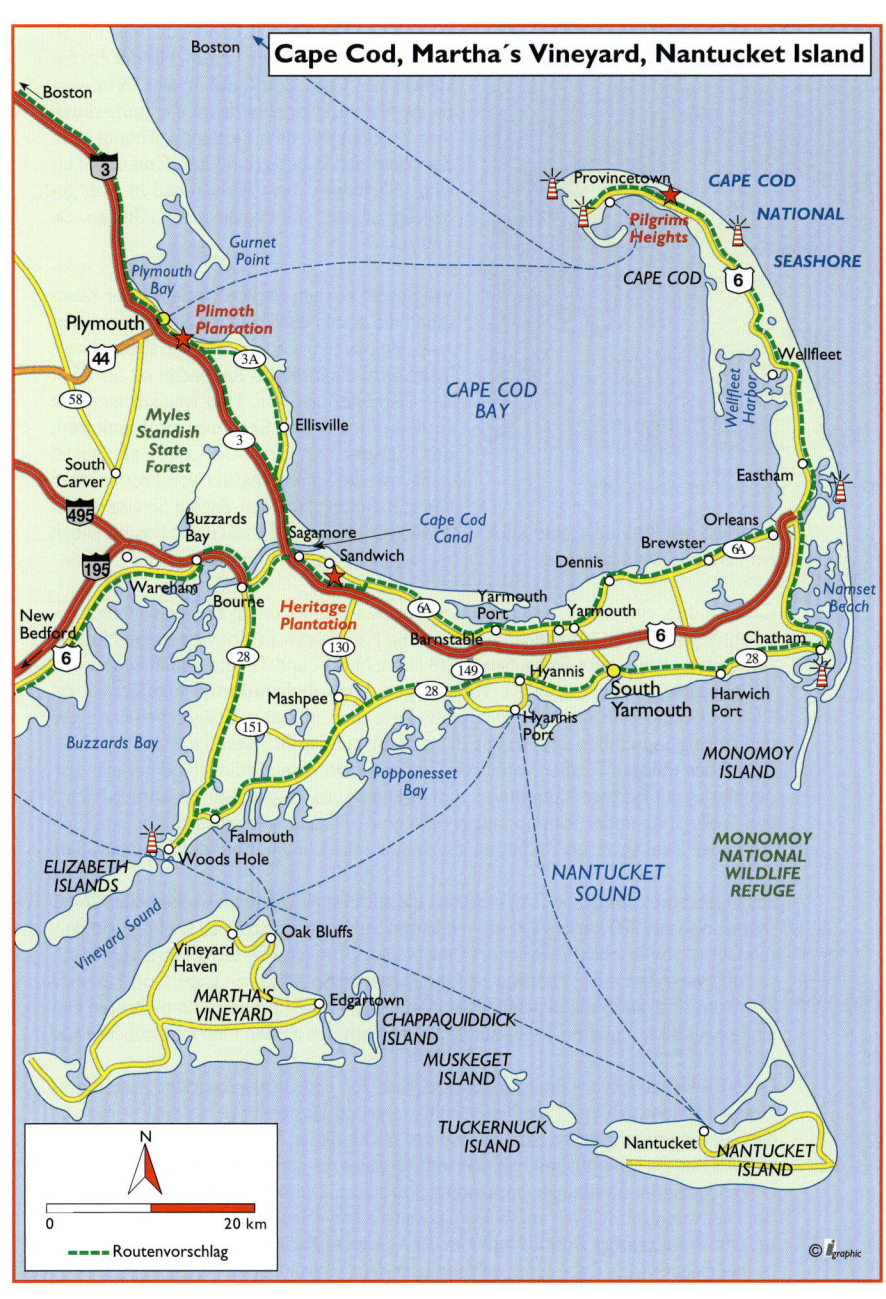

Cape Cod, Martha´s Vineyard, Nantucket Island

Boston

Boston

3

Gurnet
Point

Plymouth
Bay

Plimoth
Plantation

Plymouth

3A

44

58

Myles
Standish
State
Forest

Ellisville

3

CAPE COD
BAY

South
Carver

495

Buzzards
Bay

Sagamore

Cape Cod
Canal

Sandwich

195

Wareham

Bourne

Heritage
Plantation

6A

Dennis

Brewster

6A

New
Bedford

6

28

130

Barnstable

Yarmouth
Port

Yarmouth

6

Chatham

28

Mashpee

28

149

Hyannis

South
Yarmouth

Harwich
Port

151

Popponesset
Bay

Hyannis
Port

Buzzards Bay

MONOMOY
ISLAND

Falmouth

MONOMOY
NATIONAL
WILDLIFE
REFUGE

ELIZABETH
ISLANDS

Woods Hole

NANTUCKET
SOUND

Vineyard Sound

Oak Bluffs

Vineyard
Haven

MARTHA'S
VINEYARD

Edgartown

CHAPPAQUIDDICK
ISLAND

MUSKEGET
ISLAND

TUCKERNUCK
ISLAND

Nantucket

NANTUCKET
ISLAND

Provincetown

CAPE COD

Pilgrims
Heights

NATIONAL

CAPE COD

6

SEASHORE

Wellfleet

Wellfleet
Harbor

Eastham

Orleans

Nauset
Beach

N

0   20 km

- - - - Routenvorschlag

*Der Cape Cod Bike Trail
führt zu den schönsten Stellen der Insel*

Südlich von Boston ragt Cape Cod wie eine Si-
chel in den Atlantischen Ozean. Mit der Fertigstellung des Cape Cod Canal im Jahr 1914 wurde die Halbinsel zu einer Insel, die heute durch
drei Brücken mit dem Festland verbunden ist.
Zwischen den Brücken am Cape Cod Canal bis
zum „Ellenbogen" bei Chatham und zu ihrer ge-
ballten „Faust" in Provincetown liegen ca.
110 km.

Wegen der reichen Fischbestände vor der Küste
gaben die ersten europäischen Siedler der Halbinsel den Namen „Cape Cod" = „Kabeljau-Kap";
heute wird die Insel von Reisenden oft „das Sylt
der Ostküste" genannt. Und wie Sylt ist Cape
Cod eine **Insel der Schönen und Reichen**,
der Künstler und Originale. Direkt am Strand
sieht man die Sommerhäuser von Prominenten
wie z. B. Robert Redford, Barbra Streisand und
natürlich den Kennedys, aber auch viele weniger begüterte Familien aus Boston haben
ein Ferienhaus auf der Insel.

Cape Cod ist ein ideales Feriengebiet mit besten Möglichkeiten zum Schwimmen, Fischen, Segeln, Golfen, Wandern, Radfahren und Kajakfahren. Es gibt viele kleine Museen,
Antiquitätenläden, gute Einkaufsmöglichkeiten, Musik- und Theateraufführungen und
Walbeobachtungsfahrten. Diese **vielseitigen Urlaubsfreuden** ziehen jährlich ca.
4,5 Mio. Urlauber an; nicht alle zur selben Zeit, aber im Zeitraum zwischen Ende Juni
und Anfang September. Dies macht sich sowohl auf den Brücken der MA-6 und MA-
28, auf den meisten Straßen von Cape Cod sowie an vielen Stränden bemerkbar. Leider gibt es nur bedingt Alternativen zum eigenen Auto. Es gibt zwar reguläre Buslinien
und Trolleys, die in der Sommersaison verkehren und laut Fahrplan auch fast jede Ortschaft der Insel anfahren. Sie fahren aber recht selten und nur auf den Hauptstraßen.

Ferien-
paradies
Cape Cod
Ein angenehmes Klima mit Temperaturen, die auch im Hochsommer selten über 26 °C
steigen, eine fast 500 km lange Küste mit langen Sandstränden, schönen Buchten und weiten Dünen sowie lebhafte Ferienorte mit vielen Sport- und Unterhaltungsmöglichkei-
ten und verträumte Fischerhäfen sind die Anziehungspunkte von Cape Cod. Für viele
Touristen sind die Walbeobachtungsfahrten die größte Attraktion. Von mehreren Häfen laufen täglich moderne Schiffe auf der Suche nach den großen Meeressäugetieren aus.

Cape Cod besteht fast vollständig aus Sand, Kies, Ton und Gesteinsbrocken. Hartes Fest-
gestein befindet sich erst viele Meter im Untergrund. Das gesamte Material wurde von
den Gletschern mitgeführt, die während der Eiszeit diesen Teil des Kontinents bedeckten. Als das Eis schmolz, geschah dies in Intervallen. Es hinterließ die Geröllfracht, die
sich an kleineren Erhebungen im Untergrund staute. Durch das schmelzende Eis stieg
der Meeresspiegel weltweit an, sodass die weitere Entwicklung der Halbinsel durch Wellen und Wind geprägt wurde. Nach aktuellen Untersuchungen wird es keine 5.000 Jahre mehr dauern, bis Cape Cod vollständig in den Atlantik erodiert ist.

Im November des Jahres 1620 legte die „Mayflower" an der Nordspitze der Halbinsel an. Bald entwickelten sich die ersten Siedlungen zu Fischerorten, deren Bewohner vor allem vom Walfischfang lebten. Im Laufe des 18. Jh. ließen sich wohlhabende Kapitäne auf der Insel nieder, deren prächtige Häuser mit Möbeln und Dekorationen aus der ganzen Welt eingerichtet wurden. Einige sind heute als Museum zu besichtigen. Um 1900 entdeckten Schriftsteller und Maler die Insel für sich; es folgten reiche Familien aus Neuengland, die hier ihre Sommerhäuser bauten, und bald kamen auch die ersten Touristen auf die Insel. *Besiedlung der Halb-insel*

Cape Cod ist in drei Teile gegliedert: das **Upper Cape** erstreckt sich vom Cape Cod Canal bis nach Woods Hole und Falmouth. Hier finden sich in kleinen Buchten versteckte Strände, Naturreservate, historische Dörfer und die Ablegestellen der Fähren nach Martha's Vineyard und Nantucket. Das **Mid Cape** mit dem Barnstable County und den Ortschaften Hyannis, Yarmouth, Dennis und Harwich ist der viel besuchte mittlere Teil von Cape Cod mit Stränden an der Cape Cod Bay im Norden und am Nantucket Sound im Süden. Zum **Lower Cape** im „Ellenbogen" des Cape Cod gehört das Naturschutzgebiet Cape Cod National Seashore mit endlosen Stränden und schönen Wander- und Radwegen. Auf dem Lower Cape liegen die Ortschaften Chatham, Orleans, Brewster, Eastham, Wellfleet, Truro und Provincetown.

Rundfahrt über Cape Cod

Der im Norden von Cape Cod verlaufende MA-6A ist gesäumt von Hotels, Inns und Antiquitätenläden. Insbesondere zwischen Barnstable und Brewster häufen sich die Antiquitätenläden, deren Angebot von altem Plunder bis zu wirklichen Sammlerstücken reicht.

Die Rundfahrt beginnt an der Sagamore Bridge. In **Sandwich**, der ersten, 1637 gegründeten Ortschaft auf Cape Cod, gibt es im **Sandwich Glass Museum** mehr als 5.000 Objekte der einheimischen Glaskunst zu sehen, z. B. Kerzenleuchter, Tischlampen, Gläser und Vasen. Bis zum Ende des 19. Jh. war in Sandwich eine der größten amerikanischen Glasfabriken in Betrieb. Das Leben der ersten Siedler, ihre Geschichte und Kultur veranschaulicht die **Heritage Plantation**. Außerdem gibt es eine Ausstellung alter Autos, eine Sammlung historischer Spielzeuge und schön angelegte Gärten mit Wanderwegen. *Sehens-würdig-keiten*
Sandwich Glass Museum, *129 Main St.,* ① *508-888-0251, www.sandwichglassmuseum.org, April bis Dez. tgl. 9.30–17 Uhr, Feb./März Mi–So 9.30–16 Uhr, $ 6.*
Heritage Plantation Museum & Gardens, *Grove/Pine St.,* ① *508-888-3300, www. heritagemuseumsandgardens.org, Mai bis Okt. tgl. 10–17 Uhr, $ 15.*

Auf der Weiterfahrt nach Osten durchfährt man mehrere kleine Fischerorte:
• **Barnstable** mit dem Trayser Museum Complex aus dem Jahr 1856 mit einer Ausstellung von Schiffsmodellen, nautischen Instrumenten und Gemälden;
• **West Barnstable** mit dem 1717 gebauten West Parish Meetinghouse *(2049 Meetinghouse Way)*, einer der ältesten Kirchen mit einer Glocke von Paul Revere;
• **Yarmouth Port** mit mehreren historischen Häusern, z. B. dem Winslow Crocker House *(250 Hwy 6A)* und dem Edward Gorey House *(8 Strawberry Lane)*, einer Postkutschenstation und einem alten Drugstore aus dem Jahr 1899;

- **Dennis** mit großzügigen Sommerresidenzen, Kunstgalerien und dem Cape Playhouse, das als ältestes Sommertheater seit 1927 erstklassige Aufführungen bietet;
- **Brewster** mit schönen Kapitänshäusern aus dem 19. Jh., reizvollen Antiquitätenläden, Kunstgalerien, dem Cape Cod Museum of Natural History *(869 MA-6A)* und dem New England Fire and History Museum *(MA-6A)*;
- **Orleans** mit weiten Sandstränden und waldreicher Umgebung; die großen Parkplätze lassen darauf schließen, wie beliebt die Strände am Atlantik und in der Cape Cod Bay sind. Der beliebteste Strand ist der Nauset Beach. Im **French Cable Station Museum** wird über die Geschichte des Transatlantikkabels informiert, das 1879 nach Frankreich verlegt wurde.
French Cable Museum, MA 28/Cove Rd., ① 508-240-1735, www.frenchcablestation museum.org, Juli/Aug. Do–So 13–16 Uhr, Juni/Sept. nur Fr–So, frei.

In **Orleans** trifft der MA-6A wieder auf den US-6, der über das Lower Cape bis nach Provincetown führt. Dieser Teil der Insel ist geprägt durch die **Cape Cod National Seashore**, ein großes Naturschutzgebiet mit langen, weiten Sandstränden, Dünen und einsamen Wanderwegen durch Marschgebiete und unberührte Küstenlandschaft. Das über 170 km² große Gebiet wurde 1961 auf Betreiben des damaligen Präsidenten John F. Kennedy unter Naturschutz gestellt. Das Cape Cod National Seashore ist in vier Bereiche gegliedert:

Unberührtes Naturschutzgebiet

- **Salt Pond Area** und das Salt Pond Visitor Center bei Eastham; hier gibt es vielfältiges Informations- und Kartenmaterial sowie einen kurzen Einführungsfilm über das Naturschutzgebiet.
- **Marconi Station Area** mit der Hauptverwaltung der Cape Cod National Seashore, einem beliebten Badestrand, und einem schönen Spazierweg über den Atlantic White Cedar Swamp Trail.
- **Pilgrim Heights Area** mit Strand, Picknickplätzen, Wanderwegen, Naturlehrpfad und Informationstafeln über die Indianer und die Pilgerväter, die hier erstmals nach ihrer Atlantiküberquerung an Land gingen.

Wer war Guglielmo Marconi?

info

Marconi war ein italienischer Funktechniker, der 1874 in Bologna geboren wurde. 1895 erfand er die geerdete Senderantenne, Anfang 1896 gelang ihm die Übertragung drahtloser Signale auf 3 km. Er zog 1896 nach England, um seine Erfindung weiterzuentwickeln. Er erhielt das briti-

sche Patent für die drahtlose Übertragung von elektrischen Impulsen und Signalen. Im Mai 1897 konnte er Signale schon auf eine Entfernung von 14,5 km übertragen und noch im Dezember desselben Jahres gelang dies mit der Distanz von 29 km.

Briefmarke zu Ehren des Radio-Erfinders

Die Übertragungstechnik wurde immer weiter verbessert: 1899 auf 52 km zwischen England und Frankreich, 1901 auf 3.600 km zwischen England und Neufundland. Dabei wurde der Buchstabe „S" als Morsezeichen übertragen. 1903 gelang es Marconi, von der Stelle der heutigen Marconi-Station die ersten telegrafischen Nachrichten über den Atlantik zu senden. 1909 erhielt Marconi zusammen mit K.F. Braun den Nobelpreis für Physik. Er starb 1937 in Rom.

• **Province Lands Visitors Center** in der Nähe von Provincetown mit Informationsständen, einer Buchhandlung, dem Lebensrettungsmuseum, einem Amphitheater, Strand, Dünen und einem 8 km langen Radfahrweg.
Cape Cod National Seashore, www.nps.gov/caco/, Salt Pond Visitor Center, Eastham, am Hwy 6, ① 508-255-3421, tgl. 9–16.30 Uhr (im Sommer länger), sonst nur an Wochenenden; Province Lands Visitor Center, Race Point Rd., ① 508-487-1256, Anf. Mai bis Ende Okt. tgl. 9–17 Uhr. $ 3, mit Auto $ 15.

In **Eastham**, das schon seit 1644 besiedelt ist, steht die älteste noch funktionsfähige Windmühle von Cape Cod, die 1680 in Plymouth gebaut und 1793 in Eastham aufgestellt wurde. Gelegentlich wird in der Mühle noch Korn gemahlen. Aus dem Jahr 1869 stammt das alte einklassige Schulhaus. *Alte Windmühle*

Wellfleet war vor allem als Walfanghafen und Zentrum der Austernzucht bekannt, wie die Ausstellung des Wellfleet Historical Society Museum zeigt.
Wellfleet Historical Society Museum, 266 Main St., ① 508-349-9157, www.wellfleet historicalsociety.com, Ende Juni bis Anf. Sept. Mi, Do und Sa 13–16 Uhr, Di und Fr 10–16 Uhr.

Provincetown

Provincetown war der Hauptstützpunkt der Walfangflotte. Heute bestimmt der Fremdenverkehr das wirtschaftliche Geschehen. Der Ort ist ein beliebtes, im Sommer aber auch überlaufenes Ausflugs- und Ferienziel, in dem sich Feriengäste und Tagesausflügler in den Straßen mit vielen Lokalen und Souvenirshops drängen. Wer länger in Provincetown bleibt, spürt das besondere, weltoffene und tolerante Flair des Ortes. Wo die Pilgerväter zuerst an Land gingen, wo in den vergangenen Jahrhunderten die bekanntesten Walfänger Neuenglands lebten, wo sich im 19. Jh. Schriftsteller und Maler niederließen, die den Ort vor dem Ersten Weltkrieg zu Amerikas bekanntester Künstlerkolonie machten, leben auch heute neben den alteingesessenen Fischerfamilien viele Künstler, Intellektuelle, Außenseiter, Idealisten und Visionäre.

Mittelpunkt des Ortes ist die **Commercial St.** mit vielen Geschäften, Cafés und Restaurants. Der MacMillan Pier am Hafen ist Ausgangspunkt für 3- bis 4-stündige Ausflugsfahrten zur Walbeobachtung und zur Hochseefischerei.

Das 1910 gebaute **Pilgrim Monument & Provincetown Museum** erinnert an die Landung der Pilgerväter, die im Jahr 1620 mit der „Mayflower" hier anlegten. Von der Aussichtsterrasse des fast 77 m hohen Monuments hat man einen schönen Blick auf die Stadt, den Hafen und die Küsten von Cape Cod. Im Museum erfährt man Wissens-

Idyllisch: Hinterhof in Provincetown

wertes über die ersten Siedler, den Walfang, der für viele Familien die Existenzgrundlage war, und den Dichter Eugene O'Neill. Im **Provincetown Art Association and Museum** wird eine Ausstellung von Künstlern des frühen 20. Jahrhunderts gezeigt.
Pilgrim Monument & Provincetown Museum, am High Pole Hill, ☎ 508-487-1310, www.pilgrim-monument.org, April bis Nov. tgl. 9–17 Uhr, $ 12.
Provincetown Art Association and Museum, 460 Commercial St., ☎ 508-487-1750, www.paam.org, Mai–Sept. Mo–Do 11–20, Fr 11–22, Sa/So 11–17 Uhr, sonst Do–So 12–17 Uhr, $ 7.

Erholungsmöglichkeiten bieten sich im nahe gelegenen **Cape Cod National Seashore** und an den kilometerlangen Stränden der Umgebung. Außerdem gibt es ein breites Sportangebot, z. B. Reiten, Fahrradfahren, Tennis, Segeln, Surfen.

Buchtipp
Michael Cunningham: Land's End. Ein Spaziergang in Provincetown. Cunningham schrieb diesen ungewöhnlichen Reiseführer über den Ort, den er seit mehr als 20 Jahren kennt und liebt.

Die Rückfahrt führt zunächst wieder nach Orleans, dann weiter über den MA-28 an die Südküste von Cape Cod. Zwischen Chatham und Hyannis reihen sich die lebhaften Ferienorte aneinander; sehenswert sind die für die Insel typischen Leuchttürme, z. B. Old Bass River Lighthouse und Chatham Lighthouse.

Aus dem kleinen alten Fischerdorf **Chatham** hat sich ein beliebter Ferienort mit eleganten Geschäften, Boutiquen, Restaurants und Cafés entwickelt, aber noch immer laden an jedem Nachmittag die Fischer am Shore Road Pier ihren Fang aus. Für Sportfischer ist Chatham der geeignete Ort, um zum Salzwasserangeln aufzubrechen; im Hafen liegen Boote, die zur Seehundbeobachtung auslaufen. Der besondere Reiz des Ortes liegt darin, dass Chatham sowohl am Nantucket Sound als auch am Atlantischen Ozean liegt. Einen Besuch wert ist das **Railroad Museum**, das früher einmal eine Eisenbahnstation war.
Chatham Railroad Museum, Depot Rd., ☎ 508-945-5199, www.chathaminfo.com/ museums, Mitte Juni bis Mitte Sept. Di–Sa 10–16 Uhr, frei.

Bei **West Yarmouth** lädt das **Zooquarium** mit Land- und Wassertieren, einem Streichelzoo, Delfin- und Seelöwenvorführungen zu einem Besuch ein.
Zooquarium, 674 MA-28, ☎ 508-775-8883, www.zooquariumcapecod.net, April bis Sept. tgl. 9.30–16, Juli bis Sept. –17 Uhr, $ 13.

Hyannis ist mit knapp 10.000 Einwohnern der Hauptort der Insel und Verkehrsknotenpunkt mit ausgezeichneten Verkehrsverbindungen. Es gibt Museen, Galerien, Theater, Antiquitäten- und Kunstgewerbegeschäfte, aber auch Golf- und Tennisplätze sowie schöne Strände, von denen Craigville Beach der beliebteste ist. Im Hafen **Hyannis Port** liegen elegante Jachten neben kleinen Fischerbooten und den Fähren nach Martha's Vineyard und Nantucket. Machen Sie einen Stadtbummel durch den Hyannis Main Street Waterfront District mit mehr als 200 Geschäften; besuchen Sie das John F. Kennedy Memorial *(Ocean St.)*, das an den Präsidenten der Vereinigten Staaten erinnert, der ganz in der Nähe aufwuchs. Im Alten Rathaus wurde das **John F. Kennedy Museum** eingerichtet, das mit Fotos, Ausstellungen und einem Videofilm über die Kennedy-Familie informiert.

John F. Kennedy Hyannis Museum, *397 Main St., ☺ 508-790-3077, www.jfkhyannis museum.org, Ende Mai bis Okt. Mo–Sa 9–17, So 12–17 Uhr, sonst Mo–Sa 10–16, So 12–16 Uhr, Dez./Jan. geschl., $ 8.*

Die ehemalige Quäkersiedlung **Falmouth** war im 19. Jh. ein wichtiges Zentrum der Glasindustrie und des Walfangs. Heute ist sie ein beliebter Ferienort und Fährhafen für Schiffe nach Martha's Vineyard und in der Hochsaison auch nach Nantucket Island. Die Sammlungen des **Falmouth Museum on the Green** vermitteln einen Eindruck von Walfang, Glasherstellung und Silberverarbeitung.
Falmouth Museum on the Green, *Village Green, ☺ 508-548-4857, www.falmouthhistorical society.org; Juni bis Anf. Okt. Di–Fr 10–16, Sa 10–13 Uhr, $ 5.*

Woods Hole, an der südwestlichen Spitze von Cape Cod, ist ein wichtiger Hafen mit ganzjährigen Fährverbindungen nach Martha's Vineyard und Fairhaven auf dem Festland. Überregionale Bedeutung hat das **Ozeanografische Forschungszentrum**, dessen Ausstellungsräume besichtigt werden können. Interessant ist auch das **Woods Hole Science Aquarium**. *Fährver- bindungen*
Woods Hole Oceanographic Institution's Exhibit Center, *15 School St., ☺ 508-289-2252, www.whoi.edu, in den Sommermonaten Mo–Sa 10–16.30, $ 2.*
Woods Hole Science Aquarium, *166 Water/Albatross St., ☺ 508-495-2001, http://aquarium.nefsc.noaa.gov, im Sommer Di–Sa 11–16 Uhr, Eintritt frei.*

Die Rundfahrt führt weiter über den MA-28 an der buchtenreichen Westküste entlang nach **Bourne**, wo sich südlich der Bourne Canal Bridge die **Aptucxet Trading Post** befindet. Es ist die Nachbildung des wahrscheinlich ersten Handelsplatzes in Nordamerika aus dem Jahr 1627. Sehenswert ist ein Steinbrocken mit eingravierten Zeichen, die, unterschiedlichen Theorien zufolge, entweder von den Wikingern (um das Jahr 1000) oder von den Phöniziern (um 400 v. Chr.) stammen sollen.
Aptucxet Trading Post, *24 Aptucxet Rd., ☺ 508-759-9487, www.bournehistoricalsociety.org/ aptucxettradingpost.html, Ende Mai bis Anfang Okt. Di–Sa 10–15 Uhr, $ 5.*

Reisepraktische Informationen Cape Cod

i **Information**
Visit Cape Cod, *397 Main St., Hyannis, ☺ 508-775-2201, Mo–Fr 9–17 Uhr, Infostand auch im John F. Kennedy Museum Hyannis, www.hyannis.com/visitors oder www.visitcapecod.com.*
Cape Cod Chamber of Commerce, *5 Patti Page Way, Centerville, MA, ☺ 508-362-3225, www.capecodchamber.org.*

Unterkünfte
Die Übernachtungsmöglichkeiten konzentrieren sich auf die Südküste entlang der US-Route 28 zwischen Falmouth und Chatham sowie im Nordteil zwischen Eastham und Wellfleet entlang des US-6 und vor Provincetown am US-6A. Neben einigen Hotels und Motels der großen Ketten gibt es eine Vielzahl von privat geführten Häusern. Die Preise sind im Vergleich sehr hoch, erkundigen Sie sich außerhalb der Hochsaison nach „Specials" und Preisnachlässen. Frühzeitige Zimmerreservierungen sind unbedingt empfehlenswert.

Auskünfte über die aktuelle Belegung der Hotels, Inns, B&B- und Ferienhäuser erhalten Sie bei:
Cape Cod Chamber of Commerce, ① 508-362-3225, www.capecodchamber.org.
Association of Bed&Breakfast Reservation Services Cape Cod, ① 508-255-3824
oder 1-800-541-6226, www.bedandbreakfastcapecod.com; ein Zusammenschluss mehrerer
B&B und kleiner Inns auf Cape Cod, Martha's Vineyard und Nantucket.

IN EASTHAM
Viking Shores Motor Inn $$$, 5200 Route 6, ① 508-255-3200, www.vikingshores.com;
das Motor Inn mit 40 freundlich eingerichteten Zimmern liegt nicht weit von der National Sea-
shore entfernt; gleich hinter dem Haus verläuft der Cape Cod Bike Trail, Fahrradverleih im Haus.
IN FALMOUTH
Captain Tom Lawrence House Inn $$$, 75 Locust St., ① 508-548-9178, www.captaintom
lawrence.com; das historische Kapitänshaus bietet 7 gemütlich und traditionell eingerichtete
Gästezimmer und ein reichhaltiges Frühstück.
Inn on the Square $$$, 40 N Main St., ① 508-457-0606, www.innonthesquare.com; schö-
nes Landgasthaus mit 72 geräumigen Zimmern, großem Swimmingpool, Garten und Veran-
da in der historischen Ortsmitte, gutes Frühstück;
The Palmer House Inn $$$, 81 Palmer Ave., ① 508-548-1230, www.palmerhouseinn.com; das
Haus von 1901 liegt im historischen Viertel, hat 17 romantische Zimmer und einen schönen Gar-
ten; das Frühstück ist sehr reichhaltig. Restaurants, Strände, Geschäfte zu Fuß zu erreichen.
IN HYANNIS
Anchor-In $$$, 1 South St., ① 508-775-0357, www.anchorin.com; die Anlage mit 43 anspre-
chend eingerichteten Zimmern bietet einen schönen Blick über den Hafen und die Lewis Bay.
Restaurants, Geschäfte und Fähranleger sind nur wenige Schritte entfernt.
DoubleTree Cape Cod – Hyannis $$$, 287 Iyannough Rd., ① 508-771-1700, http://
doubletree3.hilton.com; angenehmes Hotel mit 160 geräumigen, gut ausgestatteten Zimmern,
es liegt nicht weit vom Hyannis Historic Waterfront District entfernt.
IN PROVINCETOWN
Harbor Hotel $$$, 698 Commercial St, ① 508-487-1711, www.harborhotelptown.com; Ho-
tel mit 129 unterschiedlich großen, zum Teil renovierten Zimmern, Swimmingpool und Blick
auf den Hafen.
Surfside Hotel & Suites $$$, 543 Commercial St., ① 508-487-1726, www.surfsideinn.cc;
direkt am Strand liegendes Hotel mit 86 komfortablen Zimmern und Apartments, teilweise
mit Küchenzeile, 1,6 km östl. des Zentrums.
Crown Pointe Historic Inn & Spa $$$$, 82 Bradford St., ① 508-487-6767, www.
crownepointe.com; auf einer Klippe gelegenes, von einem großen Garten umgebenes Hotel mit
40 ansprechend eingerichteten Zimmern, teilweise mit Küchenzeile oder Kamin, Swimmingpool, Spa; ein reichhaltiges Frühstück ist im Preis eingeschlossen.

Touren
Cape Cod Scenic Tours, ① 508-394-2221, http://capecodscenictours.com, Tages-
touren in Kleinbussen, verschiedene Routen.
Hyannis Harbour Tour, Pier 1 Ocean Street Dock, ① 1-800-492-8082, www.hyline
cruises.com, 1-stündige Rundfahrten durch den Hafen von Hyannis mit Ausblick auf die Sommerhäuser der Kennedy-Familie, das Kennedy Memorial und den Jachtclub.
Hyannis Whale Watcher Cruises, 269 Millway Marina in Barnstable Harbor, ① 508-362-
6088 oder 1-800-287-0374, www.whales.net, 4-stündige Walbeobachtungsfahrten Mai bis
Okt., $ 49.

Whale Watch, 307 Commercial St., Mac-Millan Pier in Provincetown, ☎ 508-240-3636 oder 1-800-826-9300, www.whalewatch.com, 3–4-stündige Fahrten, $ 44.

Veranstaltungen
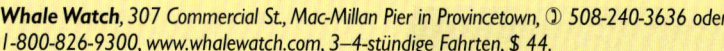
Am letzten Sonntag im Juni findet im Hafen von Provincetown die stimmungsvolle und farbenprächtige „Segnung der Flotte", **Blessing of the Fleet**, statt.

Flughafen
Flugverbindungen vom Provincetown Municipal Airport, ☎ 508-487-0241, bestehen mit Boston, Martha's Vineyard und Nantucket Island.

Busse
Regelmäßiger Busverkehr nach New York, New Haven und Boston; auf Cape Cod sind die wichtigsten Orte duch Linienverkehr miteinander verbunden.

Fähren
Zur Insel **Martha's Vineyard**, 2–4-mal tgl., Fahrzeit ca. 1½ Std.; außerdem gibt es Tagesausflüge mit 4-stündigem Aufenthalt auf der Insel. Reisebusse für Inselrundfahrten sind auf die Ankunfts- und Abfahrtszeiten der Boote abgestimmt.
Zur Insel **Nantucket Island**, 3–5-mal tgl., Fahrzeit ca. 2 Std.; außerdem Tagesausflüge mit 3- bis 4-stündigem Inselaufenthalt.
Infos zu Fährlinien und Abfahrtszeiten unter www.capecodchamber.org/ferry-schedules

Eine Auswahl an Fährdiensten:
Hy-Line Cruises, Hyannis, Pier 1/Ocean Street Dock, ☎ 508-778-2600, www.hyline cruises.com; Schnell- und normale Fähren nach Nantucket Island und Martha's Vineyard.
The Steamship Authority, ☎ 508-477-8600, www.steamshipauthority.com; Fähren von Woods Hole/Cape Cod nach Martha's Vineyard, von Hyannis/Cape Cod nach Nantucket Island.
Island Queen, Falmouth, ☎ 508-548-4800, www.islandqueen.com, Ende Mai bis Anfang Oktober, Überfahrt nach Martha's Vineyard 35 Min, einfache Fahrt $ 12, Hin- und Rückfahrt $ 20.
Falmouth Ferry, Ticket Office: 278 Scranton Ave, Falmouth, ☎ 508-548-9400, www.fal mouthedgartownferry.com. Fähre von Falmouth nach Edgartown, pro Strecke $ 25.

Martha's Vineyard

Die Cape Cod vorgelagerte dreieckige Insel im Nantucket Sound erreicht die Fähre von Cape Cod nach ca. 2-stündiger Fahrt. Die Insel ist ein Relikt aus der letzten Eiszeit, als die schmelzenden Gletscher den Meeresspiegel erhöhten und Martha's Vineyard vom Festland trennten. Ursprünglich war die Insel im Besitz der Wampanoag-Indianer, die sie „Noepe – Land unter den Strömen" nannten.

Ihren heutigen Namen erhielt die Insel von Bartholomew Gosnold, der 1602 die Küste erkundete und dabei wild wachsende Weinreben entdeckte. Seiner Tochter Martha zu Ehren nannte er die Insel „Marthas Weingarten". Die Insel wurde schon 1642 besiedelt und war lange Zeit eine wichtige Walfangstation. Der Walfang machte auch den Wohlstand der Bewohner aus, der sich noch heute in den gepflegten Herrenhäusern der Kapitäne in Vineyard Haven und Edgartown ausdrückt. Heute ist der Fremdenver-

Geschichte der Insel

Gingerbread Cottages in Oak Bluff

kehr die Haupteinnahmequelle der Insel; vor allem rund um den 4. Juli, den amerikanischen Nationalfeiertag, wird die Insel von Besuchern überströmt.

Viele prominente Politiker, Schriftsteller, Schauspieler und Künstler haben Martha's Vineyard als Sommerresidenz gewählt und suchen Ruhe in der Abgeschiedenheit der Insel. Hohe Dünen, Kliffs, Heideland, Wälder und schöne Strände, von denen viele in Privatbesitz sind, machen die Schönheit der Insel aus. Touristisch erschlossen ist vor allem der nordöstliche, „Down Island" genannte Teil der Insel, an dem auch die meisten öffentlichen Strände liegen, z. B. der bei Familien beliebte Joseph Sylvia State Beach.

Vineyard Haven ist der größte Ort der Insel, ein wichtiges Schiffsbauzentrum und Anlegestelle für die Fähren von Cape Cod und Fairhaven/New Bedford. Gleich am Fähranleger gibt es einige Fahrradverleihstationen, denn die weitgehend flache Insel lässt sich sehr gut mit dem Rad auf einer ca. 70 km langen Rundfahrt erkunden. Außerdem verkehren von Mitte Mai bis Mitte Oktober Shuttlebusse zwischen den Ortschaften. **Oak Bluffs** ist schon seit dem 19. Jh. ein beliebter Ferienort. Der Ort ist vor allem wegen der mit ungewöhnlichen Schnitzereien verzierten Häuser bekannt, den sogenannten „Gingerbread Cottages". Der Küstenstreifen zwischen Oak Bluffs und Edgartown war Schauplatz für den Film „Der weiße Hai", der 1973 hier gedreht wurde.

Edgartown ist die älteste Siedlung der Insel; sie wurde bereits 1642 gegründet. Im Ort gibt es mehrere schön restaurierte Häuser, die wie die Old Whaling Church im Stil des Greek Revival erbaut worden sind. Das älteste Haus der Insel, Vincent House, Main/Church St., stammt aus dem Jahr 1672 und dient heute als Museum.

Vorgelagert ist die kleine Insel **Chappaquiddick**, die bis 2007 mit Martha's Vineyard verbunden war. Nach einem heftigen Sturm trennt jetzt ein 270 m breiter Kanal die beiden Inseln, zwischen denen im Sommer zweimal täglich kleine Fähren verkehren.

Natur-schutz-gebiete

Im Westen liegen einige **indianische Siedlungen**, z. B. Squibnocket und Gay Head, das wegen seiner eindrucksvollen Klippen bekannt ist. Der **Martha's Vineyard State Forest** mit seinen Eichen- und Pinienwäldern im Inselinneren lädt ebenso zu Wanderungen ein wie das **Felix Neck Wildlife Sanctuary** oder die im Osten gelegenen Naturschutzgebiete **Wasque Reservation** und **Cape Poge Wildlife Refuge**. Die schönsten Sonnenuntergänge kann man an der Südostspitze der Insel in **Menemsha** erleben.

Reisepraktische Informationen Martha's Vineyard

ℹ️ Information
Martha's Vineyard Chamber of Commerce, 24 Beach Road, Vineyard Haven,
☎ 508-693-0085 oder 1-800-505-4815, www.mvy.com

🛏️ Unterkünfte
Die Hotels liegen in den Ortschaften Vineyard Haven, Oak Bluffs, Edgartown und Menemsha; die Übernachtungspreise sind in der Hauptsaison wie auf Cape Cod sehr hoch, rechtzeitige Reservierungen sind unbedingt zu empfehlen.

IN EDGARTOWN
Clarion Martha's Vineyard $$$$, 227 Upper Main St., ☎ 508-627-5161, www.clarion mv.com; das Hotel mit 34 geräumigen Zimmern liegt etwa 1,5 km vom Zentrum und Hafen entfernt.
Vineyard Square Hotel & Suites $$$$, 38 N Water St., ☎ 508-627-4711, www.vineyards quarehotel.com; das traditionsreiche, 1911 als „Colonial Inn" eröffnete Haus mit 43 Nichtraucherzimmern liegt im historischen Distrikt, schöner Blick auf den Hafen.

IN OAK BLUFFS
The Dockside Inn $$$, 9 Circuit Ave., ☎ 508-693-2966, www.vineyardinns.com; nur wenige Schritte von der Anlegestelle der Fähren entfernt. Die 17 Zimmer sind unterschiedlich groß, einige verfügen über eine eigene Küchenzeile. Bei schönem Wetter kann das kleine, im Preis enthaltene Frühstück auch im Garten eingenommen werden.
Isabelles Beach House $$$$, 83 Seaview Ave., ☎ (508) 693-3955, www.isabellesbeach house.com; gemütliches B&B mit elf maritim inspirierten Zimmern und leckerem Frühstück, von der Veranda hat man einen schönen Blick auf das Meer.

IN VINEYARD HAVEN
1720 House $$$, 152 Main St., ☎ 508-693-6407, www.1720house.com; das historische B&B-Haus liegt nur wenige Minuten vom Strand, dem Fähranleger und dem Ort entfernt. Die Zimmer sind liebevoll und ansprechend eingerichtet, Frühstück ist im Preis eingeschlossen; Fahrräder können gemietet werden.
The Doctor's House $$$$, 60 Mt. Altworth Rd., ☎ 508-696-0859, www.doctorshouse.com; das schöne Haus aus dem Jahr 1908 liegt ruhig und von einem schönen Garten umgeben nur wenige Gehminuten von Strand, Restaurants und Geschäften entfernt. Die Zimmer sind gut ausgestattet; das reichhaltige Frühstück wird im Frühstücksraum oder auf der Veranda serviert.

✈️ Flughafen
Der Flughafen liegt ca. 7 km südl. von Vineyard Haven; es gibt keinen Zubringerdienst. Flugverbindungen bestehen nach Boston, New York, Nantucket Island und Hyannis.

🚢 Fähren
Es gibt Schiffsverbindungen mit Hyannis und Woods Hole auf Cape Cod, mit Nantucket Island und New Bedford.
Außerdem gibt es Schiffsverbindungen von Hyannis, Woods Hole und Falmouth nach Vineyardhaven und Oak Bluffs (Fährlinien s. S. 269).

Nantucket Island

Wie Martha's Vineyard ist auch die Insel Nantucket mit Fähren von Woods Hole und Hyannis ganzjährig in ca. 2 Stunden zu erreichen. Außerdem gibt es Flugverbindungen zwischen der Insel, die ca. 25 mi vom Festland entfernt im Atlantik liegt, und Boston sowie Hyannis/Cape Cod.

Land in weiter Ferne

Der Name Nantucket ist indianischen Ursprungs und bedeutet „Land in weiter Ferne." Die ca. 23 km lange Insel ist seit etwa 1659 besiedelt; im 17. Jh. entstand eine bedeutende Walfangflotte mit etwa 150 inseleigenen Schiffen. Nantucket entwickelte sich bis zur Mitte des 19. Jh. zu einem wichtigen **Walfangzentrum**, das der Insel durch den Handel mit Walöl großen Wohlstand brachte. Aus dieser Zeit stammen die herrschaftlichen Häuser der Kapitäne und Kaufleute, die heute noch im Hauptort Nantucket zu sehen sind.

Heute ist der Tourismus zur Haupteinnahmequelle geworden. Jeden Sommer übersteigt die Zahl der Feriengäste bei weitem die der rund 10.000 Einwohner. Es gibt ausgezeichnete Übernachtungsmöglichkeiten, elegante Hotels, historische Landgasthäuser, rustikale Cottages und gemütliche Bed&Breakfast-Häuser; auch die Gastronomie zeigt sich sehr vielfältig.

Sport und vielseitige Unterhaltung

Schöne Badestrände, Küsten, die vor allem zum Segeln und Surfen geeignet sind, Rad- und Wanderwege, Tennis- und Golfplätze laden zu einem erholsamen und sportlichen Aufenthalt ein; Theateraufführungen, Konzerte, Kunstgalerien und Museen sorgen ebenfalls für vielseitige Unterhaltung. Auch zum Einkaufen zieht es viele Besucher nach Nantucket, denn in zahlreichen Antiquitätenläden, Kunstgewerbe- und Schmuckgeschäften gibt es viel Originelles zu erstehen, so z. B. holzgeschnitzte Vögel oder die für Nantucket typischen „lightship baskets", Deckelkörbe mit schönen Verzierungen.

Der Hauptort **Nantucket** trägt den Namen der Insel. Im Besucherzentrum (*25 Federal St.*), und bei der **Nantucket Historical Association** erhalten Sie Karten und eine Informationsschrift für einen Rundgang zu den Sehenswürdigkeiten des Ortes; auch Führungen durch den Historischen Distrikt mit ca. 800 Häusern aus dem 18. und 19. Jh. sind möglich.
Nantucket Historical Association, 15 Broad St., ① 508-228-1894, www.nha.org, Mai bis Sept. tgl. 10–17 Uhr, sonst Do–Mo 11–16 Uhr, Eintritt für mehrere historische Häuser: $ 20 (inkl. Whaling Museum, s. u.).

Mittelpunkt des Ortes sind der alte Hafen, die Waterfront und die kopfsteingepflasterte Main Street. In einer ehemaligen Fabrik wurde das **Whaling Museum** eingerichtet, das über den Walfang auf Nantucket Island informiert und das Leben an Bord eines Walfangschiffes veranschaulicht. Im **Nantucket Shipwreck & Lifesaving Museum** kann man sich über die harte Arbeit der Lebensretter informieren, die vor der gefährlichen Küste bei mehr als 700 Schiffsbrüchen zum Einsatz kamen.
Whaling Museum, 13 Broad St., ① 508-228-1894, www.nha.org/sites/, Mitte Mai bis Anf. Oktober tgl. 10–17 Uhr, sonst 11–16 Uhr, $ 20.
Shipwreck & Lifesaving Museum, 158 Polpis Rd., ① 508-228-1885, www.nantucketshipwreck.org; Mitte Mai bis Mitte Okt. tgl. 10–17 Uhr, $ 5.

Reisepraktische Informationen Nantucket

i Information

Nantucket Island Chamber of Commerce, Zero Main St., ☎ 508-228-1700, www.nantucketchamber.org, Mo–Fr 9–17 Uhr.
Nantucket Island Visitor Services & Information Bureau, 25 Federal St.; ☎ 508-228-0925, Mo–Sa 9–17 Uhr.
Außerdem gibt es **Info-Kioske** *am Fähranleger „Steamboat Wharf" und „Straight Wharf".*

Unterkünfte

Die Hotels liegen im Hauptort Nantucket und seiner näheren Umgebung. Auch auf Nantucket Island sind wie auf Cape Cod in der Hochsaison die Übernachtungspreise sehr hoch. Rechtzeitige Reservierung ist sehr zu empfehlen. Außerhalb der Hochsaison sind die Kosten deutlich niedriger.
Seven Sea Street Inn $$$, 7 Sea St., ☎ 508-228-3577, www.sevenseastreetinn.com; das Haus mit 15 behaglichen Zimmern und schönem Garten liegt in einer ruhigen Straße, nur ca. 5 Gehmin. von Main St., Strand und Hafen entfernt, reichhaltiges Frühstück im Preis inbegriffen.
Sherburne Inn $$$, 10 Gay St., ☎ 508-228-4425, www.sherburneinn.com; das 1835 gebaute Haus liegt ruhig im historischen Bezirk. Es verfügt über 8 mit Antiquitäten eingerichtete Zimmer, 2 schöne Aufenthaltsräume mit Kamin, kleiner Garten; Frühstück bei schönem Wetter auf der Terrasse.
The Carriage House $$$, 5 Ray's Court, ☎ 508-228-0326, www.carriagehousenantucket. com; das alte, sehr ruhig gelegene Kutscherhaus von 1865 beherbergt 7 Zimmer, jeweils mit Bad, und einen schönen Aufenthaltsraum; Preis inkl. Frühstück, nicht weit vom Zentrum entfernt. Etwas alt (und der Besitzer ist etwas eigen), aber dafür verhältnismäßig günstig.

✈ Flughafen

Der Flughafen liegt ca. 5 km südl. von Nantucket; es gibt keinen Zubringerdienst. Flugverbindungen bestehen nach Boston, Hyannis, New York, Washington und Philadelphia.

Fähren

Es gibt Schiffsverbindungen mit Martha's Vineyard und mit Hyannis/Cape Cod, (Fährlinien s. S. 269).

Von Cape Cod über Plymouth nach Boston

Hinweis zur Route

Entfernung: 60 mi/96 km
Von Sagamore/Cape Cod aus fahren Sie über die reizvolle Küstenstraße MA-3A bis Plimoth Plantation und weiter bis Plymouth. Nachdem Sie Plymouth wieder auf dem MA-3A verlassen haben, stoßen Sie auf den MA-3. Diesem folgen Sie bis zum I-93, der ins Zentrum von Boston führt.
Zwischen Plymouth und Boston liegen mehrere State Parks und Ferienorte mit schönen Stränden. Diese erreichen Sie von Plymouth aus über die Abzweigungen vom MA-3A, der ebenfalls nach Boston führt.

Nach der Überquerung des Cape Cod Canal geht es an der Küste entlang, wobei sich herrliche Ausblicke auf die weite, sichelförmige Bucht von Cape Cod bieten. Nach ca. 18 mi/28 km ist bereits die Ortschaft Plymouth sowie die „Plimoth Plantation" ausgeschildert, eine der meistbesuchten Sehenswürdigkeiten in Neuengland.

☞ Tipp
Es empfiehlt sich, bei der Besichtigung dem historischen Ablauf zu folgen. Fahren Sie deshalb zunächst nach Plymouth, gehen Sie an Bord der „Mayflower" und besuchen anschließend „Plimoth Plantation", das 3 mi/5 km südlich von Plymouth am MA-3A liegt. Parkplätze sind dort ausreichend vorhanden Alternativ kann man auch mit Trolleybussen von Plymouth zur Plimoth Plantation fahren.

Plymouth

Im Zeichen der Vergangenheit

Der heutige Ort steht ganz im Zeichen der Vergangenheit, denn Plymouth ist die älteste amerikanische Siedlung nördlich von Virginia, die seit ihrer Gründung dauerhaft bewohnt ist; sie trägt deshalb stolz den Beinamen „Amerikas Heimatstadt".

An einem Felsblock am Hafen, dem **Plymouth Rock**, legte am 21. Dezember 1620 nach zweimonatiger Seefahrt die „Mayflower" an. An Bord waren 102 Passagiere, Männer, Frauen und Kinder, sowie 25 Besatzungsmitglieder. Der historische Felsbrocken Plymouth Rock wurde 1921 zum 300. Jahrestag mit einem an einen griechischen Tempel erinnernden Gebäude überbaut. Am Erntedankfest und an allen Freitagen im Juli und August findet in der Nähe des Plymouth Rock eine „Pilgerprozession" in Kostümen aus der Zeit der Pilgerväter statt.

Am Plymouth Rock legte 1620 die „Mayflower" an

Die „Mayflower"

Das **Pilgrim Hall Museum** wurde im Jahr 1824 eröffnet. Hier sind Möbel, Handwerkszeug und Gebrauchsgegenstände aus der Zeit der Pilgerväter, eine Bibel sowie das einzig bekannte Porträt eines Passagiers von der „Mayflower" ausgestellt.
Pilgrim Hall Museum, 75 Court St., ☎ 508-746-1620, www.pilgrimhall.org, Feb. bis Dez. tgl. 9.30–16.30 Uhr, $ 8.

Auf dem Hügel oberhalb von Plymouth Rock sind zu besichtigen:
• **Cole's Hill**, die Begräbnisstätte der Siedler, die während des ersten Winters gestorben sind,
• die **Massasoit Statue**, ein eindrucksvolles Standbild des Indianerhäuptlings Massasoit, der 1621 den ersten Friedensvertrag mit den Pilgervätern abschloss,
• das National Wax Museum *(16 Carver St.)*, in dem 27 Szenen aus dem Leben der ersten Siedler nachgebildet sind,
• historische Häuser aus dem 18. Jh. mit Originalmobiliar.

Die größte Sehenswürdigkeit der Stadt ist die „**Mayflower II**", die nahe beim Plymouth Rock am State Pier liegt. Es handelt sich um eine originalgetreue Nachbildung des Pilgerschiffes, das 1620 in Plymouth anlegte. Die Mayflower II wurde 1955–57 in England gebaut und segelte wie das Originalschiff vom englischen Hafen Plymouth zum amerikanischen Hafen gleichen Namens. Man kann an Bord des Schiffes gehen und sich dort mit den Passagieren und Besatzungsmitgliedern unterhalten, die in zeitgenössischen Kostümen und in der Sprache des 17. Jh. von ihren Wünschen, Hoffnungen, Erfahrungen und Entbehrungen berichten. In den nächsten Jahren wird das Schiff nach und nach restauriert, um zum 400. Jubiläum in neuem Glanz zu erstrahlen. Daher kann es sein, dass das Boot nicht immer vor Anker liegt (wie zuletzt im Frühjahr 2013, im Sommer soll es wieder da sein). Es gibt aber eine Ausstellung am Hafen. *Aktuelle Infos unter www.plimoth.org/sos.*
„Mayflower II", State Pier, ☎ 508-746-1622, www.plimoth.org, Juli/Aug. tgl. 9–19 Uhr, April bis Juni, Sept. bis Nov. tgl. 9–17 Uhr, $ 10, Kombiticket mit Plimoth Plantation $ 29,50.

Schiff der Pilgerväter

Wer waren die Pilgerväter (Pilgrim Fathers)?

Pilgerväter werden die **ersten Siedler** genannt, die nach der Atlantiküberquerung im Jahr 1620 in Plymouth Rock an Land gingen. Es waren Puritaner, religiöse Sektierer, die ihre englische Heimat aus Glaubensgründen verlassen hatten. Die Puritaner lehnten im Gegensatz zur anglikanischen Kirche jeden Mittler zwischen den Gläubigen und Gott ab; nach ihrer Meinung genügte die Bibellesung innerhalb der Familie. Sie verlangten völlige Freiheit in der Auslegung der Heiligen Schrift. Schon 1606 flohen einige Puritaner vor der Verfolgung durch die Staatskirche in die Niederlande. Andere beschlossen, in der Neuen Welt eine neue Heimat nach eigenen Vorstellungen aufzubauen. Sie nahmen Kontakt mit den Siedlern in Virginia auf und entschlossen sich dann zur Überfahrt mit der „Mayflower". Am 16. September 1620 gingen im englischen Hafen Plymouth 102 Passagiere an Bord, nachdem sie einen Vertrag unterschrieben hatten, in dem sie sich verpflichteten, zusammenzubleiben und den gemeinsam aufgestellten Regeln zu gehorchen. Es waren nicht nur fromme Pilger unter den Auswanderern, sondern auch Kaufleute, Händler und solche, die sich die Überfahrt erarbeiten mussten.

In einem der heftigen Herbststürme geriet der Kapitän vom Kurs ab, sodass das Schiff nach zwei Monaten nicht in Virginia landete, sondern auf Cape Cod anlegte. Von dort aus suchten die Passagiere nach einer geeigneten Stelle für ihre erste Siedlung und entschieden sich für Plymouth, wo sie am 21. Dezember 1620 ankamen. Wegen des einsetzenden Winters waren die Lebensbedingungen für die Ankömmlinge sehr hart; mehr als die Hälfte der Kolonisten überlebte den ersten Winter nicht, sie starben an Schwäche, Fieber oder Skorbut. Mit Unterstützung der ansässigen Indianer, die sie Fischen, Jagen und den Anbau von Mais lehrten, gelang es den anderen zu überleben. Schon im Herbst des folgenden Jahres konnten in der ersten Siedlung, „Plimoth Plantation" genannt, Landwirtschaft, Viehzucht und Gartenbau so erfolgreich betrieben werden, dass die Siedler gemeinsam mit ihren indianischen Freunden ein Erntedankfest feierten – **Thanksgiving Day**, heute ein nationaler Feiertag!

Plimoth Plantation

Willkommen im 17. Jh.

„Willkommen im 17. Jahrhundert" lädt ein Schild am Eingang des Museumsdorfes ein, und tatsächlich fühlt man sich bei einem Rundgang durch das Museumsdorf schon bald in diese Zeit zurückversetzt. Plimoth Plantation ist die Rekonstruktion der ersten Siedlung der Passagiere der „Mayflower", wie sie im Jahr 1627 aussah. Der Komplex besteht aus dem Besucherzentrum, dem Pilgrim Village und der Siedlung der Wampanoag-Indianer und ist ein überzeugendes Beispiel für ein „living history museum".

Im Visitor Center gibt es einen Museumsshop und eine Cafeteria und man erhält durch einen Film, durch Exponate und Literatur einen Eindruck von der ersten Siedlung und ihren Bewohnern.

Das **Pilgrim Village** ist die von Palisaden umgebene Nachbildung des ersten Dorfes mit einem befestigten Versammlungsgebäude und 15 Häusern. Auf der Dorfstraße gehen Menschen, die nach der Mode des 17. Jh. gekleidet sind, geschäftig ihrem Tagwerk nach. Ihre Werkzeuge und Arbeitsweise entstammen ebenso jener Zeit wie ihre Sprache. Man kann in die strohgedeckten Häuser hineingehen und den Frauen beim Kochen und Hauswirtschaften, bei der Kindererziehung und beim Füttern der Tiere zuschau-

en, die Männer beim Schreinern, Schmieden oder Schustern beobachten und ganz viele Fragen zum Alltag jener Zeit stellen. In den Gärten werden verschiedene Obst- und
Gemüsearten angepflanzt, und in den Ställen und auf den Weiden werden Haustiere
gehalten. *Living History*

Vom Pilgrim Village führt ein Weg am Ufer des Eel River entlang zur **Wampanoag
Homesite**, der Nachbildung einer Siedlung der Wampanoag-Indianer. Indianische Nachfahren erläutern Traditionen, Handwerkskünste und Kultur der Indianer des 17. Jh., ohne deren Unterstützung die Siedler den ersten Winter in der neuen Heimat nicht überlebt hätten. Man kann beim Bootsbau, bei der Feldarbeit und beim Bau eines Tipi zuschauen.
*Plimoth Plantation, am MA-3A, ① 508-746-1622, www.plimoth.org, April bis Nov. tgl. 9.30–
17 Uhr, $ 25,50; Kombiticket mit „Mayflower II“ $ 29,50.*

Reisepraktische Informationen Plymouth

Information
Plymouth Information Center, *130 Water St., ① 508-747-7525 oder 1-800-872-
1620, www.seeplymouth.com*
*Im Informationsbüro gibt es ausführliches Informationsmaterial und Tickets für die Besichti-
gung der „Mayflower II“ und von Plimoth Plantation.*

Unterkünfte
Best Western Cold Spring *$$$, 180 Court St., ① 508-746-2222, www.bwcoldspring.
com; das Motel mit 58 freundlich eingerichteten Zimmern liegt im historischen Distrikt, in be-
quemer Entfernung zum Hafen, auf einem weitläufigen Gelände, schöner Blick auf die Cape
Cod Bay.*
By The Sea Bed and Breakfast *$$$, 22 Winslow St., ① 508-830-9643, www.bytheseabed
andbreakfast.com. Gemütliches B&B mit nur wenigen Zimmern, alle mit Blick auf den histo-
rischen Hafen, sehr hilfsbereite Gastgeber.*
Bradford Inn & Suites *$$$, 98 Water St., ① 508-746-6200, www.bradfordinnsuites.com;
das Hotel liegt am Plymouth Harbour, nur wenige Gehminuten von den historischen Sehens-
würdigkeiten entfernt, einige der 87 Zimmer bieten einen schönen Ausblick auf den historischen
Hafen, Swimmingpool.*

Boston – die „Grand Old Lady“

Hinweis
s. Übersichtskarte in der hinteren Umschlagklappe

„Diese Stadt hat Geschichte … sie ist kein Zufallsprodukt, keine Windmühle, kein Bahn-
hof und keine Durchgangsstation, sondern ein Ort der Menschlichkeit, das Zuhause von
Menschen mit Prinzipien, die ihren Gefühlen gehorchen und sie umsetzen …“ Mit die-
sen Worten beschrieb der berühmte Literat und Philosoph Ralph Waldo Emerson
(1803–1882) einmal seine Heimatstadt Boston.

Lange Tradition Die **Metropole Neuenglands** ist in der Tat eine ungewöhnliche amerikanische Stadt. Sie ist stolz und nennt sich mit fast britischem Understatement „**The Hub**" (Drehscheibe oder Mittelpunkt) und das nicht ganz zu Unrecht: Keine andere amerikanische Stadt kann auf eine ähnlich lange Tradition zurückblicken, keine andere hat sich ihren europäischen Charme so gut bewahrt. Oliver Wendell Holmes (1809–94), durch Gedichte wie „Old Ironside" berühmt geworden, ging sogar so weit, zu behaupten: „Ich nehme für Boston in Anspruch, dass es das geistige Zentrum des Kontinents und damit unserer Erde ist."

In der Tat avancierte die Stadt im 19. Jh. dank ihrer Verlagshäuser, Universitäten (v. a. Harvard) und literarischen Salons zum „**Athen Amerikas**", zum intellektuellen Zentrum. Darauf ist man bis heute stolz. Damals lebten hier Literaten wie Ralph Waldo Emerson, Henry Wadsworth Longfellow, Henry David Thoreau oder Nathaniel Hawthorne und entstanden bis heute legendäre Institutionen wie die Public Library, das Massachusetts Institute of Technology (M.I.T.) oder das weltberühmte Symphony Orchestra.

Die Stadt hat als einzige des Ostküstentrios – Boston, New York und Philadelphia – ihre Vergangenheit weder geleugnet noch verdrängt, was rein äußerlich zu einem faszinierenden **Reichtum an Kontrasten** führte: Hier das altehrwürdige Viertel Beacon Hill, daneben die protzige Goldkuppel des State House, dort die Natur und Ruhe des Boston Common, in unmittelbarer Nachbarschaft moderne Glaspaläste mit turbulenten Malls. Anders als sonst, wo häufig die Vergangenheit in ein „Living History Museum" oder Vergnügungsparks verbannt wird, schlängelt sich in Boston der **Freedom Trail** unspektakulär und fast bescheiden vorbei an den historischen Stätten des Freiheitskampfes durch das bunte Treiben der geschäftigen Innenstadt.

Es gibt keine andere amerikanische Stadt, in der Alt und Neu, Tradition und Innovation eine derartig **faszinierende Symbiose** eingehen: Steht man vor der neoromanischen Trinity Church, die sich in der Glasfassade des modernen John Hancock Towers spiegelt, beginnt man dem Charme der **Grand Old Lady der Neuen Welt** zu erliegen. Und man versteht diejenigen, die Boston gerne mit London vergleichen. Viel erinnert in der Tat an die alte Hauptstadt des Commonwealth, beispielsweise Beacon Hill mit seinem Kopfsteinpflaster und den alten Laternen, Pubs und Reihenhäuschen oder aber Prachtstraßen wie die Commonwealth Avenue in der Back Bay. An manchen Ecken wird noch deutlich, wie ursprünglich alte Viehtrampelpfade zu Straßen wurden und wie wenig Wert man auf geordnete Planung legte. Auf der anderen Seite ist Boston aber auch eine typische amerikanische Stadt und wie New York ein **ethnischer Fleckenteppich**: Das italienische North Bay, Chinatown, die irischen

Redaktionstipps

Sehens- und Erlebenswertes

▶ Den **Freedom Trail** (S. 280) ablaufen und sich mittags im **Faneuil Hall Marketplace** (S. 285) stärken.

▶ Ein Spaziergang über den **Beacon Hill** (S. 290).

▶ Nicht versäumen: das neu gestaltete **Boston Tea Party Ships & Museum** (S. 286).

▶ Das **Museum of Fine Arts** (S. 295) und das **Isabella Stewart Gardner Museum** (S. 296) besichtigen.

▶ Ein Baseball-Spiel der Boston Red Sox im **Fenway Park** (S. 296) anschauen.

▶ Die **Harvard University** und ihre Museen erkunden (S. 304) und im **Coop** Souvenirs einkaufen (S. 307).

▶ In der Dichterstadt **Concord** (S. 309) auf den Spuren der Transzendentalisten wandeln und anschließend im **Colonial Inn** (S. 312) einkehren.

▶ Im **InterContinental Boston** (S. 299) höchsten Luxus zu erschwinglichen Preisen erleben (mit Restaurants, Spa, großen Zimmern und Ausblick aufs Wasser).

Viertel Charlestown und South Boston oder das afroamerikanische Roxbury tragen dazu bei.

Geschichte

Boston geht auf eine **Gründung** John Winthrops zurück, den die Puritaner 1630 aus Salem hergeschickt hatten, um in der geschützten Bucht einen neuen Hafen anzulegen. Dem Hafen war es denn auch zu verdanken, dass Boston rasch aufblühte: Um 1700 lag hier die drittgrößte Fischereiflotte der englischsprachigen Welt und die Stadt selbst entwickelt sich nach Philadelphia zur dichtestbesiedelten in Nordamerika. Gerade der wirtschaftliche Aufschwung Bostons und anderer Städte in Neuengland brachte die englische Krone um 1750 auf die Idee, mit strengeren Steuergesetzen höhere Einnahmen zu erzielen. Doch in Boston regte sich sofort Widerstand. Das **Boston Massacre** von 1770, eine Demonstration in deren Folge fünf Bürger von britischen Soldaten erschossen worden waren, und besonders

Bostons reizvolle Mischung aus alt und neu

die **Boston Tea Party** 1773 leiteten die Loslösung der Kolonien vom englischen Mutterland ein.

Der Bostoner Seehandel setzte nach dem Unabhängigkeitskrieg wieder da ein, wo er unterbrochen worden war. Die „Kabeljau-Aristokratie", die sich zwischen 1789 und 1810 auch in Boston etabliert hatte, und die „Brahmins", wie sich die Mitglieder der reichen Händlerfamilien selbst bezeichneten, entwickelten in jenen Tagen zur bis heute dominierenden „Aristokratie" der Stadt. **Handel** und **Fischfang** waren aber nur eine Seite der Erfolgsmedaille. Im 19. Jh. hatte Boston erheblichen Anteil am **Beginn des Industriezeitalters** – reiche Kaufleute der Stadt investierten z. B. in Textilfabriken wie jene von Manchester (NH). Gleichzeitig mauserte sich die Stadt zum **Zentrum des intellektuellen Amerika**.

Mitte des 19. Jh. ergriff ein Wandel die puritanische „Stadt auf dem Hügel": Eine Hungersnot in Irland zwischen 1845 und 1850 brachte tausende verarmter Iren in die Stadt; im späten 19. Jh. folgten Einwanderer aus Italien, Polen oder Russland. Um 1900 war aus *Vielvölker-* Boston eine **Vielvölkerstadt** geworden und die Zuwanderung osteuropäischer Juden *stadt* um 1910 trug weiter dazu bei. Zehn Jahre später stellten die Juden ein Zehntel der Gesamtbevölkerung und 1948 gründete die jüdische Gemeinde in Waltham bei Boston die Brandeis University. Benannt nach dem ehemaligen Bundesrichter Louis Brandeis, handelte es sich um die erste überkonfessionelle jüdische Universität der westlichen Welt. Die politische Bedeutung der **irischen Bevölkerung** verdeutlicht Joe Kennedy, Vater des späteren Präsidenten John F. Kennedy (1917–1963), der den alteingesessenen Brahmins als erster Ire das Bostoner Finanzmonopol streitig machte. Politisch hatte JFK's Großvater „Honey-Fitz" den Kennedy-Klan etabliert, nachdem er 1905 zum Bürgermeister von Boston gewählt worden war.

Kennedy Greenway

Boston, einst der Mittelpunkt der amerikanischen Welt, verlor im **Laufe des 20. Jh.** immer mehr an Einfluss und wurde zu einer „ganz gewöhnlichen" US-Metropole. Mittlerweile hat die Stadt eine „**Verjüngungskur**" durchgemacht, zu der die drei renommierten Universitäten der Stadt, Harvard, M. I. T. und Boston University, erheblich beigetragen haben. Manches ist in der alten Metropole aber in die Jahre gekommen, z. B. die **Green Line**, die älteste noch rollende U-/Tram-Bahn der USA. Dafür ist der **Big Dig**, die große Baugrube, die über Jahre das Stadtzentrum verschandelte, endlich Vergangenheit. Die lange überfällige Verlegung der Autobahn I-93 – einer in den 1970ern entstandenen, hoffnungslos überlasteten sechsspurigen Hochstraße – in den Untergrund ist abgeschlossen. Darüber entstand zwischen North End und Chinatown ein Grünstreifen – der **Rose Kennedy Greenway** –, der der Innenstadt zu einem neuen Gesicht und einer grünen Lunge verhalf und nun als Erholungsoase und Veranstaltungsort dient.

☞ Orientierung und Zeitplanung

*Boston ist eine amerikanische Großstadt, die man leicht ohne eigenes Auto erkunden kann. Das Zentrum ist **überschaubar**, fast alles Sehenswerte konzentriert sich auf ein Gebiet von gerade einmal drei Quadratkilometern und der Nahverkehr ist gut ausgebaut. Das Herz der Stadt schlägt im **Boston Common**: Die Grünfläche ist nicht nur eine willkommene Ruheoase, hier kann auch die Stadtbesichtigung beginnen, und zwar an der Informationsstelle, die zugleich den Startpunkt des **Freedom Trail** markiert. Dieser auf dem Boden rot markierte Weg führt vom Common nach Osten durch den **Financial District** zum **North End**, dem ehemaligen Hafenareal, und über die Charlestown Bridge nach Charlestown.*
*Wie **Charlestown** liegt **West End** am **Charles River**, während sich zwischen North End und Financial District die Waterfront erstreckt. Südlich davon – am Fort Point Channel – liegt das alte Hafenviertel **South Boston**, das ein Revival erlebt hat. Nördlich des Common und südlich von West End erhebt sich der berühmte **Beacon Hill**, während sich westlich des Common die **Back Bay** ausbreitet. Im Süden an den Park schließt **South End** an, das derzeit wohl beliebteste Viertel der Stadt, außerdem liegen hier der **Theater District** und das kleine **Chinatown**.*
*Im Folgenden werden **verschiedene Stadtrundgänge** vorgeschlagen. Am günstigsten ist es, sich jeweils mit der Schnellbahn, der „**Tube**" (nachfolgend abgekürzt „T") zu den Ausgangspunkten bringen zu lassen und von dort zu Fuß auf Erkundungstour zu gehen. Für die Besichtigung Bostons wären **drei Tage** ideal: am ersten Tag Freedom Trail, Charlestown und die Waterfront, am zweiten ein Rundgang über Beacon Hill, durch den Boston Common, die Back Bay und South End und am dritten Tag dann Museen und Cambridge, Sitz der legendären Harvard University.*

Stadtrundgänge

Sehenswertes in Boston

Der Freedom Trail

Ein Besuch Bostons sollte mit dem **Freedom Trail** beginnen. Beim Ablaufen der insgesamt 4,8 km langen Strecke lernt man nicht nur die Geschichte Bostons und der Unabhängigkeitsbewegung in den Kolonien kennen, sondern durchwandert zugleich die moderne Stadt. Hält man sich an die rote Markierung auf den Gehwegen – teils aufgemalt, teils in Gestalt von eingelassenen Ziegeln – ist es fast unmöglich, sich im Gewirr der Straßen und Hochhäuser zu verlaufen. Die 1958 ausgewiesene Route passiert 16 historische Plätze und Bauten, die allesamt im Zusammenhang mit dem Kampf um die Unabhängigkeit stehen und durch Hinweisschilder und Info-Tafeln gekennzeichnet sind. *Freedom Trail, www.thefreedomtrail.org oder www.nps.gov/bost, auch Touren. Ausgangspunkt ist der **Boston Common Information Kiosk** (Tremont St., neben T-Station „Park Street"), wo man einen Plan und Info-Material erhält.*

Erste Station ist das **Massachusetts State House (1)** mit der goldenen Kuppel. Der älteste Bau auf dem Beacon Hill wurde zwischen 1795 und 1798 nach Plänen des Architekten Charles Bulfinch erbaut. Im Laufe der Zeit wurde nach und nach erweitert: 1890 kam auf der Rückseite ein klotziger Anbau in manieristisch-barockisierenden Stil hinzu, 1914 zwei Seitenflügel. Das State House ist heute Sitz der Regierung und Verwaltung des Bundesstaats Massachusetts. Vor dem Bau, noch im Park, erinnert das **Shaw-Denkmal** an das 54th Massachusetts Regiment, das im Bürgerkrieg als erste Einheit ausschließlich aus afroamerikanischen Soldaten bestand und von dem weißem Colonel Robert Gould Shaw befehligt wurde.

Massachusetts State House, 24 Beacon St., Mo–Fr 10–15.30 Uhr, Touren, frei.

Massachusetts State House

Der Freedom Trail führt vom State House durch den Park parallel zur Park St. weiter zur **Park Street Church (2)**. 1809 erbaut, wirkt die Kirche mit ihrem weißen Turm optisch eher wie eine Dorfkirche inmitten der pulsierenden Großstadt. Auch historisch ist die Kirche von Bedeutung: 1829 hielt hier William Lloyd Garrison hier die erste Rede gegen die Skla-

Massachusetts State House, ein Meisterwerk von Charles Bulfinch

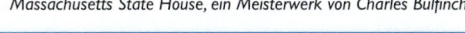

info

Ein Meister seines Fachs: Charles Bulfinch

Der **Federal Style** - eine von etwa dem letzten Viertel des 18. bis zum ersten Viertel des 19. Jh. beliebte Architekturrichtung - ist unverrückbar verbunden mit dem Namen des Architekten Charles Bulfinch (1763-1844). Mit ihm erlebte der Federal Style seinen Höhepunkt, doch die Anfänge dieser Entwicklung gehen auf Thomas Jefferson (1743-1826) zurück. Er hatte den von englischen Baumeistern und Traktaten geprägten strengen und nüchternen **Georgian Style** durch verstärkten Einsatz von klassizistischen bzw. antikisierenden Elementen belebt und damit der amerikanischen Architektur zu mehr Eigenständigkeit verholfen, erst in der repräsentativen Architektur, dann im Wohnhausbau.

Charles Bulfinch (1763-1844) stammte aus wohlhabender Bostoner Familie und machte in Harvard einen Abschluss in Mathematik. Auf seinen Reisen durch Europa in den Jahren 1785 bis 1787 studierte er die europäische Architektur und richtete nach seiner Rückkehr in Boston ein Architekturbüro ein. Ein Meisterwerk schuf Bulfinch mit dem **Massachusetts State House**. Zu den erhaltenen Arbeiten Bulfinchs gehören weiterhin die **Harvard University Hall** in Cambridge (1799), der Umbau der **Faneuil Hall** (1805), das **Massachusetts General Hospital** (1815) oder das **Meeting House** in Lancaster (1815-17). 1818 zog Bulfinch nach Washington, um die Nachfolge Latrobes als Architekt des **US Capitols** anzutreten, das 1814 abgebrannt war. Die Bauarbeiten dort sollten ihn bis 1830 beschäftigen. Bulfinch war einer der ersten namhaften Architekten, die dem privaten Wohnungsbau ähnliche Aufmerksamkeit wie dem öffentlichen zukommen ließen. Auf dem **Beacon Hill** baute der Architekt z. B. für *Harrison Gray Otis* gleich drei Häuser zwischen 1796 und 1806.

verei. Der anschließende **Granary Burying Ground**, dessen Name auf den hier einst befindlichen Kornspeicher zurückgeht, ist nicht nur der älteste Friedhof der Stadt (von 1660) sondern zugleich Ruhestätte großer Persönlichkeiten, wie der Unterzeichner der Unabhängigkeitserklärung John Hancock, Samuel Adams und Robert Treat Paine, aber auch von Paul Revere, Peter Faneuil und den Opfern des Boston Massacre. *Park Street Church*, *Park St., www.parkstreet.org, HS tgl. 9–16 Uhr, sonst Kirche nur zu Gottesdiensten geöffnet, Friedhof tgl. 9–17, im Winter –15 Uhr, frei.*

Hinter dem Friedhof erhebt sich das **Boston Athenaeum** *(Zugang: 10A Beacon St., Touren Di/Do 15 Uhr, frei, www.bostonathenaeum.org)*, eine altehrwürdige Bibliothek, die im 19. Jh.

Sehenswürdigkeiten
1 Shaw Denkmal/State House
2 Park Street Church und Granary Burying Ground
3 King's Chapel und Burying Ground
4 Old City Hall
5 Old Corner Book Store
6 Old South Meeting House
7 Old State House
8 Custom House Tower
9 Rose Kennedy Greenway
10 Boston Tea Party Ships & Museum
11 Institute of Contemporary Art (ICA)
12 New England Holocaust Memorial
13 Paul Revere House
14 Old North Church
15 USS Constitution Museum
16 African Meeting House
17 Charles Street Meeting Houuse
18 Nichols House

Restaurants
1 Olive's Boston
2 Artú Take Out & Trattoria
3 Mike's Pastry
4 Ye Olde Union Oyster House
5 Bruegger's Bagel Bakery

Boston-Freedom Trail

T U-Bahnstation /Tube)

0 ——————— 300 m

Bunker Hill Monument

CHARLESTOWN

Warren Street

Water Street

M 15

1 City Square

USS Constitution

Boston Inner Harbor

Logan International Airport

Battery Wharf

Summer Tunnel

Callahan Tunnel

Charlestown Bridge

Storrow Drive

John F. Fitzgerald Expressway

Commercial Street

Charter Street

NORTH END

Union Wharf

Sargents Wharf

Lewis Wharf

Commercial Wharf

Long Wharf

TD Banknorth Garden

North Station

Washington St. North

Hull St.
Sheafe St.

Prince Street

S. Bennet St.

14

Salem Street

North St.

Fleet St.

Atlantic Avenue

WATERFRONT

Columbus Park

Central Wharf

New England Aquarium

Causeway

Valenti Way

Canal St.

Friend St.

Portland St.

Merrimac Street

New Chardon St.

GOVERNMENT CENTER

Endicott St.

Margin St.

Lombard Place

Hanover Street

3   2

13

9

Richmond St.

Blackstone St.

Commercial St.

9

Quincy Market

Indian Wharf
Rowes Wharf

Foster's Wharf

New Sudbury St.

Boston City Hall

4

North St.

Clinton St.

Congress Street

12

Faneuil Hall

8

State Street

India Street

Atlantic Avenue

Cambridge Street

BEACON HILL

Somerset St.

Government Center

Court Street

7

Milk Street

Broad Street

Joy Street

Myrtle Street

MA State House

3 4 5 5

School St.

6

FINANCIAL DISTRICT

Pearl Street

Arch St.

Federal Street

11

N

16

17

Mt. Vernon St.

18

1

2

Bromfield St.

Boston Common

Beacon Street

Frog Pond

Tremont St.

Winter St.

Temple St.

Washington Street

Downtown Crossing

Congress Street

Purchase Street

Atlantic Ave.

9

Northern Ave.

Fort Point Channel

10

© graphic

als kultureller Treff diente und heute auch Ausstellungen zeigt. Gegenüber der Park Street Church führt die Winter St. zum **Downtown Crossing**, an der Kreuzung mit der Washington St. In dieser Fußgängerzone gibt es eine Vielzahl verschiedenster Einkaufsmöglichkeiten *(www.downtowncrossing.org)*. Zudem liegt hier der **Ladder District** *(Gassen zwischen Tremont und Washington St.)*, derzeit eines der angesagten „Hipster"-Viertel der Stadt mit kleinen Läden, Boutiquehotels und Lokalen.

Königliche Kapelle

Nächste Station auf dem Freedom Trail ist die altehrwürdige **King's Chapel (3)** und der ihr angeschlossene **King's Chapel Burying Ground**. 1687 war das Gotteshaus als erste anglikanische Kirche gebaut und von verschiedenen Königen im Laufe der Zeit mit wertvollem Inventar versehen worden – daher auch der Name. Der heutige Bau stammt aus dem Jahr 1754. Seit 1785 hat hier die erste unitarische Kirche der USA ihren Sitz. Auf dem zugehörigen Friedhof liegen ebenfalls wichtige Personen aus der Kolonialzeit wie John Winthrop, der erste Gouverneur der Kolonie, begraben.
King's Chapel, Tremont/School St., www.kings-chapel.org, Di–Sa 10–16, So 13–15 Uhr, im Winter nicht regelmäßig geöffnet, Friedhof tgl. 9–17/15 Uhr, frei, So Konzerte!

Nur wenige Schritte von der King's Chapel entfernt, liegt umgeben von einem kleinen Park die **Old City Hall (4)**, die zwischen 1865 und 1969 als Rathaus diente. Vor dem Verfall gerettet, beherbergt der Bau im Second-Empire-Stil heute Büros und ein Lokal.

Davor steht eine **Statue von Benjamin Franklin** – er erblickte in Boston das Licht der Welt. Ebenfalls auf dem Grundstück stand einmal die 1635 gegründete erste Schule der Stadt (**Site of First Public School**).

Der **Old Corner Book Store (5)** *(Washington/School St.)* war 1712 als Wohnhaus entstanden, 1828 zog eine Buchhandlung ein, die auch als eine Art Clubhaus und Treff für berühmte Literaten fungierte. Schräg gegenüber erhebt sich das **Old South Meeting House (6)**. 1729 als Kirche erbaut, wurde der Bau, da er der größte weit und breit war, als Alternative zur kleineren Faneuil Hall auch zu Bürgerversammlungen genutzt. Heute beherbergt die Kirche ein kleines Museum mit einem interessanten Modell der Stadt im Jahr 1773. Auch der Bau an sich ist sehenswert, eine Mischung aus einfachem, puritanischem Meeting House und eleganter anglikanischer Kirche. Am 16. Dezember 1773 drän-

Bronzeschilder markieren den Freedom Trail

gelten sich hier an die 7.000 Menschen, um gegen die vom Mutterland neu erhobene Teesteuer zu demonstrieren. Nach der Versammlung zogen 60 „Mohikaner", als Indianer verkleidete Bostonians, mit Kriegsgeheul zur Griffin's Wharf und veranstalteten die legendäre **Tea Party**.
Old South Meeting House, 310 Washington St., www.oldsouthmeetinghouse.org, tgl. 9.30–17/im Winter 10–16 Uhr, $ 6.

Zu den ältesten öffentlichen Gebäuden der USA zählt das **Old State House (7)** von 1713. Hier war nicht nur die Kolonialregierung zu Hause, hier befand sich auch das Zentrum des öffentlichen Lebens. Heute ist in die altehrwürdigen Gemäuer das Museum der Bostonian Society eingezogen. Der Anwalt und Politiker James Otis hatte 1761 an gleicher Stelle seine Rede gegen die britischen Zollgesetze gehalten, die John Adams als „die Geburtsstunde der Unabhängigkeitsbestrebungen" bezeichnete. Vor dem Old *Histori-* State House wurden am 5. März 1770 fünf demonstrierende Bürger von britischen Sol- *scher Ort* daten erschossen, die Stelle wird heute „**Boston Massacre Site**" genannt. Am 18. Juli 1776 bejubelte eine begeisterte Menge erst die vorgelesene Declaration of Independence, um danach zwei Relikte der britischen Macht, Löwe und Einhorn, vom Dach des State Houses zu werfen und sie zu verbrennen. Gegenüber dem Old State House liegt das Informationszentrum des **Boston National Historical Park**, dem der Freedom Trail untersteht.
Old State House, 206 Washington St., www.bostonhistory.org, tgl. 9–17 Uhr, $ 7,50.
Boston National Historical Park, 15 State St., www.nps.gov/bost, tgl. 9–17 Uhr.

Umgeben von modernen Bauten und dem unübersehbaren **Custom House Tower (8)** *(State St.)*, einem Glockenturm von 1915, der lange Zeit als Bostons höchstes Gebäude galt, direkt neben dem alten Zollhaus von 1847, liegt das Herz der Stadt.

Wenige Schritte vom Old State House erreicht man über die Congress St. den **Faneuil Hall Marketplace** *(Dock Square)* mit der **Faneuil Hall**, in deren OG sich ein historischer **Meeting Room** befindet *(tgl. 9.30–16.30 Uhr, frei)*, und dem **Quincy Market**. Die Halle war von dem hugenottischen Händler Peter Faneuil 1742 gestiftet und *Faneuil* 1805 von Bulfinch umgebaut worden. Sie gilt als „**Wiege der Freiheit**", wie James Otis *Hall und* einmal schrieb, da hier die meisten Versammlungen stattfanden. Während im Erd- *Quincy* geschoss seit jeher Läden und verschiedenste Imbissstände zu finden sind, traf sich im *Market* Obergeschoss die Bürgerschaft. Die Faneuil Hall und der angrenzende Quincy Market mit **South** (v. a. Essen und Trinken) und **North Market** (v. a. Läden) gelten als gelungene Beispiele für die Altstadtsanierung (1976).

Rose Kennedy Greenway, Harbor Walk und South Boston

Am Quincy Market bietet sich nicht nur Gelegenheit zur Pause, sondern auch die Möglichkeit zu einem Abstecher in den **Wharf District** an der Waterfront und einem Spaziergang über den **Rose Kennedy Greenway (9)** *(www.rosekennedygreenway.org)*. Nach wenigen Schritten auf dem **Walk-to-the Sea**, einer Promenade, die zwischen City Hall, Quincy Market und Aquarium verläuft, erreicht man den **Columbus Park** und die benachbarte **Long Wharf**. Von hier starten Ausflugsboote zu Hafenrundfahrten oder Inseltrips sowie Fähren, u. a. zur Museum Wharf oder nach Charlestown.

Am Quincy Market

An der südlich angrenzenden **Central Wharf** stellt das **New England Aquarium**, mit dem weltgrößten Becken für Seewasserfische (rund 800.000 l), einen Anziehungspunkt dar. Es erstreckt sich über drei Stockwerke und wird über eine Spiralrampe erschlossen.

*New England Aquarium, www.neaq.org, tgl. 9–17/18, Sa/So –18/19 Uhr, $ 22,95 (im Internet $ 17,95) mit IMAX $ 27,95 ($ 22,95); Whale-Watch-Touren für $ 45 zur **Stellwagen Bank National Marine Sanctuary***, *einer nährstoffreichen Region vor der Bucht, die ganzjährig viele Wale anlockt (http://stellwagen.noaa.gov).*

Der bei schönem Wetter empfehlenswerte, vom Freedom Trail abgehende Spaziergang über den **Rose Kennedy Greenway** führt Richtung **Fort Point Channel** und **ICA** und zurück über den **Harbor Walk**, der dem Hafenverlauf vom Institute of Contemporary Art bis ins North End folgt. Lange Jahre verunstaltete eine Autobahn die Innenstadt Bostons, dann beherrschte der Big Dip, eine Riesenbaustelle, lange das Bild, heute ist die Straße in den Untergrund verlegt. Dafür befindet sich hier nun ein **Grünstreifen** von den North End Parks über die Wharf District und Dewey Square Parks (nahe Bahnhof South Station) bis hin zum Chinatown Park mit dem Chinatown Gate. Er besteht aus einer Reihe von Parks mit Brunnen und Kunstwerken.

Grünstreifen in der Stadt

Südlich der Dewey Square Parks und nahe der South Station liegt die **Museum Wharf** *(Fort Point Channel/Ende Congress St.)*. Die kürzlich wiedereröffnete Hauptattraktion ist hier **Boston Tea Party Ships & Museum (10)**. Besucher können vom Deck der „Beaver II." – einem Nachbau des Originalschiffes – Teekisten ins Wasser werfen, ein zweites nachgebautes Schiff namens „Eleanor" besichtigen und eine interessante und

informative Ausstellung ansehen. Dazu gibt es historische Führungen, ein Kino, einen Shop und Abigails Tea Room – Geschichte hautnah für die ganze Familie.
Boston Tea Party Ship, *Congress Street Bridge, www.bostonteapartyship.com, $ 25, tgl. 10– 16 Uhr.*

Folgt man dem **HarborWalk** über die Northern Avenue Bridge auf die Südseite des Fort Point Channel – man befindet sich jetzt in **South Boston** – kann man in einem renovierten Lagerhaus das **Children's Museum** nicht übersehen. Weiter auf der Promenade um das **John Joseph Moakley United States Courthouse** stößt man auf Infotafeln zur Entwicklung des Hafens, ehe schließlich der moderne Bau des **Institute of Contemporary Art (ICA) (11)**, der teilweise über dem Hafen zu schweben scheint, ins Blickfeld gerät. Im ebenfalls sehenswerten Innern werden immer wieder provokante Wechselausstellungen und verschiedenste Veranstaltungen angeboten. *Am Wasser*
Children's Museum, *308 Congress St., www.bostonkids.org, tgl. 10–17, Fr –21 Uhr, $ 14.*
Institute of Contemporary Art, *100 Northern Ave., www.icaboston.org, Di/Mi 10–17, Do/Fr 10–21, Sa/So 10–17 Uhr, $ 15, mit Water Café by Wolfgang Puck.*

Südlich des Museums liegen das **World Trade Center** und, unübersehbar, das **Convention & Exhibition Center**. Letzteres verdeutlicht den Wandel von South Boston vom alten Arbeiter- und Hafenviertel zum neuen In-Viertel Die Veränderung spürt man auch am **Boston Fish Pier** neben dem World Trade Center, wo alte Fischhändler und historische Lokale wie das empfehlenswerte *No Name Restaurant* eher selten geworden sind.

Auf dem Freedom Trail durch North End

Der zweite Teil des Freedom Trail führt ins **North End**, das älteste Stadtviertel Bostons. Vom Marktareal geht es vorbei am schräg gegenüber gelegenen **Government Center** *(Congress St.)*, das in den 1960ern nach Plänen des berühmten Architekten I. M. Pei entstanden ist. Als „Aztekentempel in der Ziegelwüste" bezeichnen die Einheimischen die neben dem Government Center liegende neue City Hall. Der Trail folgt der Union St. *(parallel zur Congress St.)* und passiert dabei die sechs Glastürme des **New England Holocaust Memorial (12)**. Die eingravierten Zahlenkolonnen erinnern an die sechs Millionen während des Zweiten Weltkrieges ermordeten Juden.

Erneut den Rose Kennedy Greenway querend, gelangt man nach North End. Hier kommen nicht nur Geschichtsinteressierte auf ihre Kosten, hier schlägt auch das ethnische Herz Bostons. Das Viertel war zunächst irisch, dann jüdisch und ist nun italienisch geprägt – letzteres vor allem rund um die **Hanover St.** mit Bäckereien, Cafés und italienischen Lokalen. *Italienisches Zentrum*

Hauptattraktion in North End ist das **Paul Revere House (13)**, gilt doch Paul Revere, der hier lange mit seiner Familie wohnte, als der erste Held der Nation. 1680 erbaut, ist das kleine Gebäude zudem das älteste erhaltene Haus der Stadt. Es ist eng und verschachtelt und im Stil des 17. und 18. Jh. ausgestattet, außerdem sind etliche Gegenstände aus dem Besitz Reveres ausgestellt. *Held der Nation*
Paul Revere House, *19 North Square, www.paulreverehouse.org, tgl. 9.30–17.15/16.15 Uhr, $ 3,50, Modernisierung und VC geplant.*

Das Paul Revere House

Paul Revere – vom Silberschmied zum Nationalhelden

„One, if by land, and two, if by sea" – diesen Vers aus Henry W. Longfellows Gedicht „Paul Revere's Ride" von 1861 kennt in den USA jedes Kind. Damit wird an jene Nacht vom 18. auf den
19. April 1775 erinnert, in der Laternen im Turm der Old North Church den Unabhängigkeits-
freunden signalisieren sollte, ob die britischen Truppen auf dem direkten Landweg (eine bren-
nende Laterne) oder von Süden über den Fluss (zwei) nach Lexington und Concord marschieren.
Die Briten wollten dort die Waffenlager der Miliz in Beschlag nehmen und die Rädelsführer ver-
haften, um die explosive Stimmung in der Kolonie zu entschärfen.

Der Bostoner Silberschmied Paul Revere (1735–1818) hatte zusammen mit Freunden in
Charlestown auf das Signal gewartet und war in jener Nacht losgeritten um die Führer der Unabhängigkeitsbewegung, Samuel Adams und John Hancock, zu warnen. Es gelang Revere tatsächlich, vor den Briten in Lexington anzukommen, doch auf dem Weg nach Concord wurde er ge-
schnappt und nach Boston zurückgeschickt. Zum Glück war einem Begleiter die Flucht gelungen
und so wusste man in Concord über den Anmarsch der Briten Bescheid.

Revere wäre eigentlich nur einer von vielen Helden des Unabhängigkeitskrieges gewesen. Doch
1861 machte der Dichter Longfellow mit seinem Gedicht den Handwerker nicht nur unsterblich,
sondern erhob ihn zum Nationalhelden. Er selbst hatte sich vielmehr als einen unter Vielen gesehen, die einen gerechten Kampf um die Freiheit führten und war ein einfacher Mann geblieben. Er lebte bis 1800 zusammen mit seiner Frau und 16 Kindern in den beengten Verhältnissen
des Hauses in North End (s. oben), ehe er sich etwas Besseres leisten konnte. Sein Geld verdiente er vor allem als Gold- und Silberschmied – und hierin war er ein Meister, wie einige seiner Stücke im Haus und in verschiedenen Museen, wie dem Museum of Fine Arts, belegen. Nebenbei
arbeitete er auch als Glockengießer, Kaufmann, Künstler und Erfinder.

info

Der Freedom Trail führt zurück zur Hanover St., an deren Ende die **Paul Revere Mall** liegt, eine Grünanlage mit dem Reiterstandbild Paul Reveres von 1940. Überragt wird der Platz von Bostons ältester Kirche, der **Old North Church (14)**, auch „Christ Church" genannt. Sie war 1723 nach Plänen von Sir Christopher Wren erbaut worden. Ihr 53 m hoher weißer Kirchturm dominierte einst das Stadtbild und ist bekannt wegen seiner acht Glocken, deren größte 700 kg, die kleinste 280 kg wiegt. Sie wurde einst „königliches Geläut" genannt und trägt die Inschrift „Wir sind das erste Läutwerk, das für das britische Empire in Nordamerika gegossen wurde, Anno 1774". Berühmt ist der Kirchturm jedoch im Freiheitskrieg geworden. Von hier signalisierten Laternen am Vorabend des Krieges den Revolutionären, dass die britischen Truppen Boston Richtung Lexington verlassen hatten. Hinter der Kirche, zwischen Hull und Charter St., liegt **Copp's Hill Burying Ground** von 1659. Auf diesem zweitältesten Friedhof der Stadt hatten während der Schlacht von Bunker Hill die Briten ihre Geschütze in Stellung gebracht.

Warnende Glocken

Old North Church, *193 Salem St., http://oldnorth.com, tgl. 9–17/18 Uhr, Spende $ 3.*

Charlestown – Endpunkt des Freedom Trail

Nach dem Friedhof führt der Trail zur Charleston Bridge und über den Charles River in das irische **Charlestown**, Endpunkt des Trails. Zuvor geht es aber noch hinauf zum **Bunker Hill Monument** und dem dort befindlichen, sehenswerten **Battle of Bunker Hill Museum**. Der 67 m hohe Granitobelisk erinnert an die erste große Schlacht im Unabhängigkeitskrieg, die Battle of Bunker Hill am 17. Juni 1775. Zwar hatten die Briten aufgrund besserer Ausrüstung und Ausbildung die Schlacht gewonnen, doch nicht mit dem erbitterten Widerstand der Freischärler gerechnet. Die Verluste waren groß und der „Pyrrhus-Sieg" für die „Rotröcke" ließ die Freiheitskämpfer neuen Mut fassen. Hat man die 294 Stufen zum Aussichtspunkt erklommen, bietet sich ein fantastischer Blick auf die Stadt.

Bunker Hill

Battle of Bunker Hill Museum, *43 Monument Sq. via Main St./Monument Ave., www.nps. gov/bost, tgl. 9–16.30 Uhr, frei.*

Endstation des Freedom Trail ist die „**USS Constitution**" und das zugehörige **USS Constitution Museum (15)** auf dem Boden des historischen **Charlestown Navy Yard** von 1800. Noch heute steht die 1797 vom Stapel gelaufene Fregatte im Dienste der Navy und läuft einmal jährlich, am 4. Juli, zu einer Parade aus. Sie gilt als das älteste noch in Dienst stehende Kriegsschiff der Welt und war

Die USS Constitution, bekannt auch als „Old Ironside"

an 33 Seeschlachten (stets siegreich) beteiligt. Ihren Spitznamen „Old Ironside" erhielt sie während des „**War of 1812**" gegen die Briten.
USS Constitution Museum, *Charlestown Navy Yard, www.ussconstitutionmuseum.org, Museum tgl. 9–18/Winter 10–17 Uhr, Schiff 10–18 (Winter 15.30) Uhr, $ 5.*

West End

Zurück in die Innenstadt gelangt man wieder zu Fuß, mit dem Water Shuttle (Stop „Long Wharf") oder per U-Bahn (T Green/Orange Line, „North Station"). Die **North Station** ist nicht nur eine U-Bahn-Station, sondern zugleich Nahverkehrsbahnhof für Züge in Richtung Norden. Der Bahnhof befindet sich in **West End** – im Viertel zwischen der Cambridge St. und Charles River. Über dem Bahnhof erhebt sich der **TD Garden**, die neue Sporthalle, die seit 1995 den legendären alten Boston Garden ersetzt. Die moderne Sporthalle mit einem Fassungsvermögen von über 18.000 Zuschauern liegt zwischen Charles River Dam und der neuen Hängebrücke, auf die die I-93 verläuft. In der Halle *Celtics und* tragen die **Boston Celtics**, die erfolgreichste Mannschaft der National Basketball Association (NBA), und die **Bruins**, Bostons heiß geliebte Eishockey-Profimannschaft (NHL), die 2011 erneut Meister wurde, ihre Heimspiele aus.

Celtics und Bruins

Eine Attraktion für die ganze Familie befindet sich ebenfalls in West End: das direkt am Charles River Dam gelegene **Museum of Science**, das eine interessante Einführung in Naturwissenschaften und Technik vom Dinosaurier bis zum Raumschiff gibt (mit IMAX-Kino und Planetarium).
Museum of Science, *Charles River Dam, T Green Line „Science Park", www.mos.org, HS tgl. 9–19, Fr –21 Uhr, sonst kürzer, Basisticket $ 22.*

Auf dem Beacon Hill

Beacon Hill

Günstiger Ausgangspunkt für die Besichtigung von **Beacon Hill** ist die Beacon Street am State House (T Red Line „Park Street"). Weit über die Grenzen Bostons hinaus ist dieser Stadtteil nördlich des Boston Common als **Viertel der Hautevolee** bekannt. Mit seinen roten Backsteinbauten, zumeist in der ersten Hälfte des 19. Jh. im Federal oder Greek Revival Style entstanden, seinen Gassen mit Kopfsteinpflaster und alten Gaslaternen, hat es seinen eigenen Reiz. Mittlerweile steht das ganze Areal unter Denkmalschutz und entsprechend hoch sind die Immobilien- und Mietpreise. Dabei hat alles weit weniger elitär begonnen: Beacon Hill war vor dem Bau des State House noch unbesiedelt. Wegen seiner drei Kuppen hieß die Region auch

„Trimount" und der westliche Hügel galt als besonders verrufen: Hinter vorgehaltener Hand sprach man von „Mount Whoredome", dem Hurenhügel. Nach dem Bau des State House 1798 änderte sich das alles und es entstand ein Viertel für wohlhabende Bürger. *Black Heritage Trail*

Beacon Hill war aber stets mehr: ein **Viertel der Künstler und Schriftsteller** sowie **freigelassener afroamerikanischer Sklaven**, die sich hier ansiedelten. In der Charles St. mit Cafés, Galerien, Antiquitäten- und Buchläden sowie kleinen Delis schlägt das Herz des Viertels; die schönsten Häuser gruppieren sich um die Mount Vernon St. und den Louisbourg Square. Mit einem Rundgang durch Beacon Hill kann man übrigens gleich zwei Fliegen mit einer Klappe schlagen: ein altes Wohnviertel kennenlernen und zum anderen dem **Black Heritage Trail** folgen, um mehr über die die afroamerikanische Geschichte der Stadt zu erfahren. An der Nordflanke des Beacon Hill war im 19. Jh. eine blühende schwarze Gemeinde angesiedelt. 1796 war die *African Society* als Nachbarschaftshilfe- und Wohltätigkeits-Organisation gegründet worden, es gab selbst verwaltete „schwarze" Läden und Kirchen, deren Pfarrer als Wortführer im Kampf gegen die Sklaverei fungierten. Massachusetts war führend bei der Sklavenbefreiung und es gab bereits 1850 eine *Abolitionist Free-Soil Party*.

 Black Heritage Trail & Boston African American NHS

Ein ausgewiesener Weg durch das „schwarze Boston" am Nordabhang des Beacon Hill führt vorbei an 14 Stationen, die allesamt mit afroamerikanischen Aspekten zu tun haben: z. B. das **Museum of African American History** (*46 Joy St., www.afroammuseum.org/afmbeaconhill. htm, Mo–Sa 10–16 Uhr, $ 5*). Eine Rundgang-Broschüre ist im VC erhältlich oder bei Boston African America NHS (*14 Beacon St., www.nps.gov/boaf*).

In der vom Massachusetts State House westwärts abgehenden **Beacon Street** liegen die ersten sehenswerten Häuser: Nr. 40 (1818, Greek Revival Style), Nr. 43 (1819) oder Nr. 45 (1805 als drittes Haus für Harrison Gray Otis von Bulfinch erbaut). Hinauf geht es dann auf der Joy Street, vorbei am **George Middleton House** (*5 Pinckney St.*), dem ältesten noch stehenden Haus eines Afroamerikaners aus dem Jahr 1797. Das **African Meeting House (16)** (*46 Joy St./Smith Court*) von 1806 mit dem **Museum of African American History** gilt hingegen als die älteste existierende Kirche einer schwarzen Gemeinde. Zu den wenigen zu besichtigenden Häusern im Viertel gehört das **Otis House Museum**, 1795 nach Plänen von Bulfinch erbaut. Das **Coburn Gaming House** (*Phillips/Irving St.*) von 1844 diente wohlhabenden Afroamerikanern als Treff, während das am anderen Ende der Phillips St. gelegene **Lewis and Harriet Hayden House** als eine Station der Underground Railroad (ein Hilfsnetzwerk für geflohene Sklaven) galt. *Sehenswerte Gebäude*

Otis House Museum, 141 Cambridge St., www.historicnewengland.org/visit/homes/otis.htm, Mi–So 11–17 Uhr, Touren, $ 8, mit Bibliothek und Shop.

In der Charles St. steht das **Charles Street Meeting House (17)** (*Ecke Mount Vernon St.*) von 1807. 1876 hatte es die größte schwarze Gemeinde erworben und bis 1939 als Kirche genutzt. Von der Charles St. führt die Mount Vernon St. zum **Louisburg Square**, der um 1840 zwischen Pinckney und Mt. Vernon St. als Musterbeispiel für ge-

lungene Stadtplanung entstand. Besuchen kann man das **Nichols House (18)**, ein weiteres der von Bulfinch erbauten Privathäuser.
Nichols House, 55 Mount Vernon St., www.nicholshousemuseum.org, Di–Sa 11–16 Uhr, Touren, $ 8.

Boston Common und Public Garden

 Hinweis
s. Karte in der hinteren Umschlagklappe

Ältester öffentlicher Park 1634 angelegt, gilt der **Boston Common** als ältester öffentlicher Park der USA. Die etwa 3,5 ha große Fläche gehörte einst einem der ersten weißen Siedler der Stadt, einem gewissen Reverend William Blaxton, der 1625 eine Farm aufgebaut hatte. Als ausgerechnet vor seiner Haustür Boston gegründet wurde, verkaufte er 1634 sein Land für $ 150 an die Stadt und zog sich in die Wildnis zurück, da ihm der Trubel zu groß war. Das Land diente den Bürgern zunächst als Kuh- und Schafweide, fungierte aber auch als Exerzierplatz der Miliz und als Hinrichtungsstätte.

Bereits 1663 war in einem Bericht zu lesen, dass der Park mehr war als nur das, nämlich „Stolz und Zierde der Stadt." Er stand für die schöneren Seiten des Lebens." Schön ist der Park noch heute, eine grüne Ruheoase mitten in der Innenstadt mit verschlungenen Pfaden, Bronzefiguren und Springbrunnen. Hier trifft man sich, treibt Sport auf den Wiesen, Kinder toben auf Spielplätzen, man sonnt sich, macht Picknick, füttert Enten oder schaut den Leuten zu.

Die westliche Grenze bildet die Charles St. und jenseits schließt sich der **Public Garden**, der älteste botanische Garten der USA, an. Bis hinein in die heutige Back Bay hatte sich einst ein Sumpf- und Überschwemmungsgebiet des Charles River befunden. 1825 *Botanischer Garten* hatte die Stadt ein Areal von etwa 10 ha erworben und zwölf Jahre später wurde im östlichen Teil der botanische Garten eröffnet. 1867 erhielt der stets frei zugängliche Public Garden dann seine heutige Form – als „formaler" Park im Gegensatz zum eher „urwüchsigen" Common. Am Parkeingang an der Commonwealth Ave. überragt ein bronzenes Reiterstandbild von George Washington, 1881 von Thomas Ball geschaffen, die Anlage und blickt in Richtung der Prachtallee der Stadt.

Die Back Bay

Westlich des Public Garden beginnt die **Back Bay**, die sich entlang dem Charles River bis hinunter zur Huntington Ave. ausbreitet. Viele Ortsfremde halten dieses Viertel für „Old Boston", dabei entstand die Region wie der Public Garden auf Sumpfland und noch 1849 warnte die städtische Gesundheitsbehörde vor diesem „anstößigen und gesundheitsgefährdenden" Gebiet. Dennoch begann man ab 1857 mit der Realisierung eines umfangreichen Bebauungsplans, errichtete elegante Reihenhäuser und einen breiten Boulevard nach französischem Muster mit Grünstreifen in der Mitte.

Bis hinein in die 1880er-Jahre wurden dem Sumpf der Back Bay nach und nach über 240 ha Bauland abgerungen. Verkörpert Beacon Hill die Architektur der ersten Hälfte des 19. Jh., stehen die Bauten der Back Bay für dessen zweite Hälfte.

Hauptachse der Back Bay ist die breite **Commonwealth Ave.** *(T-Station „Arlington")* *Flanier-* und an ihr steht die **First Baptist Church** *(Ecke Clarendon St.)*, deren Turm die Sta- *meile* tuen berühmter Persönlichkeiten aus der Zeit der Erbauung schmücken: Ralph Waldo Emerson, Nathanial Hawthorne oder Henry W. Longfellow. Zwischen Clarendon und Dartmouth St. befindet sich der wohl repräsentativste Abschnitt der „Comm Ave.", mit noblen Geschäften, Cafés und Restaurants. Speziell dieser Teil hat dazu beigetragen, dass man sie auch als die **„amerikanische Champs-Elysées"** bezeichnet. Statt ihr jedoch bis zum Ende, an der Massachusetts Ave., zu folgen, sollte man besser die parallel im Süden verlaufenden beiden Straßen, die Newbury – auch als **„East Coast's Rodeo Drive"** bekannt – und die Boylston St. erkunden. Auch hier reihen sich Designerboutiquen, Galerien, teure Restaurants und Cafés in feinen Stadthäusern aneinander.

Unübersehbar überragt der blaugrün schimmernde Glasturm des **John Hancock Tower** nach Plänen des Architekten I. M. Pei 1976 erbaut, die Back Bay. Der Turm gilt als der höchste Bau Neuenglands und warf mit seiner ungewöhnlichen Glashaut zur Zeit der Erbauung erhebliche technische Probleme auf. Zu Füßen des Hochhauses breitet sich der **Copley Square** als zentraler Park aus.

Kontrastprogramm zur modernen Skyscraper-Architektur bietet die östlich davon liegende altehrwürdige **Boston Public Library**, 1895 von Charles McKim erbaut und 1972 von Philip Johnson erweitert. Mit rund 5 Mio. Bänden gehört sie zu den größten Bibliotheken der Welt, stellt aber auch Kunstwerke aus. Bei der **Trinity Church** hat man fast den Eindruck, dass sich diese 1877 erbaute neogotische Kirche bei Sonnenschein besonders fotogen im Hancock Tower nebenan spiegelt. Im Inneren gibt es eine prächtige Ausstattung – Wandgemälde, Mosaiken, Holzschnitzereien und Buntglasfenster – zu bewundern.

Das Prudential Center, Bostons erster Wolkenkratzer

Grandiose
Aussicht

Um den Copley Square steht eine Reihe bedeutender Bauten, z. B. **Copley Place**. Dieser 4 ha umfassender Komplex mit Kinos, Restaurants und Geschäften wurde über dem im Untergrund verlaufenden *Massachusetts Turnpike* angelegt und ist mit Bostons erstem Wolkenkratzer, dem **Prudential Center** *(800 Boylston St.)* aus den frühen 1960ern (1994 renoviert) verbunden. Das gesamte Areal ist dank der Passagen zwischen beiden Einkaufszentren ideal zum Bummeln, auch bei Regen. „**The Pru**" umfasst nämlich auch das 1988 konzipierte **John B. Hynes Veterans Memorial Convention Center**, ein Hotel, Kaufhäuser sowie allerhand Geschäfte und Restaurants. Im 50. der 52 Stockwerke des Prudential Tower können Besucher nicht nur die Bar oder das Restaurant besuchen, sondern zugleich vom Skywalk die grandiose Aussicht genießen.
Prudential Skywalk, www.prudentialcenter.com, tgl. 10–20/22 Uhr, $ 14.

Südwestlich des Prudential Center handelt es sich bei der **First Church of Christ Scientist** *(175 Huntington Ave.)* um einen architektonisch interessanten Gebäudekomplex, bestehend aus der 1894 erbauten Mother Church, der Mother Church Extension von 1904 und der Publishing Society (1933). Erst in jüngerer Zeit kamen Anbauten nach Plänen von I. M. Pei dazu. Die Religionsgemeinschaft unterhält außerdem ein **Christian Science Center**, in dem ebenso eindringlich wie aufdringlich die Ideen der Gruppe vorgestellt werden. Gegründet worden war die Religionsgemeinschaft 1879 von Mary Baker-Eddy (1821–1910), die der Auffassung war, dass das ursprüngliche Christentum die „göttliche Wissenschaft vom wahren Sein ist, welche das Gesetz der universellen Harmonie darlegt". Für die Anhänger ist Gott das allmächtig Gute und zu dieser Erkenntnis gelangt, verliert das Böse, dazu gehören auch Krankheit und Tod, seinen Schrecken. Heute existieren über 3.350 Gemeinden in aller Welt, auch in Deutschland.
Christian Science Center, The Mapparium/The Mary Baker Eddy Library, 200 Massachusetts Ave., www.marybakereddylibrary.org, Di–So 10–16 Uhr, $ 6, mit Shop und Café.

Religions-
gemein-
schaft

South End

An der Südseite der Huntington Ave. beginnt **South End**, einst Viertel der armen Leute, dann Homosexuellen-Zentrum und heute gleichermaßen beliebt bei jungen Familien wie bei der *Gay Community* Bostons. Das bunte Gemisch junger Menschen konnte den drohenden Stadtteil-Verfall abwenden; zahlreiche der viktorianischen Reihenhäuser wurden renoviert und das Viertel zeichnet heute multikulturelles Flair aus, besonders um **Worcester** oder **Union Park Square**. Das künstlerische Herz schlägt im **Boston Center for the Arts** *(Clarendon/Tremont St., www.bcaonline.org)* mit Künstlerateliers, Galerien, experimentellem Theater und Cyclorama in einem kuppelförmigen Bau von 1884, in dem zudem Antikmärkte, Ausstellungen und andere Veranstaltungen stattfinden.

 Der besondere Tipp – Bummel in South End
(s. Karte in der hinteren Umschlagklappe)
Man sollte sich für einen Bummel in South End Zeit nehmen, es gibt viele ausgefallene Läden und ungewöhnliche Boutiquen, und den Ausflug dorthin (Silver Line-Busse Richtung Dudley Square bis „Mass. Ave." oder Orange Line „Mass. Ave.") kann man ideal mit einem Essen in einem der Lokale beschließen.
Aunt Sadie's, *18 Union Park Sq., ausgefallene Geschenke u. Schnickschnack für die Wohnung.*
Beehive Restaurant (9), *541 Tremont St., ☎ 617-423-0069; legendäres Bistro der lokalen Bohème-Szene, aber auch berühmt für Jazz-Konzerte.*

South End, Bostons neues In-Viertel

The Butcher Shop (11), *552 Tremont St.; nicht nur eine Metzgerei mit tollen hausgemach-ten Würsten, sondern gleichzeitig eine Weinbar mit guten Appetizern und Wurstwaren.*
Franklin Café (13), *278 Shawmut Ave.; Restaurant mit kleiner Bar, die berühmt für die lecke-ren Gerichte ist und daher von Locals viel frequentiert wird.*
Hudson, *312 Shawmut Ave.; neben Wohnungseinrichtung ungewöhnliche Accessoires.*
Lekker, *1317 Washington Ave; Wohn-Accessoires mit holländischem Touch.*
Foodie's Urban Market (10), *1421 Washington St.; Supermarkt in Familienbesitz, Vieles aus regionaler/lokaler Produktion und biologisch. Große Getränkeauswahl und kalte/heiße The-ken für den Imbiss.*
Michele Mercado, *280 Shawmut Ave.; Atelier u. Laden der bekannten Schmuckdesignerin.*
Sibling Rivalry (8), *525 Tremont St., ① (617) 338-5338; ungewöhnliches Restaurant, in dem zwei Brüder kochen, die ihre Menüs als Gegenparts ansehen.*
South End Formaggio (12), *268 Shawmut Ave., www.southendformaggio.com; hier gibt es die beste Käseauswahl der Stadt, dazu leckere Feinkost und Sandwiches.*

*Restau-
rant- und
Einkaufs-
tipps*

Boston Museum of Fine Arts
Viele Besucher streifen South End nur auf dem Weg entlang der Huntington Ave. in süd-westliche Richtung zu den großen Kunstinstitutionen Bostons, der **Symphony Hall** – Heimat der Symphoniker und des Boston Pops Orchestra – sowie dem **Boston Mu-seum of Fine Arts**. Das „**MFA**" wurde 1909 eingerichtet und gilt als eines der an-gesehensten und umfassendsten Museen der USA. Bei beschränkter Zeit gilt es, sich nicht zu lange mit der europäischen Kunst aufzuhalten, denn das MFA verfügt über ei-ne der besten Sammlungen amerikanischer Kunst des 18. und 19. Jh. Abgesehen von Ausstellungsstücken aus dem Bereich der dekorativen Kunst (v. a. Möbel und Geschirr)

*Museum
der
Extraklasse*

sind die Gemälde von Künstlern wie John S. Sargent, Winslow Homer, der Hudson River School (u. a. Cole und Bierstadt), Fitz Hugh Lane oder J. Singleton Copley (von dem ein berühmtes Paul-Revere-Porträt stammt) sehenswert. Von Gilbert Stuart signiert ist das unvollendete Porträt von George Washington, das der Ein-Dollar-Note als Vorlage diente, und jenes seiner Frau Martha. Charles Willson Peale ist ebenso vertreten wie Chester French, der das ausgestellte Modell des Lincoln Memorials in Washington schuf.

Das MFA bietet aber noch weit mehr: eine exzellente Sammlung antiker Kunst (griechische und römische Keramik, Skulpturen sowie Kleinkunst), die beste Kollektion ägyptischer Kunst des Alten Reiches außerhalb Kairos und die weltweit vollständigste Sammlung asiatischer Kunst. Nach dem Besuch – der leicht zwei bis drei Stunden dauern wird – lohnen abschließend ein Blick in den Museumsladen und eine Pause im Museumscafé oder -restaurant.
Boston Museum of Fine Arts, 465 Huntington Ave. (T Green Line „Museum"), www.mfa.org, Mo–Di und Sa–So 10–16.45, Mi–Fr 10–21.45 Uhr, $ 25.

Isabella Stewart Gardner Museum
Nur wenige Schritte vom MFA entfernt liegt das **Isabella Stewart Gardner Museum**, der ebenso fantasievolle wie prächtige Palast einer exzentrischen Millionärin gleichen Namens. Angeregt durch venezianische Palazzi des 15. Jh. ließ Gardner 1899 ein mehrstöckiges Gebäude um einen glasüberdachten Innenhof errichten. In den Galerien ringsum ist auf drei Etagen ihre umfangreiche Sammlung von Kunstwerken verschiedenster Genres und Epochen ausgestellt – über 2.500 Bilder, Skulpturen, Wandbehänge, Möbelstücke, Manuskripte und seltene Briefe, Bücher und Beispiele der dekorativen Kunst. Der Schwerpunkt der Sammlung liegt auf italienischer Renaissance-Malerei und amerikanischer Malerei des 19. Jh.

Fantasie-voller Palast

Bei der prunkvollen Eröffnung des Museums am 1. Januar 1903 als „Fenway Court" mit einem Konzert des Boston Symphony Orchestra legte die Gründerin fest, dass das Museum ein Ort der Inspiration für Künstler aller Genres sein solle. Seither gehören Konzerte u. a. Veranstaltungen zum festen Programm, aber auch Stipendien werden vergeben. Obwohl 1990 Kunstschätze im Wert von $ 300 Mio. entwendet wurden, gibt es auch heute noch genug zu bestaunen in diesem sehenswerten „Gesamtkunstwerk".
Isabella Stewart Gardner Museum, 280 The Fenway (T Green Line „Museum"), www.gardnermuseum.org, Mi–Mo 11–17, Do bis 21 Uhr, $ 15; Sunday Concert Series, Jazz at the Gardner u. a. Veranstaltungen.

Fenway Park
Nördlich des Museums breitet sich ein weiterer Park aus – **Back Bay Fens** – und dahinter liegt im Stadtviertel **Fenway** ein weiterer „heiliger Gral" der Bostonians, der **Fenway Park**. In dem 1912 erbauten Stadion sind die **Boston Red Sox**, die legendäre Baseball-Mannschaft der Stadt, zu Hause. Babe Ruth, der berühmteste Baseball-Spieler aller Zeiten, trug bis 1920 stolz das Trikot der Red Sox, dann wurde er an den Erzrivalen aus New York, an die Yankees, verkauft und von da an lag ein Fluch auf der Mannschaft. Mit Babe hatten die Red Sox 1918 noch die Meisterschaft geholt, doch dann verhinderte der „Curse of the Bambino" – „Bambino" war der Spitzname von Ruth – weitere Titel: Erst als 2005 die Red Sox nach vielen unglücklichen Finalteilnahmen endlich wieder Meister wurden, war der Fluch gebrochen. Das Team holte zur Freude der leid-

Boston Red Sox

geprüften, aber treuen Red Sox Nation 2007 gleich den nächsten Titel – und spielt seither immer wieder um den Titel mit.

Fenway Park, 4 Yawkey Way (T Green Line „Kenmore"), http://boston.redsox.mlb.com/bos/ ballpark/tour.jsp, Touren tgl. 9/11–17 Uhr stündlich bzw. an Spieltagen bis 3 Std. vor Spielbeginn, $ 16.

Mekka der Red Sox Nation: der Fenway Park

info

Das „**Green Monster**" kennt in Boston jedes Kind - ohne Angst davor zu haben. Schließlich bewegt es sich nicht einmal. Anders sehen dies manche gegnerische Baseballprofis, die beim Versuch den Ball nach einem Schlag zu fangen, unliebsame Bekanntschaft mit dem „grünen Monster" gemacht haben. Gemeint ist die etwa 11 m hohe und 73 m lange Mauer, die seit 1934 die linke Außenwand des Outfields bildet.

Das Green Monster ist der bekannteste Teil des **Fenway Parks**, des ältesten noch betriebenen Baseballstadions der Welt. Seit dem 20. April 1912 sind hier, mitten im Stadtviertel Fenway, die **Boston Red Sox** zu Hause. Bei Heimspielen - während der Saison immerhin 82 - steigt schon Stunden vor Beginn in den Kneipen und Straßen im Umkreis die Partystimmung. Für viele Fans der **Red Sox Nation** kommt der Besuch dieses Stadions einer Pilgerreise gleich: Ehrfürchtig durch-

schreitet man die altehrwürdigen Umgänge und setzt sich auf einen der alten Holzklappstühle aus den 1930ern. Auch wenn immer wieder Teile des Stadions modernisiert werden, sind viele Ecken des Baus noch original wie zu Entstehungszeiten. Einmal auf dem Platz angekommen, stört es den wahren Baseballfan kaum, dass sich hier nicht selten Stützpfeiler im Blickfeld befinden. Dazu ist die Stimmung auch viel zu gut: „**Go Red Sox**".

Kein Wunder, dass Fans und Spieler an ihrem alten Stadion hängen. Es gibt sogar noch eine handbetriebene Anzeigentafel. Eine weitere Besonderheit ist

Fenway Park, das älteste Baseballstadion der Welt

der „Lone Red Seat" (rechtes Outfield, Section 42, Row 37, Seat 21): Er markiert den Punkt, an dem der längste jemals im Fenway Park geschlagene Home Run aufschlug. Das Kunststück gelang Ted Williams, der am 9. Juni 1946 den Ball 153 Meter weit in die Zuschauerränge schlug.

Seit die Red Sox 2004 und 2007 nach 1918 endlich wieder den Titel gewannen, sind die Fans erst recht aus dem Häuschen und bei manchem Heimspiel - besonders gegen die verhassten New York Yankees - scheint das alte Stadion aus allen Fugen zu platzen. Doch bisher hat der „alte Kasten" - seit 2006 wurde der Fenway Park in die aktualisierte Ausgabe des Spiels *Monopoly* gewählt und ist nach dem New Yorker Times Square der zweitteuerste Platz - jedem Sturm standgehalten - und das schon seit über 100 Jahren ...

Ausflug zur John F. Kennedy Library & Museum

Obwohl dieses Museum etwas abseits liegt, lohnt sich die Fahrt dorthin: Die **JFK Library & Museum**, im Süden der Stadt, wo auch das *Government Center* liegt, ist untergebracht in einem großen modernen Bau und wartet außer mit einer Bibliothek und einem großen Shop mit interessanten Ausstellungen und Nachbauten auf. Im Untergeschoss des „Presidential Museum" erfährt der Besucher anschaulich und multimedial präsentiert vieles über das Leben und das Wirken des Präsidenten John F. Kennedy, sieht einen Film und kann nachgebaute Räume wie das Oval Office, die Kleidung der First Lady oder ein Bankett bewundern.

JFK Library & Museum, Columbia Point (T Red Line „JFK/UMass", ab hier alle 20 Min. freier Shuttle-Bus), www.jfklibrary.org, tgl. 9–17 Uhr, $ 12.

Reisepraktische Informationen Boston

ℹ Information

*Das **Greater Boston CVB**, ① (617) 536-4100, www.bostonusa.com), betreibt zwei Besucherzentren:*
***Boston Common Visitor Information Center**, 148 Tremont St., Mo–Sa 8.30–17, So 9–17 Uhr*
***Prudential Center Visitor Information Desk**, 800 Boylston St., Mo–Fr 9–18, Sa/So 10–18 Uhr*

Aktuelle Infos liefern auch die Tageszeitung „Boston Globe" – mit Veranstaltungskalender am Donnerstag –„Boston Magazine" oder die Webseiten www.cityofboston.gov, www.massvacation.de (Link „Boston").

👉 Tipp

***Go Boston Card**, ① 1-800-887-9103, www.GoBostonCard.com. Erhältlich im Internet oder im Prudential Center VC (siehe oben), erlaubt diese Karte freien Eintritt in über 60 Attraktionen, Ermäßigungen in Shops und Restaurants u. v. m., ab $ 60 (1 Tag).*
***Citypass**, ① 617-256-0490, www.citypass.com/boston, $ 51 für 5 Attraktionen (Aquarium, Museum of Fine Arts, Mus. of Science, Skywalk Observatory sowie Harvard Museum of Natural History oder Old State House).*

🛏 Unterkünfte

Wie in den meisten Großstädten und speziell in Neuengland sind auch in Boston die Übernachtungspreise (und die Parkgebühren) gesalzen. Wer sparen möchte, muss auf ein Kettenhotel, zumeist am Stadtrand, z. B. an der I-95, ausweichen.
***B&B Agency of Boston**, ① 617-720-3540, www.boston-bnbagency.com; Zimmervermittlung in etwa 150 B&Bs in Boston, DZ ab $ 100.*
***The Constitution Inn** $$$ (1), 130 Third Ave., ① 617-241-8400, www.constitutioninn.org; 147 Zimmer, teils mit Kitchenette, in kleinem Hotel in Charlestown nahe Navy Yard zu günstigen Preisen und dennoch gut ausgestattet und empfehlenswert.*
***Milner Hotel** $$$ (4) (inkl. Frühstück), 78 Charles/Stuart St., ① 617-426-6220, www.milner-hotels.com; günstig nahe dem Boston Common in einem typischen Brownstone-Haus und dazu für Bostoner Verhältnisse preiswert, neu renovierte Zimmer.*
***Back Bay** $$$$ (5), 350 Stuart St. (Back Bay), ① 617-266-7200, www.doylecollection.com; in ehemaligem Polizeihauptquartier aus den 1920ern, zentral gelegenes Boutiquehotel mit 222 gut ausgestatteten Zimmern; zugehöriges Restaurant Stanhope Grille, Irish Bar.*

Nine Zero Hotel $$$$$ **(2)**, *90 Tremont St.,* ➀ *617-772-5800, www.ninezero.com; luxuriöses Boutique-Hotel mit 190 Zimmern in ungewöhnlichem Design, mit Fitness-Center und allem Komfort, zudem Restaurant „KO Prime" zugehörig.*
The Fairmont Copley Plaza Hotel Boston $$$$$ **(6)**, *138 St. James Ave.,* ➀ *617-267-5300, www.fairmont.com/copleyplaza; am Copley Square gelegenes alteingesessenes großes Top-Hotel, bekannt als „The Grande Dame of Boston".*

 ## Erschwinglicher Luxus im INTERCONTINENTAL

Von außen wirkt das **Hotel InterContinental (3)** wie ein gewöhnliches Businesshotel. Betrachtet man den Bau jedoch von der Hafenseite, setzt sich das architektonische Design aus blauem Glas und grauem Granit spektakulär von Bostons moderner Skyline ab. Auch die Lage am Fort Point Channel, einem Seitenarm des Boston Harbor, und am Rose Kennedy Greenway, d. h. in der Innenstadt, tragen zum Reiz des Hotels bei.

Am Rande des boomenden Viertels South Boston gelegen verteilen sich auf neun Stockwerke 424 geräumige Zimmer und Suiten, allesamt sehr geschmackvoll und modern eingerichtet und mit moderner Kunst dekoriert sowie in warmen Farben gestaltet, dazu kommen die Ausblicke auf Boston Harbor oder Skyline. Ungewöhnlich sind die riesigen Badezimmer.

Zur Freizeitgestaltung bietet sich das **SPA InterContinental** mit seinem großen Pool und Fitnessstudio an. Oder wie wäre es vor dem Essen mit einem Spaziergang durch die InterContinental Gardens, an der Waterfront Promenade entlang? Bei den Restaurants fällt die Wahl schwer: **Miel – Brasserie Provençal** (24 Std., im Sommer auch im Freien), wo das Frühstück der absolute Genuss ist und man auf gesundes Olivenöl setzt, oder aber **Sushi-Teq**, wo nach dem Motto „East meets West" Sushi und Tequila eine geniale Symbiose eingehen. Einen Schlummerdrink gibt's dann in der **RumbaBar**.

InterContinental Boston $$$–$$$$$, 510 Atlantic Avenue, Boston/MA, ➀ *617-747-1000, www.intercontinentalboston.com, DZ ab $ 200, diverse Packages mit Touren, Bootstrips, Essen und anderen Vergünstigungen.*

🍴 Restaurants
„Up and coming" ist das South End Bostons, siehe Tipp S. 294.
Artú Take Out&Trattoria (2), *6 Prince St., nahe Paul Revere House; kleine italienische Trattoria mit Gerichten zum Mitnehmen oder Dortessen, preiswert und gute schmackhafte Portionen.*
Bruegger's Bagel Bakery (5), *u. a. School St., neben dem Old Corner Bookstore, www.brueggers.com; preiswerte Bäckerei mit mehreren Filialen, frische Bagels mit diversen Cream Cheeses, aber auch Sandwiches, die auf Wunsch belegt werden; dazu Kaffee aus eigener Rösterei.*
Cheers (6), *84 Beacon St., www.cheersboston.com; berühmt wegen der gleichnamigen Sitcom, Super-Burger! Filiale im Faneuil Hall Marketplace.*
Mike's Pastry (3), *300 Hanover St., tgl. 8–mind. 21 Uhr; italienische Spezialitäten, vor allem Süßes, im Haus gebacken.*
Olives Boston (1), *10 City Square, Charlestown,* ➀ *617-242-1999, http://cheftodd english.com; Chef Todd English's Restaurant gilt als eines der besten der Stadt (mediterrane Gerichte!).*
KO Prime, *90 Tremont St., im Hotel Nine Zero,* ➀ *617-772-0202; schickes Steakhouse mit Wagyu und Kobe Beef auf der Karte, außerdem Super-Weinkarte und ungewöhnliches Design, tgl. B/L/D.*

U-Burger (7), *636 Beacon St, Kenmore Square (nahe Fenway Park); hier steht man wegen der Hamburger, U-Dogs und Sandwiches, Salate und Smoothies, alles zu günstigen Preisen, Schlange.*
Ye Olde Union Oyster House (4), *41 Union St., www.unionoysterhouse.com; seit 1826 eine Bostoner Institution, berühmt für Fisch und Meeresfrüchte; erschwingliche große Portionen.*

Nachtleben

Clubs, Bars und Diskos finden sich gehäuft in Back Bay und um den Fenway Park, z. B. in der Lansdowne St., an der Commonwealth Ave., in South End (Tremont St., Shawmut, Washington Ave.) und in Cambridge, z. B.:
Paradise Rock Club, *967 Commonwealth Ave., www.thedise.com; wechselndes Programm, v. a. Rock live.*
Ryles Jazz Club, *212 Hampshire St., Cambridge, www.rylesjazz.com; Jazzclub mit berühmten Sunday Jazz Brunch und gutem Restaurant.*

Einkaufen

Beliebte Shopping-Areale sind Newbury und Boylston St. in **Back Bay**, *um* **Downtown Crossing** *(Winter/Washington St.) sowie – trendig und schick:* **South End** *(Tremont, Shawmut, Washington). Auch* **Beacon Hill** *(Charles St.),* **North End** *(v. a. Hanover und Salem St., viele Italiener) oder das Areal um den* **Harvard Square** *in Cambridge bieten sich an.*
Copley Place Shopping Galleries *(Back Bay/100 Huntington Ave.) mit zahlreichen Filialen bekannter Marken.*
Faneuil Hall Marketplace *(www.faneuilhallmarketplace.com), Dock Square, bestehend aus North und South Market, Quincy Market, Faneuil Hall. Quincy Market: v. a. Imbissstände aller Art, ebenfalls Restaurants in Faneuil Hall und S/N Market, jedoch dort schwerpunktmäßig Läden.*
Haymarket, *Gassen um Quincy North Market, Fr/Sa Wochenmarkt mit Obst, Gemüse, Fisch (auch Imbiss).*
The Shops at Prudential Center, *Boylston St., www.prudentialcenter.com; neben Kaufhäusern, Foodcourt, Supermarkt auch viele kleinere Läden und Lokale.*

Touren

Beantown Trolley Tours, *www.brushhilltours.com, tgl. 9–17, im Winter –16 Uhr; Gesamtfahrdauer knapp 2 Std., 19 Stopps, in der Go Boston Card enthalten.*
Boston By Foot, *77 N Washington St., www.bostonbyfoot.com; seit fast 30 Jahren bietet das Unternehmen interessante Spaziergänge zu historischen und architektonischen Themen an.*
Boston Duck Tours, *www.bostonducktours.com, tgl. ab 9 Uhr halbstündig Touren, $ 34; im Amphibienfahrzeug inklusive „Abtauchen" in den Charles River; Start und Ticketverkauf u. a. im Prudential Center (790 Boylston St.).*
Boston Harbor Cruise, *1 Long Wharf, www.bostonharborcruises.com; Hafenrundfahrten, Whale Watching u. a. Touren.*
Old Town Trolley Tours of Boston, *380 Dorchester Ave., www.trolleytours.com/boston, tgl. 9–17 Uhr; 90-min. Touren mit mehreren Stopps und beliebigen Unterbrechungen; Infokiosk vor dem New England Aquarium, $ 39 (online günstiger).*
The Swan Boats of Boston, *Boston Public Garden, www.swanboats.com; seit 1877 bestehende Tradition: 15-min. Paddelbootfahrten für Familien.*

Whale Watching Touren, ab Central Wharf (New England Aquarium), www.neaq.org/visit_ planning/whale_watch/index.php; vom Aquarium veranstalteter und sachkundig kommentierter dreieinhalbstündiger Bootstrip, $ 45.
Boston Harbor Islands NP, Fähren, Touren und Infos: Long Wharf, www.BostonIslands.com; Fähren $ 15, verschiedene Touren im Sommer. Die südöstlich Bostons gelegenen Inseln in der Massachusetts Bay – u.a. Long, Gallop's, Lovell's, George's und Peddock's Island – sind leicht erreichbar und bieten Naturerlebnis und Erholung, alte Forts und Leuchttürme.
Fähren von Boston nach Provincetown (High-speed und reguläre Boote): Bay State Cruise Company, www.baystatecruisecompany.com bzw. Boston Harbor Cruises, s. oben.

Tipp – Brauereitouren

Harpoon Brewery, 306 Northern Ave. (Silver Line-Waterfront Bus ab South Station bis „Harbor Street"), www.harpoonbrewery.com, Tastings Mo–Fr 14/16 Uhr, Touren halbstündlich Sa/So ab 10.30/11.30 Uhr, $ 5, BreweryStore (Bierverkauf) und Veranstaltungen.
Samuel Adams Brewery (Boston Beer Company), 30 Germania St. (T Orange Line bis „Stoney Brook"), www.samueladams.com, Touren Mo–Do 10–15, Fr 10–17.30 und Sa 10–15 Uhr, mit Proben und Shop, $ 2.

Veranstaltungen
Boston Harborfest, www.bostonharborfest.com, großes Stadtfest Anf. Juli, mit verschiedenen Veranstaltungen am Hafen und in der Innenstadt.
Boston Marathon, www.baa.org, der älteste Marathon am Patriot's Day, Mitte Apr.
Boston Pops, www.bso.org, das berühmte Sommerorchester der Symphonie spielt am Charles River zwischen Mai und Juli.

Unterhaltung
Boston bietet eine große Vielfalt an Theatervorstellungen und Konzerten; weltberühmt sind nicht nur das **Boston Symphony Orchestra**, sondern z. B. auch das **Boston Philharmonic Orchestra** und die **Kammermusikkonzerte** im Isabella Stewart Gardner Museum. Auch das Theaterleben ist mit klassischen und modernen Bühnenstücken, Broadway-Shows und Musicals vielseitig.
BosTix, ① 617-262-8632, www.artsboston.org, Infokiosk Copley Square (Mo–Sa 10–18, So 11–16 Uhr) oder neben der Faneuil Hall (Di–Sa 10–18, So 11–16 Uhr); verbilligte Karten für verschiedenste Veranstaltungen (auch Museen und Sport) ab 11 Uhr des Veranstaltungstages.
Boston Symphony Orchestra/Boston Pops, Symphony Hall, 301 Massachusetts Ave., ① 617-266-1492, www.bso.org, Okt.–Apr. Konzerte des weltberühmten Orchesters, im Sommer „Boston Pops" in der Symphony Hall bzw. Openair-Symphoniekonzerte in Tanglewood/ Berkshires.
Boston Center for the Arts, 539 Tremont St., ① 617-426-5000, www.bcaonline.org; verschiedenste Veranstaltungen in Bostons South End.
Loeb Drama Center, 64 Brattle St., Cambridge, ① 617-547-8300, www.americanrepertory theater.org; Aufführungen des American Repertory Theatre.

Zuschauersport

Boston Bruins, http://bruins.nhl.com, die Eishockey-Profis der NHL spielen von Okt.–Apr. im TD Banknorth Garden, Causeway St. (T Green oder Orange Line „North Center").
Boston Celtics, www.nba.com/celtics, das legendäre NBA-Team trägt seine Basketballspiele ebenfalls im TD Banknorth Garden von Nov. bis Apr. aus.
Boston Red Sox, http://boston.redsox.mlb.com, die Baseballer der AL (American League) des MLB (Major League Baseball) spielen von Apr. bis Okt. im historischen Fenway Park (4 Yawkey Way, T Green Line „Kenmore").
New England Patriots, www.patriots.com, die American Footballer der NFL spielen Sept. bis Dez. im Gillette Stadium im Vorort Foxboro (I–95, etwa 40 km südwestl. Richtung Providence/RI).
New England Revolution, www.revolutionsoccer.net, die Profi-Fußballer des MLS (Major League Soccer) treten ebenfalls in Foxboro (Gillette Stadium) von Mai–Okt., an.

Flughafen

Boston Logan International Airport (BOS), www.massport.com/logan-airport, etwa 5 km östlich des Stadtzentrums, kostenlose Shuttle-Busse von und zu den einzelnen Terminals, zu Parkplätzen und T-Station; außerdem Taxis (kein Festpreis!).
Blue Line ab T-Station „Airport" ins Stadtzentrum (Government Center), außerdem **Silver Line** (Bus) zu Bostons South Station (Bahnhof), von dort per Red Line Richtung Cambridge. Kostenloser Shuttle-Bus von den Terminals zum **Water Shuttle**, der werktags 8–18 Uhr im Viertelstundentakt, So alle 30 Min. zur Rowes Wharf/Harbor Front verkehrt ($ 10).

Nahverkehr

Boston verfügt über ein gut ausgebautes U-/S-Bahn-Netz, genannt „**Tube**", abgekürzt „**T**" und unter der Ägide der Massachusetts Bay Transportation Authority (MBTA) stehend. Obwohl einige Linien in die Jahre gekommen sind, ist das Netz an U- bzw. Trambahn-Linien und Haltestellen dicht. Es gibt vier Linien auf Schienen – **Blue, Green, Red** und **Orange** – sowie eine **Silver Line** (Bus), werktags 5–0.45, So ab 6 Uhr verkehrend.
Infos: ☏ 617-222-50000, www.mbta.com
Tickets: Ein **CharlieTicket** kostet im Stadtgebiet $ 2 bzw. 2,50, mit **CharlieCard**, einer wiederaufladbaren Wertkarte (am Automaten), sind pro Fahrt $ 1,50 bzw. 2 fällig.
T-Pass für Besucher: 1 Tag $ 11, 7 Tage $ 18 (in den Stationen Back Bay, Downtown Crossing, Harvard, North und South Station erhältlich).

Eisenbahn

South Station, Atlantic Ave./Summer St. (T Red Line „South Station"), www.amtrak.com; Amtrak-Bahnhof, stündlich Schnell-Service (Acela oder Metroliner) nach New York, Philadelphia und Washington sowie Richtung Chicago und Nahverkehrszüge nach Süden.
North Station, Causeway St. (T Green&Orange Line „North Station"), ab hier Amtrak-Züge „Downeaster" nach Brunswick/ME – viermal tgl., 11 Stopps in MA, NH und ME, www.amtrak downeaster.com; außerdem Nahverkehrszüge nach Norden (u. a. Salem und Newburyport).
Zwei weitere, kleinere Amtrak-Bahnhöfe (Züge Richtung New York) sind **Back Bay** und **Route 128 Station**.

Bus

South Station, 700 Atlantic Ave. (T Red Line „South Station"); zentraler Busbahnhof der Stadt (Greyhound und lokale Busse).

Sehenswertes in der Umgebung von Boston
Cambridge

 Hinweis zur Route

Entfernung: 5 mi/8 km
Mit dem Auto: Cambridge ist mit Boston durch die beiden Straßenbrücken des MA-3 und MA-2A, die über den Charles River führen, verbunden. Die Harvard University erreicht man über den MA-2A.
Mit der U-Bahn: Um sich die Parkplatzsuche zu ersparen, kann man mit der U-Bahn (Red Line) vom Zentrum Bostons aus über den Charles River direkt bis zur Station „Harvard" fahren und ist damit im Zentrum von Cambridge, am Harvard Square.

Von Bostons Innenstadt ist es per U-Bahn ein Katzensprung nach **Cambridge**, Heimat der berühmten **Harvard University**. Der Ort liegt am Nordufer des Charles River, gegenüber dem Bostoner Viertel Back Bay. Steigt man an der T Red Line-Station „Harvard" aus, steht man mitten im Uni-Städtchen und beginnt die Schriftstellerin Elizabeth Hardwick zu verstehen, die Boston und Cambridge einmal als die „zwei Enden eines Schnurrbarts" bezeichnete. Es handelt sich tatsächlich um zwei zwar nahe gelegene, aber höchst unterschiedliche Städte. *Uni-Städtchen*

Cambridge wurde als „New Towne" wie Boston 1630 gegründet, die Harvard University entstand sechs Jahre später als Priesterseminar. Im Laufe der Zeit entwickelte sich daraus eine allgemeine Hochschule und Eliteuniversität mit heute rund 21.000 Studenten und 2.500 Lehrkräften. Schon immer galt der Ort als das geistige Zentrum der USA, doch Harvard ist nicht die einzige „Denkfabrik" in Cambridge.

Der Ort ist zugleich Heimat des berühmten **M.I.T.,** des **Massachusetts Institute of Technology** (*77 Mass. Ave., T Red Line „Kendall"*). Seit seiner Gründung 1861 ist M.I.T. Heimat vieler Wissenschaftseliten. Interessant auf dem Campus ist die Kapelle, das Kresge-Auditorium von Eero Saarinen mit charakteristischem Zeltdach und das Naturkundemuseum (*265 Massachusetts Ave.*). Im **MIT Museum** gibt es Ausstellungen zu wissenschaftlichen und technischen Themen sowie eine Nautical Gallery zu sehen.
MIT Museum, 265 Massachusetts Ave., http://web.mit.edu/museum, tgl. 10–17, $ 8.

Die Eliteuniversität Harvard

Die 1636 gegründete **Harvard University** gilt als die reichste Hochschule der Welt – und zählt auch zu den renommiertesten. Wer hier studiert hat, hat beste Chancen, in die Führungselite der USA aufzusteigen. Allein acht US-Präsidenten haben hier ihr Studium absolviert, 75 Nobelpreisträger hier studiert, geforscht und gelehrt. Bei der Auswahl der Studenten spielt weniger ein herausragender Notendurchschnitt eine Rolle, sondern Qualitäten wie soziales Engagement, Führungsfähigkeiten, Charakterstärke und Reife. Zudem wird darauf geachtet, dass die Studentenschaft ein breites Spektrum an Talenten und Neigungen verkörpert. *Geistiges Zentrum*

Die Atmosphäre auf dem Campus ist noch sehr puritanisch geprägt und das bedeutet „harte Arbeit unter strenger Aufsicht". Man besucht einzelne „Schulen" (statt Fakultäten), Professoren werden „Lehrer" genannt und das Gemeinschaftserlebnis steht im Vordergrund. Das beginnt mit dem gemeinsamen Essen in der altehrwürdigen Annenberg Hall und endet in den obligatorischen Vierer-Wohngemeinschaften auf dem Campus, zu denen Studienanfänger bunt zusammengewürfelt werden, um soziale Kompetenz und Integrationsbereitschaft zu fördern.

Rundgang

Am **Harvard Square** befinden sich nicht nur die U-Bahnstation und ein Info-Kiosk, sondern reihen sich auch etliche Läden und Kneipen auf. Besonders lohnt ein Blick in den **Coop**, ein Kaufhaus, das 1882 als Universitätsbuchhandlung gegründet worden war. Heute werden in mehreren Gebäuden und Abteilungen schwerpunktmäßig Universitätssouvenirs, Studienmaterial, Schreib- und Papierwaren, Computerausrüstung und Sport-/Freizeitkleidung verkauft.

Im Nordosten des Platzes beginnt der alte **Campus der Harvard University**. Den Mittelpunkt bildet der **Harvard Yard**, um den herum sich die altehrwürdigen Bauten gruppieren. Man betritt den Campus durch ein breites Eisentor, über dem eine Inschrift – „Enter to grow in Wisdom" – Besucher, Studenten und Professoren willkommen heißt. Der älteste erhaltene Bau ist die **Massachusetts Hall** von 1720, zunächst Studentenheim, während des Unabhängigkeitskrieges Unterkunft der Milizen, anschließend Hörsaal und Theater und seit 1939 Sitz des Universitätspräsidenten. In unmittelbarer Nachbarschaft steht die **Holden Chapel** von 1744. Das Zentrum der Anlage bildet die von Charles Bulfinch 1815 aus weißem Granit erbaute **University Hall**, vor der ein Denkmal John Harvards von dem Bildhauer Daniel Chester French (1884) zu sehen ist. John Harvard, ein Geistlicher, hatte nach seinem Tod 1638 sein ganzes Vermögen der Uni vermacht, die sich ihm zu Ehren daraufhin umbenannte. Östlich der University Hall liegen die **H. H. Richardsons Sever Hall** (1880), die **Memorial Church** (1932) und die **Widener Library**, ein Geschenk der Mutter von Harry Elkins Widener, der beim Untergang der „Titanic" umkam. Sie ist eine von zahlreichen Uni-Bibliotheken, die gemeinsam 12 Mio. Bände und damit den drittgrößten Buchbestand einer amerikanischen Bibliothek umfassen.

Harvard hat mehrere hochkarätige Museen zu bieten, die zu zwei Komplexen zusammengefasst werden. Da sind zum einen die **Harvard University Art Museums**,
bestehend aus **Fogg Art, Busch-Reisinger Museum** und **Arthur M. Sackler Museum**. Rund 150.000 Kunstwerke von der Antike bis zur Gegenwart und aus Europa, Nordamerika, Nordafrika, dem Mittleren Osten, Südasien, Ostasien und Südostasien sind dort zu sehen.

Gegenüber dem „Hinterausgang" vom Harvard Yard befindet sich das **Fogg Art** sowie das **Busch-Reisinger Art Museum** (*32 Quincy St.*), ein Kunstmuseum mit Schwerpunkt europäische und amerikanische Kunst. Das Busch-Reisinger Museum gilt nominell als eigenes Museum, befindet sich jedoch im Obergeschoss des gleichen Baus und widmet sich besonders dem Design in Nordeuropa nach 1880 sowie der deutschen expressionistischen Kunst.

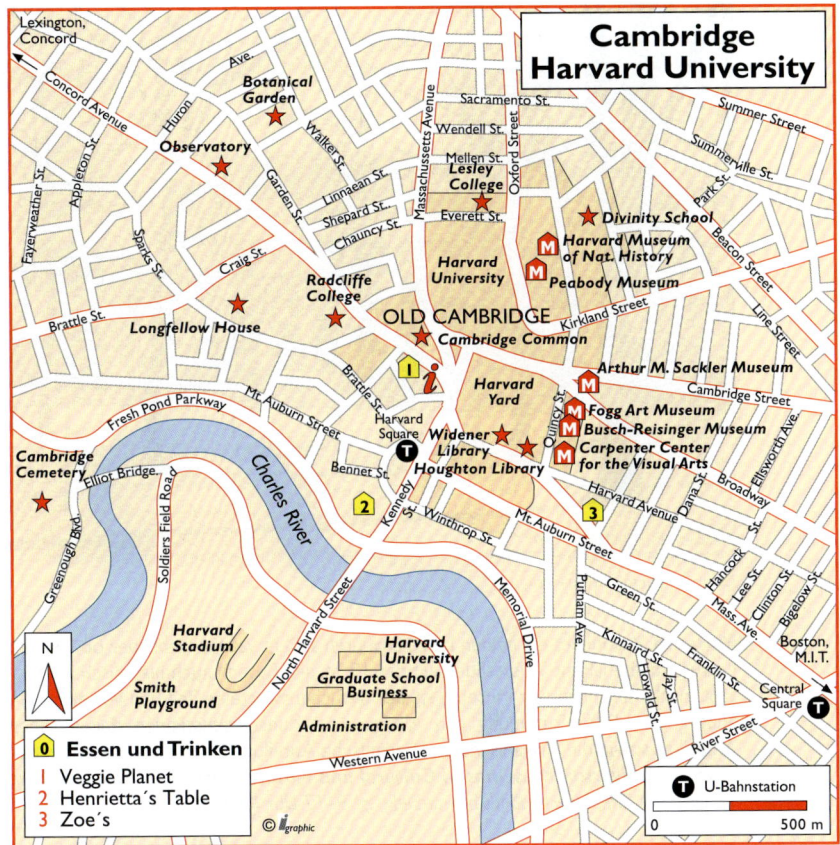

**Cambridge
Harvard University**

Lexington, Concord
Botanical Garden
Observatory
Sacramento St.
Wendell St.
Mellen St.
Lesley College
Everett St.
Divinity School
Harvard Museum of Nat. History
Peabody Museum
Harvard University
Radcliffe College
OLD CAMBRIDGE
Cambridge Common
Longfellow House
Arthur M. Sackler Museum
Harvard Yard
Fogg Art Museum
Busch-Reisinger Museum
Carpenter Center for the Visual Arts
Harvard Square
Widener Library
Houghton Library
Cambridge Cemetery
Elliot Bridge
Charles River
Bennet St.
Kennedy St.
Winthrop St.
Mt Auburn Street
Harvard Avenue
Harvard Stadium
Smith Playground
Harvard University Graduate School Business
Administration
Western Avenue
Memorial Drive
Boston, M.I.T.
Central Square
Fresh Pond Parkway
Mt. Auburn Street
Brattle St.
Brattle St.
Soldiers Field Road
North Harvard Street
Greenough Blvd.
Concord Avenue
Fayerweather St.
Appleton St.
Sparks St.
Craig St.
Walker St.
Garden St.
Linnaean St.
Shepard St.
Chauncy St.
Huron Ave.
Massachusetts Avenue
Oxford Street
Kirkland Street
Cambridge Street
Quincy St.
Dana St.
Broadway
Ellsworth Ave.
Putnam Ave.
Green. St.
Hancock St.
Lee St.
Mass. Ave.
Clinton St.
Bigelow St.
Kinnaird St.
Franklin St.
Howard St.
Jay St.
River Street
Summer Street
Summerville St.
Park St.
Beacon Street
Line Street
Summit St.

N

0 Essen und Trinken
1 Veggie Planet
2 Henrietta´s Table
3 Zoe´s

© *l graphic*

T U-Bahnstation
0 ————————— 500 m

Südlich vom Fogg Art Museum fällt ein ungewöhnlicher Bau ins Auge: das **Carpenter Center for the Visual Arts**, das 1963 nach Plänen von Le Corbusier erbaut worden war. Nördlich davon befindet sich in einem ebenfalls beachtlichen modernen Gebäude vom Zeichenbrett des bekannten englischen Architekten James Stirling das **Arthur M. Sackler Museum** (*Broadway/Quincy St.*). Es handelt sich hierbei um eine bedeutende Sammlung römischer und griechischen Antiken; dazu gibt es sehenswerte islamische und orientalische Abteilungen.
Harvard University Art Museums, www.harvardartmuseums.org, *Di–Sa 10–17 Uhr, Kombiticket $ 9.*

Weiter nordwärts folgt der zweite Museumskomplex: die **Harvard University Museums of Cultural and Natural History**. Gemeint sind vier Museen unter einem Dach, nämlich das **Peabody Museum of Archeology and Ethnology**, das **Botanical Museum** – mit naturgetreuen Nachbildungen von über 700 Pflanzenarten –, das **Museum of Comparative Zoology** sowie das **Minerological and Geological**

Campus der Havard University

Museum. Besonders die beiden Letztgenannten sind etwas für Liebhaber, obwohl die bewusst beibehaltene Ausstellungsart des 19. Jh. den Besuch auch historisch interessant macht. Das Peabody Museum ist der besuchenswerteste Teil und vor allem die außergewöhnliche Sammlung von Alltags- und Kunstgegenständen der Indianer Amerikas sowie die afrikanische und ozeanische Abteilung sind höchst sehenswert. *Harvard University Museums of Cultural and Natural History, 24 Oxford St. bzw. 11 Diversity Ave., www.peabody.harvard.edu, tgl. 9–17 Uhr, Kombiticket $ 9.*

Den Abschluss des Besuchs von Cambridge sollte ein kleiner Rundgang durch den alten Stadtkern bilden. Westlich des Harvard Yards liegt der **Cambridge Common**, der Stadtpark. Hier übernahm am 4. Juli 1775 George Washington das Kommando über die Continental Army – drei Kanonen, die die Briten nach ihrem Rückzug 1776 zurückließen, und das Bronzerelief „Washington zu Pferde" erinnern an dieses Ereignis. An der Südseite des Parks erheben sich die **Christ Church** von 1771, dahinter die **First Church** sowie der Eingang zum **Radcliffe College**. Letzteres war einst eine reine Frauenhochschule und ist seit 1975 Teil von Harvard.

Sonstiges in Cambridge

In der Brattle Street geben einige historische Häuser, wie das **Henry Vassal House** *(Nr. 94)*, eine Vorstellung davon, wie es in jenen Tagen des Unabhängigkeitskampfes hier aussah. Dieser Straßenzug war als „**Tory Row**", als Wohnort der Königstreuen, bekannt. Literaturfreunde sollten das **Longfellow House** nicht versäumen. 1843 hat es der Dichter Henry Wadsworth Longfellow (1807–82) als Hochzeitsgeschenk von seinem Schwiegervater erhalten. *Longfellow House, 105 Brattle St., www.nps.gov/long, HS Touren Mi–So 10–16 Uhr, frei.*

Reisepraktische Informationen Cambridge

(siehe auch „Boston")

ℹ️ Information

Cambridge Office for Tourism, 4 Brattle St., ① 617-441-2884, **Infokiosk** am Harvard Square (T Red Line „Harvard"), ① 617-497-1630, www.cambridge-usa.org

🛏️ Unterkunft

Hotel Marlowe $$$$, 25 Edwin H. Land Blvd., ① 617-868-8000, www.hotelmarlowe.com; günstig zu Bostons Innenstadt und zur CambridgeSide Galleria am Charles River gelegenes Boutiquehotel mit ungewöhnlich gestalteten, superluxuriös ausgestatteten Zimmern. Abendliches Weintasting, Fahrradverleih und hervorragender Service; zugehöriges Restaurant „Bambara" (American Brasserie).

🍴 Restaurants

Rings um den Harvard Square gibt es mehrere Lokale, Imbisse und Cafés, z. B. **Zoe's (3)** (1105 Massachusetts Ave.), ein 1950er-Jahre-Diner, **Henrietta's Table (2)** (1 Bennett St.) – Bio-Küche – oder **Veggie Planet (1)** (47 Palmer St.), ein im „Keller" befindliches vegetarisches Restaurant.

🎁 Einkaufen

Mehrere Buchläden und Shops um den Harvard Square, berühmt ist der Kiosk **Out of Town News**; gegenüber: **Harvard Coop**, 1882 als Universitätsbuchhandlung gegründet, inzwischen Uni-Kaufhaus (v. a. Schreibwaren, Bücher, Kleidung und Uni-Souvenirs) mit drei Filialen im Viertel.

👁️ Touren

Harvard Walking Tours, von Studenten geführte Touren über den Campus, Infos: www.harvard.edu/visitors/tours

Lexington und Concord –
Kampf um die Unabhängigkeit

 Hinweis zur Route

Entfernung: 11 + 8 mi/17 + 12 km
Über Cambridge und den Concord Turnpike (MA-2) geht es nach Lexington und Concord.

Nur wenige Meilen westlich von Cambridge liegen die historischen Ortschaften Lexington und Concord, die ihren festen Platz in der Geschichte der Amerikaner haben, denn auf dem Schlachtfeld zwischen Lexington und Concord begann der Kampf um die Unabhängigkeit mit den ersten kriegerischen Auseinandersetzungen zwischen den aufständischen Kolonisten und den britischen Truppen.

Lexington

Einen guten Einblick in die Entstehung, die Ziele und den Verlauf des amerikanischen Unabhängigkeitskrieges vermitteln die Ausstellungen im **National Heritage Museum**. *National Heritage Museum, 33 Marrett Rd., ☎ 781-861-6559, www.nationalheritage museum.org, Mi–Sa 10–16.30, Eintritt frei.*

Auf dem **Lexington Battle Green** *(Massachusetts Ave./Bedford St.)* ist die Stelle markiert, an der die „Minutemen" auf ihren Einsatz warteten. Als „Minutemen" wurden Zivilisten, meist Farmer, bezeichnet, die auf Abruf bereit standen und innerhalb weniger Minuten marsch- und kampfbereit sein konnten, da sie ihre Waffen im eigenen Haus aufbewahrten. Seit 1774 schlossen sie sich zu einer Bürgermiliz mit kleinen beweglichen Einheiten zusammen, die die Briten immer wieder überraschend angriffen, um sich danach sofort aufzulösen und an anderer Stelle erneut zuzuschlagen. Die „Minutemen" spielten im Unabhängigkeitskrieg eine wichtige Rolle. Als am 19. April 1775 „der Schuss, der auf der ganzen Welt gehört wurde" abgegeben wurde, begannen die ersten Auseinandersetzungen zwischen Engländern und Amerikanern: Bei den Eröffnungsschlachten von Concord und Lexington stellten sich den 400 britischen Soldaten 100 „Minutemen" der amerikanischen Bauernmiliz entgegen. Dabei verloren acht Amerikaner das Leben – die ersten Toten des Freiheitskampfes. Ihnen zu Ehren wurde 1799 das Denkmal auf dem Green errichtet.

Beginn des Unabhängigkeitskrieges

Folgt man der Battle Rd., kommt man zur **Munroe Tavern** (1695), der Befehlszentrale der Briten, zur **Buckman Tavern** (1709), dem Hauptquartier der „Lexington Minutemen", und dem **Hancock Clarke House** (1698), wo Samuel Adams und John Hancock die Nachricht vom britischen Vormarsch durch Paul Revere erhielten. *Lexington Historical Society, ☎ 781-862-1703, http://lhsoc.weebly.com/, Juni bis Sept. tgl. 10–16 Uhr: Munroe Tavern, 1332 Massachusetts Ave. (öffnet 12 Uhr); Buckman Tavern, 1 Bedford St.; Hancock Clarke House, 36 Hancock St., Eintritt für alle Häuser: $ 12.*

Zwischen Lexington und Concord erstreckt sich das historische Schlachtfeld, der **Minute Man National Historical Park**, der 1959 zum Schutz der historischen Stätten eingerichtet wurde. Das fast 4 km² große Gelände wird von der Battle Rd. durchzogen, auf der ein Teilstück der alten Straße von 1775 markiert ist. Im **Minute Man Visitor**

Reisepraktische Informationen Lexington

i Information
Lexington Visitor Center, *1875 Massachusetts Ave., ☎ 781-862-1450, www.lexing tonchamber.org, tgl. 9.30–16.30 Uhr.*

👁 Touren
Liberty Ride, *☎ 781-862-0500, www.libertyride.us/tours.html, 2-stündige Rundfahrt mit kostümiertem Führer entlang der historischen „Battle Road", beliebig viele Fahrtunterbrechungen sind möglich, Mai bis Okt. tgl. zwischen 10 und 15 Uhr, Start am Visitor Center um 10, 11.30, 13 und 14.30 Uhr und, $ 25.*

Center gibt es Filme zur Einführung in die amerikanische Geschichte, Informationen zu den Ereignissen im April 1775 sowie alljährlich am 19. April eine Nachstellung der Kampfhandlungen.

Minute Man Visitor Center, *250 North Great Road, Lincoln, ① 781-674-1920, www. nps.gov/mima, März bis Okt. tgl. 9–17, Nov tgl. 9–16 Uhr. Der Park ist das ganze Jahr über von Sonnenauf- bis untergang geöffnet.*

Concord

Concord ist mit seinen weißen, schindelgedeckten Kirchen, den gut erhaltenen Häusern im Kolonialstil und gepflegten alten Grünanlagen ein hübscher Ort, der mit historischen Sehenswürdigkeiten, gemütlichen Cafés und Restaurants, einem Besuch der historischen Stätten, einem literarischen Stadtrundgang und einer Bootsfahrt auf dem Concord River zum längeren Aufenthalt einlädt.

Im Mittelpunkt des Interesses steht auch hier der Kampf um die Unabhängigkeit. In dem Bereich des **Minute Man National Historical Park**, der zu Concord gehört, steht ein Nachbau der **Old North Bridge**, vor der 1885 die berühmte Bronzestatue „The Minute Man" von Daniel Chester French mit einem Vers von Ralph Waldo Emerson aus *„The* seiner „Concord Hymn" aufgestellt wurde. Wenige Schritte weiter befindet sich auf *Minute* dem Hügel das **North Bridge Visitor Center** mit Ausstellungen, einem Kurzfilm und *Man"* einem Garten mit Blick auf die North Bridge. An den Sommerwochenenden werden auch zweistündige Führungen zu den historischen Stätten angeboten.

North Bridge Visitor Center, *174 Liberty St., ① 978-369-6993, www.nps.gov/mima, März bis Okt. tgl. 9–17, sonst 11–15 Uhr.*

Nachbau der Old North Bridge

Concord hat noch aus einem weiteren Grund Berühmtheit erlangt. Nicht zu Unrecht wird der Ort das „**Weimar Nordamerikas**" genannt, denn er galt im 19. Jh. als das literarische Zentrum Amerikas. Hier lebten die Hauptvertreter des Transzendentalismus, der ersten eigenständigen amerikanischen Literaturbewegung. Zu ihnen gehörten Nathaniel Hawthorne, Ralph Waldo Emerson, Henry David Thoreau, Louisa May Alcott und Margaret Fuller; zu ihnen gesellte sich der Bildhauer Daniel Chester French, dessen bekannteste Skulpturen die Lincoln-Statue in Washington und das Denkmal „The Minute Man" in Concord sind.

Der amerikanische Transzendentalismus

info

Die Bezeichnung „Transzendentalismus" geht auf Immanuel Kant zurück, der davon ausging, dass es eine Art der Erkenntnis gibt, die nicht auf der durch Vermittlung der Sinnesorgane gegebenen empirischen Erfahrung beruht, sondern die eine über die sinnliche Erfahrung hinausgehende, vor ihr liegende und sie erst bedingende Erkenntnis ist. Die Transzendentalisten waren eine Gruppe von etwa 30 Intellektuellen, die sich von 1836 an in unregelmäßigen Abständen in Concord trafen, um über theologische, philosophische und literarische Probleme zu diskutieren. Sie wandten sich gegen das traditionelle rationalistische Denken in Staat, Kirche, Erziehung, Dichtung und Philosophie und suchten in der Hinwendung zur Natur und in der Verwirklichung der eigenen Individualität den Lebenssinn. 1841–47 gründeten sie in der Nähe von West Roxbury, Massachusetts, die „Brook Farm", wo sie sozial-utopische Ideen in Erziehung und Landwirtschaft umzusetzen versuchten. Das Experiment scheiterte. Die führenden Vertreter des Transzendentalismus waren Henry David Thoreau und Ralph Waldo Emerson.

Henry David Thoreau wurde 1817 geboren und studierte von 1833 bis 1837 in Harvard, wo er für kurze Zeit als Lehrer tätig war. 1838 gründete er mit seinem Bruder John eine eigene Privatschule, die jedoch nach dem frühen Tod des Bruders geschlossen wurde. Thoreau lernte 1841 den Dichter und Philosophen Ralph Waldo Emerson kennen, unter dessen Einfluss Thoreau reformerische Ideen entwickelte. Um die „wesentlichen Dinge des Lebens" zu erfahren, lebte er zwei Jahre lang in einer selbst gebauten Blockhütte bei Concord am Walden Pond. In seinem Buch „Walden. Oder das Leben in den Wäldern" beschrieb er sein einfaches Leben am See und forderte: „Wollt Ihr Euch wohl fühlen, dann achtet darauf, mit jeder Stimmung der Natur in Harmonie zu sein." Thoreau war einer der radikalsten Vertreter des Transzendentalismus und machte den Individualismus und die Abneigung gegen den Staat gesellschaftsfähig. So weigerte er sich 1846 Steuern zu bezahlen, um nicht die amerikanische Regierung und deren Haltung zur Sklaverei und zum Mexiko-Krieg zu unterstützen. Neben „Walden" zählt „Über die Pflicht zum Ungehorsam gegen den Staat" zu seinen Hauptwerken. Thoreau starb 1862 in Concord.

Ralph Waldo Emerson wurde 1803 als Sohn eines unitarischen Pastors in Boston geboren, der verstarb, als Emerson zehn Jahre alt war. Nach dem Tod des Vaters wurde er von seiner Tante Mary Moody Emerson erzogen. Er studierte in Harvard, wo er 1825 graduierte. Er arbeitete als Pastor, später als Lehrer an der Harvard-Universität. 1829 heiratete er Ellen Louisa Tucker, die aber schon zwei Jahre nach der Hochzeit verstarb. Nach dem Tod seiner Frau reiste Emerson nach Europa, wo er die Bekanntschaft von Thomas Carlyle, William Wordsworth und Samuel Taylor Coleridge machte. Auf dieser Reise lernte Emerson auch den deutschen Idealismus und asiatische Philosophien kennen, die ihn nachhaltig beeinflussten. Nach seiner Rückkehr aus Europa heiratete er 1835 Lydia Jackson und zog mit ihr nach Concord. Schon in der frühen Schrift

info

„Nature" von 1835 trat er dafür ein, dass Menschen im Einklang mit der Natur und mit sich selbst leben sollten. Er gewann beachtlichen Einfluss auf seine Zeitgenossen und ermutigte sie in ihrer Individualität. Nach dem Brand seines Hauses 1872 zog Emerson sich immer mehr aus der Öffentlichkeit zurück. Er starb am 27. April 1882 in Concord.

Nathaniel Hawthorne wurde 1804 geboren. Er entstammte einer alten Puritanerfamilie. Einer seiner Vorfahren war Richter bei den berüchtigten Hexenprozessen von Salem 1692, sein Vater fuhr zur See und fand 1808 mit seinem Schiff den Tod. Hawthorne wuchs behütet in der Familie seiner Mutter auf. Nach dem Besuch einer Privatschule studierte er am bekannten Bowdoin College in Maine, wo er den Dichter Henry Wadsworth Longfellow kennen lernte. Er lebte als Journalist und freier Schriftsteller, freundete sich mit Henry David Thoreau und Ralph Waldo Emerson an und schloss sich 1840 den Transzendentalisten von Concord an. 1841 verbrachte er ein halbes Jahr auf der „Brook Farm" und verarbeitete dieses Erlebnis in dem Roman „Die Blithedale-Maskerade". 1842 heiratete er die Malerin Sophia Peabody, 1853 wurde er zum amerikanischen Konsul in Liverpool ernannt. Dort blieb er vier Jahre, hielt sich noch ein Jahr in Italien auf und kehrte 1859 nach Concord zurück, wo er weitere Romane wie „Das Haus der sieben Giebel" verfasste. Er starb 1864 in Plymouth, New Hampshire. Wie in seinem berühmtesten Roman „Der scharlachrote Buchstabe", in dem er die Hexenprozesse in Salem anklagte, greift er auch in seinen anderen Romanen und Kurzgeschichten Themen wie Schuld, Strafe, Entfremdung und Intoleranz auf und distanziert sich damit von der „transzendentalistischen Schwärmerei" seiner Freunde. Er gilt als einer der Begründer der amerikanischen Literatur.

Der Einfluss der Transzendentalisten auf die nachfolgenden Generationen war sehr groß und reicht bis in die Gegenwart hinein. Darauf wies 1998 der damalige Präsident Bill Clinton in seiner Ansprache zur Einweihung des Thoreau-Intituts in Concord hin und verwies auf Mahatma Gandhi, Martin Luther King und Nelson Mandela, die in dieser Tradition stehen.

Das **Concord Museum** verbindet historisches und literarisches Interesse. Der Film „Exploring Concord" bietet einen guten Einstieg in die Geschichte des Ortes und informiert über das Leben der Literaten. Zu den sehenswerten Ausstellungsstücken gehören zahlreiche Dokumente und die beiden Laternen von Paul Revere, die in Boston vor dem Anrücken der Briten warnten, das nachgebildete Arbeitszimmer von Ralph Waldo Emerson und Manuskripte sowie persönliche Gegenstände von Henry David Thoreau. **Concord Museum**, *200 Lexington Rd.,* ➀ *978-369-9609, www.concordmuseum.org, April–Dez. Mo–Sa 9–17, So 12–17 Uhr, sonst Mo–Sa 11–16, So 13–16 Uhr, $ 10.*

Bei einem Spaziergang durch den Ort kann man einige der historischen Häuser besichtigen. Gleich bei der Old North Bridge im Minute Man National Historical Park steht „**The Olde Manse**", das 1770 vom Großvater Ralph Waldo Emersons gebaut wurde. Emerson lebte hier nur kurze Zeit mit seiner Familie. Das Haus erhielt seinen Namen von Nathaniel Hawthorne, der hier von 1842 bis 1845 lebte und diese Jahre später als die schönsten seines Lebens bezeichnete. Das **Emerson House**, in dem Ralph Waldo Emerson mit seiner Familie von 1835 bis zu seinem Tode 1882 wohnte, bewahrt viele Erinnerungsstücke an den Dichter. 1919 wurde das Haus nach dem Tod seiner Tochter in ein Museum umgestaltet. Das **Orchard House** war das Wohnhaus der Familie Alcott; hier schrieb Louisa May Alcott ihre bekanntesten Romane „Little Women" und „Little Men". Das Haus ist nur im Rahmen einer Führung zu besichtigen.

Historische Häuser

The Olde Manse, 269 Monument St., ① 978-369-3909, www.thetrustees.org, Ende Mai–
Ende Okt. Di–So 12–17 Uhr, April/Mai/Nov./Dez. nur Sa/So, $ 8 (inkl. Führung).
Ralph Waldo Emerson House, 28 Cambridge Turnpike, ① 978-369-2236, Ende April–
Okt. Do–Sa 10–16.30, So 13–16.30 Uhr, Führungen, $ 8.
Orchard House, 399 Lexington Rd., ① 978-369-4118, www.louisamayalcott.org, April–Okt. Mo–
Sa 10–16.30, So 13–16.30 Uhr, sonst Mo–Fr 11–15, So 10–16.30, So 13–16.30 Uhr, $ 9.

Auf dem **Sleepy Hollow Friedhof** (Bedford St.) kann man die Grabstätten von Emerson, Hawthorne, Alcott, Thoreau und French besuchen.

Ein Ausflug führt zum **Walden Pond**, südlich von Concord gelegen, wo Henry David
Thoreau 1845 sein Blockhaus am See baute, um dort für zwei Jahre in der Abgeschiedenheit zu leben. Seine Erlebnisse und Erfahrungen in der Wildnis verarbeitete er in
dem Buch „Walden or Life in the Woods." Heute ist das Land als Naturschutzgebiet
ausgewiesen; lange Wanderungen, Schwimmen und Bootsfahrten sind möglich.
Walden Pond State Reservation, 915 Walden St. (MA-126), ① 978-369-3254, www.
mass.gov/dcr/parks/walden, tgl. bis zur Dämmerung, Parkgebühr $ 5.

Reisepraktische Informationen Concord

ℹ️ Information
Concord VC, 58 Main St., ① 978-369-3120, http://concordchamberofcommerce.org,
tgl. 10–16 Uhr
Infos zum **Greater Merrimack Valley** unter www.merrimackvalley.org.

🛏️ Unterkünfte
Best Western at Historic Concord $$, 740 Elm St., ① 978-369-6100, www.
bestwestern.com/historicconcord; das angenehme Hotel verfügt über 106 gut ausgestattete
Zimmer, Swimmingpool, Fitnessraum und Restaurant. Es liegt ca. 3 km vom Zentrum entfernt
und ist als Ausgangspunkt für Besichtigungen in Concord und Lexington gut geeignet.
The Hawthorne Inn $$$, 2 Lexington Rd., ① 978-369-5610, www.concordmass.com; das
Haus von 1870 liegt auf historischem Gelände. Die 7 Nichtraucherzimmer sind mit antiken
Möbeln und Erinnerungsstücken aus der Zeit des Unabhängigkeitskampfes eingerichtet und
haben ein eigenes Bad. Ein kleines Frühstück ist im Preis enthalten.
Concord's Colonial Inn $$$$, 48 Monument Square, ① 978-369-9200, www.concords
colonialinn.com; das 1716 gebaute Haus (seit 1889 Hotel) verfügt über 56 komfortable Zim-
mer und Suiten und ein bekanntes Restaurant. Nur wenige Schritte entfernt liegen Rebecca's Guest
House mit 4 wohnlichen Zimmern und das gut ausgestattete Ferienhaus The Cottage.

🍴 Restaurants
Merchant's Row, im Colonial Inn, 48 Monument Square, ① 978-369-2373; traditionsreiches Restaurant mit ausgezeichneter neuenglischer Küche, darunter Spezialitäten wie
„Colonial Chicken Pot Pie" und „Indian Pudding".
The Concord Cheese Shop, 29 Walden St., ① 978-369-5778, in dem einladenden Spe-
zialitätengeschäft können Sie aus einem reichhaltigen Käse-, Brot und Weinsortiment auswählen und das selbst zusammen gestellte Essen dann im kleinen Bistro genießen. So geschlossen.

Ein weiteres Ausflugsziel ist das **Great Meadows National Wildlife Refuge**, Mon- *Natur-*
sen Rd. Naturlehrpfade und Wanderwege durchziehen das Naturschutzgebiet; Frühjahr *schutz-*
und Herbst eignen sich besonders gut zur Vogelbeobachtung. Das Besucherzentrum *gebiet*
befindet sich in Sudbury.
Great Meadows National Wildlife Refuge, *Monsen Rd., ① 978-443-4661, www.fws.
gov/northeast/greatmeadows, Besucherzentrum in Sudbury Mo–Fr 8–16 Uhr, Eintritt frei.*

Lowell

Nördlich von Lexington liegt am US-3 die Stadt Lowell mit ca. 105.000 Einwohnern. Das
Gebiet der heutigen Stadt wurde schon um 1650 von Engländern besiedelt. Im 19. Jh.
entwickelte sich die Stadt zu einem wichtigen Zentrum der Textilindustrie. Der **Lowell
National Historic Park** erinnert mit zahlreichen restaurierten Fabrikgebäuden, Lagerhäusern und Wohnheimen der Arbeiter an die industrielle Vergangenheit; ein Kanalsystem durchzieht das Gelände.
Lowell National Historic Park, *246 Market St. ① 978-970-5000, www.nps.gov/lowe, Visitor Center: tgl. 9–17 Uhr, Museum: $ 6, Park freier Eintritt.*

Viel Wissenswertes zur Textilindustrie wird in mehreren Museen anschaulich dargestellt, z. B. im **New England Quilt Museum**, das eine interessante Sammlung tradi-
tioneller und moderner Quilts zeigt. Im **American Textile History Museum**, dem *Textil-*
weltweit größten Textilmuseum, sind umfangreiche Ausstellungen und Vorführungen zu *museum*
sehen. Das Geburtshaus des Malers **James A. M. Whistler** aus dem Jahr 1823 zeigt
eine Sammlung neuenglischer Künstler des 19. und 20. Jh.
New England Quilt Museum, *18 Shattuck St., ① 978-452-4207, www.nequiltmuseum.org,
Di–Sa 10–16, Mai bis Okt. auch So 12–16 Uhr, $ 7.*
American Textile History Museum, *491 Dutton St., ① 978-441-0400, www.athm.org,
Mi–So 10–17 Uhr, $ 8.*
James A. M. Whistler House, *Museum of Art, 243 Worthen St., ① 978-452-7641, www.
whistlerhouse.org, Mi–Sa 11–16 Uhr, $ 5.*

 Information
 Greater Lowell Chamber of Commerce, *131 Merrimack St., ① 978-459-8154,
www.glcc.biz*

Von Boston nach Pittsfield – eine Rundfahrt durch den Westen von Massachusetts

Auf dieser Rundfahrt, die von der Atlantikküste ins Innere von Massachusetts führt, erschließt sich das ländliche Neuengland. Der Weg führt durch die reizvolle Hügellandschaft der Berkshire Hills, die sich von Vermont bis Connecticut hinzieht, mit dichten
Wäldern, klaren Seen und Bächen, grünen Weiden und Koppeln zu kleinen verträum-
ten Ortschaften in typischer Neuengland-Architektur mit kleinen weißen Kirchen und
spitzen Türmen, alten Kolonialhäusern und schönen Dorfplätzen.

☞ **Hinweis zur Route**

Entfernung: ca. 310 mi/496 km

Sie folgen von Boston aus dem MA-9 über Worcester bis zum MA-49, der Sie auf den US-20 und weiter nach Sturbridge führt. Von Sturbridge aus folgen Sie wieder dem landschaftlich schönen US-20 über Springfield bis zum MA-102. Dieser bringt Sie nach Stockbridge. Von dort aus fahren Sie auf dem US-7 nach Pittsfield. Falls Sie über Lenox fahren wollen, benutzen Sie den nach ca. 5 mi/8 km vom US-7 abzweigenden MA-7A. Von Pittsfield fahren Sie über den US-7 nach Williamstown, von dort auf dem MA-2 ostwärts nach Greenfield und weiter über Leominster direkt nach Boston.

Strecke: Boston – Worcester – Sturbridge – Springfield – Stockbridge – Lenox – Tanglewood – Pittsfield – Hancock Shaker Village – Deerfield – Greenfield – Leominster – Boston.

Ferienziel mit Tradition

Schon seit Beginn des 20. Jh. sind die Berkshires ein bevorzugtes Ferienziel für die Großstadtbewohner von Boston und New York, die, nur knapp drei Autostunden entfernt, in schöner ländlicher Umgebung nach Ruhe und Erholung beim Wandern, Schwimmen und Fischen suchten. Viele von ihnen bauten sich Sommerhäuser, einige errichteten große, von Parkanlagen umgebene Herrenhäuser in den Berkshires. Und weil die wohlhabenden Bürger auch auf dem Lande ein kulturelles Angebot schätzten, luden sie das Boston Symphony Orchestra unter Serge Koussevitzky im August 1936 erstmals in die Berkshires ein. Gleich das erste Konzert war so erfolgreich, dass die Familien Gorham Brooks und Mary Aspinwall Tappan dem Orchester ihr Anwesen Tanglewood bei Lenox samt aller Gebäude und Ländereien überließen.

Eine oder zwei Übernachtungen während dieser Rundreise sind empfehlenswert, um nicht nur den landschaftlichen Reiz dieser Region kennen zu lernen, sondern auch das abwechslungsreiche „Kulturprogramm" der Berkshires zu erleben. Tagsüber können Sie die zahlreichen historischen Sehenswürdigkeiten und interessanten Museen besuchen, einen Einkaufs- und Antiquitätenbummel machen oder sich sportlich mit Wandern, Tennis, Golf und Radfahren sowie Skifahren im Winter betätigen. Cafés und Restaurants mit ihrer renommierten Gastronomie, die von traditionellen neuenglischen Gerichten bis zur feinen internationalen Küche reicht, laden

Landschafts- und Kulturerlebnis Berkshire Hills

zum Verweilen und Entspannen ein. Vielleicht können Sie in einem der reizvollen alten Landgasthäuser (Country Inns) übernachten und dabei die historische Umgebung genießen. Für Musikliebhaber gibt es ausgezeichnete Open-Air-Konzerte, und besonders ein Konzert in Tanglewood mit seiner unverwechselbaren Atmosphäre ist dann der Höhepunkt Ihrer Reise durch die Berkshires! *Kultur vom Feinsten*

Worcester

Die 1673 gegründete Stadt ist nach Boston die zweitgrößte Stadt Neuenglands, eine Industrie- und Handelsstadt mit ca. 172.000 Einwohnern. Das kulturelle Leben wird durch die zwölf Colleges, mehrere interessante Museen und Theater geprägt.

Neben dem **Worcester Art Museum** mit einer Sammlung ägyptischer Kunst und Werken der Impressionisten, ist das **Ecotarium** mit interaktiven Ausstellungen, einem Planetarium, Naturlehrpfaden und Tiergehegen einen Besuch wert.
Worcester Art Museum, 55 Salisbury St., ☎ 508-799-4406, www.worcesterart.org, Mi–So 11–17 Uhr, $ 14.
Ecotarium, 222 Harrington Way, ☎ 508-929-2700, www.ecotarium.org, Di–Sa 10–17, So 12–17 Uhr, $ 14.

Die Präsenzbibliothek der **American Antiquarian Society** *(185 Salisbury St., www.americanantiquarian.org)* informiert schwerpunktmäßig über die ersten 250 Jahre der amerikanischen Geschichte.

> *i* **Information**
> **Central Massachusetts CVB**, *91 Prescott St., Worcester, ☎ 508-755-7400, www.centralmass.org*

Sturbridge

Sturbridge mit seinen heute ca. 2.000 Einwohnern wurde schon 1729 besiedelt. Wichtigste Lebensgrundlage der Dorfbewohner war die Landwirtschaft, später verdienten sich einige Familien ihren Lebensunterhalt in mehreren Getreide- und Sägemühlen.

Heute ist Sturbridge mit **Old Sturbridge Village** ein beliebtes Ausflugsziel. Das Museumsdorf spiegelt die Zeit von 1790 bis 1840 wider. Die einzelnen Gebäude stammen aus verschiedenen Gegenden Neuenglands; sie wurden zu einem typischen Dorf zusammengesetzt mit öffentlichen Gebäuden und privaten Wohnhäusern von Stadt- und Dorfbewohnern von unterschiedlichem gesellschaftlichem Rang. Bei Ihrem Gang durch das Dorf können Sie Handwerkern und Bauern in historischer Kleidung bei der Arbeit zuschauen, einen Blick in die alte Schulstube oder die Töpferei werfen. Sie lernen die Arbeitsweisen jener Zeit in einer Druckerei, einem Sägewerk, einer Schmiede, einer Weberei, einer Mühle oder einer Bäckerei kennen und können die selbst hergestellten Waren des Dorfes, z. B. Mehl und Brot, kaufen. *Einblick ins Leben um 1800*
Old Sturbridge Village, 1 Old Sturbridge Village Rd., ☎ 508-347-3362 oder 1-800-733-1830, www.osv.org, April bis Okt. tgl. 9.30–17 Uhr, sonst unregelmäßig, meist Mi–So 10–16 Uhr, $ 24. Die Eintrittskarten gelten auch für einen zweiten Besuch innerhalb von 10 Tagen.

Reisepraktische Informationen Sturbridge

ℹ️ Information

Sturbridge Tourist Association, 380 Main St., ① 508-347- 2500 oder 1-800-628-8379, www.town.sturbridge.ma.us

🛏️ Unterkünfte

Days Inn Sturbridge $$, 400 Haynes Rd., ① 508-347-1978, www.daysinn.com, Hotel mit 78 Zimmern unterschiedlicher Größe, Frühstück, Swimmingpool, Fitnesscenter, Ententeich auf bewaldetem Gelände.

Publick House Historic Inn & Country Lodge $$$, 277 Main St., am MA-131, ① 508-347-3313, www.publickhouse.com; zu der historischen Anlage aus dem Jahr 1771 gehören heute 4 Gästehäuser mit insgesamt 125 Zimmern und 3 Restaurants. Die Gästehäuser, die im ländlichen Stil eingerichtet sind, liegen zwischen Bäumen auf einem Hügel hinter dem alten Public House. Im historischen Gebäude befinden sich 17 Zimmer mit antiker Möblierung; bekannt ist auch das sehr gute Restaurant; knapp 2 km von Old Sturbridge Village entfernt.

Sturbridge Host Hotel & Conference Center $$$, 366 Main St., ① 508-347-7393, www.sturbridgehosthotel.com; Ferienhotel mit 232 Zimmern, Swimmingpools, Tennisplätzen und großem Wassersportangebot am Cedar Lake, gegenüber dem Museumsdorf.

👉 Veranstaltungen

Während des ganzen Jahres finden im Village Sonderveranstaltungen mit besonderen Darbietungen statt, z. B. das Erntedankfest, das **New England Thanksgiving**, das in Old Sturbridge Village mit den traditionellen Bräuchen eine ganze Woche lang gefeiert wird.

Springfield

Die Industriestadt Springfield, in der ca. 152.000 Einwohner leben, breitet sich an den Ufern des Connecticut River aus und geht auf einen alten Handelsposten aus dem Jahr 1636 zurück. Die Stadt hat einige Kunst- und Geschichtssammlungen, z. B. im Indian Motorcycle Museum *(33 Hendee St.)*, in der Springfield Library and Museum *(State/Chestnut St.)* oder im Springfield Science Museum *(21 Edwards St.)*. Da sich in Springfield viele *Griechi-* Griechen niedergelassen haben, findet jedes Jahr Anfang September ein Volksfest mit *sches* griechischen Tänzen und griechischen Spezialitäten statt. Darüber hinaus ist Springfield *Volksfest* bekannt als Geburtsstätte des Basketballspiels.

Auf dem Gelände des Springfield College liegt die **Naismith Memorial Basketball Hall of Fame**, ein beeindruckendes, modernes Gebäude, das auf drei Stockwerken eine Fülle von Informationen, Ausstellungsstücken, Videospielen und Filmen zum Basketball bietet. Außerdem können Besucher an Übungsstationen, Wettbewerben und Basketballspielen aktiv teilnehmen.

Naismith Memorial Basketball Hall of Fame, 1150 Columbus Ave., I-91, Exit 4 oder 7, ① 413-781-6500, www.hoophall.com, Öffnungszeiten variieren, meist: tgl. 10–16 Uhr, $ 19.

Freilicht- In **West Springfield** erinnert das Freilichtmuseum **Storrowton Village** mit sieben *museum* restaurierten Häusern an die Zeit von 1767 bis 1850. Wie im Old Sturbridge Village wurden auch diese Häuser an anderer Stelle abgebaut und in Storrowtown wieder aufgebaut.

Storrowton Village, *Eastern States Exposition, 1305 Memorial Ave, ☎ 413-205-5051, www.thebige.com/sv/, Mitte Juni bis Ende Aug. Di–Sa 11–15 Uhr, Eintritt frei.*

Reisepraktische Informationen Springfield

i **Information**
Greater Springfield Convention & Visitors Bureau, *1141 Main St., ☎ 413-787-1548 oder 1-800-723-1548, www.valleyvisitor.com.*

Unterkünfte
Naomis Inn $$, *20 Springfield St, ☎ 413-433-6019, http://naomisinn.net/. Kleines, einfaches, aber gemütlich eingerichtetes B&B mit drei Zimmern, alle mit eigenem Bad.*
Hilton Garden Inn $$$, *800 Hall of Fame Ave., ☎ 413-886-8000, http://hiltongarden inn3.hilton.com, auf dem Gelände der Basketball Hall gelegenes Hotel mit 141 Zimmern, Restaurants und Pool.*
Marriott Springfield $$$, *2 Boland Way, ☎ 413-781-7111, www.marriott.com; 262 komfortable Zimmer, zentral gelegen in der Nähe der Basketball Hall of Fame, gutes Restaurant.*

Stockbridge

Auf der Fahrt nach Stockbridge gelangt man in das sanfte Hügelland der Berkshire Hills mit seinen dichten Wäldern, stillen Seen und kleinen Flüssen. Die Gegend lädt tagsüber zum Spazierengehen, Wandern und zu vielen Besichtigungen ein, am Abend kann man erstklassige Theateraufführungen und Konzerte besuchen und in sehr schönen, historischen Landgasthäusern oder Privathäusern übernachten. Stockbridge wurde 1734 als Missionsstation für die Algonkin-Indianer angelegt und ist heute mit ca. 1.200 Einwohnern ein beliebter Ferien- und Erholungsort, der mit dem Slogan „The Best of New England" wirbt. Historische Häuser mit kleinen Boutiquen und Geschäften in der Ortsmitte, das Red Lion Inn, eines der bekanntesten Hotels in Neuengland, das neue Norman Rockwell Museum, das angesehene Berkshire Theater-Festival und der Botanische Garten laden zu einem längeren Aufenthalt ein.

Auf keinen Fall sollte man den Besuch des **Norman Rockwell Museum at Stockbridge** versäumen. Es besitzt die größte Sammlung von Illustrationen des beliebten Künstlers, dessen Zeichnungen die Titelseiten der „Saturday Evening Post" schmückten. Das Museum liegt eingebettet in eine liebliche Hügellandschaft mit Blick auf den Housatonic River. Seine fünf Sammlungen umfassen insgesamt 504 Bilder und Zeichnungen *Berühmtes* von Norman Rockwell. Das 1993 eröffnete Museum ist eine der meistbesuchten At- *Museum* traktionen im Westen von Massachusetts.
Norman Rockwell Museum at Stockbridge, *Route 183, ☎ 413-298-4100, www.nrm. org, Mai bis Okt. tgl. 10–17 Uhr, sonst Mo–Fr 10–16, Sa/So 10–17 Uhr, $ 16.*

Weitere Sehenswürdigkeiten sind das **Missionshaus** (*Main/Seargent St., ☎ 413-298-3239*) aus dem Jahr 1739 mit Ausstellungen zur Geschichte der frühen Kolonialzeit und

info

Wer war Norman Rockwell?

Norman Rockwell wurde 1894 in New York geboren. Von Jugend an hatte er den Wunsch, Illustrator zu werden. Schon mit 15 Jahren besuchte er die National Academy of Design, und bereits vor seinem 16. Geburtstag zeichnete er eine erste Kollektion mit Motiven für Weihnachts-

karten. 1915 zog Rockwell nach New Rochelle, wo sich bereits einige namhafte Illustratoren niedergelassen hatten, und arbeitete für das bekannte Magazin „Life". 1916 erschien sein erstes Titelbild für die „Saturday Evening Post", für die er in den kommenden 47 Jahren 321 Titelblätter anfertigte.

1939 ließ er sich mit seiner Familie in Arlington, Vermont, nieder und begann, das Leben in amerikanischen Kleinstädten zu beobachten und darzustellen. 1943 schuf er eine Serie von vier Bildern, die auf Roosevelts „Vier Freiheiten" beruhte und sich mit der Rolle des Individuums in der amerikanischen Demokratie auseinander setzte. 1953 zog die Familie Rockwell

Innenansicht von Norman Rockwells Stockbridge Studio

nach Stockbridge, wo Rockwells Frau 1959 starb. 1960 erschien Rockwells Autobiografie „My adventures as an Illustrator", die er zusammen mit seinem Sohn verfasste und illustrierte. Die „Saturday Evening Post" veröffentlichte Passagen und Illustrationen aus diesem Buch, zu denen auch das berühmte und beliebte „Triple Self-Portrait" gehört. 1963 beendete Rockwell die Zusammenarbeit mit der „Saturday Evening Post" und trat in den nächsten zehn Jahren mit seinen Bildern für die Bürgerrechte und für den Kampf gegen die Armut ein. Seit 1969 wurden einige seiner Bilder im Old Corner House in Stockbridge ausgestellt, 1973 übergab Rockwell seine persönliche Bildersammlung dem Rockwell Art Collection Trust. 1976 vermachte Rockwell sein Studio mit allem Inventar der Stiftung. Er starb am 8. November 1978 in seinem Haus in Stockbridge.

Rockwells Lebenswerk zeichnet ein Bild von Amerika und seinen Menschen, mit dem diese sich identifizieren können. Er zeigt die Probleme der Gegenwart auf, wie sie dem Einzelnen in seinem Alltag und seiner Umwelt begegnen.

---

der **Botanische Garten**, ein weitläufiges, schönes Parkgelände mit Rosen-, Stauden- und historischen Kräuterbeeten, Weihern, Waldwegen und Picknickplatz.
Berkshire Botanical Garden, Route 102/183, ① 413-298-3926, www.berkshire botanical.org, Ende Mai bis Mitte Okt. tgl. 9–17 Uhr, $ 15.

Im **Berkshire Playhouse**, dem bekannten Sommertheater, werden von Ende Juni bis Ende August klassische, zeitgenössische und experimentelle Theaterstücke und Kindervorstellungen aufgeführt.
Berkshire Theatre Festival, 6 East Street, ① 413-298-5576, www.berkshiretheatre.org.

Reisepraktische Informationen Stockbridge

i Information
Stockbridge Chamber of Commerce, *50 Main St.,* ① *413-298-5200, www.stock bridgechamber.org*

Unterkünfte
Federal House Inn *$$$, 1560 Pleasant St., Route 102, South Lee,* ① *413-243-1824 oder 1-800-243-1824, www.federalhouseinn.com, schönes, altes Haus von 1824, ca. 1,5 km vom Ort, mit 9 Zimmern, z. T. mit antikem Kamin, einem parkähnlichen Garten und schönem Blick auf die Berge; reichhaltiges Frühstück.*
The Inn at Stockbridge *$$$, ca. 3 km nördl. vom US-7, 30 East St.,* ① *413-298-3337 oder 1-888-466-7865, www.stockbridgeinn.com; das traditionsreiche Gästehaus aus dem Jahr 1906 wurde um zwei Gebäude erweitert und verfügt jetzt über 16 mit Antiquitäten eingerichtete Zimmer, teilweise mit Balkon, Terrasse und Kamin, reichhaltiges Frühstück.*
The Red Lion Inn *$$$, 30 Main St.,* ① *413-298-5545, www.redlioninn.com, 1773 wurde das Haus als Postkutschenstation gebaut und später von dem berühmten Illustrator Norman Rockwell in seinem Bild „Mainstreet, Stockbridge" verewigt. Das Hotel repräsentiert seit Jahrzehnten gepflegte neuenglische Gastlichkeit. Die 111 Zimmer des Haupthauses und der fünf Nebenhäuser sind mit Antiquitäten aus dem 18. und 19. Jh. liebevoll eingerichtet, und das elegante Restaurant ist für seine ausgezeichnete Küche bekannt.*

In der Nähe der Ortschaft **Glendale**, 2,5 mi/4 km westlich von Stockbridge, befindet sich **Chesterwood**, Sommersitz und Studio des Bildhauers Daniel Chester French (1850–1931), der das Lincoln Memorial in Washington, die Statue des „Minute Man" in Concord und mehr als 100 weitere Skulpturen schuf. Chester lebte mehr als 30 Jahre auf seinem Landsitz. Eindrucksvoll ist ein Besuch im Atelier des Künstlers, wo die Arbeitsatmosphäre noch sehr lebendig ist. Zum Landsitz gehört ein schön angelegter Garten, in dem von August bis Oktober einige der Skulpturen ausgestellt werden.
Chesterwood, *4 Williamsville Road,* ① *413-298-3579, http://chesterwood.org/, Mai bis Okt. tgl. 10–17 Uhr, $ 16.*

Great Barrington, 7 mi/10,2 km südlich von Stockbridge, wurde um 1725 gegründet und ist heute ein beliebter Ferienort. Der „Housatonic River Walk" verläuft am Westufer des Housatonic, Wanderungen führen auf den **Mount Everett**, wo Sie den Blick auf die Berkshires und das Housatonic-Tal genießen können und zum **Monument Mountain**, wo sich 1850 Nathaniel Hawthorne und Herman Melville erstmals begegneten. Jeden Sommer treffen sich in Great Barrington Musikliebhaber zum **Aston Magna Festival**, dem ältesten Festival in Amerika für barocke, klassische und romantische Musik (① *203-792-4662 oder 1-800-875-7156, www.astonmagna.org*).

Musikfestival

In **Lee** findet jedes Jahr das international renommierte **Jacob's Pillow Dance Festival**, statt. Von Juni bis Ende August gibt es in zwei Theatern und auf Freilichtbühnen Tanzaufführungen von Klassik bis Jazz.
Jacob's Pillow Dance Festival, *Ted Shawn Theater, 358 George Carter Rd.,* ① *413-637-1322, Kartenvorbestellung unter* ① *413-243-0745; www.jacobspillow.org.*

Reisepraktische Informationen Lee

i Unterkunft

Chambery Inn *$$$, 199 Main St., ☉ 413-243-2221, www.chamberyinn.com; in dem ehemaligen Schulhaus aus dem Jahr 1885 gibt es 9 geräumige Gästezimmer, die mit Himmelbetten und Antiquitäten liebevoll eingerichtet wurden. Morgens wird das Frühstück auf dem Zimmer serviert. Das Haus liegt nur wenige Autominuten von Lenox/ Tanglewood entfernt.*

⑪ Restaurants

Sullivan Station Restaurant*, Railroad St., ☉ 413-243-2082, in einem ehemaligen Eisenbahndepot werden jetzt neuenglische Spezialitäten, frische Salate und leckere Hamburger serviert.*
The Morgan House*, 33 Main St., ☉ 413-243-3661; ist bekannt für gute Fisch- und Seafood-Gerichte und köstliche Desserts.*

Lenox und Tanglewood

Lenox ist ein beliebter Ferienort mit ausgezeichneten Wandermöglichkeiten. Im Besucherzentrum werden auch geführte Wanderungen angeboten. Eisenbahnfreunde besuchen das **Berkshire Scenic Railway and Museum**, das auf dem Gelände eines restaurierten Bahnhofs aus dem Jahr 1902 Ausstellungen, Modelleisenbahnen und Loko-

Historische Eisenbahn motiven zeigt. Eine kurze Fahrt mit der historischen Eisenbahn ist vor allem bei Kindern sehr beliebt.

Berkshire Scenic Railway and Museum*, Willow Creek Rd., ☉ 413-637-2210, www. berkshirescenicrailroad.org, Ende Mai bis Okt. an Wochenenden, Eintritt frei. Rundfahrt: Lenox–Stockbridge (ca. 90 Min.) $ 15, Rundfahrt Lenox–Lee (ca. 45 Min.) $ 12.*

Harmonie von Architektur und Landschaft: The Mount

Lenox ist auch die Heimat der **Shakespeare&Company**-Schauspieltruppe, die klassische und moderne Schauspiele zur Aufführung bringt. Wie der Name aber schon sagt, sind es vor allem Stücke von Shakespeare, die hier auf dem Gelände von „The Mount" aufgeführt werden. Es werden aber auch Stücke von Edith Wharton gespielt. *Shakespeare&Company*, 70 Kemble St., ① 413-637-1199, www.shakespeare.org, Mai bis Sept. Aufführungen auf dem Gelände von „The Mount".

Shakespeare

The Mount ist der historische Landsitz der Pulitzer-Preisträgerin Edith Wharton. Das Haus wurde 1901–02 im Auftrag der Schriftstellerin gebaut. Dabei war es ihr besonderes Anliegen, Architektur und Landschaft harmonisch miteinander zu verbinden; die Räume wurden nach den Prinzipien gestaltet und eingerichtet, wie sie es zuvor in ihrem Buch „The Decoration of Houses" dargestellt hatte. *The Mount*, 2 Plunkett St., ① 413-637-1899, www.edithwharton.org, Mai–Okt. tgl. 10–17 Uhr, $ 16.

Wer war Edith Wharton?

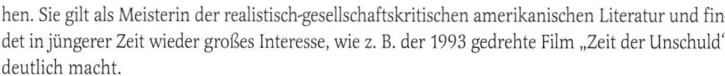

info

Edith Newbold Jones wurde 1862 in New York geboren. Sie stammte aus einer reichen, angesehenen Familie. 1885 heiratete sie den Bankier Edward Wharton. Während der 90er Jahre des 19. Jh. verfasste sie zahlreiche Erzählungen, die in Zeitschriften veröffentlicht wurden. 1905 erschien ihr Roman „The House of Mirth" („Das Haus der Freude"), das ihren Ruf als Schriftstellerin begründete. 1907 verließ Edith Wharton ihre Heimat und ließ sich in Frankreich nieder. Sie schrieb in der Folgezeit mehrere Romane, Reisebücher, Erzählungen und Gedichte. Besonders bekannt wurde sie durch den satirischen Gesellschaftsroman „The Custom of the Country" (1913) und den Entwicklungsroman „The Age of Innocence" („Im Himmel weint man nicht", 1920), für den sie mit dem Pulitzer-Preis ausgezeichnet wurde.

Edith Wharton

Edith Wharton verbrachte ihr Leben in der Gesellschaft von Künstlern und Schriftstellern, zu denen auch Henry James, Aldous Huxley und André Gide gehörten. 1924 wurde ihr als erster Frau ein Ehrentitel der Yale-Universität verliehen. Sie gilt als Meisterin der realistisch-gesellschaftskritischen amerikanischen Literatur und findet in jüngerer Zeit wieder großes Interesse, wie z. B. der 1993 gedrehte Film „Zeit der Unschuld" deutlich macht.

Eng mit Lenox verbunden ist der Name **Tanglewood**, denn seit 1936 treffen sich jeden Sommer in der ländlichen Idylle von Tanglewood Klassikfans und Freunde des **Boston Symphony Orchestra**, das hier seine Sommerresidenz hat. Der große Landsitz mit Herrenhaus, Cottage und Konzertsälen ist von Gärten und weiten Rasenflächen umgeben. Ein Konzertbesuch in Tanglewood gehört zu den großes Open-Air-Erlebnissen in den USA. In jedem Jahr zieht das Festival 300.000 Besucher durch erstklassige Konzerte mit hervorragenden Interpreten und Orchestern in seinen Bann. Das musikalische Erlebnis wird noch vertieft durch die besondere Atmosphäre in Tanglewood: Die Besucher können den Konzerten von den 5.000 Plätzen der überdachten, aber an den Seiten offenen Musikarena „Shed" zuhören, die auf Entwürfe des finnischen Architekten Eliel Saarinen zurückgeht. Sie können sich aber auch auf der „Great Lawn", ei-

Unvergessliches Konzerterlebnis

ner großen Rasenfläche, zum traditionellen Picknick niederlassen und dabei den Konzerten lauschen.

Tanglewood Berkshire Music Festival, *197 West St., 3 km südwestl. am MA-183, www. bso.org. Konzerte von Ende Juni bis Anf. Sept., für Karten im „Music Shed" ist eine möglichst frühzeitige Reservierung zu empfehlen, die auch schon von Deutschland aus vorgenommen werden kann. Konzertkasse ☎ 413-637-5165 oder 1-888-266-1200, Veranstaltungshinweise ☎ 617-266-1492.*

In Tanglewood, im **Little Red House**, lebte und arbeitete Nathaniel Hawthorne (S. 311) in den Jahren 1850/51. Er gab seinen Erzählungen den Titel „Tanglewood Tales". Die Nachbildung seines Wohnhauses, in dem sich heute Musikstudios befinden, ist vor jedem Konzert für Besucher geöffnet.

Reisepraktische Informationen Lenox und Tanglewood

i Information
Lenox Chamber of Commerce, *12 Main St. (in der Bibliothek), ☎ 413-637-3646 oder 1-866-515-3669, www.lenox.org*

Unterkünfte
Eastover Resort *$$, 430 East St., ca. 800 m östl. vom US-7/20, ☎ 413-637-0625, www.eastover.com; historisches Hauptgebäude und modernes Ferienhotel auf großem Gelände mit Swimmingpools, Kinderspielplatz und Sportangebot in der Nähe.*
The Lenox Inn *$$, 525 Pittsfield Rd., 4 mi/6,5 km nordöstl. am US-7/20, ☎ 413-499-0324, www.thelenoxinn.com; kleines Motel mit 17 freundlich eingerichteten Zimmern, Swimmingpool.*
The Village Inn *$$$, 16 Church St., ☎ 413-637-0020 oder 1-800-253-0917, www.village inn-lenox.com; historisches Haus aus dem Jahr 1771 mit 32 unterschiedlich großen, mit antikem Mobiliar eingerichteten Gästezimmern in der Ortsmitte von Lenox.*
Cranwell Resort & Golf Club *$$$, 55 Lee Rd. (US-20), ☎ 413-637-1364, www.cranwell. com; um die Wende zum 20. Jh. gebautes Herrenhaus auf großem Anwesen mit 65 eleganten Gästezimmern, Schwimmbad, 2 Tennisplätzen und 18-Loch-Golfplatz, Fahrrad- und Skiverleih.*
Hampton Terrace B&B *$$$, 91 Walker St., ☎ 413-637-1773, www.hamptonterrace.com; im ehemaligen Haus des Schmieds von Lenox gibt es 14 mit Charme dekorierte Gästezimmer, verteilt auf Carriage House, Main Inn und King Suite Cottages. Die Unterkunft liegt unweit des historischen Ortskerns. Das reichhaltige all-you-can-eat-Frühstück lässt keine Wünsche offen.*
Blantyre *$$$$, 16 Blantyre Rd., ☎ 413-637-3556, www.blantyre.com; großes Anwesen im Tudor-Stil aus dem Jahr 1902, von Wald und Wiesen umgeben, mit Himmelbetten, stilvollen Möbeln, Kaminen und noblen Bädern; im holzgetäfelten Speiseraum werden köstliche Gerichte der Region serviert, 500 Weinsorten füllen den Weinkeller.*

Restaurants
Chocolate Springs, *55 Pittsfield Rd., ☎ 413-637-9820, in ansprechender Umgebung gibt es täglich frisch zubereitete Trinkschokoladen, köstliche Kuchen und Törtchen, Pralinen und andere Überraschungen aus Kakao und Schokolade.*
Gateways Inn & Restaurant, *51 Walker St. ☎ 413-637-2532; das Restaurant in einem viktorianischen Haus lädt mit einer großen Auswahl an Fleisch- und Seafood-Gerichten ein.*

Pittsfield

Die 1743 gegründete Stadt, in der heute knapp 46.000 Menschen leben, liegt im Zentrum des Feriengebietes der Berkshire Hills und bietet gute Wander- und Wassersportmöglichkeiten sowie drei im Winter gern besuchte Skigebiete.

Das **Berkshire Museum** wurde 1903 gegründet; es vereinigt Galerien mit Gemälden des 15.–20. Jh., eine Skulpturensammlung, historische und naturwissenschaftliche Ausstellungen und ein Aquarium unter einem Dach. Im 1780 gebauten **Arrowhead House** lebte 1850–63 Herman Melville, der Verfasser des Romans „Moby Dick" (S. 259). Im Haus gibt es Erinnerungsstücke an ihn, Kostüme, Bilder und einen historischen Film. Kulturinteressierte können zudem das **Berkshire Public Theatre** besuchen, wo das bekannte Theaterensemble ganzjährig Musicals, Komödien und Dramen zur Aufführung bringt.

Vater von „Moby Dick"

Berkshire Museum, 39 South St., ☎ 413-443-7171, www.berkshiremuseum.org, Mo–Sa 10–17, So 12–17 Uhr, $ 13.
Arrowhead House, 780 Holmes St., ☎ 413-442-1793, www.mobydick.org, Ende Mai bis Okt. tgl. 9.30–17 Uhr, sonst an Wochenenden 10–17 Uhr, $ 12.
Berkshire Public Theatre, 30 Union St., ☎ 413-445-4631, Kasse ☎ 413-445-4634.

Nordöstlich von Pittsfield liegt der kleine Ort **Dalton** mit Sitz der Firma Crane Paper Company, die u. a. das Papier für die amerikanischen Banknoten herstellt. In dem angeschlossenen Crane Museum gibt es eine Ausstellung zur Geschichte der Papierherstellung.
Crane Museum, Dalton, nordöstl. von Pittsfield, Route 9, ☎ 413-684-2600, www.crane.com/about-us/crane-museum-of-papermaking, Juni bis Mitte Okt. Mo–Fr 13–17 Uhr, Eintritt frei.

Pittsfield ist auch Ausgangsort für einen Besuch im 8 km westlich gelegenen Museumsdorf **Hancock Shaker Village**. An der Stelle des heutigen Museumsdorfes lebte von

Wer waren die Shaker?

info

Als Shaker („Zitterer" oder „Schüttler") werden die Anhänger der „Vereinigten Gemeinschaft der an die zweite Wiederkunft Christi Glaubenden" bezeichnet. Diese Gemeinschaft, deren Gründer James und Jane Wardley waren, wird bereits um 1750 in Großbritannien erwähnt. Der Name Shaker wird darauf zurückgeführt, dass die Gläubigen in ihren Gottesdiensten tanzten und in die Hände klatschten.

1774 wurde die neue Glaubensform von der Quäkerin Ann Lee aus der englischen Stadt Manchester in Amerika eingeführt. 1776 wurde die erste Gemeinschaft gegründet. Von ihren Anhängern wurde Ann Lee „Mutter Anna" genannt. Bis 1826 entstanden 18 neue Gemeinschaften mit etwa 6.000 Mitgliedern, die bereit waren, auf religiöser Grundlage ein Leben in Einfachheit und Bescheidenheit zu führen. Grundlagen des Zusammenlebens waren das gemeinsame Besitztum und eine asketische, keusche Lebensweise. Nach 1860 gingen die Mitgliederzahlen stark zurück. In Sabbathday/Maine besteht noch die letzte aktive Gemeinschaft mit zwei Gläubigen.
Sehr geschätzt ist noch heute das von den Shakern gestaltete Kunsthandwerk; besonders die Möbelstücke überzeugen durch ihre Einfachheit und schlichte Formgebung.

Hancock
Shaker
Village
1790 bis 1960 eine Shaker-Gemeinde, die ihr Dorf „Friedensdorf" nannte. Hancock war die dritte der 18 amerikanischen Shaker-Gemeinden; hier lebten um 1830 etwa 300 Menschen. 1961 wurde Hancock Shaker Village als Museum eröffnet. In 20 restaurierten Häusern kann man das alltägliche Leben, die landwirtschaftliche Arbeit und das Handwerk der Shaker nacherleben. Täglich finden Vorführungen der alten Arbeitsweisen statt. Es gibt Ausstellungen, Haustiere, einen Kräuter- und Gemüsegarten und einen Museumsshop.
Hancock Shaker Village, *an der Kreuzung des US-20 mit dem MA-41, ① 1-800-817-1137, www.hancockshakervillage.org, Ende Mai bis Mitte Okt. tgl. 10–17 Uhr, April bis Ende Mai tgl. 10–16 Uhr, $ 18.*

Reisepraktische Informationen Pittsfield

 Information
The Berkshires Visitor Bureau, *66 Allen Street, ① 413-743-4500, www.berkshires. org, http://discoverpittsfield.com*

Unterkünfte
Comfort Inn $$, *1055 South St., ① 413-443-4714, www.comfortinn.com; Hotel mit 58 freundlich eingerichteten Zimmern, Fitnessraum.*
White Horse Inn $$$, *378 South St., ① 413-442-2512 oder 877-442-2512, www.white horsebb.com; B&B-Haus in einem hübschen Kolonialhaus mit einfachen, aber geschmackvoll dekorierten Zimmern. Sehr hilfsbereiter Gastgeber.*

Williamstown

Auf dem Weg nach Williamstown passiert man zunächst den **Mount Greylock**, den höchsten Berg von Massachusetts. Williamstown, eine kleine Universitätsstadt mit ca. 4.800 Einwohnern, besitzt eines der besten Museen der Neuengland-Staaten, das **Sterling and Francine Clark Art Institute** mit einer außergewöhnlichen Silbersammlung und einer beeindruckenden Impressionisten-Ausstellung mit Gemälden von Auguste Renoir, Claude Monet und Edgar Degas sowie von den amerikanischen Malern Winslow Homer, Frederic Remington und John Singer Sargent. Außerdem findet seit 1955 in der Stadt alljährlich das bekannte **Williamstown Theatre Festival** statt. Von Ende Juni bis August werden auf mehreren Bühnen Theaterstücke aufgeführt, deren Inszenierungen zu den renommiertesten Amerikas gehören.

Werke der
Impressio-
nisten

Sterling and Francine Clark Art Institute, *225 South St., ① 413-597-2462, www.clarkart. edu/, Juli/Aug. tgl. 10–17 Uhr, Sept.–Juni Di–So 10–17 Uhr, Eintritt Juni–Okt. $ 15, sonst frei.*
Williamstown Theatre Festival, *① 413-597-3399, Theaterkasse ① 413-597-3400, www.wtfestival.org.*

Im **Williams College Museum of Art** befindet sich in den Ausstellungen der zeitgenössischen Kunst das bekannte gelb-schwarze Selbstbildnis von Andy Warhol; in der Universitätsbibliothek sind seltene Bücher und historische Manuskripte zu sehen.
Williams College Museum of Art, *15 Lawrence Hall Drive, ① 413-597-2429, http://wcma.williams.edu, Di–Sa 10–17 Uhr, So 13–17 Uhr, Eintritt frei.*

In der näheren Umgebung gibt es zwei 18-Loch-Golfplätze, ein öffentliches Schwimmbad im **Margaret Lindley Park** und die Mineralwasserquelle von **Sand Springs**. Es gibt ein weites Netz an Wander- und Radwegen sowie Langlaufloipen und Skigebiete am Mount Greylock.

Wenn Sie in Williamstown auf den MA-2 auffahren, befinden Sie sich auf dem historischen **Mohawk Trail**, der von Williamstown über Greenfield nach Gardner führte. Er war zunächst nur ein Pfad der Mohawk-Indianer, den die ersten europäischen Siedler dann zu einem Ochsenkarrenweg verbreiterten. Im 19. Jh. wurde eine Eisenbahntrasse gebaut, und heute verbindet die Autostraße die Ortschaften und Städte miteinander. Dabei zählt der Mohawk Trail, vor allem auf der Strecke zwischen Williamstown und Greenfield, auch heute noch zu den besonders reizvollen und landschaftlich schönen Straßen.

Indian Summer in Williamstown

i **Information**
Williamstown Chamber of Commerce, 7 Denison Park Drive, ☎ 413-458-9077 oder 1-800-214-3799, www.williamstownchamber.com

North Adams

Am MA-2 liegt North Adams, eine Stadt mit knapp 15.000 Einwohnern, die eines der neuesten und größten Museen der USA besitzt. Das **MASS MOCA**, das Massachusetts Museum of Contemporary Art, wurde in 27 ehemaligen Fabrikgebäuden eingerichtet. Dieses „Museum der Superlative" zeigt in riesigen Galerien wechselnde Ausstellungen mit Gemälden, Skulpturen, Installationen und Aufführungen zeitgenössischer Künstler. *Sehenswert!*
MASS MOCA, MA-2/Marshall St., ☎ 413-662-2111, www.massmoca.org, Juli/Aug. tgl. 10–18 Uhr, sonst Mi–Mo 11–17 Uhr, $ 15.

Im **Natural Bridge State Park** *(McCauley Road)* ist eine natürliche Brücke zu sehen, die am Ende der letzten Eiszeit entstanden ist. Im **Western Gateway Heritage State Park** wurden sechs historische Gebäude restauriert, in denen sich jetzt Geschäfte, Ausstellungen und ein Restaurant befinden. Im ehemaligen Frachthaus informiert eine Ausstellung über die Geschichte der Stadt und den Bau der Eisenbahn.
Western Gateway Heritage State Park, 115 State St., ☎ 413-663-6312, Visitor Center im Sommer tgl. 10–17 Uhr, im Winter Do–Mo 10–16 Uhr, Eintritt frei.

Reisepraktische Informationen North Adams

Information
North Adams Mayor's Office of Tourism & Cultural Development, 6 W Main St., ☏ 413-664-6180, www.berkshires.com, www.northadams-ma.gov

Unterkünfte
Holiday Inn Berkshires $$, 40 Main St., ☏ 413-663-6500, www.hinorthadams.com, zentral gelegenes Hotel mit 89 ansprechenden Zimmern, nicht weit vom Mass Moca entfernt. **The Porches $$$**, 231 River St., ☏ 413-664-0400, www.porches.com, ansprechend eingerichtete Zimmer in mehreren Häusern im viktorianischen Stil, gutes Frühstück, Swimmingpoool, nicht weit vom MassMoca entfernt.

Die weitere Fahrt führt nach **Shelburne Falls**, wo eine ehemalige Eisenbahnbrücke über den Deerfield River zur „**Bridge of Flowers**" umgestaltet wurde. Beim Überqueren der Bogenbrücke, die an Sommerabenden illuminiert wird, laufen Fußgänger wie durch einen kleinen, schön angelegten Park mit über 500 verschiedenen Pflanzenarten. In der Umgebung von Shelburne Falls gibt es über 50 „**potholes**", kreisförmige Auswaschungen, die in Jahrtausenden vom Deerfield River ausgewaschen worden sind.

Bekannte Bogenbrücke

In **Greenfield**, wo am Anfang des 19. Jh. die erste Messerschmiede Amerikas gegründet wurde, ist heute die Glas- und Silberschmiedewerkstatt Lunt Silver Museum & Design Center (*Federal St.*), zu besichtigen.

Deerfield

Die Stadt, bereits um 1600 gegründet, musste nach zweimaliger Zerstörung in den Indianerkriegen im 18. Jh. wieder aufgebaut werden. Aus dieser Zeit stammen einige der Kolonialhäuser an der Old Deerfield Street, die zu einer der schönsten historischen Straßen Amerikas zählt. **Historic Deerfield** umfasst 14 dieser insgesamt 65 historischen Häuser aus dem 18. und frühen 19. Jh., die aufwändig restauriert und mit Möbeln und Gebrauchsgegenständen der damaligen Zeit eingerichtet sind, z. B. das **Allen House** (1702), die ehemalige **Postkutschenstation** Barnard Tavern, das **Dwight House** (um 1725) und das **Wright House** (1824). Bei der interessanten Besichtigung

Deerfield im Winter

bekommt man einen Eindruck vom Leben der Dorfbewohner in der Zeit von 1650 bis 1850. Anschließend kann man die Atmosphäre des Ortes bei einem Tee auf der schönen Terrasse des Deerfield Inn genießen oder auch eine Nacht in diesem stilvollen Landgasthaus aus dem Jahr 1884 verbringen. *Histori-sches Flair*

Aber Deerfield ist mehr als ein Freilichtmuseum der neuenglischen Geschichte. Den besonderen Reiz des Ortes macht das Miteinander von Vergangenheit und Gegenwart aus. Die 14 historischen Häuser an der Straße „The Street" sind umgeben von schönen Wohnhäusern mit gepflegten Gärten, öffentlichen Gebäuden und der Deerfield Academy.

Reisepraktische Informationen Informationen Greenfield u. Deerfield

Information
Franklin County Chamber of Commerce, *395 Main St., Greenfield,* ☎ *413-773-5463, www.franklincc.org*

Unterkunft
Deerfield Inn $$$, *81 Old Main St.,* ☎ *413-774-5587, www.deerfieldinn.com; das 1884 gebaute Landgasthaus verfügt über 23 stilvoll eingerichtete Zimmer und ein sehr gutes Restaurant. Kleine Mahlzeiten kann man auch auf der Terrasse und im Garten einnehmen.*

Hinweis zur Route

Von Deerfield fahren Sie zurück nach Greenfield und von dort über den MA-2 über Gardner und Leominster zurück nach Boston.

Von Boston entlang der Ostküste nach Maine

„Quintessentially New England" wird diese Gegend genannt, von der das „Money Magazin" sagt, dass sie zu den zehn Plätzen gehöre, an denen es sich in Amerika am besten leben lasse. Die Küstenregion zwischen Boston und Maine ist mit felsigen Küstenabschnitten, feinen Sandbuchten, kleinen Fischerdörfern, großen Vogelschutzgebieten, Museen, alten Wassermühlen und vielen historisch interessanten Sehenswürdigkeiten landschaftlich und kulturell besonders vielseitig und erlebnisreich. *Erlebnis-reiche Küsten-strecke*

1996 wurde die Region, die sich nordöstlich von Boston bis zur Grenze von New Hampshire hinzieht, unter dem Namen „**Essex National Heritage Areal**" vom amerikanischen Kongress zu einem Schutzgebiet für historische Stätten und Naturlandschaften erklärt. In vielen der 34 Städte und Gemeinden gibt es Informationszentren, z. B. in Lynn und Salem.
Essex National Heritage Areal, *221 Essex Street, Suite 41, Salem,* ☎ *978-740-0444, www.essexheritage.org/*

Salem

Von Boston führt der MA 1A über Lynn nach Salem. Salem zieht alljährlich mehr als 1 Mio. Besucher an, von denen die meisten den Ort der berüchtigten Hexenverfolgungen und -prozesse im Jahr 1692 kennen lernen möchten – und so stehen die historischen Stätten mit Gruselkabinett und Wachsfiguren im Mittelpunkt des Interesses. Aber

Halloween ist in Salem ein besonders beliebter Feiertag

Salem hat auch eine interessante Vergangenheit als reiche See- und Handelsstadt, was in den beiden sehenswerten Museen **Salem Maritime National Historic Site** und **Peabody Essex Museum** lebendig vermittelt wird.

Der Ort, der schon 1626 gegründet wurde, entwickelte sich im frühen 18. Jh. rasch zu einer bedeutenden Hafenstadt. Eine große Flotte von privaten Handelsschiffen machte zunächst während des amerikanischen Unabhängigkeitskrieges reiche Beute bei den Auseinandersetzungen mit englischen Schiffen, und nach dem Kriegsende

begann für Salem der sehr einträgliche weltweite Handel, der die Schiffe bis nach Russland, Indien und China führte. Der Reichtum der Seefahrer fand seinen Ausdruck im Bau sehr großzügig geplanter und mit wertvollem Mobiliar ausgestatteter Wohnhäuser, die heute für Besucher zugänglich sind. Wegen seiner historisch bedeutenden Rolle und der eindrucksvollen Architekturschätze aus dem 17. bis 19. Jh. wurde Salem offiziell als „American Historic Treasure" anerkannt. Heute laden gute Restaurants, nette Geschäfte, ein Spazierweg entlang der historischen Derby Wharf und der Hafen zu einem längeren Aufenthalt ein.

Interessante Geschichte

Stadtrundgang

P **Parken**
In der Stadtmitte gibt es rund um die Congress und Essex Street mehrere ausgewiesene, allerdings gebührenpflichtige Parkplätze.

Den Stadtrundgang beginnt man am besten in einem der beiden **Informationszentren**, wo es Informationsmaterial, Stadtpläne und Einführungsfilme gibt.
National Park Service Visitor Center, 2 New Liberty St., ☎ 978-740-1660, www.nps. gov/sama, tgl. 9–17 Uhr (im Winter 10–16 Uhr), Ausstellungen und Informationsmaterial. Der halbstündige **Film** „Where Past is Present" wird jeweils zur vollen Stunde gezeigt. Filmvorführung kostenlos.
Salem Maritime NHS Orientation Center, 193 Derby St., ☎ 978-740-1660, www. nps.gov/sama/planyourvisit/hours.htm, Mai–Okt. Mo–Fr 13.30–16, Sa/So 11–16.30 Uhr (Nov.–April geschlossen), Ausstellungen und Informationsmaterial. Eine gute Einführung bietet der

18-minütige **Film** „To the Farthest Ports of the Rich East", der alle halbe Stunde gezeigt wird (kostenlos).

Wie in Boston kann man beim Stadtrundgang der **roten Linie** auf den Bürgersteigen folgen; der etwa 2 km lange „**Heritage Trail**" führt zu den interessantesten historischen Sehenswürdigkeiten.

Zum Seefahrer-Geschichtspark, **Salem Maritime National Historic Site**, gehören mehrere historische Häuser, wie z. B. das **Derby-Haus** (1762), der 1871 gebaute **Leuchtturm** sowie drei Anlegestellen des historischen Hafens von Salem mit der **Derby Wharf**, wo Besucher an Bord der „Friendship" gehen können, der Nachbildung eines Handelsschiffes von 1797. Das **Custom House**, das alte Zollhaus mit dem **Zollspeicher**, wurde 1819 gebaut. In einem der alten dazugehörigen Lagerhäuser arbeitete Nathaniel Hawthorne drei Jahre als Angestellter.
Salem Maritime National Historic Site, 174 Derby St., ☎ 978-740-1650 oder 978-740-1660, Mai–Okt. 9–17 Uhr, www.nps.gov/sama, Führungen $ 5.

Roman-schauplatz

Folgt man weiter der Derby Street, kommt man zum „**House of the Seven Gables**". Das 1668 gebaute Haus mit den vielen Giebeln ist eines der ältesten erhaltenen Wohnhäuser nicht nur Neuenglands, sondern in ganz Nordamerika. Es ist zugleich der Schauplatz des gleichnamigen Romans von Nathaniel Hawthorne. Die dort beschriebene Geheimtreppe neben dem Kamin im Esszimmer ist ebenso wie sechs Räume des Hauses zu besichtigen. Auf dem Gelände liegen weitere historische Häuser, in denen der Museumsladen, ein Besucherzentrum und ein Café eingerichtet wurden; außerdem das **Hooper Hathaway House** aus dem Jahr 1682 und das an dieser Stelle aufgebaute Geburtshaus von Nathaniel Hawthorne (S. 311).
The House of the Seven Gables, 115 Derby St., ☎ 978-744-0991, www.7gables.org, tgl. 10–17 Uhr, im Sommer 10–19 Uhr, $ 12,50.

Nicht versäumen sollte man einen Besuch des **PEM Peabody Essex Museum**, das die Geschichte des Seehandels eindrucksvoll spiegelt. Kernstück der Anlage ist eine ganze Straßenzeile mit elf historischen Häusern des ausgehenden 18. Jh. Zusammen mit dem Essex Institute (132 Essex St.) hat sich das Museum auf maritime Kunst und Kunst aus Neuengland spezialisiert. Zudem gibt es interessante naturgeschichtliche und ethnologische Sammlungen, Ausstellungen zu Walfang und Fischerei, Silber- und Glaskunst, Einrichtungsgegenstände, eine Porträtsammlung und Kunstobjekte aus aller Welt, die von den Seefahrern von langen Fahrten mitgebracht worden sind. Der Museumskomplex selbst ist etwas Besonderes, denn es ist dem Architekten Moshe Safdie überzeugend gelungen, die historischen Gebäude mit modernen Räumlichkeiten und Glaskuppeln zu einem Ganzen zu verbinden.
Peabody Essex Museum (PEM), East India Square, 161 Essex Street, ☎ 978-745-9500 oder 1-866-745-1876, www.pem.org, Di–So 10–17 Uhr, $ 15.

Hexenverfolgungen und -prozesse sind das zentrale Thema mehrerer Museen und Veranstaltungen westlich des Salem Common, die alle einen Bezug zu den historischen Hexenverfolgungen haben und die heutigen Besucher durch „Hexenprozesse" und Folterwerkzeuge informieren oder das Gruseln lehren wollen. Im **Salem Witch Museum** wird in Anlehnung an die Prozessakten in einer audiovisuellen Präsentation mit 13 le-

Hexen-museen

Die Hexenprozesse von 1692

Die europäischen Hexenprozesse erreichten ihren schrecklichen Höhepunkt zwischen 1590 und 1630; Tausende wurden hingerichtet oder auf dem Scheiterhaufen verbrannt, weil man glaubte, sie seien mit dem Satan verbündet oder sie böswillig dessen beschuldigte. In Neuengland begannen die Hexenverfolgungen, als 1691 in Salem acht Mädchen an einem merkwürdigen Leiden erkrankten, das sich in seltsamen Bewegungen, wirrem Sprechen, Krämpfen und Halluzinationen ausdrückte. Als jede Behandlung fehlschlug, lautete die Diagnose: Die Mädchen sind verhext! – und schon bald wurden Frauen und Männer des Dorfes als Hexen angeklagt und ins Gefängnis geworfen; 19 vermeintliche Hexen wurden hingerichtet. Die Salemer Hexenprozesse gehören zu den am besten dokumentierten Hexenprozessen in der Geschichte. Sie wurden mehrfach literarisch bearbeitet, z. B. von Nathaniel Hawthorne in „Der scharlachrote Buchstabe" oder in dem bekannten Schauspiel „Hexenjagd" des amerikanischen Dramatikers Arthur Miller.

Hier dreht sich alles um Hexen: das Salem Witch Museum

bensgroßen Wachsfiguren der Verlauf der Hexenprozesse gezeigt; eine Ausstellung zum Thema „Hexen" bietet weitere Informationen über die Ereignisse. In dem 1642 gebauten **Witch House**, das zeitweilig von einem Richter der Hexenprozesse bewohnt war, wurden Voruntersuchungen gegen die „Hexen" durchgeführt. Kostümierte Führer erzählen die Geschichte des Hauses und seiner Bewohner und ihre Rolle während des Prozesses. Im **Witch Dungeon Museum** erleben die Zuschauer den Verlauf eines Hexenprozesses und können an einer Führung durch den restaurierten Hexenkerker teilnehmen.

Salem Witch Museum, 19 Washington Square North, ☎ 978-744-1692, www. salemwitchmuseum.com, tgl. 10–17, Juli/Aug. bis 19 Uhr, $ 9.

Witch House, 310 1/2 Essex St., ☎ 978-744-0180, tgl. 10–17, im Sommer –18 Uhr, $ 8,25.

Witch Dungeon Museum, 16 Lynde St., ☎ 978-741-3570, www.witchdungeon.com, April–Nov. tgl. 10–17 Uhr, $ 8.

Im Forest River Park wurde **Pioneer Village Salem**, die erste Puritaner-Siedlung aus dem Jahr 1626, mit Befestigungen, Zelten, strohgedeckten Hütten, einem Pranger und Lagerhäusern rekonstruiert.

Pioneer Village-Salem, Forest River, ☎ 978-744-0991, www.pioneervillagesalem.com, Juni bis Okt. Mo–Fr 12–16, Sa 10–16, So 12–16 Uhr, $ 6.

Ausflug nach Marblehead

Von Salem aus kann man einen Abstecher über die MA-114 zum reizvollen Hafenort Marblehead mit seiner sehenswerten Altstadt und dem eleganten Jachthafen machen. Hier finden an den Wochenenden und besonders in der letzten Juliwoche große Regatten statt.

Reisepraktische Informationen Salem

 Information
Destination Salem, 93 Washington St., ☏ 978-744-3663, www.salem.org

 Unterkünfte
Clipper Ship Inn $$, 40 Bridge St., ☏ 978-745-8022, www.clippershipinn.com; einfaches Motel mit 56 Zimmern in zentraler Lage im historischen Bezirk, wenige Gehminuten von den Museen und Sehenswürdigkeiten entfernt.
Stepping Stone Inn Bed and Breakfast $$, 19 Washington Square, ☏ 978-741-8900, www.thesteppingsinn.com; 1846 gebautes Haus in zentraler Lage mit 8 Zimmern, im Stil des 19. Jh. möbliert. Der „Heritage Walking Trail" verläuft nur wenige Schritte vom Haus.
Hawthorne Hotel $$$, 18 Washington Square West, ☏ 978-744-4080, www.hawthorne hotel.com; traditionsreiches, im Jahr 1925 von der Stadt Salem gebautes Hotel mit 89 mit alten Möbeln eingerichteten Zimmern, zentrale Lage am Salem Common. Alle Sehenswürdigkeiten sind zu Fuß gut erreichbar.
The Salem Inn $$$, 7 Summer St., ☏ 978-741-0680, www.saleminnma.com; in drei Gebäuden aus der Mitte des 19. Jh. wurden 31 komfortable Zimmer, teilweise mit Kamin und Küchenzeile, eingerichtet, alle Sehenswürdigkeiten des Ortes liegen in fußläufiger Entfernung.

 **Restaurants**
43 Church, 43 Church St., ☏ 978-745-7665, http://43church.com; historisches Gebäude, in dem seit 1830 die großen amerikanischen Schriftsteller Hawthorne, Emerson und Thoreau ihre Lesungen ab, Alexander Graham Bell demonstrierte hier 1877 zum ersten Mal öffentlich seine große Erfindung – das Telefon! Heute modernes amerikanisches Bistro.
Victoria Station, 86 Wharf St., ☏ 978-745-3400; am Hafen gelegen, Spezialitäten: „prime rib" und Seafood, bei schönem Wetter wird das Essen auch auf der Terrasse mit Hafenblick serviert.
Salem Beer Works, 278 Derby St., ☏ 978-745-2337; 16 Sorten Bier vom Fass, Billardtische und Dartboards machen die alte Brauerei zu einem beliebten Treffpunkt.

Einkaufen
Besonders reizvoll ist das Bummeln und Einkaufen in den vielen kleinen Geschäften und Boutiquen der **Pickering Wharf Marina** und von Essex und Derby St. entlang dem Heritage Trail. In den Museumsshops findet man Nachbildungen, Souvenirs und Literatur zur Stadtgeschichte.

Touren
Die Besucherbahn **Salem Trolley** hält an den Hauptsehenswürdigkeiten der Stadt, Abfahrt am Besucherzentrum, 2 New Liberty St., ☏ 978-744-5469, www.salemtrolley.com, Fahrzeiten: April bis Okt. tgl. 10–17 Uhr (letzte Abfahrt 16 Uhr), sonst nur an Wochenenden. $ 15.
Salem Historical Tours, 8 Central St., ☏ 978-745-0666, www.salemhistoricaltours.com, thematische Führungen und Trolleytouren durch die Stadt, ab $ 10.

Von Salem zur Halbinsel Cape Ann

 Hinweis zur Route

Entfernung: 15 mi/24 km

Verlässt man Salem auf dem MA-1A, kann man in Beverly entweder auf den schnelleren MA-128 oder auf den küstennahen MA-127 abbiegen, die beide nach Gloucester führen. Von Gloucester aus führt der MA-127A an der Küste entlang nach Rockport und von dort aus der MA-127 weiter über die Halbinsel Cape Ann.

Strand und Wassersport

Die Halbinsel Cape Ann ist ein beliebtes Ausflugsziel; ihren besonderen Reiz machen die kleinen Fischerorte mit ihren malerischen Häfen, die Küste mit steilen Felsen und stillen Sandbuchten, gute Restaurants und vielerlei Wassersportmöglichkeiten aus. Die Route führt zunächst zum kleinen Ferienort **Manchester-by-the-Sea** mit seinem „singenden Strand", den man erleben kann, wenn man mit den Füßen über den grobkörnigen Sand schleift und dabei den sirrenden Klang hört.

Westlich des MA-127 liegt **Hammond Castle**, das 1926–29 von dem Erfinder der Hammond-Orgel wie eine mittelalterliche Festung errichtet wurde. Das Haus dient heute als Museum. In der großen Halle, in der regelmäßig Konzerte stattfinden, steht eine eindrucksvolle Orgel mit 8.200 Pfeifen.
Hammond Castle, 80 Hesperus Ave., ☏ 978-283-7673, www.hammondcastle.org, Ende Mai bis Okt. Di–So 10–16 Uhr, sonst nur an Wochenenden, $ 12.

Gloucester

Die Stadt wurde schon 1623 gegründet und entwickelte sich in den folgenden Jahrzehnten zu einem bedeutenden Fischereizentrum. Auch heute steht der Fischfang als Erwerbsquelle noch an erster Stelle, aber der Fremdenverkehr gewinnt immer mehr an Bedeutung. Viele Besucher kommen nach Gloucester, um von hier zu Walbeobachtungsfahrten aufzubrechen. Da einige Hauptnahrungsplätze der Wale nicht weit entfernt sind, bedarf es keiner langen Anfahrten, um zu guten Beobachtungsmöglichkeiten zu kommen.

Anlässlich des 300-jährigen Bestehens des Ortes wurde 1923 das **Gloucester Fisherman Memorial** von Leonard Craske aufgestellt, eine Bronzestatue, die zu Ehren der vielen Seeleute er-

Rund um Gloucester finden sich viele idyllische Plätze wie hier bei Annisquam Beach

richtet wurde, die ihr Leben auf dem Meer gelassen haben. Das **Cape Ann Historical Museum** zeigt eine Ausstellung über den örtlichen Fischfang, Mobiliar aus dem frühen 19. Jh. und Wechselausstellungen zur Geschichte von Cape Ann.

Geschichte von Cape Ann

Cape Ann Historical Museum, 27 Pleasant St., ☏ 508-283-0455, www.capeannhistorical museum.org, Di–Sa 10–17, So 13–16 Uhr, Feb. geschlossen, $ 10.

Beauport (The Sleeper-Mc Cann House) wurde 1907–1934 gebaut. Aus der Zusammenarbeit des Designers Henry Davis Sleeper mit dem aus Gloucester stammenden Architekten Halfdan Hanson entstand ein Museum mit 40 Räumen, von denen 26 jetzt besichtigt werden können. Sie sind ausgestattet mit antikem Mobiliar, kostbaren Teppichen und Tapeten und zeigen europäische und amerikanische Kunst des 18. bis 20. Jh. *The Sleeper-Mc Cann House, 75 Eastern Point Blvd., ☏ 508-283-0800, www.historicnew england.org/historic-properties/homes/Beauport/beauport, Mitte Mai–Mitte Okt. Di–Sa 10–17 Uhr, $ 15.*

Reisepraktische Informationen Gloucester

Information
Cape Ann Chamber of Commerce, *33 Commercial St., ☏ 978-283-1601, www.capeannchamber.com, Mai bis Okt. 9–17 Uhr.*

Unterkünfte
Captains Lodge $$, *237 Eastern Ave., ☏ 978-281-2420, www.captainslodgemotel.com; einfache Motelanlage an der Straße zwischen Gloucester und Rockport mit 47 geräumigen Zimmern, Swimmingpool, Tennisplatz und großem Freigelände.*
Cape Ann's Marina Resort $$$, *75 Essex Ave., ☏ 978-283-2116, www.capeannmarina.com; Sporthotel mit 52 Zimmern mit Meerblick, Restaurant, schöner Gartenanlage und Swimmingpool, Wellnesscenter, Kanuverleih und Unterhaltungsprogramm.*
Bass Rocks Ocean Inn $$$$, *107 Atlantic Rd., ☏ 978-283-7600, www.bassrocksocean inn.com; schön gelegenes Motel mit 48 ansprechend eingerichteten Zimmern, jedes mit wunderschönem Blick aufs Meer. Fahrräder können kostenfrei ausgeliehen werden.*

Restaurants
Dog Bar, *65 Main St., ☏ 978-281-6565; Restaurant in einem historischen Gebäude aus dem Jahr 1830 mit guter Weinkarte und frischem Seafood, aber auch Salate, Sandwiches und Steak.*
Latitude 43 Restaurant & Bar, *25 Rogers St., ☏ 978-281-0223; Bar und Restaurant mit schönem Blick auf den Hafen, Seafood-Gerichte, aber auch günstige Burger.*

Touren
Alle u. g. Firmen bieten in den Sommermonaten ganztägige, aber auch halbtägige Walbeobachtungsfahrten am Vor- oder Nachmittag an.
Cape Ann Whale Watch, *415 Main St., ☏ 978-283-5110 oder 1-800-877-5110, www.caww.com;*
Captain Bill's Whale Watch, *9 Traverse St., ☏ 978-283-6995 oder 1-800-339-4253, www.captbillandsons.com;*
Seven Seas Whale Watch, *Seven Seas Wharf, ☏ 978-283-1776 oder 1-888-283-1776, www.7seas-whalewatch.com.*

Am Hafen von Rockport

Rockport

Rockport, ein ehemaliges Fischerdorf, ist heute ein beliebter Ferienort und eine bekannte Künstlerkolonie. Den Reiz des alten Ortes entdeckte frühzeitig der Maler Winslow Homer (1836–1910). Ihm folgten viele andere Künstler, die sich ganzjährig in **Bearskin Neck** niedergelassen haben, wo sich Ateliers, Galerien, Geschäfte und Restaurants aneinander reihen. Viele Maler und Fotografen haben in Rockport ein so ansprechendes Motiv für ihre Kunst gefunden, dass dieses allgemein nur noch als „**Motif Number One**" bezeichnet wird: eine rote, von Wind und Sturm gezeichnete Fischerhütte auf einer Werft!

Das **Sandy Bay Historical Museum** informiert über die Geschichte des Fischfangs und die frühe amerikanische Geschichte.
Sandy Bay Historical Society & Museum, 40 King St., ☎ 508-546-9533, www.sandybay historical.org, Juni bis Mitte Sept. Di/Fr/Sa 14–17 Uhr, $ 5.

Information
Rockport Chamber of Commerce, *Upper Main St. (Rt. 127), Rockport, MA, ☎ 978-546-9372 oder 1-888-726-3922, www.rockportusa.com*

Von Gloucester nach Newburyport

Hinweis zur Route

Entfernung: 25 mi/40 km
Von Gloucester geht es auf dem MA-133 nach Ipswich und von dort auf dem MA-1A nach Newburyport.

Die Straße bietet eindrucksvolle Ausblicke auf die Atlantikküste und führt zu alten Städtchen mit gepflegten Kapitänshäusern, zu schönen Badestränden und durch liebliches Hügelland.

Ipswich

Im heutigen Ferienort Ipswich ist die Vergangenheit noch lebendig: Fast 50 Häuser aus dem 17. und 18. Jh. rund um den Common sind noch gut erhalten. Zu besichtigen sind das **John Whipple House** *(1 S Village Green)* aus dem Jahr 1640 und das **John Heard House** *(54 S Main St)* von 1795, die mit kostbaren chinesischen Möbeln aus der Zeit des Chinahandels ausgestattet sind. Beide Häuser gehören zum **Ipswich Museum**. *Ipswich Museum, 54 South Main St., ☎ 978-356-2811, www.ipswichmuseum.org, Mai bis Okt. Mi/Do 10–15, Fr 12–15, Sa 11–17, So 13–16 Uhr, John Heard House Mo–Do 9–16 Uhr, $ 10 (für beide Häuser).* *Historische Bauten*

Castle Hill auf dem weiten Gelände des **Crane Estate** wurde 1927 im Stil eines englischen Landhauses gebaut und kann mit Führung besichtigt werden. Die unter Naturschutz stehende **Crane Beach Memorial Reservation** an der Ipswich Bay gehört mit ihrem 8 km langen Sandstrand zu den schönsten Badeplätzen an der Atlantikküste Neuenglands. *The Crane Estate, 75 Esses Rd., Hwy 133, ☎ 978-356-4351, www.thetrustees.org/crane-estate/, Gelände frei zugänglich bis Sonnenuntergang, Haus: Ende Mai bis Anfang Oktober Mi/Do 10–16 Uhr, Fr/Sa 10–14 Uhr. Haus mit Führung $ 12, Zufahrt per Pkw $ 10.*

Reisepraktische Informationen Ipswich

i **Information**
Ipswich Visitor Information Center, *36 S Main St., ☎ 978-356-8540, www.ipswichma.com*

🛏 **Unterkunft**
Kaede B&B at Town Hill $$, *16 N Main St., ☎ 978-356-8000, www.kaedebb.com; schönes Haus mit 10 ansprechend eingerichteten Zimmern im historischen Zentrum.*

Newburyport

Newburyport liegt an der Mündung des Merrimack River. Obwohl viele Gebäude durch einen Brand im Jahr 1811 zerstört wurden, zeugen die schönen alten Häuser der Reeder und Kapitäne an der High Street noch von der einstigen Bedeutung als Handels- und Fischereizentrum. Einige der Häuser sind zu besichtigen, z. B. das **Caleb Cushing House** *(98 High St.)*, ein Herrenhaus mit 21 im Stil des 19. Jh. eingerichteten Zimmern und einer schönen Gartenanlage. Das **Custom House Maritime Museum** ist im 1835 gebauten, ehemaligen Zollhaus eingerichtet und informiert über den Seehandel, die Geschichte des Schiffsbaus und der Stadt. *Custom House Maritime Museum, 25 Water St., ☎ 978-462-8681, www.customhouse maritimemuseum.org, Mai bis Dez. Di–Sa 10–16, So 12–16 Uhr, $ 7.* *Einstiges Fischerei- zentrum*

Ein Ausflug lohnt sich zum 3 mi/5 km entfernten **Parker River National Wildlife Refuge** auf **Plum Island**. Dieses Naturschutzgebiet ist die Heimat vieler Vogelarten, Säugetiere und Reptilien. Salz- und Frischwasser-Marschen sind Rast- und Futterplätze für die Zugvögel. Auf der Insel gibt es gute Möglichkeiten zum Wandern, Radfahren und Kanufahren.

Parker River National Wildlife Refuge *auf Plum Island, ☎ 978-465-5753, www.parker river.org/, tgl. bis Sonnenuntergang, Ticket: pro Pkw $ 5, pro Person $ 2.*

Reisepraktische Informationen Newburyport

ℹ Information
Greater Newbury Chamber of Commerce, Greater Newburyport Chamber of Commerce, *38 R Merrimac Street, ☎ 978-462-6680, http://newburyportinfo.com/*

🛏 Unterkünfte
Inn at Newburyport *$$$, 32 Market St., ☎ 978-961-1690 oder 1-877-299-9316, www.theinnatnewburyport.com, schönes Haus vom Ende des 19. Jahrhunderts mit 11 ansprechenden Zimmern, nur wenige Schritte vom Zentrum entfernt.*
Garrison Inn *$$$, 11 Brown Square, ☎ 978-499-8500, www.garrisoninn.com; historisches Haus von 1809 mit 24 stilvoll eingerichteten Zimmern, im Zentrum.*

👁 Touren
Von Newburyport fahren von Mai bis Oktober Ausflugsschiffe zur Walbeobachtung aus. **Newburyport Whale Watch**, *54 Merrimac Street, ☎ 978-499-0832, www.newburyport whalewatch.com; ca. 4-stündige Fahrten, $ 45.*

🚢 Fähren
Im Sommer täglicher Bootsverkehr zur Insel **Martha's Vineyard** *und zur Insel* **Cuttyhunk**, *die zu den Elisabeth-Inseln gehört.*

Von Newburyport über Portsmouth/NH nach Maine

👉 Hinweis zur Route
Entfernung: 70 mi/112 km
Der US-1 oder der küstennahe NH-1A führen von Newburyport direkt nach Portsmouth.

Portsmouth

Nördlich von Newburyport beginnt der knapp 30 km lange Abschnitt der Atlantikküste, der zu New Hampshire gehört. Es gibt einige gute Sandstrände und schöne State Parks wie den Sandstrand von **Hampton Beach** und den **Rye Harbor State Park** mit großartigem Blick von der Felsküste auf den Atlantischen Ozean.

Einzige Hafenstadt von New Hampshire
Portsmouth, die einzige Hafenstadt von New Hampshire, liegt an der Mündung des Piscataqua River und zählt mit ca. 20.000 Einwohnern zu den größeren Städten des Bundesstaates. Portsmouth, 1623 gegründet, war im 19. Jh. ein wichtiges Handels- und Schiffsbauzentrum; von der früheren Bedeutung der Stadt zeugen die stattlichen Häu-

ser von Kapitänen, Reedern und Kaufleuten, die zu besichtigen sind. In den alten Gebäuden am Hafen, dem **Old Harbor District**, wo früher Seeleute und Händler ihren Geschäften nachgingen, sind jetzt Cafés, Restaurants und nette Läden zu finden.

Am besten lernt man die Stadt auf dem **Portsmouth Harbor Trail** kennen. Der Weg beginnt am Market Square und führt an der Hafenfront entlang und durch die Innenstadt zu sehenswerten **historischen Häusern**, von denen einige zu besichtigen sind, z. B. das Warner House (1716, *150 Daniel St.*), John Paul Jones House (1758, *43 Middle St.*), Governor John Langdon House (1784, *143 Pleasant St.*), Rundlet-May House (1807, *364 Middle St.*), Wentworth Gardner House (1760, *50 Mechanic St.*) und das Moffatt-Ladd-House (*154 Market St.*), ein 1763 im georgianischen Stil erbautes Herrenhaus mit schönem Garten.

Auf dem Harbor Trail die Stadt entdecken

Im Hafen, am Ceres St. Dock, starten die Boote zur Hafenrundfahrt; die **Portsmouth Harbor Cruises** umrunden die 14 kleinen Inseln in Portsmouth Harbor. Nachbauten alter Dampfschiffe bringen Passagiere zur Gruppe der **Isles of Shoals**, die im Mündungsgebiet des Piscataqua River liegen.

Wichtigste Sehenswürdigkeit ist das **Strawbery Banke Museum**, ein lebendiges **Museumsdorf**, zu dem der Weg vom Zentrum her ausgeschildert ist. Als Standort für die ersten Häuser der Stadt wählten die Siedler um 1630 ein Gebiet in der Nähe des Piscataqua River aus. Da das Flussufer mit Erdbeersträuchern bewachsen war, nannten sie die Ansiedlung „Strawbery Banke". Nach aufwändiger Restaurierung sind diese historischen Gebäude heute Teil eines großen Freilichtmuseums mit 42 Häusern, das die Zeit von ca. 1630 bis 1950 anschaulich darstellt. Besonders sehenswert sind das **First New Hampshire State House** aus dem Jahr 1758, das **Daniel Webster House**, in dem der Dichter zwei Jahre lebte, die Kapitänshäuser und die Werkstätten von Schiffsbauern, Kupferschmieden, Töpfern und anderen Handwerkern sowie die schönen Bauerngärten. Im Sommer finden Vorführungen statt, bei denen man den Handwerkern zuschauen und ihre Produkte kaufen kann. Ein Café lädt zum Verweilen ein.
Strawbery Banke Museum, Hancock/Marcy St., ① *603-433-1100; www.strawbery banke.org, Mai bis Okt. tgl. 10–17, $ 15.*

Sehenswertes Museumsdorf

Reisepraktische Informationen Portsmouth/NH und Umgebung

ℹ Information
Greater Portsmouth Chamber of Commerce, *500 Market St.,* ① *603-436-3988, www.portsmouthchamber.org, im Sommer tgl. 10–17 Uhr, hier sind viele Infos und ein Plan mit dem Portsmouth Trail erhältlich. Am Market Square steht ein Visitors Kiosk.*

🛏 Unterkünfte
Martin Hill Inn $$, *404 Islington St.,* ① *603-436-2287, www.martinhillinn.com; historisches B&B-Haus aus dem frühen 19. Jh. mit 7 gut eingerichteten Zimmern in zwei Gebäuden und schönem Garten, ca. 10 Min. vom Zentrum entfernt.*
The Port Inn $$, *am US-1 Bypass/Portsmouth Circle,* ① *603-436-4378, www.theportinn.com; schönes, einladendes Hotel mit 56 Zimmern und Studios, einige mit Küchenzeile, Swimmingpool, freies kontinentales Frühstück.*

Governor's House $$$, 32 Miller Ave., ① 603-431-6546, www.governors-house.com; dieses herrschaftliche, 1917 erbaute Haus verfügt über 4 sehr schön eingerichtete Zimmer und einen großen Garten, mit ausgiebigem Frühstück.

Sheraton Harborside Portsmouth Hotel $$$, 250 Market St., ① 603-431-2300, www.sheratonportsmouth.com; zentral gelegenes Hotel mit 202 geräumigen, komfortablen Zimmern, die teilweise einen schönen Blick auf den Hafen bieten, Swimmingpool, Sauna, Fitnessraum.

Sise Inn $$$, 40 Court St., ① 603-433-1200, www.siseinn.com; schönes, 1881 gebautes Haus mit 34 Zimmern, mit Antiquitäten eingerichtet und mit eigenem Bad. Ein leichtes Frühstück ist im Preis enthalten, nicht weit vom historischen Zentrum entfernt.

Wentworth by the Sea $$$$, 588 Wentworth Rd., ① 603-422-7322, www.wentworth.com; großes, historisches Luxushotel in reizvoller Lage auf New Castle Island mit 161 Zimmern und Suiten, Restaurants und großem Sportangebot.

Restaurants

The Portsmouth Brewery, 56 Market St., ① 603-431-1115; das Restaurant ist mit einer kleinen Brauerei verbunden; frische Fisch- und Seafood-Gerichte, aber auch Sandwiches und Burger.

The Oar House Restaurant, 55 Ceres St., ① 603-436-4025; das Restaurant liegt in einem alten Speicherhaus direkt am Wasser; auf der

Portsmouth Lighthouse

Karte stehen Fisch- und Seafood-Gerichte, aber auch Steaks und Salate; im Sommer wird auch auf der Terrasse serviert.

Touren

Portsmouth Harbor Trail, ① 603-436-1118, die Stadtführungen finden Mo, Do–Sa um 13.30 und 17.30 Uhr statt, So 13.30 Uhr, $ 12.

Portsmouth Harbor Cruises, 64 Ceres St., Old Harbour District, ① 603-436-8084 oder 1-800-776-0915, www.portsmouthharbor.com, 1- und 2-stündige Bootsrundfahrten im Hafen und auf dem Piscataqua River, $ 18–24.

Isles of Shoals Steamship Co., 315 Market St./Barker's Wharf, ① 603-431-5500 oder 1-800-441-4620, www.islesofshoals.com, Rundfahrten und regelmäßiger Fährverkehr zur Inselgruppe, ab $ 25.

Maine

Überblick

Wald und Wasser sind die bestimmenden Merkmale des nur dünn besiedelten Bundesstaates Maine. Im Norden und Westen gibt es große Seengebiete und Bergzüge, die bis zu 1.600 m aufsteigen; im Süden und Osten finden sich breite Flusstäler und weites Hügelland. Der 5.600 km langen, überwiegend felsigen, von Buchten eingeschnittenen Küste sind etwa 1.200 kleine und kleinste Inseln vorgelagert. Fast 80 % der Staatsfläche, das entspricht etwa der doppelten Größe von Nordrhein-Westfalen, ist bewaldet, wobei Nadelbäume überwiegen. Die meisten der etwa 2.500 Seen sind von Wäldern umgeben, was den großen landschaftlichen Reiz des Landes ausmacht. Die weiten Waldgebiete sind nur sehr dünn besiedelt und nur zu einem geringen Teil durch Straßen erschlossen. Eine Fahrt durch das Innere Maines berührt nur wenige Ortschaften.

Seen und Wälder

Maine ist vor allem **ein Land für Naturliebhaber**, für Wanderer, Radfahrer, Camper, Angler, Segler und Kanuten, im Winter auch für Ski- und Motorschlittenfahrer. Wildwasserfahrer begeistern sich für den Allagash Wilderness Waterway, Bergsteiger können sich am Mount Katahdin erproben, dem nördlichsten Punkt des Appalachian Trail, der als Wanderweg von Georgia nach Maine führt.

Touristische Anziehungspunkte sind die gut besuchten Ferienorte mit ihren schönen Stränden an der Atlantikküste, der Acadia National Park auf Mount Desert Island, der Baxter State Park, der Moosehead Lake sowie die „Factory Outlets", die von Jahr zu Jahr mehr Besucher anziehen.

Auch wenn man heute nicht mehr per Postkutsche anreist, hat es doch einen besonderen Reiz, in den alten „Country Inns" Quartier beziehen. Diese **anspruchsvollen Landgasthäuser** laden mit rustikalen Holzdecken, offenen Kaminen und im alten Stil eingerichteten Räumen – bei allem modernen Komfort – zu längerem Verweilen ein.

Dazu gehören meist traditionell gut geführte Restaurants, in denen man vor allem die Delikatessen des Atlantischen Ozeans genießen kann: Jakobsmuscheln, Shrimps, Taschenkrebse und natürlich Hummer, denn Maine genießt den Ruf, das „Hummerparadies" schlechthin zu sein.

Durch Maine

Auch durch Maine ziehen sich der US-1 und der I-95:
- Der (streckenweise gebührenpflichtige) US-1 führt an der Atlantikküste entlang bis zur kanadischen Grenze nach New Brunswick. Die Fahrt, die durch viele kleine Ortschaften und beliebte Feriengebiete geht, ist landschaftlich sehr reizvoll und abwechslungsreich, nimmt jedoch viel Zeit in Anspruch.
- Der I-95 verläuft bis Portland parallel zum US-1, wendet sich dann ins Innere von Maine und führt Sie sehr schnell über die Hauptstadt Augusta in den Norden des Bundesstaates.
- Der US-201 zweigt in Waterville vom I-95 ab und führt durch den nordwestlichen Landesteil nach Kanada.

Abwechslungsreiche Strecke

Von diesen Hauptstraßen zweigen viele Nebenstraßen ab, sodass der südwestliche Landesteil von einem dichten Straßennetz durchzogen ist. Im Norden dagegen führt außer Privatstraßen nur der ME-11, der in East Millinocket vom I-95 abbiegt, hinauf nach Fort Kent an der kanadischen Grenze.

Die Fahrt durch Maine macht deutlich, dass die letzten 200 Jahre die Landschaft kaum veränderten. Der ursprüngliche Charakter des „wilden Nordens" ist weitgehend erhalten geblieben und hat nichts von seinem Charme eingebüßt.

Maine auf einen Blick	
Fläche:	86.027 km² (das entspricht etwa der Größe aller anderen Neuengland-Staaten zusammen)
Einwohner:	ca. 1,32 Mio.
Hauptstadt:	Augusta, 18.560 Einwohner
Staatsbaum:	Weißkiefer
Staatsblume:	Kiefernzapfen
Staatsmotto:	Dirigo (I direct)
Staatsvogel:	Schwarzmeise
Staatstier:	Elch
Wirtschaft:	Papierindustrie und Fremdenverkehr sind die wichtigsten Einkommensquellen in Maine; die früher einträglichen Erwerbszweige Fischfang und Schiffsbau verlieren zunehmend an Bedeutung. Nur der Hummerfang ist noch lohnend. Die wichtigsten landwirtschaftlichen Produkte sind Geflügel und Kartoffeln, die vor allem im Aroostock County angebaut werden.
Arbeitslosenrate	7,3 % (USA 7,8 % im April 2013)
Zeitzone:	In Maine gilt die Eastern Standard Time (= MEZ -6 Stunden)
Städte:	Portland (64.249 Einwohner), Lewiston (35.690 Einwohner), Bangor (31.473 Einwohner)
Information:	Maine Office of Tourism, 59 State House Station, Augusta 04333-0059, ☏ 207-287-5710 oder 1-888-624-6345, www.visitmaine.com
Hotline zur herbstlichen Laubfärbung:	1-800-533-9595, www.leafpeepers.com/contents.htm

Von Newburyport nach Portland

 Hinweis zur Route

Entfernung: ca. 70 mi/112 km
Der US-1 bringt Sie von Newburyport/Hampshire direkt nach Portland.

Von Newburyport/Massachusetts über Portsmouth/New Hampshire bis nach Portland und weiter nordwärts von Portland nach Bar Harbor reihen sich zahllose Küstenorte, Hafenstädte und Seebäder aneinander. Sie alle sind ganz auf den Fremdenverkehr eingestellt, verfügen über Hotels und Restaurants aller Kategorien und bieten vielfältige, abwechslungsreiche Erholungs- und Erlebnismöglichkeiten.

Viele der Orte blicken auf eine lange Geschichte zurück, denn die ersten Siedlungen wurden schon um 1625 angelegt. Zeugnisse der Vergangenheit sind die alten, stilvollen Wohnhäuser und die für Neuengland so typischen Kirchen im Georgian Style. Da jeder Ort stolz auf seine Vergangenheit ist, werden die historischen Gebäude mit großer Sorgfalt restauriert und sind dann als Museum oder als Erinnerungsstätte für die Öffentlichkeit zugänglich. Viele dieser historischen Häuser sind im nachfolgenden Text beschrieben. Wenn Ihre Zeit begrenzt ist, müssen Sie aus der Vielzahl auswählen. Dies dürfte nicht so schwer fallen, da die Gedenkstätten einander häufig ähneln und ihre Erbauer oder früheren Besitzer oft auch nur regionale Bedeutung haben.

Kittery

Die 1623 gegründete Stadt liegt am Ufer des Piscataqua River, der die Grenze zu New Hampshire bildet. Während in der Vergangenheit Seefahrt und Schiffsbau den Ort prägten, begründet heute der Fremdenverkehr den Wohlstand von Kittery. Dazu trägt vor allem die „Miracle Mile" bei, die mit über 100 Factory Outlets die Besucher gleich busweise anzieht.

Ausstellungen zur mehr als 350-jährigen Geschichte und Seefahrt des Ortes zeigt das **Kittery Historical and Naval Museum**. Das restaurierte **Fort Mc Clary Memorial** in Kittery Point an der Route 103 wurde im Jahr 1715 als Militärstützpunkt errichtet; erhalten blieben die Mole und ein sechseckiges Blockhaus aus dem Jahr 1846. Das **John Paul Jones State Memorial** an der River Bank wurde zu Ehren der Seeleute und Soldaten von Maine errichtet.

Redaktionstipps

Sehens- und Erlebenswertes

▸ Die Weite der unberührten Landschaft von Maine genießen, z. B. bei der **Elchbeobachtung** (S. 386), beim Wandern und Kanufahren.
▸ Besonders schöne Wanderwege gibt es im **Acadia National Park** (S. 372ff).
▸ Geführte **Kanu- und Rafting-Touren** (S. 389) kann man von Mai bis Oktober auf dem Kennebec River unternehmen.

Essen und Trinken

▸ Frischen **Hummer** (S. 346) gibt es nicht nur in eleganten Restaurants, sondern auch an den vielen „**Lobster Pounds**" am Straßenrand.
▸ Köstliche „**Blueberry Muffins**" und „**Blueberry Pancakes**" gehören zu einem landestypischen Frühstück.

Veranstaltungen

▸ Am 1. Wochenende im August wird das **Maine Lobster Festival** (S. 362) mit einer farbenprächtigen Parade und viel Musik in Rockland/ME gefeiert.
▸ Der Elch steht im Mittelpunkt der „**Moosemainea-Wochen**" (S. 387), die von Mai bis Juni in Greenville am Moosehead Lake mit Fotowettbewerb, Elchbeobachtung, Wanderungen, Regatten und Paraden stattfinden.

Maine

Besonders Outdoor-Fans kommen in Maine auf ihre Kosten

Kittery Historical and Naval Museum, *Rogers Rd.,* ① *207-439-3080, www.kittery museum.com, Juni bis Okt. Di–Sa 10–16 Uhr, $ 5.*
Fort Mc Clary Memorial State Historic Site, *Kittery Point, am ME-103,* ① *207-384-5160, www.fortmcclary.org, Mitte Mai bis Sept. tgl. von 9 Uhr bis Sonnenuntergang, $ 3.*

Reisepraktische Informationen Kittery/ME

Information
The Greater York Region Chamber of Commerce, *1 Stonewall Lane, York/ME,* ① *207-363-4422, www.gatewaytomaine.org*

Unterkünfte
Coachman's Inn $$, *380 Route 1,* ① *207-439-4434, www.coachmaninn.net; das Motel mit 43 freundlich eingerichteten Zimmern liegt ganz in der Nähe der Kittery Outlets.*
Portsmouth Harbor Inn and Spa $$$, *6 Water St.,* ① *207-439-4040, www.innatports mouth.com; viktorianisches Steinhaus in ruhiger Lage mit schönem Blick auf den Piscataqua River, mit 5 stilvoll eingerichteten Zimmern mit Bad, ganzjährig geöffnet. Ein „Day Spa" gehört zum Hotel.*

Einkaufen
Kittery Outlets, *am US Hwy 1, www.thekitteryoutlets.com, Mo–Sa 9–21, So 10–18 Uhr; mehr als 120 Geschäfte und Outlet Center wie Levi's, Reebok, Samsonite, Timberland, Etienne Aigner oder Lindt-Schokolade, neben Modeartikeln gibt es auch Geschäfte mit Büchern, Haushaltswaren und Porzellan, Spielzeug, elektronischen Geräten und Sportartikeln.*

York

York besteht aus den vier Ortsteilen **York Village** mit seinen Gebäuden aus der Kolonialzeit, **York Harbor** und **York Beach** mit schönen Strandabschnitten und **Cape Neddick** mit dem 1879 erbauten Leuchtturm Nubble Lighthouse. Die Ortsteile sind in den Sommermonaten durch Trolleybusse miteinander verbunden. York ist mit seinen schönen, baumbestandenen Straßen und den historischen Häusern eine liebenswerte Stadt und ein beliebtes Seebad. Ein Spaziergang führt Sie durch den York Historic District, der zwischen der York St. und dem York River liegt.

Liebens-werter Ort

Im Rahmen einer Führung der Old York Historical Society können acht historische Häuser besichtigt werden, z. B. das **John Hancock Warehouse**, die **Jefferds Tavern** aus dem Jahr 1759 und das alte Gerichtsgebäude von 1719.

***Museums of Old York**/Old York Historical Society, 207 York St,* ① *207-363-4974, www.old york.org, Ende Mai bis Anf. Sept. Di–Sa 10–17, So 13–17 Uhr. Eintritt für alle Gebäude: $ 12; die Eintrittskarte gilt für zwei aufeinander folgende Tage.*

Der einst im Zentrum von Cape Neddick, im ehemaligen Cape Neddick Postamt, liegende „The Marketplace" mit Dingen von einheimischen Handwerkern und Künstlern schloss Ende 2012 seine Pforten, eine Neueröffnung ist evtl. vorgesehen (*1300 US 1, Cape Neddick*).

 Information
The Greater York Region Chamber of Commerce, 1 Stonewall Lane, York/ME, ① 207-363-4422, www.gatewaytomaine.org

Das Nubble Lighthouse auf Cape Neddick

Entlang des Marginal Way

Ogunquit

„Schöner Platz am Meer" nannten die Indianer den Ort, der auch heute vor allem wegen seines schönen Strandes besucht wird. Über 5 km lang ist der feine weiße Sandstrand zwischen Ogunquit und Wells – eine Besonderheit an der sonst meist felsigen Küste Maines. Herrliche Ausblicke auf den Atlantik genießen Sie bei einem Spaziergang auf dem 1,6 km langen, befestigten **Marginal Way**, der zum kleinen malerischen Hafen Perkins Cove führt. Landschaft und Atmosphäre des Ortes haben schon viele Künstler angezogen, wie z. B. die Maler Edward Hopper oder Reginald Marsch, deren Arbeiten in den Kunstgalerien des Ortes und im **Ogunquit Museum of American Art** ausgestellt sind. Zum Museum gehört ein Skulpturengarten, der großartige Ausblicke auf das Meer bietet und zum Verweilen einlädt.

Schöner Spaziergang

Ogunquit Museum of American Art, 543 Shore Rd., ✆ 207-646-4909, www.ogunquit museum.org, Mai bis Okt. tgl. 10–17 Uhr, $ 10.

🛏 Übernachtung

The Terrace by the Sea $$$, 23 Wharf Lane, ✆ 207-646-3232, www.terracebythe sea.com, komfortables Inn mit Motel in schöner Lage, 36 Zimmer, Swimmingpool, Meerblick.

Wells

Der Ferienort Wells gehört zu den ältesten Siedlungen Maines. Landwirtschaft und Fischfang waren die Erwerbsgrundlage der Bevölkerung, bevor der Fremdenverkehr zur wichtigsten Einnahmequelle wurde. Interessant ist das **Wells Auto Museum** mit 70 Oldtimern, die die Entwicklung des Automobils verdeutlichen.

Wells Auto Museum, am US-1, ✆ 207-646 9064, www.wellsautomuseum.com, Juni bis Sept. tgl. 10–17 Uhr, $ 7.

Vogel-schutz-gebiet Das **Rachel Carson National Wildlife Refuge** ist ein 1,6 ha großes Feuchtgebiet, das 1966 zum Schutz der Salzwassermarschen und der dort lebenden Vögel eingerichtet wurde. Der Park wurde nach der Biologin Rachel Carson benannt, die mit ihrem Buch „Der stumme Frühling" einen Grundstein für die weltweite Ökologie-Bewegung legte und Begriffe wie „Umwelt" und „Ökologie" allgemein bekannt machte.
Rachel Carson National Wildlife Refuge, 321 Port Rd., ✆ 207-646-9226, www.fws.gov/refuge/rachel_carson/, tgl. bis zum Einbruch der Dämmerung geöffnet, Info-Kiosk Mo–Fr 8–16.30 Uhr, Eintritt frei.

i **Information**
Wells Chamber of Commerce, *Post Rd./Kimball Lane, ✆ 207-646-2451, www.wellschamber.org*

Kennebunk und Kennebunkport

Beliebtes Seebad Kennebunk mit den drei Ortsteilen Kennebunk, Kennebunkport und Kennebunk Beach ist ein beliebtes Seebad, das nicht nur viele Sommergäste, sondern ganzjährig auch Maler, Schriftsteller und Politiker anzieht, wie z. B. den früheren amerikanischen Präsidenten George Bush sen. An der Mündung des Kennebunk River gelegen, war Kennebunkport früher ein Ort der Schiffsbauer, Händler und Seeleute. Hier ließen sich wohlhabende Familien nieder, denen es im 19. Jh. gelungen war, durch die Seefahrt ein Vermögen zu erwerben. Kennebunkport ist ein typisches Neuengland-Städtchen mit weiß gestrichenen Kirchen und sorgfältig restaurierten Wohn- und Geschäftshäusern. Zentrum des Ortes ist der **Dock Square** mit netten Geschäften, Galerien, kleinen Restaurants und Imbiss-Stuben, in denen „Lobster Rolls" abgeboten werden; am Hafen liegen Ausflugs- und Fischerboote, die mehrmals täglich zur Walbeobachtung, zum Hummerfang (s. Info-Kasten) oder zum Segeln und Angeln ausfahren.

Sehenswert sind u. a. die **First Parish Church** in Kennebunk *(8 Main St./Portland Rd.)*, die im Jahr 1772 gebaut wurde und eine von Paul Revere gegossene Glocke besitzt, sowie das **Nott House** in Kennebunkport *(8 Maine St.)*, ein im Greek-Revival-Stil gebautes Haus mit alten Möbeln, Tapeten und Teppichen.

Etwas außerhalb der Stadt, am Hwy 35, steht das sogenannte **Wedding Cake House**, ein reich verziertes Holzhaus aus dem Jahr 1846, das ein wohlhabender Kapitän seiner Frau zum Hochzeitsgeschenk machte. Es ist nur von außen zu besichtigen.

info

Der „Lobster von Maine"

Der amerikanische Hummer (Homarus americanus) ist vor der Ostküste Nordamerikas von Neufundland bis nach North Carolina anzutreffen, jedoch nirgends so zahlreich wie in den kalten Küstengewässern vor der 5.600 km langen Küste von Maine. Er hält sich vorzugsweise in dunklen Felsspalten und Höhlen auf. Die Tiere kehren nach ihren nächtlichen Ausflügen, auf denen sie sich von Schnecken, Muscheln und toten Fischen ernähren, stets wieder zu ihren Höhlen zurück. Hummer sind Krustentiere, die ein- oder mehrmals jährlich ihren Panzer abwerfen, um wachsen zu können.

Der Hummerfang ist trotz moderner technischer Hilfsmittel noch immer eine harte, viel Zeit beanspruchende Arbeit. Für ca. 7.800 in Maine lizenzierte Fischer ist er die wichtigste Erwerbsgrundlage. 26.000 Tonnen Hummer werden in jedem Jahr gefangen und an Feinschmeckerlokale in aller Welt verkauft. Trotz der großen Fangmengen ist der Bestand in Maine nicht gefährdet, denn die natürlichen Feinde, z. B. Robben und Dorsche, sind selten geworden. Vom Maine Department of Marine Resources erlassene Gesetze beschränken den Hummerfang: Die Tiere dürfen nur in Fangkörben gefangen werden und müssen eine bestimmte Größe (mindestens 8 cm und höchstens 12 cm Länge des Rückenpanzers) erreicht haben. Außerdem ist es verboten, weibliche, Eier tragende Tiere an Land zu bringen. Diese werden vielmehr zum Schutz mit einer V-Kerbe an der Schwanzflosse gekennzeichnet, die auch nach der Häutung erhalten bleibt.

Um keine Schwierigkeiten beim Verkauf ihres Hummerfangs zu bekommen, müssen die Fischer das „Gesetz der Minimum- und Maximumgröße" genau beachten. Als Hilfsmittel dient ihnen dabei ein geeichter Messstab, der hinter dem Hummerauge angesetzt wird und die genaue Länge des Rückenpanzers angibt. Eine weitere Beschränkung ist, dass die Anzahl der Reusen pro Fischer auf 800 begrenzt wird.

Beim Verkauf wird zwischen Softshell- und Hardshell-Hummern unterschieden. Dabei werden als Softshell jene Hummer bezeichnet, die gerade ihren alten Panzer abgeworfen haben und deren neuer Rückenschild noch weich ist. Ein alter Hardshell-Hummer bringt viel mehr Fleisch auf die Waage und erzielt deshalb beim Verkauf einen höheren Preis.

In vielen Küstenorten sind am Straßenrand deutlich sichtbar die Hinweisschilder aufgestellt: Lobster! Selbst im einfachen Schnellrestaurant an der Durchgangsstraße erhält man mit Hummerfleisch gefüllte Sandwiches, und im noblen Restaurant sieht man, wie jeder Hummer fangfrisch und zappelnd auf Bestellung in dampfende Bottiche geworfen wird; immer gemäß den Tierschutzverordnungen mit dem Kopf voraus, um das Tier schnell sterben zu lassen. Dem Hummergenießer verdirbt in Maine auch der Preis nicht den Appetit, denn hier ist der Hummer so preiswert wie sonst nirgends.

Der Hummerfang unterliegt strengen Regeln

Reisepraktische Informationen Kennebunk und Kennebunkport/ME

 Information
Kennebunkport Chamber of Commerce, *17 Western Ave., Lower Village,* ☎ *207-967-0857, www.visitthekennebunks.com*

Unterkünfte
The Nonantum Resort *$$$, 95 Ocean Ave.,* ☎ *207-967-4050, www.nonantum resort.com; im Jahr 1883 gebaute Hotelanlage am Kennebunk River mit mehreren Neubauten und sehr gutem Restaurant, mit Swimmingpools; das Frühstück ist im Preis eingeschlossen.*
The Yachtsman Lodge & Marina *$$$, 57 Ocean Ave.,* ☎ *207-967-2511, www.yachtsman lodge.com; Motel mit 30 ansprechend eingerichteten Zimmern direkt am Hafen, mit schönem Blick auf die Marina und den Kennebunk River.*
White Barn Inn *$$$$, 37 Beach Ave.,* ☎ *207-967-2321, www.whitebarninn.com; mit Antiquitäten und offenen Kaminen eingerichtetes Landhaus aus dem 19. Jh., das in den schönen Aufenthaltsräumen und ansprechend eingerichteten Zimmern und Cottages modernen Komfort bietet. Das mehrfach ausgezeichnete Restaurant bietet wöchentlich wechselnde Speisekarten mit Spezialitäten aus Neuengland.*
BED&BREAKFAST-HÄUSER
In der Kennebunk-Region gibt es sehr schöne Bed&Breakfast-Häuser, die oft in historischen Häusern eingerichtet wurden, wie z. B.:
English Meadows Inn *$$, 141 Port Rd., Kennebunkport,* ☎ *207-967-5766; www.english meadowsinn.com, ganzjährig geöffnetes viktorianisches Haus mit 10 unterschiedlich eingerichteten Zimmern; das Frühstück wird nach englischem Vorbild serviert;*
Waldo Emerson Inn *$$$, 108 Summer St., Kennebunk,* ☎ *207-985-4250, www.waldo emersoninn.com; elegantes Kapitänshaus aus dem 18. Jh. mit antik eingerichteten Gästezimmern mit Bad und Kamin, ausgiebiges Frühstück.*
Village Cove Inn *$$$, 11 South Main St., Kennebunkport,* ☎ *1-800-879-5778, www. villagecoveinn.com; mit Antiquitäten eingerichtetes Haus der Wende zum 20. Jh., nicht weit vom Meer und dem Ort entfernt.*

Restaurant
Olde Grist Mill, *1 Mill Lane,* ☎ *207-967-4781; die alte Mühle wurde im Jahr 1749 gebaut und befindet sich seitdem in Familienbesitz. In ihrem Inneren wurden ein alter Dorfladen und ein Restaurant eingerichtet, von dem aus Sie einen schönen Blick auf den Kennebunk River haben. Spezialität des Hauses sind Hummer und andere Meeresfrüchte. Im Juni 2012 wurde das Gebäude durch ein heftiges Feuer stark beschädigt, ein Wiedereröffnungstermin stand bei Drucklegung noch nicht fest.*

An der Küste liegen schöne Strände, wie Gooch's Beach und Kennebunk Beach, und die nahe gelegenen Küstenorte **Perkins Cove** und **Cape Porpoise** sind ganzjährig beliebte Ausflugsziele. Cape Porpoise ist über einen Küstenweg, der schöne Ausblicke auf das Meer bietet, leicht zu Fuß erreichbar. Auch in Cape Porpoise haben sich viele Künstler niedergelassen, die ihre Arbeiten in zahlreichen Galerien ausstellen.

Historische Verkehrsmittel
Im **Seashore Trolley Museum**, 6 km nördlich am US-1, sind an die 200, teils liebevoll restaurierte Straßenbahnen, die in Großstädten wie New Orleans, Budapest, New

Malerischer Hafen von Perkins Cove

York, Nagasaki oder Sydney eingesetzt waren, zu bestaunen, außerdem Pferdekutschen und andere alte Transportfahrzeuge. Ein Film informiert über die Entwicklung öffentlicher Verkehrsmittel seit dem Ende des 19. Jh.; eine Straßenbahnfahrt über eine ca. 6 km lange Strecke rundet den Museumsbesuch ab.
Seashore Trolley Museum, *6 km nördl. am US-1, Log Cabin Rd., ① 207-967-2800, www. trolleymuseum.org, Juni bis Sept. tgl. 10–17 Uhr, Mai/Okt. an Wochenenden, $ 10.*

Saco und Biddeford

Die beiden im 17. Jh. gegründeten Städte sind nur durch den Saco River voneinander getrennt. Da die Wasserkraft des Flusses schon früh genutzt wurde, entstand ein wichtiges Industriezentrum. In der Umgebung der Schwesterstädte gibt es gute Wassersportmöglichkeiten. An der felsigen Küste bei Biddeford Pool wurde ein schöner Küstenweg angelegt; auf dem Spazierweg kann man hinüber sehen zu den Vogelkolonien auf den beiden kleinen vorgelagerten Inseln. *Industriezentrum*

Funtown/Splashtown USA sind zwei Freizeitparks mit großen Wasserrutschen für Kinder und Erwachsene, Scootern und Minigolf.
Funtown/Splashtown USA, *ca. 2 km nordöstl. am US-1, ① 207-284-5139, www.funtown splashtownusa.com, Mitte Mai bis Anf. Sept., $ 36.*

> ***i*** **Information**
> **Greater Portland Convention and Visitors Bureau**, *14 Ocean Gateway Pier, Portland/ME, ① 207-772-5800, www.visitportland.com*

Old Orchard Beach

Der 1630 gegründete Ort ist schon seit Jahrzehnten ein beliebter und vor allem an den Wochenenden viel besuchter Bade- und Ferienort. Hauptanziehungspunkt ist der über

Portland Headlight

12 km lange und 200 m breite sichelförmige Sandstrand. Viel sportliche Abwechslung gibt es außerdem in mehreren Vergnügungs- und Wasserparks, beim Tennis, Golfen und Hochseefischen.

Cape Elizabeth

An der nach Cape Elizabeth führenden Küstenstraße, gleich an der Hafeneinfahrt, steht **Portland Headlight** im Fort Williams Park. Dieser heute noch benutzte Leuchtturm wurde im Jahr 1791 auf Veranlassung von George Washington gebaut und gilt als der

Ältester Leucht- turm ältester noch in Betrieb befindliche Leuchtturm; Gemälde von Edward Hopper haben ihn weithin berühmt gemacht. Zum Fort Williams Park gehören ein Museum, Picknickplätze und Wanderwege, die einen schönen Blick auf Portland Harbor bieten. *Portland Headlight, 1000 Shore Rd. im Fort Williams Park, ☎ 207-799-2661, www.port landheadlight.com. Der Park ist ganzjährig bis zum Einbruch der Dämmerung geöffnet, Eintritt frei; Museum Juni bis Okt. tgl. 10–16 Uhr, April/Mai/Nov. nur an Wochenenden, $ 2.*

> ***i*** **Information**
> **Greater Portland Convention and Visitors Bureau**, *14 Ocean Gateway Pier, Portland/ME, ☎ 207-772-5800, www.visitportland.com*

Portland und die Casco Bay

Portland ist mit rund 65.000 Einwohnern die größte Stadt in Maine und der gesellschaftliche, kulturelle und wirtschaftliche Mittelpunkt des Bundesstaates. Portland ist eine wichtige Hafenstadt mit einem Fischereizentrum, eine Industriestadt mit Nahrungsmittel-, Holz- und Papierfabriken und zugleich ein sehr beliebter Ferienort. Die Stadt liegt in der ca. 32 km tiefen **Casco Bay**, der viele kleine Inseln vorgelagert sind.

Die Stadt Portland, die schon 1631 unter dem Namen „Casco" gegründet wurde und *Histori-* seitdem mehrfach ihren Namen gewechselt hat, erlebte eine wechselvolle Geschichte, *sches* denn bereits 1675 wurde sie durch Indianer, 1775 durch die Briten zerstört, war von *Viertel* 1820 bis 1832 Hauptstadt von Maine und wurde 1866 ein weiteres Mal durch ein gro-ßes Feuer schwer beschädigt. Mit dem Wiederaufbau veränderte sich das Stadtbild; es wurden breite Straßen und Parkanlagen angelegt, Häuser aus rotem Backstein im vik-torianischen Stil erbaut und Alleen bepflanzt, die noch heute den Charme des 19. Jh. widerspiegeln. Nur das restaurierte historische Viertel **Old Port Exchange** erinnert mit seinen schmalen Kopfsteinpflastergassen und den alten Ziegelbauten an die Zeit vor dem großen Brand.

Auf zwei Spaziergängen kann man die Stadt gut kennenlernen. Ausgangspunkt für bei-de Stadtrundgänge ist das restaurierte **Hafenviertel** an der **Commercial Street** mit zahlreichen Geschäften, Cafés und Restaurants. An der langen Hafenfront finden sich auch die Anlegestellen der Ausflugs- und Fischerboote und der Fähre nach Nova Sco-tia. Vom **Ferry Terminal** am Maine State Pier laufen die Boote zu Walbeobachtungs-fahrten, zu Rundfahrten durch die Casco Bay und zu Segeltouren mit historischen Windjammern aus.

Von der Hafenpromenade führen mehrere kleine Straßen hinauf zur Pleasant Street und weiter zur Congress Street, wohin der erste der beiden Spaziergänge führt. Zu den schönsten historischen Häusern unterwegs gehört **Victoria Mansion**, das 1858–60 im Stil eines italienischen Palastes aus rötlichem Sandstein gebaut wurde und im Inne- *Italieni-* ren mit kostbaren Fresken, zeitgenössischem Mobiliar und Kaminen aus Marmor ein- *scher Stil* gerichtet ist.
Victoria Mansion, *109 Danforth St.,* ① *207-772-4841, www.victoriamansion.org, Mai bis Okt. Mo–Sa 10–16, So 13–17 Uhr, $ 15.*

Einladung zu einer Segeltour

Nicht weit entfernt steht das sehenswerte, vom Stararchitekten I. M. Pei entworfene Gebäude des **Portland Museum of Art** mit einer bemerkenswerten Sammlung europäischer Kunst mit Werken u. a. von Degas, Monet, Renoir und Picasso sowie Gemälden der amerikanischen Künstler Andrew Wyeth, Winslow Homer, Edward Hopper und Rockwell Kent; außerdem gibt es eine Werkausstellung von Künstlern aus Maine. *Portland Museum of Art, 7 Congress Square, ☎ 207-775-6148, www.portlandmuseum. com, Di–Do, Sa/So 10–17, Fr bis 21 Uhr, Mai bis Sept. auch Mo 10–17 Uhr, $ 12.*

An der Congress St. liegt das **Wadsworth-Longfellow House**, das Geburtshaus des Dichters Henry Wadsworth Longfellow. Es ist das früheste Ziegelsteinhaus in Maine, das von seinem Großvater im Jahr 1785 gebaut worden war. Das Haus wurde restauriert und mit Möbeln und Erinnerungsstücken aus dem Familienbesitz ausgestattet. Henry Wadsworth Longfellow wurde 1807 in Portland geboren, wo er bis 1821 lebte. 1836–54 war er Professor für neuere Sprachen an der Harvard University in Cambridge. Auf vielen Reisen lernte er Europa kennen, dessen Dichtungen er einfühlsam übersetzte. Mit eigenen Gedichten und Dramen, die aktuelle Themen aufgriffen und von tiefer Religiosität zeugen, erreichte er große Popularität und zählte bis zum Ersten Weltkrieg zu den meistgelesenen Dichtern in englischer Sprache. Eines seiner bekanntesten Werke ist der erste Gedichtband „Voices of the Night" (1839).

Geburtshaus des großen Literaten

Wadsworth-Longfellow House, 487 Congress St., ☎ 207-772-1807, Mai bis Oktober Mo–Sa 10–16, So 12–16 Uhr, www.mainehistory.com, $ 12.

Der zweite Spaziergang – oder eine Fahrt mit dem Trolleybus – führt in den Osten der Stadt. Vom Turm des **Portland Observatory**, einem Leuchtturm aus dem Jahre 1807, bietet sich ein schöner Überblick über die Stadt und die Casco Bay; das kleine Museum informiert über die historische Bedeutung des Leuchtturms.

Portland Observatory, 138 Congress St., ☎ 207-774-5561, http://portlandlandmarks.org/ observatory, Führungen im Sommer, tgl. 10–16.30 Uhr, $ 8.

Das Wadsworth-Longfellow House

Von dort sind es nur wenige Schritte zur **Eastern Promenade** an der Ostspitze der *Historische* Halbinsel, wo man ebenfalls den Blick aufs Meer genießen kann. Folgt man der Eastern *Bahnfahrt* Promenade stadteinwärts, steht man bald auf dem Gelände der **Maine Narrow Gauge Railroad Company**. Hier wird in einem Museum die Geschichte der Schmal- spurbahnen im Staat Maine dargestellt. Von Mai bis Oktober finden täglich Ausflugsfahr- ten mit einer historischen Bahn entlang der Casco Bay statt.
Maine Narrow Gauge Railroad Company, 58 Fore St., ☎ 207-828-0814, www.mngrr. org; Mai bis Okt. tgl. 10–16 Uhr, Eintritt Museum: $ 3, Fahrpreis: $ 10.

Immer wieder bieten sich von der Eastern Promenade, vom East End Beach und dem Fort Allen Park schöne Ausblicke auf die Casco Bay und die **Casco Islands**, die schon zu Beginn des 17. Jh. von John Smith besucht wurden und auch **Calendar Islands** ge- nannt werden.

Reisepraktische Informationen Portland/ME

Information
Ocean Gateway Terminal Portland, *14 Ocean Gateway Pier., ☎ 207-772-5800, www.visitportland.com, April– Juni 9.30–16.30 Uhr, Juli bis Oktober Mo–Fr 9–17, Sa/So 9– 16 Uhr, Nov.–März Mo–Fr 9–15, Sa 10–15 Uhr.*

Unterkünfte
Comfort Inn Airport *$$, 90 Maine Mall Rd., ☎ 207-775-0409, www.choice hotels.com; modernes Hotel mit 127 Zimmern, gutes Preis-Leistungs-Verhältnis.*
Eastland Park Hotel *$$–$$$, 157 High St., ☎ 207-775-5411, www.eastlandparkhotel.com; zentral gelegenes Hotel mit 202 gut eingerichteten Zimmern, Dachgartenrestaurant im 13. Stock mit großartigem Panoramablick. Der alte Hafen, Restaurants und Geschäfte sind zu Fuß gut zu erreichen. Das Hotel ist zzt. wegen Renovierungsarbeiten geschlossen, Wieder- eröffnung voraussichtlich im Frühjahr 2014.*
Holiday Inn By the Bay *$$$, 88 Spring St., ☎ 207-775-2311, www.ihg.com; im Zentrum gelegenes, elfstöckiges Hotel mit schönem Blick auf den Hafen und 239 geräumigen Zimmern, Swimmingpool, Sauna, Restaurant.*
West End Inn *$$$, 146 Pine St., ☎ 207-772-1377, www.westendbb.com; viktorianisches B&B-Haus an der Western Promenade mit 6 komfortablen Zimmern und reichhaltigem Frühstück.*
Portland Regency Hotel *$$$$, 20 Milk St., ☎ 207-774-4200, www.theregency.com; das historische Gebäude am alten Hafen bietet 95 geschmackvoll eingerichtete Zimmer und Suiten.*

Restaurants
Portland Lobster Company, *180 Commercial St., ☎ 207-775-2112; hier gibt es Lobster und Meeresfrüchte in allen Variationen und für jeden Geschmack.*
Sebago Brewing Company, *211 Fore St., ☎ 207-775-2337; gemütlicher Pub mit einfa- chem Essen und selbstgebrautem Bier.*
Old Port Sea Grill, *93 Commerce St., ☎ 207-879-6100, bekanntes Restaurant mit sehr guten Fisch- und Seafoodgerichten.*
Back Bay Grill, *65 Portland St., ☎ 207-772-8833; gepflegtes Restaurant mit täglich wech- selnder Speisekarte und großer Weinauswahl.*

Einkaufen

Portland Public Market, 25 Preble St./Congress St., ☎ 207-228-2000, www.port landpublicmarket.com, Mo–Fr 7–19, So 10–17 Uhr; in der Markthalle gibt es frische landwirtschaftliche Produkte aus der Region, beispielsweise Obst, Käse, Blumen, Fisch und Seafood sowie frisch zubereitete Salate und Snacks.
Harbor Fish Market, Custom House Wharf, hier werden fangfrische Fische, Hummer und andere Meeresfrüchte angeboten.

Touren

Es steht ein breites Angebot von halb- und ganztägigen Schiffsausflügen durch die Casco Bay, zur Walbeobachtung und zum Hummer- und Fischfang zur Auswahl, z. B.:
Portland Schooner, Maine State Pier, ☎ 207-766-2500, www.portlandschooner.com

Flughafen

Der **Portland International Jetport** (☎ 207-774-7301, www.portlandjetport.org) liegt etwa 5 km westl. der Stadt. Es gibt einen Zubringerdienst ins Zentrum. Flugverbindungen bestehen nach Boston, New York, Philadelphia, Tampa (Florida) und, innerhalb Maines, nach Bangor, Lewiston, Millinocket und Presque Isle. Außerdem gibt es eine Direktverbindung mit Yarmouth in Nova Scotia/Kanada. Das Info Center in der Nähe der Gepäckausgabe ist täglich 10–22.30 Uhr geöffnet, ☎ 207-775-5809.

Busse

Greater Portland Metro Bus, 114 Valley Street, ☎ 207-774-0351, http://gpmetro bus.net/; die Busse verkehren zwischen 6.30 und 20.30 Uhr stündl. zwischen Fährhafen, Stadtzentrum, Portland Transportation Center (PTC), Vermont Transit und dem Flughafen. Überregionale Busverbindungen bestehen nach Augusta, Bangor, Portsmouth, Burlington, Boston, New York und nach Québec/Kanada.

Fähren

Es gibt Wagen- und Personenfähren zu den Casco Bay Islands; der Fährverkehr nach Yarmouth/Nova Scotia wurde inzwischen eingestellt.
Casco Bay Lines Ferry Service, Casco Bay Ferry Terminal, ☎ 207-774-7871, www.casco baylines.com

Von Portland an der Atlantikküste entlang nach Bar Harbor

☞ Hinweis zur Route

Entfernung: 164 mi/262 km; von Portland bis nach Ellsworth führt der US-1; für die Reststrecke (ca. 20 mi/32 km) zwischen Ellsworth und Bar Harbor bietet sich der ME-3 an.

Auf dieser Strecke zeigt sich die Schönheit der Küste von Maine mit ihren langen Sandstränden und steilen Felsküsten, mit den bizarren Klippen, gegen die die Wellen des Atlantiks branden, mit zahllosen Buchten und tiefen Fjorden, mit Flussmündungen, an de-

nen gepflegte Ortschaften mit stattlichen, historischen Häusern liegen und mit schönen State Parks, die zum Wandern einladen. Vom US-1 führen Stichstraßen zu den meisten Ortschaften, wo Schiffsausflüge, Fisch- und Hummerfang- oder Walbeobachtungsfahrten angeboten werden; beinahe jeder Ort feiert während der Sommermonate ein
originelles und traditionsreiches Fest.

Yarmouth

Der 1636 gegründete Ort ist ein beliebtes Seebad, nur etwa 15 km von Portland entfernt. Gut erhaltene historische Häuser und die Brücke, die Yarmouth mit Cousins Island in der Casco Bay verbindet, machen den Reiz des Ortes aus. Im **Yarmouth His-**
torical Museum *(215 Main St., ① 207-846-6259)* wird die Geschichte des Ortes   *Muschel-*
durch Fotografien, alte Möbelstücke, Werkzeuge und Kleider lebendig. Am 3. Wochen-   *fest*
ende im Juli wird das Clam Festival, das „Muschelfest" gefeiert.

Freeport

Freeport hat für Maine historische Bedeutung, denn hier wurde der Vertrag unterzeichnet, der die Trennung Maines von Massachusetts bestätigte. Den meisten Besuchern ist
Freeport jedoch eher als Einkaufsparadies mit vielen „Factory Outlets" bekannt, von
denen die Outdoor-Firma L.L. Bean *(95 Main St.)* besonders viele Kunden anzieht. Entsprechend der großen Zahl der Besucher gibt es in Freeport eine große Auswahl an
Übernachtungsmöglichkeiten und Restaurants und ein vielseitiges Unterhaltungs-
programm.

L.L. Bean – eine Erfolgsstory

info

1912 hatte Leon Leonwood Bean, ein Mann, der in Freeport lebte und sich tagsüber bei Wind und
Wetter viel im Freien aufhielt, die Idee, einen Stiefel mit einem wasserdichten unteren Teil aus
Gummi und einem leichten oberen Teil aus Leder herzustellen, um so das Gewicht der schweren
Lederstiefel zu verringern. Er stellte 100 Stiefelpaare her und verkaufte sie ab 1917 in einem kleinen Laden in der Main St. sowie über den Versandhandel. Als es ein Problem mit den Nähten der
Stiefel gab, schickte Bean seinen Kunden ihr Geld zurück und fing noch einmal von vorn an - eine Entscheidung, mit der er die Grundsätze seines Unternehmens bis heute festlegte: Ehrlichkeit,
traditionelle Qualität und die inzwischen legendäre „L.L.-Bean-Garantie hundertprozentiger Zu-
friedenheit". Im Laufe der Jahre wurde das Warenangebot erweitert und umfasst heute Artikel
für Camping, Jagen und Fischen, Freizeitkleidung, Sportausrüstungen und geführte Wanderungen und Kanutouren.

Das L.L.-Bean-Geschäft, das über eine Milliarde Dollar jährlich einbringt, ist 24 Stunden am Tag
geöffnet und hat sich mit über 3,5 Mio. Besuchern pro Jahr zu einer Touristenattraktion in
Maine entwickelt.

Die zweite Attraktion ist **Desert of Maine**, die „Wüste von Maine", Maines bekanntes Naturphänomen, das etwa 5 km westlich von Freeport liegt. Wenn man das Gelände am Haupteingang betritt, deutet noch nichts auf die Nähe einer Wüste hin. Und doch

In vielen Orten werden Walbeobachtungsfahrten angeboten

haben Geologen, so ist es der Informationsschrift zu entnehmen, die Echtheit der Wüste in dieser geografischen Region bestätigt.

Am Ende der letzten Eiszeit ließ ein Gletscher hier Sand- und Mineralablagerungen zurück. 1797 zog der Farmer William Tuttle mit seiner Familie auf das neu erworbene Farmgelände, wo er erfolgreich Kartoffeln und Getreide anpflanzte. Da er im Laufe der Jahre aber den für den Boden so wichtigen Wechsel der Fruchtfolge nicht beachtete, wurde der Boden ausgelaugt und immer weniger ertragreich; die Versteppung begann. Als die Sandflächen sich so weit ausbreiteten, dass Tuttle dem nicht mehr entgegenwirken konnte, verließ er die Farm und überließ das Land der „Verwüstung". Der spätere Besitzer, Henry Goldrup, widmete sich fortan der Aufgabe, die Wüste zu erhalten. Dahin gehen auch die heutigen Bemühungen. Mitten in Neuengland durch heißen Wüstensand zu laufen ist ein ungewöhnliches Erlebnis. Man kann auch mit dem Museumsbähnchen durch das fast 1 km² große Gelände fahren und sehen, wie die Wanderdünen im Laufe der Zeit Bäume, Sträucher, Ochsenkarren und das Spring House aus dem Jahr 1938 unter einer dicken Sandschicht begraben haben.
Desert of Maine

Desert of Maine, Desert Rd., ☎ 207-865-6962, www.desertofmaine.com, 10. Mai bis 14. Okt., tgl. von 9 Uhr bis Sonnenuntergang, $ 10,50.

Reisepraktische Informationen Freeport/ME

ℹ️ Information
Freeport USA Train Station Information Center, 23 Depot Street (Hose Tower Building), ☎ 207-865-1212, www.freeportusa.com, tgl. 9–18.30 Uhr.

🛏️ Unterkünfte
Best Western Freeport Inn $$, 31 U.S. Route 1, ☎ 207-865-3106, www.freeport inn.com; Haus mit 80 modern eingerichteten Zimmern, Swimmingpool, Spielplatz, Kanuverleih, 3 mi/4,8 km von L.L. Bean und den Outlets entfernt.

Brewster House Bed and Breakfast $$, 180 Main St., ① 207-865-4121 oder 1-800-865-0822, www.brewsterhouse.com; historisches Haus mit 7 geräumigen, mit Antiquitäten eingerichteten Zimmern; Geschäfte und Outlet Center sind zu Fuß bequem erreichbar.
Captain Briggs House B&B $$, 8 Maple Ave., ① 207-865-1868 oder 1-888-217-2477, www.captainbriggs.com; ruhig gelegenes Haus von 1853 mit gemütlich eingerichteten Zimmern, jeweils mit Bad, und ausgiebigem Frühstück. Das Outlet-Zentrum ist drei Blocks entfernt.
Holiday Inn Express $$, 450 U.S. 1, ① 1-800-181-6068, www.hiexpress.com, günstig zu den Outletcentern gelegenes Hotel mit geräumigen, gut ausgestatteten Zimmern, Innenpool und Fitnessraum, Frühstück inbegriffen.
Harraseeket Inn $$$$, 162 Main St., ① 207-865-9377, www.harraseeketinn.com; sehr komfortables Landgasthaus mit elegantem Restaurant und der gemütlichen Broad Arrow Taverne, alle Zimmer mit Bad, Jacuzzi und Kamin, nur zwei Straßenblocks von L.L. Bean entfernt.

Einkaufen

Direkt am US-1 liegt Freeports große Attraktion, das riesige **Outlet/Factory Stores-Zentrum** mit über 170 Geschäften aller Art: Sportgeschäfte wie Levi's, Fila, Bogner oder Reebok, Modeboutiquen wie Calvin Klein und Laura Ashley, Glas- und Porzellangeschäfte wie Villeroy&Boch und Corning, Schuhgeschäfte, Läden mit Weihnachts- und Geschenkartikeln und mehrere Läden mit neuenglischem Kunsthandwerk.
Hier liegt auch **L.L. Bean**, US-1, 95 Main St., ① 1-800-341-4341, www.llbean.com, ein in den USA allseits bekannter Name für Artikel rund um das Thema Freizeitaktivitäten. In dem modernen Geschäftskomplex finden Sie alles, was man sich für Freizeit, Camping, Picknick, Sport nur denken und wünschen kann. Sie können sich umsehen und kaufen, ohne auf die Uhr schauen zu müssen, denn L.L. Bean hat jeden Tag im Jahr Tag und Nacht geöffnet.

Brunswick

11.000 Einwohner leben in der Handelsstadt am Androscoggin River, die die Heimat der **Brunswick Naval Air Station** ist. Diese Behörde ist für die U-Boot-Überwachung im Atlantik zuständig. Eng verbunden ist der Name der Stadt mit dem schon 1794 gegründeten **Bowdoin College** *(Maine St.)*. Heute besuchen 1.350 Studenten das College, das auf einige bedeutende Schüler zurückblicken kann, wie etwa die Schriftsteller Nathaniel Hawthorne und Henry Wadsworth Longfellow, den US-Präsidenten Franklin Pierce und die beiden Polarforscher Robert E. Peary (1856–1920) und Donald B. MacMillan (1874–1970).

Auf dem Gelände des Bowdoin College erinnert das besuchenswerte **Peary MacMillan Arctic Museum** an die Forscher Robert E. Peary und Donald MacMillan, die 1909 den Nordpol erreichten. Ebenfalls auf dem Campus liegt das **Museum of Art** mit Werken amerikanischer Künstler, einer Porträtsammlung und Ausstellungen assyrischer, griechischer und römischer Exponate. Das **Joshua Lawrence Chamberlain Museum** *(226 Maine St.)* und das **Pejepscot Museum** *(159 Park Row)* informieren über die Geschichte des Ortes. Das historische **Stowe House** *(63 Federal St.)*, in dem Harriet Beecher-Stowe lebte, wird heute als Restaurant genutzt.
Peary MacMillan Arctic Museum und **Bowdoin College Museum of Art**, Hubbard Hall bzw. Walker Art Building auf dem Gelände des Bowdoin College, www.bowdoin.edu/arctic-museum/, Di–Sa 10–17, So 14–17 Uhr, Eintritt frei (Spende).

Interessante Museen

Reisepraktische Informationen Brunswick/ME

Information
Brunswick Visitor Center, 16 Station Avenue, ☏ 207-721-0999, www.brunswick downtown.com

Unterkünfte
Parkwood Inn Magnuson Grand $$$, 71 Gurnet St., ☏ 207-725-5251, http://parkwoodinn.magnusonhotels.com/; gut geführtes Hotel mit 68 ansprechenden Zimmern, Lounge mit Kamin, Pool und Frühstück.
Captain Daniel Stone Inn $$$, 10 Water St., ☏ 207-725-9898, www.captaindanielstone inn.com; in dem 1819 gebauten Kapitänshaus gibt es 34 komfortable, mit Antiquitäten eingerichtete Zimmer.

Veranstaltungen
Main State Music Theatre, Mitte Juni bis Aug. werden im Pickard Theater auf dem Bowdoin College Gelände Broadway-Musicals aufgeführt. ☏ 207-725-8769, http://msmt.org/, Di–Sa abends, Mi und Fr auch nachmittags und So vormittags.
Bowdoin Summer Music Festival, ☏ 207-725-3895, www.summermusic.org; im Juli/Aug. finden Kammermusikabende und Konzertaufführungen statt.

Bath

*Schiffbau-
zentrum* — Bath, die Stadt am Westufer des Kennebec River, ist seit Jahrhunderten ein bedeutendes Schiffsbauzentrum, wie die Zahl von 4.000 hier vom Stapel gelaufener Schiffe belegt. Heute werden vor allem Frachtschiffe und Schiffe für die US-Marine gebaut. In der Innenstadt finden sich nette Geschäfte, Cafés und Restaurants.

Ursprüngliche Küste Maines

Die größte Attraktion von Bath ist das interessante **Maine Maritime Museum**. Das *Seefahrts-* Museumsgelände mit dem modernen Museumsbau und mehreren Nebengebäuden liegt *museum* am Ufer des Kennebec River. Sie können sich zunächst im Museum über die Geschichte der Seefahrt und des Schiffsbaus informieren und dann draußen am Wasser den Schiffsbauern bei der Arbeit zuschauen, an Bord des alten Schoners „Sherman Zwicker" gehen oder mit dem Boot auf dem Kennebec River fahren. In einer Werfthalle gibt es eine sehr informative Ausstellung zum Fisch- und Hummerfang.
Maine Maritime Museum, 243 Washington St., ② 207-443-1316, www.mainemaritime museum.org, tgl. 9.30–17 Uhr, $ 15, das Ticket gilt für 2 Tage.

Nach dem Museumsbesuch bietet sich der 7 km lange Sandstrand des **Popham Beach State Park** zur Erholung und Erfrischung an. An diesem Küstenabschnitt waren 1607 die ersten englischen Siedler an Land gegangen, aber die Kolonisten scheiterten an den harten Lebensbedingungen der langen, kalten Winter und kehrten ins Mutterland zurück. Besonders reizvoll ist es, bei Ebbe einen Strandspaziergang zu den vorgelagerten Felseninseln zu machen.
Popham Beach State Park, am ME-209, ② 207-389-1339, Mitte April bis Ende Okt.

Reisepraktische Informationen Bath/ME

Information
Visitors Center, *15 Commercial St., http://visitbath.com, www.midcoastmaine.com, www.cityofbath.com*

Unterkünfte
Holiday Inn Bath/Brunswick $$, *139 Richardson St., ② 207-443-9741, www. holiday-inn.com/bathme; gutes Mittelklassehotel mit 141 modernen Zimmern, Swimmingpool, Sauna, Restaurant.*
The Galen C Moses House $$$, *1009 Washington St., ② 207-442-8771, www.galen moses.com; historisches Haus aus dem Jahr 1874 mit vier mit Antiquitäten eingerichteten Zimmern, 3 Suiten und schönem Garten; reichhaltiges Frühstück.*

Restaurants
J R Maxwell & Co, *122 Front St., ② 207-443-2014; das gemütliche Restaurant erinnert an die große Zeit des Schiffsbaus, gute Seafood- und Steakgerichte.*
Kennebec Tavern & Marina, *119 Commercial St., ② 207-442-9636; mit Blick auf den Kennebec River und die Marina gibt es Fisch und Seafood, aber auch Sandwiches, Burger und Suppen.*

Wiscasset

Wiscasset liegt am Sheepscot River und zählt zu den hübschesten Ortschaften an der Atlantikküste von Maine. Den Charme des kleinen Ortes machen die alten Häuser aus, wie sie z. B. an der Main St. am Beispiel des **Nickels-Sortwell House** und an der Federal St. zu sehen sind. Diese Häuser stammen aus der ersten Hälfte des 19. Jh., als wohlhabende Reeder und Kapitäne sich in Wiscasset niederließen. Heute leben Maler, Schriftsteller und Antiquitätenhändler in diesen Häusern, die am „Open House Day" im August auch von innen zu besichtigen sind. *Sehenswerte Ortschaft*

Das eindrucksvolle viktorianische Herrenhaus **Castle Tucker House**, das einen schönen Blick auf den Hafen von Wiscasset bietet, zeigt Möbel, Einrichtungs- und Haushaltsgegenstände aus viktorianischer Zeit.
Castle Tucker House, Lee/High St., ① 207-882-7364, www.historicnewengland.org/historicproperties/homes/castle-tucker, 1. Juni bis 15. Okt. Mi–So 11–17 Uhr, geführte Touren, $ 5.

Ungewöhnliches Museum

Eine Besonderheit ist das **Musical Wonder House**, in dem alte Musikinstrumente, Musikboxen und Musikapparate zu besichtigen sind, von denen einige auch vorgeführt werden. Gelegentlich finden abends Konzerte statt.
Musical Wonder House – Music Museum, 16–18 High St., ① 207-882-7163, www. musicalwonderhouse.com, Juni bis Mitte Okt. Mo–Sa 10–17, So 12–17 Uhr, Vorführungen und Konzerte, $ 10–40.

Südöstlich von Wiscasset liegt das **Fort Edgecomb**, das 1808/09 errichtet wurde. In der restaurierten, hölzernen Befestigungsanlage gibt es von Juni bis August Vorführungen, die den Alltag des frühen 19. Jahrhunderts verdeutlichen.
Fort Edgecomb, ab US-Hwy 1, ① 207-882-7777, Mai bis Sept. tgl 9–17 Uhr, $ 3.

 Hinweis zur Route

Entfernung: 9 mi/14,5 km
Hinter Wiscasset geht es vom US-1 auf den ME-27, der weiter nach Boothbay Harbor führt.

Ausflug nach Boothbay Harbor

Von Wiscasset aus kann man einen Abstecher nach Boothbay Harbor machen, einem der beliebtesten und schönsten Ferienorte von Maine.

Vor Boothbay Harbor kommt man am **Boothbay Railway Village** vorbei, wo Dampflokomotiven, Oldtimer und die Nachbildung eines neuenglischen Dorfes aus dem 19. Jh. zu sehen sind. Von Juni bis Anfang Oktober werden an den Wochenenden Dampfzugfahrten durchgeführt.
Boothbay Railway Village, 586 Wiscasset Rd., am ME-27, ① 207-633-4727, www.railway village.org, Anfang Juni bis Mitte Okt. tgl. 9.30–17 Uhr, $ 10.

Boothbay Harbor liegt auf der Halbinsel zwischen dem Sheepscot River und dem Damariscotta River in einer geschützten Bucht. Hotels, Restaurants, Boutiquen und Privathäuser liegen rund um den Hafen, der von einer Fußgängerbrücke überspannt ist. Boothbay Harbor hat nur etwa 2.300 Einwohner, die Zahl der Sommergäste ist jedoch um ein Vielfaches höher. Vor allem Sportfischer und Segler bevorzugen den Ort, in dessen Hafen Boote aller Größen liegen. Interessant sind die im Wasser liegenden Hummerkörbe; oft kann man zuschauen, wie die Fischer die Körbe zum Fang vorbereiten, warten oder reparieren.

Ein Ausflug mit der Fähre führt nach **Monhegan Island**, einer der Küste vorgelagerten, autofreien Insel mit einem lebendigen Hafenstädtchen, hohen Felsriffen, schönen Wanderwegen und Naturschutzgebiet.

Reisepraktische Informationen Boothbay Harbor/ME

i **Information**
Boothbay Harbor Region Chamber of Commerce, ① 207-633-2353, www.
boothbayharbor.com

Unterkünfte
Fisherman's Wharf Inn $$, 40 Commercial St., ① 207-633-5090, www.fishermans
wharfinn.com; am Hafen gelegenes Hotel mit 54 Zimmern, alle mit Hafenblick, teilweise mit
Balkon und gutem Restaurant.
Harbour Towne Inn on the Waterfront $$$, 71 Townsend Ave., ① 207-633-4300, www.
harbourtowneinn.com; das viktorianische Gasthaus mit 12 freundlich eingerichteten Zimmern,
schönen Terrassen und Meerblick liegt am Hafen.
Rocktide Inn $$$, 45 Atlantic Ave., ① 207-633-4455, www.rocktideinn.com; am östlichen
Hafen gelegener Hotelkomplex mit 98 ansprechenden Zimmern mit Balkon, Spezialitäten-
restaurants, Bootsanlegestelle.
Spruce Point Inn $$$, am Spruce Point, ca. 2 km südöstl. vom ME-27, ① 207-633-4152,
www.sprucepointinn.com; das Ferienhotel mit 10 Zimmern im Haupthaus und 34 Cottages
liegt auf einer bewaldeten Halbinsel mit sehr schönem Meerblick, Tennisanlage, Wassersportmöglichkeiten und Lobsterküche im Freien.

Restaurants
Lobstermen's Co-op, 97 Atlantic Wharf, ① 207- 633-4900, an der Boothbay Lobster Wharf, drinnen und draußen sitzt man an langen Tischen, isst fangfrischen Hummer und
schaut den Hummerfischern bei ihrer Arbeit zu.
Brown's Wharf Restaurant, 121 Atlantic Ave., ① 207-633-5440; traditionsreicher Familienbetrieb, gute Seafood-Gerichte, Steaks und Pasta, schöner Blick auf den Hafen. Auch Unterkunft.

Touren
Balmy Days, Pier 8, Commercial St., ① 207-633-2284, www.balmydayscruises.com;
Bootsfahrten zur beliebten Insel Mohegan mit 4-stündigem Aufenthalt sowie 1-stündige Ha-
fenrundfahrten mit kurzem Halt auf Squirrel Island.
Cap'n Fish Boat Trips and Deep Sea Fishing, Pier 1, ① 207-633-3244, www.boothbay
boattrips.com; Fisch- und Hummerfangfahrten, Seelöwenbeobachtungsfahrten, Fahrten auf dem
Kennebec River.

Veranstaltungen
Windjammer Days, Ende Juni findet das große Windjammerfest statt, zu dem viele große alte Schoner in den Hafen einlaufen, www.boothbayharbor.com/windjammer-days/.

Zurück auf dem US-1 passiert man 2 mi/3,2 km nördlich von **Newcastle** die 1808 gebaute **St. Patrick's Church**, die älteste römisch-katholische Kirche in Neuengland.

Ausflug zum Pemaquid Point

Ein kurzer Abstecher über den ME-129 führt nach **Damariscotta** und nach **Pemaquid Point**. Damariscotta liegt am gleichnamigen Fluss, dessen indianischer Name „Fluss der vielen Fische" bedeutet. In dem kleinen Ort gibt es mehrere sehenswerte Häuser aus der Mitte des 19. Jh.

Von Damariscotta führt der ME-130 an die Südspitze der Halbinsel nach **Pemaquid Point**, wo sich schon im Winter 1625/26 englische Siedler niedergelassen hatten. Über die Geschichte der Siedlungen aus dem 17. Jh. und über die Kultur der hier ansässigen Wawenock-Indianer informiert das Museum der **Colonial Pemaquid State Historic Site**. 1813 fanden hier Kämpfe zwischen Briten und Amerikanern statt. Das rekonstruierte **Fort William Henry Memorial** (in der Nähe von Pemaquid Beach) erinnert an die heftigen Kämpfe im 18. Jh. zwischen Engländern und Franzosen. An der Spitze der Halbinsel steht der 1827 gebaute **Pemaquid-Point-Leuchtturm**, der allerdings nur von außen zu besichtigen ist.

Colonial Pemaquid State Historic Site, Colonial Pemaquid Dr., Pemaquid Point, am ME-130 bei New Harbor, ☎ 207-677-2423, Mai bis Sept. tgl. 10–18 Uhr, Eintritt: $ 3.

Siedler aus dem Rheinland

Der US-1 führt Sie weiter nach **Waldeboro**, wo sich 150 Familien, die überwiegend aus dem Rheinland stammten, zwischen 1740 und 1753 niederließen. Wem der Sinn nach heimischer Küche steht, sollte einen Stopp im über die Ortsgrenze hinaus bekannten „Morses Sauerkraut & Euro Deli" einlegen (*3856 Washington Road, North Waldoboro, ☎ 207.832.5569 www.morsessauerkraut.com*). Neben dem Laden, in dem man sich für ein Picknick eindecken kann, ist das Restaurants zum Frühstück Do–So und tgl. außer Mi zum Lunch geöffnet.

Thomaston

Der Ort war schon im 19. Jh. eine wichtige Hafenstadt und besitzt auch heute noch mehrere Werften. Es ist ein hübscher Ort mit ansehnlichen alten Häusern; Lebensgrundlage der Bevölkerung sind Schiffsbau, Fisch-, Muschel- und Hummerfang. Sehenswert ist das Haus **Montpelier** mit dem **General Henry Knox Museum**, einer Nachbildung des 1795 für General Henry Knox gebauten Wohnhauses, das dieser sich als Ruhesitz bauen ließ. Henry Knox war einer der wichtigsten Generale im amerikanischen Unabhängigkeitskrieg.

Montpelier – The General Henry Knox Museum, 30 High St., ☎ 207-354-8062, www.generalknoxmuseum.org, Ende Mai bis Okt. Do und Fr 10–16 Uhr, $ 10.

Rockland

Die Stadt an der Penobscot Bay ist das Handels- und Wirtschaftszentrum dieser Region und zugleich ein wichtiger Hafen. Rockland trägt stolz den Beinamen „Hummerhauptstadt der Welt", denn von hier aus wird mehr Hummer verschifft als von allen anderen Häfen in Maine.

Hummer-festival

Seit fast 50 Jahren findet alljährlich am 1. Wochenende im August im Harbor Park das Maine Lobster Festival statt. Das dreitägige Fest wird mit Ausstellungen, Paraden und viel Musik gefeiert. An vielen Ständen werden Hummer, aber auch andere Meeresfrüchte wie Muscheln, Garnelen und Krabben auf landestypische Art zubereitet. Dank vieler ehrenamtlicher Helfer können etwa 5.000 Hummer gleichzeitig für die vielen Besucher gekocht werden. Im Verlauf des Festivals werden auch Wettbewerbe ausgetragen, z. B. eine Kochmeisterschaft, ein Hummeressen oder das „Hummerkistenrennen", bei dem man sich auf Hummerkisten möglichst lange über Wasser halten muss.

Rockland bietet einige sehenswerte Museen: Das **Farnsworth Art Museum and the Wyeth Center** stellt Werke amerikanischer Künstler des 18.–20. Jh. aus, u. a. von Winslow Homer und N.C. Wyeth. Das **Maine Lighthouse Museum** informiert über Bau und Funktion der Leuchttürme und zeigt eine große Sammlung von altem Leuchtturmzubehör und Ausrüstungen der US Coast Guard. Im **Owls Head Transportation Museum** sind alte, noch funktionstüchtige Autos, Motorräder, Fahrräder und Flugzeuge ausgestellt.

Sehens-werte Museen

Farnsworth Art Museum and the Wyeth Center, 16 Museum St., ☎ 207-596-6457, www.farnsworthmuseum.org, Ende Mai bis Ende Okt. tgl. 10–17, Mi bis 20 Uhr, sonst Mi–So 10–17 Uhr, $ 12.
Maine Lighthouse Museum, 1 Park Drive, ☎ 207-594-3301, www.mainelighthouse museum.com, Mai bis Sept. Mo–Fr 9–16.30 Uhr, Sa/So 10–16 Uhr, sonst nur Do–Sa, $ 5.
Owls Head Transportation Museum, 117 Museum St., ☎ 207-594-4418, www.ohtm.org, tgl. 10–17 Uhr, $ 10.

Reisepraktische Informationen Rockland/ME

Information

Penobscot Bay Regional Chamber of Commerce, 1 Park Drive, im Gebäude des Maine Lighthouse Museums, ☎ 207-596-0376 oder 1-800-562-2529, http://mainedream vacation.com/.

Unterkünfte

Trade Winds Motor Inn $$, 2 Park View Dr., ☎ 207-596-6661, www.tradewinds maine.com; Hotel mit 138 Zimmern, einige mit Balkon und Blick auf den Hafen, am Meer gelegen, Swimmingpool, Sauna; ganz in der Nähe stehen Tennis- und Golfplatz zur Verfügung.
Navigator Motor Inn $$, 520 Main St., ☎ 207-594-2131, www.navigatorinn.com; das seit über 35 Jahren bestehende Hotel mit 81 geräumigen Zimmern liegt im historischen Distrikt, direkt gegenüber der Fähranlegestelle.
Berry Manor Inn $$$, 81 Talbot Ave., ☎ 207-596-7696, www.berrymanorinn.com, historisches Haus von 1898 mit 12 stilgerecht ausgestatteten Zimmern, schönem Aufenthaltsraum und üppigem Frühstück.

Flughafen

Der Flughafen liegt etwa 6 km südl. von Rockland; es gibt keinen Autobuszubringerdienst. Flugverbindungen bestehen nach Boston und Bar Harbor.

Fähre

Maine State Ferry Service, 517 A Main St., ☎ 207-596-2202, www.maine.gov/mdot/msfs/rt.htm, Fährschiffe zu den Inseln Vinalhaven, Mantinicius Island und North Haven.

Camden

Camden gehört wegen seiner schönen Lage „da, wo die Berge das Meer treffen", zu den beliebtesten Ferienorten an der Küste von Maine. Rund um den belebten Hafen spielt sich das Leben ab: Es gibt gute Hotels, Restaurants, Geschäfte und Galerien. Bei einem Bummel durch den Ort kommt man an einigen stattlichen, alten Häusern vorbei, die in schönen, gepflegten Gartenanlagen liegen. Einige von ihnen haben das Hinweisschild „Bed&Breakfast" ausgehängt. Oberhalb des Hafens liegt das schöne Gebäude der 1928 eröffneten Bibliothek des Ortes. Von dort blickt man hinunter auf den **Hafen**, den Park von Camden und auf das schön gelegene **Amphitheater** an der Atlantic Ave., wo im Juli und August Theaterstücke und Musicals aufgeführt werden.

Beliebter Ferienort

Sehenswert ist auch das **Conway Homestead – Cramer Museum**. Auf dem Gelände sind Kutschen, Schlitten und landwirtschaftliche Geräte, eine Schmiede, das restaurierte Farmhaus aus dem 18. Jh. und der dazugehörige Bauerngarten zu sehen. ***Conway Homestead – Cramer Museum**, Conway Rd./US-1, ☏ 207-236-2257, www. conwayhouse.org, Juli/ Aug. Di–Fr 11–15 Uhr, $ 5.*

Die besondere Attraktion des Ortes sind jedoch die Aktivitäten im und am Hafen. Wenn möglich, sollte man auf jeden Fall an einem der vielen Schiffsausflüge teilnehmen. **Public Landing** ist die Abfahrtsstelle der 1- bis 4-stündigen Rundfahrten durch die Inselwelt der Penobscot Bay. Besonders beliebt sind die eintägigen oder auch 3- bis 6-tägigen Kreuzfahrten auf alten Schonern, die an der Küste von Maine entlangfahren. Es ist ein herrliches Bild und ein großartiges Erlebnis, wenn diese Windjammern ihre Segel voll gesetzt haben.

Schiffs-rund-fahrten

Einen Ausflug lohnt der **Camden Hills State Park**. Dieser drittgrößte State Park von Maine liegt beiderseits des US-1; er verfügt über ein großes Netz von Wanderwegen,

Camden Harbour

die nur geringe Anforderungen stellen. Sein besonderer Reiz ist, dass er von der Höhe des **Mount Battie** bis ans Meer hinunter reicht. Ein Weg, der 1897 für Kutschen angelegt und 1963 zu einer Autostraße erweitert wurde, führt hinauf zum Gipfel, von wo man einen großartigen Panoramablick auf die Penobscot Bay hat. In den Sommermonaten ist ein Campingplatz auf dem Parkgelände geöffnet; im Winter ist der State Park ein beliebtes Skigelände.

Panorama-blick

Camden Hills State Park, *3 km nördlich am US-1, ① 207-236-3109, Mitte Mai bis Nov. tgl. von 9 Uhr bis Sonnenuntergang.*

Reisepraktische Informationen Camden/ME

i Information

Camden-Rockport-Lincolnville Chamber of Commerce, *2 Public Landing (am Hafen), ① 207-236-4404 oder 1-800-223-5459, http://mainedreamvacation.com/.*

Unterkünfte

Abigail's Bed&Breakfast Inn *$$, 8 High St., ① 207-236-2501, www.abigailsinn.com; vier schön eingerichtete Zimmer und 2 Suiten mit kleiner Küche im ehemaligen Kutschenhaus von 1847.*

Cedar Crest Inn *$$, 115 Elm St., ① 207-236-4839, www.cedarcrestmotel.com; zweistöckige Anlage am Ortsrand mit 37 Zimmern, Restaurant, Pool und Kinderspielplatz, Mai–Ende Okt. geöffnet.*

The Mount Battie Motel *$$, in Lincolnville, 2158 Atlantic Hwy., ① 207-236-3870, www.mountbattie.com; das Haus liegt außerhalb des Ortes in der Nähe des Camden Hill State Parks und bietet einen schönen Blick auf die Penobscot Bay, Frühstück inbegriffen.*

Hawthorn Inn *$$$, 9 High St., ① 207-236-8842, www.camdenhawthorn.com; zu dem schönen viktorianischen Haus gehören ein ehemaliges Kutschenhaus und ein großer Garten, reichhaltiges Frühstücksbuffet und 5-Uhr-Tee. Einige Zimmer mit schönem Blick auf den Hafen.*

Windward House Bed and Breakfast *$$$, 6 High St., ① 207-236-9656, www.windwardhouse.com; im 1854 gebauten Haus mit schönem Garten wurden 8 ansprechende Gästezimmer eingerichtet. Ausgiebiges Frühstück ist im Preis inbegriffen.*

The Lodge at Camden Hills *$$$, 1 mi/1,6 km nördl. von Camden, ① 207-236-8478, www.thelodgeatcamdenhills.com; ansprechende Zimmer und Blockhäuser mit ein und zwei Zimmern, Kamin, Küchenzeile und Jacuzzi.*

Whitehall Inn *$$$, 52 High St., ① 207-236-3391, www.whitehall-inn.com; das um 1834 gebaute, 1901 erweiterte Haus hat 50 Zimmer, Veranden, einen schönen Garten und einen Tennisplatz. Es werden Fahrräder vermietet.*

Restaurants

Cappy's Chowder House, *1 Main St., ① 207-236-2254; im Zentrum von Camden, Chowder, Sandwiches und Seafood zum Mitnehmen.*

Atlantica Restaurant, *9 Bayview Landing, ① 207-236-6011; direkt am Hafen gibt es köstliche Seafood-Gerichte, Glasfront mit Blick auf den Hafen.*

Einkaufen

Camden hat eine Fülle von kleinen Geschäften, Geschenk- und Souvenirläden und Antiquitätengeschäften, die zum Anschauen und Stöbern einladen.

Once a tree, 31 Main St., www.onceatree.net; in diesem Kunstgewerbegeschäft finden Sie besonders schöne und auch recht ausgefallene Gegenstände aus Holz.

The Admiral's Buttons, 36 Bayview St., ① 207-236-2617; klassische Kleidung und Segel-zubehör für Damen und Herren.

The Owl & Turtle Bookshop, 33 Bayview St., ① 207-230-7335; gut sortierte Buchhand-lung zum Stöbern und Schmökern.

Camden Farmers' Market, Washington/Knowlton St., ① 207-568-3201, von Mai bis Okt. Sa 9–12, Mi 15.30–18 Uhr, frische regionale Produkte.

Touren

Im Hafen von Camden informiert eine Hinweistafel über die aktuellen Abfahrtszeiten der vielen Ausflugsschiffe, z. B.:

Lively Lady Too, Public Landing, ① 207-236-6672, www.livelyladytoo.com, Ende Mai bis En-de Aug. tgl. 10.30/13/15 Uhr, Sept./Okt. 11/12 Uhr, 2-stündige Ausflugsfahrt mit dem Hum-merfangboot „Lively Lady Too" durch die Penobscot Bay, ab $ 28.

Maine Windjammer Cruises, ① 207-236-2938, www.mainewindjammercruises.com, 3- bis 6-tägige Kreuzfahrten mit großen Windjammern, ab ca. $ 500.

Schooners Olad, Sharp's Wharf, ① 207-236-2323, www.maineschooners.com, 2-stündige Segelfahrten in der Penobscot Bay, ab $ 35.

Schooner Lewis R. French, ① 207-594-2241, http://schoonerfrench.com, 4- und 6-tägige Fahrten; ab $ 565.

Schooner Mary Day, ① 1-800-992-2218, www.schoonermaryday.com, 3- bis 6-tägige Se-gelfahrten; ab $ 550.

Belfast

Die Stadt an der Penobscot Bay wurde 1770 von irischen Siedlern gegründet und nach der Heimatstadt in Irland benannt. Etwa 6.500 Menschen leben heute in Belfast. Viele der alten Häuser, die von Schiffsbauern und Kaufleuten im 19. Jh. gebaut worden sind, wurden inzwischen restauriert und bestimmen das Bild des Ortes, in dem sich bilden-de Künstler und Schriftsteller gerne niederlassen. Eisenbahnfreunde können eine Fahrt mit der **Belfast-Moosehead-Bahn** machen. Die alte Dampflokomotive startet in den Sommermonaten zu einer 1 ½-stündigen Rundfahrt bis nach Unity am US-202. Am 3. Wochenende im Juli findet das Belfast Bay Festival mit Paraden, Umzügen, Konzer-ten und einem „Brathähnchen-Tag" statt.

Dampf-lokomotive

Searsport

Die frühere Bedeutung der Hafenstadt, 8 km nordwestlich von Belfast gelegen, und ih-rer Werften lässt sich an den schönen alten Häusern der Kapitäne und Schiffsbauer ab-lesen, in denen heute vielfach Antiquitätenläden eingerichtet sind, die zum ausgiebigen Stöbern einladen. Die Bestände des **Penobscot Marine Museum** sind in sechs histo-rischen Gebäuden aus dem 19. Jh., z.B. dem Rathaus (1845), der Phillips Library und dem Marithew House (1860) ausgestellt, u.a. Schiffsmodelle, Walfanggeräte und Bilder von der Seefahrt.

Penobscot Marine Museum, Church St., ① 207-548-2529, www.penobscotmarinemuseum.org, Ende Mai bis Mitte Okt. Mo–Sa 10–17, So 12–17 Uhr, $ 8.

Information
Maine Business and Visitors Guide, ☏ 207-548-6372, www.searsportme.net

Der US-1 führt weiter über Stockton Springs zum Penobscot River. Bevor man die Brücke überquert, kann man einen Abstecher zum nahe gelegenen **Fort Knox State Park** machen. Das Fort diente 1844 zur Verteidigung im „Aronstock War" zwischen Amerikanern und Engländern im Streit um das Aronstock Valley.
Fort Knox State Historic Site, am ME-174, ca. 3 km westl. von Bucksport, ☏ 207-469-6553, www.fortknox.maineguide.com, tgl. von 9 Uhr bis Sonnenuntergang, $ 4,50.

Bucksport

Der Ort wurde 1762 gegründet, 1779 von den Engländern niedergebrannt und erst ab 1812 neu besiedelt. Er ist eine kleine Handelsstadt mit 4.200 Einwohnern, die vorwiegend in der Papierindustrie arbeiten. Eine Besonderheit ist der Grabstein des Stadtgründers Jonathan Buck *(Main St., Buck Cemetery)*. „Accursed Tombstone" wird sein Grabmal genannt, weil auf dem Obelisken ein Mal in der Form eines Frauenbeines sichtbar *Verfluchter* ist. Der Überlieferung nach soll das Zeichen von einer „Hexe" stammen, die von Buck *Grabstein* gehängt worden sei.

In einem historischen Gebäude aus dem Jahre 1916 wurde das Filmmuseum **Northeast Historic Film** eingerichtet. Filme, Videoaufnahmen, Bilder und Bücher zeigen Neuengland in Bild und Ton.
Northeast Historic Film, 85 Main St., ☏ 207-469-0924, www.oldfilm.org, Museum Mo–Fr 9–16 Uhr, Filmvorführungen Fr–So, $ 6.

Reisepraktische Informationen Bucksport/ME

Unterkunft/Restaurant
Fort Knox Park Inn $$$, 64 Main St., ☏ 207-469-3113, www.fortknoxparkinn.com/, *das moderne Hotel mit 40 Zimmern liegt an der Mündung des Penobscot River und ist gut als Ausgangsort zu den Sehenswürdigkeiten der Umgebung geeignet. Es liegt an der Stelle, an der 1798 eine Postkutschenstation eingerichtet wurde. Vier amerikanische Präsidenten übernachteten hier auf ihrem Weg in den Norden von Maine.*

Ausflug in den Osten der Penobscot Bay

Entfernung: 20 mi/32 km.
Von Bucksport kann man einen Abstecher nach „**Down East**" machen, wie die Einheimischen die Halbinsel im Osten der Penobscot Bay nennen. Der Ausflug führt entlang der malerischen buchtenreichen Küste nach Castine, zum Fort George und zur Insel Deer Isle.

Castine ist ein malerischer Ort, der in den Auseinandersetzungen zwischen Amerikanern und Engländern um den Besitz von Kanada eine Rolle spielte, wie das restaurierte Fort

George zeigt. Interessant ist das **Wilson Museum** mit Sammlungen zur Geschichte der Indianerkultur in Nordamerika.
Wilson Museum, 120 Perkins St., ① 207-326-9247, www.wilsonmuseum.org, Ende Mai bis Ende Sept. Mo–Fr 10–17, Sa/So 14–17 Uhr, Eintritt frei.

Castine ist auch Sitz der **Maine Maritime Academy**. Hier werden 300 Studenten für die amerikanische Handelsmarine ausgebildet. Das Schulschiff „State of Maine" kann besichtigt werden.

Die Insel **Deer Isle** ist über eine große Straßenbrücke zu erreichen. Der Hauptort ist **Stonington**, bekannt wegen seiner Steinbrüche. Aus dem hochwertigen Granit wurden so bekannte Bauwerke wie das Rockefeller Center und die Brooklyn Bridge in New York sowie das J. F. Kennedy Memorial auf dem Nationalfriedhof Arlington in Washington geschaffen.

Ellsworth

Die 1763 gegründete Stadt ist das kleine Verwaltungs- und Handelszentrum des Hancock County. 1933 wurde ein großer Teil des Ortes durch einen Brand zerstört, sodass der Ort jetzt durch den Kontrast zwischen alter und moderner Architektur geprägt ist. Im **Woodlawn Museum/Black House**, um 1820 von einem Gutsbesitzer gebaut, wurde ein Kutschenhaus mit einer Ausstellung alter Kutschen und Schlitten eingerichtet. Durch den weitläufigen Park führen schöne Wanderwege.

Wandermöglichkeit

Woodlawn Museum/Black House, am ME-172, ① 207-667-8671, http://woodlawn museum.com, Juni bis Sept. Di–Sa 10–17, So 13–16 Uhr, Mai/Okt. Di–So 13–16 Uhr, $ 10.

Die Nähe zum Acadia National Park macht Ellsworth zu einem beliebten Ferienort mit guten Übernachtungsmöglichkeiten, Restaurants und Geschäften, aber auch die Umgebung lädt mit zahlreichen Seen und Flüssen zu einem längeren Aufenthalt ein. Es gibt gute Möglichkeiten zum Angeln, Schwimmen und Kanufahren und zur Tierbeobachtung, wie z. B. im **Stanwood Homestead Museum and Wildlife Sanctuary (Birdsacre)**. Im ehemaligen Wohnhaus der bekannten Ornithologin Cordelia Stanwood

Reisepraktische Informationen Ellsworth/ME

ⓘ Information
Ellsworth Area Chamber of Commerce, 163 High St., ① 207-667-5584, www.ellsworthchamber.org

🛏 Unterkünfte
The Colonial Inn $$, 321 High St., ① 207-667-5548 oder 1-888-667-5548, www.colonial-inn.com/; freundliches Hotel mit 67 Zimmern, ca. 30 Min. von Bar Harbor und dem Acadia National Park entfernt.
Ramada Ellsworth $$$, 215 High St., ① 207-667-9341, www.ramada.com; gut geführtes Hotel mit 102 geräumigen Zimmern in der Nähe des Einkaufszentrums, ca. 20 Min. Fahrzeit nach Bar Harbor und zum Acadia National Park.

(1865–1958) wurde ein Vogelkundemuseum eingerichtet; im Schutzgebiet sind mehr als 100 Vogelarten zu beobachten. Es werden Führungen angeboten, außerdem gibt es ein Vogelschutzzentrum mit Souvenirshop, Wanderwege und Picknickplätze. *Vogel-schutz-zentrum*

Stanwood Homestead Museum and Wildlife Sanctuary (Birdsacre), *am US-3 in Richtung Bar Harbor*, ③ *207-667-8460, www.birdsacre.com, Museum: Mitte Juni bis Sept. 10–16 Uhr, Park: ganzjährig.*

Der **Lamoine State Park**, 8 mi/12,8 km südlich am ME-184 ist ein beliebtes Erholungsgebiet mit schönen Ausblicken auf Mount Desert Island, mit Picknick- und Campingplätzen und Gelegenheit zum Angeln und Bootfahren.

Hulls Cove

Kurz vor Bar Harbor stößt man am ME-3 in Hulls Cove auf das **Informationszentrum für den Acadia National Park**. Hier gibt es Tickets für den Parkbesuch und alle wichtigen Informationen, Veranstaltungspläne, Kartenmaterial sowie die aktuelle Parkzeitung. Sehenswert ist der 15-minütige Film über den Nationalpark. Park Rangers stehen zur Auskunft und Beratung bereit. *Infos zum Acadia NP*

Bar Harbor

Mount Desert Island ist durch eine Straßenbrücke mit dem Festland verbunden. Der größte Teil der Insel, die 1604 von dem französischen Forscher Samuel de Champlain entdeckt wurde, gehört heute zum Acadia National Park.

Bar Harbor ist mit knapp 3.000 Einwohnern der Hauptort von Mount Desert Island. Die ersten Einwohner, die den Ort im 18. Jh. gründeten, gaben ihm den Namen „Eden", denn wie ein kleines Paradies erschien ihnen die Insel mit ihren Wäldern und der buchtenreichen Küste. Um die Mitte des 19. Jh. entdeckten die reichen Familien aus Boston und New York den reizvollen Fischerhafen, bauten sich Sommerhäuser und machten den Ort zu einem exklusiven Sommerferiensitz, vergleichbar mit Newport in Rhode Island. *Zentrum von Mount Desert Island*

Durch die Weltwirtschaftskrise, den Zweiten Weltkrieg und einen Brand im Jahr 1947, der viele Häuser zerstörte, verringerte sich die Zahl der Besucher. Heute ist Bar Harbor wieder ein sehr beliebter Ferienort, das touristische Zentrum von Mount Desert Island mit guten Unterkunftsmöglichkeiten, Restaurants und vielen Geschäften rund um die Main St., in denen originelle Souvenirs und Kunsthandwerk aus der Region angeboten werden. Während der Sommermonate herrscht viel Betrieb in Bar Harbor, sodass eine rechtzeitige Zimmerreservierung nötig ist. Außerhalb der Saison zeigt Bar Harbor sich als ruhiges und beschauliches Fischerdorf.

Ein- oder mehrtägige Ausflüge und Wanderungen zum Acadia National Park und Walbeobachtungsfahrten sind die Hauptattraktionen des Ortes. Die Ausflugsboote brechen in den Sommermonaten mehrmals täglich zu 3-stündigen Fahrten auf, bei denen Sie mit etwas Glück Wale, Delfine und Seehunde beobachten und beim Hummerfang zuschauen können. Die sachkundigen Ausführungen der Bootsführer werden unterstützt durch Live-Übertragungen der Unterwasserkameras.

Robert Abbe Museum Interessant ist auch das 2001 eröffnete **Robert Abbe Museum**, das sehr anschaulich über Kunst und Kultur der Indianer informiert. Die neue 15,8 km² umfassende Anlage umfasst neben einer interessanten Korbsammlung die große Dauerausstellung „Wabanaki: Volk der Dämmerung", die den Spuren von Maines Indianern durch die 10.000-jährige Geschichte folgt und von den Anfängen ihrer Kunst und Kultur bis zu ihren heutigen Sportstars und gegenwärtigen Umweltthemen reicht. Das Abbe Museum führt Forschungs- und Bildungsprogramme zur indianischen Kultur durch.
Robert Abbe Museum, 26 Mt. Desert Rd., ☏ 207-288-3519, www.abbemuseum.org, Ende Mai bis Anf. Nov. tgl. 10–17 Uhr, sonst Do–Sa 10–16 Uhr, Jan. geschlossen, $ 6.

Das **Bar Harbor Oceanarium** besteht aus dem Maine Lobster Museum und einer Hummer-Zuchtstation. Sie können sich über den Hummerfang informieren, sich auf einem Fangboot umschauen und an einer geführten Tour durch das Marschland teilnehmen. Ausstellungen zur Geschichte von Bar Harbor, Fotos und Karten zeigt das **Bar Harbor Historical Museum**.
Bar Harbor Oceanarium, 1351 SR3, 8,5 mi/13,6 km westl., ☏ 207-288-5005, www.theoceanarium.com, Mitte Mai bis Mitte Okt. Mo–Sa 9–17 Uhr, $ 12.
Bar Harbor Historical Museum, 33 Ledgelawn Ave., ☏ 207-288-4245, www.barharborhistorical.org, Mitte Juni bis Ende Sept. Mo–Sa 13–16 Uhr, Eintritt frei.

Museum zur Tierwelt Das **George B. Dorr Museum of Natural History** wurde in dem historischen „Turrets Cottage" auf dem Gelände des „College of the Atlantic" eingerichtet und vermittelt Wissenswertes über die Tierwelt von Mount Desert Island.
George B. Dorr Museum of Natural History, 105 Eden St., ☏ 207-288-5015, www.coa.edu/dorr-museum-microsite.htm, Di–Sa 10–17 Uhr, Spende.

Im Hafen von Bar Harbor

Reisepraktische Informationen Bar Harbor

ℹ️ Information

Bar Harbor Chamber of Commerce – Acadia Welcome Center, 1201 Bar Harbor Road, ☎ 1-800-345-4617 oder 207-288-5103, www.barharborinfo.com; Auskünfte über die Gezeiten erhalten Sie ebenfalls im Chamber of Commerce. Die Zeiten von Ebbe und Flut zu wissen ist interessant, da man bei Ebbe zu Fuß zur Insel Bar Island hinübergehen kann.

🛏️ Unterkünfte

Trotz des großen Angebots an Übernachtungsmöglichkeiten ist in der Hochsaison die frühzeitige Zimmerreservierung auf jeden Fall notwendig.

Anchorage $, 51 Mt Desert St., ☎ 207-288-3959, www.anchoragebarharbor.com; das von Juli bis Anf. Okt. geöffnete Motel hat 46 einfache, geräumige Zimmer und liegt nur wenige Gehminuten vom Hafen entfernt.

Acadia Inn $$, 98 Eden St., ☎ 207-288-3500, www.AcadiaInn.com; modernes, freundliches Hotel mit 95 ansprechend eingerichteten Zimmern und Pool, nicht weit vom Zentrum und Hafen.

Bar Harbor Inn $$$, Newport Dr., ☎ 207-288-3351, www.barharborinn.com; sehr schönes, gepflegtes und gut geführtes Hotel in einer großen Parkanlage mit 95 großzügigen Zimmern, sehr gute Lage direkt am Meer, Fußweg am Meer entlang, Restaurant, Swimmingpool.

Bar Harbor Regency Holiday Inn $$$, 123 Eden St., ☎ 207-288-9723, www.barharbor regency.com; sehr schön gelegenes Hotel mit 221 ansprechend eingerichteten Zimmern, z. T. mit Blick auf die Frenchman Bay, Restaurant, Lobsterpound und Swimmingpool. An der hoteleigenen Marina starten die Boote zur Walbeobachtung. Der Acadia National Park ist nur eine halbe Meile entfernt.

The Harbor Side Hotel and Marina $$$$, 55 West St. ☎ 207-288-5033 oder 1-800-328-5033, www.theharborsidehotel.com, direkt an der Marina gelegenes, komfortables Hotel mit 187 Zimmern, mit Pool, Spa, Restaurant und Bar mit Meerblick.

The Bayview $$$$, 111 Eden St., ☎ 207-288-5861, www.thebayviewbarharbor.com; sehr gutes Hotel an der Frenchman Bay mit geräumigen Zimmern mit Balkon im Hauptgebäude, familienfreundlichen Apartments in den Townhouses und einer Ferienwohnung im Bayview House; mit großem Sportangebot, Kinderspielplatz, Flughafentransfer.

⚠️ Camping

Bar Harbor Campground, 409 ME-3, ☎ 207-288-5185, www.barharborcamping resorts.com; ansprechender Platz mit sauberen Einrichtungen, großem Swimmingpool und schönem Blick auf das Meer und die vorgelagerten Inseln, Mai bis Sept. geöffnet.

Spruce Valley Campground, 1453 ME-102, ☎ 207-288-5139. Im Norden der Insel im Wald bei Town Hill gelegene Anlage mit sauberen Einrichtungen, Swimmingpool, Sport- und Spielplatz, ca. 5 mi/8 km vom Besucherzentrum des Acadia National Park entfernt.

🍴 Restaurants

Fathom, 6 Summer St., ☎ 207-288-9664, beliebtes Restaurant mit guter Küche, in der vorwiegend frische Produkte aus Maine verwendet werden, abends ist eine Tischreservierung empfehlenswert.

Portside Grill, 38 Cottage St., ☎ 207 288 4086; familienfreundliches Restaurant mit guten, unterschiedlich zubereiteten Seafood-Gerichten, bekannt gute Clam Chowder.

Mainly Meat BBQ/Atlantic Brewing Company, 15 Knox Rd., ☎ 207-288-2337, Brauerei-Restaurant der Atlantic Brewing Company, tgl. Führungen Mai bis Sept. 14–17 Uhr; Bierproben und Souvenirshop.

Cherrystones, 185 Main St., ① 207-801-2290, viel besuchtes Restaurant im Zentrum mit empfehlenswerten Fisch- und Seafoodgerichten.

Einkaufen
Porcupine Island Company, 39 Main St., ① 207-288-2965 oder 1-800-555-8955; hier gibt es Spezialitäten von den Porcupine-Inseln und aus anderen Regionen von Maine, z. B. verschiedene Senfsorten, Marmeladen, Saucen, Sirup oder Süßigkeiten.
Sherman's Book & Department Store, Main St., seit 1886 bietet Sherman eine große Auswahl an Büchern rund um Maine, daneben Souvenirs, Geschenke und Schreibmaterial.
Acadia Country Store, 128 Main St., köstliche Schokolade aus eigener Herstellung.
Bar Harbor Tea Company, Main St., großes Sortiment mit über 150 Teesorten, dazu Porzellan und Geschenkartikel.

Touren
Acadia Bike, 48 Cottage St., ① 1-800-526-8615, www.acadiabike.com; große Auswahl an Leih-Fahrrädern sowie an Kajak- und Kanutouren.
Bar Harbor Whale Watch Co., 1 West St., Town Pier, ① 207-288-2386, www.barharbor whales.com, 3-stündige Walbeobachtungsfahrten oder 2-stündige Fahrten zu historischen Leuchttürmen mit einem Katamaran.
Lulu Lobster Boat Ride, 55 West St., ① 207-963-2341, www.lululobsterboat.com; auf den Bootstouren führt Captain John Nicolai den Besucher in die Welt der Hummer und des Fischfangs ein; als ehemaliger Küchenchef kann er außerdem mit dem einen oder anderen Rezept aufwarten; Mai bis Okt. Bootsfahrten mit der kleinen „Lulu" 2- bis 4-mal tgl. ($ 30) ab Bar Harbor Hafen.

Flughafen
Der Flughafen liegt etwa 20 km nordwestl. von Bar Harbor. Es gibt einen Autobuszubringerdienst. Flugverbindungen bestehen mit Boston und Rockland.

Bus
Island Explorer: Von Ende Juni bis Anf. Sept. verkehrt der kostenlose Shuttlebus, www.exploreacadia.com, zwischen Bar Harbor, den nahe gelegenen Ortschaften und Stränden und dem Acadia National Park.

Acadia National Park

Wunderbare Natur

Der Acadia National Park, der einzige Nationalpark der Neuengland-Staaten, liegt im Süden von Maine auf den Inseln Mount Desert Island, Isle au Haut und Schoodic Peninsula. Hoch aufragende Berggipfel und runde Bergrücken, der Atlantische Ozean, Wellen, die gegen die steile Granitfelsküste branden, dichte Wälder mit reichem Pflanzen- und Tierbestand, kleine Flüsse, Bäche und Seen, Fjorde und Buchten machen die Schönheit des Nationalparks aus.

Geschichte

Fundstücke wie Werkzeuge aus Knochen und Stein und verschiedene Tonwaren belegen, dass die Abenaki schon vor Jahrtausenden die Sommerzeit auf Mount Desert Island verbrachten. Der Franzose Samuel de Champlain war der erste Europäer, der 1604 in die **Frenchman Bay** segelte. Er gab der Insel wegen ihrer unbewaldeten Berggipfel den Namen „Mount Desert". Die nachfolgenden Franzosen trieben mit den hier lebenden Indianern regen Handel. Die Besitzansprüche Englands führten bis zum Ende des 18. Jh. zu heftigen kriegerischen Auseinandersetzungen. Nachdem das Land in den Besitz der USA übergegangen war, wurde es zum Kauf angeboten.

Nicht nur Einwanderer erwarben das Land, sondern auch wohlhabende Familien aus Neuengland, die dort die Sommermonate in ihren komfortablen Sommerhäusern verbrachten. Bereits 1916 setzten

Redaktionstipps

▶ Autofahrt über die Park Loop Road mit herrlichen Ausblicken (S. 375ff).
▶ Kutsch- oder Planwagenfahrt über die „carriage paths" durch den Nationalpark (S. 375).
▶ Bootsausflüge zu den kleinen vorgelagerten Inseln (S. 377).
▶ Nachmittagskaffee mit „Popovers" oder Abendessen bei Kerzenschein im traditionsreichen Jordan Pond House (S. 376/378).
▶ Wanderungen und Tierbeobachtungen.

sich George Dorr und Charles Eliot, der Präsident der Harvard Universität, dafür ein, durch die Gründung eines Naturparks die einzigartige Natur zu schützen. Es gelang ihnen, einflussreiche Einwohner von Maine und einige der reichen Sommergäste von ihrer Idee zu überzeugen, wie z. B. John D. Rockefeller jun., der mehr als 4.400 ha Land stiftete, das Gesamtkonzept für den Park entwickelte und den Bau der rund 80 km Fahrwege finanzierte. 1929 konnte das insgesamt etwa 15.000 ha große Gelände als Nationalpark eingerichtet werden, um das für die Nordostküste Amerikas einzigartige Zusammenwirken von Bergen und Seen in seiner Ursprünglichkeit zu bewahren.

Seit 1929 National-park

Tier- und Pflanzenwelt

Die Tierwelt zeigt sich mit mehr als 300 Vogelarten und über 50 Säugetierarten sehr artenreich; auf Wanderungen kann man Biberbauten sehen und vielleicht auch

Strand im Acadia National Park

Reiche Schildkröten und ungiftigen Schlangen begegnen. An Land sind Rotfuchs, Murmeltier,
Tierwelt Waschbär und Weißwedelhirsch verbreitet, im Wasser und an den felsigen Küsten leben u. a. Hummer, Thunfische, Robben, Tümmler und Schweinswale. Für Strand- und
Wasservögel, wie z. B. Möwen, Enten, Seeschwalben und Regenpfeifer, bietet der Park
ausgezeichnete Lebens- und Brutbedingungen; in den Wäldern sind verschiedene Sing-
und Greifvögel, Spechte und Nachtvögel heimisch.

Die dichten Mischwälder sind geprägt durch Ahorn, Birken, Ulmen, Buchen und Eichen,
zwischen denen Weiß- und Schwarztannen, Rotfichten und Kiefern stehen. Je nach Bo-
denbeschaffenheit bestimmen Moose und Farne oder blühende Wiesen das Bild.

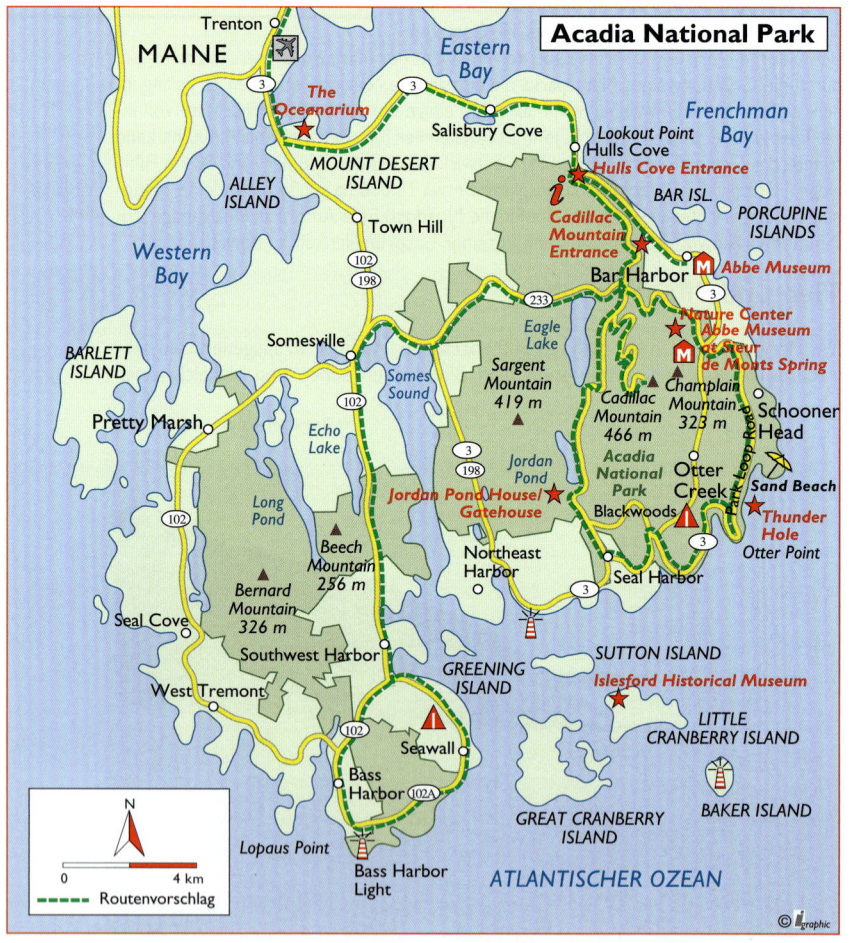

Rundfahrt durch den Acadia National Park über die Park Loop Road

Die ausgeschilderte 26 mi/42 km lange Park Loop Road beginnt in der Nähe des Visitor Center und kann mit dem Auto oder Rad befahren werden. In den Sommermonaten kann man auf die Fahrt im eigenen Pkw verzichten, denn kostenlose Pendelbusse, die „Island Explorers", verbinden alle wichtigen Punkte des Nationalparks miteinander; Haltestellen gibt es an besonders markanten Punkten, an Parkplätzen, Campingplätzen und Hütten. Von den Parkplätzen führen Wanderwege ins Innere des Nationalparks. Die Straßenverhältnisse sind gut. Einige Straßen sind ganzjährig geöffnet, andere werden im Winter geschlossen. Von Mitte November bis Mitte April ist auch die zum Cadillac Mountain führende Straße geschlossen.

Da die Park Loop Road im ersten Teil weitgehend der Küstenlinie folgt und großartige Ausblicke auf das Meer bietet, wird sie auch Ocean Drive genannt. Besonders schön gelegene Aussichtspunkte und Parkplätze sind gekennzeichnet; Hinweistafeln informieren über Natur, Geschichte und Besonderheiten des Nationalparks. Die Park Loop Road führt zunächst entlang der Frenchman Bay und bietet schöne Ausblicke auf die vielen kleinen Inseln. *Ocean Drive*

Erste Station der Rundfahrt ist **Sieur de Monts Spring**: Im Nature Center und in den Acadia Wild Gardens bekommt man einen Eindruck von der Vielfalt des einheimischen Pflanzenlebens, denn der Botanische Garten zeigt mehr als 300 endemische Bäume, Sträucher und Blumen in ihrer natürlichen Umgebung. Im Abbe **Museum at Sieur de Monts Spring** informiert seit 1928 in den Sommermonaten eine Ausstellung über die Indianer, die zur Zeit Samuel de Champlains auf Mount Desert lebten.
***Abbe Museum at Sieur de Monts Springs**, www.abbemuseum.org, Ende Mai bis Mitte Oktober tgl. 9–16 Uhr, $ 3.*

Weitere Stationen und Aussichtspunkte sind der **Beaver Dam Pond**, an dem man gut nach Biberdämmen und -bauten sowie nach Nagespuren an den Bäumen Ausschau halten kann, sowie der **Champlain Mountain**, an dem sich ein eindrucksvoller Panoramablick auf Bar Harbor, die Porcupine-Inseln und die Ostküste der Insel bietet.

Sand Beach ist eine Besonderheit an der sonst felsigen Küste des Nationalparks. Der Sandstrand entstand durch Gletschermassen, die sich zum Meer hin bewegten und Stein und Kies mit sich führten. Durch die Meereswellen wurden diese Ablagerungen fein gemahlen und bilden nun zusammen mit angespülten Sandmengen den feinen Sandstrand. Auch im Hochsommer liegt die Wassertemperatur nur bei 12–14 °C; Schwimmen ist deshalb nur ganz Abgehärteten zu empfehlen. *Sandstrand*

Thunder Hole, die enge Felsschlucht mit steilen Seitenwänden, in die die Wellen, je nach Gezeitenstand und Wetterlage, mit gewaltiger Kraft einrollen, ist eine der Hauptattraktionen des Nationalparks Das Donnern des Wassers übertönt alle anderen Geräusche, und die starken Wellen wirbeln Steine vom Grund auf. Die beste Zeit für einen Besuch des „Donnerlochs" ist etwa 3 Stunden vor Hochflut; die genauen Gezeitenstände erfahren Sie im Visitor Center und durch die monatliche Informationsschrift „Beaver Log". Besonders eindrucksvoll ist der Besuch bei stürmischem Wetter. Es ist vor allem bei hohem Wellengang wichtig, auf den markierten Wegen zu bleiben, da die nassen Steine glatt sind, sodass man leicht ausrutschen kann.

Von der hohen Granitfelswand **Otter Cliff** bieten sich großartige Ausblicke auf den Atlantik bis hinüber zur Südspitze von Nova Scotia. Ein Wanderpfad führt an der Küste entlang zum reizvollen Otter Point.

Berühmte Gäste

Jordan Pond ist mit dem See, dem alten Teehaus, dem Torhaus und dem Naturlehrpfad einer der Hauptanziehungspunkte des Nationalparks. **Jordan Pond House**, ein einfaches Bauernhaus aus dem Jahr 1847, wurde gegen Ende des 19. Jh. durch Anbauten zu einem Restaurant erweitert, in dem die wohlhabenden Cottage-Bewohner und ihre Gäste in ländlicher Umgebung die Teezeremonie genossen oder zu speisen pflegten. Zu den berühmtesten Gästen zählten Rockefeller, Ford, Astor, Carnegie und Pulitzer. Nach einem Brand wurde 1979 das gesamte Anwesen wieder aufgebaut und seither in alter Tradition weitergeführt. Die Spezialität des Hauses für den Nachmittag ist das besonders luftige Teegebäck „Popover", am Abend sind Hummer und Hähnchen beliebte Spezialitäten. Nostalgisch und stilecht ist die Fahrt zum Jordan Pond House mit den Pferdekutschen von **Wildwood Stables**; tgl. um 13.15 Uhr beginnt die Fahrt zu „Afternoon Tea and Popovers".

Ganz in der Nähe liegt das alte, steinerne **Gate House** am Zugang zu den „carriage paths" der Rockefellers. Der **Jordan Pond Nature Trail** führt am Ufer des Jordan-Pond-Sees entlang und gibt den Blick auf eine großartige Gletscherlandschaft frei, die entstanden ist, als am Ende der Eiszeit die abschmelzenden Eismassen riesige Anhäufungen von Steinen und Felsbrocken hinterließen. Die aufgestellten Informationstafeln schildern die Entstehung der Gletscherlandschaft.

Die unberührte Naturlandschaft mit Bergen und Wäldern macht den Reiz des Parks aus

Mit 466 m ist der **Cadillac Mountain** nicht nur die höchste Erhebung des National- *Höchster* parks, sondern auch der gesamten amerikanischen Atlantikküste. Der Cadillac *Berg des* Mountain ist sowohl über Wanderwege als auch über eine Autostraße erreichbar. Von *Parks* der Höhe des Berges bietet sich ein großartiger Ausblick auf die Frenchman Bay im Osten, die Cranberry-Inseln im Süden und auf den Atlantik. Besonders beliebt ist der Besuch in den frühen Morgenstunden zur Zeit des Sonnenaufgangs. Die genauen Zeiten von Sonnenauf- und Sonnenuntergang erfahren Sie im Visitor Center oder durch die Informationsschrift „Beaver Log".

Namensgeber des Cadillac Mountain ist der französische Offizier, Pionier und Abenteurer Antoine de la Mothe Cadillac, der gegen Ende des 17. Jh. die Insel Mount Desert in Besitz nahm. Im Jahr 1701 gründete Cadillac die Stadt Detroit. Eine dort ansässige Automobilfirma übernahm später seinen Namen und verlieh ihn ihrer Luxuslimousine.

Wer etwas Zeit übrig hat, kann einen Ausflug zum **Islesford Historical Museum** auf *Leben der* der Insel Little Cranberry Island unternehmen. Hier wird eine Ausstellung über das Le- *Seefahrer* ben und die Geschichte der Seefahrt an den Küsten Neuenglands gezeigt. Informationen zur Überfahrt auf die Insel gibt es im VC.
Islesford Historical Museum, ① *207-288-3338, www.nps.gov/acad/planyourvisit/hours.htm, Juli–Sept. tgl. 9–12, 12.30–15.30 Uhr (So ab 10.45 Uhr), Eintritt frei.*

Southwest Harbor

Außerhalb des Nationalparks liegt die Ortschaft Southwest Harbor, Heimat von 70 Hummerfischern, die hier ihrer Arbeit nachgehen. Einen Besuch wert ist das **Oceanarium** mit Ausstellungen und vielen Informationen über Meerestiere, die Gezeiten und den Fischfang.
Oceanarium, 172 Clark Point Rd, ① *207-244-7330, www.theoceanarium.com, Ende Mai– Mitte Okt. Mo–Sa 9–17 Uhr, Eintritt und geführte Wanderung: $ 12.*

Das **Wendell Gilley Museum** zeigt mehr als 200 Holzschnitzarbeiten des in Southwest Harbor geborenen Künstlers Wendell Gilley, der vor allem für seine aus verschie- *Holz-* denen Hölzern geschnitzten Vögel bekannt wurde. Außerdem können Sie sich im Mu- *schnitz-* seum über die Lebensgewohnheiten einheimischer Vögel informieren und einem Holz- *arbeiten* schnitzer bei der Arbeit zuschauen.
Wendell Gilley Museum, Main/Herrick St., ① *207-244-7555, www.wendellgilleymuseum. org, Juli/Aug. Di–So 10–17 Uhr, Juni/Sept./Okt. Di–So 10–16 Uhr, $ 5.*

3 mi/4,8 km südlich von Southwest Harbor am ME-102 steht der 1858 gebaute Leuchtturm **Bass Harbor Head**, ein wegen seiner schönen Lage und der großartigen Sicht auf die vorgelagerten Inseln Sutton Island, Greening Island und die Cranberry Islands beliebtes Ausflugsziel. Ausflugsboote fahren hinüber nach Baker Island.

> ***i*** **Information**
> **Southwest Harbor-Tremont Chamber of Commerce**, *204 Main St.,* ① *207-244-9264, www.acadiachamber.com*

Isle au Haut

Einsame Insel

Zum Acadia National Park gehört auch ein Teil der Isle au Haut, ca. 50 km südwestlich von Mount Desert Island gelegen. Die Insel ist nur mit dem Postboot von Stonington erreichbar, es verkehrt keine Autofähre. Die wilde Insel ist noch weitgehend unberührt und unerschlossen. Eine Übernachtungsmöglichkeit, fern von der Zivilisation und ohne Telefon und Elektrizität, finden Sie im Leuchtturm von Isle au Haut. Mit dem Fahrrad können Sie von dort aus die Insel erkunden.

Reisepraktische Informationen Acadia National Park

ℹ️ Information

Hulls Cove Visitor Center, *am ME-3, am Eingang des Nationalparks, ① 207-288-3338, www.nps.gov/acad, Juli/Aug. tgl. 8–18 Uhr, Mitte April bis Ende Juni, Sept./Okt. tgl. 8–16.30 Uhr, Nov. bis Mitte April geschl.; im Visitor Center gibt es reichhaltiges Karten- und Informationsmaterial, Veranstaltungspläne und Literatur. Park Ranger stehen zur Auskunft und Beratung bereit; alle 15 Min. wird ein sehenswerter Informationsfilm über den Nationalpark vorgeführt.*

🕐 Reisezeit und Eintritt

*Der Park ist ganzjährig geöffnet; die beiden Campingplätze und die zahlreichen Picknickplätze sind von Mai bis Oktober benutzbar; eine begrenzte Zahl von Camping-Übernachtungsmöglichkeiten steht auch von November bis April zur Verfügung. Die **Park Loop Road** ist Dez.– Mitte April sowie bei Eis und Schnee gesperrt, ungeteerte Straßen von Nov.– Mitte Mai. Das Ticket gilt jeweils für 7 Tage und kostet pro Person $ 5, pro Pkw $ 20. Der **Hulls Cove Entrance** befindet sich 5 km nordwestl. von Bar Harbor, in der Nähe des Visitor Centers und am Beginn der Park Loop Road (der Autostraße innerhalb des Nationalparks). Innerhalb des Parks gibt es viele, in den Karten eingetragene **Parkplätze**, die als Ausgangspunkte für Wanderungen und Radtouren geeignet sind. Entlang der Park Loop Road gibt es an den landschaftlich reizvollsten Stellen ebenfalls Parkbuchten und Parkplätze.*

🛏️ Unterkunft

Im Park gibt es keine Unterkünfte. In den nahe gelegenen Ortschaften, z. B. in Bar Harbor, Northeast Harbor oder Southwest Harbor gibt es jedoch zahlreiche Übernachtungsmöglichkeiten in allen Preisklassen. Für die Sommermonate ist eine frühzeitige Zimmerreservierung zu empfehlen.

⚠️ Camping

Es gibt drei Campingplätze im Park: bei Blackwoods, in der Nähe des Stanley Brook Entrance, mit 325 Plätzen, 8 km südl. von Bar Harbor, ganzjährig geöffnet (Übernachtung Mai bis Okt. $ 20 pro Nacht, in der Nebensaison günstiger bzw. gratis); bei Seawall, 8 km südl. von Southwest Harbor, 218 Plätze, Mitte Mai bis Mitte Okt. Geöffnet ($ 20); auf der Isle au Haut, 50 km südwestl. von Mount Desert Island, nur mit dem Postboot von Stonington erreichbar. Reservierung erforderlich (ab $ 25).

🍴 Restaurant

Jordan Pond House, *① 207-276-3610, www.thejordanpondhouse.com, traditionsreiches Restaurant mit schöner Atmosphäre und vielen Spezialitäten. Im Park ausgeschildert.*

Einkaufen

Innerhalb des Parks gibt es zwei Einkaufsmöglichkeiten: einen Souvenirshop am Cadillac Mountain, u. a. mit Souvenirs, Postkarten, Getränken und Süßigkeiten, sowie einen Kiosk am Parkplatz Thunderhole. Falls Sie den ganzen Tag im Nationalpark verbringen möchten, sollten Sie ausreichend Getränke und Proviant mitbringen.

Touren/Veranstaltungen

Die monatlich erscheinende Schrift „**Beaver Log**" informiert über die täglich stattfindenden Veranstaltungen, z. B. vogel- und pflanzenkundliche Führungen, geologische Exkursionen, Bootsfahrten, Fotoworkshops, Wanderungen, Film- und Diavorführungen. Uhrzeit, Treffpunkt und Veranstaltungsdauer sind jeweils genannt. Die Informationsschrift erhalten Sie in den Informationszentren.

In den Hafenorten werden täglich **Bootsrundfahrten** angeboten. Einige der Seen im Park dürfen mit Kanus und Kajaks befahren werden.

Für die **Kutschfahrten** im Nationalpark ist Wildwood Stables der Ausgangspunkt; zu erreichen über die Park Loop Road oder über ME-3. Die Fahrten führen über die alten „carriage paths" und vermitteln starke Eindrücke der reizvollen Landschaft. Platzreservierungen sind unbedingt zu empfehlen: ① 1-877-276-3622 oder 207-276-3622. Treffpunkt jeweils 15 Min. vor Abfahrt. Es werden tgl. verschiedene Fahrten angeboten, z. B.: Fahrt zur Coblestone Bridge (2 Std.), Kutschfahrt zum Jordan Pond (2 Std.), Bergtour (1 Std.), Fahrt bei Sonnenuntergang zum Day-Mountain-Gipfel (2 Std.), www.carriagesofacadia.com (auch online-Reservierung).

Sportliche Aktivitäten
Wandern

Wanderwege mit einer Gesamtlänge von 160 km und das etwa 70 km lange Wegenetz der „carriage paths" laden zur Erkundung des Nationalparks ein. Diese Pfade, die oft über Steinbrücken führen, sind Wanderern, Radfahrern und Reitern vorbehalten. Autoverkehr ist hier nicht zugelassen, wohl aber werden die Wege von Pferdekutschen benutzt.

Informationen über geführte Wanderungen erhalten Sie im Visitor Center. Schwierigkeitsgrad und Dauer der Wanderung sind jeweils genau angegeben. Anmeldungen im Visitor Center und unter ① 207-288-3338.

Vorsicht: Die felsigen Küstenabschnitte sind sehr rutschig! Im Frühjahr und Herbst ist es oft sehr stürmisch, die Brandung entsprechend stark. Eine hohe Welle kann Sie leicht ins Meer reißen.

Schwimmen

Schwimmen ist nur ganz Abgehärteten zu empfehlen. Einige Seen im Nationalpark wie Sand Beach, Echo Lake, Lake Wood und Long Pond sind zum Baden freigegeben, aber auch im Hochsommer liegt die Wassertemperatur nur bei 12–14 °C; nur ganz selten steigt sie auf bis zu 18 °C an.

Wintersport

Im Park gibt es auf gebahnten Loipen gute Bedingungen zum Skilanglauf und Skiwandern. Einige Straßen des Parks dürfen auch mit Motorschlitten befahren werden.

Fahrrad fahren

Einige der „carriage paths" und viele Wanderwege sind für Radfahrer freigegeben. In Bar Harbor und den anderen kleinen Orten gibt es zahlreiche Geschäfte, die Tourenräder und Mountainbikes stunden- und tageweise vermieten.

Von Bar Harbor in den Norden von Maine

 Hinweis zur Route

Von Bar Harbor aus fahren Sie über den ME-3 nach Ellsworth und über den US-1A weiter nach Bangor (Entfernung: 45 mi/72 km). Von dort aus folgen Sie entweder dem I-95 oder dem US-2, bis Sie auf den ME-157 treffen, der Sie über East Millinocket nach Millinocket führt, wo die Private Road zum Baxter State Park beginnt.

*Moose-
head Lake* Das große, im Norden gelegene Waldgebiet, das sich zum überwiegenden Teil im Besitz von Papierfabriken befindet, wird nur von wenigen Straßen durchzogen. Hauptanziehungspunkte sind der Moosehead Lake, ein beliebtes Feriengebiet mit vielseitigen Sport- und Erholungsmöglichkeiten, und der Baxter State Park, ein riesiges Wildnisgebiet mit zahlreichen Seen und Wasserläufen und dem Mount Katahdin, dem höchsten Berg von Maine.

Von Bar Harbor zum Baxter State Park und zum Allagash Wilderness Waterway

Millinocket

Der ca. 7.000 Einwohner zählende Ort Millinocket ist zusammen mit East Millinocket Sitz einer der größten Papierfabriken des Landes, in der u. a. Zeitungspapier hergestellt wird. Millinocket liegt ca. 25 km südöstlich vom Eingang zum Baxter State Park. Besucher des Baxter Parks können sich mit Lebensmitteln und allen für die Wildnis notwendigen Utensilien in den Geschäften versorgen; es gibt einige Hotels, Restaurants, etliche Campingplätze in der näheren Umgebung und das New England Outdoor Center *(Old Medway Rd.)*, das u. a. geführte Wildwasser- und Kanutouren anbietet.

 Anfahrt zum Baxter State Park

Der Baxter State Park liegt 18 mi/28 km nordwestlich von Millinocket und ist nur über drei Straßen erreichbar:
• über die Private Road von Millinocket,
• über die Baxter State Park Road von Greenville und
• über den ME-159 von Patten.

Baxter State Park

*Natur-
schüt-
zender
Gouver-
neur* Während seiner Amtszeit als Gouverneur von Maine veranlasste Percival P. Baxter die Einrichtung eines Naturschutzgebietes im Bereich des Mount Katahdin, des höchsten Berges von Maine. Unter großen Schwierigkeiten erwarb er das Land 1931 mit seinem eigenen Vermögen und schenkte es dem Staat. Dieses Besitztum macht den Großteil des heute 80.940 ha umfassenden Baxter State Park aus. Baxter knüpfte an seine Schenkung die Verpflichtung, dass „das Land für immer in seinem natürlichen, wilden Zustand

Herbst im Baxter State Park

belassen werde"; das bedeutet für die heutigen Besucher, dass sie hier in weitgehend unberührter Natur noch Elchen, Bären, Stachelschweinen oder Waschbären begegnen können. Flora, Fauna, Geologie und Ökologie können im Baxter State Park auf vielfältige Weise erforscht werden; dem Besucher bietet der Park großartige Natureindrücke und eindrucksvolle Erlebnisse.

Unberührte Natur

Reisepraktische Informationen Millinocket und Baxter State Park

Information
Katahdin Area Chamber of Commerce, *1029 Central St., Millinocket, ☼ 207-723-4443, www.katahdinmaine.com.*

Buchtipp
Ausführliche Beschreibungen der Wanderwege und Trails finden Sie in dem offiziellen Wanderführer A.M.C. „Maine Mountain Guide".

 Reisezeit und Eintritt
15. Mai–15. Okt.: zur allgemeinen Nutzung geöffnet, 15. Okt.–1. Dez.: nur für Tagesbesuche geöffnet, keine Übernachtungen, 1. Dez.–1. April: nur für Tagesbesuche geöffnet, Wintersport erlaubt, jedoch kein Bergwandern oder Bergsteigen, 1. April–15. Mai: nur für Tagesbesuche geöffnet. Es wird ganzjährig eine Parkbenutzungsgebühr für alle Personen über 6 Jahren erhoben; Besucher, die nicht im Park übernachten wollen, lösen ein Tagesticket für $ 14 für das Auto und die Insassen. Haustiere und Motorräder sind zu keiner Zeit zugelassen.

*Da Millinocket Ausgangspunkt für die Fahrt zum Baxter State Park ist, finden Sie hier die **Baxter State Park Headquarters**, die Sie vor Ihrer Fahrt in die Wildnis aufsuchen sollten. Hier*

erhalten Sie alle aktuellen Informationen und gutes Kartenmaterial und können außerdem die notwendigen Platzreservierungen vornehmen lassen.
Baxter State Park Headquarters, *64 Balsam Dr., Millinocket,* ☎ *207-723-5140, www. baxterstateparkauthority.com/index.htm.*

☞ Eingänge/An- und Abmeldung

Alle tagsüber besetzten Tore sind von 21 bzw. 22 bis 6 Uhr geschlossen. Zur Sicherheit der Besucher soll bei jedem Betreten oder Verlassen des Parks an den Parktoren die An- oder Abmeldung eingetragen werden. Bei länger dauernden oder schwierigen Touren sollten auch die Uhrzeit, die geplante Route und die Zahl der Teilnehmer angegeben werden. Nur so ist gewährleistet, dass im Gefahrenfall schnelle Hilfe geleistet werden kann. Zum Fischen ist die „Maine Fishing Licence" erforderlich. Genauere Informationen erhalten Sie am Parkeingang.

☞ Hinweis für Autofahrer

Der Baxter State Park liegt 18 mi/28 km nordwestl. von Millinocket und ist nur über drei Straßen erreichbar: über die Private Road von Millinocket, über die Baxter State Park Road von Greenville und über den ME-159 von Patten.
Die geschotterten, sehr schmalen und kurvenreichen Wege und häufig kreuzende Tiere lassen nur geringe Geschwindigkeiten zu. Parken ist nur an den gekennzeichneten Plätzen erlaubt.

🛏 Unterkünfte

Informationen über Privatzimmer erhalten Sie bei **Katahdin Area Bed&Breakfast**, *94-96 Oxford St., Millinocket, Maine 04462,* ☎ *207-723-5220, Hotels unter www.katahdin maine.com.*
Katahdin Inn & Suites *$$, 740 Central St., Millinocket,* ☎ *207-723-4555 oder 1-877-902-4555, www.katahdininnandsuites.com; Hotel mit Swimming-, Whirlpools, Transfer zum Flughafen Bangor.*
Baxter Park Inn *$$, 935 Central St., Millinocket,* ☎ *207-723-9777 oder 1-866-633-9777, www.baxterparkinn.com, 48 saubere und geräumige Zimmer, freundliches Personal, zivile Preise.*

⚠ Camping

Im Baxter State Park gibt es außer auf den Campingplätzen keine Übernachtungsmöglichkeiten. **Reservierungen** *sollten frühzeitig vorgenommen werden. Ab 1. Januar werden Reservierungen entgegengenommen, jedoch nur bei schriftlicher oder persönlicher Anmeldung (Park Headquarters, 64 Balsam Dr., Millinocket/ME 04462). Infos erhalten Sie unter http://www.baxterstateparkauthority.com/index.htm,* ☎ *207-723-5140.*
Es gibt 9 einfache, mit dem Auto erreichbare **Campingplätze**, *für die Platzreservierungen unbedingt erforderlich sind. Darüber hinaus gibt es kleinere Plätze, die man nur zu Fuß erreichen kann.*
Waschen: *Die Reinigung von Geschirr und Kleidung sowie die persönliche Wäsche soll nur an den ausgewiesenen Stellen erfolgen; grundsätzlich ist auf die Reinhaltung aller Gewässer zu achten.*

🎁 Einkaufen

Da es weder Geschäfte noch Restaurants im State Park gibt, müssen Lebensmittel und Getränke in ausreichender Menge mitgebracht werden. Ausrüstungen, Campingutensilien, Boote und Bootsmaterial gibt es bei **Katahdin Outfitters/Canoe Rentals**, *Baxter Park Rd.,* ☎ *207-723-5700 oder 1-800-862-2663, www.katahdinoutfitters.com.*

Touren
Katahdin Air Service, *Baxter State Park Rd.*, ☏ *207-723-8378, 1-866-359-6246, www.katahdinair.com, bietet* **Rundflüge** *über den Baxter State Park und Charterflüge an.*

Sportliche Aktivitäten
Wanderwege/Fahrrad fahren
Ein 260 km langes Netz von Wanderwegen durchzieht den Park; denken Sie an gutes Schuhwerk und praktische, strapazierfähige und warme Kleidung. Fahrrad fahren ist nur auf den Wegen erlaubt.
Bootstouren und -verleih
Boots- und Kanuverleih gibt es am Russell Pond, South Branch Pond, Daicey Pond und Kidney Pond. Motorboote und Boote mit Außenbordmotor sind nur auf dem Matagamon-See und dem Webster-See erlaubt.
New England Outdoor Center, *Old Medway Rd.*, ☏ *1-800-766-7238, www.neoc.com, u. a. geführte Wildwasser- und Kanutouren.*

☞ Zufahrt zum Allagash Wilderness Waterway

Der günstigste Zufahrtsort ist **Chamberlain Thoroughfare** am Zusammenschluss von Chamberlain-See und Telos-See. Chamberlain ist über die von Greenville nach Norden führende Straße (Private Road open to Public) zu erreichen. Zwar gibt es einen Zugang vom Baxter State Park zum Allagash Wilderness Waterway, aber die Besucher werden aufgefordert, die Parkwege nicht als Durchgangsstraßen zu benutzen, sondern über die regulären Straßen zu fahren.

Allagash Wilderness Waterway

Im Norden von Maine, nahe der kanadischen Grenze, liegt in nahezu unberührter Natur ein Paradies für Kanufahrer. Der Allagash Wilderness Waterway ist eine ca. 150 km lange Wasserstraße von Flüssen und Seen zwischen Chamberlain Thoroughfare am Chamberlain-See im Süden und Allagash Village im Norden. 1970 wurde dieser Wasserweg des Allagash River zum nationalen Wildwassergebiet bestimmt.

Riesiges Wild-wasser-gebiet

Je nach Können und Erfahrung bietet der Allagash Wilderness Waterway für jeden Erlebnismöglichkeiten. Während der erfahrene Kanufahrer für die ganze Strecke etwa 7–10 Tage benötigt, kann der Anfänger auch kürzere Ausflüge mit geringem Schwierigkeitsgrad wählen.

Reisepraktische Informationen Allagash Wilderness Waterway

ℹ Information
Bureau of Parks and Lands, *Northern Region Headquarters, 106 Hogan Rd., Bangor, ME 04401,* ☏ *207-941-4014, www.maine.gov/doc/parks/parksinfo/allagash/*
Maine Department of Inland Fisheries and Wildlife, *41 State House Station, Augusta, ME 04333,* ☏ *207-287-8000, www.maine.gov/ifw.*

Park Rangers geben am Allagash Lake, Chamberlain Thoroughfare, Eagle Lake, Churchhill Dam, Long Lake Thoroughfare und an der Michaud Farm Auskünfte über Routen, Gebühren, Zufahrtswege, Campingplätze etc.

Camping
Es gibt mehrere einfache Campingplätze entlang des Wasserweges, die aber alle nur übers Wasser erreichbar sind.

Einkaufen
Lebensmittel, Getränke und die Campingausrüstung müssen mitgebracht werden.

Touren
Boote und Ausrüstungen müssen mitgebracht werden; es gibt keine Tankmöglichkeit.

Sportliche Aktivitäten
Im Winter wird der Park vielfach zum Eisfischen und Snowmobilfahren aufgesucht, allerdings werden die Wege nicht gebahnt.

An- und Abmeldung/Gefahren
Zur Sicherheit der Wasserwanderer sind An- und Abmeldung erforderlich und verbindlich. Vorsicht: Je nach Wetterlage können starke Winde ebenso zur Gefahr werden wie die Stromschnellen, deren Auftreten vom Wasserstand des Allagash abhängig ist.

Von Bar Harbor zum Moosehead Lake

👉 Hinweis zur Route

Von Bar Harbor aus fahren Sie über den ME-3 nach Ellsworth und über den US-A-1 weiter nach Bangor (Entfernung: 45 mi/72 km), folgen dann dem ME-15 bis Dover-Foxcroft und anschließend dem ME-6/ ME-15 bis Greenville oder Rockwood am Moosehead Lake.

Bangor

Stadt der Holzfäller

Die Geschichte der Stadt Bangor begann 1604, als der Forscher Samuel de Champlain den Penobscot River entlang fuhr und die Gegend mit den Worten „sehr angenehm mit eindrucksvollen Eichen und guten Jagdmöglichkeiten" charakterisierte. 1769 wurde die Stadt gegründet und entwickelte sich zu einem Zentrum der amerikanischen Holz- und Forstwirtschaft und zum führenden Holzhafen der Welt. In der ersten Hälfte des 19. Jh. war Bangor der Treffpunkt der Holzfäller aus dem Norden, die nach dem Fällen der Bäume in jedem Frühjahr Tausende von Baumstämme über die reißenden Flüsse ins Tal nach Bangor brachten. Ihnen wurde in der Gestalt der 10 m hohen **Paul-Bunyan-Statue** ein Denkmal gesetzt: Aufrecht stehend, im karierten Hemd, mit geschulterter Axt, verkörpert der Holzfäller Kraft, Geschicklichkeit und Mut. Heute ist Bangor der wirtschaftliche Mittelpunkt des nördlichen Maine mit seiner Papier-, Holz- und Elektronikindustrie.

Am Broadway und West Broadway stehen mehrere herrschaftliche Häuser aus dem 19. Jh. Im **Bangor Museum and Center for History** gibt es eine Sammlung mit über 10.000 Bildern, Fotos und Ansichtskarten zur Geschichte der Region ab 1840 (*vorübergehend geschlossen*). Das **Thomas A. Hill House and Civil War Museum** zeigt Originalmobiliar, Gemälde und Porträts aus dieser Zeit und informiert über den Bürgerkrieg. *Thomas A. Hill House, 159 Union St., www.bangormuseum.org, Anfang Juni bis Ende Sept. Di–Sa 10–15 Uhr, $ 3.*

Reisepraktische Informationen Bangor

i Information
The Greater Bangor Convention & Visitors Bureau, 40 Harlow Street, ☎ *207-947-5205, www.visitbangormaine.com*

Unterkünfte
Fireside Inn $$, 570 Main St., ☎ *207-942-1234, http://firesideinnbangor.com; am I-395 gelegenes Motel mit ordentlichen Zimmern und Apartments, Preis inklusive Frühstück.*
Comfort Inn Bangor Hotel $$, 10 Bangor Mall Boulevard., ☎ *207-990-0888, www.comfortinn.com; freundliches Hotel mit 115 geräumigen Zimmern, Fitnessraum, Frühstück inklusive; in der Nähe der Bangor Einkaufsmall und des Maine Discovery Museum, Restaurants in der näheren Umgebung.*
Fairfield Inn Bangor $$, 300 Odlin Rd., ☎ *207-990-0001, www.marriott.de; verkehrsgünstig zum Flughafen, zum I-95 und I-395 gelegenes Hotel mit 153 Zimmern, Swimmingpool und Sauna, Einkaufszentren sind in der Nähe des Hotels.*
Four Points by Sheraton Bangor Airport $$$, 308 Godfrey Blvd., ☎ *207-947-6721, www.starwoodhotels.com; das komfortable Hotel ist über eine Fußgängerbrücke mit dem Flughafen verbunden; Universität und das Geschäftsviertel von Bangor liegen in unmittelbarer Nähe.*

Veranstaltungen
Kenduskeag Stream Canoe Race, www.kenduskeagstreamcanoerace.com, Kanu-Wettbewerb, Mitte April.
Bangor Fair, einer der ältesten Märkte des Landes mit Pferderennen, Ausstellungen und Shows, letzte Juliwoche/erste Woche im Aug.

Flughafen
*Der **Bangor International Airport**,* ☎ *207-992-4623 oder 1-866-359-2264, www.flybangor.com, liegt östl. der Stadt. Es bestehen Flugverbindungen u. a. nach New York City, Boston, Portland und Albany.*

Dover-Foxcroft

Der um 1800 gegründete Ort hat heute etwa 3.000 Einwohner. Interessant sind der **Thomas Hill Standpipe-Wasserturm** von 1897, das Wahrzeichen der Stadt, und das **Blacksmith Shop Museum**, die Rekonstruktion einer Schmiede aus der Mitte des 19. Jh.
Blacksmith Shop Museum, Park St./Chandler-Daws Rd., ☎ *207-564-2549, Mai bis Okt. tgl. 10–17 Uhr.*

Wandern   Ein schönes Wandergebiet mit vielseitigen Wassersportmöglichkeiten ist der **Peaks-Kenny State Park** am Sebec-See *(6 mi/9,6 km nördl. am ME-153, ☎ 207-564-2003; ganzjährig geöffnet)*. Abenteuer auf dem Rücken der Pferde kann man bei ein- und mehrtägigen **Reitausflügen** erleben.
Northern Maine Riding Adventures, *186 Garland Line Rd., ☎ 207-564-3451, www. mainetrailrides.com/*.

---

i   **Information**
The Greater Bangor Convention &Visitors Bureau, *40 Harlow Street, ☎ 207-947-5205, www.bangorcvb.org*

Moosehead Lake Region

Die nördliche Berg- und Seeregion von Maine ist zu jeder Jahreszeit ideal für naturnahe Ferien. In den Sommermonaten lädt die Gegend zum Schwimmen, Rudern, Wandern und zur Elchbeobachtung ein, in der Wintersaison sind Abfahrtsski, Skilanglauf und Fahrten mit dem Schneemobil möglich.

Der **Moosehead Lake** ist mit 40 Meilen Länge und 20 Meilen Breite der größte der zahllosen Seen von Maine. Sehr reizvoll sind die vielen Buchten, die kleinen Inseln im See und die nähere Umgebung mit dichten Wäldern, Teichen, Bächen und kleinen Wasserläufen.

info

Der amerikanische Elch (moose)

Elche, die zur Paarhufer-Familie der Hirsche gehören, leben in meist sumpfigen Laub- und Mischwäldern, in Mooren und Tundren. Ihr Verbreitungsgebiet liegt in Nordeuropa, Asien und Nordamerika. Der Elch ist der größte und schwerste lebende Hirsch; er kann bis zu 3 m lang, 2,5 m hoch und bis 800 kg schwer werden und erreicht ein Alter bis zu 25 Jahren. Er ernährt sich von Weichholz, Blättern und Kräutern. Das auffallendste Merkmal ist das mächtige Geweih des männlichen Elchs, das bis zu 20 kg wiegen kann, sich meist zur Schaufel verbreitert und jährlich gewechselt wird.

Der Elch, der ein guter Schwimmer ist, lebt im Sommer einzeln oder familienweise; im Winter schließen sich die Elche zu kleinen Trupps zusammen. Sie ziehen in ihren weiten Revieren unregelmäßig umher. Oft machen sie weite, mehrere hundert Kilometer lange Wanderungen, wobei selbst große Seen keine Hindernisse für sie sind. Der Wandertrieb erfasst sie vor allem zur Brunftzeit; der Ruf des Elchs klingt dann dumpf röhrend durch den Wald, unterbrochen von krachenden Geweihschlägen gegen Bäume und Geäst.

Im nördlichen Maine, in der waldreichen Umgebung des Moosehead Lake, gibt es die größte Elchherde im Nordosten der USA. Da Elche hauptsächlich Nachttiere sind, lassen sie sich am besten in den frühen Morgenstunden und nach Einbruch der Dämmerung beobachten. Es ist nicht selten, dass Sie schon vom Auto aus die an den Straßenrändern äsenden Tiere sehen können, die sich von den Menschen gar nicht stören lassen.

Elche fühlen sich wohl in der wald- und seenreichen Landschaft von Maine

Die reiche Pflanzen- und Tierwelt lädt zum Beobachten und Verweilen ein; häufig ist der Ruf des Loon zu hören, den man die „Nachtigall des Nordens" nennt, und sicher werden Elche Ihren Weg kreuzen. Da nur wenige Straßen durch die dichten, endlosen Wälder und zu den zahlreichen Seen führen, sind Kanu, Wasserflugzeug oder Schneemobil wichtige Transportmittel für die Bewohner der Camps und Lodges in der Wildnis von Maine.

Elche...

Greenville und **Rockwood** sind die Zentren des Fremdenverkehrs und bieten vielerlei Möglichkeiten, zu Fuß, per Boot oder per Flugzeug die unberührte Natur kennen zu lernen. Für einen angenehmen Aufenthalt sorgen gemütliche Restaurants, oft mit schönem Blick auf den See, die große Auswahl an Übernachtungsmöglichkeiten in stilvollen Bed&Breakfast-Häusern, rustikalen Cottages oder eleganten Lodges, Läden und Galerien mit Souvenirs und Kunsthandwerk einheimischer Künstler.

In Greenville gibt es das ganze Jahr über etwas zu feiern: Während im Winter Schneefeste und Autorennen auf dem zugefrorenen See zum Programm gehören, steht der Elch im Mittelpunkt der „Moosemainea-Wochen", die von Mitte Mai bis Mitte Juni mit einem Fotowettbewerb, Elchbeobachtungen, Wanderungen, Regatten und Paraden stattfinden. Im August werden die Forest Heritage Days gefeiert, im September das internationale „Sea Plane Fly-In" und im Oktober das „Moose on the Run Road Race" mit Teilnehmern aus vielen Ländern.

... und Elch- wochen

Das seit 2010 geschlossene Skigebiet **Big Squaw Mountain Resort** bzw. die Skilifte sind seit 2013 durch eine lokale Initiative wieder in Betrieb, aktuelle Infos unter *http://skibigsquaw.com*.

Reisepraktische Informationen Moosehead Lake Region

i Information

Moosehead Lake Region Chamber of Commerce, Indian Hill Plaza, 156 Moosehead Lake Road (Route15), Greenville, ① 207-695-2702, www.mooseheadlake.org, 15. Mai bis 15. Okt. 9–17, sonst 10–16 Uhr.

Unterkünfte
GREENVILLE

Moose Mountain Inn $, 314 Rockwood Rd., ① 1-800-792-1858, www.moosemountain inn.com, kleines Motel in ruhiger Lage mit 15 Zimmern, ganzjährig geöffnet, viele Angebote zu Outdoor-Aktivitäten.

Chalet Moosehead Lakefront Motel $$, Birch St., ① 207-695-2950, www.moosehead lodging.com; direkt am Moosehead Lake gelegenes Motel, zu dem ein Cottage gehört, mit Kanu-, Paddelbootbenutzung, von Mai–Ende Okt. geöffnet.

The Captain Sawyer House B&B $$, 18 Lakeview St., ① 207-695-2369, http://captain sawyerhouse.com/, um 1849 gebautes Haus im Ort mit 4 Gästezimmern und großer Landhausküche, Seeblick, ganzjährig geöffnet.

Evergreen Lodge Moosehead $$$, Rte 15, ① 207-695-3241 oder 1-888-624-3993, www.evergreenlodgemoosehead.com, 5 gemütliche Gästezimmer, zwei davon mit Gasofen, umgeben von einem großen Garten, leckeres Frühstück, 10 Minuten südlich von Downtown Greenville.

Greenville Inn $$$, 40 Norris St., ① 207-695-2206 oder 1-888-695-6000, www.greenville inn.com; mehrfach ausgezeichnetes, restauriertes Herrenhaus aus dem Jahr 1895 mit antikem Mobiliar, Garten und schönem Blick auf den Moosehead Lake oder auf den Squaw Mountain.

The Lodge at Moosehead $$$$, Lily Bay Rd., ① 207-695-4400, www.lodgeatmoosehead lake.com; eine besondere Empfehlung für anspruchsvolle Gäste: ein Haus mit 8 behaglichen Gästezimmern, deren Einrichtung von einem örtlichen Kunsthandwerker jeweils nach einem besonderen Motto angefertigt wurde; große Terrasse mit herrlichem Ausblick auf den Moosehead Lake und auf stimmungsvolle Sonnenuntergänge; ausgezeichneter, sehr individueller Service.

ROCKWOOD

Moosehead Motel $, am ME-6, ① 207-534-7787; einfaches Hotel mit 27 Zimmern, Restaurant, Bootsanlegestelle und Bootsvermietung.

The Oak Lodge on Kineo Island $$, ① 207 534-7415; am Fuße des Mt. Kineo gelegenes, gepflegtes Landhaus mit 4 geräumigen, rustikal eingerichteten Zimmern und vielfältigen Möglichkeiten zum Fischen, Wandern, Radfahren, Rafting; Shuttle zum 9-Loch-Golfplatz.

The Birches Resort $$, 3 km nördl., ① 207-534-7305, www.birches.com; Hotelkomplex aus 17 kleinen Blockhäusern, großes Sportangebot, Fahrradvermietung, ganzjährig geöffnet; Ausgangspunkt der Wilderness-Expeditionen.

🍴 Restaurants

Greenville Inn, Norris St., ① 207-695-2206; gepflegtes Restaurant mit eleganter Einrichtung und vielfach ausgezeichneter Küche, Tischreservierung empfehlenswert.

Kellys Landing, *Greenville Junction,* ① *207-695-4438; Familienrestaurant direkt am See, es bietet gute Seafood- und Steakgerichte in angenehmer, zwangloser Umgebung, schöne Terrasse.*

Stress Free Moose Pub & Café, *65 Pritham Ave, ordentliche Burger und Sandwiches.*

 Touren

TIER- (besonders Elch-) BEOBACHTUNGEN

Es werden verschiedene Wanderungen, Bootsausflüge oder Rundflüge zu solchen Orten angeboten, an denen Elche und andere Tiere häufig zu beobachten sind:

Beaver Creek Guide Service, *Greenville,* ① *207-695-2265 oder 207-695-3091, http://www.beavercreekcabins.com/, tgl. 3-stündige Wanderung mit professionellen Führern.*

Moose River Landing Wildlife Cruise, *Rockwood,* ① *207-534-7577, www.mooseriver landing.com, Bootsfahrt über den Moosehead Lake mit Elch- und Vogelbeobachtungen, Abfahrtszeiten: So–Fr 7.30 und 16 Uhr.*

Moose Country Guiding Adventure, *Greenville,* ① *207-876-4907, Kanufahrt zur Elchbeobachtung, tgl. 6-11 und 16-21 Uhr, im Winter führt der erfahrene Führer auch Hundeschlittenfahrten durch.*

Moose Cruise on the Wilderness Boat, *Rockwood,* ① *207-534-7305, www.maineoutfitter. com/, jeden Tag wird eine andere Bucht zur Tierbeobachtung angefahren, tgl. Juni–Sept. 7–9 und 17–19 Uhr.*

BOOTSFAHRTEN

Katahdin Cruises, *P.O. Box 1151, Greenville,* ① *207-695-2716, www.katahdincruises.com. Vor dem Ausbau des Straßennetzes waren Schiffe das wichtigste Transportmittel. Sie versorgten die Bevölkerung mit allen Waren. Das Schiff „Katahdin" aus dem Jahr 1914, das wieder hergerichtet wurde, ist das letzte Schiff dieser Epoche und dient nun von Juni bis Sept. als Ausflugsschiff und schwimmendes Museum auf dem Moosehead Lake.*

BOOTSVERMIETUNG

Beaver Cove Marina, *Lily Bay Rd., Greenville, www.beavercovemarina.com,* ① *207-695-3526, Ruder- und Motorboote.*

Gray Ghost Camps, *161 Jackmann Road, Rockwood,* ① *207-534-7362, www.grayghost camps.com/rentals.html, Kanu- und Paddelboote, auch Motorboote. Zudem werden günstige Cabins am See vermietet.*

Lincoln Camps, *am ME-15, Rockwood,* ① *207-534-7741, www.campstorent.com/lincoln.htm, Paddelboote, Kanus und Motorboote.*

Moosehead Lake Houseboat Vacations, *Rockwood,* ① *207-534-7711, die Hausboote, die für bis zu 6 Personen geeignet sind, sind auch tageweise zu mieten, Haustiere können nicht mitgebracht werden.*

WILDWASSERFAHRTEN UND SKI FAHREN

Die kleinen Orte sind im Sommer Ausgangsort für „raft trips", die beliebten Wildwasserfahrten, und im Winter für Ski- und Snowmobiltouren.

Northern Outdoors, ① *207-663-4466, www.northernoutdoors.com, Wildwasserfahrten auf dem Kennebec River und dem Penobscot River; im Winter Langlauf und Snowmobilfahrten.*

Wilderness Expeditions, ① *207-534-2242 oder 1-800-825-9453, www.wildernessrafting. com, Wildwasser- und Kanufahrten auf dem Kennebec River, dem Penobscot River und dem Hudson River; im Winter Skiwanderungen.*

Pine Tree Whitewater, *Greenville, ① 207-695-3683, spezielle Kanufahrten.*

FAHRRADVERLEIH: North Woods Mountain Bikes Rental, *Greenville, Main St., ① 207-695-3288, Vermietung von gut ausgestatteten Rädern, zuverlässige Tour-Informationen.*

RUNDFLÜGE
Currier's Flying Service, *Greenville, ① 207-695-2778, www.curriersflyingservice.com, Rund- und Tierbeobachtungsflüge überm Moosehead Lake.*
Jack's Air Service, *Greenville, ① 207-695-3020, http://jacksairservice.com, Rundflüge, Flüge nach Kanada.*

 ### Hinweis zur Route

Wenn Sie vom Moosehead Lake nach Norden zum Baxter State Park oder zum Allagash Wilderness Waterway fahren wollen, nehmen Sie von Greenville aus die Bay Road, die nach Kokadjo führt. Hinter Kokadjo hört die Asphaltierung für einige Meilen auf, jedoch ist die Straße weiterhin ausgeschildert und gut befahrbar. Ab Sias Hill wird sie zu einer Privatstraße, die Straße ist gebührenpflichtig. Die Straße, jetzt Golden Road genannt, führt am Westufer des Penobscot River entlang und trifft dann nördlich von Millinocket auf die Baxter State Road.

Vom Moosehead Lake nach New Hampshire

 ### Hinweis zur Route

Von Rockwood aus fahren Sie auf dem ME-6/15 bis Jackman, fahren dann auf dem US-201 nach West Forks und dann am Kennebec River entlang nach Süden bis Solon. In Solon können Sie zwischen zwei Strecken wählen:
1. Weiterfahrt auf dem US-201 bis Skowhegan und von dort auf dem US-2 über Farmington, Rumford und Bethel nach New Hampshire (S. 397).
2. Folgen Sie von Solon zunächst dem ME-16 bis Kingfield und fahren Sie dann weiter auf dem landschaftlich sehr reizvollen ME-27 über Bigelow nach **Stratton**. Von dort führt der ME-16 Sie nach Rangeley. Die Fahrt führt in das Feriengebiet am **Sugarloaf Mountain**, das hervorragende Wintersportmöglichkeiten bietet und auch zum Wandern und Mountainbiking sehr gut geeignet ist, sowie zum beliebten Ferienort **Rangeley**.

Wasser-sport-paradies

Der Kennebec River, der ganzjährig ausreichend Wasser führt, ist an den Sommerwochenenden ein beliebtes Ziel von Wassersportlern. Hier treffen sie sich, um mit Kanu, Kajak oder Floß die Stromschnellen zu durchfahren. Die besten Bedingungen für **Wildwasserfahrten** bietet der erste, ca. 10,5 km lange Streckenabschnitt. Von Mai bis Mitte Oktober werden Touren von Rafting-Unternehmern angeboten (z. B. *Voyagers Whitewater, The Forks, direkt am US-201*). Die Fahrten werden je nach Teilnehmerzahl mit unterschiedlich großen Booten von zuverlässigen Führern geleitet.

Ausflug zu den Moxie Falls

Vom US-201 können Sie ab **West Forks** einen lohnenden Abstecher zu den **Moxie Falls** machen, einem der schönsten und mit ca. 20 m einem der höchsten Wasserfälle Neuenglands. Ein Wanderweg führt durch ein Waldgebiet und an einigen schönen Kaskaden des Moxie Stream entlang und bietet dann einen schönen Blick auf den freien Fall des Wassers.

Im freien Fall: die Moxie Falls

Rangeley

Das Seengebiet um Rangeley ist ein ganzjährig beliebtes Feriengebiet. Der kleine, etwa 1.200 Einwohner zählende Ort verfügt über mehrere Hotels, Restaurants und Geschäfte und bietet im Sommer neben guten Wassersportmöglichkeiten vielfältige Gelegenheiten zum Wandern und Mountainbiking im Gebiet der **Saddleback Mountains** und des **Appalachian Trail**; im Winter finden Skiläufer hier ein sicheres Schneegebiet vor. Rangeley gehört auch zu jenen Regionen Neuenglands, in denen sich vor allem im Frühsommer Elche besonders gut beobachten lassen.

Im Winter schneesicher

Das **Wilhelm-Reich-Museum** zeigt in Bildern und Modellen das Leben und Werk von Wilhelm Reich, einem österreichischen Psychoanalytiker und Schüler Sigmund Freuds, der 1939 in die USA emigrierte. Experimente zu seiner Theorie von der Lebensenergie „Orgon" brachten ihn in Konflikt mit dem amerikanischen „Kurpfuschergesetz". Er starb 1957 im Gefängnis, nachdem man ihn zu zwei Jahren Haft wegen „Missachtung des Gerichts" verurteilt und seine Werke verbrannt hatte. Das Museum ist im ehema-

ligen Wohnhaus Reichs untergebracht. Seine Bibliothek und das Arbeitszimmer können besichtigt und sein Grab besucht werden.
Wilhelm-Reich-Museum, *Orgonon-Dodge-Pond Rd., ① 207-864-3443, www.wilhelmreich trust.org, Juli/Aug. Mi–So 13–17, Sept. So 13–17 Uhr, $ 6.*

Der **Rangeley State Park** *(South Shore Drive, ① 207-864-3858)* ist von Mai bis September geöffnet und bietet Picknickplätze, Schwimmgelegenheiten, Wanderwege und einen Zeltplatz.

Reisepraktische Informationen Rangeley/ME

Information
Rangeley Lakes Chamber of Commerce, *6 Park Road, ① 207-864-5364, www.rangeleymaine.com*

Unterkünfte
Country Club Inn $$, *Country Club Dr., ① 207-864-3831, http://countryclubinn rangeley.com/; gepflegtes Hotel mit rustikaler Atmosphäre, Swimmingpool, 18-Loch-Golfplatz, am Ortsrand gelegen.*
Rangeley Inn & Motor Lodge $$, *2443 Main St., ① 207-864-3341, www.rangeleyinn.com; zu Beginn des 20. Jh. gebautes, empfehlenswertes Hotel mit gediegener Atmosphäre und 35 Zimmern, die modernen Komfort mit „altmodischem Charme" verbinden; in dem eleganten Speiseraum können Sie die vorzügliche Küche des Hauses genießen. Auf dem großen Grundstück, das direkt am See liegt, wurde zusätzlich die Lakeside Motor Lodge mit 15 Einheiten errichtet.*

Die Seen um Rangeley sind ein beliebtes Feriengebiet

Von Bar Harbor nach New Hampshire

Von Bar Harbor aus fahren Sie nach Bangor; von dort aus bieten sich zwei Alternativstrecken an.

1. Streckenalternative

 Hinweis zur Route

Diese Alternative ist für eine schnelle Fahrt über die Highways geeignet: Von Bangor aus folgen Sie dem I-95 über Waterville nach Augusta und verlassen den I-95 bei der Abfahrt 14. Von dort folgen Sie dem I-495 bis zur Abfahrt 11, fahren von dort zunächst über den US-202 nach Süden, dann auf dem ME-35/US-302 am Sebago Lake entlang nach Conway in New Hampshire.

Waterville

Die 1754 gegründete Stadt hat heute etwa 15.600 Einwohner, die Arbeit in Betrieben der Biotechnologie und der Papierherstellung finden. Zu den Sehenswürdigkeiten der Stadt gehören die **Lorimer-Kapelle** aus dem Jahr 1937 mit einer von Albert Schweitzer entworfenen Orgel und das **Old Fort Halifax** aus dem Jahr 1754. Das **Redington Museum** zeigt eine Apotheke aus dem Jahr 1814, Einrichtungen des 18. und 19. Jh., Dokumentationen zum Bürgerkrieg und indianische Ausstellungsstücke.
Redington Museum, 62 Silver St., ① 207-872-9439, www.redingtonmuseum.org, Ende Mai bis Ende Sept. Di–Sa, Führungen um 10/11/13 und 14 Uhr, $ 3.

Sehenswertes

Von der Brücke über den Kennebec River bietet sich ein schöner Blick auf die **Ticonic-Fälle**. Eine Besonderheit ist die „**Two-Cent-Bridge**"; zum Überqueren der Brücke müssen Fußgänger eine Maut von 2 Cents bezahlen!

Reisepraktische Informationen Waterville

Information
Mid-Maine Chamber of Commerce, *50 Elm Street,* ① *207-873-3315, www.midmainechamber.com*

Unterkünfte
Fireside Inn & Suites *$$, 356 Main St., ① 207-873-3335, www.firesideinnwaterville.com; freundliches Motel, 86 zweckmäßig eingerichtete Zimmer unterschiedlicher Größe, Restaurant, großer Pool.*
Waterville Grand Hotel *$$, 375 Main St., ① 207-873-0111, www.watervillemainehotel.com; gut ausgestattetes Hotel mit 139 Zimmern, Restaurant, beheiztem Pool, Sauna und Fitnessraum.*

Zwischen Waterville und Augusta liegt das schöne Ausflugsgebiet der **Belgrade Lakes** mit kleinen, ruhigen Ferienorten und guten Möglichkeiten zum Wandern und Ka-

nufahren. Lohnend ist eine Fahrt mit dem **Belgrade Lakes Postschiff**, das den Bewohnern an den Seeufern die Post zustellt und auch Pakete und Passagiere befördert.

Augusta

*Haupt-
stadt von
Maine*

Im Jahr 1628 gründeten Siedler aus Plymouth eine Poststation an der Stelle eines indianischen Dorfes. 1754 wurde das Fort Western zum Schutz der Siedler vor feind-
lichen indianischen Überfällen gebaut. Seit 1827 ist Augusta mit ca. 18.500 Einwohnern
die Hauptstadt des Bundesstaates Maine. Die Stadt liegt auf beiden Ufern des Kennebec River und ist das Handels-, Bank- und Kulturzentrum von Maine.

Das **State House**, das Parlamentsgebäude, wurde in den Jahren 1829 bis 1832 nach
Plänen des berühmten Bostoner Architekten Charles Bulfinch gebaut, der auch die
State Houses von Boston/Massachusetts und Hartford/Connecticut entworfen hatte.
Sie alle zeigen mit den klassizistischen Säulenfronten und der vergoldeten Kuppel star-
ke Ähnlichkeiten mit dem Capitol in Washington. Auf der Spitze des Gebäudes steht
die von W. Clark Noble stammende Statue der Minerva. Das 1910 erweiterte State
House liegt sehr schön inmitten der gepflegten Grünanlagen des Capitol Park, in der
Nähe des Kennebec River.
*State House, State/Capitol St., ① 207-287-1400, Mo–Fr 8–17 Uhr, Führungen Mo, Di und
Fr 9–12 Uhr, Eintritt frei.*

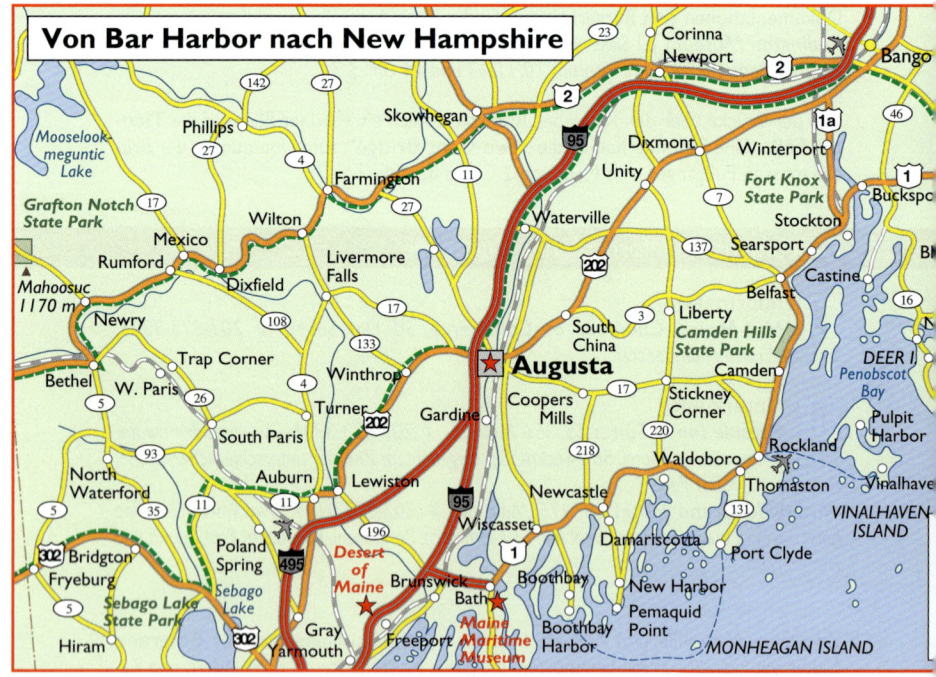

Sehenswerte Ausstellungen zur Geschichte und Entwicklung von Maine von der Staats- *Geschichte*
gründung bis zur Gegenwart erwarten den Besucher im **Maine State Museum** im *von Maine*
State House Complex. Das 1833 gebaute **Blaine House** ist seit 1919 die offizielle Re-
sidenz des Gouverneurs von Maine. Es werden halbstündige Führungen angeboten.
Maine State Museum, *im Gebäude der Bibliothek, State St., ☏ 207-289-2301, http://
mainestatemuseum.org/, Di–Fr 9–17, Sa 10–16 Uhr, So/Mo geschl., $ 2.*
Blaine House, *State St., ☏ 207-289-2301, www.blainehouse.org, Mo–Fr 14–16 Uhr.*

Das im Jahr 1830 gebaute **Kennebec County Court House** *(State/Winthrop St.)* diente bis 1969 als Gerichtsgebäude. Es gilt als gutes Beispiel für den Greek-Revival-Stil und
ist noch mit dem Originalmobiliar eingerichtet. Das **Children's Discovery Museum**
bietet eine Fülle von Spiel- und Entdeckungsmöglichkeiten und ist auch für kleinere Kinder geeignet.
Children's Discovery Museum, *265 Water St., ☏ 207-622-2209, http://childrensdiscovery
museum.org, Di–Do 10–16, Fr/Sa 10–17, So 11–16 Uhr, $ 5,50.*

Einen Besuch wert ist das **Old Fort Western Museum on the Kennebec**, das 1754 *Englische*
von wohlhabenden Bostoner Bürgern gebaut wurde und in einer Kette ähnlicher Be- *Festungen*
festigungen den englischen Siedlern zur Verteidigung gegen die Franzosen diente. Kostümierte Führer informieren über die Geschichte des Forts.
Old Fort Western Museum on the Kennebec, *16 Cony St., ☏ 207-626-2385, http://
www.oldfortwestern.org/, Ende Mai bis Anf. Sept. tgl. 13–16, bis Anf. Okt.
Sa/So 13–16 Uhr, $ 6.*

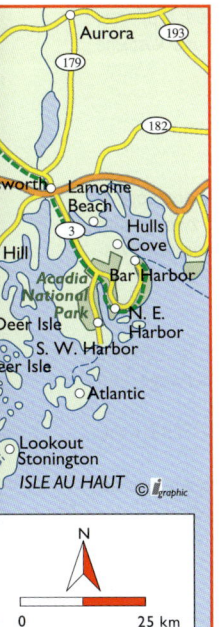

Das große Gelände des **Pine Tree State Arboretum** *(153 Hospital St., ☏ 207-621-0031)* lädt auf Lehrpfaden zum Kennenlernen der
Bäume und Pflanzen, zur Vogelbeobachtung, zum Wandern und
Picknicken ein. Dabei bieten sich immer wieder schöne Ausblicke auf
das Kennebec-Tal.

Das State House von Maine

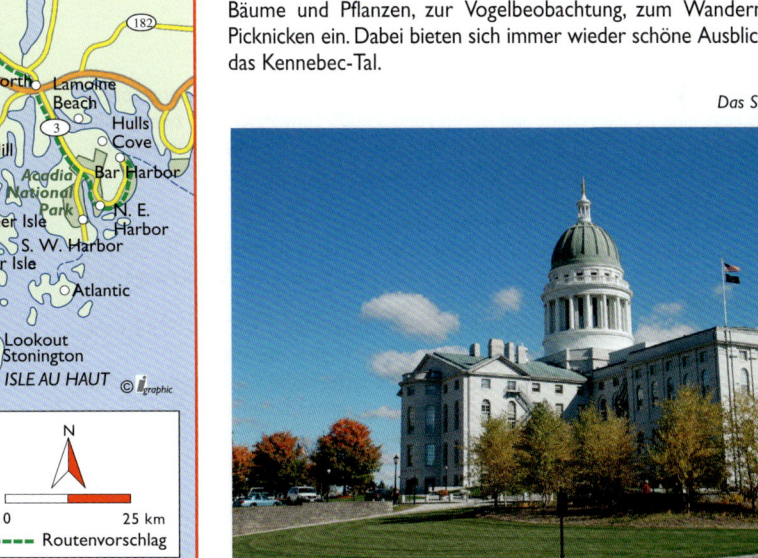

Reisepraktische Informationen Augusta

ℹ️ Information
Kennebec Valley Chamber of Commerce, *21 University Dr., ① 207-623-4559, www.augustamaine.com, Mo–Fr 9–16 Uhr; das Informationszentrum liegt zwar weit vom Stadtzentrum entfernt, bietet aber eine Fülle von Informationen.*

🛏️ Unterkünfte
Quality Inn & Suites Maine Evergreen Hotel $$, *65 Whitten Rd., am ME-Turnpike, ① 207-622-3776, www.augustaqualityinn.com; gut geführtes Hotel mit 76 Zimmern unterschiedlicher Größe, beheiztem Swimmingpool und Frühstücksangebot.*
Best Western Plus Civic Center Inn $$, *110 Community Dr., ① 207-622-4751, http:// www.augustaciviccenterinn.com/; in der Nähe des Civic Center gelegenes Mittelklassehotel mit 102 meist geräumigen Zimmern, Restaurant und Fitnessraum.*
Senator Inn & Spa $$$, *284 Western Ave., ① 207-622-5804 oder 1-877-772-2224, www.senatorinn.com; empfehlenswertes Hotel mit 106 geräumigen, gut ausgestatteten Zimmern, Swimmingpool, gutem Restaurant, Sauna, Fitnessraum und Wanderpfad hinter der Anlage.*

🍴 Restaurants
Augusta House of Pancakes, *100 Western Ave., ① 207-623-9775; hier können Sie zwischen mehr als 100 Pfannkuchenvariationen wählen.*
Cloud 9 Restaurant (im Senator Inn), *284 Western Ave., ① 207-622-5804; gepflegtes Restaurant, Maine-Seafood-Spezialitäten, aber auch Pizza, Sonntagsbrunch und köstliche Desserts.*

Lewiston

Lewiston bildet mit **Auburn**, das auf der gegenüberliegenden Seite des Androscoggin-Flusses liegt, eine Zwillingsstadt und ist mit rund 35.000 Einwohnern die zweitgrößte Stadt von Maine. Die ersten Siedler ließen sich um 1770 am Fluss nieder, dessen Wasserkraft im 19. Jh. für eine ständig wachsende Textilindustrie genutzt wurde.

Sehenswertes in der Umgebung von Lewiston
• Das Schutzgebiet **Thorncrag Bird Sanctuary** bietet an kleinen Seen, Teichen und Weihern vielen verschiedenen Vogelarten Lebensraum; es gibt Wanderwege und Picknickplätze.
Thorncrag Bird Sanctuary, *Montello St./Highland Spring Rd., ① 207-782-5238, www. stantonbirdclub.org/thorncrg.htm, tgl. von Sonnenauf- bis Sonnenuntergang.*
• Im **Sabbathday Lake Shaker Village** lebte die letzte aktive Glaubensgemeinschaft der Shaker in Amerika; die Ursprünge der Gemeinde gehen bis auf das Jahr 1782 zu-
Shaker-Gemeinde rück (Info-Kasten, S. 323). Die meisten Häuser stammen aus dem späten 18. oder frühen 19. Jh. Im Museum können Sie Möbel, Werkzeuge, Textilien, Zinn- und Holzgegenstände und Kunsthandwerk aus der Gründungszeit sehen.
Shaker Village, *707 Shaker Rd., New Gloucester, 12 mi/19,2 km westl. von Lewiston-Auburn, bei Poland Springs, am Sabbathday Lake am US-26, ① 207-926-4597, http://www.shaker. lib.me.us/, Mai–Okt. Mo–Sa 10–16.30 Uhr, Eintritt und Führung: $ 7,50.*

Sebago Lake

Der Sebago Lake ist der zweitgrößte See von Maine und ein beliebtes Ausflugsziel für die Bewohner der nur 20 km entfernten Stadt Portland. Der fischreiche See ist von bewaldeten Hügeln umgeben; an seinem Ufer liegen kleine Dörfer und zahlreiche gepflegte Hotelanlagen. Zu den Ferienunternehmungen gehören besonders Bootsausflüge, Spaziergänge, Picknicks, Wanderungen und Ausflüge zum beliebten Sebago Lake State Park am Nordufer des Sees.

Ausflugs-ziel

2. Streckenalternative

 Hinweis zur Route

Die landschaftlich reizvolle, aber zeitaufwändige Fahrt geht durch das Binnenland von Maine bis nach New Hampshire. Von Bangor aus folgen Sie immer dem US-2, der Sie über **Skowhegan**, **Farmington**, **Rumford** und **Bethel** nach **Gorham** in New Hampshire führt.

Skowhegan

Die 1771 gegründete Stadt liegt in einer reizvollen, wasserreichen Umgebung. Die hier ansässigen Abenaki-Inianer gaben dieser Stelle den Namen Skowhegan, was in ihrer Sprache „Mann, der schaut" bedeutet. Hier am Kennebec River hielten sie Ausschau nach Lachsen, die auf ihren Laichzügen vorbeizogen. Skowhegan ist wegen der großen, 12 t schweren **Indianerstatue** von Bernard Langlais bekannt, die aus einem einzigen Baumstamm gearbeitet und im Ortszentrum aufgestellt ist.
Für Kinder bietet das interaktive **Children's Museum** viele Objekte zum Spielen und Lernen.

Das **History House** liegt am Kennebec River und zeigt Interessantes und Amüsantes zur Stadtgeschichte.
History House, 66 Elm St., ① 207-474-6632, www.skowheganhistoryhouse.org, Ende Mai bis Anf. Okt. Di–Sa 10–16 Uhr, Eintritt frei.

Das **Lakewood Theatre**, ist das Staatstheater von Maine. Es wurde schon 1901 gegründet und ist damit eines der ältesten Sommertheater des Landes. Von Mitte Juni bis Mitte September finden Aufführungen, meist Komödien und Musicals, in dem sehr schön am Lake Wesserunsett gelegenen Theater statt.
Lakewood Theatre, am US-201, 6 mi/9,6 km nördlich, ① 207-474-7176, www.lakewood theater.org.

Schön gelegenes Sommer-theater

Reisepraktische Informationen Skowhegan

 Information
Skowhegan Area Chamber of Commerce, *23 Commercial St., ① 207-474-3621, www.skowheganchamber.com.*

Unterkünfte

Belmont Motel $$, *273 Madison Ave.,* ☎ *207-474-8315 o. 1-800-235-6669, www.bel montmotel.com; Motel mit 36 nett eingerichteten Zimmern, Garten und großem Swimmingpool.*
Towne Motel $$, *248 Madison Ave.,* ☎ *207-474-5151, www.townemotel.com; am Ortsrand gelegenes, zweistöckiges Haus mit 33 zweckmäßig eingerichteten Zimmern und 7 Apartments sowie Swimmingpool.*

Veranstaltungen

Skowhegan Log Day, *zur Erinnerung an die letzten Fahrten auf dem Kennebec River, Paraden, Feuerwerk, Bohnendinner, am letzten Samstag im Aug.*
Skowhegan State Fair, *www.skowheganstatefair.com; der seit 1818 stattfindende Markt ist einer der ältesten des Landes. Pferderennen, Wettkämpfe, Ausstellungen und Aufführungen, Mitte Aug.*

Sportliche Aktivitäten

In der Umgebung Skowhegans gibt es gute Wassersportmöglichkeiten; sehr beliebt sind Kanutouren und Wildwasserfahrten auf dem Kennebec River zwischen Skowhegan und The Forks. Es werden organisierte Kanufahrten von unterschiedlicher Dauer und in verschiedenen Schwierigkeitsstufen angeboten, u. a. von:
Northern Outdoors, *1771 US Route 201, The Forks,* ☎ *207-663-4466, www.northernout doors.com*
Three Rivers, *2265 US Route 201, The Forks,* ☎ *207-663-2104, http://threeriverswhite water.com*

Auf der Weiterfahrt auf dem US-2 können Sie vor **Wilton** zu einem Abstecher auf den ME-156 abbiegen. Nach ca. 6 mi/9,6 km liegt auf der linken Seite der **Bald Mountain**. Nach einem relativ leichten, etwa einstündigen Aufstieg können Sie einen großartigen Blick in alle Himmelsrichtungen genießen.

Die 1774 gegründete Stadt **Rumford** ist ein ganzjährig beliebter Erholungsort; bekannt vor allem wegen der eindrucksvollen Penacook Falls.

Bethel

Der 1774 gegründete Ort liegt auf beiden Ufern des an Windungen reichen **Androscoggin-Flusses**, im Vorgebirge der White Mountains. Bethel ist wegen der vielseitigen Erholungsmöglichkeiten und hervorragender Wintersportgegebenheiten ganzjährig ein *Gutes* viel besuchter Ferienort. Die **Sunday River Ski Area** zählt gar zu den besten Skige-
Skigebiet bieten Neuenglands. Der reizvolle Ort bietet ein breites Angebot an schönen Übernachtungsmöglichkeiten; rund um den historischen Distrikt zwischen Main St., Broad St. und Church St. reihen sich Restaurants, Cafés und kleine Geschäfte aneinander.

Die **Gould Academy** (*Church St.,* ☎ *207-824-777*) wurde schon 1836 gegründet und gilt als eine der besten Privatschulen zur Vorbereitung auf den College-Besuch. Zum **Bethel Regional History Center** gehören zwei restaurierte Häuser aus dem frühen 19. Jh. Zu sehen sind antike Möbel, Wandmalereien, Urkunden, Dokumente, alte Karten und Bücher; mit Museumsshop.
Bethel Regional History Center, *10–14 Broad St.,* ☎ *207-824-2908, www.bethel historical.org, Di–Fr 10–16, Juli/Aug. zusätzlich Sa 13–16 Uhr, Spende.*

Am Ortsrand von Bethel

Ausflugsziele in der Umgebung

•   **Grafton Notch State Park**: mit Picknickplätzen, Badeplätzen, den Screw Auger Falls und Spruce Meadow; durch den Park verläuft ein Streckenabschnitt des Appalachian Trails.

Grafton Notch State Park, 14 mi/22,4 km nördl. am ME-26, 1941 Bear River Road Newry, ① 207-824-2912, Mitte Mai bis Mitte Okt.

•   **Perham's Jewelers**: Hier finden Sie eine eindrucksvolle, nicht nur für Geologen und Mineralogen interessante Sammlung von Mineralfundstücken aus Maine und der ganzen Welt. Sie können rohe und bearbeitete Edelsteine und Mineralien sowie Ausrüstungsgegenstände zur Mineraliensuche und Fachliteratur ansehen und kaufen. *Mineraliensammlung*

Perham's Jewelers, West Paris, bei Trap Corner, US-219/US-26, ① 207-674-2341, tgl. 9–17 Uhr.

Reisepraktische Informationen Bethel/ME

Information
Bethel Area Chamber of Commerce, *8 Station Place, ① 207-824-2282 oder 1-800-442-5826, www.bethelmaine.com*

Unterkünfte
The Briar Lea Inn *$$, 150 Mayville Road (Rte. 2) Bethel, ① 207-824-4717, www. briarleainn.com/; hübsches Farmhaus aus dem Jahr 1840, eine Meile von Bethel entfernt. Sechs individuell mit Antikmöbeln eingerichtete Zimmer.*

Sudbury Inn *$$, Lower Main St., ① 207-824-2174, www.thesudburyinn.com/; historisches Haus in zentraler Lage aus dem Jahr 1873 mit 16 komfortablen Zimmern und sehr gutem Restaurant.*

Grafton Notch State Park nahe Bethel

The Bethel Inn Resort $$$,
21 Broad St., ☎ 207-824-2175
oder 1-800-654-0125, www.bethel
inn.com; sehr gepflegte, histori-
sche Hotelanlage mit antiker Aus-
stattung und allem neuzeitlichen
Komfort, 18-Loch-Golfplatz und
Golfschule, Tennisplatz, Swimming-
pool und Bootsanlegestelle. Zum
Hotelkomplex gehören 40 großzü-
gig geschnittene Apartments und
Ferienwohnungen; ruhige Lage mit
schönen Ausblicken und trotzdem
zentrumsnah.
**Grand Summit Resort Hotel
Sunday** $$$$, Sunday River Rd.,
Newry, ☎ 207-824-3500, www.
sundayriver.com; luxuriöses Hotel,
großes Sport- und Unterhaltungs-
angebot.

Restaurants
Bethel Inn (s.o.), Bethel
Common, ☎ 207-824-2175; ge-
pflegtes Restaurant mit vorzüg-
licher Küche und schönem Blick
auf die White Mountains, Tischre-
servierung empfehlenswert.
The Sudbury Inn (s.o.), Lower
Main St., ☎ 207-824-2174; bekanntes, mehrfach ausgezeichnetes Restaurant, Tischreservie-
rung in den Sommermonaten erforderlich.
S.S. Milton, 43 Main St., ☎ 207-824-2589; traditionelle Gerichte aus Maine und kreative
Variationen können Sie in dem beliebten Speiserestaurant probieren.
Sunday River Brewing Co, Sunday River Rd., ☎ 207-824-4253, http://sundayriverbrew
pub.com/; informativ und zünftig geht es in der privaten Brauerei zu, wo Sie nach einer Be-
sichtigung verschiedene Biersorten zu herzhaften Gerichten probieren können. Zum Kennen-
lernen der Biere können Sie ein Sortiment von sechs kleinen Probiergläsern bestellen.

New Hampshire

Überblick

Nach Massachusetts nimmt New Hampshire unter den Neuengland-Staaten den zweiten Platz im Fremdenverkehr ein. Das ist nicht weiter verwunderlich, denn in New Hampshire findet sich alles, was Neuengland ausmacht: Seen und Berge, weite Wälder, *Neuengland pur* die im Indian Summer in großer Farbenpracht leuchten, kleine Ortschaften mit weiß gestrichenen Häusern, historische Stätten und sogar Sandstrände am Atlantischen Ozean. Weitere Gründe sind die ausgezeichneten Wander- und Wassersportmöglichkeiten in vielen State Parks und an zahlreichen Seen, die guten Wintersportbedingungen und die landschaftliche Schönheit und Vielfalt der sieben Regionen, die im folgenden von Norden nach Süden beschrieben werden:

• die **Great North Woods Region** mit dem White Mountains National Forest und vielen Flüssen und Seen,
• die **White Mountains** mit dem 1.917 m hohen Mount Washington, dichten Wäldern, tiefen Schluchten und einem weiten Wanderwegenetz,
• die **Lakes Region** mit Wäldern, Hügeln, Bergen und Seen, deren größter und bekanntester der Winnipesaukee-See ist,
• die **Seacoast Region** mit Meeresbuchten, Sandstränden, Leuchttürmen und alten Fischerhäfen,
• das **Merrimack Valley** mit kleinen Handels- und Verwaltungsstädten in ländlicher Umgebung,
• die **Monadnock** Region mit kleinen Dörfern, weißen Kirchen und überdachten Holzbrücken,
• **Dartmouth** mit seinen beschaulichen Dörfern und dem schönen Lake Sunapee im Westen.

Durch New Hampshire

New Hampshire ist über folgende Hauptstrecken zu erreichen
• von Maine: über den US-2 oder US-302
• von Vermont: über den I-89 oder I-91
• von Massachusetts: über den I-93 oder I-95
New Hampshire ist durch ein dichtes Straßennetz erschlossen. Vom I-93, der als Hauptachse das Landesinnere von Norden nach Süden durchzieht, führen viele Straßen in West-Ost-Richtung nach Vermont und

New Hampshire auf einen Blick	
Fläche	24.097 km²
Einwohner	ca. 1,31 Mio.
Hauptstadt	Concord, 40.687 Einwohner
Staatsmotto	Freiheit oder Tod
Staatsbaum	Weißbirke
Staatsblume	Blauer Flieder
Staatsvogel	Purpurfink
Wirtschaft	New Hampshire zählt zu den zehn am stärksten industrialisierten Staaten der USA. Dies trifft vor allem auf den Süden New Hampshires mit seinen Städten zu. Besonders wichtig sind neben der traditionellen Textilindustrie Elektroindustrie, Maschinenbau und Bergbau. Die Einnahmen aus der Landwirtschaft sind nur von geringer Bedeutung.
Arbeitslosenrate	5,8 % (USA 7,8 % im April 2013)
Zeitzone	In New Hampshire gilt die Eastern Standard Time (= MEZ -6 Stunden)
Städte	Manchester mit 107.006 Einwohnern, Nashua mit 67.865 Einwohnern und Portsmouth mit 20.784 Einwohnern
Information	New Hampshire Office of Travel and Tourism, P.O. Box 1856, 172 Pembroke Road, Concord, ☎ 603-271-2665, www.visitnh.gov
Hotline zur herbstlichen Laubfärbung	☎ 1-800-258-3608, www.leafpeepers.com/contents.htm

nach Maine. Am I-93 liegen sowohl die wichtigen Städte Manchester und Concord als auch Ortschaften wie Franklin, Plymouth, Woodstock und Franconia, die sich als Ferienorte oder als Ausgangspunkte für Fahrten zum Winnipesaukee-See oder zu den White Mountains besonders eignen.

Rundfahrt durch die White Mountains Sie lernen New Hampshire am besten auf einer Rundfahrt durch die White Mountains kennen, die das Herzstück New Hampshires sind. Eine der schönsten Straßen in diesem Gebiet ist der Kancamagus-Highway, der von Lincoln nach Conway führt. Ein weites Wanderwegenetz durchzieht die Wälder, die vor allem im Indian Summer durch ihre Farbenpracht beeindrucken.

Die Great North Region und die White Mountains

 Hinweis zur Route

Sie erreichen die White Mountains
- von Boston kommend über den I-93;
- von Newburyport/MA kommend über Portsmouth und von dort auf dem US-4 bis zur Kreuzung mit dem NH-125, dem Sie nach Rochester folgen. Ab Rochester führt der NH-11 bis zum US-3 und dieser weiter nach Plymouth;
- von Maine kommend über den US-2, den US-302 oder den ME-2.

Im Norden von New Hampshire liegt die Great North Region mit dem zentralen Bergmassiv der **White Mountains**, die an Vermont und Maine und die kanadische Provinz Québec grenzt. Etwa 80 % der Bergregion gehören zum **White Mountains Natio-**

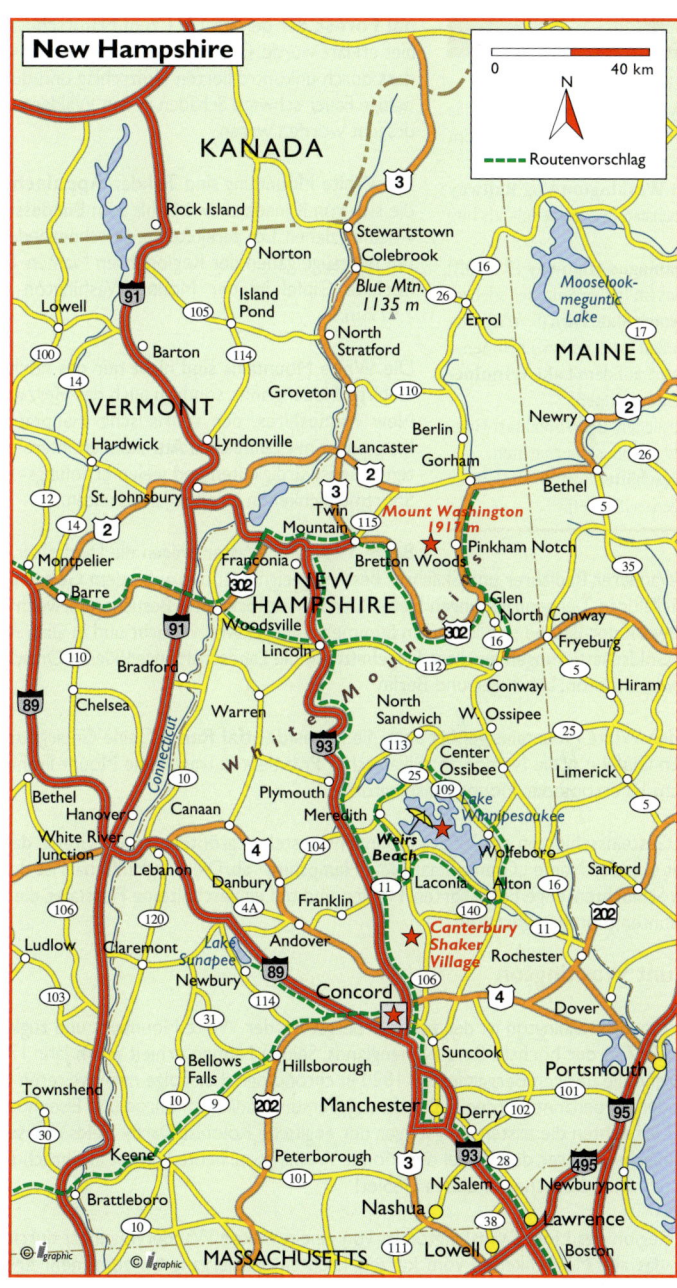

New Hampshire

0   40 km

N

‑ ‑ ‑ Routenvorschlag

KANADA

Rock Island

Stewartstown

Norton   Colebrook

Lowell   Island Pond   *Blue Mtn.*   16   *Mooselook-megantic Lake*
91   105   *1135 m*   26
100   Barton   114   North Stratford   Errol   17   MAINE
14
VERMONT   Groveton   110
                                        Berlin   Newry   2
Hardwick   Lyndonville   Lancaster   Gorham
12   St. Johnsbury   2   2   26
14   2   Twin   Bethel   5
Montpelier   Franconia   Mountain   115   *Mount Washington*   Pinkham Notch
                                        1917 m   Bretton Woods
Barre   302   NEW   Glen   35
91   Woodsville   HAMPSHIRE   302   North Conway
110   Lincoln   16   Fryeburg
89   Bradford   112   Conway   5   Hiram
        Chelsea   Warren   North Sandwich   W. Ossipee
                                                                25
Bethel   Canaan   Plymouth   113   Center Ossipee   Limerick
Hanover   Meredith   25   109   *Lake Winnipesaukee*   5
White River Junction   4   104   *Weirs Beach*   Wolfeboro   Sanford
        Lebanon   Danbury   11   Laconia   Alton   16   202
106   120   4A   Franklin   140   11
Ludlow   Claremont   Andover   *Canterbury Shaker Village*   Rochester
        Lake Sunapee   89   106   4   Dover
103   Newbury   114   Concord
        31   Suncook
        Bellows Falls   Hillsborough   Portsmouth
Townshend   10   9   202   Manchester   Derry   101
30   102   95
        Keene   3   93   28   495
        Peterborough   101   N. Salem   Newburyport
Brattleboro   Nashua   38   Lawrence
10   111   Lowell   Boston
MASSACHUSETTS

White Mountains

Connecticut

© igraphic
© igraphic

Redaktionstipps

Sehens- und Erlebenswertes

▶ Im **Canterbury Shaker Village** (S. 429) das Alltagsleben der Shaker kennenlernen und im Museumsladen stöbern.

▶ Mit der **Mount Washington Cog Railway** (S. 406f) auf den höchsten Berg Neuenglands hinauffahren.

▶ Auf dem **Kancamagus-Highway** (S. 410ff) die White Mountains im Indian Summer erleben.

▶ Im **Franconia Notch State Park** (S. 413f) wandern und dann ein Bad im Echo Lake nehmen.

▶ Eine Dampferfahrt auf dem **Lake Winnipesaukee** (S. 420f) unternehmen.

▶ In einem gemütlichen Bed&Breakfast-Haus oder in einem Landgasthaus übernachten.

▶ In den **Outlet-Geschäften** von North Conway auf Einkaufstour gehen (S. 409).

nal **Forest**, der bereits 1911 zum Naturschutzgebiet erklärt wurde. Grund für diese Maßnahme war, dass durch unkontrollierten Holzschlag und durch heftige Feuer schwere Schäden in den Wäldern verursacht worden waren.

Die White Mountains sind Teil der **Appalachen**, die sich von Kanada südwärts bis zum Bundesstaat Alabama ziehen. Die zerklüfteten, oft schneebedeckten Bergzüge gaben der Region ihren Namen. Der höchste Gipfel ist der Mount Washington mit 1.917 m.

Die White Mountains sind nicht nur das höchste Gebirge Neuenglands, sondern auch das Herzstück New Hampshires, der touristische Hauptanziehungspunkt mit zahlreichen Attraktionen, interessanten Sehenswürdigkeiten und vielen Erholungs- und Sportmöglichkeiten zu allen Jahreszeiten.

Indian Summer

Berge, Wald und Wasser prägen die Landschaft, die für Wanderer, Radfahrer und Skifahrer bestens geeignet ist und außerdem Gelegenheit zu vielfältigen Tierbeobachtungen bietet. Der Herbst lockt viele Besucher an, wenn das Laubwerk der Bäume sich im Indian Summer eindrucksvoll verfärbt und in allen Rot- und Goldschattierungen leuchtet. Eingebettet in die Landschaft liegen kleine Ortschaften wie Littleton, Lancaster und Berlin.

Zu den White Mountains gehört auch die „**Presidential Range**", eine Gebirgskette, deren Gipfel u. a. die Namen amerikanischer Präsidenten tragen wie Mount Franklin, Mount Jefferson oder Mount Washington.

Die Gesteinsschichten der White Mountains bestehen größtenteils aus Granit; davon leitet sich der Name „Granit-Staat New Hampshire" ab. Die Berglandschaft ist durch tiefe Schluchten, enge Felsscharten, Höhlen und tief eingeschnittene Flusstäler, die sogenannten Notches, gestaltet.

Mount Washington

Der Mount Washington ist der zentrale Bergstock der White Mountains und zugleich mit 1.917 m der höchste Berg Neuenglands. Seinen Namen erhielt er im Jahr 1784, während die übrigen Berggipfel um 1820 in chronologischer Folge nach weiteren US-Präsidenten benannt wurden, z. B. Adams, Jefferson, Madison, Monroe und Eisenhower. 1642 erreichten die ersten Bergsteiger, der englische Kolonist Darby Fields und seine indianischen Führer, den Gipfel des Mount Washington; heute kommt alljährlich eine Viertelmillion Besucher in dieses Gebiet!

Ideales Wandergebiet

Die Region des Mount Washington ist von einem weiten Wanderwegenetz durchzogen, das alle Möglichkeiten vom kurzen, leichten Spaziergang bis zum mehrtägigen

Herbst in den White Mountains

schweren Aufstieg bietet. Auf den Wanderungen ist eine besondere Pflanzenwelt zu sehen, die sich den extremen Klimabedingungen angepasst hat.

Die Siedlungsgeschichte reicht, wie zahlreiche Funde belegen, bis ans Ende der letzten Eiszeit vor ca. 10.000 Jahren zurück. Nach der Erstbesteigung führten ab 1784 die ersten wissenschaftlichen Expeditionen auf den Gipfel mit dem Ziel, die außergewöhnlichen geologischen, klimatischen und botanischen Bedingungen zu erforschen. 1809 wurde der erste Wanderweg angelegt und 1840 so verbreitert, dass der zum Gipfel führende Weg auch für Pferde zugänglich war. Seit 1861 führt eine Straße, seit 1869 eine Zahnradbahn hinauf zum Gipfel, wo inzwischen mehrere Häuser, zwei einfache Herbergen und ein Luxushotel gebaut worden waren. Im Jahr 1908 zerstörte ein Feuer mehrere Gebäude, die nur teilweise wieder aufgebaut wurden.

Heute befinden sich auf dem Gipfel das Besucherzentrum, das Mount Washington Observatorium mit Wetterstation und Museum, das aus dem Jahr 1853 stammende Tip Top House, ein ehemaliges Hotel, eine Rundfunk- und Fernsehstation und das **Sherman Adams Summit Museum**, das einen geologischen Überblick vermittelt und die *Gipfel-* Entwicklung von einheimischer Flora und Fauna unter extremen Lebensbedingungen *museum* zeigt. Interessant sind auch die Informationen über die besonderen Klima- und Wetterverhältnisse auf dem Mount Washington.
Sherman Adams Summit Museum, ☏ *603-466-3347, www.mountwashington.org, www.nh stateparks.org/explore/state-parks/mount-washington-state-park.aspx, je nach Wetterbedingungen tgl. Ende Mai bis Anf. Okt. 8–18 Uhr, Eintritt frei.*

info

Die Wetterverhältnisse auf dem Mount Washington

Der Mount Washington ist bekannt und berüchtigt für seine schnell wechselnden, häufig extremen Witterungsverhältnisse und wird deshalb nicht zu Unrecht der Ort mit dem „schlechtesten Wetter der Welt" genannt. Heftige Stürme und plötzliche Temperaturstürze werden dadurch verursacht, dass kalte Luft aus Kanada sich an der Gebirgskette staut und dabei auf feuchtwarme Luft aus dem Süden und Westen trifft. Schneefälle im Sommer sind nicht ungewöhnlich, denn sogar im Juli/August liegt die Durchschnittstemperatur nur bei 9,4 °C; die niedrigste Temperatur wurde mit minus 44 °C gemessen – ein Grund dafür, dass die US Army auf dem Gipfel Kältetestlabors eingerichtet hat.

Auch mit Nebel muss auf den Höhen zu jeder Jahreszeit gerechnet werden, denn laut Statistik ist der Gipfel 60 % des Jahres von dichtem Nebel umhüllt. Außerdem hält der Mount Washington den Rekord für die höchste Windgeschwindigkeit, die jemals auf der Erde außerhalb eines Tornados gemessen wurde. Am 12. April 1934 wurde im Observatorium auf dem Mount Washington eine Geschwindigkeit von 372 km/h gemessen!

! **Vorsicht**

Wettervor-
hersage
beachten!
Wanderer sollten sich auf die extremen Witterungsverhältnisse und schnelle Wechsel der Wetterlagen einstellen, warme Kleidung mitnehmen und auf jeden Fall die kurzfristigen Wettervorhersagen des National Forest Service (☎ 603-536-6100) oder des Appalachian Mountain Club (☎ 603-466-2721) beachten. An den Wanderwegen zum Gipfel des Mount Washington wurden Schilder aufgestellt, die den Wanderer auffordern, bei schlechtem Wetter unbedingt umzukehren.

Sie können den Gipfel des Mount Washington zu Fuß, mit der Zahnradbahn oder mit dem Auto erreichen.

Mount Washington Cog Railway

Mount Washington Cog Railway

Die Talstation der Mount Washington-Zahnradbahn liegt nördlich von Bretton Woods am NH-302. Eine Strecke von ca. 6 km und eine Steigung von 25 % – an der Jacob's Ladder sogar von 37 % – müssen die kleinen Lokomotiven bewältigen, bevor sie den Gipfel des Mount Washington erreichen. Die Mount Washington-Zahnradbahn ist zurzeit die einzige Dampf-Zahnradbahn der Welt. Für die Fahrt braucht jede Lokomotive 2 t Kohle und 2000 Gallonen Wasser, um einen Personenwagen zu ziehen. Die erste Lokomotive, die „Old Peppersass", die am 3. Juli 1869, lange bevor es elektrisches Licht *Erste* und Automobile gab, den Mount-Washington-Gipfel als erste Zahnradbahn der Welt *Zahnrad-* empor kroch, wurde wiederhergerichtet und kann jetzt an der Talstation besichtigt wer- *bahn der* den. Die **Rundfahrt** dauert ca. drei Stunden, für den Aufenthalt auf dem Gipfel sind ca. *Welt* 20 Minuten vorgesehen. Nehmen Sie auf jeden Fall warme, wetterfeste Jacken mit hinauf zum Gipfel.

Mount Washington Cog Railway, nördl. von Bretton Woods am NH-302, ☎ 603-278-5404 oder 1-800-922-8825, www.thecog.com, tgl. Ende Mai bis Anf. Dez., Zeiten variieren, meist 8.30–16 Uhr, November nur am Wochenende, $ 64; rechtzeitige Kartenvorbestellung ist empfehlenswert.

Fahrt über die Mount Washington Auto Road

Die etwa 8 mi/12,8 km lange Mount Washington Auto Road beginnt in der Nähe von Glen House am NH-16 und führt an der östlichen Seite des Berges in vielen Serpentinen hinauf zum Gipfel. Unterwegs bieten sich schon viele eindrucksvolle Ausblicke, oben angekommen genießt man einen überwältigenden Blick über die Berge und Wäl- *Starke* der der White Mountains. Da die Fahrt mit starken Steigungen und vielen Kurven recht *Steigungen* anstrengend ist, stehen Minibusse bereit, um Passagiere in den sogenannten „Stages" zur höchsten Stelle Neuenglands zu bringen.

Mount Washington Auto Road, 8 mi/12,8 km südl. von Gorham, am NH-16, ☎ 603-466-3988, http://mtwashingtonautoroad.com, Mitte Mai bis Mitte Okt., Zeiten variieren, meist 7.30–17 Uhr (wetterabhängig!). Auto mit Fahrer $ 26, Mitfahrer $ 8. Geführte Fahrten $ 35. Die Straße ist nicht zugelassen für Wohnwagen und Lieferwagen.

Reisepraktische Informationen Mount Washington

ℹ️ Information

Informationen über den Zustand der Wege, den Schwierigkeitsgrad und die Dauer der Wanderungen erhalten Sie bei:

White Mountain National Forest, *71 White Mountain Drive, Campton, ☎ 603-536-6100, www.fs.fed.us/r9/white/, Mo–Fr 8–16.30 Uhr*

Appalachian Mountain Club, *Pinkham Notch Camp, Gorham, ☎ 603-466-2727, www.amc-nh.org*

New Hampshire State Parks, *☎ 603-466-3347 www.nhstateparks.org*

⚠️ Camping

Der **National Forest Service** *hat eine Broschüre mit Informationen zum Camping herausgegeben. Auf dem Gipfel des Mount Washington, oberhalb der Baumgrenze und im Bereich des Lake of the Clouds ist Zelten verboten; am Osthang des Berges ist das Campen nur im Bereich des Hermit Lake Shelter erlaubt.*

Rundfahrt durch die White Mountains

Durch den White Mountains National Forest zieht sich der **White Mountains Trail**, der von den Highways 3, 302 und dem **Kancamagus-Highway** 112 gebildet wird. Immer wieder bieten sich von vielen Aussichtspunkten entlang dieser Straßen herrliche Ausblicke auf die Landschaft der White Mountains.

 ## Hinweis zur Route

Die Rundfahrt beginnt in Gorham, führt nach North Conway und dann ab Conway über den Kancamagus-Highway (NH-112) nach Westen bis Lincoln/North Woodstock. Von dort aus folgen Sie dem NH-3 nach Norden, bis Sie in Twin Mountain auf den US-302 treffen. Diesem folgen Sie bis Bretton Woods. Zur Weiterfahrt nach Vermont folgen Sie dem US-302 wieder nach Westen.

Gorham und Umgebung

Startpunkt für Rundfahrt Gorham ist ein geeigneter Ausgangsort für eine Rundfahrt durch New Hampshire. Der kleine, 1836 gegründete Ort wurde in den 1850ern Eisenbahnstation und kam dadurch zu einigem Wohlstand. Das kleine Museum *(25 Railroad Street, ① 603-466-5338)* informiert über diese Zeit. Heute profitiert Gorham von der Nähe zur Mount Washington Auto Road und zu den **Great Glen Trails** in **Pinkham Notch** und hat sich mit Hotels, Restaurants, Geschäften und einem gut ausgebauten Wanderwegenetz auf den Fremdenverkehr eingestellt.

Reisepraktische Informationen Gorham

 Information
Town Common Information Booth, *Main St., Route 2 & 6, ① 1-800-367-3364, www.gorhamnewhampshire.com, www.gorhamnh.org*

Unterkünfte
Libby House Inn *$$, 55 Main St., ① 603-466-2271, www.libbyhouseinn.webs.com/, viktorianisches B&B mit geräumigen Zimmern, Veranda und Garten und gutem Frühstück.*
Mount Washington Bed and Breakfast *$$, 421 State Route 2, ① 603-466-2669, www.mt washingtonbb.com, familiär geführtes Haus mit 7 Gästezimmern und kleinem Aufenthaltsraum.*

North Conway und Umgebung

Eingebettet in eine schöne Landschaft und mit eindrucksvollem Blick auf den Mount Washington ist North Conway ein seit langem beliebter, ganzjährig viel besuchter Ferienort mit sehr guten Wandermöglichkeiten und vielen Sehenswürdigkeiten in der näheren Umgebung. Vor allem aber ist North Conway wegen seiner vielen **Outlet-Shops**, in denen man preisgünstig Markenkleidung, Sportzubehör und Campingausrüstungen kaufen kann, zum touristischen Anziehungspunkt geworden. In der Main St. fin-

Outlet-Geschäfte

Im Indian Summer

den Sie u. a. das L.L. Bean Shopping Center, Red Barn Factory Stores, Sehler's Green und Tanger Factory Outlet Center. Der Ort ist entsprechend gut besucht; nicht selten sind die Straßen völlig verstopft. An der langen Hauptstraße liegen viele Hotels und Motels.

Im **Mount Washington Observatory's Weather Discovery Center** können Sie sich durch Filme, Videos, interaktive Ausstellungen und Experimente über die klimatischen Bedingungen auf dem Mt. Washington informieren.
Mount Washington Observatory's Weather Discovery Center, 2779 White Mountain Hwy, ☎ 603-356-2137, www.mountwashington.org, Mai bis Dez. tgl. 10–17 Uhr, sonst Sa/So 10–17 Uhr, Eintritt frei.

An der alten Bahnstation **North Conway Station** aus dem Jahr 1874 starten die Dampf- oder Diesellokomotiven der Conway Scenic Railroad und ziehen die Züge über Gleise, die schon in den 1870er Jahren verlegt wurden. Angeboten werden Fahrten z. B. nach Conway und Bartlett, einstündige Rundfahrten oder eine fünfstündige Fahrt durch die Crawford Notch. *Historische Eisenbahn*
Conway Scenic Railroad, 38 Norcross Circle, ☎ 603-356-5251 oder 1-800-232-5251, www.conwayscenic.com, Fahrzeiten: Mitte Juni bis Anf. Okt. tgl., sonst nur an Wochenenden; je nach Strecke zwischen $ 15 und $ 55, Platzreservierungen sind zu empfehlen.

In der Umgebung des kleinen 1764 gegründeten Ortes, in dem ca. 2.000 Menschen leben, gibt es u. a. folgende **Ausflugsziele:**

Bergsee

Durch den **Echo Lake State Park** führt eine landschaftlich reizvolle Straße hinauf zur **Cathedral Ledge**, einer eindrucksvollen Bergformation, die einen großartigen Blick auf die White Mountains und das Saco-River-Tal bietet. Innerhalb des State Parks liegt der **Echo Lake**, ein wunderschöner Bergsee, der zum Schwimmen einlädt und Ausgangspunkt für schöne Wanderungen und Klettertouren ist.
Echo Lake State Park, Westside Rd., ☎ 603-356-2672, www.nhstateparks.org, 1,5 mi/ 2,6 km westl. vom US-302, Mitte Juni bis Anf. Sept. tgl. 9 Uhr bis Sonnenuntergang, Mitte Mai bis Mitte Juni nur an den Wochenenden, $ 4.

Saco Bound Northern Waters: 2 mi/3.2 km östlich von Center Conway am US-302 werden geführte Kanu- und Kajakwanderungen und Wildwasserfahrten auf dem Saco River angeboten, der auf dem Mount Washington entspringt, den Saco Lake durchfließt und in den Atlantik mündet.

Reisepraktische Informationen North Conway

Information
Visitor Centre, *250 Main St. Conway, ☎ 603-447-2639, www.northconwaynh.com, www.mtwashingtonvalley.org*
Information Booth North Conway, *617 White Mountain Highway, North Conway, ☎ 603-356-5947*

Unterkünfte
Eastern Inns *$$, 2995 White Mountain Hwy., ☎ 603-356-5447 oder 1-800-628-3750, www.easterninns.com; 56 Nichtraucherzimmer, Pool und Frühstücksraum.*
Red Jacket Mountain View Resort *$$$, 2251 White Mountain Hwy., ☎ 603-356-5411, www.redjacketresorts.com; angenehmes Hotel, 163 Zimmer, vielfach mit Balkon und schönem Berg- oder Gartenblick; Pool, Sauna, Tennisplätze, gute Wandermöglichkeiten.*
Cranmore MT Lodge *$$$, 859 Kearsarge Rd., ☎ 603-356-2044 oder 1-800-356-3596, www.cranmoremtlodge.com; ehemaliges Farmhaus mit 22 Nichtrauchergästezimmern, von denen einige mit einer Küchenzeile ausgestattet sind, ruhige Umgebung mit Wiesen, Bachlauf, Teich und Haustieren, ca. 3 km von North Conway entfernt.*
North Conway Grand Hotel *$$$, At Settlers Green, ☎ 603-356-9300, www.northconway grand.com; moderne Hotelanlage mit 200 großen, ansprechend eingerichteten Zimmern, Restaurant, Pool, Sauna und Tennisplätzen; das Hotel liegt direkt am Outlet Village.*
The Farm by the River *$$$, 2555 West Side Rd., ☎ 603-356-2694, http://farmbythe river.com; große Farm mit 11 Zimmern, teilweise mit Kamin und Jacuzzi, reichhaltiges Frühstück, Gelegenheit zum Angeln, Schwimmen, Wandern, Reiten, Kutsch- und Schlittenfahrten.*

Kancamagus-Highway

Eine der schönsten Straßen der USA

Der Kancamagus-Highway gilt als eine der fünf landschaftlich reizvollsten und schönsten Straßen der USA. Ihren Namen erhielt die Straße zur Erinnerung an den indianischen Häuptling Kancamagus, der sich im 17. Jh. um die Wahrung des Friedens zwischen Indianern und Weißen bemühte. Mit dem Bau der Straße wurde schon 1930 begonnen, aber erst 1959 konnte diese direkte West-Ost-Verbindung in den White Moun-

tains fertig gestellt werden. Der Kancamagus-Highway ist 55 km lang und
steigt bis auf etwa 900 m Höhe an; er
verbindet die Ortschaften Conway
und Lincoln miteinander. Auffahrten
zum Highway gibt es sowohl im
Westen bei Lincoln als auch im
Osten bei Conway; in den Sommermonaten kann man die Fahrt nach
Norden abkürzen und von der Bear
Notch Road nach Bartlett und zum
US-302 fahren.

Auf dem Kancamagus Highway durch den Indian Summer

Direkt am Kancamagus-Highway beginnen zahlreiche **Wanderwege**
von unterschiedlicher Dauer und Schwierigkeit. Empfehlenswert, im oberen Teil aber
zunehmend schwierig, ist die Wanderung zum Mount Chocorua (1.059 m). Vom Gipfel bieten sich großartige Blicke auf die Berge, Wälder und Seen New Hampshires.

Zu den Höhepunkten am Kancamagus-Highway zählen:
• der **Pemi Overlook** – an diesem Aussichtspunkt bietet sich ein besonders eindrucksvoller Ausblick auf die Berge New Hampshires. Die Bergnamen erinnern daran,
dass dieses Land einst Indianerbesitz war. Vor sich sehen Sie den 872 m hohen Mount
Kancamagus, den 1.318 m hohen Mount Osceola und den 1.220 m hohen Mount Tecumseh;
• die **Sabbaday Falls**, deren Wasserfälle in eine tiefe Klamm stürzen; von der Stra- *Spazier-*
ße führt ein etwa 15-minütiger Spaziergang dorthin; *gang zu*
• **Passaconaway Historic Site**, wo die Verwaltung des White Mountains National *den*
Forest in einem ehemaligen Holzfällerlager aus der Zeit um 1790 eingerichtet wurde. *Wasser-*
Im Sommer finden hier traditionelle Handwerksvorführungen statt *(Ende Juni bis Anfang* *fällen*
Okt. tgl. 9–17 Uhr, Eintritt frei);
• **Rocky Gorge Scenic Area** und **Lower Falls Scenic Area**, wo sich der Swift Ri-
ver durch eine enge Schlucht windet und in starken Stromschnellen weiter fließt.

(Karte: Kancamagus-Highway mit Ortsangaben Littleton, Bretton Woods, White Mountain National Forest, Mt. Carrigan 1416 m, Glen, Mt. Liberty 1360 m, Mt. Hancock 1350 m, Sawyer Pond Scenic Area, Attiash, Echo Lake & Cathedral Ledge, Bartlett, Intervale, North Conway, Lincoln, Pemi Overlook, Kancamagus Pass, Loon Mt. Ski Resort, Bear Notch Road (im Winter geschlossen), Conway Scenic Railway, North Woodstock, Russel Pond, Greeley Ponds Scenic Area, Lower Falls Scenic Area, Swift, Mt. Osceola 1318 m, Sabbaday Falls, Passaconaway, Rocky Gorge Scenic Area, Conway, Mt. Tecumseh 1220 m, Albany, Mt. Chocorua 1059 m, Whitton Pond, West Thornton)

Reisepraktische Informationen Kancamagus-Highway

ℹ️ Information
bei **Conway: Saco Ranger District Office and Information Center**, 33 Kancamagus Highway, ☎ 603-447-5448, www.fs.usda.gov/whitemountain, tgl. 8–16.30 Uhr, bei **Lincoln: Lincoln Woods Visitor Center**, Kancamagus Hwy, ☎ 603-630-5190, www.fs.usda.gov/detail/whitemountain/about-forest/offices/?cid=stelprdb5273992, Fr–So 8.30–16 Uhr.

⚠️ Camping
An der Strecke des Kancamagus-Highway gibt es 6 gut ausgestattete Campingplätze, Picknickplätze und Aussichtspunkte, jedoch keine Tankstellen, Restaurants oder Geschäfte. Parken am Straßenrand ist i. A. erlaubt; zum Übernachten müssen die Campingplätze aufgesucht werden.

Lincoln/North Woodstock und Umgebung

Eingebettet in eine eindrucksvolle Berglandschaft und nur durch den Pemigewasset River getrennnt, liegen die beiden Ortschaften Lincoln/North Woodstock am Kreuzungspunkt des Kancamagus-Highway und der Straße, die durch den Franconia Notch State Park führt. Lincoln ist ein lebhafter Ferienort und gut als Ausgangspunkt für Ausflüge in die White Mountains und zu den vielen Sehenswürdigkeiten geeignet.

Lost River Reservation

Findlinge, Höhlen und Wasserfälle

Lost River in Kinsman Notch wurde während der Eiszeit durch die vordringenden Eismassen gebildet; heute können Sie über Wege, Stege und Leitern in das Felsengewirr mit Findlingen und Granitblöcken steigen und Felsspalten, Höhlen und Wasserfälle entdecken. Außerdem gibt es einen Naturgarten mit mehr als 300 einheimischen Pflanzen, ein naturgeschichtliches Museum und einen ökologischen Wanderweg. Auch im Sommer sollten Sie festes Schuhwerk und eine Jacke mitbringen!
Lost River Reservation, 6 mi/10 km westl. von North Woodstock am NH-112, ☎ 603-745-8031, www.findlostriver.com, Mitte Mai bis Mitte Okt. tgl. 9–17 Uhr, $ 18.

Loon Mountain Gondola Skyride

Die Fahrt in den 4-Personen-Kabinen auf den Gipfel des **Loon Mountain** dauert etwa zehn Minuten; von der Höhe haben Sie nicht nur einen herrlichen Rundblick, sondern auch die Möglichkeit, eine kurze Wanderung über einen Naturpfad zu machen oder die „Sky Tower Observation Area" zu besuchen.
Loon Mountain Resort/Gondola Skyride, 3 mi/4,8 km östl. von Lincoln am Kancamagus-Highway, ☎ 603-745-8111, www.loonmtn.com, Anf. Mai bis Mitte Okt. und Ende Nov. Bis Mitte April tgl. 9–17 Uhr, $ 15.

Clark's Trading Post

Altes Feuerwehrhaus

Im Museum des rekonstruierten Feuerwehrhauses aus dem Jahr 1884 können Sie alte Löschgerätschaften, Kameras und Spielzeug betrachten; außerdem gibt es Vorführungen mit amerikanischen Schwarzbären und Fahrten mit der White Mountains-Eisenbahn.
Clark's Trading Post, 18 mi/29 km nördl. am US-3, ☎ 603-745-8913, www.clarkstradingpost.com, Ende Juni bis Anfang Sept. 9.30–17.30, Zeiten in der NS variieren, $ 19.

Der **Whale's Tale Water Park** *(481 Daniel Webster Highway, Lincoln, www.whalestale waterpark.net)* ist ein Wasserpark mit großen Wasserrutschen, mehreren Schwimmbecken und Wellenbad; erreichbar über den US-3.

Reisepraktische Informationen Lincoln und North Woodstock

ℹ️ Information
Chamber of Commerce, Lincoln, Route 112, Kancamagus-Highway, ☎ 603-745-6621, www.lincolnwoodstock.com
Visitor Center, 200 Kancamagus Hwy, North Woodstock, ☎ 603-745-8720

🛏️ Unterkünfte
Mount Coolidge $, 386 US Route 3, N Woodstock, ☎ 603-745-8052, www.mtcoolidgemotel.com; das kleine, familiär geführte Hotel mit 18 geräumigen Nichtraucherzimmern und 2 gemütlichen Cottages liegt an einem Bergbach am Eingang des Franconia Notch State Park; von April bis Nov. geöffnet.
Indian Head Resort $$, 664 US Route 3, N Woodstock, ☎ 603-745-8000, www.indianheadresort.com; Hotel am See mit 98 Zimmern, jeweils mit Balkon und schönem Ausblick, Swimmingpools, Sauna, 2 Tennisplätzen, Kinderprogramm, Restaurant. Das Resort hat ganzjährig geöffnet.
Woodstock Inn $$, 135 Main St., N Woodstock, ☎ 603-745-3951, www.woodstockinnnh.com; das viktorianische Haus aus dem Jahr 1890 hat 24 stilvoll eingerichtete Zimmer unterschiedlicher Größe; das Frühstück wird im Clement Room Grille Restaurant serviert; auch die ehemalige Eisenbahnstation und die Woodstock Inn Brewery gehören zum Woodstock Inn.
Woodward's Resort $$, 527 US Route 3, Lincoln, 1 mi/1,6 km nördl. vom I-93 Exit 33, ☎ 603-745-8141, www.woodwardsresort.com, das schön gelegene Hotel verfügt in mehreren Gebäuden über 85 Zimmer und hat zwei Swimmingpools, Hallenbad, Sauna, Tennis- und Kinderspielplatz und einen Ententeich.
The Mountain Club on Loon $$$, 90 Loon Mountain Rd., Kancamagus-Highway, ☎ 603-745-8111, www.mtnclub.com; großes, komfortables Resorthotel am Loon Mountain mit 354 Räumen und Studios, großem Sportangebot, mehreren Restaurants, ganzjährig geöffnet.

Franconia und Franconia Notch State Park

Der kleine Ort **Franconia** liegt am Eingang des Franconia Notch State Parks, eines tiefen, von hohen Bergen umschlossenen Tales. 1 mi/1,6 km südlich von Franconia befindet sich **Frost Place**. Zwei Räume des Hauses, in dem der Dichter Robert Frost von 1915 bis 1920 arbeitete, sind mit Erinnerungsstücken ausgestattet und für Besucher zugänglich. Hier schrieb Frost zahlreiche Gedichte aus seiner Sammlung „New Hampshire", für die ihm der Pulitzer-Preis verliehen wurde. *Robert Frost*
Frost Place, Ridge Rd., ☎ 603-823-5510, www.frostplace.org, Juni– Aug. Do–So 13–17 Uhr, Sept./Okt. länger, $ 5.

Der **Franconia Notch State Park** gehört seit Mitte des 19. Jh. zu den beliebtesten Erholungsgebieten der Neuengland-Staaten. Alljährlich kommen mehr als 2 Mio. Besucher hierher, um auf vielen Wanderwegen durch Täler und Schluchten, über Brücken

Bergketten und Pässe die großartige Landschaft kennen zu lernen. Der State Park ist eingeschlossen von den Bergketten der Kinsman und der Franconia Region; weit im Osten sind die Berggipfel von Mount Liberty, Mount Lincoln und Mount Lafayette zu erkennen, und im Westen bildet der Mount Cannon eine steile Mauer aus Granit.

Die bekanntesten Naturschönheiten des State Parks liegen dicht beisammen, nur wenige Kilometer südlich von Franconia zu beiden Seiten des US-3. Einen besonders eindrucksvollen Panoramablick auf den Franconia Notch State Park gewinnt man von der Höhe des **Cannon Mountain**, den man zu Fuß oder mit einer Seilbahn erreicht. Beliebt sind **Wanderungen** zum Kinsman Mountain, zum Lonesome Lake und zum Gipfel des Cannon Mountain; sehr einfach sind die Spaziergänge zum Echo Lake, zum „Old Man of the Mountain" und zu „The Flume". Ein gut angelegter, durchgängig von der Autostraße getrennter **Radweg** ist 9 mi/14,4 km lang und führt zu den bekannten Sehenswürdigkeiten des State Parks.

Blick bis **Cannon Mountain Aerial Tramway**
nach Mit der Kabinenseilbahn „Aerial Tramway" kann man in sieben Minuten auf den Gip-
Kanada fel gelangen und eine fantastische Aussicht bis nach Maine und Kanada und im Westen bis zu den Adirondacks genießen. Die Wanderwege auf dem Cannon Mountain sind markiert. Gleich neben der Kabinenseilbahn liegt das **New England Ski Museum**. Es informiert in einem Videofilm, in Fotografien und Ausstellungen über alles Wissenswerte rund um das Thema Ski und Skifahren.
Cannon Mountain Aerial Tramway, Franconia Notch Pkwy., 5 mi/8 km südl. von Franconia, ☎ 603-823-5563, www.cannonmt.com/cannontram.html, Mitte Mai bis Ende Okt. tgl. 9–17 Uhr, Rundfahrt $ 13, einfache Fahrt: $ 15.
New England Ski Museum, 35 Tramway Drive, ☎ 603-823-7177, www.skimuseum.org, Juni bis März tgl. 10–17 Uhr, Eintritt frei.

Herbst im Franconia Notch State Park

The Old Man of the Mountain

5 mi/8 km südlich von Franconia, ganzjährig. Das steinerne Wahrzeichen von New Hampshire existiert seit dem 3. Mai 2003 nicht mehr. In dieser Nacht brach der charakteristische Felsvorsprung, der wegen der großen Ähnlichkeit mit dem Gesicht eines alten Mannes seinen Namen erhielt, ab und stürzte in die Tiefe. Die Felsformation, die sich aus fünf Granitschichten zusammensetzte und 12 m hoch war, wurde 1805 entdeckt. Fast ein Jahrhundert lang hatte man versucht, den etwa 200 Mio. Jahre alten, von Erosion durch Regen, Wind und Frost bedrohten Felsen zu retten.

Steinerne Wahrzeichen

Der **Echo Lake**, der größte See im Franconia Notch Park, liegt am nördlichen Ende und ist an drei Seiten von Bergen umgeben. Hier lässt es sich gut schwimmen und fischen; am Ufer gibt es einen Bootsverleih.

The Flume ist eine fast 250 m lange Schlucht, die durch gewaltige Verschiebungen schon vor der Eiszeit entstanden ist. Sie wurde im Jahr 1808 entdeckt. In den Felsen geschlagene Stufen und Bretterwege führen die Besucher zur Schlucht, deren Wände auf beiden Seiten steil aufragen, weiter zu einem Wasserfall und zu zwei der traditionellen gedeckten Holzbrücken.

Steile Schlucht

The Flume, *852 Daniel Webster Highway (Rt 3), 10 mi/16 km südl. von Franconia, ☎ 603-745-8391, www.nhstateparks.org/explore/state-parks/flume-gorge.aspx, Mitte Mai bis Ende Okt. tgl. 9–16.30 Uhr, $ 15.*

The Basin, westlich vom US-3 gelegen (☎ 603-745-8391), ist ein tiefer, eiszeitlicher Gletschertopf am Fuß eines Wasserfalls. Unterhalb des Basin strömt der Pemigewasset River durch eine kleinere Schlucht. Es gibt schöne Wanderwege und Rastplätze.

Reisepraktische Informationen Franconia und Franconia Notch State Park

ℹ Information
Franconia Notch Chamber of Commerce, *421 Main Street, Route 18, Franconia, ☎ 603-823-5661, www.franconianotch.org und www.nhstateparks.org, ganzjährig tgl. 10–18 Uhr*

🛏 Unterkünfte
Franconia Inn *$$, 1172 Easton Rd., 3,5 km westl. am NH-116, ☎ 603-823-5542, www.franconiainn.com; historisches Hotel am Fluss mit 32 gut ausgestatteten Zimmern, z. T. mit Bergblick; beheizter Pool, Tennisplätze, Tandemverleih, guter Ausgangspunkt für Wanderungen.*
Gale River Motel *$$, 1 Main St., ☎ 603-823-5655, www.galerivermotel.com; schön gelegenes Motel mit 12 Zimmern und zwei Cottages, Bergblick, Pool, Spielplatz.*
Stonybrook Motor Lodge *$$, 2 km südl. am NH-18, ☎ 603-823-8192, www.stonybrookmotel.com; Motel mit 24 Zimmern, zwei beheizten Swimmingpools, Kinderspielplatz, Grillplatz und Ententeich im Garten; Wanderwege am Haus.*

⚠ Camping
*Für die **Zeltplätze** des Franconia Notch State Park ist eine Voranmeldung empfehlenswert unter www.nhparks.state.nh.us; Infos unter ☎ 603-745-8391.*

Bretton Woods und Umgebung

Die 1791 gegründete Ortschaft Bretton Woods liegt im Herzen des White Mountains National Forest. Schon im 19. Jh. war dieses Gebiet nobles Reiseziel der wohlhabenden Familien Neuenglands. Davon zeugt noch heute das elegante **Mount Washington Hotel** in Bretton Woods, das eindrucksvoll am Fuß des Berges liegt. Seit der Fertigstellung des Hotels im Jahr 1902 ist Bretton Woods ein ganzjährig beliebtes Ferienziel mit ausgezeichneten Wandermöglichkeiten, guten Wintersportbedingungen und einem großen Golf- und Tennisangebot.

info

Abkommen von Bretton Woods

Vom 1. bis 22. Juli 1944 stand Bretton Woods im Blickpunkt der internationalen Öffentlichkeit. Während dieser Zeit tagte im Mount Washington Hotel die Währungs- und Finanzkonferenz der Vereinten Nationen. Vertreter von 44 Staaten beschlossen in dem Abkommen von Bretton Woods die Errichtung des „Internationalen Währungsfonds" und der „Weltbank". Ein Kernpunkt des Abkommens war die Einrichtung eines Systems fester, aber anpassungsfähiger Wechselkurse. Der Goldstandard wurde auf $ 35 pro Unze festgesetzt und der amerikanische Dollar als Leitwährung für den internationalen Handel gewählt. Seit dem 14. August 1952 gehört auch die Bundesrepublik Deutschland den beiden Institutionen an.

Das Mt. Washington Hotel

Reisepraktische Informationen Bretton Woods

i **Information**
Twin Mountain-Bretton Woods Chamber of Commerce, ℐ *1-800-245-8946*, *www.twinmountain.org.*

Unterkünfte
Omni Bretton Arms Inn *$$, am US-302, 173 Mount Washington Road,* ℐ *603-278-3000, www.omnihotels.com, restauriertes viktorianisches Haus mit 34 stilvoll eingerichteten Räumen, Sportmöglichkeiten am Mount Washington Hotel.*
Lodge at Bretton Woods *$$, am US-302,* ℐ *603-278-1500, http://brettonwoods.com/lodging/the_lodge/overview, Hotel mit 50 Zimmern und schönem Blick auf den Mount Washington, Hallenbad, Sauna, Tennis- und Golfplatz am Mount Washington Hotel.*
Omni Mount Washington Resort *$$$$$, am US-302, 310 Mount Washington Road,* ℐ *603-278-1000, www.brettonwoods.com; elegantes Luxushotel mit allen Annehmlichkeiten und großem Unterhaltungsangebot, exklusives Restaurant.*

Crawford Notch State Park

Der US-302 folgt dem Saco River durch die Crawford Notch, die sich von Bartlett im Süden bis zum Saco Lake im Norden erstreckt. Zu beiden Seiten der tiefen Schlucht ragen hohe Felsen auf: Mount Nancy und Mount Willie im Westen, Mount Crawford, Mount Webster und Mount Jackson im Osten. Diese gehören zur „**Presidential Range**" ebenso wie die anderen Berge, die die Namen bedeutender amerikanischer Präsidenten tragen. Der **Crawford Pass** wurde nach der Pionierfamilie Crawford benannt, die zuerst einen begehbaren Weg auf den Gipfel des Mount Washington fand und dort Fremden in ihrer Hütte Schutz bot. Am Nordende des Passes liegen die **Silver Cascade** und **Flume Cascade**; ein ausgeschilderter Wanderweg führt zu den **Arethusa Falls**, 1,25 mi/2 km vom US-302. Diese Wasserfälle zählen zu den höchsten in New Hampshire. Im gesamten State Park gibt es Rast- und Campingplätze sowie gut ausgeschilderte Wanderwege.

Presidential Range

Crawford Notch State Park, *ca. 8 mi/13 km südöstl. am US-302,* ℐ *603-374-2272, www.nhstateparks.org/explore/state-parks/crawford-notch-state-park.aspx, www.crawfordnotchcamping.com, tgl., $ 4.*

Die Lakes Region und der Winnipesaukee-See

Südlich der White Mountains breitet sich eine fluss- und seenreiche Landschaft aus, die bis an die Außenbezirke von Concord und Manchester heranreicht. Zur Lakes Region gehören nur 42 Gemeinden wie z. B. Franklin und Concord, aber 273 Seen und Weiher! Es gibt beschauliche Ortschaften, die mit ihren historischen Hauptstraßen und den kleinen weißen Kirchen seit der Kolonialzeit fast unverändert zu sein scheinen, und lebhafte Ferienorte, in denen sich Vergangenheit und Gegenwart harmonisch verbinden. Die Landschaft ist geprägt von weiten Wäldern und sanften Hügeln, in die die Seen malerisch eingebettet sind. Die Namen der Seen – Kanasatka, Waukewan oder Pemigewasset – erinnern an die Vergangenheit, als noch Indianer mit ihren Kanus die Seen be-

Großartige Seenlandschaft

Hinweis zur Route

Sie erreichen die Lakes Region und den Winnipesaukee-See
- von Portsmouth kommend auf dem US-4, dem NH-125 und dem NH-11 über Rochester nach Alton Bay am Südzipfel des Winnipesaukee-Sees. Hier können Sie zwischen zwei Strecken wählen:
- dem NH-11, dem NH-11B und dem US-3, die am Westufer entlang über Laconia nach Plymouth führen = 42 mi/67 km,
- dem NH-109, dem NH-113 und dem US-3, die am Ostufer entlang über Wolfeboro nach Plymouth führen = 65 mi/104 km;
- von Norden kommend über den I-93 durch die White Mountains.

fuhren. Heute werden die Seen vor allem von Wassersportlern aufgesucht – die Boote reichen vom kleinen Kajak bis zum großen Ausflugsschiff. Der größte See ist der Winnipesaukee-See mit 274 bewohnten Inselchen, dessen indianischer Name „Das Lächeln des Großen Geistes" bedeutet. Auch für andere Sommersportarten, wie Wandern, Fahrradfahren oder Golf, ist die Gegend bestens geeignet, und im Winter bieten die mehr als 30 Skigebiete allerbeste Bedingungen.

Plymouth und Umgebung

Der 1764 gegründete Ort ist seit der Mitte des 19. Jh. ein beliebter Ferienort in landschaftlich reizvoller Umgebung. Alljährlich findet hier im Juli/August das **New Hampshire Music Festival** im Silver Cultural Art Center statt, wobei Kammermusik und Sinfoniekonzerte, aber auch Popmusik auf dem Programm stehen.
New Hampshire Music Festival, 52 Symphony Lane, ① 603-297-3300, www.nhmf.org.

Vor 50.000 Jahren bewegten sich kontinentale Gletscher südwärts bis nach New Hampshire. Nach dem Auftauen der Eisschichten lösten sich mächtige Granitbrocken *Höhlen-* von Hawks Cliff und bildeten die **Polar Caves**, ein System von Felsspalten und Höh-*gelände* len – heute durch Wege und Passagen erschlossen. Durch das Gelände führen Naturlehrpfade mit Hinweistafeln zur Naturgeschichte und einheimischen Pflanzenwelt. In North Rumney, wenige km westlich der Polar Caves, steht das Wohnhaus von **Mary Baker Eddy,** in dem die Gründerin der Christian-Science-Bewegung von 1860 bis 1862 lebte.

Reisepraktische Informationen Plymouth

i **Information**
Plymouth Regional Chamber of Commerce, 144 Route 175 A, ① 603-536-1001, www.plymouthnh.org, Mo–Fr 9–17 Uhr, Sa/So 10–16 Uhr

Unterkunft
The Common Man Inn & Spa $$, 231 Main St., ① 603-536-2200, www.thecman inn.com; freundliches Gasthaus mit 37 geräumigen Zimmern, Swimmingpool, Fitnessraum, Spa und Foster's Steakhouse mit seiner beliebten offenen Küche.

Polar Caves, *5 mi/8 km westl. von Plymouth über den NH-25, ① 603-536-1888, www.polar caves.com, Mitte Mai bis Mitte Okt. tgl. 9–17 Uhr, $ 16.*
Mary Baker Eddy Historic House, *58 Stinson Lake Rd., 2 mi/3 km westl. auf dem NH-25 bis zur Straße zum Stinson Lake, dann 1 mi/1,6 km nördl. nach North Rumney, ① 603-786-9943, Öffnung nach telefonischer Anmeldung.*

Franklin und Umgebung

Erste Siedler ließen sich 1764 in der Gegend um Franklin nieder; ihren Namen erhielt die Ortschaft aber erst 1828 zur Erinnerung an Benjamin Franklin. Zu den Sehenswürdigkeiten der Stadt gehört die **Congregational Christian Church** *(47 Main St.)*, die aus dem Jahr 1820 stammt und wegen ihrer guten Orgel bekannt ist. Vor dem Kirchengebäude steht eine Büste von Daniel Webster, die von Daniel Chester French geschaffen wurde, dem Bildhauer der berühmten Abraham-Lincoln-Statue in Washington.

Namensgeber Franklin

Der 3 mi/4,8 km lange **Winnipesaukee River Trail** führt von der alten Bahnstation in Franklin am Winnipesaukee River entlang bis zur Surrette Battery in Northfield.

Daniel Webster Birthplace
Ein Teil des alten Farmhauses, in dem **Daniel Webster** 1782 geboren wurde, ist restauriert und mit Erinnerungsstücken ausgestattet worden. Webster war mit nur vierjähriger Unterbrechung 1827–50 Senator für Massachusetts und vertrat mit wachsendem Einfluss die merkantilen und industriellen Interessen Neuenglands. Er setzte sich mit ganzer Kraft für die nationale Einheit ein und suchte in der das Land zerreißenden Sklavereifrage nach Lösungen. Webster wird von den Amerikanern besonders verehrt, da es ihm während seiner Amtszeiten als Außenminister (1841–43, 1850–52) gelang, einen Ausgleich mit England über die lange umstrittene Nordgrenze zu Kanada zu finden.

Erfolgreicher Politiker

Daniel Webster Birthplace, *131 North Road, am NH-127, ① 603-934-5057, www.nh stateparks.org/explore/state-parks/daniel-webster-birthplace-state-historic-site.aspx, Anf. Juni bis Anf. Sept. Sa/So 9–17 Uhr, Eintritt frei.*

Ein Ausflug lohnt sich auch zu den **Franklin Falls/Blackwater Dams** *(46 Granite Drive)*. Der am Pemigewasset River und am Franklin Fall Reservoir gelegene Park bietet gute Wander-, Rad- und Reitwege. Besonders interessant ist die reiche Flora des Parks.

Reisepraktische Informationen Franklin

i **Information**
Lakes Region Tourism Association, *61 Laconia Rd., ① 603-286-8008, www.lakes region.org*

Unterkunft
Black Swan Inn $$, *354 W Main St., ① 603-286-4524, www.blackswaninn.net, das viktorianische Haus in Tilton stammt aus dem Jahr 1880 und ist sehr stilvoll eingerichtet. Das Frühstück ist im Preis enthalten.*

Rundfahrt um den Winnipesaukee-See

Bootsfahrten und Rundflüge

Die Rundfahrt um den Winnipesaukee-See beginnt in **Laconia**. Die bereits 1777 gegründete Stadt Laconia, das Handelszentrum der Lake Region, breitet sich an den Ufern der Seen Winnisquam und Opechee und an der Paucus Bay aus. Hier beginnen Ausflugsfahrten über die Seen und Rundflüge über die White Mountains und den Winnipesaukee-See. Beliebt ist eine Fahrt mit der **Winnipesaukee Railroad**, die am See entlang führt und aus historischen Wagen der 1920er- und 1930er-Jahre herrliche Ausblicke auf den See bietet; besonders eindrucksvoll zur Zeit der Laubfärbung.
Winnipesaukee Railroad, 154 S Main St., Meredith, ☏ 603-745-2135, www.hoborr.com, Ende Juni bis Anf. Sept. tgl.; Mai bis Ende Juni/Anf. Sept. bis Ende Okt. an Wochenenden, $ 16.

Zu den Sehenswürdigkeiten der Stadt gehört **Belknap Mill**, die 1823 gebaute Mühle mit der ältesten authentischen amerikanischen Spinnerei. Im angeschlossenen Museum gibt es Wechselausstellungen zu Textilgestaltung und Kunsthandwerk, und im Juli und August werden donnerstags Konzerte im Freien aufgeführt.
Belknap Mill, 25 Beacon St. E., ☏ 603-524-8813, www.belknapmill.org, Mo–Fr 9–17 Uhr, Eintritt frei.

Ferienort am See

Nur 5 mi/8 km entfernt liegt der lebhafte Ferienort **Weirs Beach** direkt am Winnipesaukee-See. Der Ort bietet gute Möglichkeiten zum Wandern, Baden, Surfen und Segeln, aber auch Vergnügungsparks, Minigolfplätze, Bowlingbahnen, Souvenirshops und ein wöchentliches Feuerwerk. Im Sommer herrscht am Seeufer viel Betrieb, ebenso am Bahnhof, wo die Passagiere auf den Panoramazug „Winnipesaukee Scenic Rail-

Am Lake Winnipesaukee

road" warten, der zwei Stunden am Winnipesaukee-See entlangfährt. Sehr beliebt sind auch die Bootsfahrten auf dem Winnipesaukee-See; dabei können Sie wählen zwischen Fahrten mit der historischen „MS Mount Washington", der Nachfolgerin eines Dampf- schiffs, das bereits 1872 über den See fuhr, oder dem Postboot, das Sie bei der zwei- stündigen Fahrt noch in die abgelegenste Bucht bringt.

Meredith ist ein ruhiger Ferienort und ebenfalls Bahnstation des Panoramazuges. Im **Annalee Dolls Museum** *(50 Reservoir Rd.)* sind mehr als 500 Puppen ausgestellt.

Reisepraktische Informationen Laconia und Westküste des Winnipesaukee-Sees

i Information
Lakes Region Chamber of Commerce, *383 South Main Street,* ☎ *603-524-5531,* *www.lakesregionchamber.org*

🛏 Unterkünfte
Fireside Resort Inn & Suites *$$, 17 Harris Shore Dr.,* **Gilford**, ☎ *603-293-7526;* *www.firesideinngilford.com, Ferienhotel mit geräumigen, ansprechend eingerichteten Zimmern, Swimmingpool, Hallenbad, Sauna. Fahrradverleih, Flughafentransfer, nicht weit von Gilford Beach entfernt.*
Lake House at Ferry Point *$$$, 100 Lower Bay Rd.,* **Sanbornton**, ☎ *603-524-5674,* *www.new-hampshire-inn.com; historisches B&B-Haus mit 6 schönen Zimmern in ruhiger La- ge am See, Bootsverleih.*
The Margate on Winnipesaukee Resort *$$$, 76 Lake St.,* **Laconia**, ☎ *603-524-5210,* *www.themargate.com; Hotel am See mit 146 Zimmern, 2 Swimmingpools, Hallenbad, Sau- na, Kinderspielplatz, Tennisplatz, Fahrrad- und Bootsverleih, Flughafentransfer.*

🎁 Einkaufen
Laconia Pottery, *45 Court St.,* ☎ *603-528-4997, Verkauf von Töpferwaren sowie Vorführungen und Töpferkurse.*
Keepsake Quilting, *in Center Harbor, Senter's Marketplace,* ☎ *603-253-4026 oder 1-800- 525-8086, www.keepsakequilting.com, Mo–Sa 9–18, So 9–17 Uhr; Keepsake Quilting gilt mit seinem großen Warenangebot als Neuenglands größtes Quiltgeschäft mit mehr als 3.500 ver- schiedenen Mustern.*

👁 Touren
Mount Washington Cruises, *11 Lakeside Ave. Weirs Beach, Laconia,* ☎ *603-366- 5531 oder 1-888-843-6686, www.cruisenh.com, bietet Kreuzfahrten auf dem Winnipesau- kee-See mit der „M/S Washington" an, Abfahrt von Weirs Beach und von Wolfeboro, 2½-stündige Fahrten, Mitte Mai bis Mitte Okt. tgl., $ 27.*
Sky Bright, *65 Aviation Dr.,* ☎ *603-528-6818 oder 1-800-639-6012, www.skybright.com; die 20-minütigen Rundflüge starten tgl. am Laconia Airport.*

🏃 Sportliche Aktivitäten
Gunstock Mountain Resort, *7 mil/11 km östl. auf dem NH-11A in Gilford,* ☎ *603- 293-4341, www.gunstock.com, ganzjährig; für Sommer- und Wintersport gut geeignet.*

Alter Krämer-laden
Der kleine Ort **Moultonborough** an der Nordspitze erinnert an **Robert Frost**, der sich hier mehrmals aufhielt und diese Zeit in seinen Gedichten verarbeitete. Die meisten Besucher aber zieht es in den „**Old Country Store**". Dieser alte Krämerladen besteht seit mehr als 200 Jahren und bietet eine Fülle an Antiquitäten, Kuriositäten, Kunsthandwerk und Souvenirs.

Die bekannteste Sehenswürdigkeit ist das **Castle in the Clouds**. Zu Beginn des letzten Jahrhunderts baute der exzentrische Millionär Thomas Plant dieses „Schloss in den Wolken" mit Türmen und Zinnen hoch oben auf einer Bergspitze. Von dort bietet sich ein großartiger Ausblick auf die tief unten liegenden Wälder und Seen. Auf dem 2,5 ha großen Parkgelände gibt es viele Wanderwege und Picknickplätze; besonders reizvoll sind die Fahrt auf einem Heuwagen oder ein Ausritt in geführten Gruppen, zum Abschluss des Besuches lädt das Schlosscafé ein.
Castle in the Clouds, 455 Old Mountain Road, Moultonborough, am NH-171 ① 603-476-5900, www.castleintheclouds.org, Mitte Juni bis Mitte Okt. tgl. 10–16.30 Uhr, $ 15, Eintritt nur für den Park: $ 5.

Malerischer Ferienort
Wolfeboro ist ein beschaulicher Ferienort am Ostufer des Winnipesaukee-See und gilt als „America's first summer resort", denn schon 1763 wählte John Wentworth, der Kolonialgouverneur von New Hampshire, Wolfeboro zum Sitz seiner Sommerresidenz. Seither gilt Wolfeboro mit weißen Häusern, Dorfkirche und blühenden Gärten als einer der ältesten und schönsten Ferienorte Neuenglands, eingebettet in eine friedliche Landschaft. Sehenswert ist z. B. das **Clark House** (*S Main St., ① 603-569-4997*) aus dem Jahre 1778, in dem ein Klassenraum aus der Zeit um 1820 und ein Feuerwehrmuseum mit Löschwagen und Ausstattung von 1862 eingerichtet wurden.

Das 1912 gebaute **Libby Museum** bietet eine Ausstellung über das ländliche Leben im 18. und 19. Jh.; außerdem werden Kult- und Gebrauchsgegenstände der Indianerstämme gezeigt. Interessantes aus der Geschichte der regionalen Schifffahrt zeigt das **New Hampshire Antique and Classic Boat Museum**.
Libby Museum, 3,5 mi/5,6 km nördl. am NH-109, ① 603-569-1035, Ende Juni bis Mitte Sept. Di–Sa 10–16 Uhr, So 12–16 Uhr, sonst nur an Wochenenden, $ 2.
New Hampshire Antique and Classic Boat Museum, 399 Center St., NH-28, ① 603-569-4554, www.nhbm.org, Mo–Sa 10-16, So 12–16 Uhr.

Alton Bay, ein ruhiger Ferienort am südlichen Ausläufer des Sees, ist ebenfalls Anlegestelle der Ausflugsboote.

Reisepraktische Informationen Wolfeboro und Ostküste des Winnipesaukee-Sees

ℹ **Information**
Wolfeboro Chamber of Commerce, *32 Central Ave., ① 603-569-2200 oder 1-800-516-5324, www.wolfeborochamber.com*

Unterkünfte

The Inn on Main *$$, 200 N Main St.,* ① *603-569-1335, www.innnewhamp shire.com; das aus dem Jahre 1863 stammende Haus liegt im historischen Distrikt, wurde 2011 aufwändig renoviert und verfügt über komfortable Zimmer und ein gutes Restaurant.*
The Lake Motel *$$, 280 South Main St., am NH-28,* ① *603-569-1100, www.thelake motel.com; Motel mit 35 Cottages, teilweise mit Küchenzeile, am Crescent Lake, Privatstrand, Bootsverleih, Tennisplatz, ganzjährig geöffnet.*
Piping Rock Resort *$$, 680 N Main St.,* ① *603-569-1915, www.pipingrockresort.com, das Motel mit 21 Zimmern und 14 Cottages liegt in Winter Harbour direkt am Lake Winnipesaukee, mit Strand, Bootsverleih und Bootsanlegestelle;*
The Wolfeboro Inn *$$$, 90 N Main St.,* ① *603-569-3016, www.wolfeboroinn.com; das historische Gebäude aus dem Jahr 1812 wurde durch Neubauten erweitert und verfügt nun über 44 ansprechende Zimmer und zwei Restaurants. Es liegt direkt am See mit Privatstrand, Kanu-, Ruder- und Segelbootverleih, nur wenige Minuten von Geschäften und Restaurants entfernt.*

Einkaufen

Hampshire Pewter Company, *9 Railroad Ave., Wolfeboro,* ① *603-569-4944, www. hampshirepewter.com, Mo–Sa 9–17 Uhr, in der 1974 gegründeten Firma wird die alte Handwerkskunst des Zinngießens lebendig gehalten. Dabei wird eine spezielle Legierung verwendet, die unter der Bezeichnung „Königsmetall" bekannt und seit dem 16. Jh. überliefert ist.*

Touren

Mount Washington Cruises, ① *603-366-5531, www.cruisenh.com, tgl. Abfahrten Mitte Mai bis Mitte Okt., Tages-, Brunch- und Sonnenuntergangsfahrten auf dem Winnipesaukee-See.*

Dartmouth – Lake Sunapee

 ### Hinweis zur Route

Sie erreichen Dartmouth – Lake Sunapee
- von Boston kommend über den I-93 bis Concord, dann über den I-89, NH-9 und NH-114 bis Newbury;
- von Vermont kommend über den I-89.

Diese Region, die bis zur Grenze von Vermont reicht, ist geprägt durch Farmland, Berge und die typischen neuenglischen Dörfer. Auf die Besucher warten Antiquitätenläden, ausgezeichnete Restaurants und Landgasthäuser, gemütliche Dorffeste und Handwerkermärkte. Im Zentrum liegt der **Lake Sunapee**, dessen reizvolle Umgebung schon seit dem 19. Jh. ein ganzjährig beliebtes Ferienziel ist. In den Sommermonaten starten in **Sunapee Harbor** Bootsfahrten auf dem Lake Sunapee; auf der zweistündigen Fahrt fahren Sie vorbei an Loon Island, Georges Mills Bay, Fishers Bay und am Mount Kearsage.

Den **Mount Sunapee State Park** durchzieht ein weites Netz ausgeschilderter Wanderwege, ein Sessellift bringt Besucher auch im Sommer zur Aussichtsplattform auf den

Wandern und Skifahren am Mount Sunapee

Der Mount Sunapee State Park ist nicht nur im Sommer eine Reise wert

Gipfel des Mount Sunapee. Im Winter finden Skifahrer ausgezeichnete Wintersport-bedingungen vor. Alljährlich im August wird ein neuntägiger Handwerkermarkt veran-staltet.

Mount Sunapee State Park, *460 Route 103, Newbury,* ☎ *603-763-5561, www.nhstate parks.org, ganzjährig geöffnet, $ 4.*

Mineralien-
mine

Nördlich vom Sunapee Lake liegt bei dem kleinen Ort **Grafton** die **Ruggles Mine**. In der ältesten Glimmer-, Feldspat- und Beryllmine Amerikas gibt es mehr als 150 verschie-dene Mineralien. Man kann, umgeben von einer großartigen Landschaft, selbst Minera-lien sammeln.

Ruggles Mine, *am US-4,* ☎ *603-448-6911, www.rugglesmine.com, Mitte Juni bis Mitte Okt. tgl. 9–17 Uhr, Mitte Mai bis Juni nur an Wochenenden, $ 25.*

In **Hanover**, an der Grenze zu Vermont, befindet sich das **Dartmouth College**, das schon 1769 gegründet wurde und heute eine der bekanntesten und exklusivsten ame-rikanischen Universitäten ist. Man kann das College im Rahmen einer Führung besich-tigen.

Dartmouth College, *6016 N. Main St.,* ☎ *603-646-1110, www.dartmouth.edu; Führungen Mo–Sa.*

> *i* **Information**
> **Lake Sunapee Region Chamber of Commerce**, ☎ *603-526-6575 oder 1-877-526-6575, www.lakesunapeenh.org*

Monadnock Region

Hinweis zur Route

Sie erreichen die Monadnock Region
- von Norden kommend über den I-91und NH-12,
- von Brattleboro kommend über den VT-9.

Südlich an den Sunapee Lake schließt sich die **Monadnock Region an**; die bis zur Grenze von Massachusetts reicht. Hier finden Sie alles, was Neuengland ausmacht: Straßen, die sich in vielen Kurven über sanfte Hügel und weite Felder ziehen, kleine Ortschaften, deren Zentrum das „Green", die weiße Kirche und das alte Rathaus bilden, blühende Obstbaumwiesen im Frühjahr und leuchtende Wälder im Herbst. Monadnock ist ganzjährig ein beliebtes Reiseziel, das zum Wandern, Radfahren, Skifahren und zu Schlittenfahrten ebenso einlädt wie zu Konzerten, Theateraufführungen und Ahornzuckerfesten. Der **Mount Monadnock**, der Namensgeber der Region, ist mit seinen 965 m weithin sichtbar. Es heißt, dass er nach dem Fuji in Japan der meistbestiegene Berg der Welt ist. *Reiseziel für jede Jahreszeit*

Keene (22.500 Einwohner) ist der größte Ort der Monadnock Region, eine kleine Universitätsstadt, die den umliegenden Dörfern als Einkaufszentrum dient. Über New Hampshire hinaus sind die Konzerte und Theateraufführungen der Kunstakademie bekannt. Am NH-10, zwischen Keene und Winchester, können Sie drei der für Neuengland typischen „**covered bridges**" sehen, die den Ashuelot River überspannen.

Peterborough, am US-202, ist seit dem 19. Jh. ein von Künstlern bevorzugter Ort mit einem bekannten Sommertheater. Jedes Jahr ziehen die neuen Aufführungen der **Peterborough Players** (*http://peterboroughplayers.org*) viele Besucher an, ebenso wie das Jazzfestival „Folkway" mit hervorragenden Darbietungen. *Künstlerort*

Das Merrimack Valley

Hinweis zur Route

Sie erreichen das Merrimack Valley von Boston kommend über den I-93, der Sie über Nashua, Manchester und Concord nach Plymouth und in die White Mountains führt.

Der **Merrimack River**, der zweitlängste Fluss in Neuengland, gibt der Region ihren Namen. Im **Merrimack** Valley ließen sich schon die ersten europäischen Siedler nieder, bebauten das Land und nutzten frühzeitig die Wasserkraft für industrielle Zwecke, sodass sich hier die drei größten Städte von New Hampshire entwickeln konnten. Daneben gibt es viele hübsche kleine Ortschaften, State Parks mit gutem Wanderwegenetz, fischreiche Seen und einladende Landgasthäuser und Restaurants.

Die Nähe zu Boston macht das Merrimack Valley zu einem beliebten Ausflugs- und Ferienziel.

Nashua und Umgebung

Die ehemalige Pelzhandelsstation entwickelte sich schon im frühen 19. Jh. zu einer lebhaften Handelsstadt. Heute leben in dem 1656 gegründeten Ort ca. 83.000 Einwohner, die in sehr unterschiedlichen Industriezweigen, von der Computertechnik bis zur Bierbrauerei, ihren Lebensunterhalt verdienen. Nashua wird wegen seiner Nähe zu Boston auch als Wohnort sehr geschätzt. Im **Nashua Center for the Arts** *(14 Court St., ☎ 603-883-1506)* finden im Sommer neben Kunstausstellungen auch klassische Konzerte, Jazz- oder Folkloreveranstaltungen statt.

Stonehenge Amerikas

Sehenswürdigkeiten zwischen Nashua und Manchester

America's Stonehenge liegt bei North Salem. Es gibt ganz unterschiedliche Erklärungen für die Entstehung dieser ungewöhnlichen Anlage. Eine dieser Theorien besagt, dass die Anlage mit 22 etwa meterhohen Steinsetzungen, die von langen Steinmauern umgeben ist, aus dem 3. bis 2. Jahrtausend v. Chr. stammen soll. Die großen bearbeiteten Monolithe zeigen Sonnenaufgang und -untergang bei der Sonnenwende und bei der Tag- und Nachtgleiche an.
America's Stonehenge, Haverhill Rd., bei North Salem, 5 mi/8 km östl. vom I-93, am NH-111, ☎ 603-893-8300, www.stonehengeusa.com, ganzjährig 9–17 Uhr, $ 11.

In der Nähe der Ortschaft **Derry**, die im 18. Jahrhundert von schottischen Einwanderern gegründet wurde, liegt die **Robert Frost Farm**, in der ein kleines Museum zu Ehren des Dichters eingerichtet wurde. Auf dem „poetry nature trail" kann man das Farmgelände kennen lernen.
Robert Frost Farm, am NH-28, ☎ 603-432-3091, http://robertfrostfarm.org, Mitte Juni bis Anf. Sept. tgl. 10–16, März bis Juni und Sept. bis Mitte Okt. Mi–So 10–16 Uhr, $ 5, das Gelände ist ganzjährig frei zugänglich.

info | Robert Frost

Robert Frost, einer der volkstümlichsten amerikanischen Dichter, wurde 1875 in San Francisco geboren, zog aber schon 1885 mit seiner Familie nach New Hampshire. Anfangs verdiente er seinen Lebensunterhalt als Spindeljunge und Schuhflicker; später, von 1900 bis 1911, lebte er als Bauer auf der Derry-Farm.

Er war der Herausgeber eines Wochenblattes und wurde schließlich, von 1916 bis 1938, Professor für Englisch am Amherst College. Seine Gedichte, die vor dem Hintergrund der Landschaft und Kultur seiner neuenglischen Heimat entstanden, zeugen von tiefen Einsichten in menschliches Verhalten und darüber hinaus von großem Verständnis für die amerikanische Demokratie.

In **Merrimack** können Sie die **Anheuser-Busch-Brauerei**, eine der größten Brauereien der Welt, bei der kostenlosen „Industrial Tour" besichtigen. Zum Abschluss steht eine Bierprobe auf dem Programm.
Anheuser-Busch-Brauerei, 221 Daniel Webster Hwy., US-3, ☎ 603-595-1202, www.budweisertours.com/z01/index.php/merrimack/overview/, Juni/Aug. tgl. 9.30–18, Mai/Sept. bis Dez. tgl. 10–16, sonst Do–Mo 10–16 Uhr, Führung frei, Tour mit Bierprobe $ 25.

Der **Silver Lake State Park** bietet Erholung an einem schönen Badesee mit feinem Sandstrand und Grillplätzen.
Silver Lake State Park, 138 Silver Lake Road, Hollis, ☏ *603-465-2342, www.nhstateparks. org/explore/state-parks/silver-lake-state-park.aspx, Mitte Juni bis Anf. Sept. tgl. 9–20 Uhr, $ 4.*

Information
Greater Nashua Chamber of Commerce, *151 Main St., Nashua,* ☏ *603-881-8333, www.nashuachamber.com*

Manchester und Umgebung

Manchester ist mit ca. 107.000 Einwohnern die größte Stadt in New Hampshire. Das Handels- und Industriezentrum liegt am Merrimack River, an dessen Ufern die Abenaki-Indianer lebten. Zu Beginn des 18. Jh. ließen sich die ersten weißen Siedler nieder und gründeten 1720 **Derryfield**, das sich schon bald zu einem Handelszentrum entwickelte. Als es im frühen 19. Jh. gelang, die Kraft der Wasserfälle für industrielle Zwecke zu nutzen, entstanden die ersten Baumwollspinnereien und die Textilfabrik **Amoskeag Manufactoring Company**, die sich in der Folgezeit zur größten Textilfabrik der Welt mit fast 16.000 Arbeitern entwickeln sollte. *Industriekultur*

1810 wurde Derryfield in Anlehnung an die nordenglische Industriestadt in „Manchester of America" umbenannt. Der wirtschaftliche Aufschwung hielt bis zum Anfang des 20. Jh. an, dann setzte der Niedergang ein, bis 1935 die letzte Fabrik geschlossen wurde. Durch ein umfangreiches Sanierungskonzept der Manchester Historic Association ist es in den letzten Jahren gelungen, der Stadt wieder ein neues Gesicht zu geben; einige der alten Werksgebäude wurden restauriert und werden nun als Büros, Boutiquen, Galerien, Ateliers, Restaurants oder Wohnraum genutzt.

In einem ehemaligen Fabrikbau befindet sich das **Manchester Historic Association Millyard Museum** mit der interessanten Dauerausstellung „11.000 Jahre an den Amoskeag-Fällen", in der die Geschichte der Region, ihre Industrialisierung und die Stadtentwicklung lebendig dargestellt werden.
Millyard Museum, Mill No. 3, Commercial/Pleasant St., ☏ *603-622-7531, www.manchester historic.org, Di–Sa 10–16 Uhr, $ 8. Bustransfer zum Zimmerman House (s. u.),* ☏ *603-626-4158.*

Das **Currier Museum of Art** in einem schönen Bau aus dem Jahr 1929 besitzt eine hoch geschätzte Gemälde- und Skulpturensammlung des 13.–20. Jh. und eine herausragende Sammlung amerikanischer Kunst, u. a. mit Werken von Winslow Homer, sowie eine Ausstellung mit Kunstgewerbe aus Neuengland. Vom Museum fährt ein Kleinbus zum dazugehörigen **Zimmerman House**, das 1950 von Frank Lloyd Wright einschließlich der Inneneinrichtung für das Ehepaar Zimmerman entworfen wurde und als eines seiner Meisterwerke des Prairie Style gilt. Auch die Gartenanlage, in der die Zimmermans begraben wurden, ist von Wright geplant. *Interessante Museen*
Currier Museum of Art, 150 Ash St., ☏ *603-669-6144, www.currier.org, Mo/Mi–Fr 11–17, Sa 10–17 Uhr, $ 10.*

Reisepraktische Informationen Manchester

 Information
Greater Chamber of Commerce, ① *603-666-6600, www.manchester-chamber.org*

Unterkünfte
Best Western Executive Court Inn $$$, 13500 South Willow St., ① *603-627-2525, www.executivecourtinn.com; außerhalb der Stadt, in der Nähe des Flughafens, gelegenes Hotel mit 123 modernen Zimmern, Restaurant und Swimmingpool.*
Radisson Hotel Manchester $$$, 700 Elm St., ① *603-625-1000, www.radisson.com; Hotel mit 242 gut ausgestatteten Zimmern auf 12 Etagen, in guter Innenstadtlage.*

Flughafen
Der Flughafen liegt 8 km südöstl. der Stadt, kein Autobuszubringerdienst. Es bestehen Flugverbindungen nach Albany, Boston, Hartford, Lebanon, Montpelier, Newport, New York und Washington.

Concord und Umgebung

Hauptstadt von New Hampshire

Im Siedlungsgebiet der Algonkin-Indianer am Merrimack River wurde 1659 zunächst ein Handelsposten errichtet; 1727 ließen sich die ersten Siedler nieder und nannten ihre Stadt Rumford. Die Auseinandersetzungen zwischen New Hampshire und Massachusetts, die beide Ansprüche auf die Stadt erhoben, wurden zugunsten New Hampshires beigelegt. 1765 wurde die Stadt in Concord umbenannt und ist seit 1808 die **Hauptstadt von New Hampshire**. Bekannt wurde die Stadt durch die 1827 von Lewis Downing und J. Stephens Abbot gegründete Kutschenfabrik, deren Fahrzeuge wesentlich zur Erschließung des amerikanischen Westens beitrugen. Mit dem Bau der Eisenbahn wurde Concord 1842 zur wichtigen Bahnstation für die nördlichen Neuengland-Staaten. Heute werden in Concord vor allem Elektro- und Kommunikationsausrüstungen hergestellt.

Die **Main Street** mit ihren Geschäften, Restaurants und Hotels durchzieht als Hauptachse die recht beschauliche Stadt, in der ca. 40.000 Menschen leben. Der **Rundgang** „Concord on Foot", der zu einigen historischen Sehenswürdigkeiten führt, beginnt am schön gestalteten **Eagle Square Marketplace** mit dem **Museum of New Hampshire History**, das interessante Ausstellungen zur Geschichte von New Hampshire zeigt. Besonders anschaulich sind ein Modell der Mount Washington Coq Railway und der Kutschenraum, in dem der berühmten, in Concord gebauten Kutschen ausgestellt ist. Die Concord-Kutschen, die ein hohes Fahrgestell und große Räder hatten, wurden vielfach bei den großen Trecks in den Westen eingesetzt und sind als „Postkutschen" aus vielen Western-Filmen bekannt.
Museum of New Hampshire History, 6 Eagle Square/N Main St., ① *603-228-6688, www.nhhistory.org, Juli bis Okt. Mo–Sa 9.30–17, So 12–17 Uhr, sonst Mo geschl., $ 5,50.*

Ältestes Rathaus der USA

Gleich gegenüber steht das 1819 gebaute **State House**, das durch seine goldene Kuppel auffällt und das älteste Rathaus der USA ist, in dem die Ratssitzungen noch in den Originalräumen abgehalten werden.

State House, *107 Main St.,*
① 603-271-2154, Mo–Fr 8–
16 Uhr, Eintritt frei.

Pierce Manse ist das Wohnhaus des amerikanischen Präsidenten Franklin Pierce, dessen Amtszeit von 1842 bis
1848 dauerte. Es wurde rekonstruiert und von der Montgomery St. an die heutige Stelle
versetzt und dann mit dem
Originalmobiliar und Ge-
brauchsgegenständen jener
Zeit eingerichtet.
Pierce Manse, *14 Horse Shoe*
Pond Rd., ① 603-225-2068,
www.piercemanse.org, Mitte Juni
bis Mitte Sept. Di–Sa 11–15
Uhr, $ 7.

Blick auf das State House von New Hampshire

Reisepraktische Informationen Concord und Umgebung

i Information
Greater Concord Chamber of Commerce, *49 South Main St., ① 603-224-2508,*
www.concordnhchamber.com und www.ci.concord.nh.us

Unterkünfte
Best Western Concord Inn & Suites *$$, 97 Hall St., ① 603-228-4300, www.best
western.com, etwas außerhalb gelegenes Hotel mit 66 geräumigen Zimmern, Pool und Frühstück.*
Hampton Inn-Concord/Bow *$$, 515 South St., ① 603-224-5322, www.hamptoninn.hilton.
com, günstig zum Hwy I-89 gelegenes Hotel mit 145 Zimmern, Pool und Frühstück, nicht weit
von Concord entfernt.*

20 mi/32 km nördlich von Concord liegt in der Nähe des Ortes Canterbury Center das
Canterbury Shaker Village. Nachdem der letzte Bruder im Canterbury Shaker Village bereits 1939 verstorben war und die letzte Bewohnerin 1992 starb, wird das Canterbury Shaker Village als Museum weitergeführt, um das Erbe der Shaker zu bewahren. Erste Informationen zur Gemeinschaft der Shaker (Info-Kasten, S. 323) erhalten Sie
im neuen Besucherzentrum, wo auch die empfehlenswerten Führungen beginnen. Das
Gelände dehnt sich auf der gegenüber liegenden Straßenseite aus; von den ehemals
100 Gebäuden der Siedlung wurden 25 Häuser restauriert, von denen einige zu besichtigen sind, wie z. B. das Meeting House oder das Dwelling House. Im Meeting House aus
dem Jahr 1792 wurden die Gottesdienste abgehalten, in denen ebenfalls die bei den Shakern übliche Trennung nach Geschlechtern beibehalten wurde. In der Molkerei und der
Bäckerei können Sie Leckeres aus der traditionellen Shaker-Küche kosten; im Syrup

*Besuchens-
wertes
Museums-
dorf*

Im Canterbury Shaker Village

Shop finden Sie viele Heil- und Küchenkräuter. Im Haus Nr. 13 sind die Holzwerkstatt und ein Laden eingerichtet. Besuchen Sie auch die schön angelegten Gärten und genießen Sie die ländliche Stille.

Beliebte Souvenirs Am Ende des Rundgangs können Sie den Museumsshop besuchen, wo es die geschätzten Shaker-Schachteln aus hellem Ahorn- oder Kirschbaumholz in verschiedenen Größen gibt, außerdem Möbel, Bücher, Handarbeiten, Samen und natürlich auch die bekannten Shaker-Besen.

Canterbury Shaker Village, *288 Shaker Rd., 15 mi/25 km nördl. am NH-106,* ✆ *603-783-9511, www.shakers.org, Mai bis Okt. tgl. 10–17 Uhr, $ 17.*

Zur Küstenregion New Hampshires s. Kapitel „Von Boston entlang der Ostküste nach Maine", S. 327.

Von den White Mountains nach Montpelier/VT

 Hinweis zur Route

Für Ihre Fahrt von den White Mountains nach Vermont bieten sich zwei Alternativen an:
• Von Plymouth fahren Sie auf dem NH-25 bis Wentworth, folgen dann dem NH-25A bis zum Connecticut River, der die Grenze nach Vermont bildet. Am anderen Flussufer fahren Sie auf den I-93, den Sie nach wenigen Kilometern am Exit 16 wieder verlassen. Sie folgen dann dem NH-25B bzw. NH-25, der hinter West Topsham auf den US-302 stößt, der Sie über Barre nach Montpelier führt.
• Von North Woodstock folgen Sie dem NH-112, bis dieser auf den US-302 stößt. Sie überqueren den Connecticut River und die Grenze nach Vermont und folgen weiter dem US-302, der Sie über Groton und Barre nach Montpelier führt.

Vermont

Überblick

Die das ganze Land prägenden „Grünen Berge" gaben ihm auch den Namen: „Les verts *Land der* monts" nannte es der französische Forscher und Entdecker Samuel de Champlain. Von *grünen* Norden nach Süden durchziehen die „Green Mountains", die bis zu 1.339 m ansteigen, *Berge* den Bundesstaat; mehr als 60 % der Fläche sind mit Wald bedeckt.

Vermont ist Bauernland; fast drei Viertel seiner Bevölkerung leben und arbeiten auf dem Land, dessen karger Boden nur unter Mühen bestellt werden kann. Ertragreicher sind Rinderhaltung, Milchwirtschaft und vor allem die Gewinnung und Verarbeitung von Ahornzucker.

Vermont ist ein liebliches Land mit sanften Tälern, gerundeten Bergkuppen, stillen Seen, hölzernen Mühlen an klaren Wasserbächen, kleinen, idyllischen Ortschaften, trutzigen Bauernhöfen und grünen Weideflächen.

Es gibt keine spektakulären Sehenswürdigkeiten; es sind eher die kleinen, versteckten, selbst zu entdeckenden landschaftlichen Schönheiten, die Vermont so anziehend machen. Vor allem der **Wald- und Seenreichtum**, die Herbstfärbung der Wälder und die ausgezeichneten Wintersportbedingungen ziehen viele Besucher an, sodass der Fremdenverkehr zu einer der wichtigsten Einnahmequellen geworden ist.

Auch **kulinarisch** hat Vermont einiges zu bieten: Es gibt nicht nur den berühmten Ahornsirup – die Region ist auch bekannt für ihre hochwertigen Bioprodukte und lädt auf „Culinary Trails" zum Probieren von Ahornsirup, Käse, Obst, Säften oder Eis ein. Schauen Sie einmal bei Morse Farm Sugarworks, bei Ben & Jerry's Ice Cream Factory, bei der Cabot Creamery Annex oder bei der Cold Hollow Cider Mill vorbei und besuchen Sie die zahlreichen Bauernmärkte, Hofläden oder Verkaufsstände, um die frischen Köstlichkeiten zu probieren!

Die **Geschichte** Vermonts beginnt mit der Entdeckung und Erforschung durch Samuel de Champlain. Anschließend kämpften Franzosen und Engländer um das Gebiet zwischen dem Lake Champlain und dem oberen Connecticut River. Nach der Beendigung der Kämpfe und der Vertreibung der Franzosen besiedelten britische Farmer das

Land, auf das New York und New Hampshire Anspruch erhoben. Unter der Führung Ethan Allens kämpften die „Green Mountain Boys" zunächst gegen New York, dann gegen die Briten um die Unabhängigkeit. 1777 wurde Vermont als unabhängiger Staat ausgerufen und am 4. März 1791 als 14. Staat in die Union aufgenommen.

Durch Vermont

Drei große Verkehrsadern durchziehen Vermont:
• der I-89, der von Lebanon/NH über die Hauptstadt Montpelier nach Burlington am Lake Champlain und weiter nach Kanada führt,
• der I-91, der von Süden nach Norden weitgehend parallel zur Grenze zu New Hampshire verläuft und im Norden bis nach Kanada führt,
• der US-7, der von Massachusetts kommend im Westen von Vermont über Bennington und Rutland nach Burlington und dann weiter nordwärts nach Kanada führt.

Zwischen dem I-89 und dem US-7 erstreckt sich in Nord-Süd-Richtung der Green Mountains National Forest, an dessen Rändern Straßen landschaftlich sehr reizvolle Gegenden erschließen.

Vermont auf einen Blick	
Fläche	24.887 km²
Einwohner	ca. 626.000
Hauptstadt	Montpelier, 8.035 Einwohner
Staatsmotto	Freiheit und Einigkeit
Staatsbaum	Zuckerahorn
Staatsblume	Rot- oder Wiesenklee
Staatsvogel	Einsiedler-Drossel
Wirtschaft	70 % der Bevölkerung arbeiten in der Landwirtschaft, wobei Milch und Milcherzeugnisse sowie Ahornprodukte an erster Stelle stehen. Von wirtschaftlicher Bedeutung sind auch die Marmor- und Granitvorkommen bei Rutland und Barre. Der Fremdenverkehr, insbesondere in den Wintersportmonaten und zur Zeit des Indian Summer, ist die zweitwichtigste Einkommensquelle.
Arbeitslosenrate	4,7 % (USA 7,8 % im April 2013)
Zeitzone	In Vermont gilt die Eastern Standard Time (= MEZ -6 Stunden)
Städte	Burlington (38.889 Einwohner), Rutland (17.292 Einwohner) und Bennington (9.168 Einwohner)
Information	Vermont Department of Travel & Tourism, 134 State St., Montpelier 05601, ☎ 802-828-3236 und 1-800-Vermont, www.travel-vermont.com
Hotline zur herbstlichen Laubfärbung	☎ 1-800-828-3239, www.leafpeepers.com/contents.htm

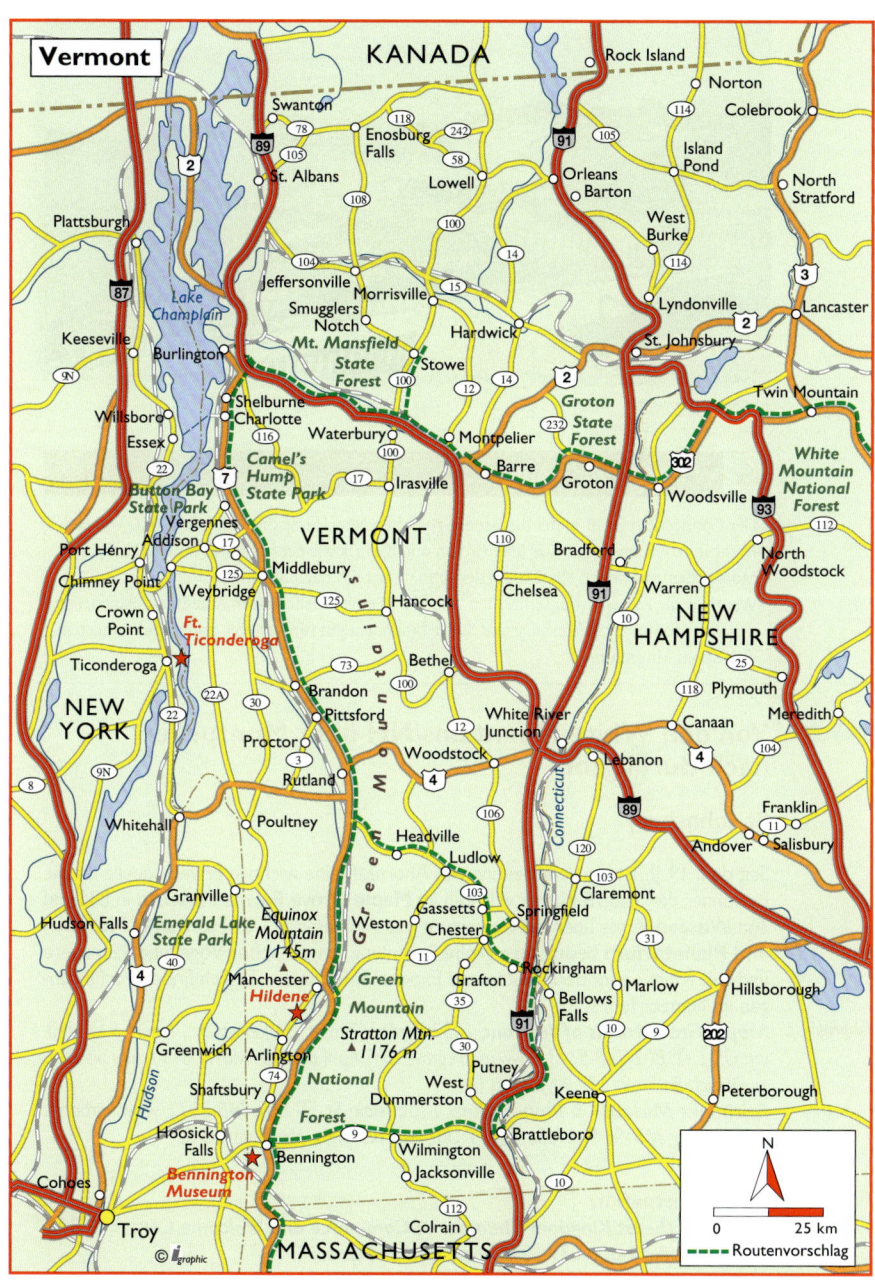

Vermont

KANADA

NEW YORK

VERMONT

NEW HAMPSHIRE

MASSACHUSETTS

N

0   25 km

---- Routenvorschlag

Idyllisches Vermont

👉 **Hinweis zur Route**

Der Connecticut River bildet die Grenze zwischen New Hampshire und Vermont. Von New Hampshire führen der US-302 über Groton und Barre sowie der US-2 über St. Johnsbury nach Montpelier und weiter, ebenso wie der schnellere I-89, nach Burlington.

Wenn Sie die Rundfahrt unterbrechen wollen und einen mehrtägigen Aufenthalt planen, eignen sich Montpelier, Waterbury und Stowe besonders gut für Ausflüge und Wanderungen in den Green Mountains.

Von den White Mountains/NH über Montpelier nach Burlington

St. Johnsbury

Seit dem 19. Jh. ist die Verarbeitung von Ahornsaft eine wichtige Erwerbsquelle für die Bewohner der Stadt. Besucher erfahren im **Maple Grove Farms Museum** in Bild und Ton Wissenswertes über die Gewinnung des Ahornsaftes. Das **Fairbanks Museum and Planetarium** besitzt eine große Sammlung ausgestopfter Vögel und Säugetiere und lädt Kinder zum Beobachten und Experimentieren ein. Täglich finden Vorführungen im Planetarium statt.

Ahornsirup   **Maple Grove Farms of Vermont**, 1052 Portland Street , St. Johnsbury , 1 mi/1,6 km östl. am US-2, ☎ 802-748-5141, www.maplegrove.com, April bis Dez. Mo–Fr 8–17, Juni bis Dez. zusätzlich Sa/So 9–17 Uhr, Eintritt frei.
Fairbanks Museum & Planetarium, 1302 Main St., ☎ 802-748-2372, www.fairbanks museum.org, Mo–Sa 9–17, So 13–17 Uhr, Nov. bis März Mo geschl., $ 8.

ℹ **Information**
Northeast Kingdom Chamber of Commerce and Welcome Center, ☎ 802-748-3678 oder 1-800-639-6379, www.nekchamber.com

Barre

Auf dem US-302, dem Scott Memorial Highway, erreichen Sie nach 48 mi/77 km die 1780 gegründete Stadt Barre, in deren Umgebung sich die größten Granitsteinbrüche der Welt befinden. Aus heimischem Granit wurde die Statue des schottischen Nationaldichters Robert Burns *(60 Washington St.)* von ortsansässigen Künstlern geschaffen. *Granit-steinbrüche* Nicht weit entfernt liegt der kleine Ort **Graniteville**. Mit einer Werksbahn können Sie auf einer Rundfahrt die riesigen Steinbrüche sehen und von der Besucherplattform aus den Arbeitern bei ihrer Arbeit zuschauen.

Rock of Ages Quarry and Craftsman, 560 Graniteville Rd., I-89, Exit 6, ☏ 802-476-3119, www.rockofages.com, Visitor Center 15. Mai–Aug. Mo–Sa 9–17 Uhr, Sept./Okt. auch So. Es werden geführte Touren (Guided Quarry Tour, letzte startet um 15.45 Uhr) und Aktivitäten angeboten, Tour $ 5. Die Fabrik kann man sich Mo–Fr 8–15.30 Uhr anschauen.

> ### ℹ️ Information
> **Central Vermont Chamber of Commerce**, 33 Stewart Road, ☏ 802-229-5711, *www.central-vt.com.*

Montpelier

Die Stadt Montpelier wurde 1787 an den Ufern des Winooski River gegründet. Das Wahrzeichen Montpeliers ist das State House, das auf die Bedeutung der kleinsten Hauptstadt der USA hinweist, die mit ihren ca. 8.300 Einwohnern sonst eher einen beschaulichen Eindruck macht. Ein ausgeschilderter Rundgang führt zu den Sehenswürdigkeiten der Innenstadt rund um State Street und Main Street, z. B. zum Court House und zum historischen Distrikt am Fluss.

State House

Das erste Versammlungsgebäude wurde in Montpelier schon 1807 gebaut, 1838 nach Plänen von Ammi Young erweitert und 1857 durch ein großes Feuer zerstört. Das jetzige Gebäude wurde 1859 aus örtlichem Granit errichtet. Die vergoldete Kuppel *Goldene Kuppel* trägt eine Statue der Ceres, der Göttin der Fruchtbarkeit. Das State House, das in den letzten Jahren restauriert wurde, zählt zu den schönsten öffentlichen Gebäuden der USA.

State House, 115 State St., ☏ 802-828-2228, www.leg.state.vt.us/sthouse/sthouse.htm, www.vtstatehouse.org, Mo–Fr 8–16 Uhr, Juli bis Mitte Okt. auch Sa 11–14.30 Uhr, in der Hochsaison Führungen Mo–Fr 10–15.30, Sa 11–14.30 Uhr, Eintritt frei.

Während das **T. W. Wood Gallery and Art Center** Werke amerikanischer Künstler des 19. und 20. Jh. zeigt, informiert das **Vermont Historical Society Museum** in der Ausstellung „Freedon and Unity" anschaulich über die Geschichte Vermonts (neben dem State House gelegen).

T.W. Wood Gallery and Art Center, 46 Barre St., ☏ 802-262-6035, www.twwood gallery.org, zzt. nur nach Vereinbarung.

Vermont Historical Society Museum, 109 State St., ☏ 802-828-2291, www.vermont history.org, Mai bis Okt. Di–Sa 10–16, So 12–16 Uhr, sonst So geschl., $ 5.

Bei einem Besuch der **Morse Farm Maple Sugarworks** können Sie einen Film über die Gewinnung und Verarbeitung des Ahornsirups sehen und im zugehörigen Shop die heimischen Produkte erwerben.
Morse Farm Sugarworks, 1168 County Rd., ☽ 802-223-2740 oder (800) 242-2740, www.morsefarm.com, Juni bis Anf. Sept. Mo–Do 8–18, Fr–So 8–20 Uhr, Eintritt frei.

info

Maple Syrup – der süße Saft der Ahornbäume

„Maple Syrup" ist eines der bekanntesten Produkte Neuenglands! Der süße Saft der Ahornbäume wird nur in den Neuengland-Staaten und im Osten Kanadas gewonnen, denn nur in diesen Landschaften gibt es die nötigen klimatischen Voraussetzungen.

Eine indianische Legende erzählt, dass eine Irokesenfrau nach einem heftigen Sturm hinausging, um einen Krug mit Regenwasser hereinzuholen. Dieser stand unter einem Ahornbaum, der vom Sturm umgeknickt worden war. Die anschließend mit dem Regenwasser zubereitete Mahlzeit hatte einen so angenehm süßlichen Geschmack, dass von nun an der Ahornsaft zum Kochen genutzt wurde. Als die ersten Kolonisten in Amerika ankamen, lernten sie von den Indianern die Gewinnung des süßen Saftes.

Die Saison der Saftgewinnung, wenn der Saft des Zuckerahornbaumes (Acer saccarum) besonders reichlich fließt, ist kurz; sie beginnt am ersten Dienstag im März und dauert ca. sechs Wochen. Im späten, noch verschneiten Winter, wenn tagsüber strahlender Sonnenschein herrscht, die Nächte aber noch frostreich und klirrend kalt sind, beginnt der Saft in den Bäumen zu tauen und im Baum hochzusteigen. Zum Sammeln des Ahornsaftes werden an den Bäumen Einschnitte in die Rinde gemacht, damit er in kleine, am Stamm befestigte Behälter fließen kann. Manchmal werden statt des Behälters auch Plastikschläuche angebracht, durch die der Saft von mehreren Bäumen in einen Sammelbehälter fließt. Es dauert mehrere Stunden, bis ein Eimer (bis zu drei pro Baum) voll ist. Etwa 40 l Ahornsaft werden benötigt, um 1 l Ahornsirup zu erzeugen. Je nach Farbe und Geschmack wird dieser den Handelsklassen A bis C zugeordnet. Immer ist der Arbeitsaufwand sehr hoch, dementsprechend teuer der Sirup.

Der Ahornsirup wird bei der Zubereitung vieler Gerichte verwendet und ist besonders beim Kuchenbacken und als Sauce zu Pfannkuchen unverzichtbar. Einige der „Sugarhouses" von Vermont können besichtigt werden. Beim Vermont Department of Agriculture, 116 State St., Montpelier, Vermont 05620, ☽ 802-828-2416, erhalten Sie die Broschüre „Maple Sugarhouses".

Reisepraktische Informationen Montpelier

Information
Capitol Region Visitors Center, *134 State Street, Montpelier, ☽ 802-828-5981, cri.center@state.vt.us, www.vermontvacation.com.*
Vermont Chamber of Commerce, *751 Granger Road - Berlin, Barre, ☽ 802-223-3443, www.visitvt.com*

Unterkünfte
Capitol Plaza Hotel $$$, *100 State St., ☽ 802-223-5252, www.capitolplaza.com, das Hotel aus den 1930er Jahren mit 60 geräumigen Zimmern, Pool und Sauna liegt nahe beim State House. Zum Hotel gehört das bekannte Restaurant Morgan's Steakhouse.*

Das State House von Vermont

The Inn at Montpelier $$$, 147 Main St., ① 802-223-2727, www.innatmontpelier.com, *zentral gelegenes, aus dem 19. Jh. stammendes Gästehaus mit 27 gediegen eingerichteten Zimmern in zwei Gebäuden; einige Zimmer mit Kamin, gutes Frühstück.*

Restaurants

NECI on Main, 118 Main St., ① 802-223-3188, ww.neci.edu/about/restaurants-class-rooms; *in angenehmer, entspannter Atmosphäre können Sie sich von den Auszubildenden des angesehenen New England Culinary Institutes mit klassischen und innovativen Gerichten verwöhnen lassen.*

Touren

Historic Walking Tours of Montpelier; *Mai bis Oktober Sa 10.30–12 Uhr, Start am Farmers' Market Info Kiosk.*
*Über Fahrradtouren informiert die Tourist Information Vermont Travel Division, 134 State St. Reizvoll ist das Angebot an mehrtägigen Touren (**„Inn-to-Inn-Bicycle Tour"**), die von Mai bis Okt. durchgeführt werden (Infos u.a. unter http://inntoinn.com/vermont-bicycle-tours).*

Flughafen

Der E.F. Knapp Airport liegt ca. 10 km südl. der Stadt. Es bestehen Flugverbindungen nach Boston, Burlington, Keene, Lebanon, Newport und New York.

Waterbury

Waterbury liegt 12 mi/19,2 km von Montpelier entfernt inmitten eines ausgedehnten Feriengebietes, das im Sommer und Winter ausgezeichnete Sport- und Erholungsmöglichkeiten bietet.

Im Paradies für Eisliebhaber

Rund um Waterbury gibt es für Feinschmecker lohnende Ausflugsziele, wie z. B. **Ben & Jerry's Ice Cream Factory**. Auf einem halbstündigen Rundgang und in einem Film lernen Sie eine der größten Eiscremefabriken der Welt kennen. Dabei ist nicht nur für Kinder das Probieren das Wichtigste!

Ben & Jerry's Ice Cream Factory, 1,5 km nördlich am VT-100, ☎ 802-882-51240, www.benjerry.com, Mitte Okt. bis Juni tgl. 10–18, Juli bis Mitte Aug. 9–21, Mitte Aug. bis Mitte Okt. 9–19 Uhr, halbstündige Führungen durch die Eiscremefabrik, $ 4.

Reisepraktische Informationen Waterbury

Information
Waterbury Tourism Council, ☎ 802-244-7033, www.waterbury.org

Unterkünfte
Best Western Inn of Waterbury-Stowe *$$, 45 Blush Hill Rd., am I-89, ☎ 802-244-7822, www.bestwesternwaterburystowe.com; ruhig gelegenes Hotel mit 84 gut ausgestatteten Zimmern, Hallenbad, Sauna und Tennisplatz, ganz in der Nähe der Ben & Jerry's Ice-cream Factory.*
The Old Stagecoach Inn *$$$, 18 N Main St., ☎ 802-244-5056, www.oldstagecoach.com, in der Postkutschenstation von 1826 wurden 10 Gästezimmer mit antiken Möbeln eingerichtet, schöne Lage, nicht weit vom Winooki River und von Restaurants und Geschäften.*

 Wandern
*Informationen und Kartenmaterial über Wanderwege erhalten Sie beim **Green Mountain Club**, 4711 Waterbury-Stowe Rd., ☎ 802-244-7037, www.facebook.com/Green MountainClub.*

The Cabot Creamery Annex ist Vermonts größte Käserei, deren Produkte, vor allem Cheddar, in den USA sehr geschätzt werden. Ein Videofilm zeigt die verschiedenen Produktionsschritte; verschiedene Käsesorten und frisches Brot können probiert werden (auf halbem Weg zwischen Ben & Jerry und Cold Hollow gelegen).

The Cabot Creamery Annex, 2657 Waterbury-Stowe Road, Waterbury Center, am VT-100, ☉ 802-244-6334, www.cabotcheese.coop, tgl. 9–18 Uhr.

Cider und Käse

Nicht weit entfernt, ebenfalls am VT-100, können Sie noch einen Besuch bei der **Cold Hollow Cider Mill** machen, wo aus Vermonter Äpfeln Apfelmost hergestellt wird. Auch hier kann probiert und eingekauft werden!

Cold Hollow Cider Mill, 3600 Waterbury-Stowe Rd., ☉ 1-800-327-7537, www.cold hollow.com, tgl. 8–18 Uhr.

Ausflug nach Stowe

Von Waterbury aus lohnt sich eine Fahrt nach **Stowe** und in das Gebiet der Green Mountains. Stowe ist nicht nur eines der bekanntesten Skigebiete der amerikanischen Oststaaten, sondern ist ganzjährig einer der beliebtesten Ferienorte in Vermont mit einem großen und vielseitigen Sport- und Unterhaltungsangebot.

Der beschauliche Ort mit ca. 3.400 Einwohnern, der in eine sanfte Hügellandschaft mit dichten Wäldern eingebettet ist, scheint mit den kleinen weißen Häusern, dem spitzen Kirchturm und den gepflegten Rasenflächen ein Dorf wie aus dem Bilderbuch zu sein. Wenn man in den Ort einfährt, fühlt man sich fast nach **Bayern** oder Österreich versetzt. Das liegt nicht nur an der voralpinen Landschaft, sondern auch an den Hotels, Restaurants und Geschäften, deren Schilder z. B. die Namen Innsbruck, Alpenrose oder Salzburg tragen. Eines der Hotels wird von den Nachkommen der „singenden Trapp-Familie" geführt, deren Leben im Film „Die Trapp-Familie" dargestellt wurde und deren Schicksal ein Millionenpublikum rührte.

Wie aus dem Bilderbuch

Zwar wurde Stowe urkundlich schon 1763 erwähnt, aber die ersten Siedler ließen sich erst 1794 nieder. Der Ort entwickelte sich wegen seines guten Klimas bereits im späten 19. Jh. zu einem beliebten Ferienort; nachdem 1933 erstmals Loipen für den Fremdenverkehr gebahnt wurden, entstand im Gebiet um den Mount Mansfield eine hoch geschätzte Wintersportregion.

Um den Ort kennen zu lernen, eignet sich ein Spaziergang durch den historischen Bezirk, wo die meisten Häuser aus der zweiten Hälfte des 19. Jh. stammen. In der Touristeninformation erhalten Sie die Informationsschrift „A Walking Tour of the Stowe Historic District" mit einem Plan und Erläuterungen zu den einzelnen Häusern. Im **Vermont Ski Museum** im alten Rathaus erfahren Sie Interessantes rund um das Thema „Ski".

Vermont Ski Museum, 1 S. Main St., ☉ 802-253-9911, www.vtssm.com, Mi–Mo 12–17 Uhr, $ 3.

Zu den Attraktionen von Stowe gehört auch das **Stowe Mountain Resort**, ein großes Sportzentrum mit Tennisplätzen, Golfplatz, alpiner Rutschbahn, In-Line-Skate-Park, Gondelbahnstation und mehreren Restaurants. Das Mountain Resort liegt direkt an der Route 108, am Fuß des Mount Mansfield.

Stowe Mountain Resort, 5781 Mountain Rd., ☉ 802-253-3000 oder 1-800-253-4754, www.stowe.com.

Ein 8 km langer Fuß- und Radfahrweg, der „**Stowe Recreation Path**", führt vom Zentrum von Stowe durch Wiesen und Felder und am West Branch River entlang bis zur Topnotch am Mount Mansfield.

Grandioser Ausblick

Der **Mount Mansfield** ist mit 1.393 m der höchste Berg Vermonts. Sein Gipfel ist nicht nur zu Fuß, sondern auch mit einer 8-Personen-Gondelbahn und über eine 6,6 km lange, sehr kurvenreiche, gebührenpflichtige Straße erreichbar. Von der Höhe bietet sich ein fantastischer Panoramablick, der in der Ferne bis zum Lake Champlain reicht. Am Berggipfel können Sie sich im Restaurant Cliff House ausruhen und den Fernblick genießen.
Mount Mansfield, *5781 Mountain Road,* ☎ *802-253-3500 oder 1-800-253-4754, www.go stowe.com.*
Stowe Gondola, *Mitte Juni bis Mitte Okt. tgl. 10–17 Uhr, Round Trip $ 25, Einzelfahrt $ 19.*
Mount Mansfield Auto Toll Road, ☎ *802-253-3000, 1-800-253-4754, Anf. Juni bis Mitte Okt. tgl. 9–16 Uhr, Pkw inkl. Passagiere $ 27, Fahrrad und Motorrad nicht erlaubt.*

Nicht versäumen sollten Sie eine Fahrt durch **Smuggler's Notch State Park**. In vielen Schleifen und Kehren führt die enge Passstraße durch die Schlucht mit steil abfallenden Felsen auf jeder Seite. Der Weg erhielt seinen Namen während des Handelsembargos zur Zeit des Krieges von 1812 zwischen den USA und Kanada/Großbritannien. Da für die Kaufleute aus Vermont der Handel mit Montréal lebenswichtig war, wurden Vieh und andere Waren über diesen schmalen Weg geschmuggelt. Später nutzten flüchtende Sklaven die Smuggler's Notch als Weg in die Freiheit. Zur Zeit der Prohibition in den 1920er Jahren wurde Alkohol aus Kanada geschmuggelt. An den ausgewiesenen Parkplätzen beginnen schöne Wanderwege, auf denen seltene endemische Pflanzen zu entdecken sind.
Smuggler's Notch State Park, *6443 Mountain Rd.,* ☎ *802-253-4014, www.vtstateparks.com/ htm/smugglers.htm, Mitte Mai bis Mitte Okt.*

Reisepraktische Informationen Stowe

i **Information**
Stowe Area Association, *51 Main St.,* ☎ *802-253-7321, www.gostowe.com; in dem Gebäude neben dem Rathaus erhalten Sie Informationen und Anregungen für einen abwechslungsreichen Aufenthalt in Stowe.*

Unterkünfte
Das Angebot an Übernachtungsmöglichkeiten ist sehr groß, dennoch empfiehlt sich in den Sommermonaten Juli und August und während der Skisaison eine frühzeitige Zimmerreservierung.
Grey Fox Inn & Resort *$$, 990 Mountain Rd.,* ☎ *802-253-8921, http://greyfoxinn.com; schön gelegenes Motel mit 42 Zimmern, teilweise mit Küchenzeile, mit Swimmingpool, Fahrradverleih. Für Übernachtungsgäste gibt es einen Rabatt auf das üppige Frühstück im Dutch Pancake Café.*
Timberholm Inn *$$, 452 Cottage Club,* ☎ *802-253-7603, www.timberholm.com; ruhig gelegenes, im nordischen Stil gebautes, mit Schindeln verkleidetes B&B-Haus mit 10 ansprechend eingerichteten Nichtraucherzimmern und zwei 2-Zimmer-Suiten, mit einem großen Garten, einer herrlichen Aussicht und einer schönen Terrasse, auf der am Nachmittag der Tee serviert wird; ausgiebiges Frühstück.*

Town & Country Resort at Stowe $$, 876 Mountain Rd., ① 802-253-7595, www.
townandcountrystowe.com, Motel mit 45 Zimmern in drei auf einem großen Grundstück lie-
genden Gebäuden am Recreation-Pfad, großer Pool, Tennisplatz, Sauna, Whirlpool, Restaurant.
Golden Eagle Resort $$$, 511 Mountain Rd., ① 802-253-4811, www.goldeneagle
resort.com; das ansprechende Hotel mit 94 Zimmern, einige mit Kamin oder Küchenzeile, liegt
am Ortsrand, gute Sportmöglichkeiten.
Stoweflake Mountain Resort & Spa $$$, 1746 Mountain Rd., 1,5 mi/2,5 km nordwestl.
am VT-108, ① 802-253-7355, www.stoweflake.com, komfortable Hotelanlage mit 94 Zim-
mern und Studios, Golf- und Tennisplatz, 3 Swimmingpools, Sauna, schönem Spa, Fahrradver-
leih und großem Sportangebot.
Trapp Family Lodge $$$, 700 Trapp Hill Rd., ① 802-253-8511, www.trappfamily.com; kom-
fortables Hotel mit Gästehäusern, Swimmingpool und Tennisplätzen in schöner Lage über dem
Stowe Valley. Dieses Hotel wurde von den Nachkommen der „singenden Trapp-Familie" gegründet, die durch das Musical „Sound of Music" berühmt wurde.

Restaurants
Foxfire Inn, 1606 Pucker St., ① 802-253-4887; altes, gepflegtes Landgasthaus mit
ausgezeichneter italienischer Küche, Tischreservierung empfehlenswert.
Stowehof Inn, 434 Edson Hill Rd., ① 802-253-9722, Mi–So; gepflegte Gastlichkeit erwartet Sie in diesem renommierten Restaurant.
Thompson's Flour Shop, 407 Mountain Rd., ① 802-253-0800; nettes Cafe mit selbstge-
machten Keksen, großer Auswahl von Sandwiches zum vor Ort essen und zum Mitnehmen
(nur Frühstück und Lunch).

Einkaufen
Es gibt viele kleine und sehr reizvolle Geschäfte, von denen einige in hübschen historischen Häusern eingerichtet wurden. Die Mehrzahl der Läden liegt an der Main St. und auch
an der Mountain Rd.
Stowe Action Outfitters, 2160 Mountain Rd., ① 802-353-7975; in dem ganzjährig geöffneten Sportgeschäft können Sie Inline-Skater, Mountainbikes, Camping- und Wanderausrüstung
sowie Sportkleidung kaufen.
AJ's Ski & Sport, 350 Mountain Rd., ① 802-253-4593 oder 1-800-226-6257,
http://stowesports.com/; Fahrräder, Inline-Skater und Tennisschläger können stunden- oder tageweise gemietet werden, ebenso Skiausrüstung. Fahrradreparatur im Laden. Auch Sportgeschäft zum Einkaufen.
Mountain Cheese & Wine, 1799 Mountain Rd., ① 802-253-8606, www.mtncheese
wine.com; Produkte aus Vermont, z. B. Leckereien aus Ahornsirup, Honig und Gewürze, aber
auch Wein und Käse aus dem Ausland.
Stowe Craft Gallery, 55 Mountain Rd., ① 802-253-4693, www.stowecraft.com; hier finden
Sie Handarbeiten und Kunsthandwerkliches aus der Region.

Veranstaltungen
Jeden Sommer finden viele Festveranstaltungen statt, z. B. das Stowe Blumen-Festival
an einem Wochenende im Juni, das Heißluftballon-Festival an einem Wochenende im Juli und
das Vermont-Reiter-Festival im August.

Burlington

Burlington, 1775 gegründet, ist mit knapp **39.000** Einwohnern die größte Stadt in Vermont, Sitz der 1791 gegründeten Universität von Vermont und Erscheinungsort der ältesten Zeitung von Vermont. Die Stadt liegt am inselreichen Lake Champlain, einem großen Binnensee, der sich bis nach Kanada hinzieht.

Bummel durch Burlington

Der älteste Teil der Stadt findet sich zwischen Battery und Church St., nicht weit vom Lake Champlain entfernt. Dieser historische Distrikt ist auch der Mittelpunkt der modernen Stadt: Hier finden Sie die einladende Fußgängerzone **Church Street Marketplace** mit über 100 Geschäften, vielen Straßenverkäufern, kleinen Restaurants und Straßencafés und **Burlington Square**, ein Einkaufszentrum mit 60 gut geführten Geschäften. Ein zu allen Tageszeiten beliebter Treffpunkt ist das **Burlington Boathouse** an der College St. mit Caférestaurant und Bootsvermietung. Gleich neben dem Bootshaus liegt im Leahy Center for Lake Champlain das **Echo Lake Aquarium and Science Center**, das mit vielen interaktiven Ausstellungsobjekten anschaulich über Schiffbau, Geologie und Geschichte der Region am Lake Champlain informiert und Fische, Amphibien und Reptilien der Region präsentiert .
Echo Lake Aquarium and Science Center, 1 College St., ① 802-864-1848, www.echo vermont.org, tgl. 10–17 Uhr, $ 12,50.

Ein 10 km langer „**Bikepath**" führt am Lake Champlain entlang und wird von Spaziergängern, Radfahrern und Skatern gern benutzt.

Auf dem Gelände der Universität steht **The Old Mill**, das alte Schulhaus mit Originalmobiliar aus dem frühen 19. Jh. Im **Discovery Museum** ist „Anfassen" das Motto. Das Kindermuseum vermittelt Wissenswertes aus Natur, Geschichte und Technik.
Discovery Museum, 51 Park St., am VT-2A, ① 802-878-8867, Di–So 10–17 Uhr.

Burlington Downtown

Ausflug zur Ethan Allen Homestead

Nach der Revolution ließ sich **Ethan Allen**, der als Gründer von Vermont verehrt wird, auf dem Farmgelände am Ufer des Winooski River nieder. Das restaurierte Farmhaus aus dem Jahr 1787 vermittelt ebenso wie das Besucherzentrum einen Einblick in die Zeit und das Leben der hier ansässigen Indianer, französischen Kolonisten und englischen Siedler. Das weitläufige Gelände lädt mit Wanderwegen und Rastplätzen zu einem schönen Ausflug ein. *Ethan Allen Homestead, ca. 2 mi/3,2 km nördl. von Burlington am VT-127, ① 802-865-4556, www.ethanallenhomestead.org, Mitte Mai–Mitte Okt. Do–Mo 10–16 Uhr, $ 7. Die Wegstrecke ist vom I-89 her ausgeschildert.*

Reisepraktische Informationen Burlington

i Information
Lake Champlain Regional Chamber of Commerce, *60 Main St., ① 802-863-3489, www.vermont.org*

Unterkünfte
Doubletree Hotel Burlington *$$, 1117 Williston Rd., ① 802-658-0250, www.hilton.com; ansprechendes Hotel in South Burlington, mit 160 Zimmern und Apartments, Restaurant, Swimmingpool.*
Holiday Inn *$$, 1068 Williston Rd., ① 802-863-6363, www.ichotelsgroup.com; Hotel mit 174 Zimmern in South Burlington, 3 Swimmingpools, Restaurant mit Kamin.*
Sheraton Burlington *$$$, 870 Williston Rd., ① 802-865-6600, www.sheratonburlington.com; in South Burlington gelegene, große Hotelanlage mit 309 komfortablen Zimmern, Swimmingpool, Fitnesscenter und sehr gepflegtem Restaurant, Flughafentransfer.*
The Essex, Vermont's Culinary Resort & Spa *$$$, 70 Essex Way, ① 802-878-1100 oder 1-800-727-4295, www.vtculinaryresort.com; das schöne, im Kolonialstil gebaute Haus ist 16 km von Burlington entfernt. Es bietet 97 wohnlich eingerichtete Zimmer mit schönem Bergblick, Swimmingpool, eine gepflegte Gartenanlage und zwei empfehlenswerte Restaurants des New England Culinary Institute.*

Restaurants
Shanty on the Shore, *181 Battery St., ① 802-864-0238, www.shantyontheshore.com; Restaurant an der Hafenfront mit frischen und guten Seafood-Gerichten.*
San Sai Japanese Restaurant, *112 Lake St., ① 802-862-2777; sehr gute japanische Küche, u.a. große Sushi-Auswahl; die Terrasse gewährt einen Blick auf den Lake Champlain.*
The Vermont Pub & Brewery, *114 College St., ① 802-865-0500, www.vermontbrewery.com; nach der Führung durch die Brauerei können Sie verschiedene Biere vom Fass probieren.*
The Windjammer Restaurant, *1076 Williston Rd., South Burlington, ① 802-862-6585, http://windjammerrestaurant.com; beliebtes Restaurant mit guten Steak- und Seafood-Gerichten und großer Salatbar.*

Einkaufen
Die meisten Geschäfte finden Sie in der **Burlington Square Mall** *und in der Fußgängerzone* **Church Street Marketplace**. *Einen Besuch lohnt auch* **Champlain Mill** *(One*

Main St., Winooski, ☎ 802-655-9477, Mo–Sa 10–21, So 12–17 Uhr). In dem historischen Mühlengebäude können Sie durch 34 Geschäfte bummeln und sich anschließend in einem der Restaurants ausruhen.
Apple Mountain-Vermont Gifts & Specialty Foods, 30 Church St., ☎ 802-658-6452, www.applemountain.net; große Auswahl an Vermonter Kunsthandwerk, Töpferwaren, Souvenirs und Spezialitäten.
Champlain Chocolate Company, 750 Pine St., ☎ 802-864-1807, www.lakechamplainchocolates.com, Mo–Fr 9.30–17.30, Sa 9.30–17 Uhr; bei einer Führung durch die Schokoladenfabrik können Sie zuschauen, wie Trüffel, Pralinen und Schokoladenkühe handgefertigt werden. Anschließend können Sie im Laden die köstlichen Süßigkeiten einkaufen.
Frog Hollow Vermont State Craft Center, 85 Church St., www.froghollow.org. Verkauf von Produkten von mehr als 250 Vermonter Künstlern und Kunsthandwerkern.

Touren
An Bord der „**Spirit of Ethan Allen II.**" können Sie Rundfahrten auf dem Lake Champlain machen. Abfahrtsstelle: Burlington Boathouse, College St., ☎ 802-862-8300. http://soea.com/. 1½-stündige Fahrt, Abfahrt Ende Mai–Mitte Okt. tgl. 10, 12, 14 und 16 Uhr, Fahrpreis: Erw. $ 16, Kin. 3–11 J. $ 6. In der Hochsaison werden noch weitere Fahrten mit dem 500-Passagiere-Schiff durchgeführt.

Sportliche Aktivitäten
Skirack, 85 Main St., ☎ 802-658-3313, www.skirack.com; hier können Sie Fahrräder, Kinderräder, Tandems und Inlineskater stundenweise leihen.

Flughafen
Der Flughafen liegt 6 km östl. der Stadt. Es bestehen Flugverbindungen nach Albany, Boston, Montpelier und New York City.

Eisenbahn
Die **Amtrak-Züge** verkehren tgl. nach New York City, Washington, Boston und Montréal. Platzreservierungen sind möglich unter der Rufnummer ☎ 1-800-USA-RAIL, www.amtrak.com.

Bus
Greyhound, 1200 Airport Dr., ☎ 802-864-6811, www.greyhound.com; Burlington ist durch regelmäßigen Busverkehr mit allen größeren Städten im Osten der USA verbunden.

Fähren
Informationen über die Fahrpläne und Fahrpreise der Fähren erhalten Sie bei **Lake Champlain Ferries**, King St. Dock, ☎ 802-864-9804, www.ferries.com/.
Burlington – Port Kent/NY: Juni–Anfang Okt. 1-stündige Fahrt über den Lake Champlain nach Port Kent/NY, Fahrpreis: einfache Fahrt pro Auto plus Fahrer $ 30, Passagiere $ 8.
Charlotte – Essex/NY: ganzjährig, im Winter Wetter abhängig, Überfahrt ca. 20 min., einfache Fahrt Auto plus Fahrer $ 9,50, H+R $ 18, Passagiere $ 3,75 bzw. 6,25.
Grand Isle – Plattsburgh/NY: ganzjährig Tag und Nacht, Überfahrt ca. 15 min., einfache Fahrt pro Auto plus Fahrer $ 9,50, H+R $ 18, Passagiere $ 3,75 bzw. $ 6,25.

Abstecher nach Kanada

 Hinweis zur Route

Von Burlington aus können Sie einen Abstecher nach Kanada machen und die kanadische Stadt Montréal besuchen. Dazu fahren Sie zunächst nordwärts über den I-89 bis zur kanadischen Grenze und weiter auf dem Hwy. 133 nach Montréal.

Montréal – die französische Metropole

Die Stadt Montréal liegt auf der gleichnamigen Insel im St. Lorenz-Strom; es ist die zweitgrößte Stadt Kanadas und nach Paris die zweitgrößte französischsprachige Stadt der Welt. Im Großraum Montréal leben knapp 3 Millionen Menschen, von denen etwa 70 % Französisch sprechen. Obwohl der französische Einfluss in fast allen Lebensbereichen spürbar ist, ist Montréal zugleich auch eine zweisprachige Stadt. Montréal ist das Banken- und Wirtschaftszentrum der Provinz Québec, eine wichtige Industrie- und Handelsstadt und ein bedeutendes Kulturzentrum.

Am St. Lorenz-Strom und am Alten Hafen beginnt „**Vieux-Montréal**", die größte Altstadt auf dem nordamerikanischen Kontinent, die mit verwinkelten, kopfsteingepflasterten Gassen, alten, meist restaurierten Häusern aus dem 17., 18. und 19. Jahrhundert, kunstvollen Wirtshaus- und Ladenschildern, Straßencafés und vielen kleinen Restaurants zum Verweilen einlädt.

An den alten Siedlungskern auf der Île de Montréal schließt sich das **moderne Stadtzentrum** mit dem **Place Ville-Marie an**, den Hochhäusern der Banken, Verwaltungen und Versicherungen, mit großen Geschäftsstraßen und der unterirdischen Einkaufsstadt an. Dahinter beginnen die Wohnviertel, deren dichte Bebauung immer wieder von schönen Grünanlagen unterbrochen ist. Die beiden größten Parkanlagen sind der **Parc Mont Royal**, ein beliebtes Familienausflugsziel, und der **Parc Maisonneuve** mit dem sehenswerten **Botanischen Garten** und dem **Olympiagelände**, von dessen Turm Sie sich einen guten Überblick über die Stadt verschaffen können.

Redaktionstipps

Sehens- und Erlebenswertes

▶ Kutschfahrt durch **Vieux-Montréal** und Besichtigung der wichtigsten Sehenswürdigkeiten.

▶ Fahrt auf den Olympischen Turm und Besuch des Olympiaparks sowie des Botanischen Gartens.

▶ Besuch der Insel **Sainte-Hélène** mit dem Vergnügungspark „La Ronde".

▶ Besuch einer der zahlreichen Theateraufführungen oder einer Sportveranstaltung.

▶ Bootsfahrt mit den „**Lachine Rapids Tours**" durch die Stromschnellen des St. Lorenz-Stroms.

▶ Einkaufsbummel durch „Montréals Untergrundstadt".

Buchtipp

Leonie Senne, Reise-Handbuch Kanada Osten, aktuelle Informationen und detaillierte Beschreibungen für bekannte und unbekannte Gebiete im Osten Kanadas, Iwanowski's Reisebuchverlag.

Green Mountains, Long Trail und Green Mountains National Forest

Vermont wird in Nord-Süd-Richtung vom waldreichen Gebirgszug der **Green Mountains** durchzogen, dessen Ausläufer im Süden bis nach Massachusetts zu den Berkshire Hills reichen. Die höchsten Erhebungen der Green Mountains mit 1.200 bis 1.400 m sind Mount Mansfield, Mount Ellen, Killington Peak und Camel's Hump.

Zahlreiche Wanderwege

Parallel zum Höhenzug der Green Mountains, die Teil des **Appalachen-Gebirges** sind, verlaufen im Westen der US-7, im Osten der VT-100. In West-Ost-Richtung durchqueren zahlreiche Straßen das Gebiet. An den Straßen beginnen die Wanderwege durch die Green Mountains, ein dichtes Wegenetz, das vom Green Mountain Club angelegt und instand gehalten wird. Entlang der Straßen wurden Aussichtspunkte zur Tierbeobachtung eingerichtet, denn in den dichten Wäldern leben noch viele Elche.

> **ℹ️ Information**
> *Informationen über Wanderwege und Tourenvorschläge erhalten Sie beim **Green Mountain Club**, 4711 Waterbury-Stowe Rd., Waterbury Center, VT 05677, ☎ 802-244-7037, www.greenmountainclub.org.*

Der Long Trail

Der Long Trail ist ein 423 km langer **Fernwanderweg**, der von Massachusetts im Süden bis zur kanadischen Grenze im Norden führt. Es ist der älteste Fernwanderweg der USA, dessen Anfänge bis ins Jahr 1910 zurückreichen. Er vereinigt sich nördlich von Rutland mit dem **Appalachian Trail,** dem längsten Wanderweg der Welt, der in Georgia beginnt und nach 3.210 km in Maine endet. Zusätzlich zum Long Trail umfasst das „Long Trail System" ein Wegenetz von 280 km Wanderwegen, in das 62 einfache Unterkünfte einbezogen sind.

Fernwanderweg durch die Wildnis

Der Long Trail trägt den Beinamen „Fußweg durch die Wildnis". Der Wanderweg folgt weitgehend dem Verlauf der Green Mountains und überquert dabei mehrere Bergpässe, Flusstäler und Berggipfel und bietet immer wieder herrliche Ausblicke auf die weite Berglandschaft mit dichten Wäldern und einer einzigartigen Flora. Besonders auf den Gipfeln des **Camel's Hump** und des **Mount Mansfield** gibt es eine Vielzahl seltener alpiner Pflanzen.

Die beste Jahreszeit für Wanderungen auf dem Long Trail ist die Zeit von Mitte Juni bis September. Da sich die Wetterverhältnisse in Vermont sehr schnell ändern, muss auf den Höhen auch im Sommer mit Regen oder plötzlichen Kälteeinbrüchen gerechnet werden. Insekten können zu bestimmten Zeiten zu einer Plage werden: Blackflies sind am schlimmsten in den Monaten Mai und Juni; Moskitos sind im Sommer nach Einbruch der Dämmerung besonders lästig.

> **📖 Buchtipp**
> *„Guide Book of the Long Trail", Green Mountain Club 2007, Taschenbuch mit 16 topografischen Karten, Tourenvorschlägen und genauen Wegbeschreibungen.*

In den Green Mountains

Der Long Trail ist auch für Wanderer geeignet, die nur **Tagesausflüge** oder kürzere Wanderungen unternehmen wollen. Der Green Mountain Club hat eine Übersicht über Tagesausflüge in der Region Morrisville/Stowe und Waterbury zusammengestellt, in der auch der Anfahrtsweg, der jeweilige Schwierigkeitsgrad und die Dauer der Wanderung angegeben sind, z. B.

Wander-vorschläge

- **Moss Glen Falls**, knapp 1 km, 30 Min., leichter Weg zu Kaskaden und kleineren Wasserfällen, 3 km nördlich von Stowe,
- **von Smuggler's Notch zum Sterling Pond**, 4,5 km, 2 Std., mittlerer Schwierig-keitsgrad, schöner Blick auf den Mount Mansfield,
- **Stowe Pinnacle**, 4,5 km, 2 Std., mittlerer Schwierigkeitsgrad, herrliche Ausblicke auf die Green Mountains,
- **Hunger Mountain**, 6,5 km, 4 Std., mittlerer Schwierigkeitsgrad, großartige Blicke auf die Green Mountains und bis zu den White Mountains in New Hampshire.

Der Green Mountain National Forest

Der 108.000 ha große Green Mountain National Forest zieht sich am Rückgrat der Green Mountains entlang. Gut angelegte Wanderwege führen durch dichte Kiefern-, Tannen-, Fichten- und Ahornwälder. Der Green Mountain National Forest gliedert sich in eine nördliche und eine südliche Hälfte; der nördliche Teil reicht von Bristol bis nach Rutland, der südliche Teil erstreckt sich von Wallingford bis zur Grenze von Massachu-setts. Zwischen diesen beiden Hälften verläuft der Highway US-4, der den Staat Ver-mont in West-Ost-Richtung durchquert.

Der Green Mountain National Forest ist durch ein **dichtes Wanderwegenetz** von 800 km erschlossen; dazu gehören Abschnitte des Appalachian/Long Trail und des Robert Frost National Recreation Trail. Mit zahlreichen Camping-, Rast- und Grillplätzen, mit Schwimm- und Angelmöglichkeiten, mit Schutzhütten und Rangerstationen ist der Green Mountain National Forest ein ideales Wander- und Erholungsgebiet. Geeignete Ausgangspunkte für Wanderungen sind Bennington, Wilmington, Manchester, Rutland, Waitsfield und Warren, wo Sie gemütliche B&B-Häuser, Landgasthäuser und gepflegte Restaurants finden; zum Einkaufsbummel laden kleine Läden mit schönem Kunstgewerbe ein oder z. B. der originelle Gemischtwarenladen „Warren Store", in dessen Mitte zwischen Waren aller Art ein alter Ofen steht. Zur Mittagszeit können Sie zwischen selbst gebackenem Kuchen, üppig belegten Sandwiches und heißer Suppe wählen.

Ideales Erholungsgebiet

Aber die Green Mountains sind nicht nur im Sommer ein beliebtes Ferienziel; noch mehr Besucher kommen im Herbst, wenn mit der Laubfärbung die Zeit des **Indian Summer** beginnt. An den Highways sind Hinweisschilder mit aktuellen Informationen zur Laubfärbung aufgestellt; die Hotline zur herbstlichen Laubfärbung (s. S. 432), Tageszeitungen, regionale Rundfunk- und Fernsehsender informieren über die „Hot Spots" der prächtigen Laubfärbung und geben Routenvorschläge für Ausflüge in den Indian Summer. Im Internet *(www.travel-vermont.com)* werden aktuelle Karten und Tabellen zum Indian Summer veröffentlicht, sodass alle „Laubgucker" (Leaf Peeper) der „Foliage" von Norden nach Süden folgen können.

In den langen, kalten Wintermonaten sind die Green Mountains eine bevorzugte **Wintersportregion** mit einer großen Zahl an ausgezeichneten Abfahrts- und Langlaufskigebieten, wie z. B. Killington, Stratton oder Mount Snow. Informationen über die aktuellen Wintersportbedingungen erhalten Sie bei der Vermont Ski Areas Association, ☎ 802-223-2439, www.skivermont.com.

Information
Informationen und Kartenmaterial erhalten Sie beim **Forest Supervisor, Green Mountain National Forest**, 231 N Main St., Rutland, ☎ 802-747-6700, www.fs.usda.gov/greenmountain.

Indian Summer

Der Indian Summer, die Laubfärbung der Bäume, beginnt nach den ersten Kälteeinbrüchen im Osten Kanadas und breitet sich von Norden nach Süden aus. Die Algonkin-Indianer erklärten die alljährliche Laubfärbung mythologisch: Sie glaubten, dass das Rot der Bäume vom Großen Bären stamme, den der himmlische Jäger im Herbst erlegt habe und dessen Blut nun auf die Erde herabtropfe.

In der modernen Biochemie sieht man die Laubfärbung viel nüchterner: Danach ist diese durch die Pigmentierung durch gelbe Karotine und Anthozyan (rötliche Schattierungen) begründet. Die Karotine, denen z. B. auch die Mohrrüben ihre Farbe verdanken, sind bereits im Sommer in den Blättern enthalten. Doch erst im Herbst, wenn kein grünes Chlorophyll mehr produziert wird, kommen die gelben Karotin-Pigmente zum Vorschein. Anthozyan, das z. B. die Eichen- und Ahornblätter leuchtend rot werden lässt, entsteht aus überschüssigem Zucker, der in eiskalten Nächten nicht mehr zum Stamm zurücktransportiert wird.

Die Neuengland-Staaten bieten perfekte Bedingungen für den Altweibersommer. Während die Tage noch warm und sonnenklar sind, bringen Nord- und Nordwestwinde schon kalte und trockene Luft heran, sodass die Abende und Nächte sehr kühl werden. Gerade dieser Gegensatz von sonnigen Tagen und kühlen Nächten bewirkt die besonders lebhafte Laubfärbung.

Die ungewöhnlich eindrucksvolle Farbenpracht und -vielfalt ist vor allem für Europäer überraschend, die aus ihrer mitteleuropäischen Heimat vergleichbare klimatische Bedingungen und verwandte Baumarten kennen. Während in Europa aufgrund der ungünstigeren topografischen Verhältnisse im Verlauf der letzten Eiszeit viele Baumarten ausgestorben sind, konnten in Nordamerika die meisten Baumarten nach dem Rückgang des Eises ihre frühere Heimat wieder besiedeln.

Dieser Artenreichtum der Laubwälder (etwa 20 Ahornarten und neun Eichenarten) sorgt für das prächtige Farbenspiel; jedoch entsteht die eindrucksvolle und fast überwältigende Laubfärbung nicht nur aus der Leuchtkraft der einzelnen Farben, die Wirkung wird noch verstärkt durch die Weite der riesigen Waldbestände und durch den Kontrast zum strahlend blauen Himmel.

„Indian Summer"

Von Burlington durch den Bundesstaat New York zu den Niagarafällen

 Hinweis: *In Kapitel 5, New York State, werden drei Routenalternativen durch den Bundesstaat New York beschrieben (S. 465ff).*

Von Burlington nach Rutland

 Hinweis zur Route

Entfernung: 67 mi/107 km
Von Burlington aus erreichen Sie Rutland direkt auf dem US-7. Die landschaftlich reizvolle Strecke führt zu einigen hübschen Ortschaften mit interessanten Sehenswürdigkeiten und bietet schöne Ausblicke auf die Adirondack Mountains im Bundesstaat New York

Shelburne

Historische Gebäude

Shelburne liegt nur 7 mi/11,2 km südlich von Burlington; der kleine Ort mit 6.000 Einwohnern liegt nahe am Lake Champlain, zwischen den Adirondacks im Westen und den Green Mountains im Osten. Der Ort wurde im Jahr 1768 von zwei deutschen Holzfällern gegründet und später nach einem englischen Adeligen benannt. Einige historische Gebäude des 18. Jh. wurden restauriert und beherbergen heute reizvolle Geschäfte.

Das **Shelburne Museum** ist ein Freilichtmuseum mit 39 historischen Gebäuden. Es gilt mit fast 150.000 Ausstellungsstücken als eines der größten Museen amerikanischer Volkskunst und Architektur und veranschaulicht die geschichtliche Entwicklung der Neuengland-Staaten. Besonders interessant sind der 8-minütige Einführungsfilm, die original möblierten Wohnhäuser, die Schmiede, die Wagenstation und die Kutschenausstellung sowie die Kunstsammlungen und die reizvollen Gartenanlagen.
Shelburne Museum, südl. am US-7, ausgeschildert, ① 802-985-3344, www.shelburne museum.org, Mitte Mai–Ende Okt. tgl. 10–17 Uhr, Nov.–Dez. Di–So 10–17 Uhr , $ 22.

Landgasthof

Shelburne Farms wurde 1866 von William Steward Webb und seiner Frau Lila Vanderbilt Webb gebaut; das Farmgelände und die Gärten wurden nach Plänen von Frederic Law Olmsted, dem Architekten des Central Park in New York, gestaltet. Von Beginn an wurde die Farm nach neuesten landwirtschaftlichen Prinzipien und mit dem modernsten technischen Gerät bewirtschaftet. Im ehemaligen Sommersitz der Familie am Ufer des Lake Champlain wurden der Landgasthof „The Inn at Shelburne Farms" mit 24 Gästezimmern und ein Restaurant eingerichtet. Das weite Gelände können Sie bei einer geführten Tour oder Kutschfahrt kennenlernen. Am Besucherzentrum beginnen einige Wanderwege, die schöne Ausblicke auf die Adirondacks, die Green Mountains und den Lake Champlain bieten.
Shelburne Farms, 102 Harbor Rd., ① 802-985-8686, www.shelburnefarms.org, Mitte Mai bis Mitte Okt. tgl. 9–17.30 Uhr, sonst 10–17 Uhr; Wanderwege ganzjährig 10–16 Uhr. 1½-stündige Führungen 9.30/11.30/13.30/15.30 Uhr, Eintritt $ 8, Führung $ 11.

Nicht nur Kinder sind von dem Ausstellungs- und Verkaufsraum der „Teddybärfabrik" **Vermont Teddy Bear** begeistert; bei Werksführungen können Sie beobachten, wie die liebenswerten Bären in vielen Größen und Formen hergestellt und angezogen werden. *Vermont Teddy Bear, 2236 Shelbourne Rd. (Route 7),* ① *802-985-3001, www.vermontteddy bear.com, Juli bis Okt. tgl. 9–18, sonst 9–17 Uhr, Tour $ 3.*

Charlotte

Auf dem Weg nach Charlotte können Sie die **Vermont Wild Flower Farm** besu- *Wild-* chen. Im Wildblumencenter führt eine Diapräsentation in die Schönheit der Wildpflan- *pflanzen* zen und Gartenblumen ein; Hinweisschilder machen auf besondere Merkmale und Ansprüche der Pflanzen aufmerksam. Der Farm angeschlossen ist ein Buch- und Souvenirladen, in dem auch Samen der gezeigten Pflanzen verkauft werden. *Vermont Wild Flower Farm, 3488 Ethan Allen Highway, am US-7,* ① *802-425-3641, www.vermontwildflowerfarm.com, April bis Okt. tgl. 10–17 Uhr.*

Der kleine Ort **Charlotte** wurde gegen Ende des 18. Jh. als Postkutschenstation gegründet. An die Vergangenheit erinnern noch einige Gebäude im historischen Viertel und drei überdachte Holzbrücken. Von Charlotte setzt die Fähre nach Essex im Bundesstaat New York über. Die angenehme Fahrt über den Lake Champlain dauert nur ca. 20 Minuten.

> **Fähre**
> **Charlotte-Essex-Ferry,** ① *802-864-9804, www.ferries.com, Fahrzeiten April bis Jan. tgl. je nach Wetterlage, Die Überfahrt mit dem Fährschiff über den Lake Champlain nach Essex/New York dauert 20 Min., einfache Fahrt pro Auto plus Fahrer $ 9,50, H+R $ 18, Passagiere $ 3,50 bzw. $ 6,25.*

Vergennes

Vergennes wurde 1766 gegründet und erhielt 1788 das Stadtrecht. Damit ist Ver- *Älteste* gennes die älteste Stadt in Vermont, die drittälteste in den Neuengland-Staaten und zu- *Stadt* gleich eine der kleinsten Städte der Welt, denn sie zählt nur 2.741 Einwohner auf ei- *Vermonts* ner Fläche von ca. 2,5 km². Es gibt im Ort einige historische Häuser, wie z. B. das **John Strong Mansion** aus dem Jahr 1795 und **Rokeby** aus dem Jahr 1784, das zur Zeit der Sklavenbefreiung ein Zufluchtsort für flüchtende Sklaven war. Das 1897 gebaute **Opernhaus** *(120 Main St.,* ① *802-877-6737)* kann werktags besichtigt werden.

Das **Lake Champlain Maritime Museum** bietet in mehreren Gebäuden Informationen und interaktive Ausstellungen zur Geschichte des Lake Champlain und zur Unterwasserarchäologie. *Lake Champlain Maritime Museum, 4472 Basin Harbor Rd.,* ① *802-475-2022, www. lcmm.org, Ende Mai bis Mitte Okt. tgl. 10–17 Uhr, $ 10.*

Ein beliebtes Ausflugsziel ist der ca. 10 km westlich am Lake Champlain gelegene **Button Bay State Park** mit guten Wander- und Wassersportmöglichkeiten, Picknick- und Grillplätzen und einem Bootsverleih.

Weiter südlich, am US-17 bei **Chimney Point**, führt eine Brücke über einen Ausläufer des Lake Champlain; hier wurden die Außenaufnahmen zum Film „Schatten der Wahrheit" mit Harrison Ford und Michelle Pfeiffer gedreht. In der Umgebung bieten sich Möglichkeiten zur Vogelbeobachtung, z. B. von Kanadagänsen, Reihern und Uhus.

Morgan-
Pferde

In **Weybridge** liegt die **UVM Morgan Horse Farm**. In dem Gestüt, das zur Vermont-Universität gehört, werden die bekannten Morgan-Pferde gezüchtet, die als Staatstier von Vermont gelten. Zuschauer sind beim täglichen Training willkommen. Es gibt Führungen über das Gestütsgelände und eine Diashow zur Information.

UVM Morgan Horse Farm, 74 Battell Drive, Weybridge, 4 km nordwestl. vom VT-23, ☎ 802-388-2011, www.uvm.edu/morgan, Mai bis Okt. 9–16 Uhr, $ 5. Der Weg ist von Middlebury her ausgeschildert.

Die Morgan Horse Farm

Morgan Horse

Das Morgan Horse ist insofern einzigartig, als sich die Pferderasse gesichert auf einen einzigen Hengst zurückführen lässt. Dieses Pferd hieß ursprünglich Figure, wurde aber nach seinem Besitzer, einem armen Gesangslehrer, der im 18. Jh. in England wohnte, nur als das „Pferd von Justin Morgan" bekannt. Morgan erwarb das kleine, kaum 143 cm große und nur etwas mehr als sieben Zentner schwere zweijährige Pferd im Jahr 1795. Es erwies sich bald als ein außerordentlich starkes und vielseitiges Tier, das in der Landwirtschaft, beim Holztransport und bei der Erschließung des Westens sehr gut eingesetzt werden konnte.

Aber „Morgans Pferd" war nicht nur ein tüchtiges Arbeitstier und ein erfolgreiches Rennpferd über die Distanz von einer Viertelmeile, sondern es vererbte seine positiven Eigenschaften wie Kraft, Schnelligkeit und Ausdauer auch an seine Nachkommen. Auch die heutigen Morgan-Pferde sind wie ihre Vorfahren erstaunlich vielseitig, gehen hervorragend unter dem Sattel, ebenso gut vor dem Wagen und haben ein großes Springtalent. Bei den Olympischen Spielen 1948 in London gewann das Morgan-Pferd Arete unter dem inzwischen verstorbenen Springreiter General Humberto Mariles eine Goldmedaille.

Middlebury

Der Ort wurde 1761 gegründet und ist seit 1803 Sitz des angesehenen Middlebury College. Dieses entstand aus der „Female Academy", einer Akademie für Frauen, die von Emma Hart Willard, einer Vorkämpferin für Frauenrechte, geleitet wurde. Middlebury ist ein ganzjährig beliebter Ferienort. Im örtlichen Informationscenter (2 Court St.) erhalten Sie eine Karte zur „**Historic Middlebury Village Walking Tour**", die zu den Sehenswürdigkeiten der Stadt führt.

Vorkämpferin für Frauenrechte

Im **National Museum of the Morgan Horse** gibt es weitere Informationen zur Morgan Pferderasse und den Erfolgen bei internationalen Turnieren.
National Museum of the Morgan Horse, 34 Main St., ① 802-388-1639, www.morgan museum.org, Mi–Sa 10–17 Uhr.

Ein altes Steinhaus, das 1829 mit schwarzen Marmorkaminen gebaut wurde, beherbergt heute das **Henry Sheldon Museum of Vermont History**. Das Museum für Volkskunst zeigt u. a. eine Spielzeug- und Puppensammlung sowie eine Uhrenausstellung.
Henry Sheldon Museum of Vermont History, 1 Park St., ① 802-388-2117, www. henrysheldonmuseum.org, Ende Mai–Mitte Okt. Di–Sa 10–17, So 13–17 Uhr, $ 5.

Auf der Strecke nach Rutland durchfahren Sie **Brandon**, einen hübschen Ferienort am Westrand der Green Mountains mit historischen Häusern und alten Bäumen, und

Je nach Qualitätsgrad hat der Ahornsirup unterschiedliche Farben

kommen dann nach **Pittsford** mit vier „covered bridges" und dem **New England Maple Museum**. Hier können Sie den Verarbeitungsprozess von Ahornsaft zu Sirup durch praktische Vorführungen, einen Diavortrag und durch eigenes Probieren kennen lernen.
New England Maple Museum, am US-7, ① 802-483-9414, www.maplemuseum.com, Ende Mai bis Ende Okt. tgl. 8.30–17.30, sonst 10–16 Uhr, Jan./Feb. geschl., $ 2,50.

Reisepraktische Informationen Middlebury

ⓘ Information
Visitor Information Center, 93 Court Street, ① 802-388-7951, www.addisoncounty.com

🛏 Unterkünfte
Courtyard Middlebury $$$, 309 Court St., ① 802-388-7600, www.marriott.com, modernes Hotel mit 89 gut ausgestatteten Zimmern, Pool und Wanderwegen.
The Middlebury Inn $$$, 14 Court Square, ① 802-388-4961, www.middleburyinn.com, historisches Landgasthaus von 1827 mit modernem Anbau, 71 stilvoll eingerichteten Zimmern und ausgezeichnetem Restaurant.

Rutland/Proctor

Rutland, 1761 gegründet, ist die zweitgrößte Stadt Vermonts, die vor allem wegen der großen und sehr tiefen Marmorsteinbrüche im benachbarten Ort Proctor bekannt ist. Rutland ist als Ausgangsort für Wanderungen und Skiausflüge in die Green Mountains gut geeignet.

Das **Norman Rockwell Museum** besitzt eine große Sammlung von Rockwells Illustrationen und zeigt auch die berühmten Titelbilder der „Saturday Evening Post" (Info-Kasten, S. 318).
Norman Rockwell Museum, 654 US-4 E., ① 802-773-6095, www.normanrockwellvt.com, tgl. 9–16 Uhr, $ 5,50.

In einer Filmvorführung im **Vermont Marble Museum** erfahren Sie, wie Marmor gebrochen und verarbeitet wird. Von der Besucherplattform aus können Sie Bildhauern bei ihrer Arbeit zuschauen. In der „Galerie der Präsidenten" sehen Sie das Projekt eines bekannten Vermonter Bildhauers, der Büsten von allen früheren amerikanischen Präsidenten aus feinstem weißen Marmor geschaffen hat.

Galerie der Präsidenten

Vermont Marble Museum, 52 Main St., Proctor, ① 802-459-2300, www.vermontmarble.com, Juni bis Ende Okt. tgl. 9–17 Uhr, $ 7.

Ebenfalls im Ort Proctor liegt das **Wilson Castle**, ein schlossähnliches Herrenhaus von 1867 mit 32 Räumen und 13 großen Kaminen. Einige der kostbar eingerichteten Räume können während einer Führung besichtigt werden.
Wilson Castle, West Proctor Rd., Proctor, ① 802-733-3284, www.wilsoncastle.com, Ende Mai bis Mitte Okt. tgl. 9–17.30 Uhr, $ 10.

Nordwestlich von Rutland liegt das **Hubbardton Battlefield and Museum** *(ca. 12 km über den US-4, Exit 5)*. Hier fanden im Jahr 1777 Kämpfe zwischen amerikanischen und britischen Truppen statt.

Reisepraktische Informationen Rutland

Information

Rutland Region Chamber of Commerce, ☏ 802-773-2747 oder 1-800-756-8880, *www.rutlandvermont.com*

Unterkünfte

Best Western Inn & Suites $$$, 3 mi/4.8 km östl. am US-4, ☏ 802-773-3200, *www.bestwestern-rutland.com;* Hotel mit 112 Nichtraucher-Zimmern und Apartments, Swimmingpool, 2 Tennisplätzen.

Holiday Inn Rutland/Killington $$$, 476 Holiday Drive (US-7), ☏ 802-775-1911, *www.hivermont.com;* gut geführtes Hotel mit 151 ansprechend eingerichteten Zimmern, Swimmingpool, Sauna, Restaurant.

Mountain Top Inn Resort $$$, Mountain Top Rd. in Chittenden, ☏ 802-483-2311, *www.mountaintopinn.com;* schönes, hoch am Berg gelegenes Hotel mit rustikal eingerichteten Zimmern, großem Sportangebot während des ganzen Jahres: Tennis, Golf, Wandern, Swimmingpool, Segeln, Kanus, Ski- und Schlittenfahren.

Von Rutland nach Brattleboro

☞ Hinweis zur Route

Entfernung: 96 mi/154 km
Von Rutland aus fahren Sie bis nach Manchester Center auf dem US-7 und von dort weiter auf dem reizvollen VT-7A nach Bennington. Von dort aus folgen Sie dem VT-9 nach Brattleboro.

Südlich von Rutland breiten sich die Green Mountains bis nach Massachusetts aus. Von Rutland aus können Sie zwischen zwei Strecken wählen, die westlich bzw. östlich vom Green Mountain National Forest verlaufen und beide landschaftlich sehr reizvoll sind. Auf beiden Strecken gibt es Sehens- und Erlebenswertes, das im Folgenden kurz dargestellt wird. *Routen durch die Green Mountains*

Von Rutland über Bennington nach Brattleboro

Manchester

Ob für den Sommerurlauber oder für den Wintersportler – Manchester ist zu jeder Jahreszeit ein beliebter Ferienort mit einer fast hundertjährigen Tradition im Fremdenverkehr. Der Ort besteht aus drei getrennten Siedlungen: **Manchester Center** und **Manchester Depot**, bekannte Outlet-Zentren in Neuengland, und **Manchester Vil-**

lage, das schon 1764 gegründet wurde. Manchester Village ist von den Hügel- und Bergketten der Green Mountains umgeben und wirkt mit seinen alten baumbestandenen Straßen, gepflegten Sommerhäusern, Cafés, Restaurants und Geschäften sehr einladend. Sehenswert sind der Dorfplatz mit der Kirche, das Rathaus mit der goldenen Kuppel, das ehrwürdige Equinox Hotel und natürlich die aus Marmor gefertigten Bürgersteige.

Wohnhaus der Familie Lincoln

Das Wohnhaus **Historic Hildene** wurde 1904 von Robert Todd Lincoln, dem einzigen Sohn Abraham Lincolns, gebaut und bis 1975 von der Familie Lincoln bewohnt. Das schöne Haus, das im Rahmen einer 45-minütigen Führung auch von innen besichtigt werden kann, liegt in einem großen Park mit großartigem Blick auf die Green Mountains. Der Ziergarten wurde originalgetreu angelegt.

Historic Hildene, 1005 Hildene Rd., 2 mi/3,2 km am VT-7A, ☎ 802-362-1788, www. hildene.org, tgl. 9.30–16.30 Uhr. Eintritt und Führung durch das Haus: $ 16, Parkanlage $ 5.

🚶 Wandertipp

Lye Brook Wilderness Area, 1,5 mi/ 2 km östlich über den VT-11/30 zur Ost Manchester Rd., dann nach Süden zur Glen Rd. Im Gebiet des Green Mountains National Forest führt ein knapp 4 km langer Wanderweg zu den Lye-Brook-Wasserfällen. Eine Übersichtskarte über die Wanderwege erhalten Sie beim Informationsbüro in Manchester Center, 39 Bonnet Street.

Equinox Sky Line Drive

Der 1145 m hohe **Mount Equinox** liegt westlich von Manchester. Eine 5,6 mi/9 km lange, kurvenreiche Straße führt hinauf zum Gipfel und ist von Mai bis Oktober täglich von 9 Uhr bis zum Einbruch der Dämmerung zu befahren. Vom Gipfel bietet sich ein herrlicher Blick auf die Green Mountains und weit hinüber nach New York, Massachusetts und New Hampshire. Auf der Höhe gibt es mehrere, gut ausgeschilderte Wanderwege.

Equinox Sky Line Drive, ☎ 802-362-1115, www.equinoxmountain.com. Die Straße ist von Mai bis Okt. tgl. von 9 Uhr bis Einbruch der Dämmerung zu befahren; Gebühr pro Pkw/Fahrer $ 12, pro Motorrad $ 10, weitere Personen $ 2; nicht für Wohnmobile geeignet, Wandern auf der Straße und Fahrrad fahren verboten. Vorsicht bei Nebel oder Regen!

Beliebte Ausflugsziele

Freizeitpark

• Der **Emerald Lake State Park**, 6 mi/9,6 km nördlich am US-7 in North Dorset, bietet einen Badestrand, Angelmöglichkeiten sowie Picknick- und Campingplätze.

• In **Bromley** liegt 6 mi/10,8 km von Manchester entfernt am SR 11 Vermonts größter Freizeitpark mit Wasserrutschen, Skatebahnen, Kletterfelsen, Trampolin, Achterbahnen und Sommerrodelbahnen. Der **Bromley Alpine Slide and Scenic Chairlift** bringt Sie zum Gipfel des Mount Bromley, von dem sich ein herrlicher Blick auf Vermont und seine Nachbarstaaten bietet. Im Sommer gibt es gute Wandermöglichkeiten, im Winter finden Sie hier ausgezeichnete Ski- und Rodelbedingungen; für die Abfahrt können Sie zwischen der Sommerrodelbahn und den „DévalKarts" wählen.

• Im „**Bromley Village**" gibt es gut ausgestattete Ferienwohnungen mit Schwimmbad und Tennisplätzen.

• In **Shaftsbury** können Sie das **Robert Frost Stone House Museum** *(www.frostfriends.org)* besuchen, in dem der Pulitzer-Preisträger Robert Frost von 1920 bis 1929 lebte.

Reisepraktische Informationen Manchester

i Information
Manchester-and-the-Mountains Chamber of Commerce, *39 Bonnet Street, Manchester Center,* ☎ *802-362-6313 oder 1-800-362-4144, www.manchestervermont.net, Mo–Fr 9–16, Sa 10–16, So 11–15 Uhr*

Unterkünfte
Palmer House Resort Motel *$$, 5383 Main Street (Route 7A), Manchester Center, 2 km am US-7,* ☎ *802-362-3600, www.palmerhouse.com; schön gelegenes Motel mit 50 Zimmern und Apartments, Schwimmbad, 2 Tennisplätzen, Golf, Fahrradvermietung und dem bekannten Restaurant Ye Olde Tavern.*

Brittany Inn Motel *$$, Manchester, 1056 Main St.,* ☎ *802-362-1033, www.brittanyinn motel.com; kleines, ganzjährig geöffnetes Motel mit 12 Zimmern, die gemütlich eingerichtet sind.*

1811 House *$$$, Manchester Village, 2 km südl. am VT-7A,* ☎ *802-362-1811, www.equi noxresort.com, das Farmhaus aus dem Jahr 1770 gehört zum Equinox Resort und bietet seit 1811 ein behagliches, mit Antiquitäten, Gemälden und Sammlerstücken ausgestattetes Gästehaus mit 14 Zimmern. Es wird ein englisches Frühstück serviert; angeschlossen ist ein britischer Pub mit einer reichen Auswahl an Bier, Wein, Likör und Whisky.*

The Equinox Golf Resort & Spa *$$$$, 3567 Main St., Manchester Village,* ☎ *802-362-4700, www.equinoxresort.com, historische Hotelanlage mit 195 luxuriösen Zimmern und Apartments, großem Sportangebot und eleganten Aufenthaltsräumen.*

Einkaufen
In den **Factory Outlets** *von Manchester Square am VT-7A und Manchester Commons & Manchester Marketplace am VT-11/30 finden Sie Designermode u. a. von Armani, Calvin Klein, Timberland oder Ralph Lauren.*

Bennington

In Bennington, das 1761 gegründet wurde, leben heute rund 10.000 Menschen. Charakteristisch für Bennington sind die viktorianischen Häuser der Wende zum 20. Jh., die im Kolonialstil errichteten Häuser, Kirche und Common in Old Bennington und drei überdachte Brücken („covered bridges") in der näheren Umgebung.

Häuser im Kolonialstil

In **Old Bennington** steht das 93 m hohe „**Bennington Battle Monument**", das um 1890 errichtet wurde und an die Schlacht vom 16. August 1777 während des amerikanischen Unabhängigkeitskampfes erinnert. Die schöne Dorfkirche aus dem Jahr 1762 gehört zu den ältesten Kirchen Vermonts. Auf dem Friedhof ist Robert Frost begraben.

In der Nähe liegt das **Bennington Museum**, West Main St., mit Ausstellungen zu Geschichte, Kunst und Kunsthandwerk in Vermont und einer Bildersammlung von **Grandma Moses**, die auch einige Ansichten von Bennington enthält. Zum Museum gehört

auch das alte, hierhin versetzte **Schulhaus**, das Grandma Moses als Kind besuchte. Im Schulhaus sind zahlreiche Erinnerungsstücke und Fotografien ausgestellt.
Bennington Museum, 75 Main St., ① 802-447-1571, www.benningtonmuseum.org, Juli–Okt. tgl. 10–17 Uhr, sonst Mi geschl., Jan. geschl., $ 10.

info

Grandma Moses

Bis zu ihrem 72. Geburtstag hatte Anna Mary Robertson, 1860 in Massachusetts in einer kinderreichen Farmersfamilie geboren, das ganz normale Leben einer amerikanischen Farmersfrau geführt. Sie zog mehrere Kinder groß und verkaufte, um den Lebensunterhalt der Familie zu sichern, viele Jahre lang selbst gemachte Butter.

Als sie die siebzig überschritten hatte und ihr Mann bereits gestorben war, begann sie farbenfrohe Bilder zu malen, die das Leben in ihrem Dorf schilderten. Ihre ersten Bilder zeigte sie auf einem Basar zusammen mit eingemachten Früchten und selbst hergestellter Marmelade. 1940 erschien in der „New York Herald Tribune" ein Bericht über „Grandma Moses", der sie weithin bekannt machte. Sie erwarb sich einen guten Ruf als „naive Malerin". Als sie 1961 im Alter von 101 Jahren starb, hinterließ sie mehr als 1.500 Bilder.

Das **Vermont Covered Bridge Museum** informiert anschaulich mit einem Film, Modellen und Experimenten über die Bauweise der für Vermont so typischen Brücken.
Vermont Covered Bridge Museum, 44 Gypsy Lane am VT-9, ① 802-442-7158, www.bennington.com/chamber/bridges/museum.html, Mi–Mo 10–17 Uhr, Eintritt frei.

In **North Bennington** ist das komplett eingerichtete viktorianische **Park-McCullough House** zu besichtigen, das im Jahr 1865 gebaut wurde und einen guten Eindruck

Reisepraktische Informationen Bennington

i **Information**
Downtown Welcome Center, *100 Veterans Memorial Dr., Mo–Fr 9–17 Uhr, Mitte Mai bis Mitte Okt. auch Sa/So 10–16 Uhr, ① 802-447-3311, 1-800-229-0252, www.bennington.com.*
Hier gibt es Kartenmaterial für Spaziergänge zu den historischen Gebäuden, für Fahrradtouren und eine Wegbeschreibung zu den drei „covered bridges".

🛏 **Unterkünfte**
Bennington Motor Inn *$$, 143 W Main St., ① 802-442-5479, www.coolcruisers.net; Motel mit 16 zweckmäßig eingerichteten Zimmern im alten Ortskern.*
Best Western New Englander Motor Inn *$$, 220 Northside Dr. (VT-7A), ① 802-442-6311, www.bestwestern.com; Hotel mit 58 geräumigen Zimmern, Swimmingpool, Kinderspielplatz, in der Nähe des Bennington Colleges.*
Four Chimneys Inn *$$$, 21 West Rd., ① 802-447-3500, www.fourchimneys.com; im restaurierten Herrenhaus gibt es elf stilvoll eingerichtete Nichtrauchergästezimmer, ein gutes Frühstück, eine Bibliothek und ein empfehlenswertes Restaurant.*

vom Reichtum und luxuriösen Lebensstil der wohlhabenden Familien jener Zeit vermittelt. Nach der Besichtigung des Hauses können Sie noch die weitläufigen Gartenanlagen besuchen und sich im alten Kutschenhaus Kutschen und Schlitten ansehen.
Park-McCullough House, ☑ *802-442-5441, www.parkmccullough.org, Mitte Mai bis Mitte Okt. tgl. 10–16 Uhr, $ 10.*

Brattleboro

Die Fahrt von Wilmington nach Brattleboro ist landschaftlich sehr reizvoll und bietet schöne Ausblicke auf den **Hogback Mountain**, ein beliebtes Skigebiet. Bevor Sie Brattleboro erreichen, sehen Sie „Creamery Bridge", eine der vielen restaurierten Holzbrücken Vermonts.

Der 1724 gegründete Ort Brattleboro liegt am Ufer des Connecticut River; das nahe gelegene **Fort Dummer** war die erste dauerhafte europäische Siedlung in Vermont. Heute hat Brattleboro etwa 8.000 Einwohner und ist das Handels- und Industriezentrum der Region. Das **Brattleboro Museum and Art Center** zeigt Ausstellungen zur Geschichte und Kunst Neuenglands. *Geschichte Neuenglands*
Brattleboro Museum and Art Center, *Old Union Railroad Station,* ☑ *802-257-0214, www.brattleboromuseum.org, Mi–Mo 11–17 Uhr, $ 8.*

Nördlich von Brattleboro liegt der kleine Ort **Dummerston**, wo Rudyard Kipling ein Haus für seine Braut baute, einige Jahre lebte und am „Dschungelbuch" arbeitete.

Reisepraktische Informationen Brattleboro

i **Information**
Brattleboro Area Chamber of Commerce, ☑ *802-254-4565 oder 1-877-254-4565, www.brattleborochamber.org*

Unterkünfte
Hampton Inn Brattleboro *$$, 1378 Putney Road,* ☑ *802-254-5700, www.hamptoninn.hilton.com, modernes Hotel mit 73 geräumigen Zimmern, Fitnessraum, Pool und Frühstücksangebot.*
Holiday Inn Express Brattleboro *$$, 100 Chickering Drive,* ☑ *802-257-2400, www.ihg.com, zweckmäßiges Hotel mit gut ausgestatteten Zimmern und freundlichem Service.*

Von Rutland über Springfield nach Brattleboro

Sehenswertes zwischen Rutland und Brattleboro

In der **Crowley Cheese Factory** in Healdville wird der Käse seit 1824 auf traditionelle Art per Hand produziert und Besucher können dabei zuschauen.
Crowley Cheese Factory, *Healdville Rd.,* ☑ *802-259-2340 oder 1-800-683-2606, www.crowleycheese-vermont.com, Mo–Sa 8–16 Uhr.*

Hinweis zur Route

Entfernung: 77 mi/123 km
Von Rutland aus fahren Sie über den US-7 bis zur Kreuzung mit dem VT-103. Diesem folgen
Sie bis nach Gassetts, wo Sie auf den nach North Springfield führenden VT-10 treffen. Von
North Springfield aus fahren Sie auf dem VT-106 über Springfield zum I-91. Diesem folgen
Sie bis nach Brattleboro.

Der kleine Ort **Weston** am VT-100 versetzt den Reisenden mit seinem historischen
Ortskern, alten Walnussbäumen und dem nostalgischen „Vermont Country Store",
657 Main Street, ins 19. Jh. zurück. Im Weston Playhouse werden seit 75 Jahren im Sommer Musicals und Theaterstücke aufgeführt.
Weston Playhouse, ℐ 802-824-5288, www.westonplayhouse.org; Di–So, Zeiten variieren.

Schul-museum 1759 wurde Vermonts ältestes Schulhaus, das **Eureka Schoolhouse**, gebaut und bis
zum Beginn des 20. Jh. als solches genutzt. Nach seiner Restaurierung wurde eine kleine Ausstellung mit alten Schulbüchern und Schulmaterial eingerichtet; außerdem findet man hier Informationen über alte Mühlen aus dem 18. und 19. Jh.
Eureka Schoolhouse, am VT-11, Charleston Rd., in Springfield, ℐ 802-828-3226, Mitte Mai
bis Mitte Okt. tgl. 10–16 Uhr.

Ein echter Dorfladen des späten 19. Jh. ist der **Vermont Country Store** in **Rockingham** (1292 Rockingham Road, tgl. 9–17 Uhr, www.vermontcountrystore.com). In dem bekannten Laden reicht das Warenangebot von karierten Kattunstoffen über Tee und Kerzen bis zu großem, hölzernem Hausrat und füllt das Haus bis zum Dachboden.

Covered Bridge in der Nähe von Grafton

Das **Historic Grafton Village** ist ein restauriertes Dorf des 19. Jh. mit schönen Bei-spielen der ländlichen Architektur Neuenglands, einer „covered Bridge" und kleinen Galerien.
Historic Grafton Village, Townshend Rd., Grafton, am VT-35/VT-121, ➀ *802-843-2211, www.graftonvermont.org.*

Der kleine Ort **Bellows Falls** liegt am Connecticut River. Die Wasserfälle, die dem Ort den Namen gaben, sind nicht mehr so spektakulär, weil ein Großteil des Wassers heu-te für industrielle Zwecke und zur Energieerzeugung abgezweigt wird. In der Nähe der Wasserfälle gibt es indianische Felszeichnungen. Im **Adams Old Stone Gristmill Mu-seum** erfahren Sie Wissenswertes über Landwirtschaft, Schiffs- und Eisenbahnverkehr und Holztransport in früheren Zeiten auf dem Connecticut River. *Wasser-fälle*
Adams Old Stone Gristmill Museum, Mill Street, ➀ *1-802-463-4280, geöffnet an Wochenenden im Juli/August.*

---

i **Information**
Great Falls Regional Chamber of Commerce, *5 Westminster St., Bellows Fall,*
➀ *802-463-4280, www.gfrcc.org*

Zwischen Bellows Falls und Chester verkehrt die historische Eisenbahn **Green Moun-tains Flyer Railroad**. Auf der 26 mi/41 km langen Strecke sehen Sie breite Fluss-täler, alte, überdachte Holzbrücken, fruchtbares Bauernland mit großen Farmen; wun-derbar ist der Blick auf die eindrucksvolle Brockway-Mills-Schlucht und auf die präch-tig gefärbten Wälder Vermonts im Indian Summer. *Schöne Eisenbahn-fahrt*
Green Mountain Flyer Railroad, 54 Depot St., in Bellows Falls, ➀ *802-463-3069 oder 1-800-707-3530, www.rails-vt.com, Mitte Juni–Anf. Sept. Di–So, im Herbst Mitte Sept.–Mit-te Okt. tgl. Fahrpreise für H+R: $ 26. Die Rundfahrt von Bellows Falls dauert ca. 2 Std., inkl. 30 Min. Pause in Chester Depot. Abfahrt in Bellows Falls, 54 Depot St., Union Railroad Station, um 11 und 14.30 Uhr.*

Korbwaren aller Art finden Sie in dem seit 150 Jahren bestehenden Familienbetrieb „**Basketville**" bei Putney *(am VT-5)*. Ein weiterer Anziehungspunkt ist „**Santa's Land**" *(655 Bellows Falls Rd.)*, wo auch im Hochsommer ein „Weihnachtsdorf" zu finden ist, außerdem Rentiere und ein Streichelzoo.

Von Brattleboro durch Massachusetts nach Hartford/CT

 Hinweis zur Route

Entfernung: 91 mi/146 km
Von Brattleboro aus führen die beiden parallel verlaufenden Straßen, der I-91 und der US-5, über die historische Ortschaft Deerfield und Springfield/Massachusetts nach Hartford/ Connecticut.

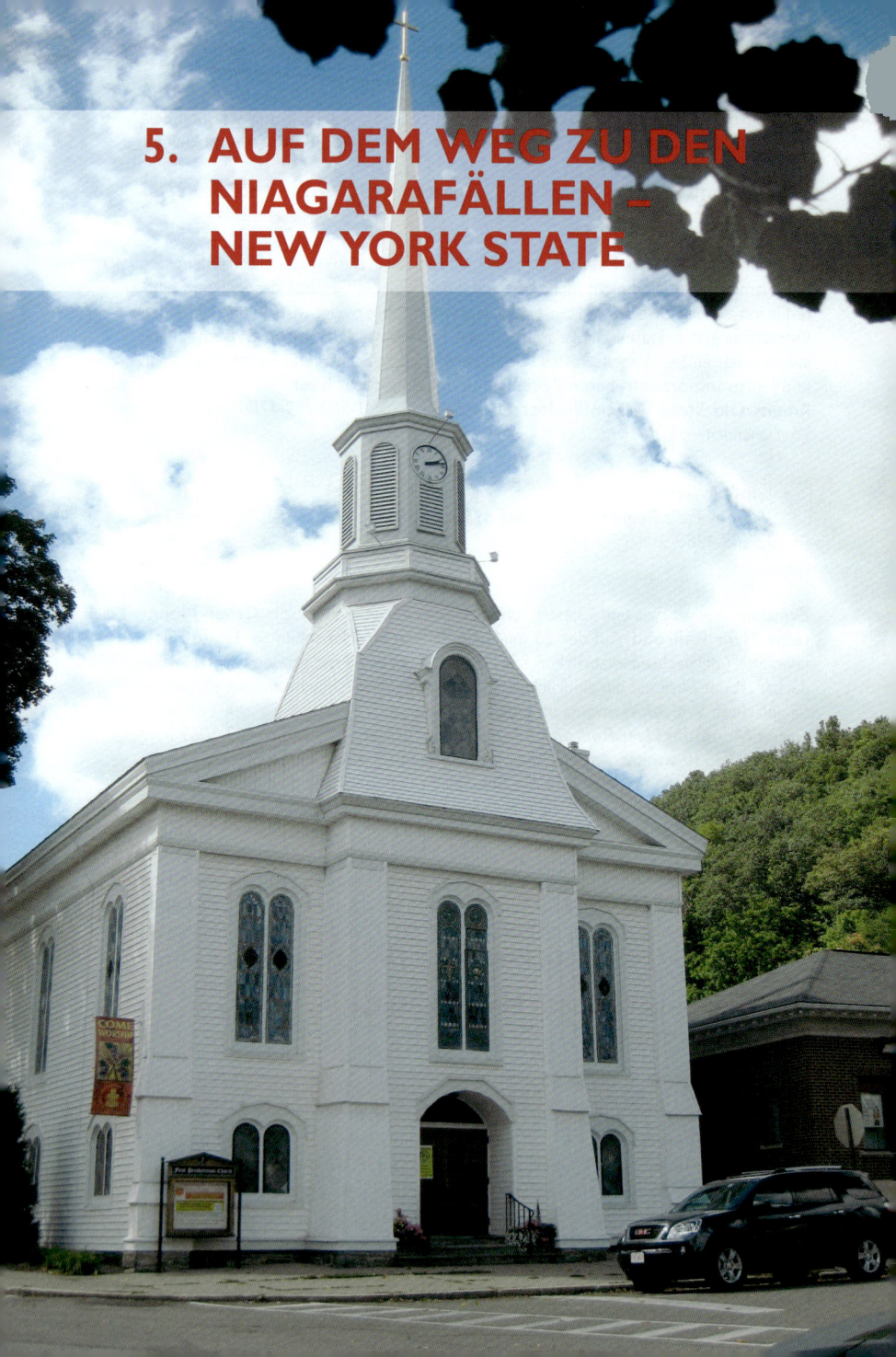

5. AUF DEM WEG ZU DEN NIAGARAFÄLLEN – NEW YORK STATE

Überblick

Der Bundesstaat New York erstreckt sich von der Atlantikküste bis nach Kanada und zu den Großen Seen. Er grenzt im Norden an die kanadischen Provinzen Ontario und Québec, im Osten an Vermont, Massachusetts und Connecticut, im Süden an New Jersey und Pennsylvania und im Westen an den Erie-See und den Ontario-See.

Die Geschichte New Yorks beginnt im Jahr 1609 mit der ersten Erkundung durch Samuel de Champlain und mit der Besiedlung des Landes durch Holländer, die dem Land den Namen Neu-Niederland gaben. 1625 wurde New Amsterdam, die heutige Stadt *Einstiges* New York, gegründet. 1664 verloren die Holländer ihren Besitz, der nach der Abtren- *Neu-* nung von New Jersey in New York umbenannt wurde. Wegen seiner geografischen La- *Holland* ge war New York für die Engländer während des Unabhängigkeitskrieges sehr wichtig: Es sollte die Revolutionszentren in Neuengland und Virginia voneinander trennen. Dieser Plan scheiterte jedoch mit der englischen Niederlage bei Saratoga im Jahr 1777. Im selben Jahr nahm New York die erste amerikanische Verfassung an und trat als 11. Bundesstaat der Union bei.

Die Erschließung des Landes durch neue Verkehrswege ermöglichte den Ausbau des Handels; die Ausnutzung der Wasserkraft förderte Entstehung und Wachstum der Industrie. Aufgrund seiner Bevölkerungsstärke und großen Wirtschaftskraft spielte New York immer eine führende Rolle innerhalb der amerikanischen Bundesstaaten. Dabei bestand jedoch von Beginn an ein großer Unterschied zwischen der Metropole New York City und dem Hinterland.

New York City ist die größte Stadt der USA. Die günstige Lage am Hudson River und die planmäßige Ausnutzung der topografischen Gegebenheiten machten New York zum größten Aus- und Einfuhrhafen und zu einem bedeutenden Handels- und Finanzplatz der Neuen Welt. Der Hudson River mit seinen Nebenflüssen bildet das wichtigste Flusssystem des Landes; in den Flusstälern entstanden bedeutende Städte. Hauptanziehungspunkte des Fremdenverkehrs sind der Großraum New York City und die Niagarafälle. Der Staat New York bietet aber in seinen ländlichen Bereichen noch viel mehr.

In der **Hudson River Valley Region**, wo der Hudson River die Bergketten durchschneidet, liegen Obst- und Weingärten eingebettet in eine fruchtbare Landschaft; es gibt historische Herrenhäuser, gemütliche Landgasthöfe, alte Mühlen und Weinkelle-

New York State auf einen Blick

Fläche	128.399 km²
Einwohner	ca. 19 Mio.
Hauptstadt	Albany, 101.727 Einwohner
Staatsmotto	Excelsior
Staatsbaum	Zuckerahorn
Staatsblume	Rose
Staatsvogel	Bachstelze
Wirtschaft	Das Wirtschaftsleben des Bundesstaates wird durch New York City mit seiner vielseitigen Industrie bestimmt. In Produktionswert und Gesamtvolumen ist die Industrie von New York führend unter allen amerikanischen Staaten. Dabei liegen die Schwerpunkte in der Druckerei-, Bekleidungs-, Chemie-, Maschinenbau-, Elektrogeräte- und Metallindustrie. In der Landwirtschaft, die im Vergleich zur Industrie aber nur von untergeordneter Bedeutung ist, herrscht Milchwirtschaft vor.
Arbeitslosenrate	8,4 % (USA 7,8 % im April 2013)
Zeitzone	In New York gilt die Eastern Standard Time (= MEZ -6 Stunden)
Städte	New York City (ca. 8,008 Mio. Einwohner), Buffalo (357.000 Einwohner) und Syracuse (147.306 Einwohner), Albany (95.670 Einwohner)
Information	New York State Division of Tourism, ☎ 518-474-4416 und gebührenfrei 1-800-225-5697, www.iloveny.com
Hotline zur herbstlichen Laubfärbung	☎ 1-800-225-5697, www.leafpeepers.com

reien. Die **Catskill Mountains** hingegen sind geprägt durch sanfte, dicht bewaldete Berghänge, klare Wasserfälle und fischreiche Bäche, Teiche und Flüsse. Die kleinen Ferienorte bieten Ruhe und Beschaulichkeit, aber auch ein breites Angebot abwechslungsreicher Freizeitaktivitäten.

Wein-anbau-gebiet

Die **Finger Lakes Region** lockt mit vielen großen und kleinen Seen, in die sich Flussläufe und Wasserfälle ergießen; hohe Bergketten umschließen die Seen, dahinter breiten sich Felder, Wälder und Weingärten aus, aus deren Trauben in zahlreichen Kellereien ein guter Tropfen gekeltert wird. Die nördlich gelegenen **Adirondack Mountains** sind neben Alaska das größte Wildnisgebiet der USA, ein Paradies für Wanderer, Wassersportler und Naturfreunde.

Die **Thousand Islands** und der **St. Lorenz-Strom** im Norden des Bundesstaates laden ein zu Schiffsfahrten und Bootstouren aller Art, zu Besichtigungsausflügen, und die langen Küstenabschnitte am Ontario-See und Erie-See bieten zudem die besten Wassersportmöglichkeiten.

Durch den Bundesstaat New York

3 Routenvarianten

In **Nord-Süd-Richtung** durchqueren der I-81 und der I-87 den Bundesstaat, parallel dazu verlaufen der US-11 bzw. der US-9. In **Ost-West-Richtung** führt der I-90 von Albany nach Buffalo, der I-88 verbindet Albany mit Binghamton, und der NY-3 führt von Plattsburgh nach Watertown, der NY-8 vom Lake George nach Utica. Im **Südteil** des Bundesstaates dominiert New York City; der Norden ist geprägt durch die Adirondack Mountains und den Adirondack Park, die u. a. von NY-28 und NY-30 durchzogen werden.

Um von Vermont/New Hampshire zu den Niagarafällen zu kommen, muss der große Bundesstaat New York in seiner ganzen Ost-West-Ausdehnung durchfahren werden. Dafür gibt es **mehrere Alternativstrecken** mit jeweils besonderem Schwerpunkt:

1. Alternative: die schnelle Verbindung
Entfernung: 465 mi/744 km
Benötigte Zeit: 2–3 Tage
Routenverlauf: Von Burlington/VT nach Süden am Lake George entlang bis nach Albany, der Hauptstadt des Bundesstaates New York, von dort weiter über den I-90 über Utica, Syracuse und Buffalo nach Niagara Falls.

2. Alternative: durch die Berg- und Seenwelt der Adirondacks
Entfernung: 432 mi/691 km
Benötigte Zeit: 2–4 Tage
Routenverlauf: Von Burlington/VT über Lake Placid durch die Adirondack Mountains und weiter über Syracuse zu den Niagarafällen.Es geht durch die eindrucksvolle Berg- und Seenlandschaft der Adirondacks über Utica und Syracuse nach Niagara Falls.

3. Alternative: „Thousand Islands" und Badefreuden am Ontario-See
Entfernung: ca. 470 mi/750 km
Dauer: 2–4 Tage
Routenverlauf: Von Burlington/VT über Lake Placid zum St. Lorenz-Strom, von dort aus können Sie die „Thousand Islands" und die kanadischen Städte Ottawa und Kingston besuchen. Es geht zunächst am St. Lorenz-Strom, später dann am Südufer des Ontario-Sees entlang über Rochester nach Niagara Falls.

Redaktionstipps

Sehens- und Erlebenswertes
▶ Eines der weltberühmten **Museen** von **New York City** (S. 134ff) besuchen.
▶ Die **Skyline** von **New York City** genießen.
▶ Die tosenden Wasser der **Niagarafälle** hautnah erleben (S. 509ff).
▶ Mit der Eisenbahn durch die **Catskill Mountains** fahren (S. 473f).
▶ Die historischen Herrenhäuser im **Hudson River Valley** (S. 476f) besuchen.
▶ Eine Aufführung in der „**Glimmerglass Opera**" in **Springfield** miterleben (S. 482).
▶ Eine Bootsfahrt durch die Schlucht von **Ausable Chasm** (S. 493) wagen.
▶ Auf den Gipfel des **Whiteface Mountain** (S. 494) fahren.
▶ Die Welt der „**Thousand Islands**" (S. 503) an Bord eines Raddampfers kennen lernen.
▶ Im „Beekman Arms", dem ältesten Gasthaus der USA, in **Rhinebeck** ein Abendessen einnehmen (S. 475).
▶ Auf einem der Weingüter an den **Fingerlakes** an einer Weinprobe teilnehmen (S. 486).
▶ In einem traditionsreichen Landgasthaus übernachten, z. B. im Carriage House Inn in **Sodus Point/Finger Lakes** (S. 488).

1. Von Burlington/VT am Lake George entlang nach Albany und zu den Niagarafällen

 Hinweis zur Route

Von Burlington geht es auf dem US-7 südwärts bis **Charlotte**, wo man mit der Fähre über den Lake Champlain nach Essex übersetzt. Man folgt zuerst dem NY-22, dann dem NY-9N, die zunächst am Westufer des Lake Champlain und weiter am Westufer des Lake George entlangführen. Nördlich von Glen Falls fährt man auf den I-87, der nach Albany führt. An dieser landschaftlich sehr schönen Strecke liegen einige historische Stätten.

 Fähre
Essex/NY–Charlotte/VT: *ganzjährig ca. stündlich, im Winter wetterabhängig, Überfahrt ca. 20 min., einfache Fahrt Auto plus Fahrer $ 9,50, H+R $ 18, Passagiere $ 3,75 bzw. 6,25, Fahrplan unter www.ferries.com.*

Zwischen Essex und Lake George

Die **Crown Point State Historic Site** liegt 7,5 mi/12 km nordöstlich von Crown Point und macht mit den Überresten der Befestigungsanlagen deutlich, wie heftig die Festung von Franzosen, Engländern und Amerikanern im 18. Jh. umkämpft war. Im Museum gibt es zur Einführung einen Film.
Crown Point State Historic Site, 21 Grandview Drive, ① 518-597-4666, http://nysparks.com/ historic-sites/34/details.aspx; Gelände Mai–Okt. tgl. 9–18, Museum Do–Mo 9.30–17 Uhr, $ 4.

Unabhängigkeitskrieg
Das **Fort Ticonderoga**, das während des amerikanischen Unabhängigkeitskrieges eine bedeutende Rolle spielte, wurde 1755 von den Franzosen erbaut und Fort Carillon genannt. Es wurde bereits 1759 von den Engländern erobert, aber 1775 stürmten Ethan Allen und seine Green Mountain Boys erfolgreich die Festung. Schon 1777 gelangte sie wieder in den Besitz der Engländer, die die Befestigungen niederbrannten. Das Fort wurde nach den Originalplänen der Franzosen rekonstruiert. Die Erinnerung an den amerikanischen Befreiungskampf wird wach gehalten durch Ausstellungen im Museum, Paraden, Umzüge und Böllerschüsse in den Monaten Juli und August.
Fort Ticonderoga, 1 mi/1,6 km nordöstlich von Ticonderoga am NY-74, ① 518-585-2821, www.fortticonderoga.org, Mitte Mai–Mitte Okt. tgl. 9.30–17 Uhr, $ 17,50.

Von Ticonderoga aus führt der NY-9N zu kleinen Ortschaften am westlichen Ufer des Lake George, z. B. nach **Bolton Landing** mit schönen Sommerhäusern wohlhabender Familien oder nach **Diamond Point**.

Lake George Village

Touristisches Zentrum dieser Region ist Lake George Village, ein beliebter, viel besuchter Ferienort am südlichen Ende des Lake George mit ausgezeichneten Wassersport- und Freizeitmöglichkeiten. Der fast 40 km lange See mit 365 Inseln unterschiedlichster Größe ist ein Paradies für Wassersportler. Auch wenn man nicht mit dem eigenen Boot oder Surfbrett unterwegs ist, kann man auf einer mehrstündigen Schiffsfahrt herrliche Ausblicke auf den See und seine Küste genießen. Oder man steigt in eine der traditionellen Pferdekutschen, die vor dem Fort William Henry warten und gemütlich am Lake George entlangfahren.

Sehenswertes in der Umgebung des Lake George

Im restaurierten **Fort William**, das zwischen 1755 und 1757 errichtet wurde, gibt es eine Sammlung historischer Uniformen und Waffen, Paraden und militärische Vorführungen sowie eine Ausstellung zur Rekonstruktion des Forts, das der Schauplatz im Roman „Der letzte Mohikaner" von J. F. Cooper war; in den Sommermonaten wird der gleichnamige Film vorgeführt.
Fort William Henry Museum, Canada St./NY-9, ☏ 518-668-5471, www.fwhmuseum.com, Mai–Okt. tgl. 10–18 Uhr, $ 16,95.

Auf der I-87 geht es nach **Glen Falls**, das 1759 gegründet wurde. Da die Wasserkraft des Hudson schon frühzeitig genutzt werden konnte, entstand hier im 19. Jh. ein

Am Lake St. George

industrielles Zentrum. Das **Hyde Collection Art Museum** besitzt eine sehenswerte Kunstsammlung mit Werken europäischer Maler des 15.–20. Jh., die in den Räumen einer im Renaissancestil gebauten Villa besondere Wirkung zeigen.
Hyde Collection Art Museum, 161 Warren St., ☏ 518-792-1761, www.hydecollection.org, Di–Sa 10–17, So 12–17 Uhr, $ 8 (im Sommer $ 12).

Reisepraktische Informationen Lake George Village

ℹ️ Information
Warren County Tourism Department, *1340 State Route 9, Lake George, ☏ 518-668-5755 oder 1-800-705-0059, www.visitlakegeorge.com, www.lakegeorgechamber.com.*

🛏 Unterkunft
Best Western of Lake George *$$, Luzerne Rd., Exit 21, I-87, ☏ 518-668-5701, www.bestwesternlakegeorge.com; 87 Zimmern, einige mit Küchenzeile, Innen- und Außenpool.*
Holiday Inn Resort *$$$, 2223 Canada St., ca. 1 km südl. am US-9, ☏ 518-668-5781, www.lakegeorgeturf.com; Hotel mit 105 Zimmern, viele mit schönem Blick auf den See.*
Roaring Brook Ranch *$$$, Rte. 9N South, ☏ 518-668-5767, www.roaringbrookranch.com; große Hotelanlage in den Bergen mit 136 Zimmern, Swimmingpools, Sauna, 5 Tennisplätzen und Reitgelegenheit, Restaurant.*

☞ Aktivitäten
Bootsfahrten: *Juni–Anf. Okt. verkehren tgl. Boote auf dem Lake George. Angeboten werden 1- bis 4-stündige Ausflugsfahrten entlang der Küsten, Dinner-Kreuzfahrten und Mondscheinfahrten.*

New York State

----- Routenvorschlag

1. Route:
Burlington/VT – Lake George – Albany – Utica – Syracuse – Buffalo – Niagara Falls

2. Route:
Burlington/VT – Lake Placid – Adirondack Mountains – Utica – Syracuse – Niagara Falls

3. Route:
Burlington/VT – Lake Placid – St. Lorenz-Strom – Südufer des Ontario-Sees – Rochester – Niagara Falls

KANADA

Carleton Place
Perth
Mo...
Ogdensbur...
Brockville
Thousand Islands
Gananoque
Kingston
Alexandria
Clayton
Watert...
Brackets Harbor
Henderson
Sandy Creek
Low...
Redfie...
Mexico Bay
Pulaski
Oswego Mexico
Fulton Camden
Oneida Lake
Baldwinsville
Lakeport
Prince Edward Bay

Oshawa
Lake Ontario
Toronto
Oakville
Youngstown
Olcott   Lakeside   Sandy Harbor Beach
Irondequoit
Alton
Brockport
Lockport
Batavia
Rochester
Seneca Falls   Syracuse
One...
NEW
Niagarafälle
Niagara Falls
Fort Erie
Buffalo
Canandaigua
Auburn
Dunnville
Hamburg
Warsaw   Pike
Geneseo
Geneva   *Finger Lakes*   Aurora
Moravia
Cortland
Norwi...
Wille...
Lake Erie
Dunkirk
Springville
Dunsville
Wayland
Ovid
Watkins Glen
Ithaca
Richford
Green...
North East
Fredonia
Westfield   Little Valley
Gowanda
Houghton
Franklinville
Canisteo
Jasper
Belmont
Van Etten
Chemung
Elmira
Endicott
Kennedy
NorthClymer
Olean
Wellsville
Addison
Sayre
Pittsfield   *Allegany Lake*   Bradford
Bolivar
Knoxville
Troy
Montrose...
Union City
Sheffield
Smethport
Lantz Corners
Stokesdale
Mansfield
Towanda
Wyalusing
Titusville
Oil City
Galeton
PENNSYLVANIA
Dushore
Scranton
Franklin
Brockway
Ridgway
Williamsport
Red Rock
Du Bois
Hughesville
Millville
Bellefonte
Sunbury
Bloomsburg
Hazle...
State College
Tama...

N
0   50 km

© graphic

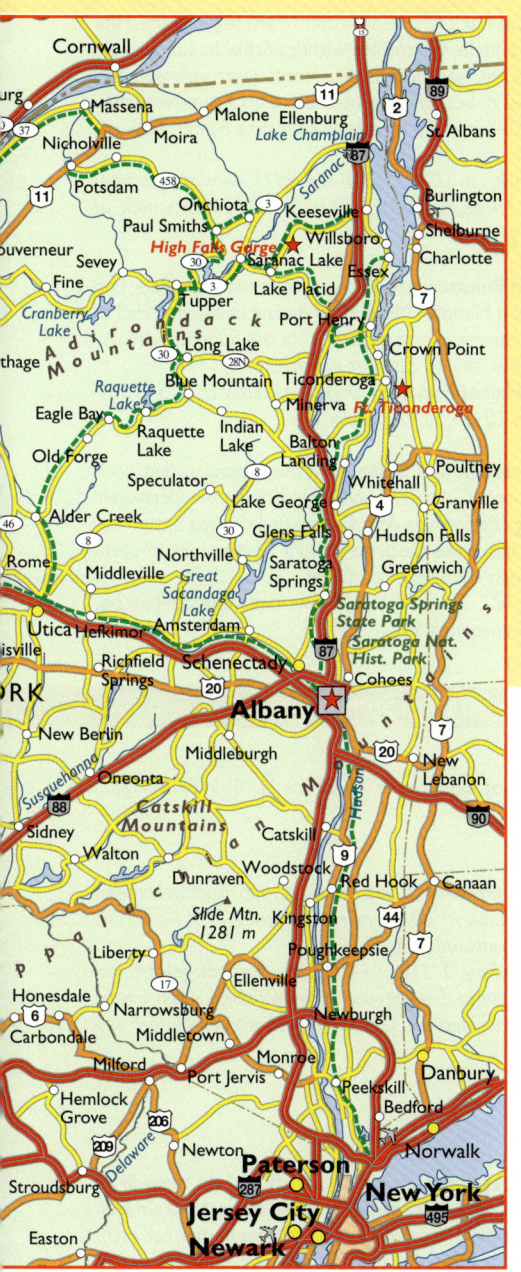

Lake George Steamboat CO, ① 518-668-5777 oder 1-800-553-2628, www.lakegeorgesteamboat.com, Abfahrt am Steel Pier, 1- bis 4-stündige Fahrten, z. B. mit dem Raddampfer „Minne-ha-ha", Rundfahrt ab $ 14.

Shorelines Cruises of Lake George, ① 518-668-4644 oder 1-800-894-2427, www.lakegeorgeshoreline.com, Abfahrt 2 Kurosaka Lane, 1½- und mehrstündige Küstenfahrten ca. fünfmal tgl., ab $ 16,99.

Flug mit dem Heißluftballon: Hot Air Ballooning, Adirondack Northway (in der Nähe des I-87), ① 518-793-6342, www.adkballoonflights.com.

Kutschfahrten: Lake George Carriage Rides, www.lakegeorge-saratoga.com/carriage. Die Kutschen (für bis zu 8 Erw.) starten gegenüber dem Ft. Henry und fahren im Sommer tgl. 10–23 Uhr, Fahrpreis (ca. 20 Min.) $ 8.

Saratoga Springs

Saratoga Springs, ein ganzjährig beliebter Ferienort mit ausgezeichneten Sommer- und Wintersportmöglichkeiten, ist ein hübscher Ort mit historischen Vierteln und ungewöhnlich vielen, schön restaurierten viktorianischen Häusern. Schon im 19. Jh. war Saratoga Springs ein wegen seiner Heilquellen bekannter Kurort. Über die Geschichte der Stadt informiert eine Ausstellung im 1870 gebauten Kasino im **Congress Park**, der wegen der dort aufgestellten Skulpturen von **Daniel Chester French**, dem Bildhauer der Lincoln-Statue in Washington, einen Besuch lohnt.

Sehenswerter Ortskern

Schlacht im Unabhängigkeitskrieg

Zum **Saratoga National Historical Park** führt eine knapp 16 km lange Straße. Hier fand im Jahr 1777 die für die amerikanische Geschichte wichtige Schlacht statt, die die Wende im Unabhängigkeitskrieg brachte. Nachdem es den Amerikanern gelungen war, eine weit überlegene britische Armee zu besiegen, trennten sich die 13 amerikanischen Kolonien vom Mutterland. An zehn Stellen im Park geben kostümierte Führer Auskunft über den Verlauf der Schlacht.

Saratoga National Historical Park, am US-4, ☎ 518-664-9821, www.nps.gov/sara/ index.htm, Eintritt in den Park $ 3 für 7 Tage, Pkw $ 5, Fahrräder $ 3, die Zufahrtsstraße ist von Mitte November bis Anfang April gesperrt.

Die jährlich stattfindenden **Reit- und Poloturniere** sind von internationalem Rang und zählen zu den ältesten des Landes. Im National Museum of Racing und in der Hall of Fame, können sich Freunde des Reitsports über die Geschichte des Sports, Trainingsmethoden und berühmte Jockeys, Trainer und Züchter informieren.

National Museum of Racing und Hall of Fame, 191 Union Ave./Ludlow St., ☎ 518-584-0400, www.racingmuseum.org, Mo–Sa 10–16, So 12–16 Uhr, $ 7.

Mineralquellen

Ein beliebtes Ausflugsziel ist der **Saratoga Spa State Park** mit Mineralquellen, hoch aufschießenden Sprudeln, Swimmingpools, Golfplätzen und ausgedehnten Wanderwegen. Auf dem Gelände liegen das Saratoga Performing Arts Centre und das Spa Little Theatre, wo jeweils im Juli und August das **Lake George Opera Festival** (http://opera saratoga.org) mit jungen, aufstrebenden Künstlern stattfindet.

Saratoga Spa State Park, nördl. vom I-87, ☎ 518-584-2535, www.saratogaspastatepark.org, frei, Parkgebühr für Pkw in den Sommermonaten $ 8.

Reisepraktische Informationen Saratoga Springs

ℹ️ Information

Saratoga County Chamber of Commerce, *28 Clinton St., ☎ 518-584-3255, www.saratoga.org.*

🛏️ Unterkunft

Carriage House Inn *$$$, 198 Broadway, ☎ 518-584-4220, http://carriagehouseinn saratoga.com; einladendes Haus mit 14 unterschiedlich großen Zimmern, z.T. mit Kamin und Küchenzeile, günstige Lage zu allen Sehenswürdigkeiten.*

The Saratoga Hilton *$$$$, 534 Broadway, ☎ 518-584-4000, www.thesaratogahotel.com; das Hotel mit 212 ansprechend eingerichteten Zimmern und 30 komfortablen Suiten liegt im historischen Distrikt mit Geschäften, Restaurants und Cafés, nicht weit von den Museen entfernt.*

Albany

Albany ist seit 1797 die Hauptstadt des Bundesstaates New York und gilt zugleich als die älteste Stadt in den 13 Gründerstaaten. Nachdem Franzosen schon 1540 ein kleines Fort auf der im Hudson River liegenden Insel Westerlo errichtet hatten, ließ Henry Hudson sich dort 1609 nieder. In der Nähe des 1614 gebauten neuen Forts, das als

Das Kapitol von Albany

Handelsstation diente, siedelten sich ab 1624 vor allem Holländer an. Die Engländer nannten die Siedlung ab 1664 Albany.

Die günstige Lage machte die Siedlung frühzeitig zu einem wichtigen Handels- und Ver- *Handels-*
kehrszentrum, was sie bis heute geblieben ist. In den Bauwerken Albanys sind Vergan- *zentrum*
genheit und Gegenwart eng verbunden. Restaurierte Stadthäuser des 19. Jh. stehen an breiten Alleen, das State Capitol im Stil eines französischen Schlosses und die moder-nen, fast futuristischen Bauwerke der Empire State Plaza direkt daneben. Zu den be-kanntesten Bürgern von Albany gehörten **Theodore und Franklin Roosevelt** und die Schriftsteller **Herman Melville** und **Henry James**.

Im 42. Stock des Corning Tower Building kann man vom **Observation Deck** einen Gesamteindruck von der Stadt gewinnen und bei günstigem Wetter bis nach Vermont, Massachusetts, bis zu den Adirondacks und auf das Hudson Valley schauen.
Corning Tower Observation Deck, ☎ *518-474-2418, www.ogs.ny.gov/esp/CT/Tours/ OBdeck.asp, Mo–Fr 10–16 Uhr, Eintritt frei.*

Das zwischen Madison Ave. und State St. liegende Regierungs-, Kongress- und Kultur- *Kultur-*
zentrum der Stadt, **The Empire State Plaza,** entstand während der Amtszeit von *zentrum*
Gouverneur Nelson A. Rockefeller. Man lernt die elf Gebäude mit ihren ganz unter-schiedlichen Marmor-, Glas- oder Aluminiumfassaden und ihren Kunstsammlungen am besten bei einer der Führungen kennen. Besonders auffällig ist das kugelförmige Center für darstellende Künste, das als „The Egg" bezeichnet wird.

Das **New York State Capitol** wurde 1867–98 im Stil eines französischen Renais-sanceschlosses mit Garten und Wasserspielen erbaut. Eindrucksvoll ist das große Treppenhaus, die Great Western Treppe mit 444 Stufen, ausgeschmückt mit Darstel-

Geschichtsmuseen lungen großer Persönlichkeiten der amerikanischen Geschichte. Das **New York State Museum** zeigt Ausstellungen zur Natur der Adirondacks, zur Geschichte der indianischen Bevölkerung und zu New York City. Das **Albany Institute of History and Art** informiert in mehreren Ausstellungen über Geschichte, Kunst und Kultur der Stadt und des Hudson Valley.

New York State Capitol, State St., ① *518-474-2418, Mo–Fr 9–16 Uhr, einstündige Führungen um 10, 12, 14 und 15 Uhr, frei.*

New York State Museum, Empire State Plaza, ① *518-474-5877, www.nysm.nysed.gov, Di–So 9.30–17 Uhr, frei.*

Albany Institute of History and Art, 125 Washington Ave., ① *518-463-4478, www.albanyinstitute.org, Mi–Sa 10–17 Uhr, So 12–17 Uhr, $ 10.*

Die historischen Häuser **Cherry Hill** (523 Pearl St., 1787), **Schuyler Mansion** (32 Catherine St., 1761) und **The Broeck Mansion** (9 Ten Broeck Pl., 1798) verdeutlichen mit ihren zeitgemäßen Einrichtungen und Sammlungen jeweils ein Stück Stadtgeschichte.

☞ Tipp

*Bei einer **Bootsfahrt** auf dem Hudson River sehen Sie die interessantesten Gebäude der Stadt einmal aus einer anderen Perspektive, z.B. mit **Dutch Apple Cruises**, 141 Broadway/Madison Ave.,* ① *518-463-0220, www.dutchapplecruises.com, ab $ 19.*

Reisepraktische Informationen Albany

ℹ Information

Albany Heritage Area Visitors Center, *25 Quackenbush Square, Ecke Clinton Ave. und Broadway, am Henry Hudson Planetarium,* ① *518-434-0405 oder 1-800-258-3582 www.albany.org, tgl. geöffnet*

🛏 Unterkunft

In Flughafennähe liegen die üblichen Kettenhotels von Best Western, Marriott, Hilton, Holiday Inn und Comfort Inn.

Holiday Inn Express Albany Downtown *$$, 300 Broadway,* ① *518-434-4111, www.hie albanydowntown.com; zentral gelegenes Hotel mit geräumigen, gut ausgestatteten Zimmern und freundlichem Service.*

Courtyard by Marriott Albany Thruway *$$$, 1455 Washington Ave.,* ① *518-435-1600, www.marriott.de/hotels/travel/albny-albany-marriott, gut geführtes Hotel mit geräumigen Zimmern in der Nähe der Universität, gute Verkehrsverbindungen in die Stadt.*

☞ Feste

*Anfang Mai wird im Washington Park das **Tulip Festival** gefeiert, das an die ersten holländischen Siedler erinnert.*

✈ Flughafen

*Der **Albany International Airport**,* ① *518-242-2200, www.albanyairport.com, liegt am Knotenpunkt von I-87 und I-90. Flugverbindungen bestehen u. a. mit Boston, New York City, Washington, Philadelphia.*

Von Albany durch das Hudson River Valley nach New York City

👉 Hinweis zur Route

Von Albany führt der gebührenpflichtige I-87 direkt nach New York City. Reizvoller ist die Fahrt über den US-9 W (Palisade Interstate Pkwy.), der am Westufer des Hudson River parallel zum Fluss verläuft, oder über den US-9 (Henry Hudson Pkwy.) am Ostufer entlang, die ebenfalls nach New York City führen.

Das **Hudson River Valley** ist nur ca. 50 mi/90 km vom Zentrum von New York City entfernt und für einen Tagesausflug ebenso geeignet wie für einen längeren Aufenthalt. Häufig wird es mit dem Rheintal verglichen: Wie die Burgen am Rhein liegen am Hudson prächtige Herrenhäuser inmitten großer Parkanlagen, aber der Hudson River hat amerikanische Maße und ist breiter, länger und mächtiger als der Rhein. Er ist so groß, dass der Forscher Henry Hudson bei seiner Ankunft glaubte, eine Westpassage gefunden zu haben. Da der Hudson schiffbar ist, wurde er sehr früh zu einer wichtigen Handelsstraße, die wesentlich zu der Entwicklung New York Citys beitrug. Heute wird der Hudson ausschließlich zur Freizeitschifffahrt genutzt. *Schiffbarer Fluss*

Catskill und die Catskill Mountains

An der Strecke von Albany nach New York City liegen zahlreiche besuchenswerte Ausflugsziele. Der kleine, nur knapp 5.000 Einwohner zählende Ort **Catskill** ist ein geeigneter Ausgangspunkt für Fahrten und Wanderungen in die westlich gelegenen **Catskill Mountains**. Sie dehnen sich vom Hudson River weit nach Westen aus. Die

Brücke über den Hudson River

Naherho-lungsgebiet der New Yorker

Indianer gaben dem dicht bewaldeten Gebiet, das Teil des Appalachen-Plateaus ist, den Namen „Land im Himmel". Große Teile der Catskill Mountains und des **Catskill Forest Preserve** stehen schon seit 1904 unter Naturschutz. Die Landschaft wird geprägt durch Gebirgszüge, die bis zu 1.280 m ansteigen, sanfte Hügellandschaften, tosende Wasserfälle, zahlreiche Seen und Flüsse und liebenswerte Dörfer. In den Catskills befindet sich ein wichtiges Trinkwasserreservoir für New York City, und auch als Naherholungsgebiet für die New Yorker sind sie von großer Bedeutung.

Die Catskills sind durch ein gut ausgebautes Straßennetz erschlossen. Im Sommer laden gut gekennzeichnete Wanderwege zu Spaziergängen und Wanderungen ein, im Winter gut gebahnte Loipen zum Skilanglauf. Am NY-28 bei **Mount Pleasant** liegt die Bahnstation der **Catskill Mountain Railroad**. Steigen Sie ein zu einer 14 mi/22,4 km langen Eisenbahnfahrt durch die Catskill Mountains und nach Phoenicia mit einer Bahnstation aus der Zeit um 1900 oder fahren Sie am Esopus Creek entlang. *Catskill Mountain Railroad, ☎ 845-688-7400, www.catskillmtrailroad.com, $ 15. Die Züge verkehren an Wochenenden von Ende Mai bis Anfang Oktober.*

In **Tannersville** kann man im **Mountain Top Arboretum** am NY-23A einheimische Bäume, Wildblumen, Kräuter neben exotischen Pflanzen anschauen *(www.mtarboretum. org, ganzjährig bis zum Einbruch der Dämmerung geöffnet, Eintritt frei).*

Bekannte Kurz-geschichte

Literarisch sind die Catskills mit dem Namen „**Rip van Winkle**" verbunden. Der vor allem durch seine Kurzgeschichten bekannte Schriftsteller Washington Irving (1783–1859) veröffentlichte 1819 die Essay- und Kurzgeschichtensammlung „Das Skizzenbuch", deren bekannteste Kurzgeschichte „Rip Van Winkle" ist. Die auf einer deutschen Sage beruhende Geschichte erzählt von dem holländischen Siedler Rip van Winkle, der auf der Flucht vor seiner herrschsüchtigen Frau in den Catskills durch einen Zaubertrank einschläft und erst nach zwanzig Jahren wieder aufwacht. Als er in sein Dorf zurückkehrt, muss er feststellen, dass seine Frau und die meisten seiner Freunde gestorben sind und dass Amerika seine Unabhängigkeit errungen hat.

Reisepraktische Informationen Catskill und Catskill Mountains

i Information

Greene County Tourism, *700 Rt. 23 B, ☎ 518-943-3223 oder 1-800-355-2287, www.visitthecatskills.com, www.greatnortherncatskills.com, Information Center am Exit 21 der I-87.*

Unterkunft

Catskill Quality Inn *$$, 704 Route 23 B, Catskill, ☎ 518-943-5800, www.qualityinn. com; Mittelklassehotel am I-87 mit Restaurant und 74 Zimmern, teilweise mit Küchenzeile.*
The Post Cottage *$$$, 174 Spring Street, ☎ 518-719-0747, http://thepostcottage.com. Vier komfortabel ausgestattete Gästezimmer in einem Haus von 1917, gutes Frühstück und hilfsbereite Gastgeber.*
The Caleb Street's Inn *$$$, in 251 Main Street, ☎ 518-943-0246, www.calebstreets inn.com; zentral gelegenes, gepflegtes Haus aus dem Jahr 1785 mit vier liebevoll eingerichteten Zimmern und schönen Aufenthaltsräumen.*

Kingston

Kingston wurde schon 1614 als Handelsstation gegründet. Ab 1652 ließen sich die ers- *Erste*
ten Siedler nieder, und 1777 wurde Kingston die erste Hauptstadt New Yorks. Sehens- *Haupt-*
würdigkeiten der Stadt sind der restaurierte, historische **Rondout Distrikt**, die **Old** *stadt des*
Dutch Church mit dem alten Friedhof und das **Hudson River Maritime Museum**. *Staates*
Das **Senate House**, das dem ersten Senat als Versammlungsort diente, ist im Stil des
ausgehenden 18. Jh. eingerichtet und zeigt eine Ausstellung einheimischer Künstler. Im
Volunteer Firemen's Hall and Museum sind historische Feuerwehrwagen und
-geräte ausgestellt.
Senate House, *312 Fair St.,* ① *914-338-2786, www.nysparks.state.ny.us, April–Okt. Mi–Sa
10–17, So 13–17 Uhr, $ 4.*
Volunteer Firemen's Hall, *265 Fair St.,* ① *845-331-1247.*

Reisepraktische Informationen Kingston

i **Information**
Kingston Heritage Area Visitor Center, *20 Broadway,* ① *845-331-7517 oder
1-800-331-1518, www.kingston-ny.gov*

Unterkunft
Garden Plaza Hotel Kingston *$$, 503 Washington Ave.,* ① *845-338-0400, 1-845-
340-1908; etwas älteres Hotel mit 212 Zimmern.*
Courtyard of Kingston *$$, 500 Frank Sottile Blvd., (Roue 9 W),* ① *845-382-2300, www.
marriott.com/hotels/, modernes Hotel mit 89 geräumigen Zommern, Pool, nahe bei der Hud-
son Valley Mall gelegen.*

Bootsfahrt
Hudson River Cruises, *Rondout Landing,* ① *518-340-4700 o. 1-800-843 7472, www.
hudsonrivercruises.com, im Sommer tgl. zweistündige Bootsfahrten, ab $ 21. Die Touren führen
an mehreren Leuchttürmen und einigen der stattlichen Herrenhäuser am Hudson River vorbei.*

Tipp
*Nördlich von Kingston können Sie den Hudson River überqueren und am Ostufer ei-
nige der bemerkenswerten Herrenhäuser besuchen.*

Rhinebeck

Der kleine gepflegte Ort ist mit seinen Parkanlagen und Villen, originellen Läden und
etlichen Cafés und Restaurants ein beliebtes Ausflugsziel. Mitten im Ort liegt das älteste noch bewirtschaftete Gasthaus der USA, das **Beekman Arms** aus dem Jahr 1766.
Im **Old Rhinebeck Aerodrome** sind alte Flugzeuge aus der Zeit von 1908 bis 1937 *Historische*
zu besichtigen. Von Mitte Juni bis Mitte Oktober finden an den Wochenenden Schau- *Flugzeuge*
flüge und Rundflüge statt.
Old Rhinebeck Aerodrome, *Church Rd.,* ① *845-752-3200, www.oldrhinebeck.org, Museum:
Mai–Okt. tgl. 10–17.30 Uhr, $ 10, am Wochenende $ 20 mit Airshow ab 14 Uhr. Rundflüge:
ab $ 65.*

Reisepraktische Informationen Rhinebeck

Information
Rhinebeck Chamber of Commerce, *23F East Market St.,* ① *845-876-5904, www. rhinebeckchamber.com; Touristkiosk,* ① *845-876-4778.*

Unterkunft
Beekman Arms & Delamater Inn $$$, *Route 9,* ① *845-876-7077, www.beekman delamaterinn.com; das historische Gasthaus und die modernen Hotelgebäude verfügen über 73 geräumige, stilvoll eingerichtete Zimmer, einige mit Kamin.*

Hyde Park

Zwischen Rhinebeck und Hyde Park liegen einige der prächtigsten Herrenhäuser, z.B. die 1898 erbaute **Vanderbilt Mansion**. Sie ist von einer großen Parkanlage umgeben und bietet herrliche Ausblicke auf den Hudson River. Die Räume sind mit französischen und italienischen Möbeln, wertvollen Orientteppichen und flämischen und französischen Wandteppichen eingerichtet.
Vanderbilt Mansion National Historic Site, *am US-9,* ① *845-229-9115 www.nps.gov/ vama, Mi–So 9–17 Uhr, $ 8, unter 15 J. frei.*

Roosevelt House Etwa zwei Meilen südlich liegt das 1826 erbaute **Home of Franklin D. Roosevelt,** und auch sein Arbeitszimmer blieben seit seinem Tod 1945 weitgehend unverändert. Wege führen durch das weitläufige Gelände und zum Rosengarten, wo sich die Gräber des Präsidenten und seiner Frau befinden. Neben dem Wohnhaus befindet sich die **Bi-**

Das Herrenhaus der Vanderbilts am Hudson River

bliothek des Präsidenten. Das Museum dokumentiert in interessanten Ausstellungen das Leben und Werk des Präsidenten Franklin D. Roosevelt.

Home of Franklin D. Roosevelt National Historic Site, 4097 Albany Post Road, am US-9, ☎ 845-229-5320, www.nps.gov/hofr, tgl. 9–17 Uhr, nur mit Tour zu besichtigen, $ 14 (inkl. Museum und Bibliothek, gültig für 2 Tage).
Franklin D. Roosevelt Museum and Presidential Library, am US-9, ☎ 845-486-7770, www.fdrlibrary.marist.edu, tgl. 9–17 Uhr, $ 8.

Das Haus Val-Kill diente **Eleanor Roosevelt** während der Amtszeit des Präsidenten zunächst nur als Wochenend- und Ferienhaus, aber nach dem Tode ihres Mannes zog sie sich ganz dorthin zurück. Die **Eleanor Roosevelt National Historic Site** ist umgeben von einer großen Gartenanlage mit Fußwegen und einem Teich. *Haus der First Lady*
Eleanor Roosevelt National Historic Site, am NY-9G, ☎ 845-229-9115, www.nps.gov/elro, Mai–Okt. tgl. 9–17 Uhr, $ 8.

Aber nicht nur die historischen Herrenhäuser ziehen viele Besucher an, sondern auch das 4 mi/6,4 km südlich liegende weitläufige Gelände des ersten **Culinary Institutes of America**, das seit 1946 angehende Küchenchefs ausbildet und seine fünf Restaurants auch für Besucher öffnet *(www.ciachef.edu).*

Reisepraktische Informationen Hyde Park

Information
Hyde Park Chamber of Commerce, 4389 Albany Post Rd., ☎ 845-229-8612, www.hydeparkchamber.org, www.historichydepark.org

Unterkunft
Inn the Woods $$, 32 Howard Blvd. Extension, ☎ 845-229-9331, www.innthe woods.com; ländlich-ruhig gelegenes Bed&Breakfast-Haus mit Zimmern in unterschiedlicher Größe und Ausstattung, nicht weit von den Sehenswürdigkeiten von Hyde Park; das Frühstück wird mit frischen Zutaten aus der Region zubereitet.
Journey Inn $$$, One Sherwood Place, ☎ 845-229-8972, www.journeyinn.com; das angenehme Bed&Breakfast-Haus liegt im historischen Distrikt, gleich gegenüber dem Vanderbilt Mansion. Es verfügt über 6 Gästezimmer, die mit Antiquitäten und Sammlerstücken aus der ganzen Welt eingerichtet sind.
The Willows Bed&Breakfast $$$, 53 Travis Rd., ☎ 845-471-6115, www.willowsbnb.com; in einem alten Farmhaus aus dem Jahr 1765 wurden 2 Zimmer liebevoll mit Antiquitäten eingerichtet; das Frühstück ist gut und reichhaltig und überrascht durch regionale Köstlichkeiten.

Essen und Trinken
Culinary Institute of America, 1946 Campus Dr., am US-9; ☎ 845-471-6608, www.ciachef.edu, Reservierung in allen 5 Restaurants erforderlich.
American Bounty: regionale Küche mit einheimischen Zutaten und köstliche Desserts. Einige Tische bieten einen Blick in die offene Küche.
Apple Pie Bakery Café: das Café bietet Salate, köstliche Sandwiches, Gebäck und Kuchen und eine große Auswahl an Kaffee- und Teesorten.
Caterina Le Medici: Vielfalt der italienischen Küche.

„Culinary Institute of America"

The Bocuse Restaurant: *gehobene französische Küche in elegantem Rahmen.*
St. Andrew's Café: *ausschließlich frische Produkte werden für traditionelle Gerichte der amerikanischen und europäischen Küche verwendet, ungezwungene, familienfreundliche Atmosphäre.*

Poughkeepsie

Erfinder des Morse-Apparats

Die von Holländern gegründete Stadt war wie Kingston zeitweilig die Hauptstadt von New York. Hier lebte **Samuel F. B. Morse**, an dessen Leben und Erfindungen die Ausstellungen im Locust Grove, **The Samuel Morse Historic Site** erinnern. Kunstinteressierte können zudem das **Frances Lehman Loeb Art Center** besuchen. Das zum College gehörende Museum besitzt eine große Sammlung asiatischer Kunst sowie Kunstwerke von Pieter Breughel d. J., Paul Cezanne und Jackson Pollock.
The Samuel Morse Historic Site, 2683 South Rd., am US-9, ℗ 845-454-4500, www.lgny. org, Visitor Center tgl. 10–15 Uhr, (Jan.–März am Wochenende geschl.), Touren Mai–Nov. tgl., April/Nov. nur am Wochenende, Eintritt mit Führung $ 10, ohne $ 8.
Frances Lehman Loeb Art Center, 124 Raymond Ave., ℗ 845-437-5632, http://fllac. vassar.edu, Di–Sa 10–17, So 13–17 Uhr, frei.

Reisepraktische Informationen Poughkeepsie

i **Information**
Dutchess County Tourism, 3 Neptune Rd., ℗ 845-463-4000, www.dutchess tourism.com, www.dutchesscountyregionalchamber.org

 **Unterkunft**

Hampton Inn & Suites $$, 2361 South Rd., ➀ 1-845-463-7500, http://hampton inn3.hilton.com/. modernes Hotel mit 129 geräumigen Zimmern und freundlichem Service, Frühstück inbegriffen.

The Copper Penny Inn $$, 2406 New Hackensack Rd., ➀ 845-452-3045, www.copper pennyinn.com; das alte Farmhaus von 1860 wurde in ein Gästehaus mit gemütlichen Zimmern umgewandelt. Das reichhaltige Frühstück wird bei schönem Wetter auch auf der Terrasse serviert; eine voll eingerichtete Küche steht allen Gästen zur Verfügung. Die Sehenswürdigkeiten des Hudson Valley sind bequem zu erreichen.

Poughkeepsie Grand Hotel and Conference Center $$$, 40 Civic Center Plaza, ➀ 845-485-5300, www.pokgrand.com; im Zentrum gelegenes Hotel mit 200 Zimmern, von denen einige einen schönen Blick auf das Hudson River Valley haben.

Westpoint

Amerikas berühmte Militärakademie, die Unites States Military Academy, liegt am Westufer des Hudson River und kann auf einer Bustour besichtigt werden. Die geführten Touren beginnen am Besucherzentrum, wo es einen Film und verschiedene Ausstellungen zur Einführung gibt. Das Gelände und die Gebäude sind außerhalb der Tour nicht zugänglich. Die Termine der Paraden sind vom Wetter abhängig.

Berühmte Militärakademie

Unites States Military Academy, am US-9W, ➀ 845-938-2638, www.usma.edu, knapp einstündige Bustouren $ 11 Besucherzentrum: tgl. 9–16.45 Uhr.

Zwischen Westpoint und New York City gibt es am Hudson River zahlreiche Parks mit guten Erholungsmöglichkeiten, z. B. den **Bear Mountain State Park**, 5 mi/8 km südlich am US-9W. Sie fahren über den George W. Perkins Memorial Drive hinauf zum Gipfel des Bear Mountain und genießen vom Aussichtsturm den schönen Ausblick auf den Hudson River und das Hudson River Valley.

Auch der **Harriman State Park**, am NY-210, besticht mit schönen Wanderwegen, Naturpfaden und guten Langlaufmöglichkeiten im Winter, der **Rockland Lake Park** am NY-9W mit Wanderwegen, Lehrpfaden und schönen Ausblicken. Schließlich gibt es noch den **Nyack Beach State Park** am NY-303 mit Wanderwegen und guten Bademöglichkeiten.

Parks am Hudson River

Von Albany über Utica, Syracuse und Buffalo zu den Niagarafällen

 ## Hinweis zur Route

Die direkte Strecke von Albany zu den Niagarafällen führt über den I-90 nach Utica, Syracuse und Buffalo. Am Exit 50 verlässt man den I-90, fährt auf den I-290, den man am Exit N16 verlässt. Hier fährt man auf den I-190, der einen bei Exit N21 auf den ins Zentrum führenden Robert-Moses-Pkwy. bringt.

Als Streckenalternative zum schnellen I-90 bietet sich von Albany nach Utica die Fahrt durch das Otsego County an. Sie folgen zunächst von Albany dem I-90 und wechseln bei Exit 25A auf den I-88, der nach Oneonta führt. Zwischen dem I-88 und dem US-20 liegt das **Otsego County** mit freundlichen Dörfern, vielen State Parks, interessanten Sehenswürdigkeiten und schönen Übernachtungsmöglichkeiten in historischen Häusern. Abseits der großen Straßen sehen Sie Wochenmärkte mit frischen Produkten aus der Region, Souvenirläden, Töpfereien, und Bauernhöfe, in deren Scheunen Antiquitäten zum Kauf angeboten werden.

Oneonta

Oneonta ist eine kleine Stadt mit ca. 13.000 Einwohnern, die am Westrand der Catskills Mountains inmitten einer schönen Hügellandschaft liegt. Auf die Bedeutung Oneontas im 19. Jh., als der Ort durch den Bau von Eisenbahnwagen zu Wohlstand gelangte, weisen die sorgfältig restaurierten viktorianischen Häuser hin.

Im **Science Discovery Center of Oneonta** der Universität können naturwissenschaftliche und technische Probleme spielerisch gelöst werden.
Science Discovery Center, Ravine Pkwy., ☎ 607-436-2011, www.oneonta.edu/academics/ sdc/visitors.htm, Juli/Aug. Mo–Sa 12–16, sonst Do–Sa 12–16 Uhr, frei.

Reisepraktische Informationen Oneonta

ℹ Information
Otsego County Chamber of Commerce, *189 Main St. ☎ 607-432-4500, www. toccinc.com*

🛏 Unterkunft
Holiday Inn Oneonta $$$, *5206 State Highway 23, ☎ 607-433-2250, www.hi oneonta.com; gutes Mittelklassehotel mit 120 geräumigen Zimmern, Pool.*

Cooperstown

Autor von Lederstrumpf

Zu den ersten Einwohnern des kleinen, 1786 gegründeten Ortes Cooperstown gehörte der Vater des Schriftstellers James Fenimore Cooper, der vor allem durch seine „Lederstrumpf"-Romane bekannt wurde. Der Ort am südlichen Ende des ca. 15 km langen Otsego Lake ist geprägt durch historische Häuser, nette Geschäfte und Restaurants in der Ortsmitte. Vor allem für amerikanische Touristen ist die **National Baseball Hall of Fame and Museum** der Grund ihres Besuches. Begeisterte Fans erfahren hier alles Wissenswerte über den Nationalsport Baseball und die berühmtesten Spiele und Spieler; Fanartikel werden in vielen Läden angeboten.
National Baseball Hall of Fame and Museum, 25 Main St., ☎ 1-888-425-563-3263, www.baseballhalloffame.org, tgl. 9–17, im Sommer bis 21 Uhr, $ 19,50 (Kombitickets mit Farmer's Museum und Fenimore Museum möglich).

Ausflug in die Vergangenheit

Das **Farmer's Museum**, auf dem ehemaligen Besitz von J. F. Cooper, veranschaulicht das Leben einer Kleinstadt um 1845. Man kann Bäuerinnen und Handwerkern, einem

Apotheker, einem Schmied und dem Wirt einer Taverne bei der Arbeit zuschauen und im Bauerngarten nach Heilkräutern sehen. Eine Farm aus dem Jahr 1918 mit Wohnhaus, Ställen und Scheunen wird noch bewirtschaftet.
Farmer's Museum, *5775 Lake Rd./SR 80, ① 607-547-1450, www.farmersmuseum. org, Mitte Mai–Mitte Okt. tgl. 10–17 Uhr, $ 12.*

Farmers Market in Cooperstown

Das **Fenimore Art Museum** zeigt neben Erinnerungsstücken an J. F. Cooper und Kunstgegenständen des 19. Jh. die interessante Thaw-Ausstellung, die anschaulich über die Kultur der nordamerikanischen Indianer informiert.
Fenimore Art Museum, *5798 State Hwy 80, ① 607-547-1400, www.fenimoreart museum.org, Mai–Mitte Okt. tgl. 10–17, Okt.–Dez. Di–So 10–16 Uhr, $ 12.*

Auf Einwanderer aus Belgien geht die Bierbraukunst in dieser Region zurück. Im 19. Jh. wurden 80 % des in Amerika angebauten Hopfens im Otsego County geerntet. In der **Brewery Omnegang**, 656 CR 33, kann man an einem geführten Rundgang mit anschließender Bierprobe teilnehmen.
Brewery Omnegang, *656 CR 33, ① 607-544-1800, www.ommegang.com, tgl. 12–17 Uhr.*

Reisepraktische Informationen Cooperstown

ℹ Information
Cooperstown Chamber of Commerce, *31 Chestnut St., ① 607-547-9983, www. cooperstownchamber.org*

🛏 Unterkunft
Best Western Inn & Suites at the Commons *$$, 50 Commons Drive, Rt. 28, ① 607-547-7100, www.bwcooperstown.com; modernes Hotel mit 99 freundlichen Zimmern, ca. 4 km außerhalb von Cooperstown an der Hartwick Commons Shopping Plaza.*
The Inn at Cooperstown *$$, 16 Chestnut St., ① 607-547-5756, www.innatcoopers town.com; viktorianisches Haus aus dem Jahr 1874 mit 18 in verschiedenen Stilen eingerichteten Zimmern und gutem Frühstück.*
Cooperstown Lake 'N Pines Motel *$$$, 7102 State Highway 80, ① 607-547-2790, www.lakenpinesmotel.com; freundliches Motel am Otsego Lake mit 24 Zimmern, teilweise mit Balkon, Swimmingpool, kostenlose Benutzung von Paddel- und Ruderbooten, März–Okt. geöffnet.*

Springfield/NY

Für Opern-freunde

Springfield/NY mit der berühmten „**Glimmerglass Opera**" liegt direkt am nördlichen Ausläufer des Lake Otsego. Um den Blick auf die schöne Umgebung nicht zu verstellen, wurde das **Alice Bush Opera Theater** mit beweglichen Seitenwänden gebaut. Opernaufführungen finden im Juli und August statt, im August werden Samstags um 11 Uhr Führungen durch das Opernhaus angeboten.
Glimmerglass Opera, 7300 State Highway 80, ☎ 607-547-0700, www.glimmerglass.org, Ticketpreise zwischen $ 26 und $ 126.

Utica

Sehens-wertes in Utica

Die ca. 60.000 Einwohner zählende Stadt entwickelte sich seit dem 18. Jh. zu einem Handelszentrum der Region, aber erst mit der Fertigstellung des Erie-Kanals im Jahr 1825 erreichte Utica große wirtschaftliche Bedeutung. 1879 wurde in Utica das erste „Woolworth-Kaufhaus" eröffnet. Interessant für Kinder sind der **Utica Zoo** mit Tieren von allen Kontinenten und das **Children's Museum** mit Spiel- und Forschungsangeboten zu den Themen Raumfahrt, Technik, Wetter, Archäologie u. a.
Zoo, 99 Steele Hill Rd., ☎ 315-738-0472, www.uticazoo.org, tgl. 10–17 Uhr, $ 8.
Children Museum, 311 Main St., ☎ 315-724-6129, www.museum4kids.net, im Sommer und Ferienzeiten Di–Sa 9–14, sonst nur Mo/Do/Sa, $ 9.

In der **Matt Brewing Company** (830 Varick Sts., ☎ 315-732-0022, www.saranac.com) wird schon seit dem Ende des 19. Jh. Bier gebraut. Geführte Touren werden im Sommer Mo–Sa um 13 und 15 Uhr, sonst nur Fr/Sa angeboten. Der Souvenirshop ist Mo–Sa 10–16 Uhr geöffnet.

Tipp
*Zwischen Utica und **Old Forge**/ Thendara verkehrt auf unterschiedlichen Strecken eine historische Eisenbahn, die **Adirondack Scenic Railroad**. Infos an der Adirondack Scenic Railroad Union Station, 321 Main St., Utica, ☎ 1-800-819-2291, www.adirondackrr.com.*

Reisepraktische Informationen Utica

i Information
Mohawk Valley Chamber of Commerce, ☎ 315-724-3151, www.mvchamber.org.

Unterkunft
Best Western Gateway Adirondack Inn $$, 175 N Genesee St., ☎ 315-732-4121, www.bestwestern.com; Mittelklassehotel mit 89 Zimmern auf einem großen, abseits der Hauptstraße gelegenen Gelände, mit Frühstück.
Radisson Hotel Utica Centre $$$, 200 Genesee St., ☎ 315-797-8010, www.radisson.com/uticany; gepflegtes, zentral gelegenes Hotel mit 158 geräumigen Zimmern, beheiztem Innenpool, Sauna, Fitnessraum und empfehlenswertem Restaurant.

Rome

Auf der Weiterfahrt von Utica nach Syracuse könnte man einen Abstecher über den NY-49 nach Rome machen. Die Stadt mit ca. 35.000 Einwohnern liegt nur 15 mi/ 24 km von Utica entfernt. Im Zentrum des Ortes steht das **Fort Stanwix National Monument**, das während des Französischen Krieges gebaut, im Unabhängigkeitskrieg von amerikanischen Rebellen neu befestigt wurde und dann einer dreiwöchigen Belagerung standhielt. Kostümierte Schauspieler stellen das Leben der frühen Pioniere und den Tagesablauf in einem Militärposten des 18. Jh. dar.
Leben der frühen Pioniere
Fort Stanwix NM, ☏ *315-336-2090, www.nps.gov/fost, tgl. 9–17 Uhr, frei.*

Das **Erie Canal Village** ist die Nachbildung eines Dorfes und zeigt, wie die Menschen um 1840 in dieser Gegend gelebt haben. Besonders interessant sind die halbstündige Fahrt mit einem Treidelboot auf einem restaurierten Abschnitt des Erie-Kanals und eine 8 km lange Fahrt mit einer historischen Bahn. Für Kinder interessant ist der **Fort Rickey Children's Discovery Zoo** mit einem Streichelzoo, Ponyreiten, Tretbooten, Spielplatz und Wasserbecken.
Erie Canal Village, 3 mi/4,8 km westl. am NY-49, 5789 New London Rd., ☏ 315-337-3999, www.eriecanalvillage.net, Mai–Sept. Di–Sa 10–17 Uhr, Eintritt inkl. Bootsfahrt und Vorführungen $ 12.
Fort Rickey Children's Discovery Zoo, am NY-46 und NY-49, ☏ 315-336-1930, www.fort rickey.com, Mitte Juni–Anf. Okt. tgl. 10–16 Uhr, $ 10.

Reisepraktische Informationen Rome

i **Information**
Greater Rome Chamber of Commerce, *139 W Dominick St., ☏ 315-337-1700, www.romenewyork.com.*

Unterkunft
The Beeches Inn $$$, *7900 Turin Rd., ☏ 315-336-1775, www.thebeeches.com; empfehlenswertes Hotel mit 73 Zimmern und einigen Apartments auf einem großen Parkgelände, gepflegtes Restaurant, Swimmingpool und Kinderspielplatz. Es bestehen gute Wandermöglichkeiten in der Umgebung. Das Hotel liegt ca. 3,5 km außerhalb der Stadt.*

Syracuse

Wo sich bereits um 1570 Onondaga-Indianer unter ihrem Stammesführer Hiawatha aufhielten, gründeten 1656 Jesuiten eine Missionsstation. Später ließen sich auch Händler dort nieder, die von den Indianern das an den Küsten des Onondaga-Sees gewonnene kostbare Salz erwarben. Seit 1788 entwickelte sich Syracuse aus dieser Handelsstation an der Mündung des Onondaga Creek zu einer zentralen Handels-, Industrie- und Universitätsstadt mit ca. 150.000 Einwohnern. Südlich der Stadt, bei Nedrow, liegt heute das **Onondaga-Indianerreservat** mit dem Sitz der Irokesen-Konföderation. Zu den Sehenswürdigkeiten von Syracuse zählen u. a. die 1870 gegründete **Syracuse Universität** mit ca. 17.000 Studenten; das **Onondaga Historical Association Mu-**
Sitz der Irokesen-Konföde-ration

seum (*321 Montgomery St., www.cnyhistory.org*) mit wechselnden Ausstellungen zur Geschichte der Onondaga-Indianer und das „Salz-Museum" im Onondaga Lake Park, wo
die Entwicklung der heimischen Salzindustrie veranschaulicht wird.

Bedeutsam für den wirtschaftlichen Aufschwung der Stadt war die Eröffnung des Erie-
Kanals am Anfang des 19. Jh. Er steht deshalb im Mittelpunkt des **Erie Canal Museum**.

*Technik
des Erie-
Kanals*
Der Besucher kann die Konstruktion und die technischen Vorgänge von einem rekonstruierten Boot aus kennen lernen. Zum Museum gehört auch das 4 mi/6,4 km östlich
gelegene **Canal Center** im Erie Canal State Park. Im Besucherzentrum erhalten Sie
eine Broschüre für einen Stadtrundgang durch die Innenstadt.
*Erie Canal Museum, Weighlock Building, 318 Erie Blvd./Montgomery St., ☏ 315-471-0593,
www.eriecanalmuseum.org, Mo–Sa 10–17 Uhr, So 10–15 Uhr, frei.*

Ausflug zum Beaver Lake

Beaver Lake ist ein großes Naturreservat mit Wanderwegen, Naturlehrpfaden und einem Vogelschutzgebiet, das im Frühjahr und Herbst von kanadischen Wildgänsen aufgesucht wird. Im Besucherzentrum können Sie sich über geführte Wanderungen, Kanutouren, naturgeschichtliche Vorträge und Workshops informieren; Diashows, Filme
und Ausstellungen geben anschaulich Auskunft. Im Winter bietet das Reservat gute
Möglichkeiten zum Skilanglauf. Ganzjährig bis zum Einbruch der Dunkelheit geöffnet.
*Beaver Lake Nature Center, 8477 East Mud Lake Rd., 12 mi/19,2 km nordwestlich in
Baldwinsville, ☏ 315-638-2519, www.onondagacountyparks.com, per PKW $ 3.*

Reisepraktische Informationen Syracuse

i Information

Syracuse Convention and Visitors Bureau, *572 South Salina St., ☏ 315-470-
1910 oder 1-800-234-4797, www.visitsyracuse.org.*

Unterkunft

*Die Mehrzahl der Hotels liegt nicht im Stadtzentrum, sondern in den Vorstädten East
Syracuse, North Syracuse oder Liverpool.*
Hilton Garden Inn-Syracuse *$$, 6004 Fair Lakes Rd., ☏ 315-431-4800, www.hiltongarden
inn.com; 100 komfortable Zimmern, Pool, im Pioneer Business Park gelegen, ca. 20 Min. vom
Zentrum. Mehrere Restaurants sind zu Fuß zu erreichen.*
Best Western Liverpool Grace Inn & Suites *$$, 136 Transistor Pkwy., ☏ 315-701-4400,
www.bestwesternnewyork.com, modernes, gut ausgestattetes Hotel mit 61 Zimmern und Apart-
ments, ca. 3 mi/4,8 km nördl. von Syracuse.*
Bed & Breakfast Wellington *$$$, 707 Danforth St., ☏ 315-474-3641, www.bbwellington.
com; schönes B & B mit sehr freundlichen und hilfsbereiten Gastgebern sowie fünf gemütlichen
Zimmern. Gutes Frühstück.*

✈ Flughafen

*Der Flughafen liegt nördl. der Stadt. Flugverbindungen bestehen u. a. nach Boston, New
York, Washington, Albany und Buffalo.*

Das Seengebiet der Finger Lakes

Das beliebte Feriengebiet der Finger Lakes erstreckt sich im Norden zwischen Syracuse und Rochester bis zum I-90 und im Süden fast bis zu den Ortschaften Watkins Glen und Ithaca. Die Finger Lakes sind eine Region, die aus 13 Seen besteht, die während der Eiszeit in Urstromtälern von Gletschern geschaffen wurden. Die fünf größten Seen gaben der Region ihren Namen, denn Größe und Lage dieser Seen erinnern auf einer Landkarte an das Aussehen der Finger einer Hand. Indianische Legenden erzählen, dass die Finger Lakes entstanden, als Gott seinen Handabdruck hinterließ, nachdem er eine der schönsten Landschaften geschaffen hatte.

Weite Seenlandschaft

In der Finger Lakes Region finden Sie beschauliche Dörfer und kleine Städte, umgeben von Obstplantagen und Bauernhöfen, stille Seen, gepflegte State Parks mit idyllischen „natural pools", die unterhalb von Wasserfällen zum Baden einladen, weite Wanderwege, schöne Landgasthäuser, Weinkellereien mit gemütlichen Probierstuben und behagliche Hotels sowie gute Erholungs- und Sportmöglichkeiten. Gelegentlich werden einem unterwegs altertümliche Pferdewagen begegnen, die von Männern der Amischen gelenkt werden. Im Sommer bieten sich beste Voraussetzungen für alle Wassersportarten, und im Winter, der oft bis zum April anhält, gibt es gut gebahnte Loipen und Skipisten, wie z. B. auf dem Greek Peak.

Die größten Seen sind der **Seneca Lake** und der **Cayuga Lake**, zwischen denen sich der **Finger Lakes National Forest** ausdehnt. Die wichtigsten Ortschaften sind **Auburn** mit schönen viktorianischen Häusern und der Willard Memorial Chapel (*17 Nelson St.*) mit Glasarbeiten von Louis Comfort Tiffany, **Seneca Falls**, Heimat der amerikanischen Frauenrechtsbewegung, **Geneva** mit schönen Herrenhäusern und **Canandaigua** mit einer Pferderennbahn, einem Kutschenmuseum und Schiffstouren auf dem Canandaigua Lake.

Sehenswerte Orte

Am Keuka Lake

Viel besucht ist der **Windmill Farm & Craft Market** am NY-14A auf dem Weg nach Dundee, der von Ende April bis Mitte Dezember jeden Samstag von 8 bis 16.30 Uhr stattfindet. Amische und Mennoniten bieten hier ihre Waren an (*www.thewindmill.com*).

*Wein-
anbau-
gebiete*

An vier der fünf großen Seen wird Wein angebaut. Die Anbaugebiete am Canandaigua, Cayuga, Keuka und Seneca Lake zählen zu den bekanntesten **Weinanbauregionen** Nordamerikas. Mehr als 50 Weingüter bauen auf einer Fläche von ca. 4.200 ha Land Wein an und produzieren damit jährlich fast 1 Mio. Hektoliter Wein. Die meisten Weingüter liegen an den Highways Nr. 14, 54 und 89, die an den Seeufern entlang führen. Schilder weisen auf „Wine Trails" und Weingüter hin, auf denen Besucher während des ganzen Jahres willkommen sind.

☞ **Tipp: Besuch auf den Weingütern**
In New York werden vier große Weinanbaugebiete unterschieden: die Hamptons und North Fork auf Long Island, die Hudson-River-Region, die Region Lake Erie und die Region der

Finger Lakes. Es werden Führungen durch die Weingärten, Besichtigungen, Weinproben und Weinverkauf angeboten, z. B. bei:

Canandaigua Wine Company, 116 Buffalo St., Canandaigua, ☎ 1-888-659-7900, www.cbrands.com

Dr. Konstantin Frank's Vinifera Wine Cellars, 9749 Middle Rd., Hammondsport, ☎ 1-800-320-0735, www.drfrankwines.com

Glenora Wine Cellars, am NY-14, Dundee, ☎ 1-800-243-5513, www.glenora.com

Pleasant Valley Wine, 8260 Pleasant Valley Rd., ☎ 607-569-6111, www.pleasantvalleywine.com

Die Amischen (Amish People)

info

Die Amischen sind eine Religionsgemeinschaft, die ihre Wurzeln in der Wiedertäuferbewegung des 16. Jh. hat. Viele stammen von Deutschen oder Deutschschweizern ab. Im Jahr 1683 spalteten sich die Amischen von der Gruppe der Mennoniten ab. Sie leben in 26 Staaten der USA in 1.204 Siedlungen, von denen die meisten in Pennsylvania liegen. Einige Familien leben auch in den kleinen Dörfern in der Finger Lakes Region. Sie haben strenge Wertmaßstäbe und legen großen Wert auf Traditionen und den Zusammenhalt von Familie und Glaubensgemeinschaft. Ihr Glaube beruht auf einer strengen Bibelauslegung und auf der mündlich überlieferten „Amish Ordnung". Sie führen ein meist bäuerliches Leben, das im Einklang mit der Natur steht, und lehnen den technischen Fortschritt auch in vielen Bereichen des Alltagslebens ab. Ihre landwirtschaftlichen Produkte, z. B. Milch, Käse, Honig, Kartoffeln, Obst und selbst gebackenes Brot sind ebenso begehrt wie ihre kunsthandwerklichen Arbeiten, z. B. Quilts und Korbwaren, die sie auf Bauernmärkten und Festen anbieten.

Reisepraktische Informationen zur Finger Lakes Region

ℹ️ Information
Finger Lakes Association, 309 Lake St., Penn Yan, ☎ 315-536-7488 oder 1-800-530-7488, www.fingerlakes.org.
Cayuga County Office of Tourism, 131 Genesee St., Auburn, ☎ 315-255-1658 oder 1-800-499-9615, www.tourcayuga.com.

🛏️ Unterkunft
Da die Finger-Lakes-Region als Feriengebiet sehr beliebt ist, sind die Hotels und die zahlreichen Privatunterkünfte oft sehr früh ausgebucht.

GENEVA
Ramada Inn Geneva Lakefront $$$, 41 Lakefront Dr., ☎ 315-789-0400, www.generamada.com; sechsstöckiges Hotel mit 148 geräumigen Zimmern, kleinem Swimmingpool, Restaurant mit Seeblick.
Belhurst $$$, 4069 Lockeland Road, Route 14 South, ☎ 315-781-0201, www.belhurst.com; 1885 am Seneca Lake gebautes Schloss, in dem 13 Gästezimmer stilvoll eingerichtet wurden, mit Swimmingpool und Bootsanlegestelle.
Geneva-on-the-Lake $$$$, 1001 Lochland Rd., ☎ 315-789-7190, www.genevaonthelake.com; auf einer Klippe stehende Villa mit herrlichem Blick auf den Seneca Lake, 30 komfortable Zimmer und Suiten, Verleih von Segelbooten, Surfbrettern, Kanus und Rädern.

GLENORA
South Glenora Tree Farm $$$, 546 S Glenora Rd., ① 607-243-7414, http://treefarmbb. com/; ruhig gelegenes Bed& Breakfast-Haus in einer ehemaligen Scheune mit 5 gemütlich eingerichteten Zimmern, offenen Kaminen und schönen Veranden, die zum Entspannen einladen.
The Inn at Glenora Wine Cellars $$$, 5435 Route 14, ① 1-800-243-5513 oder 607-243-9500, www.glenora.com; das ansprechende Hotel mit komfortablen Gästezimmern und schönem Blick auf den Seneca Lake liegt inmitten des Weingutes Glenora.
ITHAKA: The Inn at City Lights $$$, 1319 Mecklenburg Rd., ① 607-227-3003, ww.theinnatcitylights.com; fünf liebevoll eingerichtete Zimmer, das viktorianische Haus ist von einem hübschen Garten umgeben, gutes Frühstück.

WATKINS GLEN
Chieftain Motel $$, 3815 NY-14, ① 607-535-4759, www.thechieftainmotel.com; einfaches, schön gelegenes Motel mit 14 ordentlichen Zimmern.
Longhouse Lodge Motel $$, 3625 NY-14 at Abrams, ① 607-535-2565, www.longhouse lodge.com; Motel mit schönem Ausblick und 21 freundlichen Zimmern.
SODUS POINT: Carriage House Inn $$$$, 8375 Wickham Blvd./Ecke Ontario St., Sodus Point, ① 315-483-2100 oder 1-800-292-2990, www.carriage-house-inn.com; dieses historische Haus zählt zu den 50 besten historischen Landgasthäusern des Nordostens. Die 8 Zimmer haben alle ein eigenes Bad und liegen entweder im viktorianischen Haupthaus aus dem Jahr 1870 oder im alten Kutscherhaus gleich neben dem Leuchtturm-Museum direkt am Ufer des Ontario-Sees. Das Carriage House hat einen direkten Zugang zum See.

OVID
Driftwood Inn $$, 7401 Wyers Pt. Rd., Ovid, ① 607-532-4324 oder 1-888-532-4324, www.driftwoodny.com; das ruhige Haus mit 5 Zimmern, die teilweise über ein eigenes Bad verfügen, liegt direkt am See und lädt zur Erholung ein. Außerdem gibt es Apartments und besonders für Familien geeignete Cottages.
Silverstrand at Sheldrake $$$, 7398 Wyers Pt. Rd., Ovid, ① 607-532-4972 oder 1-800-283-5253, www.silverstrand.net; in dem 150 Jahre alten Haus gibt es 6 Zimmer mit eigenem Bad und eine schöne Terrasse. Das Haus ist nur durch eine schmale Straße vom See getrennt; außerdem gibt es ein modernes Gästehaus mit 3 Zimmern, die jeweils über eine Kücheneinrichtung verfügen.

Einfachere, in der Ausstattung einander sehr ähnliche B&B-Häuser gibt es auch in **Trumansburg** in der Nähe des Taughannock Falls State Park und in der Nachbarschaft einiger Weingüter.

Buffalo

☞ **Tipp**
Buffalo kann auch Übernachtungsalternative zu der nur 22 mi/35,2 km entfernten Stadt Niagara Falls sein, da sich von hier aus sowohl die berühmten Wasserfälle als auch die Forts Erie und Niagara, der Erie-Kanal und das nahe gelegene Weinanbaugebiet bequem besuchen lassen.

Gründungsgeschichte Bereits im 17. Jh. entstand ein kleines Dorf an der Stelle, an der sich heute die Peace Bridge über den Niagara River spannt. 1679 segelte von hier aus der französische Entdecker Robert La Salle als erster Weißer über die Großen Seen. Trotz großer Zerstörungen im Englisch-Amerikanischen Krieg florierte der Handel nach der Eröffnung des

Erie-Kanals im Jahr 1825. Nach dem Ersten Weltkrieg entwickelte sich Buffalo durch die Ansiedlung von **Schwerindustrie** zu einer der bedeutendsten Stahlstädte der USA. 1958 begann mit der Eröffnung des St. Lawrence Seaways der wirtschaftliche Niedergang der Stadt; erst seit Anfang der 1990er Jahre zeichnet sich wieder eine positive Entwicklung ab. Buffalo präsentiert heute ein sehenswertes kulturelles, architektonisches und historisches Erbe. Eindrucksvoll sind u. a. die sehenswerten Gebäude der berühmten Architekten H. H. Richardson, Louis Sullivan und Frank Lloyd Wright sowie das Parksystem des Landschaftsarchitekten Frederick Law Olmstedt.

Im Zentrum von Buffalo

Mit ca. 1,2 Mio. Einwohnern ist Buffalo die zweitgrößte Stadt im Bundesstaat New York. Es ist mit einer vielseitigen Kulturszene mit ausgezeichneten Museen, Theatern und Off-Broadway-Shows, mit originellen Restaurants und Kneipen und zahlreichen Sehenswürdigkeiten ein interessantes Ausflugsziel. An der Uferpromenade wurde eine Bronzetafel mit der englischen Übersetzung des Gedichtes „John Maynard" von Theodor Fontane angebracht. Den Rundgang startet man am besten am Convention & Visitors Bureau (*617 Main St.*). Nebenan am Niagara Square steht die eindrucksvolle 30-stöckige **City Hall**, die 1931 im Art-déco-Stil errichtet worden ist. Im 28. Stockwerk befindet sich eine **Aussichtsplattform**, die einen guten Überblick über die Stadt bietet. Direkt vor der City Hall beeindruckt das McKinley Monument, eine Säule, die an das Attentat auf den Präsident McKinley erinnern soll.
Buffalo City Hall Observation Tower, *65 Niagara Square,* ☎ *716-851-4200, Mo–Fr 9–16 Uhr.*

Die **Buffalo & Erie County Historical Society** beschäftigt sich mit der Stadtgeschichte und der Architektur; am Museum beginnen auch geführte Touren zu den historischen und architektonisch interessanten Plätzen in Buffalo. Im Marinemuseum **Naval & Military Park** sind zwei Schiffe aus dem Zweiten Weltkrieg und ein modernerer Lenkwaffenzerstörer zu besichtigen. Gleich nebenan beginnen die **Hafenrundfahrten** auf dem Buffalo River (*Juni–Sept.*).
Buffalo & Erie County Historical Society, *25 Nottingham Court,* ☎ *716-873-9644, www.bechs.org; Di–Sa 10–17, So 12–17 Uhr, $ 7.*
Naval & Military Park, *One Naval Park Cove,* ☎ *716-847-1773, www.buffalonavalpark.org, April–Okt. tgl. 10–17 Uhr, $ 10.*

Architektur und Stadtgeschichte

Nördlich der Innenstadt lohnt ein kurzer Abstecher in die **Allentown** zwischen Main, North, Richmond, Cottage und Edward St. Zahlreiche Villen aus dem 19. Jh. zeugen von dem großen Reichtum der Stadt zu jener Zeit. Einige Boutiquen laden zudem zum Schaufensterbummel ein. Im **Wilcox Mansion**, einer hochherrschaftlichen Villa, die 1837 im Greek-Revival-Stil erbaut worden ist, befindet sich heute die **Theodore Roosevelt Inaugural National Historic Society**. Hier legte Präsident Theodore Roosevelt 1901 seinen Amtseid ab, nachdem sein Vorgänger in Buffalo einem Attentat

Roosevelt-
Gedenk-
stätte

zum Opfer gefallen war. Villa und Gartenanlage, eingerichtet mit viktorianischen Antiquitäten, können auf einer Tour besichtigt werden. Ein Film erinnert an das Attentat und die politischen Folgen.

Theodore Roosevelt Inaugural National Historic Society, *641 Delaware Ave., ① 716-884-0095, www.trsite.org, Touren stündlich Mo–Fr 9.30–15.30, am Wochenende ab 12.30, das VC hat längere Öffnungszeiten, $ 10.*

Die **Albright-Knox Art Gallery** zeigt in erster Linie Werke der letzten 120 Jahre. Neben bekannten Impressionisten wie Renoir, Matisse, Monet und Cézanne sind Bilder von Dalí und Chagall zu sehen Die moderne Kunst ist u. a. durch Pop-Art von Andy Warhol vertreten, während die wenigen ganz alten Werke bis in die Zeit der Mesopotamier (1000 v. Chr.) zurückführen. Skulpturen von Rodin, Arp und Moore sind auch zu sehen.

Albright-Knox Art Gallery, *1285 Elmwood Ave., ① 716-882-8700, www.albrightknox.org, Do–So 10–17, $ 12.*

Inter-
aktives
Museum

Die naturwissenschaftliche Ausstellung im **Buffalo Museum of Science**, besonders auch für Kinder interessant, führt zurück bis in die Zeit der Dinosaurier, und die technische Abteilung bietet zahlreiche „Hands-on"-Versuche, die physikalische Gesetze hervorragend verdeutlichen.

Buffalo Museum of Science, *1020 Humboldt Pkwy., ① 716-896-5200, www.sciencebuff.org, Sa–Do 10–17, Fr bis 19 Uhr, $ 9.*

Informationen zum 524 mi langen Erie-Kanal, der 1825 eröffnet wurde, zur Schifffahrtsgeschichte auf dem Erie-See sowie zu den Schiffsbauaktivitäten in Buffalo erhalten Sie in der **Lower Lakes Marine Historical Society**. 1903–18 wurde das Kanalsystem im Staat New York erweitert, der Erie-Kanal wurde Teil des New York State Barge Canal. Als 1957 die Verbindung zwischen Erie-See und Ontario-See ausgebaut wurde, verlor der mittlerweile zu kleine Erie-Kanal an Bedeutung. Heute wird er ausschließlich für touristische Zwecke genutzt.

Lower Lakes Marine Historical Society, *66 Erie St., ① 716-849-0914, www.llmhs.org, Do und Sa 10–15 Uhr.*

Reisepraktische Informationen Buffalo

i Information

Buffalo Niagara Convention & Visitors Bureau, *617 Main St., Buffalo, ① 1-800-283-3256, www.visitbuffaloniagara.com. Historische Stadtführungen finden von Mai bis Oktober statt.*

🛏 Unterkunft

Preisgünstige Motels finden Sie z. B. im Stadtteil Amherst, direkt am I-290, und in der Nähe des Flughafens.

Adam's Mark Buffalo Niagara *$$, 120 Church St., ① 716-845-5100 oder 1-800-444-2326, www.adamsmark.com; günstiges Innenstadthotel mit 486 Zimmern.*

Asa Ransom House *$$$, 10529 Main St., Clarence, ① 716-759-2315, www.asaransom.com; Clarence liegt 12 mi/19,2 km nordöstl. des Zentrums (County Rd. 5). Das Landgasthaus*

ist in einem Farmgebäude von 1853 untergebracht; es gibt 10 mit Antiquitäten eingerichtete Zimmer, mehrere Kamine, eine Bibliothek und ein empfehlenswertes Restaurant.
Hampton Inn & Suites Downtown Buffalo $$$, 220 Delaware Ave., ☎ 716-855-2223, www.hamptoninn.com; zentral gelegenes Innenstadthotel mit 137 geräumigen Zimmern.
The Mansion on Delaware Avenue $$$$$, 414 Delaware Ave., ☎ 716-886-3300, www.mansionondelaware.com; 28 Zimmer mit Butlerservice in einem alten Herrenhaus: Luxus und ein außergewöhnliches Ambiente.

Essen und Trinken

Asa Ransom House, s.o., ☎ 716-759-2315; elegantes Restaurant mit guten Fischgerichten. Die Gewürze stammen aus dem eigenen Kräutergarten.
Chop House, 282 Franklin St., ☎ 716-842-6900; elegantes Steakhouse in einem alten Fabrikgebäude von 1880, große Weinkarte, am oberen Ende der Preisskala, Reservierungen erbeten.
Red Mill Inn, 8326 Main St., Williamsville, 8 mi/12,8 km vom Zentrum entfernt, ☎ 716-633-7878; Country Inn von 1858. Spezialitäten sind Fleisch- und Fisch-Kombi-Platten.

Touren/Stadtführungen

Trolley Tours, ☎ 716-668-6000, www.buffalotrolleys.com, Sightseeingtouren durch die historischen Stadtbezirke.
Gray Line of Niagara Falls/Buffalo, ☎ (716) 285-2113 oder 1-877-285-2113, http://graylineniagarafalls.com, Sightseeingtouren in Buffalo und Niagara sowie Überlandtouren nach New York und Ontario.
Buffalo Harbor Cruises: mit der „Miss Buffalo", ☎ 716-856-6696, www.buffaloharbor cruises.com, Abfahrt an der Erie Basin Marina, Juni–Sept. Di–So; 2-stündige Fahrten auf dem Buffalo River oder dem Erie Kanal.
Lockport Cave and Underground Boat Ride, 5 Gooding St., Lockport, ☎ 716-438-0174, www.lockportcave.com; unterirdische Entdeckungstour zu Fuß und per Boot.

Flughafen

Der International Airport, ☎ 716-632-3115, liegt im Osten der Stadt, 8 mi/12,8 km vom Zentrum entfernt. Es gibt Flüge in alle größeren Städte des Ostens.

Eisenbahn

Amtrak, Exchange/Washington Sts., ☎ 716-865-2075, 1-800-872-7245, www.amtrak.com

Bus

Überlandbusse: Greyhound, Ellicot/N Division Sts., ☎ 1-800-231-2222, www.greyhound.com

☞ Hinweis zur Route

Von der Innenstadt Buffalos aus führt der I-190 direkt nach Niagara Falls.

2. Von Burlington/VT durch die Adirondacks nach Utica und zu den Niagarafällen

 Hinweis zur Route

Mit der Fähre geht es von Burlington/VT über den Lake Champlain nach Port Kent. Sie fahren über den NY-373 nach Ausable Chasm und weiter auf dem US-9 nach Norden zur Schlucht von Ausable Chasm. Nach der Besichtigung von Ausable Chasm geht es entlang dem US-9 nach Keeseville.

Von Keeseville folgt man dem NY-9N über Au Sable Forks nach Jay. Dort fährt man auf den landschaftlich sehr reizvollen NY-86, der über Wilmington und Lake Placid zum Saranac Lake führt.

Von Saranac Lake folgt man dem NY-3, der zunächst am Lower Saranac Lake, später am Upper Saranac Lake entlangführt und einen guten Eindruck vom Wald- und Wasserreichtum der Adirondacks vermittelt. Nach 21 mi/34 km erreicht man Tupper Lake.

Fähre: stündlich Abfahrt von Burlington nach Port Kent am King Street Dock; Dauer: ca. 1 Std.

Adirondack Mountains

Auf dieser Fahrt lernt man das landschaftlich sehr reizvolle Gebiet der **Adirondack Mountains** kennen, die zur Gebirgsgruppe der Appalachen gehören. Die höchste Erhebung der Adirondacks ist der 1.629 m hohe Mount Marcy. Seit 1885 stehen die Adirondack Mountains unter Naturschutz. Der **Adirondack Park** reicht im Norden bis zum St. Lorenz-Strom, im Süden bis zum Mohawk River Valley, im Osten bis zum Lake

In den Adirondacks

Champlain und im Westen bis zum Black River. Damit entspricht die Größe dieses Naturschutzgebietes etwa der Fläche des ganzen Staates Vermont!

Der Adirondack Park: das sind mehr als 2.000 steile Felsen und schroffe Berggipfel, rund 2.300 klare, fischreiche Seen und zahllose Flüsse und Bäche, die das Land durchziehen. Der Park wird von Straßen durchquert, an denen kleine verträumte Dörfer und lebhafte Ortschaften liegen, dennoch ist fast die Hälfte des Gebietes unerschlossene Wildnis. Ihren Namen erhielten die Adirondacks um 1857 durch Ebenezer Emmons, der das Land erforschte und diesen Namen zur Erinnerung an einen hier lebenden Indianerstamm vorschlug. *Unerschlossene Wildnis*

Die Adirondacks und der Adirondack Park sind mit ihren eindrucksvollen Naturschönheiten in erster Linie ein Reisegebiet für Naturfreunde. Sie sollten deshalb einige Tage zum Wandern, Bootsfahren, Fischen oder Ausruhen einplanen. Es gibt ein gut angelegtes und ausgeschildertes Wanderwegenetz von ca. 1.200 km Länge. Für Wassersportler interessant ist die ca. 220 km lange Kanuroute, die von Old Forge zum Saranac Lake führt.

Reisepraktische Informationen zu den Adirondacks

ℹ️ **Information**
Adirondack Park Visitor Interpretive Center, NYS Rte. 30, Paul Smiths, ① 518 327 3000, www.visitadirondacks.com; www.adirondackvic.org/, Ausstellung und Nature Trails

🛏 **Unterkunft/Camping**
Es gibt im Gebiet der Adirondacks gute Übernachtungsmöglichkeiten in den kleinen Ferienorten und auf den 42 öffentlichen Zeltplätzen verschiedener Größe und Ausstattung, daneben gibt es viele private Campingmöglichkeiten.

Ausable Chasm

Ausable Chasm ist die wildromantische Schlucht an der Stelle, an der der Ausable River in den Lake Champlain fließt. Da schon seit 1870 Besucher durch die Bergwasserschlucht geführt werden, gehört Ausable Chasm zu den ältesten organisierten Touristenattraktionen der USA. Festes Schuhwerk ist auf jeden Fall erforderlich!

👉 **Tipp: Bootsfahrt durch die Schlucht von Ausable Chasm**
*Ein Fußweg führt über steinerne Stufen, hölzerne Treppen und Brücken durch die Schlucht bis zum **Table Rock**, vorbei an massiven Felsformationen, die einem Elefantenkopf, einer Kathedrale oder der Jakobsleiter ähneln. Von dort können Sie an einer eindrucksvollen, ca. 2 km langen Bootsfahrt teilnehmen: Bootsfahrer lenken die schmalen Boote durch die enge Schlucht, die auf beiden Seiten von hoch aufragenden Sandsteinwänden begrenzt ist. Nach dem Anlegen der Boote bringt ein Bus Sie zurück zum Eingang. Weitere Wanderwege führen tiefer in die Schlucht.* *Tour durch die Bergwasserschlucht*
Ausable Chasm, *1 mi/1,6 km nördl. von Keeseville, 2144 Route 9, ① 518-834-7454, www. ausablechasm.com, ganzjährig geöffnet tgl. 9–16 Uhr, $ 17, Bootsfahrt zusätzlich $ 12.*

Ausable Chasm

Wilmington

Wilmington ist ein ganzjährig beliebter Ferienort, der sich gut als Ausgangsort für Fahrten durch die Adirondacks eignet. Ein eindrucksvoller Ausflug führt auf den 1.053 m hohen **Whiteface Mountain**, den Sie über eine Straße oder mit dem Sessellift erreichen. Der Whiteface Mountain ist der einzige Gipfel der Adirondacks, zu dem eine Autostraße hinaufführt. Der **Whiteface Mountain Veterans' Memorial Highway**, 3 mi/ 4,8 km westlich auf dem NY-431, ist eine gebührenpflichtige Straße, die sich 9 km zum Berggipfel hoch windet. Vom Parkplatz am Ende der Straße können Sie entweder durch einen Tunnel bis zum Aufzug gehen, der Sie hinauf zur Berghöhe bringt, oder zu Fuß weiter bis zum Gipfel laufen. Von der Berghöhe reicht die Sicht bei klarem Wetter über die Adirondacks bis zum St. Lorenz-Strom. Besonders eindrucksvoll ist der Besuch zur Zeit der Laubfärbung, wenn die Wälder ringsum in bunten Farben leuchten und der Berggipfel schon vom ersten Schnee bedeckt ist. Auch im Sommer sind feste Schuhe und eine warme Jacke empfehlenswert. Auf der Höhe gibt es einen Souvenirshop und ein Restaurant.

Mit Auto oder Sessellift zum Gipfel

Whiteface Mountain Veterans' Memorial Highway, ☏ *518-946-2223, www.whiteface. com, Mitte Mai–Mitte September tgl. 9–16 Uhr, abhängig vom Wetter, Fahrpreis: pro Fahrzeug einschließlich Fahrer $ 10, jeder weitere Passagier $ 6. Der Zugang zum* **Whiteface Mountain Sessellift** *liegt am NY-86 zwischen Wilmington und Lake Placid. Der Lift verkehrt bei gutem Wetter von Juni bis Mitte Okt. tgl. 9–16 Uhr. Das* **Whiteface Mountain Ski Center***,* ☏ *518-946-2223, liegt 3 mi/4,8 km südlich am NY-86. Von Mitte Nov. bis Mitte April fahren die Lifte tgl. 8.30-16 Uhr.*

Die Schlucht **High Falls Gorge** entstand durch den Ausable River, der sich mit großer Kraft, über Stromschnellen und Wasserfälle, seinen Weg durch den Whiteface Mountain bahnte. Über schmale Stege und Brücken können Sie durch die Schlucht lau-

fen und von kleinen Aussichtsplattformen in die Tiefe blicken. Im Eingangsgebäude gibt es eine Mineraliensammlung aus den Adirondacks.
High Falls Gorge, *4,5 mi/7,2 km südlich von Wilmington am NY-86,* ① *518-946-2278, www.highfallsgorge.com, Mai–Okt. tgl. 9–17 Uhr, sonst Fr–Di, $ 14.*

Eine ganz andere Attraktion ist **Santa's Workshop**. Im Dorf des Weihnachtsmannes gibt es Souvenirshops, Rentierschlittenfahrten, Paraden und Shows. Es existieren mehrere dieser „Weihnachtsmannläden", die bei den Amerikanern während des ganzen Jahres sehr beliebt sind. Zum Kennenlernen lohnt sich ein Besuch.
Santa's Workshop, *km westlich von Wilmington auf dem NY-431 in North Pole,* ① *518-946-2211, www.northpoleny.com, Juni–Sept. Di–Sa tgl. 10–16 Uhr, Okt.–Mitte Dez. nur am Wochenende, $ 21,50.*

Beim Weih-nachts-mann

Reisepraktische Informationen Wilmington

ℹ Information
Whiteface Chamber of Commerce, *Main St.,* ① *518-946-2255 oder 1-888-944-8332, www.whitefaceregion.com*

🛏 Unterkunft
Hungry Trout Resort *$$, 2 mi/3,2 km westl. am 5239 NY-86,* ① *518-946-2217, www.hungrytrout.com; Hotel mit 20 rustikal eingerichteten Zimmern und Aufenthaltsräumen am Ausable Chasm River, schöner Blick auf die Berge, beliebtes Restaurant.*
Ledge Rock at Whiteface Mountain *$$, 5087 NY-86,* ① *518-946-2379, www.ledgerock atwhiteface.com; ruhig gelegenes Motel mit 18 geräumigen Zimmern, von deren Balkon sich ein schöner Blick auf den Whiteface Mountain bietet, Pool, Spielplatz, Wanderwege.*

Lake Placid

Lake Placid liegt malerisch an den beiden Seen **Lake Placid** und **Mirror Lake**. Hinter der Ortschaft erhebt sich der **Mount Marcy**, der höchste Berg des Staates New York. Der hübsche Ort hat ganzjährig Saison und hat sich rund um die Main Street mit Cafés, Restaurants und Geschäften auf die Besucher eingestellt. Ein schöner Spaziergang führt vom Zentrum aus rund um den Mirror Lake.

Seitdem Lake Placid Austragungsort der olympischen Winterspiele von 1932 und 1980 war, steht der Ort ganz im Zeichen des Sports, denn es ist das offizielle olympische Trainingszentrum für Wintersportler aus aller Welt. Das **Olympic Center** mit allen Einrichtungen kann man auf einem Rundgang kennenlernen. In den vier Eislaufhallen des Olympic Center, das bei den Olympischen Spielen von 1980 als Austragungsstätte für die Wettbewerbe im Eislaufen diente, wird jetzt trainiert, aber es finden auch Eishockeyspiele, Eisrevuen und Konzerte statt; für Besucher sind die Flächen tagsüber zum Eislaufen freigegeben. Im **1932 & 1980 Lake Placid Winter Olympic Museum** kann man historische Sportausrüstungen, Kostüme und Erinnerungsstücke anschauen.
1932 & 1980 Lake Placid Winter Olympic Museum, *2634 Main St.,* ① *518-523-1655, www.whiteface.com, tgl. 10-17 Uhr, $ 6.*

Olympia-Gelände

Skisprung-Zentrum

Südöstlich der Stadt liegt der **Olympic Jumping Complex**, das Skisprung-Trainingszentrum für das amerikanische Olympiateam, mit den beiden 90 m und 120 m hohen Sprungtürmen. Ein Glasaufzug bringt Besucher hinauf zum **Sky Deck**, wo sich schöne Ausblicke auf den Mount Marcy und die Adirondacks bieten. Im Freestyle Aerial Center kann dank Kunstschnee und riesigem Pool auch im Sommer trainiert werden. Im Winter dient das Gelände auch nationalen und internationalen Wettbewerben.
Olympic Jumping Complex, 2 mi/3,2 km südöstl. am NY-73, ① 518-523-2202, täglich 10–16 Uhr, $ 11.

7 mi/11,2 km südlich der Stadt, am NY-73, erstreckt sich die **Mt. Van Hoevenberg Recreation Area**. Auf 50 km gebahnten Loipen können Sie im Winter Ski laufen, außerdem gibt es Biathlonstrecken und Schlittenabfahrten. In der Nordic Lodge werden Filme und Diavorführungen gezeigt.

Herstellung von Ahornsirup

Für weniger Sportbegeisterte ist die **Uihlein Sugar Maple Research-Extension Field Station** interessant. Der Betrieb steht unter der Leitung des New York State College für Landwirtschaft an der Cornell-Universität. Hier können Sie im Frühjahr bei der Herstellung des geschätzten Ahornsirups zuschauen.
Uihlein Sugar Maple Research-Extension Field Station, 157 Bear Cub Rd., ① 518-523-9337, http://maple.dnr.cornell.edu/Uihlein/uihlein.htm, Terminvereinbarung erbeten.

Das restaurierte Farmhaus der **John Brown Farm Historic Site** erinnert an John Brown, der auf der Farm zusammen mit zwei Söhnen und zehn Mitkämpfern für die Abschaffung der Sklaverei die letzte Ruhestätte fand.
John Brown Farm State Historic Site, 115 John Brown Rd., 2 mi/3,2 km am NY-73, ① 518-523-3900, http://nysparks.com/historic-sites/29/details.aspx , Mai–Mitte Okt. tgl. außer Di 10–17 Uhr, $ 2.

Reisepraktische Informationen Lake Placid

i **Information**
Lake Placid/Essex County Visitors Bureau, *2608 Main St., ① 518-523-2445, www.lakeplacid.com*

Unterkunft
Art Devlin's Olympic Motor Inn $$, *2764 Main St., ① 518-523-3700, www.artdevlins.com; Hotel mit 40 Zimmern, von denen einige einen Balkon mit schöner Bergsicht haben. Swimmingpool, Sonnenterrasse, Flughafentransfer.*
The Northway Motel $$, *2795 Wilmington Rd., ① 518-523-3500, www.lakeplacidnorthwayinn.com; kleines Motel mit 14 rustikal eingerichteten Zimmern, Pool, Spielplatz und schöner Aussicht auf die Adirondack Mountains.*
Golden Arrow Lakeside Resort $$$, *2559 Main St., ① 1-800-582-5540, www.goldenarrow.com; direkt am Mirror Lake gelegenes Resorthotel mit 141 gut ausgestatteten Zimmern und kostenlosem Bootsverleih.*
Crowne Plaza Resort Lake Placid $$$, *101 Olympic Dr., ① 518-523-2556, www.lakeplacidcp.com; sehr gutes Resorthotel im historischen, schon 1877 gebauten Grandview Hotel; 208 komfortable Zimmer, eindrucksvolle Lobby mit großartiger Fernsicht, Pool, Sauna, Tennisplätze, Golf, Restaurants, zentrale Lage.*

Mirror Lake Inn $$$$, *77 Mirror Lake Dr., ① 518-523-2544, www.mirrorlakeinn.com; sehr gepflegte Hotelanlage auf weitem Gelände mit Cottages, Swimmingpool, Sandstrand, Segel- und Surflehrgängen.*
The Whiteface Lodge $$$, *7 Whiteface Inn Lane, ① 1-800-903-4045, www.thewhiteface lodge.com, schönes Resorthotel in rustikal-elegantem Stil, mit allen Annehmlichkeiten. Von hier aus gibt es viele Ausflugsmöglichkeiten, das Hotel liegt etwa 1,5 km außerhalb von Lake Placid in den Adirondacks.*

Bootsfahrten
Lake Placid Marina, *① 518-523-9704, www.lakeplacidmarina.com, Ende Mai–Ende Okt. werden tgl. um 10.30, 13, 14.30 und 16 Uhr einstündige Bootsfahrten auf dem Lake Placid durchgeführt, die schöne Ausblicke auf die Adirondacks bieten. Die Abfahrtsstelle ist an der Lake Placid Marina, 1 mi/ 1,6 km nördl. am Mirror Lake, $ 16.*

Bus
Adirondacks Trailways, *① 1-800-776-7548, www.trailwaysny.com. Der Bus verkehrt zwischen Ottawa, Massena, Albany und New York City.*

Saranac Lake

Der Ort, 1819 gegründet, wird seit vielen Jahren wegen seiner klaren Gebirgsluft und der ruhigen Landschaft als Erholungs- und Ferienort sehr geschätzt. Auf einem Spaziergang durch den Ort sehen Sie noch einige alte Wohn- und Gasthäuser aus der Zeit des ausgehenden 19. Jh. Um seine Tuberkulose auszuheilen, kam Stevenson, der Verfasser

Reisepraktische Informationen Saranac Lake

Information
Chamber of Commerce, *193 River St., ① 518-891-1990, www.saranaclake.com*

Unterkunft
Best Western Mountain Lake Inn $$, *487 Lake Flower Ave., ① 518-891-1970, www.bestwestern.com/mountainlakeinn; angenehmes Haus mit 69 großen Zimmern in ruhiger Lage am See, beheiztem Swimmingpool und Restaurant.*
Lake Side Motel $$, *27 Lake Flower Ave., ① 518-891-4333, www.saranaclake.com/ lakeside.shtml; kleines, älteres Motel mit 22 Zimmern und privatem Sandstrand am Lake Flower, Pool, Kanuverleih und Garten.*

Feste
Adirondack Canoe Classic, *① 518-891-2744, www.saranaclake.com, www.macs canoe.com, 3-tägiger Wettbewerb, Anf. Sept. Von Old Forge zum Saranac Lake geht das Kanu-Kajak-Rennen, das alljährlich die besten Wassersportler anzieht.*

Flughafen
Adirondack Airport, *nordwestl. von Saranac Lake am NY-86, ① 518-891-5551, Flugverbindungen mit Boston, Albany, Burlington.*

des Abenteuerromans „Die Schatzinsel", in den Jahren 1887/88 nach Saranac Lake. Sein Wohnhaus, heute Robert Louis Stevenson Memorial Cottage, zeigt noch die Original-einrichtung und eine große Sammlung von Erinnerungsstücken. Ein Abstecher führt zum

Indianer-museum **Six Nations Indian Museum** in **Onchiota** mit Ausstellungen zu Lebensformen, Sit-ten und Gebräuchen der früher hier ansässigen Indianerstämme.

Robert Louis Stevenson Memorial Cottage, 44 Stevenson Lane, ☎ 518-891-1462, www. robertlouisstevensonmemorialcottage.org, Juli–Mitte Sept. Di–So 9.30–12 und 13–16.30 Uhr, $ 5, sonst nach Vereinbarung.

Six Nations Indian Museum, 1462 County Rd. 60, Onchiota, ☎ 518-891-2299, www.six nationsindianmuseum.com, Juli/August Di–So 10–17 Uhr, $ 5.

Tupper Lake

 Hinweis zur Route

Wer von Tupper Lake direkt nach Watertown fahren möchte, folgt dem NY-3; man erreicht Watertown dann nach 73 mi/117 km.

Seen, Flüsse und Berge bestimmen das Landschaftsbild; Jagen, Fischen, Bootsfahrten, Wandern, Bergsteigen, Tennis und Golf sind die beliebtesten Ferienaktivitäten; im Win-ter ist das Gebiet am Tupper Lake ein ideales Skigebiet. Die Anfänge der Ortschaft ge-hen auf die 1890er Jahre zurück; zunächst verdienten die Bewohner sich ihren Lebens-unterhalt in der Holzwirtschaft, aber schon bald wurde auch der Fremdenverkehr zu einer wichtigen Einnahmequelle. Heute ist Tupper Lake mit knapp 4.000 Einwohnern ein beliebter Ferienort.

Sehenswert, auch für Kinder, ist das **Wild Center**, das sich auf einem 31 ha großen Gelände befindet. Innen befinden sich verschiedene Ausstellungen zu Flora, Fauna und Ökologie der Adirondack-Region, zudem leben hier u.a. Otter. Auf dem Außengelän-de gibt es Nature Trails, Spielplatz und ein Cafe.

The Wild Center, 45 Museum Drive, ☎ 518 359 7800, www.wildcenter.org, Ende Mai–Aug. tgl. 10–18 Uhr (im Herbst 17 Uhr), im Winter Fr–So 10–17 Uhr, $ 17.

Reisepraktische Informationen Tupper Lake

i **Information**
Chamber of Commerce of Tupper Lake, *121 Park St., ☎ 518-359-3328, http://tupper-lake.com/about/tupper-lake-chamber-of-commerce*

Unterkunft
Shaheen's Motel $$, *314 Park St., ☎ 518-359-3384, www.shaheensmotel.com; ein-faches, sauberes Motel, Preis inkl. Frühstück, kleiner Pool. Unweit des Wild Center gelegen.*
Red Top Inn $$, *1562 SR 30, ☎ 518-359-9209, www.redtopinn.com; Motelanlage mit 21 rus-tikal eingerichteten Zimmern, direkt am See gelegen, Bootsverleih.*

Von Tupper Lake durch die Adirondacks nach Utica und weiter zu den Niagarafällen

 Hinweis zur Route

Von Tupper Lake geht es über den NY-30 bis zum Blue Mountain Lake, dort biegt man ab auf den NY-28, dem man bis Alder Creek folgt. Dort treffen NY-28 und NY-12 zusammen; der NY-12 führt nach Utica (90 mi/144 km bis Utica). Von Utica geht es über Syracuse zu den Niagarafällen.

Auf dieser Fahrt erlebt man die eindrucksvolle, unverfälschte, teilweise unberührte Berglandschaft der Adirondacks, stille, fischreiche Flüsse und Seen und freundliche kleine Ferienorte. Zum Kennenlernen sollte man sich ausreichend Zeit für Wanderungen, Bootsfahrten und Besichtigungen nehmen.

Am NY-30, 1 mi/1,6 km nördlich vom **Blue Mountain Lake**, liegt das **Adirondack Museum**; in mehreren Gebäuden sind Sammlungen und Ausstellungen über die Geschichte und Kultur der Adirondacks zu sehen; es gibt Informationen zum Bootsbau, Bootsausflüge, einen Naturlehrpfad, Kutschfahrten und Führungen bis zum „Colonial Garden" mit seinen kunstvoll angelegten Beeten. *Kultur der Adiron-dacks*
***Adirondack Museum**, Route 28 N und 30, Blue Mountain Lake, ☎ 518-352-7311, www. adkmuseum.org, Ende Mai–Mitte Okt. tgl. 10–17 Uhr, $ 18.*

Old Forge

Die Fahrt über den NY-28, eine landschaftlich sehr schöne Strecke zwischen Blue Mountain Lake und Alder Creek, kann man in Old Forge unterbrechen. Wie andere kleine Ortschaften der Adirondacks bietet auch Old Forge einige ansprechende Übernachtungsmöglichkeiten und Restaurants. Antiquitätengeschäfte laden zum Stöbern ein; vor allem aber sind es die ausgezeichneten Wassersportbedingungen, die die Feriengäste anziehen. Für Kanufahrer gibt es ideale Bedingungen auf der „Fulton Chain of Lakes", einer Kette von acht Seen, zu der u. a. der Raquette Lake, der Forked Lake und der Long Lake gehören. Auf diesen Seen haben Sie Gelegenheit, **Bootsausflüge** zu unternehmen. *Kanu-Fahrten*
***Old Forge Lake Cruises**, 116 Steamboat Landing, ☎ 315-369-6473, www.oldforgelake cruises.com, zweistündige Bootsfahrten tgl. Ende Mai–Anf. Okt., $ 16; Fahrten mit dem Postboot: Juni–15. Sept. Mo–Sa 9.45 Uhr, $ 19.*

Auch für Eisenbahnfreunde lohnt eine Fahrtunterbrechung in Old Forge. An der Thendara Station beginnt die Fahrt mit der **Adirondack Scenic Railroad**. Auf der 20 mi/ 32 km langen Rundfahrt mit dem „Thenadara Timber Train" fahren Sie durch die Moose River Region zum Otter Lake. In den Sommermonaten werden an Samstagen auch „Eco Tours" angeboten, die noch eine Wanderung unter der Führung eines Rangers einschließen. Die Fahrt hin u. zurück dauert etwa 2½ Std. und beinhaltet Brunch oder Lunch. Alternativ kann man ein One-way-Ticket ohne Essen kaufen und zurück wandern. ***Adirondack Scenic Railroad**, 1 mi/1,6 km südl. am NY 28 an der Oldforge/Thendara Station, ☎ 315-369-6290 oder 1-877-508-6728, www.adirondackrr.com, Abfahrtszeiten: Ende Mai–Juni Sa/So 9.30 Uhr, Juli/Aug. Do/Fr/So 9.30, Sa 12 Uhr, Sept.–Mitte Okt. Mi/Fr/So 9.30 Uhr, mit Brunch $ 25, mit Lunch $ 29, einfache Fahrt $ 8.*

Auch als Ausgangsort für Wanderungen bietet Old Forge sich an. Ein kurzer Spaziergang führt hinauf zum **Bald Mountain**, wo Sie einen schönen Blick auf die Adirondacks genießen können. Ein Erlebnis für Kinder ist ein Besuch des **Enchanted Forest/Water Safari Parks**. Zum Erlebnispark gehören die unterschiedlichsten Wasserrutschen, Schwimmbecken, Boote, Fahrgeschäfte und Shows.

Information
Central Adirondack Association, *3140 State Road 28,* ☏ *315-369-6983, www.old forgeny.com.*

Hinweis zur Route

Von Old Forge fährt man weiter über den NY-28/12 nach Utica, von dort auf den I-90 nach Syracuse und weiter nach Niagara Falls (s. S. 509ff).

3. Von Burlington/VT nach Kanada und am Südufer des Ontario-Sees entlang zu den Niagarafällen

Hinweis zur Route

Es geht von Burlington zunächst über Lake Placid zum Tupper Lake (s. Routenvorschlag 2, S. 492), dann folgt man dem NY-3 bis hinter Childwold und biegt dort auf den NY-56 ab, der über Potsdam nach Massena am St. Lorenz-Strom führt. Von Massena folgt man dem NY-37/12 bis zur Kreuzung mit dem I-81, der einen nach 24 mi/40 km nach Watertown bringt. Von dort führen der NY-3 und der NY-104 am Südufer des Ontario-Sees entlang nach Niagara Falls.

Entlang des St.-Lorenz-Stroms

Sehenswerte Orte

In **Massena** kann man den St. Lawrence Seaway besichtigen (s.o.), der als eine technische Meisterleistung gilt. 43 Meilen weiter westlich, in **Ogdensburg**, gibt es die **Ogdensburg International Bridge** zu sehen. Sie verbindet seit 1960 die USA mit Kanada und überspannt in 35 m Höhe den St. Lorenz-Strom. Von der Brücke bietet sich ein schöner Blick auf den viel befahrenen Strom. Im **Frederic Remington Art Museum** finden Sie die größte Sammlung der Werke Frederic Remingtons, eines bekannten amerikanischen Naturalisten.
Frederic Remington Art Museum, *303 Washington St.,* ☏ *315-393-2425, www.frederic remington.org, Mai–Okt. Mo–Sa 10–17, So 13–17, sonst nur Mi–Sa 11–17, So 13–17 Uhr, $ 9.*

Während der Fahrt über den **NY-37**, der fast parallel zum St. Lorenz-Strom verläuft, können Sie auf dem Fluss immer wieder Ozeanschiffe zwischen kleinen Sport- und Segelbooten entdecken. Die Ortschaften am NY-37 sind auf Fremdenverkehr gut eingerichtet.

St. Lorenz-Strom und St. Lawrence Seaway

info

Der 3.000 km lange St. Lorenz-Strom bildet vom Ontario-See bis nach Montréal die Grenze zwischen den USA und Kanada. Er ist der Abfluss der großen nordamerikanischen Seen. Nach dem Ausfluss aus dem Ontario-See erweitert sich der St. Lorenz-Strom zu dem von vielen kleinen Inseln durchsetzten „Lake of the Thousand Islands". Obwohl der St. Lorenz-Strom in den Wintermonaten von dicken Eisschichten bedeckt ist und nur von April bis Dezember befahren werden kann, ist er einer der verkehrsreichsten Binnenwasserstraßen der Welt. Dazu trägt wesentlich der St. Lawrence Seaway bei. 1951 initiierte Kanada den „St. Lawrence Seaway Autority Act", obwohl zu der Zeit in den Vereinigten Staaten gegen das Projekt noch eine starke Opposition bestand. 1954 wurde auch in Washington der entsprechende „St. Lawrence Seaway Act" erlassen, wenig später wurde mit dem Bau begonnen.

Problembereiche des Projekts waren vor allem die großen Höhenunterschiede, die z. B. an den Niagarafällen und bei Sault Ste.-Marie überwunden werden mussten. Zu den erforderlichen Maßnahmen gehörten die Anlage von Seitenkanälen und leistungsfähigen Schleusen sowie der Straßen- und Brückenbau; zu den begleitenden Maßnahmen zählten der Ausbau von Häfen und Industrieanlagen und die Energiegewinnung durch Wasserkraftwerke, die neu errichtet wurden oder deren Leistungen erhöht werden sollten. Schwierigkeiten ergaben sich im Zuge der Arbei-

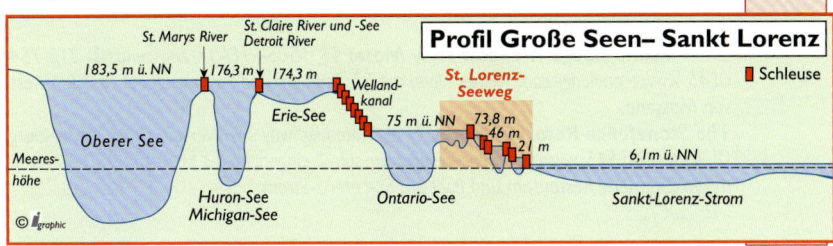

info

ten an vielen Orten durch Überschwemmungen, die das Kulturland zerstörten. Mehrere Dörfer mussten aufgegeben und rund 6.500 Menschen umgesiedelt werden. Der St. Lawrence Seaway wurde schon 1959 fertig gestellt und offiziell von Königin Elizabeth II. von England und dem amerikanischen Präsidenten Dwight D. Eisenhower eingeweiht. Es ist ein ausgebautes Kanalsystem mit einer Fahrwassertiefe von 8,23 m und einer Fahrwasserbreite von 61 m zwischen den Großen Seen und Montréal.

Auf dem rund 300 km langen Streckenabschnitt zwischen Montréal und dem Ontario-See wurden sieben große Schleusen anstelle der bisherigen 22 kleineren eingebaut, da auf 70 km ein Gefälle von 70 m ausgeglichen werden muss; auf der 43 km langen Strecke zwischen dem Ontario-See und dem Erie-See wird durch acht Schleusen eine Höhendifferenz von 100 m überwunden. Der Seeweg ermöglicht auch großen Schiffen bis 15.000 t die Einfahrt in die Großen Seen; dadurch erübrigt sich das bis dahin notwendige Umladen der Fracht auf kleinere Schiffe, sodass ein durchgehender Verkehr vom Atlantik über 3.650 km bis zum Westende des Oberen Sees möglich ist.

Viele Häfen und Industriegebiete entlang des Seeweges verzeichneten nach der Fertigstellung einen großen wirtschaftlichen Aufschwung, wie z. B. die Industriestadt Chicago, die durch den St. Lawrence Seaway einen Hochseeanschluss bekam. Die allgemeine wirtschaftliche Bedeutung des Seeweges liegt in der direkten Verschiffbarkeit der Güter, zu denen vor allem Weizen, Eisenerze, Eisen und Stahl gehören.

Für Besucher wurden mehrere Besichtigungspunkte eingerichtet:
• das **Seaway Visitor Center am Eisenhower Lock**, am NY-37 in Massena, ① 315-769-2422, www.greatlakes-seaway.com, Mai–Okt. geöffnet. Hier können Sie die Passage der Schiffe vom Besucherdeck aus beobachten. Öffnungszeiten des Besucherzentrums: Mitte Mai bis Anfang Okt. tgl. 9.30–18 Uhr,
• der **Robert Moses State Park** (http://nysparks.state.ny.us), 2 mi/4,8 km nordöstlich am NY-3. Vom Park aus kann man die Arbeit an den Schleusen beobachten und zum **Moses-Saunders Power Dam** (http://www.nypa.gov/facilities/stlaw.htm) gehen. Im **Hawkins Point Visitors Center**, ① 315-764-0226, erhalten Sie Broschüren über den St. Lorenz-Seeweg; es ist Mai–Okt. tgl. bis Sonnenuntergang geöffnet. Im Park gibt es Gelegenheit zum Schwimmen und einen Bootsverleih.

Reisepraktische Informationen Massena und Ogdensburg

Information
Greater Massena Chamber of Commerce, 19 Church St., ① 315-769-3525, www.massenachamber.com

Unterkunft
Econo Lodge Meadow View Motel $$, 15054 NY-37, Massena, ① 315-764-0246, www.econolodge.com; kleines Hotel mit 52 Zimmern und Swimmingpool, ca. 3 km westl. von Massena.
The Stonefence Resort & Motel, 7191 State Highway 37 Riverside Drive, Ogdensburg, ① 315-393-1545, www.stonefenceresort.com; stilvoll eingerichtetes Haus mit 45, teils geräumigen Zimmern, Restaurant und Pool am St.-Lorenz-Strom.

Alexandria Bay

Alexandria Bay ist ein beliebter Ferienort, der sich bestens für Ausflugsfahrten zu den **„Thousand Islands"** eignet. Die „Tausend Inseln" liegen versprenkelt im Ausfluss des Ontario-Sees und im Oberlauf des St. Lorenz-Stroms. Der heutige Name „Thousand Islands" stammt von den ersten französischen Einwanderern – heute wird die Zahl der Inseln mit 1.753 angegeben, von denen etwa zwei Drittel zu Kanada gehören. Inseln aller Größen zählen dazu, und unter der Wasseroberfläche liegen nochmals Hunderte als Sandbänke oder Riffe verborgen. Die Inseln sind mit Pinien, Fichten, Birken oder Zedern bewachsen, viele von ihnen sind bewohnt.

1000 Inseln

Alexandria Bay ist der Ausgangsort für verschiedene Ausflugsfahrten durch die Inselwelt der „Thousand Islands". Ob Ausflugsboot, kleine Fähre oder Raddampfer – fast alle Schiffe fahren auch nach **Heart Island** mit **Boldt Castle**. Das Schloss erinnert mit seinen spitzen Giebeln, den wehrhaften Rundtürmen und der Burgmauer an die Burgen am Rhein. George C. Boldt, der als Junge in Deutschland aufwuchs, mittellos nach Amerika auswanderte und dort erfolgreicher Besitzer berühmter Hotels wie z. B. des Waldorf Astoria in New York wurde, war der Bauherr dieses Schlosses.

Er ließ es als Zeichen seiner Liebe für seine Frau bauen, jedoch starb diese, bevor das Haus bezugsfertig war. Boldt ließ alle Bauarbeiten abbrechen, verließ die Insel für immer und ließ das Schloss unbewohnt auf Heart Island zurück. Fähren bringen im 30-Minuten-Takt Besucher von Heart Island hinüber nach **Wellesley Island**, wo im restaurierten **Boldt Yacht House** eine Sammlung alter Holzboote zu sehen ist.

Schloss-besuch

Boldt Castle, ☎ 1-800-847-5263, www.boldtcastle.com, Mai–Anf. Okt. tgl. 10–18.30 Uhr, $ 8.
Boldt Yacht House, Ende Mai–Ende Sept. tgl. 10–18.30 Uhr, Fähre zum Boldt Yacht House im 30-Minuten Takt, $ 5, Kombiticket für beide Häuser $ 10.

Boldt Castle

Wenn Sie die „Thousand Islands" aus der Höhe betrachten wollen, können Sie zum **1000 Islands Skydeck** fahren, das auf Hill Island zwischen den Spannseiten der International Bridge steht. Ein Aufzug bringt Sie auf das 122 m hohe Aussichtsdeck, wo Sie einen großartigen Blick auf den St. Lorenz-Strom und die Inseln genießen können. *1000 Islands Skydeck,* ☎ *613-659-2335, www.1000islandsskydeck.com, Mitte Mai–Anf. Okt. tgl. 9–20 Uhr, sonst 9–18 Uhr, $ 9,75.*

Reisepraktische Informationen Alexandria Bay

Information
Alexandria Bay Chamber of Commerce, 7 Market St., ☎ *315-482-9531 oder 1-800-541-2110, www.visitalexbay.org.*

Unterkunft
Otter Creek Inn $$, 2 Crossmon St. Extension, ☎ *315-482-5248, www.ottercreek innabay.com; kleineres Motel mit 32 einfach eingerichteten Zimmern, schöne Lage am Otter Creek, Bootsanlegestelle.*
Bonnie Castle Resort $$$, Holland St., ☎ *315-482-4511, www.bonniecastle.com; große, komfortable Hotelanlage mit 130 Zimmern am St. Lorenz-Strom gelegen, großes Sport- und Unterhaltungsprogramm mit Golf, Tennis, Reiten und Segeln.*
Riveredge Resort Hotel $$$, 17 Holland St., ☎ *315-482-9917, www.riveredge.com; gepflegtes Hotel mit 129 Zimmern, meist mit Balkon und Blick auf den St. Lorenz-Strom, Swimmingpools, Sauna, Bootsanlegestelle.*

Bootsfahrten
Uncle Sam Boat Tours, 45 James St., ☎ *315-482-2611 oder 1-800-253-9229, www.unclesamboattours.com, u. a. 2,5-stündige Fahrten auf einem nachgebauten Raddampfer zu den Thousand Islands. Fahrpreis 19.*

Hinweis Abstecher
Von Alexandria Bay aus können Sie auf das kanadische Ufer des St. Lorenz-Stroms fahren und z. B. einen Ausflug nach **Ottawa** *und* **Kingston/ Ontario** *machen. Kingston erreichen Sie auch vom ca. 20 mi/32 km entfernten Cape Vincent aus. Von dort bringen Sie Fähren nach Wolfe Island und von dort weiter nach Kingston (www.hornesferry.com, Reisepass nicht vergessen!)*

Hinweis zur Route

Die schnellste Verbindung von Alexandria Bay zu den Niagarafällen führt über den I-81 und den I-90 über die Städte Watertown, Syracuse und Buffalo nach Niagara Falls (s. Routenvorschlag 1, S. 479).
Falls Sie mehr Zeit zur Verfügung haben, können Sie geruhsam am Südufer des Ontario-Sees entlangfahren und die kilometerlangen Sandstrände und ausgezeichneten Bademöglichkeiten in den State Parks genießen.

Watertown

Wasser ist, wie der Name sagt, das bestimmende Merkmal der 1799 gegründeten Stadt, in der heute etwa 27.000 Menschen leben. Die Stadt hat einige schöne Parkanlagen mit guten Sporteinrichtungen wie z. B. den Thompson Park östlich vom NY-12 mit Tennisplätzen und Badegelegenheit; außerdem ist Watertown Ausgangspunkt für Schlauchbootfahrten. Ein bekannter Bürger der Stadt war **Frank Winfield Woolworth**, der gegen Ende des 19. Jh. als junger Mann als Aushilfsverkäufer arbeitete. Er hatte eine Idee, die das damals übliche Geschäftsgebaren entscheidend veränderte. Er eröffnete einen Laden und führte den „5-Cent-Ladentisch" ein, bei dem unterschiedlichste Waren auf einem Verkaufstisch ausgestellt und jeweils zum Einheitspreis von 5 Cent verkauft wurden. Die Kunden reagierten begeistert auf dieses Angebot, und Frank Woolworth beschloss, nach diesem Prinzip in Utica/NY im Februar 1879 einen eigenen Laden zu eröffnen. Dies war der Beginn der großen Warenhauskette, die heute Niederlassungen auf allen Kontinenten hat.

Gründer von Woolworth

Die **Jefferson County Historical Society** zeigt in einem alten Herrenhaus (**Paddock Mansion**) Möbel, Bilder und Porzellan aus viktorianischer Zeit sowie indianisches Handwerk, alte landwirtschaftliche Geräte und einen schönen, neu angelegten viktorianischen Garten.
Jefferson County Historical Society, *228 Washington St.,* ✆ *315-782-3491, www.jeffersoncountyhistory.org, Di–Fr 10–17 Uhr, Sa 10–16 Uhr, $ 6.*

Reisepraktische Informationen Watertown

 Information
Greater Watertown North Country Chamber of Commerce, *1241 Coffeen St.,* ✆ *315-788-4400, www.watertownny.com*

 **Unterkunft**
Davidson's Motel *$, Black River Rd., am NY-3,* ✆ *315-782-3861, www.davidsons motelwatertownny.com; außerhalb gelegenes, kleines Hotel mit 20 Zimmern, beheiztem Pool, Garten, Wanderpfad am Haus, nahe Fort Drum.*
Best Western Carriage House Inn *$$, 300 Washington St.,* ✆ *315-782-8000, www. bestwestern.com; günstig gelegenes Mittelklassehotel mit 160 Zimmern, Pool, Sauna, Radverleih und gutes Restaurant.*

 Flughafen
Der Flughafen liegt östl. von Watertown; es bestehen Flugverbindungen mit Albany, Burlington und Montréal.

 Hinweis zur Route

Von Watertown folgt man dem NY-3, der parallel zum Ontario-See durch eine schöne Gegend mit kleinen Ortschaften, großen Farmen und lichten Wäldern verläuft. Kleine Stichstraßen führen direkt an den See und zu vielen State Parks mit ausgezeichneten Möglichkeiten zum Picknick, Schwimmen, Kanufahren, Surfen, Segeln und Wandern.

Sackets Harbor und Oswego

Das Gebiet zwischen Sackets Harbor und Oswego war während des Englisch-Amerikanischen Krieges um 1812 Schauplatz mehrerer Gefechte, deren Verlauf und Bedeutung im Besucherzentrum der **Sackets Harbor Battlefield State Historic Site** erläutert werden.

Sackets Harbor Battlefield State Historic Site, West Main Street, www.sacketsharbor battlefield.org, ☎ 315-646-3634, Mai–Okt. tgl. 10–17 Uhr, $ 3.

Seaway Sackets Harbor ist heute ein kleiner Ferienort. Interessant ist das **Seaway Trail Discovery Center**, das über den 500 mi langen Seaway Trail informiert, der sich vom Erie-See bis zum St. Lorenz-Strom hinzieht.

Seaway Trail Discovery Center, www.seawaytrail.com/discoverycenter.html, 401 West Main St., ☎ 315-646-1000, Juli/August. tgl. 10–17, Juni/Mai/Okt. Fr–So, $ 4.

Bei der Ortschaft **Mexico** wechselt man auf den NY-104 und erreicht **Oswego**, eine wichtige Hafenstadt mit 18.000 Einwohnern. Sehenswert ist das **Fort Ontario**, das 1755 von den Engländern gebaut wurde. An die Zeit um 1860 erinnern die Wachhäuser, Kasernen, das Pulvermagazin und die Offiziersquartiere. Im **H. Lee White Marine Museum** am Westufer des Oswego River gibt es Ausstellungen zur frühen Geschichte der Großen Seen zu sehen.

Fort Ontario State Historic Site, 1 E Fourth St., Oswego, ☎ 315-343-4711, www.fort ontario.com, Mai–Okt. Di–So 10–16.30 Uhr, $ 4.

H. Lee White Marine Museum, West 1ˢᵗ Street Pier, Westufer des Oswego River, ☎ 315-342-0480, www.hleewhitemarinemuseum.com, tgl. 13–17 Uhr, Juli/Aug. tgl. ab 10 Uhr, $ 7.

> **ⅈ** **Information**
> **Sackets Harbor Visitor Center**, 301 W. Main St., ☎ 315-646-2321, www.sackets harborny.com, www.oswegochamber.com

Rochester

Rochester ist mit ca. 220.000 Einwohnern (1,1 Mio. im Großraum Rochester) die drittgrößte Stadt des Bundesstaates New York, eine wichtige Industriestadt, aber auch ei-

Kulturelles Zentrum ne Stadt mit einem vielseitigen Kunst- und Kulturangebot. Die Stadt liegt am südlichen Ufer des Ontario-Sees, ist Sitz der weltweit bekannten Firmen Eastman Kodak und Xerox und Standort von elf angesehenen Colleges und Universitäten. Theater, Musik, Kunst und Film haben in Rochester eine lange Tradition; international bekannt sind das städtische Sinfonieorchester und das Orchester der Musikhochschule.

Bei einem Rundgang durch die Stadt können Sie Bauelemente aus allen Epochen entdecken. Seit einiger Zeit wird der alte Fabrik- und Lagerhausdistrikt Browns Race/ High Falls District in ein historisches Kulturviertel umgestaltet mit Restaurants, Cafés, Geschäften und Konzerträumen. Auch als Einkaufsstadt hat Rochester sich mit einer großen Auswahl an Geschäften rund um den Marktplatz, kleinen Läden entlang des Erie-

Kanals, modernen Einkaufsmalls und Outlet-Geschäften in den Vororten einen Namen gemacht.

Das Umland von Rochester eignet sich bestens zum Wandern und Radfahren. Ein beliebter Radwanderweg führt am Erie-Kanal entlang über den **Erie Canal Heritage Trail** mit seinen historischen Schleusen. Wassersportler aller Art finden rund um Rochester lange Sandstrände und ausgezeichnete Badeplätze in den State Parks am Ontario-See und im Bereich der Finger Lakes, sie können Kanus, Ruder- und Segelboote mieten, Wildwasserfahrten auf dem Genesee River machen oder an einem Schiffsausflug auf dem Erie-Kanal teilnehmen. *Rad-wanderweg*

Einen guten Überblick über die Stadt bieten die **Aussichtspunkte** am Manhattan Square Park, Ecke Chestnut/Broad Sts., und „Upper Falls Park" am Genesee River. Im **Center at High Falls**, einem ehemaligen Mühlenviertel, gibt es Ausstellungen zur Stadtgeschichte und -entwicklung und eine schöne Aussicht auf den Genesee River und die Wasserfälle.
Center at High Falls, 60 Browns Race, ① 585-325-2030, http://centerathighfalls.org, Mi–Fr 11–17.30, Sa 12–17.30, So 13–17 Uhr, $ 2.

Das **George Eastman House** wurde von **George Eastman**, dem Erfinder des Rollfilms, am Anfang des 20. Jh. gebaut. Er lebte in dem prächtigen 50-Zimmer-Herrenhaus mit dem schön angelegten Garten von 1905 bis zu seinem Tode im Jahr 1932. Für Fotofreunde ist vor allem das angeschlossene **International Museum of Photography and Film** interessant, das in sehenswerten Ausstellungen die Geschichte der Fotografie von ihren Anfängen bis zur Gegenwart dokumentiert. *Foto-museum*
George Eastman House and International Museum of Photography and Film, 900 East Ave., ① 585-271-3361, www.eastmanhouse.org, Di–Sa 10–17, So 11–17 Uhr, $ 12.

Das **Rochester Museum & Science Center** zeigt historische, naturgeschichtliche und technische Ausstellungen, eine große Sammlung von Kunst- und Gebrauchsgegenständen der Seneca-Indianer und ist Standort des Strasenburgh-Planetariums mit dem ersten Zeiss-Teleskop und eindrucksvollen Filmvorführungen.
Rochester Museum & Science Center, 657 East Ave., ① 585-271-1880, www.rmsc.org, Mo–Sa 9–17, So 11–17 Uhr, $ 13.

Das **National Museum of Play** besitzt eine bekannte Puppensammlung mit 5.000 Puppen, Spielzeugminiaturen, Modelle verschiedener Transportmittel und viele Spiel- und Experimentierstationen für Kinder, zudem einen Schmetterlingsgarten.
Strong Museum, 1 Manhattan Square, ① 585-263-2700, www.museumofplay.org, Mo–Sa 10–17 (Fr/Sa bis 20 Uhr), So 12–17 Uhr, $ 13, Dancing Wings Butterfly Garden $ 4.

Das **Susan B. Anthony House** ist das ehemalige Wohnhaus der Frauenrechtlerin Susan B. Anthony, die in der zweiten Hälfte des 19. Jh. für das Wahlrecht der Frauen kämpfte und sich nach dem Ende des Bürgerkrieges auch für die Rechte der Schwarzen einsetzte. 1866 beteiligte sie sich an der Gründung der „American Equal Rights Association"; 1872 wurde sie verhaftet, weil sie bei den Präsidentschaftswahlen 1872 ihre Stimme abgab, obwohl Frauen noch kein Wahlrecht besaßen. Dieses wurde erst *Frauen-rechtlerin*

Landschaft bei Rochester

1920, 14 Jahre nach ihrem Tode, eingeführt. 1979 wurde sie geehrt und als erste Amerikanerin auf einer neuen Dollarmünze abgebildet.
Susan B. Anthony House, *17 Madison St.,* ① *585-235-6124, www.susanbanthonyhouse.org, Di–Sa 11–17 Uhr, $ 10.*

Reisepraktische Informationen Rochester

i Information
Greater Rochester Visitors Association, *45 East Ave.,* ① *585-279-8300 oder 1-800-677-7282, www.visitrochester.com*

Unterkunft
Bed and Breakfast at Dartmouth House *$$, 215 Dartmouth St.,* ① *585-271-7872, www.dartmouthhouse.com; das 1905 gebaute Haus mit 4 Zimmern liegt im historischen Bezirk, nicht weit von den Museen entfernt. Durch ein Feuer 2012 wurden große Teile des Hauses beschädigt, ein Wiedereröffnungstermin steht noch nicht fest.*
Rochester Plaza *$$, 70 State St.,* ① *585-546-3450, www.rochesterplaza.com; das große Hotel mit 362 ansprechend eingerichteten Zimmern liegt im Zentrum der Stadt, alle Sehenswürdigkeiten sind auch zu Fuß gut zu erreichen.*

Niagara Falls/NY

Überblick

Die Niagarafälle zählen zu den bekanntesten Natursehenswürdigkeiten im Nordosten der USA. Da sie aber nicht wie viele andere Naturwunder in großer Abgeschiedenheit, sondern mitten in einer Stadt liegen und leicht erreichbar sind, gehören sie auch zu den meist besuchten Sehenswürdigkeiten. Mehr als 12 Mio. Besucher kommen jährlich, um die eindrucksvollen Wasserfälle zu erleben: der amerikanische Wasserfall ist 328 m breit und stürzt in zwei Stufen 55 m tief; sein südlicher Teil wird Bridal Veil Falls, „Brautschleier-Fälle", genannt; die kanadischen Horseshoe Falls, die „Hufeisen-Fälle", die den Namen ihrer Form verdanken, sind 640 m breit und stürzen 54 m tief.

Großartiges Naturschauspiel

Aber Niagara Falls ist nicht nur der Name der Wasserfälle, sondern auch der Name der beiden **Städte**, die an den Ufern des Niagara River, jeweils auf amerikanischer und kanadischer Seite, liegen. Die Städte sind durch die **Rainbow Bridge** und die Whirlpool Rapids Bridge miteinander verbunden. Die amerikanische Stadt (ca. 70.000 Einwohner) am Ostufer gehört zur Metropolitan Area von Buffalo; sie hat Wasserkraftwerke und eine ausgeprägte elektrizitätsabhängige Industrie.

Der Fremdenverkehr konzentriert sich auf die nähere Umgebung der Wasserfälle. Die kanadische Stadt (ca. 76.900 Einwohner) am Westufer des Niagara River ist wegen ihrer **spektakulären Ausblicke** auf die Wasserfälle ein bedeutendes Touristenzentrum mit gepflegten Parkanlagen, sehr guten touristischen Einrichtungen und vielen interessanten Sehenswürdigkeiten.

Von beiden Städten hat der Tourismus vollständig Besitz ergriffen; sowohl auf der amerikanischen als auch auf der kanadischen Seite des Niagara River gibt es viele Hotels aller Kategorien, Restaurants, Geschäfte, Freizeitparks und Attraktionen wie Wachsmuseum, Kasino, Kinos, Shows und die abendliche Illumination der Wasserfälle. Vor allem in den Sommermonaten scheint ganz Niagara Falls ein großer Jahrmarkt voller Trubel zu sein. Vor den Sehenswürdigkeiten bilden sich lange Warteschlangen, die Straßen sind mit Autos verstopft und voller Lärm, die Restaurants sind überfüllt – aber das alles zählt nicht mehr, wenn Sie sich den Wasserfällen zu Fuß, mit Booten, Jet Boats oder Hubschraubern nähern und das tosende Schauspiel der herabstürzenden Wasserfälle hautnah erleben.

Fest in touristischer Hand

☞ Hinweis für Besucher

*Sie sollten auf jeden Fall die Wasserfälle auf der amerikanischen und der kanadischen Seite besuchen! Dazu können Sie über die **Rainbow Bridge** nach Kanada fahren. Leider wird die Besichtigung der Wasserfälle durch die amerikanischen Grenzformalitäten etwas erschwert. Auch Besucher, die nur einen kurzen Ausflug nach Kanada machen, müssen sich bei der Rückkehr der umständlichen Pass- und Einreisekontrolle unterziehen. Wegen des starken Besucherverkehrs kommt es, nicht nur in der Hochsaison, häufig zu langen Wartezeiten an der Grenze. Wenn Sie die Brücke **zu Fuß** überqueren, können Sie den Warteschlangen meistens entgehen; aber Sie müssen ebenfalls den **Reisepass** bereithalten!*

Die Niagarafälle sind zu jeder Jahreszeit einen Besuch wert. Die Sommermonate haben den Vorteil, dass alle Attraktionen rund um die Fälle geöffnet sind und den Nachteil, dass aufgrund der hohen Besucherzahlen mit langen Wartezeiten gerechnet werden muss, vor allem an den Wochenenden. In den Wintermonaten geht es ruhiger zu in Niagara Falls. In besonders kalten Wintern friert der Fluss auch schon einmal unterhalb der Fälle zu und die Gischt vereist zu bizarren Gebilden Dann sucht sich der Fluss seinen Weg durch die hoch aufgetürmten Eisschollen.

Geschichtlicher Überblick

Indianer, französische Entdecker, Forscher und Missionare erkundeten zuerst das Land bei den Wasserfällen. Nach den amerikanischen Freiheitskriegen wurde bei Niagara-on the-Lake das Fort George angelegt, um die Region vor den Angriffen der amerikanischen Truppen zu schützen, die sich von der englischen Vorherrschaft befreit hatten.

Grenz-
ziehung 1812 kam es zur entscheidenden Schlacht, 1814 wurde durch den Vertrag von Gent die Grenzlinie festgelegt, womit die Geschichte der amerikanischen und kanadischen Schwesterstädte begann. Der Bau der Eisenbahn brachte um 1840 die ersten Touristen zu den Wasserfällen, deren Zahl schnell anstieg. 1846 gab es die ersten Bootsausflüge mit der „Maid of the Mist". 1885 wurde die Niagara Parks Commission zum Schutz der Natur und der Wasserfälle gegründet, 1888 wurden die Niagara Parklands für die Öffentlichkeit freigegeben.

Zu Beginn des 20. Jh. wagten „Daredevils", wagemutige, tollkühne und sensationslüsterne Männer und Frauen, immer wieder, sich die Niagarafälle hinunterzustürzen oder den Whirlpool zu durchschwimmen. Nicht alle überlebten! 1941 wurde der Bau der Rainbow Bridge beendet; 1951 wurde der Vertrag „Niagara Diversion Treaty" zwischen den USA und Kanada geschlossen, der die gemeinsame Nutzung der Wasserfälle zur Stromerzeugung beinhaltet.

Die Niagarafälle und ihre Entstehungsgeschichte

Die Wasserfälle entstanden als Folge einer Eiszeit, während der vor etwa 50.000 Jahren riesige Gletscher den amerikanischen Kontinent bedeckten. Als durch die fortschreitende Erwärmung die Eismassen schmolzen, blieb ein großes Binnenmeer zurück. Seine Überreste sind die fünf Großen Seen zwischen den USA und Kanada, von denen der Erie-See und der Ontario-See durch den Niagara River miteinander verbunden sind. In seinem Verlauf zwischen Erie- und On-

---

★ **Sehenswürdigkeiten**
1 Prospect Point Observation Tower
2 Maid of the Mist
3 Goat Island
4 Bridal Veil Falls
5 Terrapin Point
6 Niagara Gorge Discovery Center
7 Aquarium of Niagara Falls
8 Power Vista
9 Konica Minolta Tower Centre/Tower Hotel
10 Skylon Tower
11 Niagara Falls Imax Theatre
12 Clifton Hill Street
13 Museen
14 Casino Niagara
15 Fallsview Casino
16 Niagara Parks Floral Showhouse
17 Whirlpool Rapids
18 Whirlpool Aero Car
19 Niagara Helicopters
20 Niagara Parks Butterfly Conservatory
21 Niagara Parks Botanical Gardens
22 Floral Clock

⓿ **Übernachten**
1 Comfort Inn The Pointe
2 Howard Johnson Closest to the Falls
3 Hampton Inn Niagara Falls
4 Holley Rankine House B&B
5 Holiday Inn by the Falls (Kanada)
6 Michael's Inn by the Falls
7 The Oakes Hotel Overlooking The Falls
8 Best Western Cairn Croft Hotel

⓿ **Essen & Trinken**
1 Michael´s
2 Top of the Falls Restaurant
3 The Red Coach Inn Restaurant

Niagara Falls

tario-See muss der Niagara River einen Höhenunterschied von 109 m überwinden. Auf halbem Weg liegt eine Felsbarriere, über die der Fluss in die Tiefe stürzt – das sind die Niagara Falls, die „donnernden Wasser".

Die Entstehung der Niagara Falls gleicht der anderer Wasserfälle, bei denen eine härtere und eine weichere Gesteinsschicht aneinander stoßen. Das Wasser gräbt sich in das weichere Gestein ein tiefes Tal, so dass sich eine Stufe zwischen den beiden Gesteinsschichten bildet. Über diese Stufe stürzt das Wasser in die Tiefe. Der Niagara River strömt bei seinem Ablauf aus dem Erie-See zunächst über hartes Kalkgestein, bis er bei der Mündung in den Ontario-See auf weichen Sandstein und Mergel trifft. An dieser Stelle entstand einst auch der Wasserfall; im Laufe der Zeit aber schritten die Wasserfälle durch die Auswaschung der weichen Mergelschicht von ihrer ursprünglichen Lage zurück. Gegenwärtig beträgt dieser „Rückzug" jährlich ca. 107 cm.

Redaktionstipps

Sehens- und Erlebenswertes

▶ Beide Fälle auf einem Bild lassen sich nur von der Rainbow Bridge aus fotografieren (S. 509).
▶ Eine Bootsfahrt mit der „Maid of the Mist" zu den Horseshoe Falls (S. 513).
▶ Nehmen Sie teil an der Reise „Journey behind the Falls" (S. 517).
▶ Genießen Sie die Auffahrt auf den Skylon Tower und die herrliche Aussicht (S. 518).
▶ Besichtigen Sie auch die Wasserfälle auf der kanadischen Seite (S. 517ff).
▶ Schauen Sie sich die Niagarafälle bei Nacht an.
▶ Machen Sie eine Rundfahrt durch das „Niagara County" und über die „Niagara-Wein-Route" (S. 522).

Unterhalb der Wasserfälle hat sich der Niagara River bei diesem Zurückschreiten in eine mehr als 11 km lange Schlucht zwischen über 100 m hohen Felswänden eingegraben; dabei hat er bei den Whirlpool Rapids ein sehr starkes Gefälle. Von der Gesamtwasserkraft der Niagarafälle werden etwa 30 % für industrielle Zwecke genutzt; das „Niagara Power Project" ist weltweit eines der größten Wasserkraftwerke.

Der Niagara River wird nach dem Austritt aus dem Erie-See durch die Ziegeninsel, **Goat Island**, in zwei Flussarme geteilt:
• zwischen Goat Island und der amerikanischen Stadt liegen der American Fall und nahe dabei der kleinere Bridal Veil, der „Brautschleier-Fall";
• zwischen Goat Island und der kanadischen Stadt liegt der mächtige Horseshoe Fall, der „Hufeisen-Fall", über den etwa 90 % der Wassermassen in die Tiefe stürzen.

Sehenswürdigkeiten auf amerikanischer Seite

Der Niagara Reservation State Park umfasst das ganze Gelände der amerikanischen Wasserfälle mit allen Sehenswürdigkeiten, den besten Aussichtspunkten, mit Parkanlagen, Spazier- und Wanderwegen, Restaurants und Informationszentren. Er gilt als der älteste Park Amerikas, da er schon 1885 gegründet wurde.

P **Parken**
Zentrale Parkmöglichkeiten gibt es am Visitor Center und in der Prospect St. Wenn man hier den Wagen abstellt, kann man die Hauptsehenswürdigkeiten im Niagara Reservation State Park gut zu Fuß oder mit den Trolleybussen erreichen.

☞ **Trolleys**
*Auf der amerikanischen Seite kann man sich vom „**Niagara Scenic Trolley**" bequem zu den Sehenswürdigkeiten fahren lassen. Die kleinen Züge verkehren von Mitte Mai bis Mitte Okt. und befahren die Strecke vom Prospect Point nach Goat Island mit Haltestellen u. a. an: Cave of the Winds, Terrapin Point, Schoellkopf-Museum, Aquarium und Three Sister Islands. Auf der kanadischen Seite verkehrt der „**People Mover**" ebenfalls ganztägig.*

Sehenswürdigkeiten südlich der Rainbow Bridge

Im **Niagara Falls State Park** mit dem **Visitor Center** gibt es ausführliches Informations- und Kartenmaterial; informativ sind das Modell der Wasserfälle und der 45-minütige Film „Niagara: Legends of Adventures", der im Niagara Falls Adventure Theater gezeigt wird, beliebt sind die Wasserspiele im Inneren und vor dem Eingang des Visitor Center.
Visitor Center, *Prospect Point, ☏ 716-278-1796, www.niagarafallsstatepark.com, tgl. bis 18, im Sommer bis 21 Uhr, Parkplätze $ 10, Film $ 11.*

Der **Prospect Point Observation Tower (1)**, ein Aussichtsturm aus Aluminium und Glas, erhebt sich 86 m hoch am Fuß der Niagarafälle und überragt diese um 30 m. Sie können mit dem Aufzug hinauffahren und einen ersten Eindruck von den amerikanischen und kanadischen Wasserfällen gewinnen. *Blick auf die Fälle*
Prospect Point Observation Tower, *☏ 716-278-1796, www.niagarafallsstatepark.com/observation-tower.aspx, tgl. 9.30–17 Uhr (je nach Wetterlage), im Sommer auch länger, $ 1.*

Am Fuß des Observation Tower befindet sich eine der Bootsanlegestellen der „**Maid of the Mist**" **(2)**; ein Aufzug bringt Besucher dorthin. Die Fahrt ist ein Erlebnis, das man sich auf keinen Fall entgehen lassen sollte! Seit 1846 findet diese Fahrt statt; der Kapitän steuert das Schiff am **American Fall** und am **Bridal Veil Fall** vorbei. Es nähert

Eine Fahrt mit der „Maid of the Mist" sollten Sie nicht versäumen

Empfeh-
lenswerte
Bootstour

sich dem Halbrund der **Horseshoe Falls** mit seinen tosenden Fluten und der hoch auf-
schäumenden Gischt, die bis zu den Passagieren hinaufspritzt. Durch Wasserschleier
sehen Sie, wie der Kapitän das Schiff sicher durch das brodelnde Wasser wieder hin-
aussteuert. Zum Schutz vor den Wasserspritzern bekommt man bei Antritt der Fahrt
wasserfeste Ölmäntel.
Maid of the Mist, *www.maidofthemist.com, Abfahrt u. a. am Prospect Point Observation To-*
wer, Abfahrtszeiten: tgl. ab 9.45 Uhr (im Sommer ab 9 Uhr), $ 15,50. Meist ist die Wartezeit
am Observation Tower am kürzesten.

Goat Island (3), die Insel im Niagara River, trennt die amerikanischen und kanadischen
Fälle. Auf der Insel, zu der man über eine Fußgängerbrücke oder mit dem Trolley gelangt, geht es durch gepflegte Parkanlagen bis zur Nordspitze. So kommt man ganz nah
an die Wasserfälle und die Stromschnellen heran. Zu den Three Sister Islands und zu
Luna Island führen wiederum Fußgängerbrücken.

Nicht versäumen sollte man den Besuch der „Windhöhle" an den amerikanischen Wasserfällen **Bridal Veil Falls (4)**. Bevor man mit einem Aufzug zur **Cave of the Winds**
fährt, erhält man am Eingang wasserfestes Ölzeug und Filzschuhe, denn in der Tiefe ist
es recht nass und rutschig. Unten angekommen, geht man durch einen Tunnel und weiter über Holztreppen und -planken bis zum **Hurricane Deck** unter dem donnernd

Ganz dicht
dran

herabstürzenden Wasserfall. Hier sind Sie ganz dicht an diesem grandiosen Naturereig-
nis: Es herrscht ein ohrenbetäubender Lärm, das Wasser spritzt hoch – Sie spüren ganz
eindringlich die Allgewalt der Natur!
Bridal Veil Falls, Goat Island, ✆ 716-278-1730, www.niagarafallsstatepark.com, Mitte Mai
bis Anf. Sept. tgl. 9–19.30 Uhr; Sept. bis Ende Okt. tgl. 10–17 Uhr, $ 11.

Der **Terrapin Point (5)** liegt an der Westspitze von Goat Island. Von hier aus haben
Sie einen großartigen Blick auf den kanadischen Wasserfall, auf die sehr eindrucksvollen Horseshoe Falls, über die 90 % des Wassers stürzen.

Blick aus dem Helikopter

Sehenswürdigkeiten nördlich der Rainbow Bridge

Im **Niagara Gorge Discovery Center (6)** lernen Sie durch eine eindrucksvolle audiovisuelle Show Entstehung und Geschichte der Niagara-Fälle kennen; im Außenbe-
reich gibt es einen geologischen Garten, eine Kletterwand, Wanderwege und eindrucksvolle Ausblicke. Vom Niagara Gorge Discovery Center können Sie über einen knapp
3 km langen Naturlehrpfad bis zu den **Whirlpool Rapids** gehen.
*Niagara Gorge Discovery Center, Robert Moses Parkway, ① 716-278-1070, Juli/August
tgl. 9–17, Sa/So 9–19 Uhr, Mai/Juni/Sept./Okt. nur Sa/So 9–17 Uhr, $ 3.*

Im nicht übermäßig interessanten **Aquarium of Niagara Falls (7)** leben mehr als
1.500 Meerestiere, u. a. Seelöwen, Delfine und Haie. Zudem gibt es eine Pinguin-Kolo-
nie und Seehunde. Im **Power Vista (8)** in Lewiston erfahren Sie durch interessante
Filme, Diavorführungen und Demonstrationen, wie aus den Wassermassen elektrische *Energie-*
Energie gewonnen wird. Vom Aussichtsplatz „Power Vista" haben Sie einen großarti- *gewinnung*
gen Ausblick auf den Niagara River und die „Lower Rapids".
*Aquarium of Niagara Falls, 701 Whirlpool St./Pine Ave., ① 716-285-3575, www.aquarium
ofniagara.org, tgl. 9–17 Uhr, $ 10.*
*Power Vista, 5777 Lewiston Road (NY-104), Lewiston, ① 716-286-6661 oder 1-866-697-
2386, www.nypa.gov/vc/niagara.htm, tgl. 9–17 Uhr, frei.*

Reisepraktische Informationen Niagara Falls/NY

ℹ️ Information
Niagara Tourism and Convention Corporation, *10 Rainbow Boulevard, ① 716-
282-8992 oder 1-800-338-7890, www.niagara-usa.com*
Visitor Center, *Prospect Point, ① 716-278-1796, www.niagarafallsstatepark.com*

👉 Hinweis
Mit dem „**Niagara Falls USA Discovery Pass**" erhalten Sie ermäßigten Zutritt zu
den vier Sehenswürdigkeiten „Cave of the Winds", „Niagara Legends of Adventure Theater",
„Niagara Aquarium", „Niagara Gorge Discovery Center" und zu einer Fahrt mit der „Maid of
the Mist". Der zeitlich nicht begrenzte Pass ($ 33) ist u.a. in den Touristeninformationen er-
hältlich.

🛏️ Unterkunft
Als eines der weltweit beliebtesten Reiseziele bietet Niagara Falls Hunderte von Übernachtungsmöglichkeiten, die von einfachen Hotels und Motels über Landgast- und B&B-Häu-
ser bis zu Luxushotels reichen. Je nach Jahreszeit, Lage und Aussicht des Hotels gibt es große Preisunterschiede. In vielen Hotels werden außerhalb der Hochsaison Sonderkonditionen
eingeräumt, so dass sich die Nachfrage lohnt. Viele Hotels der einfacheren Hotelketten und
die Mehrzahl der Motels liegen dicht beieinander an der Kreuzung von I-190 und US-62. Sie
liegen ca. 5 mi/8 km von den Wasserfällen entfernt und sind in der Regel etwas preiswerter
als die Hotels in der Nähe der Wasserfälle.
Comfort Inn The Pointe $$ **(1)**, *1 Prospect Pointe, ① 716-284-6835, www.comfortinn.com;
vom Hotel, das über 118 Zimmer, Restaurants und Fitnessraum verfügt, sind die Wasserfäl-
le zu Fuß erreichbar, kontinentales Frühstück im Preis inkl.*

Howard Johnson Closest to the Falls and Casino $$ (2), 454 Main St., ➀ 716-285-5261, www.hojoniagarafalls.com; das preiswerte, ältere Hotel mit 80 ordentlichen Zimmern liegt nicht weit von den Wasserfällen entfernt, Parkplatz kostenlos.

Hampton Inn Niagara Falls $$$ (3), 501 Rainbow Boulevard, ➀ 716-285-6666, www.hampton-inn.com/hi/niagarafalls; zentral gelegenes Hotel mit 99 geräumigen Zimmern, Swimmingpool, nur ca. 15 Gehminuten von den Wasserfällen entfernt.

Holley Rankine House B&B $$$ (4), 525 Riverside Drive, ➀ 716-285-4790; das 1855 gebaute Haus mit 3 stilvoll eingerichteten DZ und 2 EZ liegt in der Nähe des State Parks, ein kurzer Spaziergang führt vom Haus am Fluss entlang zu den Wasserfällen. Am Morgen wird ein reichhaltiges Frühstück serviert.

🍴 Restaurants

Michael's (1), 3011 Pine Ave., ➀ 716-282-4043, italienisches Restaurant mit freundlicher Bedienung und bodenständiger Küche.

Top of the Falls Restaurant (2), Goat Island, ➀ 716-278-0337, nahe beim Terrapin Point gelegenes Restaurant mit guter Küche, das an allen Tischen einen schönen Blick auf die Horseshoe Falls bietet.

The Red Coach Inn Restaurant (3), 2 Buffalo Ave., ➀ 716-282-1459, zentral zu den Sehenswürdigkeiten gelegenes, traditionsreiches Restaurant, bekannt gute Steaks und Tagesgerichte. Auch Unterkunft.

🎁 Einkaufen

Souvenirgeschäfte und Boutiquen liegen vor allem auf der Main St. in der Nähe der Rainbow Bridge; außerdem gibt es große Einkaufszentren mit vielen Spezialgeschäften und kleinen Restaurants, z. B. die **Fashion Outlets of Niagara Falls**, 1900 Military Rd., Mo–Sa 10–21, So 10–17 Uhr, www.fashionoutlets.com.

👁 Besichtigungsfahrten

zu den Sehenswürdigkeiten auf amerikanischer und kanadischer Seite:
Bedore Tours, 454 Main St., ➀ 716-285-7550 oder 1-800-538-8433, www.bedoretours.com; **Gray Line**, 3466 Niagara Falls Blvd., North Tanawanda, ➀ 1-800-695-1603, www.grayline.com.

✈ Flughafen

Der **Buffalo Niagara International Airport**, 4200 Genesee St., ➀ 716-630-6000, www.buffaloairport.com, liegt im Osten der Stadt; es gibt Flugverbindungen u. a. mit New York City, Washington, Boston, Toronto und Montréal. Shuttlebusse verkehren zwischen dem Flughafen und großen Stadthotels. Charter- und Privatflüge werden auf dem Niagara Falls International Airport, Porter Rd., abgefertigt.

Sehenswürdigkeiten auf kanadischer Seite

☞ **Hinweis**
Man kann über die Rainbow Bridge nach Kanada fahren. Am Grenzübergang muss man den Reisepass vorzeigen; wegen des starken Besucherverkehrs muss in der Hochsaison mit Wartezeiten an der Grenze gerechnet werden (s. S. 509).

Das **touristische Zentrum** der Stadt mit vielen interessanten Sehenswürdigkeiten und Attraktionen liegt zwischen der „Rainbow Bridge" und den „Horseshoe Falls". Der gepflegte Ferienort Niagara Falls bietet eine ganze Palette von eindrucksvollen und ungewöhnlichen Ausblicken auf die Wasserfälle, die an Sommerabenden angestrahlt werden und dann in allen Farben des Regenbogens leuchten. Ein **Foto von beiden Fällen** lässt sich am besten von der Rainbow Bridge machen. Der Niagara Parkway und der „Niagara River Recreation Trail" verlaufen parallel zum Niagara River.

Gepflegter Ferienort

☞ **Tipp**
Mit dem **„Niagara Falls & Great Gorge Adventure Pass"** *(www.niagaraparks. com) erhalten Sie ermäßigten Zutritt zu den vier Sehenswürdigkeiten „Journey behind the Falls", „Maid of the Mist", „Niagara's Fury – Creation of the Falls" und „White Water Walk". Der Pass ist von Mitte April bis Mitte Oktober in den Informationszentren erhältlich, zeitlich nicht begrenzt und kostet $ 44,95. Außerdem können Sie mit diesem Pass an zwei Tagen kostenlos den „People Mover" benutzen.*

Sehenswürdigkeiten südlich der Rainbow Bridge

Das Besucherzentrum im **Table Rock Complex,** ca. 1,5 km südlich der Rainbow Bridge am Niagara Pkwy., wurde an einem Felsvorsprung an den Horseshoe Falls gebaut. Hier werden Sie ausführlich, anschaulich und anregend über die Stadt und ihre Sehenswürdigkeiten informiert und erhalten auch Karten und Veranstaltungshinweise. Von der Terrasse hat man einen großartigen Blick auf die Wasserfälle.

Dichter an die Fälle heran kommt man bei der **„Journey behind the Falls".** In Regenmänteln gehüllt fährt man im Besucherzentrum mit einem Aufzug 38 m in die Tiefe der Hufeisen-Fälle hinunter. Dort führen drei Tunnels zu drei verschiedenen Aussichtspunkten, unter anderem zum **Observation Deck,** das nur knapp 8 m über dem Niagara River liegt, fast greifbar nahe. An den Wochenenden im Juli und August ist ein uniformierter Mountie am Fuß der Fälle postiert.
Journey behind the Falls, River Road, ① *905-354-1551, www.niagaraparks.com, tgl. mind. 9–17 Uhr, im Sommer deutlich länger, $ 15,95.*

Lohnende Fahrt in die Tiefe

Zwischen dem **Table Rock Point** und der **Fallsview Tourist Area,** in deren Bereich u.a. viele Hotels, Restaurants, das Fallsview Casino, der Skylon Tower und das Imax Theater liegen, verkehrt täglich die historische Seilbahn **Falls Incline Railway,** ① *905-357-9340, Ende März bis Ende Okt. tgl. 10–18 Uhr, im Hochsommer 9–22 Uhr, $ 2,50.*

Das **Konica Minolta Tower Centre (9)** liegt in der Nähe der Hufeisen-Fälle. Der 99 m hohe Turm, der 203 m über dem Fuß der Wasserfälle steht, beherbergt das To-

Die amerikanischen Fälle aus kanadischer Sicht

wer Hotel und mehrere Restaurants. Das Aussichtsdeck im 25. Obergeschoss ist zzt. nicht mehr zugänglich, Infos unter *www.niagaratower.com*.

Der **Skylon Tower (10)** steht am Rande der schönen Queen-Victoria-Parkanlagen, den Wasserfällen direkt gegenüber. Auf den unteren Ebenen des Turms finden Sie zahlreiche Geschäfte, Ausstellungen, kleine Restaurants und ein großes, lautes und meist sehr volles Vergnügungszentrum mit Spielautomaten aller Art. Es ist ein Erlebnis, zu den Aussichtsterrassen mit einem der drei gelben Aufzüge ("Yellow Bugs") hochzufahren, die in 52 Sekunden außen am 236 m hohen Turm in die Höhe steigen. Von der Höhe *Blick aus* hat man einen großartigen Blick auf die Wasserfälle, den Niagara River und die Stadt; *der Höhe* bei gutem Wetter kann man fast 130 km weit schauen.
Skylon Tower, 6732 Fallsview Blvd., ☏ 905-356-2651, www.skylon.com, Mai–Okt. 8–24, sonst bis 21 Uhr, $ 14, Kombiticket mit IMAX (s.u.) $ 25,50.

> ☞ **Tipp**
> *Jeden Abend werden die Wasserfälle mit weißen und farbigen Lichtern im Abstand von jeweils 15 Minuten angestrahlt; von Mai bis September 19–22 Uhr, im Herbst und Winter 19–21.30 Uhr. Außerdem findet im Sommer jeden Freitag um 22.30 Uhr ein **Feuerwerk** statt.*

Angrenzend an die Parkplätze des Skylon Tower liegt das **Niagara Falls Imax Theatre & Daredevil Adventure (11)**, wo man auf einer sechs Stockwerke hohen Lein-*IMAX-Kino* wand den mitreißenden Film "Niagara: Miracles, Myths and Magic" erleben kann. Die Ausstellung der "Daredevils" zeigt die größte Sammlung von Fässern und anderen Gerätschaften, mit denen Todesmutige versucht haben, die Fälle zu überwinden.
Niagara Falls Imax Theatre & Daredevil Adventure, 6170 Fallsview Blvd., ☏ 905-3358-3611, www.imaxniagara.com, Mai–Okt. tgl. 9–20, sonst 10–16 Uhr, Film $ 14,50, Kombiticket $ 25,50.

Vom Skylon Tower kann man einen schönen etwa 1,5 km langen Spaziergang durch den **Queen Victoria Park** am Fluss entlang zu einer der Anlegestellen der „Maid of the Mist" machen. Der Park wurde bereits 1887 angelegt und bietet immer wieder reizvolle Ausblicke auf die Wasserfälle; am Abend wird der Park illuminiert. Auf dem Weg zur Rainbow Bridge kann man sich anschließend ins Getümmel in der **Clifton Hill Street (12)** und den angrenzenden Straßen stürzen. Nicht umsonst trägt die Straße den Beinamen „Clifton Hill – where the action is"! Auf engem Raum drängen sich hier Geschäfte, Restaurants, Bars und Hotels, aber auch originelle und interessante **Museen (13)**. Dazu gehören u. a.: das **Guinness World of Records** *(4943 Clifton Hill, $ 12)* mit nachgebildeten oder originalen Ausstellungsstücken aus dem „Guinness-Buch der Rekorde" und das **Ripley's Believe it or not!** *(4960 Clifton Hill, $ 4)*, ein Museum mit mehr als 550 „unglaublichen" Ausstellungsstücken.

Vergnügungsviertel

Zu einer besonderen Touristenattraktion haben sich die beiden Casinos entwickelt, das **Casino Niagara (14)** *(5705 Falls Avenue, www.casinoniagara.com)* und das **Fallsview Casino (15)** *(6380 Fallsview Blvd., www.fallsviewcasinoresort.com)*, die täglich 24 Stunden geöffnet sind.

Wer für kurze Zeit der Großstadthektik entfliehen will, dem sei ein Spaziergang empfohlen zum **Niagara Parks Floral Showhouse (16)**, das nur 500 m südlich der kanadischen Horseshoe Falls liegt. Hier finden Sie Ruhe und Schatten zwischen Blumenbeeten und unter Palmen; mehr als 70 tropische Vogelarten fühlen sich hier heimisch. *Niagara Parks Floral Showhouse, ☎ 905-354-1721, www.niagaraparks.com/gardentrail/floral-showhouse.html, tgl. 9.30–17 Uhr, $ 5.*

Oase der Ruhe

Sehenswürdigkeiten nördlich der Rainbow Bridge

Die Fahrt über den Niagara Parkway weiter nach Norden führt am Niagara River entlang, der unterhalb der Fälle zunächst recht gemächlich durch eine tiefe Schlucht fließt. Wo diese sich verengt, nach etwa 3 km, stürzen die Wassermassen nun in heftigen Stromschnellen, den **Whirlpool Rapids (17)**, weiter dem Ontario-See entgegen. An der schmalsten Stelle des Niagara River können Sie mit dem Aufzug vom oberen Rand der Schlucht zu den Stromschnellen hinunterfahren. Ein 300 m langer Pfad, der **White Water Walk**, führt über Holzstege und Stufen ein Stück an den Stromschnellen entlang. Eine kleine Ausstellung informiert darüber, wie immer wieder versucht wurde, die „Whirlpool Rapids" zu durchqueren. *Whirlpool Rapids/White Water Walk, 4330 Niagara River Parkway, ☎ 905-374-1221, www.niagaraparks.com/attractions/white-water-walk.html, April–Okt. Mo–Fr 9–17, Sa/So 9–18 Uhr, im Sommer tgl. bis 20 Uhr, $ 10,95.*

Nach weiteren 2 km über den Niagara Pkwy. erreicht man den Whirlpool. Hier werden die Whirlpool Rapids zu einem tosenden, kreisrunden Strudel. Etwa 400 m Durchmesser hat der gewaltige Pool, der von 90 m hohen Felswänden umschlossen ist. Die **Whirlpool Aero Car (18)**, eine Art Schwebebahn, überquert mit ihrer offenen Gondel den Whirlpool in luftiger Höhe. Auf der etwa 10-minütigen Fahrt über das Wasser können Sie noch einmal die tosenden „Whirlpool Rapids" sehen und gut fotografieren. *Whirlpool Aero Car, Niagara River Parkway, ☎ 905-354-5711, April–Anfang Nov. tgl. 9–17 Uhr (im Sommer bis 19 Uhr), $ 13,50.*

Starke Stromschnellen

Schmetter-linge und Blumen

Eine besondere Attraktion ist das **Niagara Parks Butterfly Conservatory (20)**. Die große Anlage ist dem tropischen Regenwald nachempfunden und beheimatet eine der weltweit größten Ausstellungen von farbenprächtigen und schön gemusterten Schmetterlingen.
Niagara Parks Butterfly Conservatory, *2405 Niagara River Parkway, ① 905-354-5711, www.niagaraparks.com/garden-trail/butterfly-conservatory.html, April–Anfang Sept. tgl. 9–17/18 Uhr, $ 14.*

Genießen Sie auch den schön gestalteten angrenzenden **Niagara Parks Botanical Gardens (21)**. Die Anlagen werden von Studenten der namhaften Gartenbauschule „Niagara Park School of Horticulture" gepflegt.
Niagara Parks Botanical Gardens, *2565 Niagara Parkway, ① 905-356-8554, tgl. von Sonnenauf- bis Sonnenuntergang, frei, Parken $ 5.*

Dem Parkway folgend kommen Sie nach etwa 2 km bei der „Sir Adam Beck Niagara Gernerating Station" zur **Floral Clock (22)**, einer im Durchmesser 12 m großen Blumenuhr, die mit fast 20.000 Pflanzen gestaltet wurde.

Schöne Parkanlage

Ganz in der Nähe liegt **Queenston Heights**, eine gepflegte Parkanlage mit Wanderwegen und Picknickplätzen und schönem Blick auf den Fluss. Von Ende Juni bis Ende August finden am Sonntag Konzerte im Freien statt.

Weiter nach Norden fließt der Niagara River dann über die **Lower Rapids** in den Ontario-See.

Reisepraktische Informationen Niagara Falls/Ontario

i **Information**
Niagara Falls Tourism, *5400 Robinson St., ① 905-356-6061 oder 1-800-563-2557, www.niagarafallstourism.com, tgl. 9–18 Uhr, im Sommer bis 20 Uhr.*

Unterkunft
Michael's Inn by the Falls (6) *$$, 5599 River Road, ① 905-354-2727, 1-800-263-9390, www.michaelsinn.com; älteres, nah zu den Fällen gelegenes Hotel mit 130 Zimmern, die einen schönen Blick auf die amerikanischen Wasserfälle bieten, Swimmingpool, Sauna und Wasserrutsche, gutes Preis-Leistungs-Verhältnis.*
Best Western Cairn Croft Hotel (8) *$$, 6400 Lundy's Lane, ① 905-356-1161, 1-800-263-2551, www.cairncroft.com, familienfreundliches Hotel mit 165 geräumigen Zimmern, Restaurant, Pool im „tropischen Courtyard", ca. 3 km von den Fällen entfernt, Shuttleservice und Bushaltestelle in der Nähe.*
Holiday Inn by the Falls (5) *$$$, 5339 Murray St., ① 905-356-1333, 1-800-263-9393, www.holidayinnniagarafalls.com; modernes, komfortables Hotel in der Nähe der Wasserfälle, des Skylon Towers und des IMAX-Theaters, Pool.*
The Oakes Hotel Overlooking The Falls (7) *$$$, 6546 Fallsview Boulevard, ① 905-356-4514, 1-877-843-6253, www.oakeshotel.com; komfortables Hotel mit 239 geräumigen Zimmern und bestem Blick auf die Wasserfälle, gleich neben dem Minolta-Tower und dem Fallsview Casino gelegen, ausgezeichnetes Restaurant.*

JH **Jugendherberge**
Niagara Falls International Hostel, 4549 Cataract Ave., ① 905-357-0770, 1-888-749-0058, www.hostellingniagara.com, die Jugendherberge verfügt über 70 Betten, eine Gemeinschaftsküche und eine Wäscherei; Fahrräder können gemietet werden.

☞ **Rundflüge**
Niagara Helicopters (19), 3731 Victoria Ave, ① 905-357-5672, www.niagara helicopters.com. Es werden Rundflüge über die Stadt und die Wasserfälle angeboten. Die Hubschrauber starten bei gutem Wetter ganzjährig tgl. zwischen 9 Uhr und Sonnenuntergang. Flugdauer: 10 Minuten, $ 132.

P **Parken und Busse**
Während der Sommermonate ist der Verkehr so dicht, dass sich oft lange Autoschlangen auf dem Niagara Pkwy. und der Victoria Ave. bilden. Entsprechend schwer ist es, einen Parkplatz zu finden. Südlich der Fälle gibt es drei große gebührenpflichtige Parkplätze am Niagara Pkwy., deren Kapazität in den Sommermonaten allerdings nicht immer ausreicht:
*   Falls Parking Lot, gegenüber dem Table Rock Complex, wo man den ganzen Tag den Wagen stehen lassen kann;
*   Floral Showhouse Parking, stundenweises Parken an den Gewächshäusern;
*   Rapids View Parking Lot, 3 km südlich der Rainbow Bridge.

Zwischen den Parkplätzen und den Sehenswürdigkeiten verkehren täglich von Mitte Mai bis Mitte Oktober Shuttlebusse zwischen 9 und 23 Uhr im 20-Minuten-Takt, in den Wintermonaten nur am Wochenende.

Sehenswürdigkeiten in der Umgebung von Niagara Falls

Ein schöner Ausflug führt von Niagara Falls nach Norden zum Ontario-See und nach Niagara-on-the-Lake auf der kanadischen Seite des Niagara River. Die kanadische Metropole Toronto ist nur ca. 150 km entfernt.

In **Lewiston** wurde 1974 der 80 ha große **Earl W. Brydges Artpark** mit Wanderwegen, Strand- und Picknickplätzen eingerichtet. In den Sommermonaten können 2.400 Besucher Konzerte, Opern-, Ballett- und Schauspielaufführungen im Freilichttheater besuchen. Bei **Youngstown** bewacht seit 1726 das inzwischen restaurierte **Old Fort Niagara** die Mündung des Niagara River in den Ontario-See. In allen Kriegen war es eine strategisch wichtige, von Engländern, Franzosen und Amerikanern heftig umkämpfte Festung. In den Sommermonaten führen Soldaten in historischen Kostümen Paraden und militärische Übungen vor und informieren über die Geschichte des Forts.

Ausflüge

Niagara-on-the-Lake

Niagara-on-the-Lake liegt im Norden der Niagarafälle, an der Mündung des Niagara River in den Ontario-See. Es ist ein beschaulicher, gepflegter Ort mit schönen Parkanla-

Gepflegter Ferienort

gen und stattlichen Häusern aus dem 19. Jh., dessen Ruhe man nach der Großstadthektik von Niagara Falls besonders genießt. Von 1791 bis 1796 war Niagara-on-the-Lake die erste Hauptstadt von Upper Canada, der heutigen Provinz Ontario, und entwickelte sich aufgrund seiner verkehrsgünstigen Lage bald zu einer geschäftigen Hafenstadt und zu einem Zentrum des Schiffsbaus. Der heutige Ort ist mit kleinen Boutiquen, Galerien, Restaurants, Hotels und Bed&Breakfast-Häusern auf den Fremdenverkehr eingerichtet.

Besondere Anziehungskraft hat der Ort heute durch das **Shaw Festival**, das alljährlich von Ende April bis Mitte November stattfindet; dabei werden u. a. Stücke von George Bernard Shaw, Oscar Wilde und Agatha Christie aufgeführt.
Shaw Festival, Ende April–Mitte Nov.; Spielpläne, Karten: ① *905-468-2172 oder 1-800-511-7429, www.shawfest.com, Tickets $ 32–110.*

Um-kämpftes Fort

Zu den Sehenswürdigkeiten zählt das 1797–99 von den Engländern zum Schutz gegen die aufständischen Amerikaner errichtete **Fort George National Historic Site**, das heftig umkämpft und bis 1820 mehrfach zerstört wurde. Nach der Restaurierung sind die Offizierquartiere, einige Soldatenunterkünfte, die Küche und ein Handwerksladen geöffnet. In den Sommermonaten führen Soldaten in historischen Kostümen Übungen vor und informieren über die Geschichte des Forts. Das **Niagara Historical Society Museum** zeigt Ausstellungen zur Geschichte der Stadt von der Zeit der Indianer bis zum Ende des 19. Jh.
Fort George National Historic Site, ① *905-468-4257, www.pc.gc.ca, April–Okt. tgl. 10–17 Uhr, April/November Sa/So 10–17 Uhr, $ 11,70.*
Niagara Historical Society Museum, 43 Castlereagh St., ① *905-468-3912, www.niagara historical.museum, Mai–Okt. tgl. 10–17, sonst 13–17 Uhr, $ 5.*

Über den 56 km langen, schön angelegten **Niagara Parkway** fahren Sie am Niagara River entlang zurück nach Niagara Falls. Unterwegs kann man schön auf einem der zahlreichen Rastplätze, die direkt am Fluss liegen, eine kleine Rast einlegen oder sich inmitten von Wein- und Obstgärten ein wenig vom Trubel in Niagara Falls ausruhen.

👉 **Tipp: Weinprobe**
Auf kanadischer Seite gibt es die ausgeschilderte **Niagara Wine Route***, die zum Besuch einiger Weingüter und Weinproben einlädt. Informationen unter www.niagarawinetrail.org, www.winecountryontario.ca.*

Reisepraktische Informationen Niagara-on-the-Lake/Ontario

ℹ️ **Information**
Niagara on the Lake Chamber of Commerce, ① *905-468-1950, www.niagara onthelake.com*

🛏️ **Unterkunft**
Bed&Breakfast Wild Rose $$, *322 Dorchester St.,* ① *905-468-9118; www.bedand breakfastwildrose.com; ruhig gelegenes Haus mit schönem Garten und 3 Zimmern, jeweils mit eigenem Bad, nur wenige Minuten von den Sehenswürdigkeiten entfernt.*

King George III Inn $$, 61 *Melville St.,* ➀ *905-468-4800, http://thegeorge3.ca; kleines Hotel mit 8 ruhigen Zimmern in der Innenstadt, Balkon und schöner Blick auf den Fluss und die Marina.*

Canterbury Inn $$$, 170 *Mary St.,* ➀ *905-468-7945, www.canterburyinn.on.ca; ca. 1 km außerhalb des Ortes gelegenes Landgasthaus mit schönen, komfortabel ausgestatteten Zimmern, das Frühstück ist im Preis enthalten; Fahrradverleih.*

Abstecher zur kanadischen Metropole Toronto

☞ Hinweis zur Route

Entfernung: 97,5 mi/156 km
Ein kurzer Abstecher führt von Niagara Falls über den QEW (Queen Elizabeth Hwy.) nach Hamilton und weiter zur kanadischen Metropole Toronto.

Toronto, die Metropole am Ontario-See, ist eine der lebendigsten Städte Nordamerikas mit einem reichen Kulturleben und vielen touristischen Attraktionen, die der Bedeutung ihres indianischen Namens „Treff- und Sammelpunkt" durchaus gerecht wird. Die Hauptstadt der Provinz Ontario liegt am Nordufer des Ontario-Sees, durch den die Grenze zwischen Kanada und den USA verläuft. Der Großraum Toronto ist mit ca. 3 Mio. Einwohnern die **größte Stadt Kanadas** und nach New York, Chicago, Los Angeles und Mexiko City die fünftgrößte Stadt Nordamerikas. *Metropole am Ontario-See*

Toronto bietet eine hervorragende Lebensqualität und ist sehr touristenfreundlich; die Stadt verfügt über zahlreiche Sehenswürdigkeiten, gute Hotels, vielfältige Restaurants und Straßencafés, elegante Boutiquen, große Einkaufszentren und die berühmte unterirdische Einkaufsstadt „**Underground Toronto**", wo die riesigen, gläsernen und glitzernden Einkaufszentren wie das Eaton Centre und das First Canadian Place Center mit vielen Geschäften zum Bummeln, Schauen, Staunen, Aussuchen und Kaufen einladen.

Zu den wichtigsten Sehenswürdigkeiten zählen der **CN-Tower**, einer der höchsten freistehenden Gebäude der Welt, die **Art Gallery of Ontario** mit mehr als 17.000 Ausstellungsstücken, der **Harbor Front Park** mit Yachthafen, Kunstgalerien und Museen, das **Royal Ontario Museum** mit erstklassigen Ausstellungen, **Kensington Market** und **Chinatown**, wo man die ethnische Vielfalt der multikulturellen Stadt am besten erleben kann. *Wichtigste Sehenswürdigkeiten*

Literaturhinweis
Leonie Senne, Reise-Handbuch Kanada Osten, aktuelle Informationen und detaillierte Beschreibungen für bekannte und unbekannte Gebiete im Osten Kanadas, Iwanowski's Reisebuchverlag.

6. METROPOLEN IM OSTEN

Routenhinweis

Der letzte Abschnitt der Hauptroute führt von den Niagara Falls durch die Bundesstaaten New York, Pennsylvania und Maryland in die Hauptstadt Washington, D. C., und von dort über Baltimore und Philadelphia zurück nach New York City.
Von den Niagara Falls bzw. Buffalo geht es zunächst nach Corning (Hwy. 400, Hwy. 20A, I-390 und Hwy. 17). Dann folgt man dem US Hwy. 15 südwärts über Williamsport, Harrisburg und Gettysburg nach Frederic/Maryland und schließlich über die Autobahnen I-270 und I-495 nach Washington. Nach dem Besuch der Hauptstadt führt die I-95 über Baltimore und Philadelphia direkt nach New York City.

Von Niagara Falls über Williamsport nach Washington, D. C.

Auf der Strecke von Niagara Falls nach Washington, D. C., lohnen einige Orte und Sehenswürdigkeiten, wie das Bürgerkriegsschlachtfeld in Gettysburg, eine Unterbrechung der Fahrt. Die ganze Fahrt dauert etwa 8–9 Stunden, sodass sich eine Übernachtung im historischen Gettysburg anbietet.

Corning (*http://corningny.com* bzw. *www.corningfingerlakes.com*) mit seiner liebevoll restaurierten Main St. gilt als „Glaszentrum der Welt". Darüber kann man sich im **Corning Museum of Glass** informieren.

Werksführungen, audiovisuelle Einführungen, Demonstrationen der Glasbläserkunst und Ausstellungen geben einen Eindruck von der 3.500-jährigen Geschichte der Glasherstellung. Sehenswert ist auch das **Rockwell Museum of Western Art** mit seiner ungewöhnlichen Sammlung an Western Art sowie indianischem Kunsthandwerk.
Corning Museum of Glass, 1 Museum Way, www.cmog.org, tgl. 9–17 Uhr, $ 15.
Rockwell Museum of Western Art, 111 Cedar St., www.rockwellmuseum.org, tgl. 9–mind. 17 Uhr, $ 8.

In der Gegend des Städtchens **Elmira** (*www.chemungchamber.org* bzw. *www.marktwaincountry.com*) ließen sich Ende des 18. Jh. die ersten Siedler nieder. 1808 erhielt der Ort den Namen „Elmira" und heute nennt sich die Region stolz „**Mark Twain Country**". Schließlich ist die Hauptattraktion der Ortschaft die **Mark Twain Study** auf dem Gelände des Elmira College, das Büro des bekannten Autors. Viele Sommer hatte

Mark Twain (1835–1910) bei Verwandten auf der nahen Quarry Farm verbracht, um an seinen Romanen *Huckleberry Finn* und *Tom Sawyer* zu arbeiten. Der oktogonale Bau von 1874, der einst hoch über dem Chemung River stand, hat die Form eines Ruderhauses auf einem Mississippidampfer. Auch das **Grab Mark Twains** befindet sich im Ort, genauer, auf dem **Woodlawn Cemetery** am Nordende der Walnut St.
Mark Twain Study, *Elmira College, www.elmira.edu, Mai bis Anf. Sept. Mo–Sa 9–17, So 14–17 Uhr, im Winter nur Sa/So 9–17 bzw. 12–17 Uhr.*

Über das malerisch am Fuß der Appalachian Mountains und am Susquehanna River gelegene **Williamsport** erreicht man **Harrisburg,** die Hauptstadt Pennsylvanias (*www.visithhc.com*). Auch diese Stadt liegt am Susquehanna River, an einer Furt, die erst von den Indianern, später auch von den Siedlern als Handelsplatz genutzt wurde. Der Engländer John Harris hatte hier einen Handelsposten und einen Fährdienst eingerichtet. Die kleine Ansiedlung entwickelte sich rasch und wurde schon 1812 zur Hauptstadt von Pennsylvania.

Sehenswert ist das 1906 im italienischen Renaissance-Stil gebaute **Capitol** mit seiner Kuppel, die der Kuppel des Petersdoms in Rom ähnelt. Die Stadt liegt am Rand des sich östlich ausbreitenden **Amish County**. Dort sind die Nachfahren deutscher Siedler des 16. Jh. heimisch und leben in Glauben und Tradition jener Zeit.

Gettysburg

Rund 60 km westlich von Harrisburg liegt die Ortschaft **Gettysburg**, eine der bedeutendsten historischen Gedenkstätten der USA. Am Ortsrand fand während des Bürgerkrieges vom 1. bis 3. Juli 1863 eine der entscheidenden Schlachten, die **Battle of Gettyburg**, statt. Jenes als *Three Days of Destiny* in die Chroniken eingegangene Ereignis markierte zugleich einen Wendepunkt, denn von der hier erlittenen Niederlage erholten sich die Südstaaten nie mehr. An die Geschehnisse damaliger Zeit erinnert der **Gettysburg National Military Park**. Das Visitor Center und das Cyclorama Center, in dem eine Light&Sound-Präsentation in einer Rotunde mit einem über 100 m langen Wandgemälde den Schlachtverlauf erklärt, sollten die ersten Anlaufpunkte sein.

Anschließend sind entlang einer rund 30 km langen Route durch den National Military Park 16 wichtige Stationen der Schlacht durch Marker und Texttafeln ausgewiesen. Man passiert entlang der Strecke verschiedene Monumente, Schlachtstellungen und -aktionen, Friedhöfe und Denkmäler. Der Gedanke, dass im Verlauf dieser Schlacht 40.000 Tote zu beklagen waren, macht einen am Ende nachdenklich über die Sinnlosigkeit von Kriegen. „… diese Toten sollen ihr Leben nicht umsonst verloren haben …"
Gettysburg Address – mit einer nur zweiminütigen, aber als *Gettysburg Address* in die Geschichtsbücher eingegangenen Rede hatte Präsident Abraham Lincoln schon im November 1863 den Friedhof von Gettysburg eingeweiht und bereits damals versöhnliche Töne gegenüber den Südstaaten angeschlagen – zwei Jahre vor Ende des verheerenden Bürgerkriegs am 9. April 1865.
Gettysburg National Military Park VC, *97 Taneytown Rd. (ausgeschildert), www.nps.gov/gett, tgl. 8– mind. 17 Uhr, Gelände frei, $ 12,50 für Museum und Besucherzentrum, self-guided und Audio Tours.*

Reisepraktische Informationen Gettysburg

 Information
Gettysburg Visitor Center, 35 Carlisle St., www.gettysburg.travel, Mi–Mo 9–17 Uhr

 Unterkünfte
Baladerry Inn $$$, 40 Hospital Rd., ☎ 717-337-1342, http://baladerryinn.com; in einem Bürgerkriegshospital von 1812 untergebrachtes kleines Hotel mit schönem Garten und Tennisplatz, 9 gemütliche Zimmer.
Historic Gettysburg Hotel $$$, Lincoln Square, ☎ 717-337-2000, www.hotelgettys burg.com; die historische Herberge von 1797 wurde in ein neues Hotel mit über 100 geräumigen, geschmackvoll gestalteten Zimmern, die allen Komfort bieten, umgestaltet.
James Gettys Hotel $$$, 27 Chambersburg St., ☎ 717-337-1334, www.jamesgettys hotel.com; historisches Haus von 1804, in dem elf kleine Suiten zur Verfügung stehen; im Preis ist Frühstück enthalten.

Die Hauptstadt Washington, D. C.

Die US-Hauptstadt **Washington, D. C.**, mit ihren gut 632.000 Einwohnern (etwa 5,7 Mio. im Großraum), über die Hälfte Afroamerikaner, ist Schaltzentrale der Weltpolitik, einzigartiges Kulturzentrum und Heimat der modernen Demokratie. „D.C.", wie man die Hauptstadt kurz nennt, ist jedoch keine typisch amerikanische Stadt: Es gibt hier keine Hochhäuser – Bauten mit mehr als 13 Etagen sind untersagt –, sondern stattdessen eine Unmenge von funktionalen Verwaltungsbauten, teils im klassizistischen Stil, teils modern und insgesamt architektonisch wenig aufregend. Dazwischen fallen immer wieder prächtige Repräsentationsbauten ins Auge. Auffallend sind die ausgedehnten Grünflächen, die breiten Alleen und die Ballung von Museen und Monumenten rings um eine großzügige Rasenfläche, die **National Mall**.

Keine Hochhäuser

 Hinweis
*Das **Nahverkehrssystem** ist hervorragend ausgebaut und mit Metro und Bussen (siehe Reisepraktische Informationen) kommt man schnell und gut durch die Stadt. Wer auf der Durchreise ist, sollte das Auto daher auf dem **Hotelparkplatz** stehenlassen, zumal Parken in der Innenstadt fast unmöglich ist und Parkhäuser sehr teuer sind.*

Überblick

Washington ist verwaltungstechnisch ein **Unikum**, denn Stadt und Bundesbezirk, **District of Columbia**, sind identisch. Erst seit 1964 dürfen die bis dahin einem Sonderstatus unterliegenden Bewohner von D. C. an den Präsidentschaftswahlen teilnehmen, seit 1970 auch an den Kongresswahlen, allerdings sitzt bis heute kein Vertreter der Stadt im Senat. Seit 1974 verfügt Washington über eine eigenständige Verwaltung mit einem Bürgermeister, der zusammen mit dem 13-köpfigen Stadtrat direkt gewählt wird.

Zwischen Maryland und Virginia

Das Staatsgebiet bildet ein Karree von rund 16 km Seitenlänge und rund 160 km² Fläche und wird von Maryland und Virginia umschlossen. Die Stadt liegt am Ostufer des **Potomac River**, der rund 30 km südöstlich in die gigantische Chesapeake Bay mündet. Als Industriestandort spielt die Stadt keine Rolle, wohl aber sind Forschungsinstitute und Laboratorien, die im Auftrag der Regierung arbeiten, zahlreich vertreten, außerdem große Rüstungs- und Telekommunikationsfirmen. Daneben spielt der **Tourismus** eine wichtige wirtschaftliche Rolle, schwerpunktmäßig auf nationaler Ebene.

Geschichte

Im Jahr der Unabhängigkeitserklärung, 1776, verfügten die 13 Unionsstaaten noch über keine permanente Hauptstadt. Man tagte einmal in Baltimore, einmal in Philadelphia, insgesamt an acht verschiedenen Orten. Als in Philadelphia 1783 die Truppen wegen ihres Solds meuterten, entschlossen sich die schutzlos ausgelieferten Kongressmitglieder, eine „richtige" Hauptstadt zu gründen, die sich durch ihre zentrale Lage zu den 13 Gründerstaaten auszeichnen sollte.

Washington war eine **Notlösung**, denn die Gründerväter der USA konnten sich auf keine Stadt einigen. Daher wählte schließlich George Washington höchstpersönlich ein Stück bis dato weitgehend unbesiedelten Lands am Potomac River aus, das man „**District of Columbia**" nannte. Maryland stellte dafür insgesamt 179 km², Virginia 80 km² zur Verfügung.

1791 beauftragte man den auf der Seite der Revolutionstruppen kampfbewährten, aus Frankreich stammenden Offizier und gelernten Architekten Pierre L'Enfant mit der **Stadtplanung**. Er entwarf eine weitläufige Stadt für 100.000 Einwohner, obwohl um 1800 gerade einmal rund 3.000 Menschen in der neuen Hauptstadt lebten. Der Plan sah ein rechtwinkliges Straßennetz – ein Raster mit klar gekennzeichneten Straßen, eingeteilt in vier Quadranten – vor.

Hauptachse, Prachtmeile und Aushängeschild sollte die 500 m breite Grand Avenue vom Kapitol zum Potomac, genannt **The National Mall**, sein. Ursprünglich war diese allein als grüne Erholungsoase vorgesehen, doch dann wurde sie im Laufe der Zeit von Museen und Monumenten gesäumt. Zwischen **Kapitol** und **Weißem Haus** entstand die Pennsylvania Ave., eine von mehreren Diagonalstraßen, die nach den 13 Gründerstaaten benannt wurden.

Um 1800 standen die ersten Gebäude, das Weiße Haus und das Kongressgebäude waren fertig und im **November 1800** konnte hier zum ersten Mal der Kongress tagen. Die Realisierung der Bauvorhaben

Redaktionstipps

Sehens- und Erlebenswertes

▶ Ein Rundgang über die **National Mall** (S. 534) ist ein Muss: Abgesehen von Kapitol (S. 539) und Library of Congress (S. 542) steht hier eine Reihe sehenswerter Museen (S. 537), z. B. das **Smithsonian American Art Museum** oder das **National Museum of American History**, und beeindruckender Denkmäler (S. 535), wie das Washington Monument.

▶ Nicht versäumen: das einzige Medienmuseum der Welt, das **Newseum** (S. 542) und das kuriose **Spy Museum** (S. 543).

▶ Ein Spaziergang durch das „alte" **Georgetown** zeigt Washington (S. 544) von seiner anderen Seite.

▶ Auf dem Militärfriedhof **Arlington** (S. 545) ist der Wachwechsel ein lohnendes Erlebnis.

Restaurants

▶ Ein Imbiss in **Ben's Chili Bowl** (S. 547) ist ein Muss, während das **Corduroy** (S. 548) ein Geheimtipp - teuer, aber exzellent - ist.

Unterkunft

▶ In den **Eldon Luxury Suites** (S. 546) fühlt man sich wie daheim.

schritt voran, bis 1814 die Briten die Hauptstadt im **War of 1812** zu großen Teilen niederbrannten. In den folgenden Jahren ging der Wiederaufbau nur zögerlich voran und löste sich immer mehr von den ursprünglichen Plänen. Als dann auch noch der Bundesstaat Virginia monierte, dass die Union den zur Verfügung gestellten Virginia-Teil vernachlässige, gab der Kongress 1846 nach und verzichtete auf dieses Stück Land (heute Arlington/VA). *Schleppender Wiederaufbau*

In den 1860er-Jahren erlebte die Stadt während des Bürgerkrieges dank der florierenden Rüstungsindustrie und als Armeestützpunkt einen neuerlichen Aufschwung. Nach Kriegsende zogen viele befreite Sklaven nach Washington, was den heute großen afroamerikanischen Bevölkerungsanteil erklärt. Um 1900 erinnerte man sich wieder an die Originalpläne, realisierte Mall und Regierungsbereich wie vorgesehen, und riss dafür eine quer über die geplante Mall verlaufende Eisenbahnlinie wieder ab.

❿	Sehenswürdigkeit
1	White House
2	LaFayette Square
3	Hay-Adams Hotel
4	St. John's Church
5	Corcoran Gallery of Art
6	Vietnam Veterans Memorial
7	Lincoln Memorial
8	Korean War Veterans Memorial
9	Martin Luther King Jr. Memorial
10	Franklin D. Roosevelt Memorial
11	Jefferson Memorial
12	US Holocaust Memorial Museums
13	Washington Monument
14	National World War II Memorial
15	Smithsonian Institution Building
16	National Museum of African Art
17	Arthur M. Sackler Gallery
18	Freer Gallery of Art
19	National Museum of Natural History
20	National Museum of American History
21	National Archives
22	National Gallery of Art West Building
23	National Gallery of Art East Building
24	Hirshhorn Museum
25	National Air and Space Museum
26	National Museum of the American Indian
27	U.S. Botanic Garden
28	United States Capitol
29	Library of Congress
30	Newseum
31	Union Station
32	Verizon Center
33	German-American Heritage Museum
34	Smithsonian American Art Museum
35	International Spy Museum
36	National Museum of Women in the Arts
37	John F. Kennedy Center for the Performing Arts
38	Theodore Roosevelt Memorial
39	Phillips Collection
40	Woodrow Wilson House Museum
41	Georgetown University
42	Old Stone House
43	Pentagon
44	United States Supreme Court
45	Ford's Theater

White House

„*1600 Pennsylvania Avenue, Washington, D. C.*" ist eine der berühmtesten Adressen der Welt. Hier befindet sich das **White House (1)**, seit 1800 Sitz der Präsidenten, die Schaltzentrale der Nation und neben dem Kapitol die Hauptattraktion Washingtons. **Exekutive** (*White House*), **Legislative** (*US Capitol*) und **Oberster Bundesgerichtshof** (*US Supreme Court*) liegen damit keine halbe Stunde zu Fuß voneinander entfernt. Obwohl bereits George Washington 1792 den Grundstein für den Präsidentensitz gelegt hat, residierte er selbst nie hier. Erst sein Amtsnachfolger, John Adams (1797–1801), zog ins Weiße Haus ein.

Im August 1814 besetzten die Briten Washington und brannten das Weiße Haus nieder. Nur die äußeren Sandsteinmauern sowie die inneren Ziegelwände überstanden das Feuer, nicht aber das Mobiliar. 1815 begann der Wiederaufbau, in dessen Verlauf man u. a. die Außenwände weiß strich und damit dem Gebäude seinen Namen gab. Im

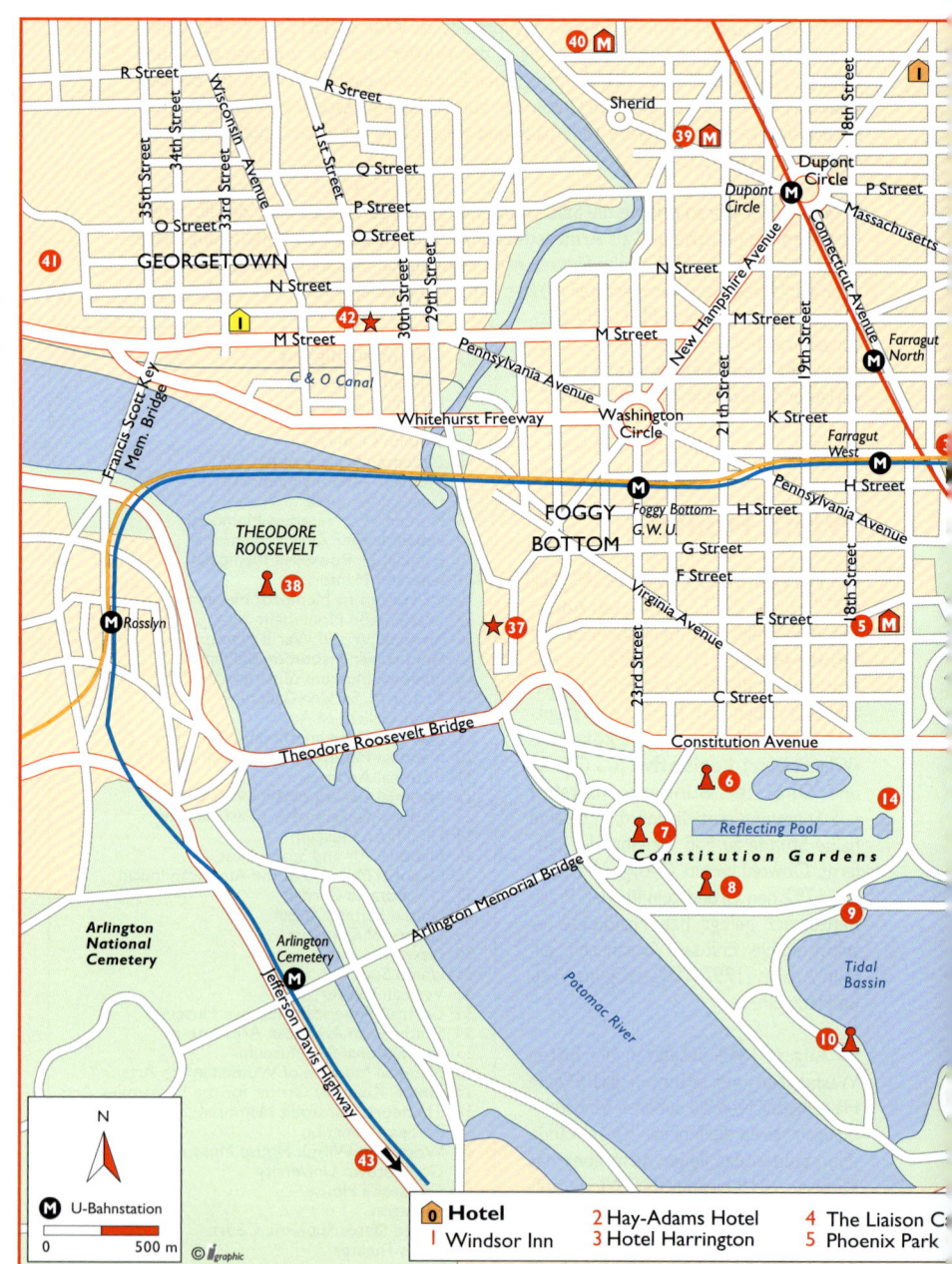

R Street
R Street
35th Street
34th Street
Wisconsin Avenue
33rd Street
31st Street
30th Street
29th Street
Q Street
P Street
O Street
40 Ⓜ
Sherid
39 Ⓜ
8th Street
Dupont Circle
Dupont Circle
P Street
Massachusetts
41
GEORGETOWN
N Street
O Street
42 ★
M Street
C & O Canal
M Street
Pennsylvania Avenue
N Street
New Hampshire Avenue
M Street
21th Street
19th Street
Connecticut Avenue
Farragut North
Ⓜ
Whitehurst Freeway
Washington Circle
K Street
Farragut West
Ⓜ
THEODORE ROOSEVELT
Francis Scott Key Mem. Bridge
38
Ⓜ Rosslyn
Foggy Bottom-G.W.U.
Ⓜ
FOGGY BOTTOM
H Street
H Street
G Street
F Street
Virginia Avenue
E Street
23rd Street
8th Street
5 Ⓜ
37 ★
Theodore Roosevelt Bridge
C Street
Constitution Avenue
6
Arlington Memorial Bridge
7
Reflecting Pool
14
Constitution Gardens
8
9
Arlington National Cemetery
Arlington Cemetery
Ⓜ
Jefferson Davis Highway
Potomac River
Tidal Bassin
10
43

N

Ⓜ U-Bahnstation

0   500 m

© igraphic

Hotel
I Windsor Inn
2 Hay-Adams Hotel
3 Hotel Harrington
4 The Liaison C
5 Phoenix Park

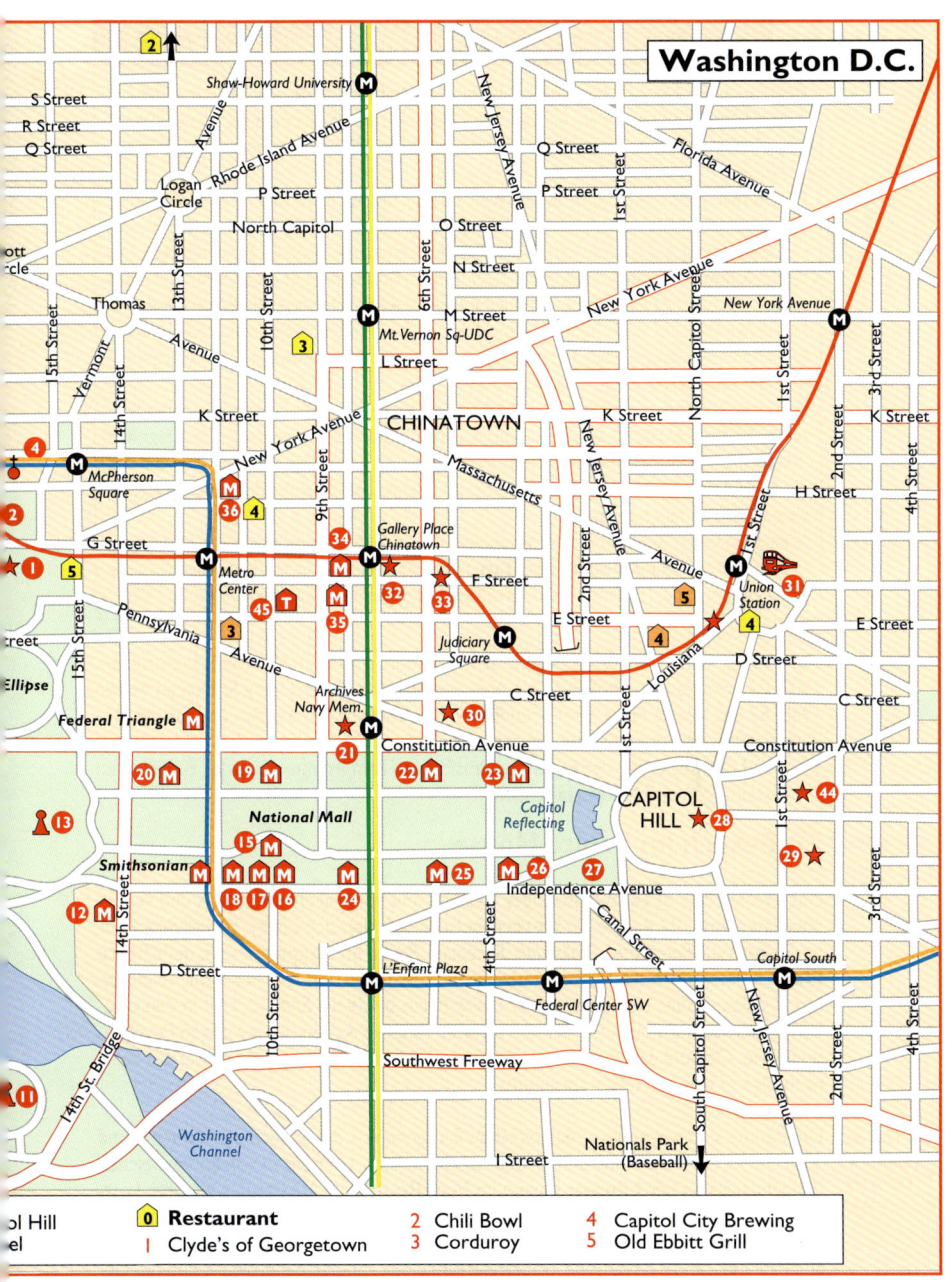

Washington D.C.

Shaw-Howard University

S Street
R Street
Q Street

Rhode Island Avenue
Logan Circle
P Street
North Capitol

Q Street
P Street
Florida Avenue
New York Avenue
New York Avenue

Thomas
Vermont Avenue
O Street
N Street
M Street
Mt. Vernon Sq-UDC
L Street

CHINATOWN

K Street
Massachusetts
K Street
K Street

McPherson Square

G Street

New York Avenue

Gallery Place Chinatown
F Street

Metro Center
Judiciary Square
E Street

Union Station

Pennsylvania Avenue

Archives Navy Mem.

Federal Triangle

Constitution Avenue
Constitution Avenue

National Mall

Capitol Reflecting

CAPITOL HILL

Ellipse

Smithsonian

Independence Avenue

Washington Channel

L'Enfant Plaza
Federal Center SW

Capitol South

D Street
Southwest Freeway

Nationals Park (Baseball)

I Street

0 Restaurant	2 Chili Bowl	4 Capitol City Brewing
1 Clyde's of Georgetown	3 Corduroy	5 Old Ebbitt Grill

Orientierung und Besuchsprogramm

Das touristische Zentrum Washingtons liegt um die **National Mall** zwischen Capitol/Union Station (Capitol Hill) im Osten und Potomac River bzw. Lincoln Memorial im Westen. Dazwischen befinden sich das Washington Monument, das Weiße Haus und mehrere hochkarätige Museen.

Downtown schließt sich östlich an das Weiße Haus an und reicht bis zum Bahnhof, der Union Station. **Capitol Hill** bezeichnet das Wohnareal hinter Capitol und Union Station. Der Zugang zu **Chinatown** (6th/8th bzw.G/H St.) erfolgt durch ein monumentales Tor in der H St. Das Viertel **Adams Morgan** (Columbia Rd. NW/18th St./Florida Ave.) ist bekannt für seine zahlreichen internationalen Läden und Restaurants sowie sein Nachtleben. Die **Waterfront** (v. a. Maine Ave. SW) am Washington Channel bietet Piers, Jachten, Fischerboote, Fischmärkte, Restaurants und das neue Baseballstadion. Das historische **Georgetown** schließlich liegt rund 5 km im Nordwesten der Innenstadt.

Die Nord-Süd-Achse Capitol St. und die Mall als Ost-West-Achse gliedern die Stadt in **vier Sektoren**: NW, NO, SO und SW, Bezeichnungen, die als Zusatz den Straßennamen beigefügt werden. Straßen in Ost-West-Richtung tragen Buchstaben, jene in Nord-Süd-Richtung sind von der Capitol St. aus durchnummeriert. Ferner gibt es diagonal verlaufende Avenues, benannt nach den 13 Gründerstaaten.

Je nach Interesse, Kondition sowie Anzahl und Dauer der Museumsbesuche sind für die Besichtigung der Mall **mindestens zwei Tage** nötig. Berücksichtigt man die sonstigen Sehenswürdigkeiten, ist ein Aufenthalt von **drei Tagen** für Washington sinnvoll.

September 1817 konnte Präsident James Monroe (1817–25) wieder einziehen. 1902–03 erfolgten ein Umbau sowie eine Erweiterung. Unter Harry S. Truman wurde 1948–52 das Weiße Haus einer gründlichen Renovierung unterzogen und für die Modernisierung der Inneneinrichtung setzte sich vor allem J. F. Kennedy (1961–63) ein. Während der Regierung der folgenden Präsidenten kam es immer wieder zu kleineren Umgestaltungen und Neugestaltungen.

Zu Besuch im White House

Das Weiße Haus ist ein zweistöckiges Gebäude mit vorgelagerter Portikus und verfügt über insgesamt 132 Räume. Im **Untergeschoss** befinden sich *Library*, *Vermeil Room*, *China Room*, *Map Room* und *Diplomatic Reception Room*. Im Hauptgeschoss, dem **State Floor**, befinden sich die repräsentativen Säle: *East*, *Green* und *Blue Room* mit *South Portico*, *Red Room*, *State Dining* und *Family Dining Room* sowie die *Entrance Hall*. In den **oberen Stockwerken** befinden sich die privaten Räumlichkeiten der jeweiligen Präsidentenfamilie. Obwohl das Weiße Haus seit Sept. 2011 nicht mehr besichtigt werden kann, nachfolgend eine kurze Beschreibung:

Das berühmteste Haus der Welt

Die Räume sind wegen ihrer einheitlichen Farbgebung – daher auch die Namen – und aufgrund ihrer Ausstattung und Größe beeindruckend. Unmengen von antiquarischen Bänden lagern in der **Library**, Karten im **Map Room**, zur Ausstattung gehören kostbares Geschirr und wertvolle Gemälde. Der **East Room** ist der größte Raum im Weißen Hauses (24 m lang und 7 m hoch). Er dient in erster Linie als Ballsaal, wird aber auch zu anderen Anlässen, wie Trauerfeierlichkeiten, genutzt. Sehenswert sind die Ge-

Das Weiße Haus, Sitz des US-Präsidenten

mälde von George Washington und Dolley Madison, der Gattin des von 1809 bis 1817 regierenden 4. US-Präsidenten James Madison. Beide Bilder stammen von Gilbert Stuart, und beide konnte Dolley Madison beim Brand des Weißen Hauses 1814 in Sicherheit bringen.

Im **Green Room** ist teilweise noch die typische Einrichtung des 18. Jh. erhalten, im **Blue Room**, mit blauem Bodenbelag, hängen die Porträts der ersten acht Präsidenten der USA. Der anschließende **Red Room** wird für kleine Empfänge genutzt, wohingegen im **State Dining Room** – dem zweitgrößten Raum im Weißen Haus – bis zu 140 Gäste bewirtet werden können. Unter dem Porträt von Abraham Lincoln von G. P. A. Healy (1869) liest man ein Zitat von John Adams, dem 2. US-Präsidenten: „Möge Gott dieses Haus segnen und alle, die es später bewohnen werden. Mögen stets ehrenhafte und weise Männer unter diesem Dach regieren."

Durch die Zimmer der Macht

White House Visitor Pavilion, 1450 Pennsylvania Ave., 15th/E St. NW, www.nps.gov/whho; an der NO-Ecke des White House, tgl. 7.30–16 Uhr mit zugehörigem Shop (Bücher und Souvenirs). Großes Infozentrum mit Ausstellung und Einführungsfilm (derzeit Renovierung im Gange). Weitere Infos zum Weißen Haus: www.whitehouse.gov.

LaFayette Square

Nördlich an das Weiße Haus und jenseits Pennsylvania Ave. erstreckt sich der parkähnliche **LaFayette Square (2)**. In der Mitte steht das 1853 geschaffene Reiterdenkmal, das Andrew Jackson, den 7. Präsidenten der USA (1829–37), zeigt, der 1815 die letzte große Schlacht gegen die Engländer gewann. An den Platzecken erinnern vier Statuen an jene Europäer, die sich im Verlauf des Unabhängigkeitskrieges gegen England verdient gemacht haben:

Statuen am Lafayette Square Friedrich Wilhelm von Steuben, der 1730 in Magdeburg geboren wurde, hatte unter George Washington in Valley Forge die Armee neu organisiert und war maßgeblich am Sieg gegen die Briten beteiligt gewesen. Er befehligte die Armee bei der großen Entscheidungsschlacht bei Yorktown (1781). Später lebte von Steuben als amerikanischer Staatsbürger in New York, wo er 1794 verstarb. Ihm zu Ehren findet alljährlich im Herbst die Steuben-Parade in New York statt.

Der Pole Tadeusz Kosciusko (1746–1817) verbesserte die Ausbildung der Streitkräfte. Marquis de La Fayette (1757–1834) nahm ab 1777 am Unabhängigkeitskampf der 13 Kolonien teil und trug entscheidend zur Kapitulation der Briten bei Yorktown 1781 bei. Er galt als leidenschaftlicher Verfechter des Freiheitsgedankens und legte 1789 der französischen Nationalversammlung einen Entwurf zur Erklärung der Menschenrechte vor. Auch sein Landsmann Comte de Rochambeau war Truppenoberbefehlshaber und auch er half im Oktober 1781 George Washington, die Briten bei Yorktown zu schlagen.

Kirche der Präsidenten Das **Blair House** zwischen Jackson Place und 17th St. fungiert als das offizielle Gästehaus für die Staatsgäste der US-Regierung. Beinahe ebenso gediegen kann auch der Normalsterbliche im **Hay-Adams Hotel (3)**, 16th/H St. NW, gegenüber dem White House, nächtigen. Gegenüber dem Hotel wiederum liegt die **St. John's Church (4)** aus dem Jahr 1815, die wegen ihrer Nähe zum Weißen Haus auch „Church of the Presidents" genannt wird. Ein Platz in Reihe 54 gehört dem jeweils amtierenden Staatsoberhaupt.

Umrundet man das Weiße Haus, blickt man auf dessen Südseite in den Garten und auf die **Ellipse**, einen großen Park, der das White-House-Areal mit der National Mall verbindet. An der Westseite des Parks liegt gleich die **Corcoran Gallery of Art (5)**. Hier sind neben Beispielen amerikanischer Malerei und Skulptur des 18. Jh. bis zur Gegenwart auch Werke europäischer Maler zu sehen.
Corcoran Gallery of Art, 500 17th/E St., www.corcoran.org, Do–So 10–17 Uhr, Mi 10– 21 Uhr, $ 10.

Attraktionen an der National Mall

Zahlreiche Museen Zwischen Kapitol im Osten und Lincoln Monument im Westen erstreckt sich die **National Mall**, ein knapp 2 km langer, breiter Grünstreifen. Ursprünglich als Erholungsoase geplant, entstanden am Rand im Laufe der Jahre Museen und Monumente. Zwischen Kapitol und White House finden sich mehrere Museen, die zur **Smithsonian Institution** gehören (siehe unten).

☞ Besichtung der National Mall
Es bietet sich an, zunächst den Westteil der Mall – die Constitution Gardens mit dem Reflecting Pool sowie die verschiedenen Denkmäler – zu besichtigen. Der Rundgang führt vom Weißen Haus in Richtung Lincoln Memorial, dann mit Abstechern zum Roosevelt Memorial und Jefferson-Denkmal zum Washington Monument, wieder auf Höhe des Weißen Hauses. Der zweite Teil des Rundgangs widmet sich dem östlichen Bereich der National Mall mit den Smithsonian Museen bis hin zum Kapitol.

Die Memorials im Westteil

Im Westteil der Mall erinnern mehrere **Memorials** an den Zweiten Weltkrieg, an Vietnam- und Korea-Krieg, aber auch an vier der bedeutendsten Präsidenten: Abraham Lincoln, Franklin d. Roosevelt, Thomas Jefferson und George Washington. Das neueste erinnert an Martin Luther King. Aus dem Rahmen fällt dabei das **Albert Einstein Memorial** am Nordwestrand der Mall (*Constitution Ave./21st St.*) vor der Akademie der Wissenschaften. Die etwa 2 m große Bronze stammt von Robert Berks, einem renommierten Porträtbildhauer, der auch M. L. King, E. Hemingway, J. F. Kennedy und A. Lincoln nachgeformt hat.

Beim gegenüberliegenden, 1982 errichteten **Vietnam Veterans Memorial (6)** handelt es sich um ein schlichtes, aber eindrucksvolles Denkmal der Künstlerin Maya Lin. Schwarze Granitplatten bilden eine ca. 75 m lange, sanft geschwungene Linie und tragen über 58.000 Namen von im

Lincoln Memorial

Krieg gefallenen oder vermissten US-Bürgern. In nächster Nähe, südlich, sind zwei Skulpturengruppen zu sehen, die Teil des Memorials sind: eine mit drei Soldaten, einem Latino, einem Weißen und einem Afroamerikaner von Frederick E. Hart (1984); eine zweite mit Frauenfiguren von Glenna Goodacre (1993), die an den Dienst von Frauen in der Armee erinnert.

An prominenter Stelle am Potomac River, genau auf einer Achse mit Washington Monument und Kapitol, steht, einem riesigen Tempel gleich, das **Lincoln Memorial (7)**. 1867 geplant, begann 1914 der New Yorker Architekt Henry Bacon mit der Ausführung. Er orientierte sich dabei am Athener Parthenon und verwendete eine Vielzahl unterschiedlicher amerikanischer Marmorsorten. Hinauf zum Marmorbau führen 58 Stufen, sie symbolisieren Lincolns Alter. Die 36 gut 13 m hohen dorischen Säulen stehen für die 36 Bundesstaaten, die es zur Zeit Lincolns gab. Bei Vollendung des Baus 1922 waren es bereits 48 und man entschloss sich, die Namen der 48 Unionsstaaten in die Treppenwangen einzuritzen. Die letzten beiden – Alaska und Hawaii – stehen auf einer Extraplatte am Fuß der Treppe.

Athener Parthenon als Vorbild

Im Inneren befindet sich das 6 m hohe und fast ebenso ausladende **Sitzbild von** Abraham Lincoln von Daniel Chester French, außerdem eine kleine Ausstellung. Das Präsidenten-Monument setzt sich aus insgesamt 28 nahtlos aneinander gefügten Blöcken weißen Tennessee-Marmors zusammen, die in vierjähriger Arbeit von den Brüdern Piccirilli aus New York behauen wurden. Die Figur wird gerahmt von Wandgemälden, die die Haupttugenden Freiheit, Gerechtigkeit, Einigkeit, Brüderlichkeit und Fürsorge zeigen. Außerdem sind auf zwei großen Steintischen Inschriften zu finden: auf der linken Seite Lincolns Text der berühmten *Gettysburg Address* von 1864, dem Wendepunkt im amerikanischen Bürgerkrieg, auf der rechten Seite Auszüge seiner Antrittsrede 1865, als er zum zweiten Mal Präsident wurde. Wenig später wurde Lincoln im Ford's Theater erschossen.

Gedenk-
stätte für
Kriegsopfer

1995 wurde das nur wenige Schritte südöstlich gelegene **Korean War Veterans Memorial (8)** eingeweiht. Im Zentrum der runden Anlage schuf der Bildhauer Frank Gaylord 19 Bronze-Statuen, die auf Patrouille durch ein Minenfeld dargestellt und überraschend individuell gestaltet sind. Sie spiegeln sich in einer Granitwand, die die Künstlerin Louise Nevelson (1899–1988) mit sandgestrahlten Kriegsszenen und den Namen der 22 UN-Nationen, die am Krieg beteiligt waren, versehen hat.

Südöstlich des Korean War Memorial wurde im Sommer 2011 als neuestes Denkmal das **Martin Luther King Jr. Memorial (9)** eingeweiht. In dem Park mit seinen 24 Nischen, die einzelnen Persönlichkeiten des Civil Rights Movement gewidmet sind, stehen Wasser, Stein und Bäume für Gerechtigkeit, Demokratie und Hoffnung. Zentraler Punkt ist der rund 10 m hohe Stone of Hope mit dem Porträt Kings, geschaffen von dem chinesischen Künstler Lei Yixin.

Das Memorial liegt direkt am **Tidal Basin**, einer Bucht des Potomac River. Hier befindet sich auch das beeindruckende, 1997 erbaute **Franklin D. Roosevelt Memorial (10)**, ein Konglomerat verschiedener Bauten. Jeder der *Four Rooms* beschäftigt sich mit einer Präsidentschaftsperiode des insgesamt zwölf Jahre, von 1933 bis 1945, regierenden Franklin D. Roosevelt (1882–1945) und zeichnet sein Leben und Wirken nach.

Am Südufer des Tidal Basin, wenige Schritte östlich des Roosevelt Memorial, erhebt sich das **Jefferson Memorial (11)**. Es steht in engem Bezug zum Weißen Haus und zum Lincoln Memorial und bildet eine Ecke eines zwischen diesen Punkten geschlagenen gleichschenkligen Dreiecks. Besonders attraktiv präsentiert sich das Areal, wenn im Frühjahr die 650 Kirschbäume, ein Geschenk der Stadt Tokio von 1912, zartrosa blühen. Das weiße Marmormonument – auf den ersten Blick eine architektonische Mischung aus Athener Parthenon und römischem Pantheon – wurde zum 200. Geburtstag des 3. US-Präsidenten am 13. April 1943 eingeweiht, vier Jahre nach Grundsteinlegung durch Franklin D. Roosevelt. John Russell Pope hatte sich bewusst an Jeffersons architektonischen Vorlieben orientiert und die vom Präsidenten erstmals in Monticello eingesetzte Rotunde als Bauform gewählt. Der Präsident (1743–1826, amtierend 1801–09) – ein geniales Multitalent: Philosoph, Politiker, Architekt, Musiker, Literat, Naturwissenschaftler, Diplomat, Erfinder und Farmer in einer Person – wurde im Inneren durch eine überlebensgroße Bronzestatue auf schwarzem Granitsockel verewigt.

Multitalent
Jefferson

Bevor man mit dem Washington Monument den ersten Teil des Rundgangs beendet, lohnt ein Besuch des **US Holocaust Memorial Museums (12)**. Schon allein die Architektur des Museums, das 1993 nach Plänen von James Ingo Freed entstand, ist außergewöhnlich, zum einen wegen der Farb- und Materialkontraste, zum anderen aufgrund der nachempfundenen Wachtürme eines Konzentrationslagers. Ebenso eindrucksvoll werden im Inneren auf fünf Etagen unter Einsatz verschiedenster Medien die Stationen der systematischen Judenausrottung nachgezeichnet.
US Holocaust Memorial Museum, 100 Raoul Wallenberg Place SW, Zugang: 14th St., www.ushmm.org, tgl. 10–17.20 Uhr, mit Shop, frei, Mai–Aug. werden zeitgebundene Tickets ausgegeben.

Das **Washington Monument (13)**, ungefähr im Zentrum der National Mall gelegen und weithin sichtbar, ist ein 169 m hoher Obelisk aus weißem Maryland-Marmor und dem ersten Präsidenten der USA, George Washington, gewidmet. Obwohl das Monument 1833 vom Kongress genehmigt wurde und bereits 1848 mit dem Bau begonnen worden war, wurde das Bauwerk erst 1884 vollendet, da während des Bürgerkrieges das Geld ausgegangen war. Seit 1888 ist das Denkmal für die Öffentlichkeit zugänglich. Nach Beschaffung eines zeitgebundenen Gratistickets und nach einer Sicherheitskontrolle geht es grüppchenweise mit einem Park Ranger im Aufzug hinauf auf die 153 m hohe Aussichtsplattform. Die im Treppenhaus mit 897 Stufen befindlichen *Commemorative Stones*, 193 Steintafeln mit Widmungen von Bundesstaaten, Städten und Organisationen an Washington, die großteils aus der Mitte des 19. Jh. stammen, kann man heute nur noch während gelegentlicher Spezialführungen bewundern.

Obelisk für den ersten Präsidenten

Washington Monument, www.nps.gov/wamo, tgl. 9–16.45 Uhr Touren, Gratis-Zeittickets am Kiosk „Washington Monument Lodge", 15th St., wegen Renovierung voraussichtlich noch bis Herbst 2013 geschlossen.

Im Mai 2004 wurde westlich vom Washington Memorial das **National World War II Memorial (14)** eingeweiht. Konzipiert von dem aus Österreich stammenden Architekten Friedrich St. Florian, besteht es aus einer kreisförmigen Wasserfläche von ca. 100 m Durchmesser, die von Säulen, zwei Pavillons und den beiden „Freedom Walls" umgeben ist. Es erinnert an die 400.000 US-Soldaten, die im Zweiten Weltkrieg in Europa und im Pazifik getötet wurden.

i **Infos**
zu allen dem National Park Service unterstehenden Ehrendenkmälern: www.nps.gov/nacc. Alle, mit Ausnahme des Washington Monument, sind ohne Ticket zugänglich.

Museen an der Mall

Entlang der National Mall gibt es mehrere, gleichermaßen sehenswerte Museen. Hier gilt es, nach Zeit und persönlichem Interesse auszuwählen. Ausführliche Informationen zu allen Museen und einen ersten Überblick erhält man im zentral gelegenen **Smithsonian Institution Building (15)**. Dieser auffällige rote Sandsteinbau mit seinen Türmchen ist das älteste Gebäude an der Mall. Er wurde 1855 von James Renwick Jr. erbaut und aus offensichtlichen Gründen **The Castle** genannt (*Infos s. Kasten*). Das nebenan liegende **Arts & Industries Building** von 1880 widmet sich in erster Linie der Weltausstellung 1876 in Philadelphia, ist derzeit jedoch geschlossen.

Zwischen beiden Bauten erstreckt sich ein schöner Garten und von diesem aus ist das **National Museum of African Art (16)** mit einer sehenswerten

Das National Museum of the American Indian an der Mall

Sammlung afrikanischer Kunst und Kultur zugänglich. Durch die Grünanlage erreicht man auch die **Arthur M. Sackler Gallery (17)** – eine eindrucksvolle Sammlung asiatischer Kunst und Kultur mit spektakulären Wechselausstellungen und gut sortiertem Museumsshop. Durch einen unterirdischen Gang direkt damit verbunden ist die **Freer Gallery of Art (18)**, wo neben orientalischer Kunst aus dem Nahen und Fernen Osten amerikanische Kunst des 19. und 20. Jh., darunter die größte Sammlung von Werken des Malers James McNeill Whistler (1834–1903), ausgestellt ist.

Kunst über Kunst

Gegenüber dem Castle liegt auf der Nordseite der Mall das **National Museum of Natural History (19)** mit über 120 Mio. naturwissenschaftlichen Objekten aus den Gebieten der Geologie, Biologie, Anthropologie und Archäologie. Es gibt hier einen afrikanischen Elefanten, den berühmten Hope-Diamanten, Modelle von Walen, von Dinosauriern und anderen prähistorischen Lebewesen, Meeresökosysteme wurden nachgebildet und ein *Discovery Room* steht für Kinder zur Verfügung.

Viel-besuchtes Museum

Nebenan steht das **National Museum of American History (20)**, eines der meistbesuchten und vielseitigsten Museen an der Mall. Es zeigt eine bunte Vielfalt an Ausstellungsstücken – Möbel, Haushaltwaren, Silber, Porzellan, Münzen u. a. –, die Zeugnis über die sozialen, kulturellen, wissenschaftlichen und technischen Errungenschaften in der über 200-jährigen US-Geschichte ablegen. Highlight ist das *Star Spangled Banner*, eine der ältesten US-Flaggen, die die Beschießung von Fort McHenry vor Baltimore im September 1814 überstand und Francis Scott Key anregte ein gleichnamiges Gedicht zu schreiben – heute der Text der Nationalhymne. Dokumente aus der Geschichte zeigt auch die *Exhibition Hall* in den schräg gegenüberliegenden **National Archives (21)** (www.archives.gov), u. a. die Unabhängigkeitserklärung, die Verfassung, die *Bill of Rights* und eine Kopie der *Magna Charta* von 1297. Derzeit noch als Abteilung im Museum of American History untergebracht, ist gerade ein Neubau für das National Museum of African American History and Culture (http://nmaahc.si.edu), im Westen angrenzend, im Entstehen. Er soll 2015 eröffnen.

Im Osten des History Museums erreicht man durch den **Sculpture Garden** die **National Gallery of Art** mit ihrer sehenswerten Kunstsammlung, die sich auf zwei durch einen Tunnel miteinander verbundene Gebäude verteilt und mit ihren rund 40.000 Ausstellungsstücken zu den bedeutendsten der Welt zählt. Den Kern der Sammlungen bildete eine Schenkung des Bankiers Andrew W. Mellon, darunter Werke von Raffael und Tizian. In dem älteren **West Building (22)** befinden sich die europäischen Sammlungen, während im **East Building (23)** moderne Kunst ausgestellt ist und vielbeachtete Wechselausstellungen stattfinden.

Hochkarä-tige Kunst-sammlung

Nächste Station für Kunstfreunde ist das wieder gegenüber, auf der Südseite, gelegene **Hirshhorn Museum (24)**. Die hochkarätige Kunstsammlung des Finanziers Joseph H. Hirshhorn (1899–1981) – über 4.000 Gemälde und 2.000 Skulpturen aus dem 19. und vor allem 20. Jh. – befindet sich in einem auffälligen Marmor-Rundbau von 70 m Durchmesser auf Säulen. Im vorgelagerten Skulpturengarten sind Werke von Rodin, Moore, Calder, Hopper, de Kooning, Dubuffet, Matisse oder Warhol zu sehen.

Östlich anschließend ist das **National Air and Space Museum (25)** besonders etwas für Fans der Luft- und Raumfahrt. In 23 Ausstellungsräumen beschäftigt es sich mit der Entwicklung des Fliegens. Ein Highlight ist das erste Motorflugzeug der Gebrüder Wright (1903) oder Charles Lindberghs „Spirit of St. Louis", mit der er 1927 erstmals den Atlantik überquerte. Dazu gehört am Flughafen das **Steven F. Udvar-Hazy Center** (*http://airandspace.si.edu/udvarhazy*), in dem u.a. ein Space Shuttle Discovery, eine Concorde und ein Boeing Stratliner zu sehen sind.

Das folgende **National Museum of the American Indian** (NMAI) **(26)** ist ein absolutes Muss im Besuchsprogramm. Im September 2004 eröffnet, gilt das NMAI als größtes Indianermuseum der Welt. In gelungenem architektonischen Rahmen, der von einem indianischen Komitee mitgestaltet wurde, ist die umfassende Sammlung des New Yorkers George Gustav Heye (1874–1957) untergebracht. Von den Hinterlassenschaften der Plains Indianer über die Navajos bis hin zu den Volksgruppen Mittel- und Südamerikas sowie der Karibik werden viele Aspekte abgedeckt. Kleidung, Tonkunst, Korbwaren, Holzschnitzereien, Federschmuck und vieles mehr ist zu sehen. Es gibt einen empfehlenswerten, großen Laden, ein Café mit indianischen Leckerbissen und immer wieder Veranstaltungen wie Kunsthandwerksausstellungen oder Powwows.

Weltgrößtes Indianermuseum

Letzte Station an der Mall ist der **U.S. Botanic Garden (27)** in der Südostecke. Draußen werden regionale Pflanzen der USA gezeigt, während im Glashaus, dem Conservatory, Pflanzen in ihren jeweiligen Ökosystemen wachsen.

Die Smithsonian Institution

info

Die Smithsonian Institution geht auf eine Spende des britischen Chemikers und Gelehrten James Smithson zurück, der bei seinem Tod 1829 den USA Geld für die Erweiterung und Verbreitung von Wissen testamentarisch vermachte. 1846 wurde die Smithsonian Institution offiziell gegründet. Sie umfasst heute neben 19 Museen und Galerien neun Forschungseinrichtungen und den National Zoo. Der Großteil konzentriert sich auf die National Mall, zwei in New York (American Indian Museum Heye Center und Cooper-Hewitt Museum). Die Institution finanziert sich bis heute über ihre Mitglieder und aus Spenden.

*Infos: **Smithsonian Institution Building/The Castle**, Jefferson Dr./19th St. SW, www.si.edu, tgl. 8.30-17.30 Uhr; Infos zu den **Museen** (meist tgl. 10-17.30 Uhr, Eintritt frei) finden sich unter www.si.edu/museums.*

United States Capitol und Library of Congress

Das **United States Capitol (28)**, zwischen Constitution Ave. und Independence Ave., der Sitz des amerikanischen Kongresses, erhebt sich unübersehbar auf dem etwa 30 m hohen **Capitol Hill**. Es ist mit seinen 229 m Länge, 107 m Breite und 82 m Höhe ein imposanter Bau, versehen mit einer mächtigen Kuppel, die von einer 6 m hohen Freiheitsstatue bekrönt wird. Den Grundstein hatte George Washington gelegt, gebaut wurde zwischen 1793 und 1812. 1814 stand das Gebäude in Flammen, von den Briten in Brand gesetzt. 1829 war der Wiederaufbau aus Sandstein vollendet, allerdings zunächst nur mit einer kleinen Holzkuppel, die erst 1863 durch eine gusseiserne, dem Petersdom nachempfundene Kuppel ersetzt wurde.

Sitz des Kongresses

US Capitol, Sitz von Senat und Repräsentantenhaus

Die Hauptfront des Kapitols liegt im Osten, eigentlich der Mall abgewandt. Auf den 35 Stufen, die zum Haupteingang führen, legt jeder neu gewählte Präsident den Amtseid ab. Als mit dem Bau begonnen wurde, waren die Stadtväter davon ausgegangen, dass sich die Stadt nach Osten ausdehnt, daher hier die Hauptfassade. Als sich diese Erwartung jedoch nicht erfüllte, baute man später an der Westseite zusätzlich eine 269 m lange Marmorterrasse mit zwei ausladenden Freitreppen an.

Senat und Repräsentantenhaus Im Kapitol tagt der **Kongress**, der aus dem Senat und dem Repräsentantenhaus, die gemeinsam die **Legislative** bilden, besteht. Das Repräsentantenhaus ist im südlichen Gebäudeflügel, der Senat im nördlichen Flügel zu Hause. Der **Senat** besteht aus 100 für jeweils sechs Jahre gewählten Senatoren, zwei pro Bundesstaat. Ihnen obliegt die Abstimmung über außenpolitische Angelegenheiten und überregionale Belange sowie die Zustimmung bei der Ernennung wichtiger Amtspersonen. Den Vorsitz führt der Vizepräsident. Das **Repräsentantenhaus** besteht aus 435 auf zwei Jahre vom Volk gewählten Abgeordneten, wobei die Zahl der Abgeordneten der einzelnen Bundesstaaten von deren jeweiliger Bevölkerungsdichte abhängt. Den Vorsitz hat der *Speaker*.

Die geführten Touren starten nach strengen Sicherheitskontrollen mit einem Einführungsfilm, dann geht es in die **Rotunda**, die von einer großen, 1863 fertig gestellten Kuppel überspannt wird. Die Halle hat einen Durchmesser von etwa 30 m und ist 55 m hoch. In ihrem Zentrum befindet sich der vom ersten Stadtplaner L'Enfant angelegte Schnittpunkt aller Hauptstraßen in westliche, östliche, nördliche und südliche Richtung. Die über 400-jährige Geschichte Nordamerikas wird höchst eindrucksvoll illustriert durch einen Rundfries mit Fresken, Malereien in der Kuppel, Skulpturen, Statuen, Gemälde, Friese und Wandbilder.

Über den vier großen Durchgängen, die von der Rotunda in die anderen Räumlichkeiten führen, sieht man 1. die Ankunft der Pilgerväter mit der „Mayflower"; 2. William Penn, den Gründer von Philadelphia; 3. Pocahontas als Retterin von John Smith und 4. Daniel Boone im Kampf gegen Indianer. Auch unterhalb der Rotundenkuppel sind wichtige historische Szenen von Kolumbus über die Pilger und großen Entdecker, den Unabhängigkeitskrieg, Goldrausch und Bürgerkrieg bis hin zur Moderne dargestellt. Die Kuppel zeigt eine beeindruckende Darstellung der Apotheose von George Washington, der gerahmt von Victoria und Liberty sitzt und von Repräsentanten der 13 Gründerstaaten umgeben ist.

Geschichte Nord-amerikas

Im Alten Senat **(Old Senat Chamber)** konnte nur bis 1859 getagt werden, da der Saal gerade groß genug war für die Vertreter der damals 32 Staaten. Der im Nordosten an die Rotunda angrenzende Saal, einst Vorraum zum alten Saal des Repräsentantenhauses, wird auch „Flüsterkabinett" genannt, denn die erstaunlich gute Akustik machte es möglich, selbst leise Gespräche der Gegenpartei mitzuhören.

In der **National Statuary Hall**, einem halbrunden Saal im Süden der Rotunda, der einst als Sitzungssaal des Repräsentantenhauses diente, befindet sich heute die *National Statuary Hall Collection*. Seit 1870 werden von einzelnen Staaten in Erinnerung an bedeutende Persönlichkeiten Statuen gestiftet. Inzwischen reicht der Platz allerdings nicht mehr aus: 38 Statuen stehen in der Hall, der Rest wurde auf andere Räume verteilt.

Halle der Statuen

Zu besichtigen sind derzeit das **House Chamber** und das **Senate Chamber**, die Sitzungssäle des Repräsentantenhauses und des Senats. Zu den Sitzungen sind Besucher nach strengen Sicherheitskontrollen auf eigenen Tribünen zugelassen.
United States Capitol, unterirdisch gelegenes VC (strenge Sicherheitskontrollen), Zugang an der Ostseite, 2nd St./E Capitol St. NE, www.visitthecapitol.gov, Mo–Sa 8.30–16.30 Uhr, Aus-

Prächtig ausgemalt und reich bestückt: die Library of Congress

stellungen sowie *Shop und Cafeteria, kostenlose Touren (http://tours.visitthecapitol.gov) Mo–Sa 8.50–15.20 Uhr.*

Gegenüber dem Kapitol liegen östlich der **United States Supreme Court (44)**, Sitz des Obersten Gerichtshofes, und die **Library of Congress (29)** von 1897, durch einen unterirdischen Gang mit dem Kapitol verbunden. Letztere ist zweifelsohne eine der eindrucksvollsten Bibliotheken, angeblich die größte der Welt, die sich auf mehrere Gebäude verteilt. Kernbau ist das Thomas Jefferson Building mit der *Great Hall* (kostenlose Führungen ab Infozentrum im UG). Bis 1814 hatte sich die 1800 von John Adams gegründete Bibliothek im Kapitol befunden. Nach der Zerstörung der Bestände durch die Briten stiftete Jefferson dann seine Privatbibliothek (sehenswerte Ausstellung im OG). Die 6.387 Bände, die er für $ 23.950 übergab, bilden bis heute den Kern des über 100 Mio. (!) Bände umfassenden Bestandes, der jährlich wächst. Dazu kommen mehrere Millionen Manuskripte und Fotos, Grafiken, Karten und Atlanten, knapp 100.000 Zeitschriften und Zeitungen, die bis ins 17. Jh. zurückreichen.

Bibliothek von Weltrang

Library of Congress, *Thomas Jefferson Building, VC, auch erreichbar via Tunnel vom Capitol VC, www.loc.gov/visit, Mo–Sa 8.30–16.30 Uhr, Gratistouren.*

Weitere Sehenswürdigkeiten in Downtown Washington

Nur wenige Schritte von Kapitol und Mall entfernt und nicht zu übersehen ist das **Newseum (30)**. Dieses Multimedia-Museum widmet sich auf mehreren Stockwerken der Geschichte der Presse in allen ihren Aspekten. Dazu gehört das *Freedom Forum*, das sich der Presse-, Rede- und Meinungsfreiheit in aller Welt verschrieben hat. Dank der instruktiven Ausstellungen, vieler Hands-on-Objekte und mithilfe von Filmen kann man in diesem Museum leicht drei Stunden verbringen. Von der Terrasse im obersten Stockwerk genießt man eine gute Aussicht auf Kapitol und Mall.

Geschichte der Presse

Newseum, *555 Pennsylvania Ave. NW, www.newseum.org, tgl. 9–17 Uhr, $ 21,95 plus Tax, mit Café und Shop.*

Vom Newseum sind es wiederum nur wenige Blocks ins Zentrum zwischen der Union Station und dem Potomac River. Der prachtvolle Bau der **Union Station (31)** wurde 1909 im klassizistischen Stil erbaut und gilt heute als Musterbeispiel gelungener Restaurierung. Nahverkehrszüge, Amtrak-Fernzüge und die Metro fahren hier ab; es gibt Einkaufsarkaden, Restaurants und im Untergeschoss einen Imbissareal, den *Food Circle*.

Um die etwas weiter im Westen gelegene Sporthalle, **Verizon Center (32)**, wo u.a. die Eishockeymannschaft Washington Capitals und die Basketballer Washington Wizards zuhause sind, breitet sich das kleine **Chinatown** aus. Klein, aber interessant ist das neben dem Stadion gelegene **German-American Heritage Museum (33)**, das knapp und informativ, mit Hörproben, Filmen und Fotos, Dokumenten und Memorabilien über die deutsche Einwanderung und die Deutschamerikaner erzählt.

Deutsche Einwanderer

German-American Heritage Museum, *719 6th St., www.ugac.org/gahm/gahm.html, Di–Fr 11–17, Sa 12–17 Uhr, frei.*

Westlich der Sporthalle birgt das empfehlenswerte **Smithsonian American Art Museum (34)** eine Sammlung von rund 40.000 Werken amerikanischer Kunst vom 19. Jh. bis in die Moderne, darunter große Namen wie Bierstadt, Homer, Cassatt, Rauschenberg oder Hopper. Im selben Bau kann man in der angeschlossenen **National Portrait Gallery** im historischen *Patent Office Building* Porträts der US-Präsidenten bewundern, daneben aber auch Darstellungen von Martin Luther King, Marilyn Monroe oder Babe Ruth sowie anderen Berühmtheiten. Sehenswert ist auch die Porträtgallerie indianischer Häuptlinge von George Catlin und die beeindruckende *Lincoln Gallery* mit zeitgenössischen Kunstwerken und Installationen. James-Bond-Fans sollten sich das gegenüber gelegene **International Spy Museum (35)** nicht entgehen lassen. Hier erfährt man nicht nur mittels vielerlei Medien und Ausstellungsstücke viel über große Spione, ihre „Werkzeu-

Blick ins Smithsonian American Art Museum

ge", die Welt der Geheimdienste und der Kriegsspionage, man kann sogar selbst Spion spielen.

Smithsonian American Art Museum, *8th/F St. NW, http://americanart.si.edu, tgl. 11.30–19 Uhr, frei; Dependance:* **Renwick Gallery**, *1661 Pennsylvania Ave. NW/17th St., tgl. 10–17.30 Uhr, frei;* **National Portrait Gallery**, *www.npg.si.edu, tgl. 11.30–19 Uhr, frei.*
International Spy Museum, *8th/F St., www.spymuseum.org, tgl. 9.30/10–18/19 Uhr, $ 20, mit großem Laden und dem Spy City Café, in dem u.a. die berühmten Spy City Dogs serviert werden.*

Das **Ford's Theater (45)** erlangte zweifelhaften Ruhm, da hier am 14. April 1865 Präsident Abraham Lincoln erschossen wurde. Das altehrwürdige Theater erstrahlt heute wieder im Glanz der 1860er-Jahre und steht zur Besichtigung (mit kleinem Museum im Untergeschoss) sowie zu Aufführungen offen. Ein paar Blocks nordwestlich davon liegt ein ungewöhnliches Museum: das **National Museum of Women in the Arts (36)**, in dem ausschließlich Künstlerinnen aus aller Welt mit über 1.500 Werken vertreten sind. *Frauen in der Kunst*

Ford's Theatre & Museum, *511 10th St. NW, www.fordstheatre.org, tgl. 9–17 Uhr, freie Touren (Gratisticket nötig); am Abend Veranstaltungen.*
National Museum of Women in the Arts, *1250 New York Ave. NW, www.nmwa.org, Mo–Sa 10–17, So 12–17 Uhr, $ 10.*

Westlich des Weißen Hauses erstreckt sich das Viertel **Foggy Bottom**, Heimat der George Washington University, einer Reihe von Ministerien, wie dem *Department of State*, und des **John F. Kennedy Center for the Performing Arts (37)**. Letzteres ist das größte Kulturzentrum der Stadt und zugleich Kennedy-Gedenkstätte. Das legendäre **Watergate Building** nördlich des Kennedy Center ist untrennbar verbunden mit der gleichnamigen Affäre, die Präsident Richard Nixon 1974 zum Rücktritt zwang. Vom Kennedy Center fällt der Blick auf eine Insel im Potomac River: Theodore Roosevelt Island. Hier ehrte man mit dem **Theodore Roosevelt Memorial (38)** Teddy Roosevelt, den Schöpfer der Nationalparks. Die Insel ist nur über eine Fußgängerbrücke von Westen (Arlington) her erreichbar.

Stadtviertel zum Bummeln Am **Dupont Circle** – zugleich ein buntes, umtriebiges Viertel – im Nordwesten der Stadt treffen sich mehrere Avenues, darunter die Massachusetts Ave. An dieser Prachtallee reihen sich rund 100 monumentale Botschaftsgebäude auf – weshalb man die Straße auch *Embassy Row* nennt – und wohnen viele Politiker und wohlhabende Leute.

Zwei Blocks westlich des Platzes werden in der **Phillips Collection (39)** Werke des 19. und 20. Jh., u. a. von Renoir, Klee und Rodin, ausgestellt. Das erste amerikanische Museum für moderne Kunst ist berühmt für seine Sammlung impressionistischer und nachimpressionistischer Kunst und dazu für ein vielseitiges Veranstaltungsprogramm. Nordwestlich davon befindet sich das **Woodrow Wilson House Museum (40)**. In dem äußerlich eher unscheinbaren Haus lebte der 28. Präsident der USA, im Amt von 1913 bis 1921. Woodrow Wilson, geboren 1856 in Staunton, Virginia, nutzte das Haus als Altersruhesitz.

The Phillips Collection, *1600 21st St. NW, www.phillipscollection.org, Di–Sa 10–17, Do 10–20.30, So 11–18 Uhr, $ 12 an Wochenenden und für Sonderausstellungen, ansonsten ist die Dauerausstellung frei; u. a. sonntags Klassikkonzerte sowie „Artful Evenings".*
Woodrow Wilson House, *2340 S St. NW, www.woodrowwilsonhouse.org, Touren Di–So 10–16 Uhr, $ 10.*

Georgetown

Das alte Washington Mit dem Bus ist es nur ein Katzensprung in das alte nordwestliche Stadtviertel **Georgetown**, das einen völlig eigenständigen und andersartigen Charakter aufweist. Und das ist nicht verwunderlich: Georgetown ist viel älter als Washington und entstand 1789 als Universitätssitz und Hafen, als Umschlagsplatz für Getreide und Tabak.

Die angesehene **Georgetown University** (*37th/O St.*) **(41)**, war im selben Jahr gegründet worden und gilt als älteste katholische Hochschule der USA mit sehenswertem Campus. Als es in Folge des amerikanischen Bürgerkrieges mit Georgetown wirtschaftlich bergab ging und D.C. wuchs, schwand die Bedeutung Georgetowns. Erst in den 1930er-Jahren entdeckte die Washingtoner Elite den Ort als bevorzugte Wohnadresse wieder.

Nach Jahren des Niedergangs und etlichen Sanierungs- und Restaurierungsprojekten präsentiert sich Georgetown heute wieder attraktiv mit grünen Alleen und engen kopfsteingepflasterten Gassen. Bummelt man durch das geschäftige Zentrum um die Kreuzung M St. und Wisconsin Ave. findet man Shops und Cafés in Hülle und Fülle.

Einige hübsche Häuschen aus der Kolonialzeit – wie das **Old Stone House (42)** als *Restau-*
ältestes existierendes Privathaus von 1765 – bringen den alten Glanz zurück, und auch *rierte*
am Hafen, am schmalen **Chesapeake & Ohio Canal**, der vom Potomac River abge-*Lager-*
zweigt wurde, hat man die alten Lagerhallen für Läden und Apartments, Kneipen und *hallen*
Cafés renoviert.
Old Stone House, *3051 M St., NW, www.nps.gov/nr/travel/wash/dc17.htm, Mi–So 12–17 Uhr, frei.*

Ausflug nach Arlington

Jenseits des Potomac River liegt, bereits in Virginia, die Stadt **Arlington**. Dort sind die
einzigen Wolkenkratzer im Umkreis der Hauptstadt zu sehen. Einzige Sehenswürdigkeit hier ist der Soldatenfriedhof **Arlington National Cemetery** (*Metro Blue Line*), *Soldaten-*
die letzte Ruhestätte vieler berühmter amerikanischer Persönlichkeiten. Der Friedhof *friedhof*
wurde 1864 auf dem Grund der Custis-Lee-Familie angelegt, zu der auch der Oberbefehlshaber der Südstaatenarmee, Robert E. Lee, gehörte. Die ehemalige Custis-Lee-Man-
sion, das **Arlington House,** steht zur Besichtigung offen.
Arlington House, The Robert E. Lee Memorial, *www.nps.gov/arho, tgl. mind.
9.30–16.30 Uhr, frei.*

Erste Soldatengräber entstanden ab 1863 während des Bürgerkrieges, nach diesem zählte man bereits 16.000, und heute verteilen sich rund 250.000 Gräber auf 250 ha Fläche – eine riesige Totenstadt ist entstanden (Plan im Besucherzentrum). Es sind in erster Linie Soldaten und deren Angehörige, die auf dem nationalen Gedenkfriedhof der
USA ihre letzte Ruhe fanden und finden. Auch Militärs, die 20 Jahre gedient haben und
ehrenvoll entlassen worden sind, werden hier beigesetzt. Dazu kommen Verstorbene
anderer Nationen (u. a. ein deutscher Kriegsgefangener) sowie nichtmilitärische Persönlichkeiten wie Joe Louis oder Lee Marvin. Am **Grab des Unbekannten Soldaten**, das 1921 unter Woodrow Wilson entstanden ist, findet von April bis September
regelmäßig ein eindrucksvoll exakter Wachwechsel statt. Die *3rd United States Infantry
– The Old Guard* – mit rund 1.300 Soldaten begleitet jährlich etwa 3.500 offizielle Ze-
remonien.

Hauptanziehungspunkt auf dem Friedhof ist das schlichte, mit einem ewigen Licht ge- *Kennedys*
schmückte **Grab von John F. Kennedy**, der 1963 einem Attentat zum Opfer fiel. Vor *Grabstätte*
dem Aufgang zum Grab sind wichtige Zitate von Kennedy auf eine geschwungene
Mauer zu lesen. Neben John F. Kennedy sind zwei seiner Kinder begraben: ein Junge, der
nur ein paar Stunden alt wurde, und ein Mädchen, das tot zur Welt kam. Außerdem liegt
hier sein Bruder Robert Francis Kennedy (1925–68), der ebenfalls ermordet wurde.

In unmittelbarer Nähe, etwas nördlich des Friedhofs, befindet sich das **Iwo-Jima-Denk-
mal**, ein eindrucksvolles Monument für die Eliteeinheit der US Marines, die von
George Washington 1775 ins Leben gerufenen „Ledernacken". Von den hier dargestell-

Pentagon ten sechs Soldaten sind drei während des Zweiten Weltkrieges gefallen. Bei der Person im Hintergrund handelt es sich um einen Pima-Indianer, der stellvertretend für die Ureinwohner und ihre wichtige Rolle bei der Nachrichtenübermittlung im Kampf gegen die Japaner – diese konnten die Indianersprache nicht entschlüsseln – steht. Südlich des Friedhofs, in einem burgartigen Fünfecksbau, befindet sich das **Pentagon (43)**, das Verteidigungsministerium, 1941–43 erbaut.
Arlington National Cemetery, *Arlington/VA (Metro „Arlington"), www.arlingtoncemetery.mil, tgl. 8–17/19 Uhr, Infos im VC des Friedhofs (ausgeschildert), Wachwechsel am Grab des Unbekannten Soldaten stündlich.*

Reisepraktische Informationen Washington, D.C.

i Information
Capital Region, *c/o Claasen Communication, Hindenburgstr. 2, D-64655 Alsbach,* ☎ *06257-68781, www.capitalregionusa.de*
Destination DC, *901 7th St. NW,* ☎ *(202) 789-7000*
Infos im Internet: *http://washington.org bzw. http://thedistrict.com*

Unterkünfte
Allein im Stadtzentrum gibt es über 100 Hotels – zumeist recht teuer; preiswerter ist es im Umkreis, z. B. am Capital Beltway I-495/95, günstig mit der Metro erreichbar. Zu Engpässen kann es in der Ferienzeit oder bei großen Kongressen und Veranstaltungen kommen. Es empfiehlt sich dann, im Voraus zu reservieren – was auch über diverse deutsche Veranstalter möglich ist. Besonders an Wochenenden sind Special Rates erhältlich. Reservierungen sind auch über folgende Websites möglich: www.visitdc.com und www.washingtondchotels.com
Hotel Harrington (3) *$$–$$$, 11th/E St. NW,* ☎ *202-628-8140, www.hotel-harrington. com; zentral gelegenes Hotel in historischem Bau.*
Windsor Inn (1) *$$–$$$, 1842 16th St.,* ☎ *202-662-0300, www.windsor-inn-hotel-dc.com; gute Lage zwischen DuPont Circle und Adams Morgan in historischem Bau, 46 Zimmer, Gratis-WiFi und Frühstück inklusive.*

Übernachtungstipp

Wie daheim: die Eldon Suites

Im Eldon Suite Hotel bezieht man kein gewöhnliches Hotelzimmer, sondern eine gut ausgestattete Wohnung. Man schlüpft in Slipper und Bademantel, legt sich aufs Sofa, setzt einen Kaffee auf oder bereitet sich einen Snack, sieht fern und setzt die Massagedusche in Gang, ehe man unter das weiche Federbett schlüpft. Das Eldon Suite Hotel liegt nahe dem Convention Center, nur wenige Schritte von der nächsten Metro Station und gut eine Viertelstunde zu Fuß von der National Mall entfernt. Der zehnstöckige Bau von 1929 fungierte als Apartmenthaus, bis er 2009 zum Eldon Suite Hotel umgestaltet wurde. Seither stehen Gästen 50 Suiten mit ein bis drei Schlafzimmern und voll eingerichteten Küchen zur Verfügung, die bis zu sechs Personen aufnehmen können. Schon die kleinste Suite, die ab etwa $ 140 inkl. Frühstück und Wi-Fi zu haben ist, erfüllt den Zweck voll.
The Eldon Luxury Suites, *933 L St. NW, Washington DC,* ☎ *209-540-5000, www.eldon suites.com*

Eldon Suites, das Zuhause in der Hauptstadt

Hay-Adams Hotel (2) $$$$, One Lafayette Square (16th/H St. NW), ☎ 202-638-6600, www.hayadams.com; superteures, edles Luxushotel in denkmalgeschütztem Haus mit Blick aufs Weiße Haus; zugehörig: Top-Restaurant Lafayette.

The Liaison Capitol Hill (4) $$$–$$$$, 415 New Jersey Ave. NW, ☎ 202-638-1616, www.affinia.com; 343 Zimmer superluxuriös und geschmackvoll in Capitol Hill Neighborhood mit Dachterrassenbar, wunderschöne Zimmer, Pool, Flat-TVs und empfehlenswertes Art & Soul Restaurant.

Phoenix Park Hotel (5) $$$–$$$$, 520 N Capitol St. NW, neben Union Station, ☎ 202-638-6900, www.phoenixparkhotel.com; wunderschönes historisches Hotel, 150 Zimmer mit altehrwürdigem, irisch angehauchtem Charme.

🍴 Restaurants

Das Stadtviertel Capitol Hill ist bekannt für gutes Essen, Bummeln und Nightlife, ein weiterer attraktiver Treff ist Georgetown, wo es neben Studentenkneipen auch feine Lokale gibt, besonders um die M St./Wisconsin Ave.; ethnische Lokale und einladende Bars/Kneipen finden sich im Viertel Adams Morgan, vor allem um den Dupont Circle.

Ben's Chili Bowl (2), 1213 U St. NW (Metro „U Street"); seit 1958 bekannt für „chili half-smokes" und „chili dogs"; erst durch Bill Cosby, dann durch Präsident Barack Obama berühmt gewordener Imbiss.

Capitol City Brewing Co. (4), 2 Massachusetts Ave. NW und 1100 NY Ave NW, www.capcitybrew.com; die älteste Hausbrauerei der Stadt, gutes Bier und schmackhafte Gerichte.

Clyde's of Georgetown (1), 3236 M St. NW, ☎ 202-333-9180; nettes, erschwingliches Restaurant und Bar mit Atmosphäre, beliebter Treff vieler Washingtoner.

Corduroy (3), 1122 9th St. NW, ② 202-5898-0699, www.corduroydc.com; nicht eben billig, dafür aber ausgezeichnete Gerichte mit leichtem asiatischem Touch, angenehmes Ambiente in einem renovierten, unscheinbaren Reihenhaus mit kleiner Bar im OG.

Lafayette Room im Hay-Adams Hotel (siehe oben), ② 202-638-6600; fein und teuer, innovative „Weltküche" der Spitzenklasse.

Old Ebbitt Grill (5), 675 15th St. NW, ② 202-347-4801; der älteste Saloon der Stadt wurde 1856 gegründet, äußerst pittoresk, zwanglose Atmosphäre, nett und preiswert, vor allem zum Lunch.

Nachtleben
Beliebt bei Nachtschwärmern sind die **U St.** (Bohemian Caverns, Polly's) oder die **H St.** nördlich Union Station (Atlas District).

Einkaufen
Nach D.C. fährt man wegen der Sehenswürdigkeiten und nicht unbedingt zum Shoppen. Teile **Georgetowns** (teure Boutiquen und Lokale/Cafés entlang der M St.) sowie **Capitol Hill** sind dennoch gut geeignet. Lohnend sind auch die unterschiedlich sortierten **Läden** der Museen an der Mall.

Touren
Mehrere **Walkingtouren**, auch durch Georgetown, finden sich unter: www.washington walks.com

Old Town Trolley Tours, 3150 V St. NW, 9–16/19 Uhr alle 30 Min. 2-stündige Rundfahrten, $ 39, www.trolleytours.com/Washington-DC; 19 Stationen inklusive Georgetown, beliebiges Ein- und Aussteigen möglich.

ANCTOUR, www.anctours.com; Mall Express von Union St. entlang der Mall bis Arlington Cemetery, versch. Stopps ($ 5 einfach), auch Cemetery Tour ($ 8,75).

Unterhaltung
John F. Kennedy Center for the Performing Arts, 2700 D St. NW/Rock Creek Pkwy., www.kennedy-center.org; u.a. Sitz des National Symphony Orchestra.

H Street Playhouse, 1365 H St. NE, www.hstreetplayhouse.com; Sitz der bekannten Theater Alliance (www.theateralliance.com).

Zuschauersport
DC United (Soccer/Fußball – MLS), Spiele im RFK Stadium (Metro „Stadium Armory"), www.dcunited.com.

Washington Nationals (Baseball – MLB), Spiele im Nationals Park (im SO direkt am Anacostia River, Metro „Navy Yard"), http://washington.nationals.mlb.com.

Washington Capitals (Eishockey – NHL), Spiele im Verizon Center (Downtown, Metro „Gallery Place/Chinatown"), http://capitals.nhl.com.

Washington Wizards (Basketball – NBA), ebenso Verizon Center, www.nba.com/wizards.

Washington Redskins (Am. Football – NFL), Spiele im FedExField im östlich gelegenen Vorort Landover/Maryland, www.redskins.com.

Flughäfen
Der **Washington Dulles International Airport** (www.mwaa.com/dulles) ist Hauptknotenpunkt von United Airlines und liegt ca. 40 km im Nordwesten der Hauptstadt in VA.

Kürzlich wurden eine neue (4.) Startbahn und 15 neue Gates in Betrieb genommen, dazu ein neues Aero Train-System, das die ungewöhnlichen alten „People Mover" teilweise ablöste.

Verbindung zur Stadt: Ein Metro-Anschluss ist derzeit im Bau (bis 2014), bisher daher nur mit Bus (Washington Flyer Coach, www.washfly.com/coach.html) zur nächsten Metro-Station (Orange Line, West Falls Church) bzw. Metrobus 5A zur L'Enfant Plaza, dort Metro-Station. Taxis (ca. $ 60), Express-Busse von Washington Flyer (alle 45 Min., $ 10 zur Metro-Station West Falls Church Station) sowie blaue Shuttle-Busse (door-to-door) von SuperShuttle ($ 29, www.super shuttle.com).

Der **Ronald Reagan National Airport** im Süden ist außer mit Washington Flyer und SuperShuttle (siehe oben) sowie Taxis (ca. $ 30) auch mit der Metro (Blue/Yellow Line) an die Stadt angebunden.

Dritter Flughafen in der Capital Region ist der **Baltimore-Washington International Airport** (**BWI**; www.bwiairport.com), am günstigsten per Bahn (S-Bahn und Amtrak) von der BWI Rail Station (kostenloser Pendelbus vom Terminal) zur Union Station (Washington) erreichbar.

Nahverkehr

Die **Washington Metropolitan Area Transit Authority** betreibt Busse (Metro-Bus) und Metro (Metrorail). Es gibt fünf farblich differenzierte U-Bahn-Linien, die zwischen 5.30 bzw. 8 Uhr und Mitternacht verkehren. Der sogenannte **Circulator**, sechs farblich gekennzeichnete Buslinien, sorgt in der Innenstadt für schnelle Verbindungen.

Tickets & Infos Circulator: www.dccirculator.com. Einzeltickets kosten $ 1.

Tickets & Infos Metrorail und Metro-Bus: www.wmata.com. Tickets gibt's an jeder Station an Automaten, die Fahrpreise sind gestaffelt nach Entfernung und Tageszeit ($ 1,70–5,75). Vorsicht: Das Ticket wird bei Fahrtende benötigt, um durch die Schranke zu kommen, ggf. muss nachgelöst werden (additional fare). Günstig ist der **One Day Pass** für MetroRail zu $ 14 (ohne Zeitbeschränkung. Bustickets kosten $ 1,80.

Eisenbahn/Bus

Amtrak (www.amtrak.com) verbindet Washington mit allen großen Städten der Ostküste (Acela- und Metroliner-Service) sowie mit Chicago, Atlanta und New Orleans. Der sehenswerte und renovierte Bahnhof, die **Union Station**, liegt nahe beim Kapitol, 50 Massachusetts Ave. NE (Metro „Union Station").

Auch verschiedene **Busgesellschaften**, wie BoltBus, verbinden die Ostküstenstädte miteinander, ① 1-877-265-8287, www.boltbus.com.

„Charm City" Baltimore

Charmante Baltimore nennt sich selbst gern „Charm City". Wer die Lage der Stadt mit dem fünft-
Stadt größten Hafen der USA an der Chesapeake Bay erlebt hat, versteht die Euphorie der
etwa 621.000 Einwohner. Nicht nur das reiche maritime Erbe prägt die Stadt, besonders
stolz ist man auch auf die afroamerikanischen Wurzeln: Immerhin sind über 60 % der
Bewohner afroamerikanischer Herkunft.

Überblick

Baltimores Innenstadt breitet sich um die **Historic Charles Street** als dominante
Nord-Süd-Achse aus. Herz der Stadt ist der **Inner Harbor** mit seinen Sehenswürdigkeiten. Baltimores Innenstadt lässt sich deshalb gut zu Fuß erkunden. Östlich, „landeinwärts", liegen **Little Italy** (*um die Pratt, östlich der President St.*), das neue **Harbor East**
und **Fell's Point**, das alte Hafenviertel Baltimores, letzteres historisch aufgeputzt und
ideal für Nachtschwärmer.

Westlich des Inner Harbor liegt **Camden Yards**, interessant für Sportfans, da hier die
beiden Sportstadien der Stadt stehen. **Downtown Baltimore** – das City Center um
das Rathaus – erstreckt sich nördlich des Convention Center (*Pratt St.*) und geht nach
Orien- Westen in die **Westside** über, die von der Howard St. als Hauptachse durchzogen wird.
tierung Dort ist das historische **Fort McHenry** die Hauptattraktion. Weiter nach Norden folgt
Mount Vernon mit dem Washington Monument als markantem Punkt. Es handelt sich
um den „Kultur-Strip" der Stadt, um jene Region, in der sich im 18./19. Jh. die besten
Adressen befanden. Ganz im Norden, jenseits der Amtrak Penn Station, erstreckt sich
im **Charles Village** der Campus der renommierten **John Hopkins Universität**. Der
Druid Hill Park von 1688 im Nordwesten ist der zweitgrößte Park der USA und die
grüne Lunge der Stadt. In der Nähe liegt **Hampdon**, eines der lebendigsten Viertel der
Stadt.

Historisches

Das am 8. August 1729 gegründete Baltimore blühte dank des Naturhafens rasch als
Handelsmetropole auf. Die britischen Restriktionen in den 1760/70er-Jahren trafen
den Handelsort hart, weswegen auch die Beteiligung an den Befreiungskriegen besonders rege war. Als der wichtige Hafen von den Briten attackiert wurde, konnte man
dank **Fort McHenry**, ganz an der Spitze der Landzunge im Süden des Hafens gelegen,
diesen Angriff im September 1814 im *War of 1812* abwehren. Dies war ein erster
Schritt zum Friedenschluss beider Nationen.

Blühende Baltimore blieb weiter ein bedeutender Handelspunkt, vor allem der Warenumschlag
Hafenstadt mit den Karibischen Inseln und Südamerika florierte und Mehl war ein wichtiges Han-
delsgut: 1825 gab es an die 60 Mühlen im Großraum Baltimore, das zur **zweitgrößten Stadt** in den USA aufgestiegen war. Zudem entwickelte sich Baltimore zu einem
wichtigen **Industriestandort**. Doch auch das Streben westwärts dauerte an: Erst wurde der *Chesapeake & Ohio Canal* als Verbindung zwischen Potomac und Ohio River Val-

ley eingeweiht, dann entstand die *B&O (Baltimore & Ohio) Railroad,* die 1842 Cumberland und 1874 Chicago erreichte. Nach dem Bürgerkrieg avancierte Baltimore **zum
zweitwichtigsten Einwandererhafen** nach New York.

Ein verheerender Brand am 7./8. Februar 1904 – „**Baltimore Ablaze**" – zerstörte 86
Häuserblocks und damit fast die komplette Innenstadt. Allerdings gab es keine Toten
und es kam zum schnellen Wiederaufbau, der nur kurzzeitig durch Depression und
Zweiten Weltkrieg gebremst wurde. Seit den 1970ern wurden Programme zur städ- *Revitali-*
tischen Erneuerung entwickelt und **Revitalisierungsprogramme** für die Innenstadt *sierung der*
in Angriff genommen. Werften und Lagerhäuser wurden zu Entertainment-Komplexen *Innenstadt*
und Wohnarealen umfunktioniert und der Harborplace öffnete 1980; andere Attraktionen und die beiden Sportstadien folgten. Heute ist der **Inner Harbor** Baltimores
Aushängeschild.

Stadtbesichtigung

Inner Harbor

Der **Inner Harbor** wird durch Pratt (N) und Light St. (W) begrenzt. Rings um das Hafenbecken und auf Piers reihen sich Shopping Malls, Cafés, Restaurants, Hotels, das Convention Center und einige Attraktionen und Museen auf. Hier ist dank Straßenmusikanten oder Open-Air-Konzerten immer etwas los, hier verkehren Wassertaxis, und Boote starten zu Hafenrundfahrten.

Der Inner Harbor, Baltimores maritimes Herz

Fantasie-volle Kunst Zunächst lohnt der „Aufstieg" zum **Federal Hill** am Südufer des Inner Harbor. Von hier hat man einen schönen Überblick über die Stadt. Das **American Visionary Art Museum (AVAM) (1)** ist kein gewöhnliches Kunstmuseum. Es fällt allein schon durch seine Architektur und die kreative Gestaltung der Umgebung – mit Wildflower Garden und ungewöhnlicher Hochzeitskapelle – ins Auge. Innen findet sich höchst fantasievolle Kunst (*fantastic art*) in Dauer- und Wechselausstellungen, lustig, skurril, verrückt, autodidaktisch, qualitativ hochwertig oder zusammengebastelt, aber immer sehenswert. Die Werke finden sich im Hauptbau sowie in der benachbarten umgebauten Lagerhalle, der Tall Sculpture Barn, in der „Spielgeräte" aller Art und kuriose Skulpturen ausgestellt sind. Allein der Museumsladen mit Kuriositäten, Künstlerischem und Kitschigem zu günstigen Preisen ist einen Besuch wert.
American Visionary Art Museum (AVAM), *800 Key Hwy., www.avam.org, Di–So 10–18 Uhr, $ 15,95, mit Café und Shop.*

Nur wenige Schritte von AVAM und Federal Hill entfernt, befindet sich, ebenfalls am Hafenbecken, eine der Hauptsehenswürdigkeiten der Stadt: das **Maryland Science Center (2)**, ein naturwissenschaftliches Museum mit IMAX-Kino und Planetarium. Besonders sehenswert sind der Dinosaurier-Saal und die neue Chesapeake-Bay-Abteilung. Zum Komplex gehören ferner das *Davis Planetarium* und das *National Visitors' Center for the Hubble Space Telescope*.
Maryland Science Center, *601 Light St., www.mdsci.org, Di–Do 10–17, Fr 10–20, Sa 10–18, So 11–17 Uhr, $ 16,95, $ 14 nur IMAX, $ 20,95 mit allen Sonderausstellungen und IMAX.*

Ein kleines Stück weiter, vorbei am Infozentrum und am Einkaufszentrum **Harborplace (3)**, liegen die verschiedenen Boote des **Baltimore Maritime Museum (4)**, darunter das an Pier 1 verankerte, 1854 vom Stapel gelaufene Segelkriegsschiff „USS Constellation". Zur Sammlung gehören zudem das U-Boot „USS Torsk", das Küstenwachschiff „USCGC Taney" und das Lightship „Chesapeake" an Pier 3. Im Eintrittspreis enthalten ist auch die Besichtigung des *Seven-Foot Knoll Lighthouse*.

Schiffs-museum

Die Schiffe und Bauten bilden den **National Historic Seaport of Baltimore**. Bei schönem Wetter *Blick auf die Stadt* lohnt anschließend der Ausblick vom benachbarten **Top of the World Observation Level (5)** im 27. Stock des World Trade Center, erbaut von dem Stararchitekten I. M. Pei.
Baltimore Maritime Museum, *301 Pratt St., Piers 1, 3 & 5 Inner Har-*

1	American Visionary Art Museum (AVAM)
2	Maryland Science Center
3	Harborplace
4	Baltimore Maritime Museum
5	Top of the World Observation Level
6	National Aquarium
7	Power Plant
8	Port Discovery Children's Museum
9	Reginald F. Lewis Museum of Maryland African American History & Culture
10	Phoenix Shot Tower
11	Historic Charles Street
12	Babe Ruth Birthplace
13	Sports Legends Museum at Camden Yards
14	Lexington Market
15	B&O Railroad Museum
16	City Hall
17	Basilica of the Assumption
18	Washington Monument
19	Walters Art Gallery
20	Maryland Historical Society
21	Eubie Blake National Jazz Institute & Cultural Center
22	John Hopkins University
23	Baltimore Museum of Art
24	Lacrosse Museum & National Hall of Fame
25	Druid Hill Park & Lake
26	Hampden
27	Fort McHenry

bor, www.historicships.org, tgl. mind. 10–16.30 Uhr, $ 11, für eines, $ 14 für zwei und $ 18
für alle vier Schiffe.

Top of the World Observation Level, *401 E Pratt St., www.viewbaltimore.org, Mo–Do 10–
18, Fr/Sa 10–19, So 11–18 Uhr, in NS Mo/Di geschl., $ 5.*

Nur wenige Schritte neben dem WTC liegt eine weitere Attraktion der Stadt, das **National Aquarium (6)**. Es zählt zu
den Topaquarien des Landes und ist für seine Delfin-Vorfüh-
rungen bekannt. Neueste Errungenschaft ist die Erweiterung
zum *Harbor Front Park* mit dem Wasserfall-Pavillon.

National Aquarium Baltimore, *Pier 3/4, 501 E Pratt St.,
www.aqua.org, tgl. mind. 9/10–17 Uhr, $ 29,95.*

Hotels
1 Fairfield Inn
2 Renaissance Harborpalace
3 Admiral Fell Inn
4 The Inn at Henderson's Wharf

Restaurants
1 Miss Shirley´s Café
2 Café Hon
3 The Black Olive
4 Langermann´s

Interes-
sante
Museen In die **Power Plant (7)**, ein ehemaliges Kraftwerk an Pier 5, sind Cafés und Läden eingezogen; im **Pier Six Concert Pavilion** nebenan finden im Sommer verschiedenste Veranstaltungen statt. Im ehemaligen Baltimore Fishmarket Building ein Stück nördlich davon befindet sich mit dem **Port Discovery Children's Museum (8)** eines der besten Kindermuseen der USA. Östlich davon liegt das **Reginald F. Lewis Museum of Maryland African American History & Culture (9)**, ein Museum, das sich ausschließlich mit der Geschichte und dem Erbe Amerikaner afrikanischer Herkunft über die letzten 350 Jahre beschäftigt. Hier wird deutlich, warum Baltimore stolz auf seine afroamerikanischen Wurzeln ist. Daneben lohnt ein Blick ins **Star-Spangled Banner Flag House**, das sich der Auseinandersetzung zwischen Briten und USA während des War of 1812 und der Produktion der Nationalflagge widmet.

Port Discovery Children's Museum, 35 Market Place, www.portdiscovery.org, Di–Fr 9.30–16.30, Sa 10–17, So 12–17 Uhr, im Sommer tgl. 10–17, So 12–17 Uhr, $ 13,95.

Reginald F. Lewis Museum of Maryland African American History & Culture, 830 E Pratt St., www.rflewismuseum.org, Mi–Sa 10–17, So 12–17 Uhr, $ 8; mit Kino, Shop, Café und Archiv.

Star-Spangled Banner Flag House, 844 E Pratt St., www.flaghouse.org, Di–Sa 10–16 Uhr $ 8.

Phoenix Shot Tower und Carroll Museum

Markantes Wahrzeichen der Stadt, nahe dem Inner Harbor und bereits in Historic Jonestown gelegen, ist der **Phoenix Shot Tower (10)**. 1782 hatte ein Engländer namens William Watt den Herstellungsprozess von Bleikugeln rationalisiert, indem er Blei durch Röhren eines hohen Ziegelturms fließen ließ. Abgekühlt wurden daraus perfekt geformte runde Kugeln. Der Ziegelbau stammt von 1828 und misst knapp 72 m. Im Schatten des Turms liegt das **Carroll Museum**, das sich im ehemaligen Wohnhaus von Charles Carroll befindet, einem der Unterzeichner der Unabhängigkeitserklärung. Das Museum informiert über die frühe Geschichte der Stadt.

Phoenix Shot Tower, 801 E Fayette St., Sa/So 16 Uhr Touren, $ 5.

Carroll Museum, 800 E Lombard St., www.carrollmuseums.org, Sa/So 12–16 Uhr Touren, $ 5.

Unterwegs nach Fell's Point

Ältestes
Viertel Das sich östlich an den Inner Harbor anschließende **Fell's Point** gilt als eines der ältesten Viertel Baltimores. Die alten Pflasterstraßen des ehemaligen Hafenviertels, das um 1730 entstanden war, rahmen Gebäude aus dem 18. Jh. Die dort eingezogenen Pubs, Galerien und Kneipen laden zum Bummeln, Einkaufen, Essen und Trinken ein.

Zwischen Hafen und Fell's Point drängt sich um die Fawn St. **Little Italy**, für Besucher in erster Linie interessant wegen der Lokale. Südlich davon hat sich **Harbor East** entwickelt, ein neues Viertel am Hafen, mit teuren Wohnungen, noblen Läden und Lokalen.

City Center, Camden Yards und Westside

Die Innenstadt Baltimores schließt sich nördlich an den Inner Harbor an. Hauptachse ist die **Historic Charles Street (11)** mit ihrer teils alten Architektur. Hier reihen sich Geschäfte, Restaurants, Galerien, Museen und Kirchen aneinander. Südwestlich liegen die beiden gigantischen Sportstadien der Stadt: **Oriole Park at Camden Yards** – die Heimat der Profibaseballer Baltimore Orioles – und das Stadion der American Footballer Baltimore Ravens, das **M&T Bank Stadium** Im Februar 2013 holten sich die **Ravens** zur Freude der Stadt ihren zweiten Meistertitel.

Babe Ruth Birthplace (12) und das **Sports Legends Museum at Camden Yards (13)** würdigen einen der berühmtesten Baseball- spieler aller Zeiten sowie die Sportteams der Stadt anhand von Fotos, Memorabilien, interaktiven Elementen und Videos. Im OG des Sportmuseums befindet sich das sehens- werte **Geppi's Entertainment Museum**, ein Museum über Comics und Popkultur. Die einzigartige Sammlung an Originalen, Figuren und Memorabilien von der Frühzeit bis heute, von Superman über Batman, Mickey Mouse bis hin zu Barbie, zusammengetragen von Stephen A. Geppi ist ein Muss für Fans, aber auch für al- le anderen sehenswert.

Baltimores berühmtester Sohn: Baseballer Babe Ruth

Babe Ruth Birthplace, *216 Emory St., http:// baberuthmuseum.org, Di–Sa 10–17 Uhr, $ 6.*
Sports Legends Museum at Camden Yards, *301 W Camden St., http://baberuth museum.org, Di–So 10–17 Uhr, $ 8 bzw. Kombiticket mit Babe Ruth Birthplace $ 12.*
Geppi's Entertainment Museum, *301 W Camden St., www.geppismuseum.com, Di–So 10–18 Uhr, $ 10.*

Ein Stück weiter nördlich, im Stadtviertel **Westside**, einem afroamerikanischen Vier- tel, dass ansonsten touristisch wenig zu bieten hat, befindet sich seit 1782 der **Lexing- ton Market (14)** mit rund 140 Marktständen, günstigen Imbissgelegenheiten und Le- bensmitteln aller Art. Er bildet das Zentrum des sogenannten *Market Center* zwischen Franklin, Liberty, Baltimore und Greene St., mit Geschäften und Imbissständen verschie- denster Art.
Lexington Market, *400 W Lexington St., Mo–Sa 8.30–18 Uhr, www.lexingtonmarket.com, z. B. Faidley's Seafood oder Mary Mervis Deli.*

An der Pratt St. liegt im Westen der Innenstadt in einem alten Bahnhofsgebäude das *Eisenbahn-* **B&O Railroad Museum (15)**, eine Ausstellung zur Geschichte der amerikanischen *museum* Eisenbahn. Es handelt sich um eine große Sammlung von Eisenbahnreliquien, historischen Loks und Wagen, die die Geschichte der *B&O Railroad* illustrieren.
B&O Railroad Museum, *901 W Pratt St., www.borail.org, Mo–Sa 10–16, So 11–16 Uhr, $ 16.*

Das eigentliche Stadtzentrum markiert die **City Hall** (100 N Holliday St.) **(16)**, mit ei- ner sehenswerten, über 30 m hohen Kuppel und Ausstellungen zur Stadtgeschichte. Ein

Stück weiter, bereits in Mount Vernon, erhebt sich an der Ecke Cathedral/W Mulberry St. die **Basilica of the Assumption (17)**, die erste katholische Kirche in den USA, erbaut nach Plänen von Benjamin Henry Latrobe, u. a. Erbauer des *United States Capitol* in Washington.

Mount Vernon

Das **Washington Monument** (*N Charles St./Mount Vernon Pl.*) **(18)** markiert das Stadtviertel Mount Vernon. Über 228 Stufen gelangt man zur Spitze der rund 60 m hohen Säule. Damit ist sie niedriger als ihr 169 m hohes Pendant in Washington, D. C., das vom selben Erbauer, Robert Mills, stammt – das Denkmal in Baltimore wurde allerdings früher, nämlich schon 1815 gebaut.

Renommiertes Museum Die **Walters Art Gallery (19)** genießt unter Kunsthistorikern und Archäologen den Ruf, eines der besten Museen der USA zu sein und ist für spektakuläre Wechselausstellungen bekannt. Es umfasst auf fünf Stockwerken über 20.000 Kunstwerke, darunter Werke der Ur- und Frühgeschichte (Ägypten, Griechen, Römer, Byzantiner u. a.), des Mittelalters, der Renaissance und des Barock, außerdem asiatische Kunst, französische Gemalde des 19. Jh. und moderne Kunst des 20. Jh. Zwei Blöcke westlich des Museums liegt das Gebäude der **Maryland Historical Society (20)**. Es beherbergt das Carey Center for Maryland Life sowie eine Gemäldegalerie mit Bildern von Maryland im Laufe der Jahrhunderte sowie sehenswertem Kunsthandwerk, Möbeln und Americana aller Art.
Walters Art Gallery, 600 N Charles St., www.thewalters.org, Mi–So 10–17 Uhr, frei, mit Café und Shop.
Maryland Historical Society Museum, 201 W Monument St., www.mdhs.org, Mi–Sa 10–17, So 12–17 Uhr, $ 6.

An der nördlich gelegenen Antique Row informiert das **Eubie Blake National Jazz Institute & Cultural Center (21)** auf vier Etagen nicht nur über den großen Jazzpianisten Eubie Blake, sondern auch über andere Jazzlegenden der Stadt, z. B. Billie Holiday oder Chick Webb. Fast noch wichtiger sind die verschiedenen Studios und Werkstätten, Workshops und Kurse und nicht zuletzt die Konzerte.
Eubie Blake National Jazz Institute & Cultural Center, 847 N Howard St., www.eubie blake.org, Mi–Fr 13–18, Sa 11–15 Uhr, $ 5.

Im Norden der Stadt

Bekannte Universität Die im Norden der Stadt gelegene **John Hopkins University (22)** wurde 1876 gegründet und ist zeitweilige Heimat für rund 3.600 Studenten. Sie liegt im Viertel **Charles Village** um die Charles St. Am Südrand des Campus befindet sich das wegen seiner modernen Kunstsammlung mit Werken von Matisse, Picasso, Monet, van Gogh, Cézanne u. a. berühmte **Baltimore Museum of Art (23)**.
Baltimore Museum of Art, 10 Art Museum Dr., www.artbma.org, Mi–Fr 10–17, Sa/So 11–18 Uhr, frei (derzeit umfangreiche Renovierungsarbeiten im Gang).

Interessant für Sportfreunde ist das **Lacrosse Museum & National Hall of Fame (24)**, eine Hommage an die älteste Sportart Nordamerikas. Westlich des Campus' breitet sich die grüne Lunge der Stadt aus, der **Druid Hill Park & Lake (25)** mit Zoo und Botanischem Garten. Zwischen Park und Uni liegt das Viertel **Hampden (26)** mit kleinen Läden und Lokalen um die Kreuzung 36th St./Falls Road. Berühmt ist zudem die Weihnachtsbeleuchtung an den Häusern der 34th Street.

Lacrosse Museum & National Hall of Fame, 113 W University Pkwy., www.uslacrosse. org/museum/halloffame.phtml, Mo–Fr 10–14 Uhr, $ 3.

Fort McHenry National Monument & Historic Shrine

Das im Süden der Stadt, direkt an der Hafeneinfahrt gelegene **Fort McHenry (27)** gehört zu den historischen Juwelen der USA. 1798 erbaut, widerstand das Fort im *War of 1812* unter dem Kommando von Major George Armistead dem 25-stündigen Bombardement der britischen Flotte am 13. und 14. September 1814. Zuvor hatten die Briten die Hauptstadt Washington zerstört und nun sollte die Einnahme von Baltimore den Krieg zugunsten der Briten beenden. Doch die Briten konnten weder das Fort noch die Stadt einnehmen und zogen wieder ab – so entschied sich hier der Krieg und es kam Ende Dezember zum Friedensschluss. Das Fort wird aber nicht nur wegen des erfolgreichen Widerstands verehrt. Die während des britischen Angriffs hier wehende Flagge, sie befindet sich heute im National Museum of American History in Washington D.C., inspirierte Francis Scott Key zu dem Gedicht „**The Star-Spangled Banner**", der heutigen Nationalhymne.

Histori-sches Juwel

Fort McHenry NM, 2400 E Fort Ave., www.nps.gov/fomc, Gelände tgl. 8–17 Uhr. VC und Fort tgl. 8–16.45 Uhr, $ 7.

Zwei Highlights von Baltimore: das Maritime Museum und das Aquarium

Reisepraktische Informationen Baltimore

 Information
Capital Region, siehe Washington, D.C.
Baltimore Visitor Center (BACVA), 451 Light St., http://baltimore.org; großes VC direkt am Inner Harbor, vielerlei Broschüren, Auskünfte, Tickets sowie Hotelreservierungsservice, Touch-Screen-Kiosks, interaktive Ausstellungen, Film u. a. (tgl. 9/10–16/17 Uhr, im Winter nur Mi–So).

 Unterkünfte
Admiral Fell Inn (3) $$$, 888 S Broadway, ☎ 410-522-7377, www.AdmiralFell.com; renoviertes historisches Hotel an der Waterfront mit gemütlich ausgestatteten Zimmern.
Fairfield Inn & Suites Baltimore Inner Harbor (1) $$$, 101 President St., ☎ 410-837-9900, www.greenfairfieldinn.com; das erste „grüne" Hotel der Stadt liegt günstig und bietet gemütliche Zimmer mit allem Komfort.
The Inn at Henderson's Wharf (4) $$$–$$$$, 1000 Fells St., ☎ 410-522-7777, www.harbormagic.com/hendersons_wharf/index.asp; 38 schöne Zimmer in denkmalgeschütztem Haus mit Garten, inkl. Frühstück.
Renaissance Harborplace Hotel (2) $$$$, 202 E Pratt St., ☎ 410-547-1200, www.renaissanceharborplace.com, direkt am Inner Harbor gelegenes Hotel mit neu renovierten, geräumigen und modern ausgestatteten Zimmern, von den Südzimmern Blick auf den Hafen!

 **Restaurants**
Das Viertel Fell's Point ist bekannt für Dining und Nightlife, Antiquitäten und Boutiquen.
The Black Olive (3), 814 S Bond St., ☎ 410-276-7141; mediterrane Küche mit Schwerpunkt auf griechischen Spezialitäten, frischem Fisch und biologischen Produkten.
Café Hon (2), 1002 W 36th St., beliebtes Lokal im Viertel Hampden, hier gibt es leckere, lokale Gerichte.
Langermann's (4), 2400 Boston St., ☎ 410-534-3287; beliebtes Lokal, leckere Gerichte mit Südstaaten-Touch, aber auch tolle Burger, Salate und Sandwiches sowie prima Happy Hour!
Miss Shirley's Café (1), 750 E Pratt St., Mo–Fr 7–15, Sa/So 7.30–15.30 Uhr; ideal zum Frühstück oder Mittagessen: üppige, großproportionierte Gerichte mit Südstaaten-Touch und Baltimore-Twist. Vor allem große Auswahl an Frühstücksgerichten!

 Einkaufen
Harborplace & The Gallery at Harborplace, 200 E Pratt St., www.harborplace.com; u. a. 16 Restaurants wie Five Guy's Burgers oder Lenny's Deli, dazu ca. 100 verschiedene Shops und Verkaufsstände sowie Food Court, ein Teil des Einkaufszentrums liegt direkt am Inner Harbor, der andere in einem Baukomplex jenseits der Pratt St.
Lexington Market, 400 W Lexington St., www.lexingtonmarket.com; großer Marktbau mit vielen Imbissständen (Seafood und Südstaatenküche), Viertel abends nicht empfehlenswert!

 Touren
Baltimore Black Heritage Tours, ☎ 410-783-5469, http://mysite.verizon.net/vze1ta3t/bbhtour; Touren mit Lou Fields zur afroamerikanischen Geschichte der Stadt sowie zu anderen Themen.

Spar-Tipp

Der **Harbor Pass** ist für $ 49,95 (http://baltimore.org/harborpass) erhältlich und vier Tage lang für fünf Attraktionen (National Aquarium, Maryland Science Center, Sports Legends Museum oder Lewis Museum of Maryland African American History & Culture, Top of the World Observation Level, Port Discovery Children's Museum oder AVAM) und das Baltimore Water Taxi gültig.

 ### Veranstaltungen/Unterhaltung
Infos/Tickets: www.baltimorewaterfrontfestival.com und im VC
Power Plant Live, 601 E Pratt St., Pier 4, www.powerplantlive.com; Entertainment-Komplex gegenüber dem historischen Kraftwerk, in dem sich eine große Barnes&Noble-Filiale befindet.

 ### Zuschauersport
Baltimore Ravens (Am. Football – NFL), Spiele im zentral gelegenen M&T Bank Stadium, www.baltimoreravens.com
Baltimore Orioles (Baseball – MLB), Spiele im zentralen Oriole Park at Camden Yards, http://baltimore.orioles.mlb.com

 ### Flughafen
Baltimore-Washington International Airport (BWI), siehe Washington, D.C.

 ### Nahverkehr
Ideal für Besucher sind die vier **kostenlosen Buslinien** des **Charm City Circulator**. Die **Purple Line** verkehrt zwischen Penn Station und Federal Hill (Charles/Light St.), die **Orange Line** zwischen Westside und Little Italy (Pratt/Lombard St.) und die **Green Line** zwischen City Center und Fell's Point. Die **Banner Route** verbindet den Inner Harbor mit Fort McHenry. Der **Harbor Connector** stellt die Verbindung auf dem Wasser von Harbor East zu Harbor View (Federal Hill) bzw. zwischen Maritime Park, Tide Point und Canton Waterfront Park her.

Darüber hinaus verkehren durch die Innenstadt eine **Light Rail** (Straßenbahn), eine **Metrolinie** und Busse der MTA sowie **Wassertaxis**.
Circulator: www.charmcitycirculator.com, kostenlos, Mo–Do 6.30–20/21, Fr 6.30–24, Sa 9–24, So 9–20/21 Uhr.
Mass Transit Administration (MTA): http://mta.maryland.gov; die Metrolinie quert die Stadt von W nach O, Light Rail fährt hingegen in N-S-Richtung, Ticket $ 1,60, günstig ist ein Day Pass, um $ 3,50.
Baltimore Water Taxi: http://baltimorewatertaxi.com, drei Routen: Inside Route mit Stopps im Hafenbecken, Express Route zum Fell's Point und Far East Fort McHenry Route. Insgesamt 17 Stopps, Tageskarte $ 12.

 ### Eisenbahn
Baltimore liegt an der Hauptstrecke zwischen Washington und New York. Hauptbahnhof ist die **Baltimore Penn Station** (1515 N Charles St.) am nördlichen Innenstadtrand (kostenloser Circulatur-Bus Richtung Inner Harbor). **Infos**: www.amtrak. com.

Philadelphia, die „Stadt der brüderlichen Liebe"

Philadelphia ist mit seinen gut 1,6 Mio. Einwohnern im Stadtgebiet nach New York, L. A., Chicago, Houston und Phoenix die sechstgrößte Stadt der USA. Vor allem aber ist es die „**Wiege der Nation**", da hier 1776 die **Unabhängigkeitserklärung** der Vereinigten Staaten ausgearbeitet, unterzeichnet und verkündet wurde. Zwischen 1790 und 1800, als Washington neu gebaut wurde, fungierte Philadelphia sogar kurzzeitig als US-Hauptstadt.

Sehens-werte Stadt

Philadelphia lebt jedoch nicht allein von der Vergangenheit, es bietet vielmehr ein interessantes **Nebeneinander von Alt und Neu** und ist eine bunte, lebendige und kulturell vielseitige Stadt. Historische Gebäude, hübsch restaurierte Wohnviertel und ultramoderne Wolkenkratzer stehen nebeneinander, Märkte und Shoppingcenter, Spitzenrestaurants und Brew Pubs ebenso. An die 50 Museen verschiedenster Genres sowie das weltberühmte Philadelphia Orchestra sind hier zu Hause.

Philadelphia ist aber auch eine Stadt der Kirchen, in denen die unterschiedlichsten Gruppen ihre Religionen frei ausüben konnten – ganz nach der Vorstellung des Stadtgründers William Penn von religiöser Toleranz. „**City of Brotherly Love**", die „Stadt der brüderlichen Liebe", wird Philadelphia auch genannt – nach den beiden griechischen Wörtern *philos* (Liebe) und *adelphos* (Bruder).

Philadelphia liegt an zwei Flüssen: dem **Delaware River**, der die Grenze zu New Jersey bildet und wo sich der größte Süßwasserhafen der USA befindet, und dem **Schuylkill River**. Dank des Hafens am Delaware ist der Warenumschlag in der Stadt ein wichtiger Wirtschaftsfaktor. Daneben spielen vor allem Erdölraffinerien, Schiffsbau und Metallverarbeitung eine Rolle, und natürlich der Tourismus, der dank kräftiger Vermarktung in den letzten Jahren stetig anstieg.

Redaktionstipps

Sehens- und Erlebenswertes
▶ Einen Rundgang durch den **Independence National Historical Park** machen (S. 562).
▶ Einen Museumstag einlegen und unbedingt neben dem **Philadelphia Museum of Art** (S. 574) das **Atwater Kent Museum** (S. 571) und die **Pennsylvania Academy of the Fine Arts** (S. 573) besuchen.
Essen & Trinken
▶ Historisch speisen in der **City Tavern** (S. 568 und 576).
▶ Ein Eis bei Bassett's, ein Philly Cheese Steak oder die Spezialitäten der Amish im **Reading Terminal Market** (S. 571 u. 576/577) probieren.
Einkaufen
▶ Einkaufen in der **King of Prussia Mall** (S. 577) - dem zweitgrößten Einkaufszentrum Nordamerikas.

Historisches

1681 hatte König Charles II. dem 37-jährigen William Penn (1644–1718) eine Landparzelle von rund 520 ha zugestanden, um damit seine 16.000 Pfund Schulden, die er bei Penns Vater hatte, zu begleichen. Das Grundstück, für das Penn später die Susquehanna-Indianer am Delaware River entschädigte, war faktisch eine britische Kolonie. Penn war Quäker, Anhänger jener Religionsgemeinschaft, die sich offiziell *Religious Society of Friends* nannte und die in England verfolgt worden war. 1701 arbeitete Penn deshalb die *Charter of Privileges* aus, die allen Gruppen **religiöse Freiheit** garantieren sollte.

Penns *Holy Experiment*, seine Vision vom Staat nach revolutionären Prinzipien, in dem *Das* Menschen unterschiedlicher Herkunft und Religion friedlich zusammenleben und jeder *„heilige* Steuerzahler Wahlrecht hat, führte 1682 zur **Gründung von Philadelphia** am Zu- *Experi-* sammenfluss vom Schuylkill und Delaware River. 1701 erlangte die damals 4.500 Ein- *ment"* wohner, darunter rund ein Drittel Deutsche, zählende Gemeinde Stadtrecht.

Fortan stand der Entwicklung der geografisch begünstigten Stadt nichts mehr im Weg: Philadelphia stieg zum wirtschaftlichen, politischen und militärischen Zentrum unter den englischen Kolonien auf und genoss einen Ruf als **Athens of the Americas**, als tolerantes **Kulturzentrum** des Kontinents und als **zweitgrößte englischsprachige Stadt** der Welt nach London. **Benjamin Franklin**, der als 17-Jähriger 1723 aus Boston hergezogen war, trug wesentlich zum hohen Ansehen der Stadt bei: Nicht nur die Universitätsgründung 1740 war sein Verdienst, sondern auch die erste Bibliothek des Landes (1731) und die erste Zeitung der USA (1728) sind ihm zu verdanken.

Im 17. und 18. Jh. kamen zuhauf Einwanderer aus Europa, vor allem Religionsflüchtlinge aus England, der Schweiz und den Niederlanden, aus der Pfalz und dem Rheinland, nach Pennsylvanien. 1683 war Franz Daniel Pastorius aus Franken als Anführer von *Lebendiges* 13 Quäker-Familien aus Krefeld eingetroffen und hatte größere Ländereien erworben, *deutsches* die er per Los verteilte. „**Germantown**", heute 10 km vom Stadtzentrum Philadelphi- *Erbe* as entfernt, entstand damals als **erste deutsche Ansiedlung** in Amerika. Bei der Mehrzahl der frühen deutschen Zuwanderer handelte es sich um Mitglieder der Wiedertäufer-Gemeinschaften der Mennoniten und Amischen, die noch heute die „pennsylfaanische Sprache", einen altpfälzischen Dialekt mit amerikanischen Einschlägen pflegen und ihre Gottesdienste in (altem) Deutsch abhalten.

Im September 1774 kam in der Carpenters' Hall der 1. Kontinentalkongress zusammen und zwei Jahre später, am 4. Juli, erklärten im damaligen State House beim 3. Kontinentalkongress die 13 amerikanischen Kolonien ihre Unabhängigkeit vom britischen Mut- *Wiege der* terland und verlasen die **Declaration of Independence**. Bis zum Frühjahr 1778 be- *Unabhän-* setzten Briten die Stadt, doch dann ging es Schlag auf Schlag: Vom 25. Mai bis zum *gigkeit* 17. September 1778 trat in der Independence Hall die **Constitutional Convention** zu Beratungen zusammen und arbeitete unter Ägide Thomas Jeffersons eine demokratische Verfassung aus. 1787 wurde diese bis heute gültige Verfassung der Vereinigten Staaten, nachdem sie alle 13 Kolonien unterzeichnet hatten, verabschiedet.

Bis zum Ende des Bürgerkrieges 1865 war die Stadt enorm angewachsen, viele Afroamerikaner aus dem Süden fanden hier Zuflucht und 1876 hatte die Stadt bereits über 600.000 Einwohner. Zur Zeit der Depression in den 1920er- und 30er-Jahren ging es in Philadelphia zunächst bergab, die Innenstadt kam herunter. Erste Sanierungsprogramme setzten nach Ende des Zweiten Weltkrieges ein: Der Historic District wurde restauriert und weitere **Revitalisierungsprogramme** ließen die Innenstadt zum Besuchermagneten werden.

Orientierung

Die **Center City** (Innenstadt) wird begrenzt durch den Delaware River im Osten, den Schuylkill River im Westen, die Vine St. im Norden und die South St. im Süden. Dank rechtwinkliger Anlage und Blocksystem mit durchnummerierten Nord-Süd-Achsen ist dieser Stadtteil gut überschaubar. Den Kern der Stadt – markiert durch eine stattliche Anzahl moderner Wolkenkratzer, wie dem One Liberty Place von Helmut Jahn – bildet der **Penn Square** mit der City Hall und dem Reading Terminal Market. Nördlich angrenzend an diesen einst bedeutenden Bahnhof und heutigen Markt befinden sich das Convention Center, dann **Chinatown**. Ringsum liegen vier weitere Plätze, die die Innenstadt wie ein Quadrat umschließen: der Franklin Square im NO, der Logan Square im NW, der Rittenhouse Square im SW und der Washington Square im SO.

Die Innenstadt gliedert sich in mehrere **Stadtviertel**, die z. T. sehr unterschiedlich sind: Als **Historic** oder auch **Waterfront District** wird das Areal östlich der Independence Mall bzw. 6th St. bis hinunter zum Fluss/Penn's Landing und südwärts bis zur South St. bezeichnet. Nördlich der Market St. liegt der alte Kern der Stadt, **Old City Cultural District**, einst das Handelszentrum mit historischen Häusern, alten Kirchen und engen Straßen, heute ein Vergnügungsviertel mit Restaurants, Cafés und Clubs, Theatern und Studios. Ebenfalls dem Bummeln, Nachtleben und Genuss haben sich **Society Hill** und die South St. (Front–10th St.) verschrieben.

Der eigentliche geschäftige **Business District**, das Downtown von Philadelphia, erstreckt sich rings um die City Hall, das Rathaus, und nordöstlich davon im Bereich von Convention Center und Reading Terminal Market. Wolkenkratzer, Kaufhäuser, Theater und Hotels sind charakteristisch für dieses Viertel.
Die **Avenue of the Arts** (Broad St.) ist bekannt für ihr Nachtleben mit mehreren Theatern und Kultureinrichtungen. Weiter im Westen bis zum Schuykill River erstreckt sich das Viertel um den **Rittenhouse Square**, dank seiner hochklassigen Lokale und ausgefallenen Shops und Boutiquen prädestiniert zum Bummeln.
Gegenüber dem Schuykill River liegt der **University City District**, nördlich davon erstreckt sich der **Parkway/Museum District** mit dem Benjamin Franklin Parkway als Hauptachse – besuchenswert wegen der Museen. Von hier zieht sich der **Fairmount Park** nordwestwärts entlang dem Flussufer in Richtung **Chestnut Hill, Manayunk** und **Germantown**.

Rundgang im historischen Zentrum

Independence National Historical Park (INHP)

Im Zentrum der historischen Innenstadt steht der **Independence National Historical Park**. Erster Anlauf- und Ausgangspunkt für die Stadtbesichtigung ist das **Independence Visitor Center (1)**. Hier gibt es eine Vielzahl von Informationen über Stadt und Umland, werden Unterkünfte und Veranstaltungstickets vermittelt, Reservierungen vorgenommen und können Fahrkarten für den öffentlichen Nahverkehr erworben werden. Außerdem erhält man hier die Gratistickets für Independence-Hall-Touren.

Tipp

Der erste Gang am Morgen sollte dem Visitor Center gelten, um ein „frühes" Ticket   *Erster*
(Zeitaufdruck!) für eine Tour durch die Independence Hall zu bekommen. Das ist in der Haupt-   *Anlauf-*
saison und an Feiertagen nicht unbedingt einfach. Hinzu kommt, dass die Areale um Liberty   *punkt*
Bell Center und Independence Hall als „Sicherheitszonen" ausgewiesen sind und die Kontrol-
len durch Park Ranger erstens streng und zweitens zeitraubend sind.
Independence National Historic Park VC, *6th/Market St., www.nps.gov/inde bzw.*
www.independencevisitorcenter.com, tgl. 8.30–17 Uhr, erste Tour ab 9 Uhr alle 15 Min. (Ti-
ckets: ① 1-877-444-6777, www.nps.gov/inde/advance-ticket-information.htm), frei.

Meist gibt es zwischen Sicherheitskontrolle und Einlass in die Independence Hall eine
Wartezeit. Diese kann man sinnvoll überbrücken, indem man sich im **West Wing der
Independence Hall** (eigener Zugang) historische Dokumente und Druckausgaben der
Declaration of Independence und der *Constitution* anschaut; die handschriftlichen Manu-
skripte befinden sich in den National Archives in Washington. Ein paar Schritte weiter
steht die ebenso frei zugängliche **Congress Hall**. Hier kamen während der Zeit, als
Philadelphia Hauptstadt war, die Vertreter der Staaten im Repräsentantenhaus im Erdgeschoss bzw. im luxuriöser ausgestatteten Senatssaal im Obergeschoss zusammen. Am
anderen Ende des Areals, im Osten, bietet sich ein Blick in die **Old City Hall** an, das
Rathaus, das während der zehn Jahre als Hauptstadt als Sitz des US Supreme Court fungierte.

Independence Hall

Nach einer Einführung im Vorraum der **Independence Hall (2)** beginnt die Tour
durch das Erdgeschoss. Da hier am 4. Juli 1776 die Unabhängigkeitserklärung der Vereinigten Staaten ausgearbeitet wurde und 1787 die verfassungsgebende Versammlung   *Nationaler*
tagte, handelt es sich um einen „nationalen Pilgerort". Der Bau war zwischen 1732 und   *Pilgerort*

Das Independence Visitor Center

Philadelphia – Innenstadt

Germantown,
Mt. Airy,
Chestnut Hill

Valley Forge NHP,
Barnes Foundation

Girard Avenue

Girard College

Girard Avenue

Girard

Ridge Avenue

15th Street

Broad

Fairmount Park

FAIRMOUNT

Brown Street

FRANCIS-VILLE

SPRING GARDEN

Eastern State Penitentiary

Philadelphia Zoo

Fairmount Avenue

22nd Street
21st Street
20th Street
19th Street
18th Street
17th Street
16th Street

Boathouse Row

Spring Garden Street

Spring Garden

MANTUA

Wallace Street

Fairmount Water Works

B. Franklin Pkwy.

Free Library of Philadelphia

Callowhill Stre

Spring Garden Street
38th Street
36th Street
34th Street
32nd Street

Powelton Ave.

Vine Street

Vine Street Expressway

Vine Street

Pennsy Conven Center

Lancaster Avenue

Race Street

St. Peter and Paul

Chinese

Cherry Street

Amtrak 30th St. Station

34th St.

Market Street

South F. Kennedy Blvd.

Market Street

15th St.

Philadelphia City Hall

Chestnut Street

Chestnut Street

30th St.

Chestnut Street

Drexel University Main Hall

Sansom Street

Walnut Street

Walnut Street

Rittenhouse Square

Academy of Music

Historic Society Pennsyl

Franklin Field

Locust Street

RITTENHOUSE

UNIVERSITY CITY

Schuylkill River Park

Filter Square

University of the Arts

Woodlands Cemetery

Lombard Street

24th Street
22nd Street
21st Street
20th Street
19th Street
18th Street
17th Street
16th Street

South S

WASHING SQUARE WEST

Ⓣ U-Bahnstation

0   200 m

N

© graphic

SCHUYLKILL

Fitzwater Street

Sports & Entertainment Complex

1 Independence Visitor Center
2 Independence Hall
3 American Philosophical Hall
4 Liberty Bell Center
5 National Constitution Center
6 National Liberty Museum
7 Franklin Court
8 New Hall Military Museum
9 Bishop White House
10 Todd House

11 City Tavern
12 AME Church
13 Old Pine Street Presbyterian Church
14 St. Peter's Church
15 Independence Seaport Museum
16 Christ Church
17 Elfreth's Alley
18 Fireman's Hall
19 Betsy Ross House
20 Arch Street Meeting House

21 Christ Church Burial
22 Free Quaker Meeting
23 Graff House
24 Philadelphia History M
   (Atwater Kent Museu
25 African American Mus
26 Pennsylvania Academy
27 Quaker Information C
28 Academy of Natural S
29 Franklin Institute Scien

Restaurants
1 Fork
2 Campo's Deli
3 Jim's Steaks
4 Butcher & Singer
5 White Dog Café
6 The Restaurant School at Walnut Hill College

30 Rodin Museum
31 Philadelphia Museum of Art
32 German Society of Pennsylvania
33 Edgar Allan Poe National Historical Site
34 Museum of Archaeology & Anthropology
35 Barnes Foundation

Hotels
1 Hyatt Regency at Penn's Landing
2 Penn's View Inn
3 Best Western Independence Park Inn
4 Latham Hotel
5 Rittenhouse 1715

Independence Mall Area

NORTHERN LIBERTIES

CHINA-TOWN

Franklin Square

Benjamin Franklin Bridge

US Mint

Penn' Landing

River Link Ferry

Washington Square

Rose Garden

Korean War Memorial

Magnolia Garden

Old St. Mary's

Submarine Becuna

Society Hill Synagogue

Vietnam War Memorial

Cruiser Olympia

T U-Bahnstation

0   400 m

Airport

Wo alles begann: in der Independence Hall

1748 als Parlamentsgebäude (*State House*) der Kolonie Pennsylvania errichtet und ab 1735 von der Legislative Pennsylvanias genutzt worden. In den Jahren 1750 bis 1753 kam ein Glockenturm hinzu, in dem ursprünglich die legendäre *Bell of Liberty* (siehe unten) hing.

Im Erdgeschoss betritt man zunächst den Obersten Gerichtshof Pennsylvanias, die **Supreme Court Chamber**. Historisch bedeutender ist der anschließende **Assembly Room**, wo am 4. Juli 1776 Abgesandte der 13 Kolonien über die von Thomas Jefferson entworfene *Declaration of Independence* abstimmten. Nach ihrer öffentlichen Verkündung am 8. Juli wurde sie hier am 2. August unterzeichnet. 1787 trafen sich erneut Abgesandte – die *Constitutional Convention* –, um die Verfassung auszuarbeiten. Die 13 Tische, die im Halbkreis stehen, repräsentieren die 13 Kolonien, die später zu Staaten wurden.

Treff der Kolonien

American Philosophical Hall

Die **American Philosophical Hall (3)** ist von der 5th St. aus zugänglich. Die Society war 1743 von Benjamin Franklin gegründet worden. Er hatte den renommierten Porträtmaler Charles Willson Peale (1731–1827) beauftragt, hier ein Museum einzurichten – das erste in den USA. Franklin wollte seine vormals in der *Long Gallery* (im OG der Independence Hall) untergebrachten Kunst- und naturkundlichen Schätze adäquat ausstellen. Heute finden hier vor allem Wechselausstellungen statt.

Die zugehörige *Library* liegt im Bau gegenüber und ein Blick in den Zugangsbereich lohnt wegen der kleinen Ausstellung von Originalmanuskripten – wie William Penn's *Charter* oder ein Entwurf der *Declaration of Independence* von Jefferson.

Geschichtsträchtige Räume

Liberty Bell Center

Das **Liberty Bell Center (4)** (*Zugang: gegenüber Independence Hall, 5th St., mit Sicherheitskontrolle im alten Bau*) steht genau an jener Stelle, wo sich zur Zeit, als Philadelphia Landeshauptstadt war, das Wohnhaus der ersten beiden US-Präsidenten, George Washington und John Adams, befunden hat. Auf dem Weg zu der berühmten Glocke – dem wohl meist verehrten Freiheitssymbol der Welt – erhalten Besucher ausführliche Erläuterungen zu ihrer Geschichte und Bedeutung.

Eine Glocke mit Symbolcharakter

In England gegossen, war sie 1752 nach Philadelphia gelangt, bekam allerdings schon während des Probeläutens einen Sprung, dann noch einen weiteren, vermutlich, als sie 1786 zum Geburtstag von George Washington ertönte. 1753, zum 50. Jahrestag der Verfassung von Pennsylvania, hängte man sie im Turm des damaligen Pennsylvania State House (der späteren Independence Hall) auf. Das auf der Glocke eingravierte Zitat aus dem 3. Buch Mose – „Verkündet die Unabhängigkeit im ganzen Land allen Bewohnern" – sollte sich bewahrheiten: Am 8. Juli 1776 begleitete ihr Geläut die erste öffentliche Verlesung der Unabhängigkeitserklärung. 1835 sprang die Glocke während der Beisetzungsfeierlichkeiten für den Obersten Bundesrichter John Marshall erneut – und ist seither verstummt.

In der Nähe soll 2015 das **American Revolution Center** eröffnen. Es wird sich als erstes Museum überhaupt ganz dem Unabhängigkeitskrieg widmen (*www.american revolutioncenter.org*).

National Constitution Center

Das neue **National Constitution Center (5)** ist mit rund $ 130 Mio. Baukosten das teuerste und architektonisch auffälligste Projekt im **Independence National Historical Park**. Vorbei an den üblichen Serviceeinrichtungen (Shop und Café) im Erdgeschoss, gelangt man ins kreisrunde Kimmel Theater, wo es jede halbe Stunde eine Multimedia-Liveshow namens *Freedom Rising* gibt. Mithilfe von Dias und einem/einer Schauspieler/in wird *The Story of we, the People* erzählt, werden Besucher zurück ins Jahr 1787 versetzt und mit der Bedeutung der Unabhängigkeitserklärung für die Menschheit vertraut gemacht.

Multimedia-Show

Vom Theater geht es direkt in die Ausstellung „The American Experience", die sich in einzelnen Abteilungen und mit interaktiven Ausstellungsstücken mit der Geschichte der Verfassung von der amerikanischen Revolution bis heute beschäftigt. In der Signers' Hall schließlich stehen die 42 lebensgroßen Bronzen jener Männer, die am 17. September 1787 die Verfassung unterzeichneten.

National Constitution Center, 525 Arch St., http://constitutioncenter.org, Mo–Fr 9.30–17, Sa 9.30–18, So 12–17 Uhr, $ 14,50, mit Shop und Café.

Weitere Attraktionen im und um den INHP

An der 5th St., gegenüber der Liberty Bell, erhebt sich die **Bourse**, die erste Börse der USA. An der Chestnut St. zwischen 5th und 4th St. steht die im Greek-Revival-Stil erbaute **Second Bank of U.S.** mit einer *Portrait Gallery,* die sich berühmten Amerikanern und Ausländern widmet.

Schräg gegenüber folgt das **National Liberty Museum (6)**, das *Home for Heroes*. Anhand von rund tausend „Helden", d. h. ungewöhnlichen Persönlichkeiten verschiedener Ethnien, wird hier in acht Ausstellungssälen Amerikas Freiheitsgedanke mit interaktiven Ausstellungsstücken und Videos nachgezeichnet. Hinter dem Museum liegt

Franklin Court (*Zugang über Market St.*) **(7)**, wo Benjamin Franklins Wohnhaus stand, das nicht mehr erhalten ist. Der Grundriss ist dafür farbig abgesetzt und die Kontur des Hauses in Gestalt eines Stahlgerüstes wiedergegeben. Unterirdisch gibt es ein Museum und die Druckerei wurde rekonstruiert.
National Liberty Museum, *321 Chestnut/4th St., www.libertymuseum.org, in der HS Di–Sa 10–17, So 12–16 Uhr, $ 7.*
Franklin Court Underground Museum, *derzeit Renovierung, Wiedereröffnung 2013 geplant.* **Printing Office** *(Mi–So 12–17 Uhr, frei) geöffnet..*

Wieder auf der Chestnut St. führt der Rundgang vorbei am **New Hall Military Museum (8)**, wo 1791/92 das Verteidigungsministerium saß und heute eine Ausstellung über die frühe Geschichte des US-Militärs informiert. Die folgende **First Bank of the US** war 1791 von Alexander Hamilton gegründet worden. Dahinter liegt die **Carpenters' Hall**. In diesem 1770–74 von der Zimmermannszunft errichteten Bau tagte 1774 der 1. Kontinentalkongress. Daneben – an der Walnut St. – liegen das **Bishop White House (9)** und das **Todd House (10)**. Das östliche Ende des INHP markiert die **City Tavern (11)**, ein „historisches" Restaurant, in dessen Vorgängerbau schon die Gründungsväter der USA speisten.
Carpenters' Hall, *320 Chestnut St., Di–So 10–16 Uhr, Eintritt frei.*

Society Hill und South Street

Ein Spaziergang durch **Society Hill** – südlich der City Tavern – und die **South Street** bedeutet, ein Stück „altes Philadelphia" kennenzulernen. Essen, Entertainment, Bummeln machen Spaß in diesem alten Wohnviertel mit seinen Ziegelhäusern und Pflasterstraßen. Der Name hat nichts mit „High Society" zu tun, obwohl diese die Gegend schon vor 200 Jahren zum Wohnen bevorzugte. Vielmehr geht die Bezeichnung auf die *Free Society of Traders* zurück, eine Gruppe von Geschäftsleuten, die sich auf Anraten von William Penn hier niederließ und bis 1725 bestand.

Sehenswertes Altstadtviertel

Die Häuser waren und sind eng und klein, da aber bereits den ersten Siedlern genügend Lehm und Ton aus dem Delaware-Tal zur Verfügung stand, sind alle massiv mit Ziegeln erbaut. Einen Eindruck von der herrschenden religiösen Freiheit erhält man in Gestalt der zahlreich erhaltenen historischen Kirchen, z. B. die **AME Church (12)** (*Lombard/6th St.*), die **Old Pine Street Presbyterian Church (13)**, (*Pine/4th St.*), die zentrale **St. Peter's Church (14)** (*Lombard/3rd St.*), die **Society Hill Holy Trinity Church** von 1789, die erste katholische deutsche Kirche **Holy Trinity** von 1789 (*Spruce/6th St.*), oder die **Society Hill Synagogue** von 1830 (*418 Spruce St.*).

Old City und Waterfront

Im Zentrum von **Old City**, wo einst die ersten Siedler die Stadt gründeten, liegt die **Market Street**. Sie gilt dank ihrer Geschäfte, Restaurants, Cafés und Bars, als Treff für Nachteulen und Gourmets. Die Straße endet am Delaware River bzw. bei Penn's Landing (*Fußübergang/Walkway über die I-95*). Nahe der City Tavern führt ebenfalls ein Fußgängerüberweg (*über I-95*) dorthin. **Penn's Landing** ist jener Ort, an dem William Penn im Jahr 1682 angelegt haben soll. Der Blick wird jedoch zunächst angezogen von der **Benjamin Franklin Bridge** aus dem Jahr 1926, der ersten Hängebrücke der Welt,

Penn's Landing

die bis zur Eröffnung der Golden Gate Bridge 1937 auch die längste war. Entlang dem Flussufer zieht sich der Penn's Landing Festival Pier hin, ein vor allem an Wochenenden lebhaftes Vergnügungsviertel mit Geschäften und Restaurants in alten Piergebäuden sowie einem Bootshafen.

Das **Independence Seaport Museum (15)** vereint unter einem Dach interaktive Ausstellungen mit Modellen und zahlreichen Ausstellungsstücken und lädt im Freien überdies zur Erkundung des Cruisers „Olympia" und des U-Boots „Becuuna" ein. Nördlich davon befindet sich der Anlegeplatz der RiverLink Ferry hinüber nach New Jersey. Die Boote halten vor dem **Adventure Aquarium** an der Camden Waterfront.
Penn's Landing mit Independence Seaport Museum, 211 Columbus Blvd./Walnut St., www.phillyseaport.org, tgl. 10–17 Uhr, $ 12.
Adventure Aquarium, 1 Riverside Dr., Camden, NJ, www.adventureaquarium.com, tgl. 10–17 Uhr, $ 24,95; erreichbar mit RiverLink.

Kommt man von Penn's Landing über den Walkway an der Market St. zurück in die Old City, fällt der Blick zunächst auf die **Christ Church** *(Market/2nd St.)* **(16)**. Sie wurde 1727–54 im Georgian Style erbaut und diente der bereits 1695 in Philadelphia gegründeten anglikanischen Gemeinde als Gebetsort. Im Jahr 1789 wurde, nachdem man sich der britischen Vorherrschaft entledigt hatte, in der Christ Church die *Protestant Episcopal Church* als Nachfolgerkirche gegründet. Der Kirchengemeinde gehörten 15 Unterzeichner der Unabhängigkeitserklärung an, wovon sieben auf den beiden zugehörigen Friedhöfen bestattet sind. In „The Nation's Church" beteten schon Betsy Ross, Benjamin Franklin, George Washington und Thomas Jefferson.

In der Old City

Ein Stück weiter auf der 2nd St. gilt es aufzupassen, denn die nur knapp 5 m breite **Elfreth's Alley (17)**, zwischen Arch und Race St., ist leicht zu übersehen. Das kopfsteingepflasterte Gässchen ist nach dem Schmied Jeremiah Elfreth benannt und gilt, da seit

Älteste Wohn- straße der USA über 200 Jahren permanent bewohnt, als **älteste Wohnstraße in den USA**. Die 32 kleinen Häuschen im Colonial und Federal Style, die in den 1930er-Jahren gerade noch vor dem Abriss bewahrt werden konnten, gelten heute als Topadresse. Das älteste Gebäude ist das Doppelhaus Nr. 120/122 an der Südseite, das um die Jahre 1724 bis 1728 erbaut wurde; die meisten anderen stammen aus der zweiten Hälfte des 18. Jh. Sie sind allesamt sehr schmal und zwei- bis dreistöckig. Wie das Innere der meist aus Werkstatt oder Laden im Erdgeschoss und Wohnung im Obergeschoss bestehenden Häuschen aussah, kann man in den Museumshäusern Nr. 124–126 nachvollziehen.

Elfreth's Alley, mit Museum in Nr. 124, www.elfrethsalley.org, Touren, April bis Okt. Di–Sa 10– 17, So 12–17 Uhr, sonst nur Do–So 11–16 Uhr, $ 5.

Ein kleines Stück weiter, an der 2nd St., steht mit der **Fireman's Hall (18)** ein Relikt der ältesten Feuerwehr der USA, von Benjamin Franklin gegründet. Das Haus an der Ecke Arch/3rd St. ist fast immer von Besuchern umlagert: das **Betsy Ross House (19)** war die Wohnung jener Quäkerin, die die erste amerikanische Flagge genäht haben soll.

Betsy Ross House, 239 Arch St., http://historicphiladelphia.org/betsy-ross-house/what-to-see/, tgl. 10–17 Uhr, NS Mo geschl., $ 5.

Ein wenig zurückversetzt, an der nächsten Straßenkreuzung stadteinwärts, steht ein weiterer historischer Bau von 1804: das **Arch Street Meeting House (20)** – ein bis heu- *Quäker- Versamm- lungshaus* te genutztes Quäker-Versammlungshaus. Wenige Schritte weiter: ein Friedhof, der Teil der Christ Church ist, aber wegen der Flussnähe stadteinwärts verlegt wurde. Hier, auf dem **Christ Church Burial Ground (21)**, liegt Benjamin Franklin begraben. Sein schlichtes Grab befindet sich am Zaun (*Ecke Market/5th St.*) und die Grabplatte ist ständig von Pennies bedeckt, denn Franklins Motto lautete: „A penny saved is a penny earned".

Jenseits der 6th St. blickt man auf einen weiteren Quäker-Bau, das **Free Quaker Mee- ting House (22)**. Wer sich für die Quäker interessiert, sollte das **Quaker Informa- tion Center (27)** (*Cherry/15th St., siehe unten*) besuchen.

Elfreth's Alley, die älteste Wohnstraße der USA

City Center – „Downtown" Philadelphia

Die Market St. führt ins moderne Stadtzentrum. Dabei passiert man an der 7th St. das **Graff House (23)**, den Nachbau jenes Hauses, in dem Thomas Jefferson den Entwurf der *Declaration of Independence* verfasste. Schräg gegenüber befindet sich in einem Greek-Revival-Bau von 1826 das wenig bekannte, aber sehenswerte Stadtmuseum, das **Philadelphia History Museum (Atwater Kent Museum) (24)**. Es beschäftigt sich in mehreren interessanten Abteilungen mit der Stadtgeschichte. Besonderen Ruf genießt das Museum auch wegen der kompletten Sammlung von Titelbildern der „Saturday Evening Post", die Norman Rockwell (1898–1978) schuf. Das Blatt war 1728 von Franklin als „Pennsylvania Gazette" gegründet, 1821 umbenannt und ab 1898 als Wochenmagazin publiziert worden. Von 1916 bis zur Einstellung der Zeitschrift 1963 gestaltete Rockwell alle Titelbilder.

Interessantes Stadtmuseum

Philadelphia History Museum (at the Atwater Kent), 15 S 7th St., www.philadelphiahistory.org, Mi–Sa 11–16 Uhr, frei.

An der Ecke Market/8th St. bietet sich Gelegenheit zu einem Abstecher nach Norden, zum **African American Museum (25)** – einem Ableger der Smithsonian Institution, in dem vor allem Wechselausstellungen zu „schwarzen" Themen stattfinden – und nach **Chinatown**, mit dem auffälligen Friendship Gate (*Ecke Arch/10th St.*).

African American Museum, 701 Arch St., www.aampmuseum.org, Di–Sa 10–17, So 12–17 Uhr, $ 14.

Der **Reading Terminal Market** (*Zugang Arch/Filbert St. oder durch das Convention Center*) in einer großen quadratischen Halle gilt als einer der bestsortierten Märkte der USA. Besonders lohnend sind die Spezialitäten der Amish People aus dem Dutch County, die hier an vier Tagen in der Woche ihre Produkte verkaufen. Nicht versäumen sollte man, bei „Bassett's", einem 1861 in Philadelphia gegründeten Milchladen, ein Eis zu kaufen.

Ein Muss: die Markthalle

City Hall und Umgebung

Im Zentrum, zwischen Franklin, Washington, Rittenhouse und Logan Square, am Schnittpunkt der verschiedenen Stadtviertel und an der Kreuzung der beiden Hauptachsen Market und Broad St., steht, einer Festung gleich, die **City Hall**. Bevor man das Rathaus erreicht, passiert man Macy's, das sich im ehemaligen **Wanamaker's Department Store** (1902) befindet. Im Innern sollte man sich nicht die **Wanamaker Grand Court Organ**, mit 28.522 Pfeifen die größte spielbare Orgel der Welt, entgehen lassen.

Der weithin sichtbare Rathausturm – er kann bestiegen werden – wird von einer über 10 m hohen Bronzestatue des Stadtgründers William Penn aus der Werkstatt von Alexander Calder gekrönt. Zwischen 1871 und 1901 erbaut, war es das größte Rathaus im Lande, reich ausgestattet mit über 100 Statuen, und zugleich der höchste Bau der Stadt, mit 167 m sogar höher als das Washingtoner Kapitol! Zwischen 1984 und 1987 wuchsen dann erst Liberty Place 1, gefolgt von Liberty Place 2 (*Chestnut/16–17th St.*), von Stararchitekt Helmut Jahn in den Himmel und überragten Penn.

City Hall, Penn Sq./Broad/Market St., Mo–Fr 9.30–16.15 Uhr, Tower Tours $ 5, Interior Tours Mo–Fr 12.30, $ 10, mit Shop und Infos.

Downtown Philadelphia ist stolz auf seine Wandbilder

Das Areal um die Broad Street

Die „breite" Straße

Die **Broad Street** ist mit etwa 30 km die längste schnurgerade Straße in einer Stadt. In ihrem Südabschnitt trägt sie wegen zahlreicher Kultureinrichtungen und Theater den Beinamen „**Avenue of the Arts**": die **Academy of Music** (*Broad/Locust St.*) – Sitz des Balletts und der Oper –, das **Wilma Theater** (*265 S Broad St.*), das **Kimmel Center for the Performing Arts** (*260 S Broad St.*) – Heimat des Philadelphia Orchestra u. a. Ensembles –, oder die **University of the Arts** (*320 Broad St.*), um nur einige zu nennen, reihen sich hier auf.

Westlich der Broad St., bis zum Schuykill River, erstreckt sich der **Rittenhouse Square District** oder kurz die „Rittenhouse Row". Der Platz erhielt seinen Namen nach dem deutschstämmigen Wilhelm Rittenhausen, der 1690 bei Wissahickon Creek die erste Papiermühle in den USA gründete. Rings um den Anfang des 20. Jh. nach französischen Vorbildern angelegten Platz mit kleinen Grünanlagen stehen repräsentative alte Häuser.

 Mural Capital of the World

Philadelphia gilt als „Mural Capital of the World": Mittlerweile über 3.000 Wandbilder sind das Resultat einer vom Museum of Art 1984 ins Leben gerufenen Aktion namens „Mural Arts Program". Beispiele finden sich an der Ecke 13th/Locust, 22nd/Walnut oder 12th/Vine und Broad/Vine St. Es gibt verschiedene Touren.

Love Letter Train Tours Tours, Sa/So 10 Uhr ab Love Park Welcome Center (16th St./JFK Blvd.) nach Anmeldung unter: http://muralarts.org

Von der City Hall zum Logan Square – Museum District

Nördlich der City Hall geht es vorbei am Masonic Temple, dem 1873 eingeweihten Haus der Freimaurer, zur altehrwürdigen **Pennsylvania Academy of the Fine Arts (26)**, die eine 1805 gegründete, herausragende und angenehm überschaubare Sammlung amerikanischer Kunst vom 18. Jh. bis zur Moderne ihr Eigen nennt. In dem 1876 anlässlich der *Centennial Exhibition* eröffneten Bau konzentriert man sich auf einheimische Künstler. *Sehens-wertes Museum*

Pennsylvania Academy of the Fine Arts, Broad/Cherry St., www.pafa.org, Di–Sa 10–17, So 11–17 Uhr, $ 15, Sonderausstellungen extra.

Vom Kunstmuseum aus, das offiziell schon zum **Museum District** gehört, lässt sich der Weg leicht nach Nordwesten fortsetzen, wo im Umkreis des Logan Square weitere Museen warten. Der Weg führt vorbei am **Quaker Information Center (27)** und an der monumentalen **Cathedral of St. Peter & Paul** (*18th St./Franklin Pkwy.*), einer 1864 erbauten katholischen Kirche. Hier befindet sich an der Westseite der **National Shrine of Saint John Neumann**, der an Johann Nepomuk Neumann, den ersten Heiligen der USA, erinnert.

Am Logan Square angelangt, ist zu entscheiden, wie viele und welche Museen man besucht. Südwestlich des Platzes kann man zunächst zwischen zwei naturkundlichen Museen wählen: der **Academy of Natural Sciences (28)** – interessant besonders die Dinosaur Hall – und dem **Franklin Institute Science Museum (29)**, einem der besten Technikmuseen an der Ostküste. 1824 gegründet, wurde das Museum nach Benjamin Franklin benannt und an ihn erinnert in der Lobby des 1934 eröffneten Baus auch eine gut sechs Meter hohe Marmorstatue. *Natur-kunde-museen*

Academy of Natural Sciences, 1900 Ben Franklin Pkwy., www.ansp.org, Mo–Fr 10–16.30, Sa/So 10–17 Uhr, $ 15.

Franklin Institute Science Museum, 222 N 20th St./Benjamin Franklin Pkwy., www.fi.edu, tgl. 9.30–17 Uhr, IMAX So–Fr 10–19, Sa 10–17 Uhr, $ 16,50, mit IMAX $ 22,50, nur IMAX $ 9.

Barnes Foundation und Rodin Museum

Auf der nördlichen Seite des alleeartigen Franklin Pkwy. geht es vorbei am imposanten Bau der **Free Library of Pennsylvania**, der Stadtbücherei, zur **Barnes Foundation (35)**. Seit 2012 ist die sehenswerte Kunstsammlung mitten in Philadelphia am Benjamin Franklin Parkway in einem würdig-eleganten Neubau von Tod Williams und Billie Tsien zuhause. Der Chemiker Dr. Albert C. Barnes, der durch eine Augenmedizin berühmt geworden war, machte seine Sammlung von über 2.500 Kunstwerken der Impressionisten und Nachimpressionisten schon 1925 der Öffentlichkeit in seiner Villa außerhalb der Stadt zugänglich. Schwerpunktmäßig hatte Barnes Bilder von Renoir (181), Cézanne (69) und Matisse (60) gesammelt, außerdem gibt es Werke von Picasso (44), Seurat, Rousseau, Modigliani, Monet, Manet oder Degas. Seine Villa in **Merion**, nordwestlich von Philadelphia, und der 1940 von Laura Barnes angelegte Park, ein Musterbeispiel für Gartenarchitektur mit großem Arboretum, sind ebenfalls besichtigbar.

Barnes Foundation, 2025 B. Franklin Pkwy., www.barnesfoundation.org, Mo/Mi-So 9.30-18, Fr bis 22 Uhr, $ 18
The Barnes in Merion, 300 N. Latch's Lane, Merion Station, Wiedereröffnung Ende 2012, Infos unter www.barnesfoundation.org

Gleich nebenan liegt das **Rodin Museum (30)**, bestehend aus historischem Gebäude und Neubau. Es birgt die größte Sammlung von Skulpturen des französischen Bildhauers Auguste Rodin außerhalb von Paris, in verschiedenen Herstellungsstadien bzw. Ausführungen, darunter Hauptwerke wie *Die drei Grazien, Johannes der Täufer, Der Denker* (vor dem Eingang), *Adam und Eva* oder *Die Bürger von Calais*. Das kleine Museum ist ein Geschenk des philadelphischen Geschäftsmanns Jules E. Mastbaum und wurde nach dessen Tod im Jahr 1926 eröffnet. *Rodin Museum*, 22nd St./Franklin Pkwy., www.rodinmuseum.org, Mi–Mo 10–17 Uhr, $ 8 (Spende).

Klein, aber fein: das Rodin Museum

Philadelphia Museum of Art

Die meistbesuchte Attraktion im **Fairmount Park**, der am Rodin Museum beginnt, ist das **Philadelphia Museum of Art (31)**, mit über 300.000 Objekten die drittgrößte Kunstsammlung in den USA. Der mit rund 3.600 ha größte städtische Park der Welt verfügt über mehrere Gartenanlagen, über Museen, den ältesten **Zoo** der USA (*3400 W Girard Ave.*) und zahlreiche historische Häuser entlang dem ausgeschilderten *River Drives Recreation Loop*. Die etwa 15 km lange Rundfahrt erstreckt sich, wie der gesamte Park, entlang dem Ost- und Westufer des Schuylkill River und beginnt nordwestlich des Kunstmuseums.

Zahlreiche Wechselausstellungen finden jedes Jahr im **Philadelphia Museum of Art** statt, dazu zahlreiche Veranstaltungen. Der mächtige Bau im Stil eines griechischen Tempels mit zwei Seitenflügeln erhebt sich im Grünen, in der Achse des Franklin Pkwy., hinter dem Eakins Oval (mit Parkplatz). Die Gründung des Museums hängt mit der Weltausstellung 1876 zusammen: Damals wurde die Memorial Hall im Fairmount Park als Ausstellungshalle erbaut. Schenkungen vergrößerten die Sammlung, und 1924 wurde mit einem neuen Museumsbau begonnen, der sich aufgrund der Wirtschaftskrise jedoch bis 1928 hinzog. Den Schwerpunkt der Sammlung bildet die europäische Malerei vom 14. bis 19. Jh., Bildhauerei und Kunsthandwerk sowie architektonische Entwürfe aus Eu-

ropa, Asien und Amerika. Kunst der deutschen Auswanderer gibt es in der *German Gallery (American Wing)* zu sehen.
Philadelphia Museum of Art, *26th St./B. Franklin Pkwy., www.philamuseum.org, Di–So 10–17, Fr bis 20.45 Uhr, $ 20 (2 Tage gültig, inkl. Rodin Museum).*

Weitere Sehenswürdigkeiten

Wer genügend Zeit hat, sollte im Nordosten der Stadt der **German Society of Pennsylvania (32)** (*611 Spring Garden St.*) einen Besuch abstatten. Dieser 1764 gegründete gemeinnützige Hilfsverein für deutsche Einwanderer ist die älteste deutsche Organisation in den USA und bietet ein vielseitiges Sprach-, Informations- und Kulturprogramm sowie eine sehenswerte alte Bibliothek.

In Sichtweite der Deutschen Gesellschaft steht das Haus, in dem der 1809 in Boston geborene Edgar Allan Poe von 1842 oder 1843 bis 1844 lebte: die **Edgar Allan Poe National Historical Site (33)**. Der gezeigte Film gibt einen guten Einblick in das Leben des Autors, während man beim Rundgang durch das Haus selbst, das komplett unmöbliert ist, etwas Fantasie benötigt.
Edgar Allan Poe NHS, *532 N 7th/Spring Garden St., www.nps.gov/ edal, Mi–So 9–17 Uhr, frei.*

West Philadelphia ist ein bunter Stadtteil mit zahlreichen Lokalen und Shops. Mehrere Museen, darunter das 1887 gegründete **Museum of Archaeology and Anthropology (34)** als beeindruckendstes, sind Teil der Universität. Im archäologischen Museum sind abgesehen von einer mehrere Tonnen schweren Sphinx und ägyptischer Architektur, Mumien und sumerischen Texten auch die griechischen und römischen Antiken sehenswert. *Bunter Stadtteil*
Penn Museum – University of Pennsylvania Museum of Archaeology and Anthropology, *3260 South St., www.penn.museum, Di–So 10–17, Mi bis 20 Uhr, $ 12.*

Reisepraktische Informationen Philadelphia

i **Information**
Philadelphia Convention & Visitors Bureau (PCVB), *c/o Wiechmann Tourism Service, Scheidswaldstraße 73, D-60385 Frankfurt, ✆ 069-255-380*
Independence Visitor Center, *6th/Market St., ✆ 215-965-7676, 1-800-537-7676, www.phlvisitorcenter.com, tgl. 8.30–18 Uhr; Informationen aller Art, Unterkunftsvermittlung und Reservierungen, Ausstellungen, Film und Video sowie Veranstaltungstickets; von März bis Dez. gibt es hier Gratistickets für Independence-Hall-Touren.*
Infos im Internet: *www.discoverphl.com, www.visitphilly.com*

☞ **Wichtige Telefonnummern**
Notruf *(Feuer, Polizei etc.): ✆ 911*
Arzt-Service: *✆ 215-563-5343*
Zahnarzt-Notdienst: *✆ 215-925-6050*

Unterkünfte

B&Bs *vermittelt „A Bed&Breakfast Connection of Philadelphia", ☎ 1-800-448-3619, www.bnbphiladelphia.com.*

Best Western Independence Park Inn (3) $$$, 235 Chestnut St., ☎ 215-922-4443, www.independenceparkinn.com; *das „great little hotel" der Stadt, ein renoviertes altes, zentral gelegenes Hotel mit 36 geräumigen Zimmern.*

Hyatt Regency at Penn's Landing (1) $$$–$$$$, 201 Columbus Blvd., ☎ 215-928-1234, www.pennslanding.hyatt.com; *das einzige Hotel der Stadt direkt am Delaware River, mit tollen Ausblicken von vielen der insgesamt 350 Zimmern, mit Pool, Sauna und Fitnesscenter sowie Restaurant Keating's River Grill.*

Latham Hotel (4) $$$–$$$$, 17th/Walnut St., ☎ 215-563-7474, http://lathamhotelphiladelphia.com; *elegantes Traditionshotel mit persönlichem Service in zentraler Lage. Dazu nette Bar sowie gediegenes Restaurant (Bogart's).*

Penn's View Inn (2) $$$$, 14 N Front St., ☎ 215-922-7600, www.pennsviewhotel.com; *mit Blick auf den Delaware River mitten in Old Town gelegenes, kleines Boutique-Hotel mit 52 geschmackvoll ausgestatteten und geräumigen Zimmern, Preis inkl. Frühstück; mit italienischem Restaurant.*

Rittenhouse 1715 – A Boutique Hotel (5) $$$$, 1715 Rittenhouse Sq., ☎ 215-546-6500, www.rittenhouse1715.com; *zehn elegante Zimmer mit viel Luxus in einer Mansion von 1911, frische Backwaren am Morgen, Wein am Abend.*

Restaurants

Philadelphias Spezialitäten sind Philly Cheese Steaks – geschnetzeltes Steak auf Sandwich mit Käse und Zwiebeln –, Hoagies (Fleisch, Käse, Salat, Tomate in der Rolle mit Öl oder Mayonnaise) und Soft Pretzels mit Senf, alles an zahlreichen Ständen in der Innenstadt zu haben. Mehrere empfehlenswerte Restaurants (und Bars) konzentrieren sich an der **Restaurant Row/Walnut St.** *nahe dem Rittenhouse Square (S 18th/Walnut-Spruce St.), in* **Old City** *(Market St., www.old-city.org, mit Trendlokalen wie Fork) und an der* **South St.** *im Bereich Front–10th bzw. Lombard–Bainbridge St. An Werktagen lohnt sich ein Abstecher zum* **Reading Terminal Market**, *preiswerte asiatische Küche gibt's in* **Chinatown** *(www.phillychinatown.com) und italienische rings um den* **Italian Market** *(www.phillyitalianmarket.com).*

Butcher & Singer (4), 1500 Walnut St./Rittenhouse Row, ☎ 215-732-4444, www.butcherandsinger.com; *Steaks & Chops und toller Service in gediegener Ballhausatmosphäre.*

Campo's Deli@Market Street (2), 214 Market St.; *klassischer Sandwichshop, bekannt für die lokale Spezialität Philly Hoagies, aber auch vielerlei Salate, alles relativ preiswert.*

City Tavern (11 der Sehenswürdigkeiten**)**, 138 S 2nd/Walnut St., ☎ 215-413-1443, www.citytavern.com; *dank Chefkoch Walter Staib eine Legende in Philadelphia. Er serviert Gerichte nach alten Rezepten mit deutschem Touch in historischem Ambiente.*

Fork (1), 306 Market St., ☎ 215-625-9425, www.forkrestaurant.com; *kreative Gerichte in ungewöhnlichem Ambiente – eines der 20 besten Restaurants der Stadt mit großer Weinauswahl. Günstiger Lunch und Sonntagsbrunch!*

Jim's Steaks (3), 400 South St., ☎ 215-928-1911; *Steaks in allen Variationen, v. a. Philadelphia Cheese Steak! Gemütliche Atmosphäre in der hippen South St.*

The Restaurant School at Walnut Hill College (6), 4207 Walnut St., ☎ 215-222-4200, www.walnuthillcollege.com, *Di–Sa abends werden in den vier unterschiedlichen Restaurants der Culinary School (Italian Trattoria, American Heartland, International Bistro, Great Chefs) zu Preisen um die $ 20 Supermenüs serviert.*

White Dog Café (5), 3420 Sansom St., ☎ 215-386-9224; Country-Inn in zwei viktoriani-schen Brownstones im University District. Serviert wird kreative amerikanische Küche unter Verwendung biologischer Produkte.
Pizza Brain Restaurant & Museum, 2313 Frankford Ave., www.pizzabrain.org; im Herbst 2012 eröffnete Gourmet-Pizzeria mit dem einzigen Pizza-Museum der Welt.

Nachtleben
Zentren sind die **Restaurant Row/Walnut St.** (www.rittenhouserow.org) oder der **Old City Arts District** mit seinen Galerien, Bars und Clubs (www.oldcityarts.org, vor allem südlich der Market an der 2nd St.). Die **South St.** (Front–10th, Lombard–Bainbridge St.) wird nicht ohne Grund „the hippest street in town" genannt.
Infos: www.philadelphia.com/nightlife
Continental Restaurant & Martini Bar, 138 Market St., ☎ 215-923-6069; berühmt für verschiedenste Martinis u. a. Cocktails.
Cuba Libre Restaurant & Rum Bar, 10 S 2nd St., ☎ 215-627-0666; immer volle Bar und bestes kubanisches Restaurant der Stadt.

Einkaufen
Beliebte Viertel zum Einkaufen sind das Areal um **Rittenhouse Square** (Walnut St.), **South St.** (10th–Front St.), der **University City District** im Bereich Chestnut/Sansom/Walnut/Locust St. (45th–34th St.), die **Jewelers' Row** (Sansom/7th–9th St.) und **Antique Row** (Pine/10th–13th St.), zudem **Chestnut Hill** (www.chestnuthillpa.com, 6500-8700 Germantown Ave.).
The Gallery, Market/8th–11th St., Haupteingang: 9th/Market St., www.galleryatmarketeast.com; größtes Shoppingcenter in Downtown mit 120 Ständen/Läden und Kaufhäusern auf vier Ebenen, dazu Imbissstände.
The Bourse at Independence Mall, 111 S Independence Mall E, www.bourse-pa.com; zentral gelegen und ideal für den Imbiss zwischendurch.
Macy's Center City, 1300 Market St., Filiale des berühmten New Yorker Kaufhauses im historischen Wanamaker's Dept. Store (1902).
Reading Terminal Market, 11th–12th, Filbert–Arch St., Mo–Sa 8–18 Uhr (Amish-Händler Mi 8–15, Do–Sa 8–17 Uhr), www.readingterminalmarket.org; empfehlenswert sind vor allem Bassett's Icecream, Beiler's Bakery, Termini Brothers Bakery, Fisher's Soft Pretzels, Hatville Farms oder Dutch Eating Place (Frühstück). Außer Lebensmitteln gibt es auch Souvenirs und Geschenkartikel.
9th Street Italian Market, 9th/Wharton–Christian St. (South Philadelphia), Di–Sa 9–17, So 9–14 Uhr, www.phillyitalianmarket.com; vor allem italienische Produkte und Frischwaren, Käse, Fleisch/Wurstwaren, Fisch, Gebäck, Gewürze, Kaffee und Tee, aber auch Kochutensilien und Haushaltswaren. Mehrere Cafés und Imbissstände.
King of Prussia Mall, 160 N Gulph Rd., King of Prussia (25 km nordwestlich), I-76 Exit 327/328 (ausgeschildert), www.kingofprussiamall.com; das größte Einkaufszentren der USA mit acht großen Kaufhäusern und an die 400 Läden, Restaurants sowie Food Court.

Touren
Philadelphia Trolley Works, www.phillytour.com, 1 Tag $ 27; diverse Touren, u. a. in 90 Min. durch die Stadt mit Möglichkeit zum Aus- und Einsteigen an mehreren Stationen.
Architectural Walking Tours, Preservation Alliance (☎ 215 546 1146, www.preservationalliance.com/events/walking_tours.php, $ 10 (Mi/Sa/So, 60–90 Min.). Schwerpunkt ist die Ar-

chitektur. Auch das **Center for Architecture** *(http://philadelphiacfa.org/architectural-tours.php) bietet architektonische Führungen an.*
Mural Arts Program Tour, ① *215 685 0750, http://muralarts.org/tour. Verschiedene Touren zu den grandiosen Wandbildern Philadelphias (Programm s. Website).*

 Spar-Tipp

Der **CityPass** für derzeit $ 59 gilt neun Tage lang für fünf Attraktionen (The Franklin Institute, Philadelphia Zoo oder National Constitution Center, Please Touch Museum oder Eastern State Penitentiary, Adventure Aquarium, Philadelphia Trolley/Big Bus Company). Den Pass gibt's u. a. im VC oder auf www.citypass.com/philadelphia.

Veranstaltungen/Unterhaltung

First Friday: *jeweils am 1. Fr im Monat haben in Old City viele der zahlreichen Galerien und Shops bis 21 Uhr (nördlich Market/um die 3rd St.) und Bars sogar bis 2 Uhr (südlich Market, an der 2nd St.) geöffnet, im Sommer Straßenfest mit Konzerten und Veranstaltungen (www.visitphilly.com/events/philadelphia/first-friday).*
1. Sept.-Hälfte: **Philadelphia Fringe Festival – Performing Arts Festival**, *www.pafringe.com; 2 Wochen über die Stadt verteilt Theater, Tanz, Musik, Literatur, Puppenspiel und Pantomime.*
Im Sommer verschiedene Re-enactments und Vorführungen von **Historic Philadelphia**, *Infos: www.historicphiladelphia.org; z. B. Lights of Liberty, Sound&Light-Spektakel im INHP.*
Die **Broad St.** *bzw.* **Avenue of the Arts** *bietet über 20 Bühnen u. a. Kultureinrichtungen, Infos unter www.avenueofthearts.org.*
Kimmel Center for the Performing Arts, ① *215-893-1999 (Tickets), www.kimmelcenter.org; Heimatbühne von Philadelphia Orchestra, Kammerorchester und Philly Pops.*
Ein renommiertes Theater in Old City ist das **Arden Theatre** *(www.ardentheatre.org), in der Delancey St., außerdem* **Plays and Players** *(www.playsandplayers.org) und in der University City das* **Annenberg Center** *(www.pennpresents.org).*
The Legendary Blue Horizon, *1314 N Broad St.,* ① *215-763-0500, www.legendarybluehorizon.com; legendäres Boxsport-Zentrum mit Museum und Veranstaltungen.*

Zuschauersport

Die **Sportarenen** *befinden sich alle im Süden der Stadt, an der Broad St., und sind leicht mit der U-Bahn zu erreichen (Endstation Orange Line „Patterson/Broad St.").*
Philadelphia Eagles *(Am. Football – NFL), www.philadelphiaeagles.com, Spiele im Lincoln Financial Field*
Philadelphia Flyers *(Eishockey – NHL), http://flyers.nhl.com, Spiele im Wells Fargo Center*
Philadelphia Phillies *(Baseball – MLB), www.phillies.com; Spiele im Citizens Bank Park Stadium*
Philadelphia 76ers *(Basketball – NBA), www.nba.com/sixers, Spiele im Wells Fargo Center*
Philadelphia Union *(Fußball – MLS), www.philadelphiaunion.com, PPL Park*

Flughafen

Der **Philadelphia International Airport** *(① 215-937-6937, www.phl.org) liegt etwa 13 km südwestlich der Stadt und ist leicht erreichbar in 20 Min. per* **Airport Line** *(halb-*

stündl. zwischen Center City und Airport, $ 7) oder **Taxi** (Flatrate $ 28,50). Der Flughafen wird täglich von US Airways, British Airways und Lufthansa nonstop angeflogen. Wer einen Weiterflug plant, sollte genügend Zeit einplanen, da es strenge Sicherheitskontrollen und weite Wege gibt.

Nahverkehr/Taxi

SEPTA (Southeastern Pennsylvania Transportation Authority) ist das Nahverkehrssystem der Stadt mit **Bussen** und zwei **U- sowie mehreren S-Bahnen** (O–W: Market-Frankford Line; N–S: Broad St. Line). Zudem verkehren in der Innenstadt sechs **Straßenbahnlinien (Trolley**; Route 10, 11, 13, 15, 34 und 36).
Infos: ① 215-580-7800, www.septa.org; Informationszentrum: 15th/Market St.; Pläne und Tickets hier erhältlich, ebenso im Independence VC (6th/Market St., siehe oben).
Tickets: $ 2 pro Fahrt exakt (Tokens $ 1,55, erhältlich in 2er, 5er und 10er Packs); Day Pass für $ 7 (8 freie Fahrten) oder unbegrenzt für $ 11.
RiverLink verbindet von 10–19 Uhr die Delaware River Front (Penn's Landing) und das NJ State Aquarium ($ 7 H/R, www.riverlinkferry.org).
Taxi: Yellow Cab ① 215-922-8400; United Cab ① 215-625-2881; Old City Taxi ① 215-338-0838.

Eisenbahn/Bus

Die **30th St. Station**, der Hauptbahnhof, liegt jenseits des Schuylkill River. Außer Nahverkehrszügen halten hier Fernzüge von Amtrak (u. a. von/nach Chicago sowie Richtung New York/Boston bzw. Washington/Baltimore).
Infos: www.amtrak.com
Auch Überlandbusse, z. B. von **BoltBus**, verbinden Philadelphia mit Baltimore, Boston, New York, Washington.
Infos und Tickets: ① 1-877-265-8287, www.boltbus.com

7. ANHANG

Literaturhinweise

Im Folgenden findet sich eine kleine Auswahl an weiterführender Literatur. Bei guten Englischkenntnissen sollte man die englische Originalausgabe der deutschen Übersetzung vorziehen, die es meist auch bei Amazon (www.amazon.de) zu wenig höherem Preis als in den USA gibt.

Reiseführer

Für zusätzliche Informationen zu angrenzenden Regionen sei auf die anderen Reise-Handbücher im Iwanowski's Reisebuchverlag verwiesen, die in regelmäßigen Zeitabständen aktualisiert werden:
- Margit **Brinke**/Peter **Kränzle**, Iwanowski's USA Osten
- Dirk **Kruse-Etzbach**, Iwanowski's USA Süden
- Michael **Iwanowski**, Iwanowski's Florida
- Margit **Brinke**/Peter **Kränzle**, CityGuide New York City sowie CityTrip New York (beide regelmäßig aktualisiert, Reise Know-How-Verlag)

Allgemeines

- Edmund **Fawcett**/Thomas **Tony**, Die Amerikaner heute – Psychogramm eines Volkes im Wandel (1983); auch wenn dieses Buch schon über 20 Jahre alt ist, ist es immer noch eine lesenswerte Einführung.
- Phillip **Gassert**/Mark **Häberlein**/Michael **Wala**, Kleine Geschichte der USA (Reclam, 2008); eine übergreifende Skizze der historischen Entwicklung in den USA.
- S. **Foote**, The Civil War: A Narrative History I–III (1958/1963/1974); bis heute *das* Kompendium zum Bürgerkrieg.
- C. **Hudson**, The Southeastern Indians (1976, versch. Neuauflagen); Handbuch über die Indianer des Südostens.
- G. **Johoda**, The Trail of Tears. The Story of Indian Removal 1813–1850 (1975); die Geschichte der Vertreibung der Cherokee aus dem Südosten nach Oklahoma.
- B. **Köster**, Palladio in Amerika. Die Kontinuität klassizistischen Bauens in den USA (1990).
- C. **Kuralt**/I. **Glusker**, Southerners: Portrait of a People (1986); interessante Studie über das Gemüt der Südstaatler.
- J. **McPherson**, Battle Cry of Freedom: The Civil War Era (1988, neuere Auflagen erhältlich); bis heute immer noch die beste und kompakteste Darstellung des Bürgerkrieges.
- Gert **Raeithel**, Geschichte der nordamerikanischen Kultur, 3 Bände (Zweitausendeins, 1997); umfassender Überblick über die Geschichte und die gesellschaftliche Entwicklung der USA.
- Dieter **Schulz**, Ralph Waldo Emerson, Henry David Thoreau, Margaret Fuller. Amerikanischer Transzendentalismus (Darmstadt 1997); gute Einführung in dieses nicht ganz leichte Thema mit Infos zu den frühen Literaten Neuenglands.
- Alexis de **Tocqueville**, Über die Demokratie in Amerika (u. a. Reclam UB 8077); lesenswerte Einführung in die amerikanische Politik und Gesellschaft aus der Feder eines französischen Gesandten im 19. Jh. – immer noch aktuell!

- Ch. Reagan **Wilson**/W. **Ferris** (Hrsg.), Encyclopedia of Southern Culture (Chapel Hill/London, 1989); das einzige umfassende Nachschlagewerk über den Süden der USA, steht in vielen Uni-Bibliotheken.
- Waldemar **Zacharasiewicz**, Die Erzählkunst des amerikanischen Südens (Darmstadt 1990); guter allgemeiner Überblick über die Literatur der Südstaaten.

Belletristik

- Louisa May **Alcott**, u. a. Little Women (1868/69) oder Little Men (1871), zahlreiche Ausgaben als TB und gebunden, auch dt.; Geschichten aus dem Neuengland des 19. Jh.
- Paul **Auster**, Mond über Manhattan (1989), Die New-York-Trilogie (1988), Die Brooklyn Revue (2006); drei der besten Bücher des berühmten New Yorker Autoren.
- Harriet **Beecher-Stowe**, Onkel Toms Hütte (1852), zahlreiche Ausgaben, auch als TB und auf Dt.; das Buch, das wesentlich zur Lösung der Sklavenfrage beigetragen hat.
- John **Berendt**, Midnight in the Garden of Good and Evil (1994, auch dt.); liefert mit der Schilderung eines mysteriösen Todesfalles in Savannah auch gleich ein Bild der Stadt und der dortigen Gesellschaft.
- Rita Mae **Brown**, High Hearts (1987, dt. Herzgetümmel); eindrucksvolle Erzählung aus dem Bürgerkrieg in Virginia.
- Dies., Dolley (1994; auch dt.); fesselnde Schilderung des Lebens der exzentrischen Ehefrau des vierten US-Präsidenten James Madison in der Frühzeit der Hauptstadt Washington und während des War of 1812 gegen England.
- James Fenimore **Cooper**, Lederstrumpf (5 Bände, 1826–41), in verschiedenen Ausgaben erschienen (auch als TB); die Romane spielen teilweise im kolonialen Neuengland.
- E.L. **Doctorow**, The March (2005); packende Erzählung um den legendären „March to the Sea" der Unionstruppen im Bürgerkriegsjahr 1863.
- John **Dos Passos**, Manhattan Transfer (1925); eines der besten Bücher über das New York der 1920er-Jahre.
- Ralph Waldo **Emerson**, Nature (1836), zahlreiche Ausgaben auch als TB und dt.; grundlegender Essay für den Transzendentalismus und die Bewegung „Zurück zur Natur".
- Charles **Frazier**, Cold Mountain (1998; auch dt.); eindrucksvoller Bürgerkriegsroman, doch kein heroisch-patriotisches Buch, sondern eher ein Anti-Kriegswerk, 2004 vom britischen Regisseur Anthony Minghella beeindruckend verfilmt.
- Kinky **Friedman**, grandiose Kult-Krimis des texanischen Autors, die in New York spielen.
- Chad **Harbach**, The Art of Fielding (2011; dt. „Die Kunst des Feldspiels"), fesselnder Roman des literarischen Neulings über den amerikanischen Nationalsport.
- Nathaniel **Hawthorne**, u. a. The Scarlet Letter (1850, auch dt.), zahlreiche Ausgaben, auch als TB; eine Abrechnung mit den Hexenprozessen in Salem von 1692; The House of the Seven Gables (1851, auch dt.).
- O. **Henry**, u. a. Meistererzählungen (Diogenes 1991); fesselnde Kurzgeschichten aus dem New York des ausgehenden 19. Jh.
- John **Irving**, u. a. The Hotel New Hampshire (1981, auch dt.), Setting Free the Bears (1969, auch dt.) oder The World According to Garp (1978, auch dt.), jeweils zahlreiche Ausgaben, auch als TB.
- Peter **Landesman**, The Raven (1995, dt. Meereswunden); spielt an der zerklüfteten Küste Maines.

- Henry Wadsworth **Longfellow**, The Song of Hiawatha (1855), zahlreiche Ausgaben, auch dt. und TB, darunter die begehrte Faksimile-Ausgabe von 1890, illustriert von Frederic Remington (Chicago 1969; auch dt.); Lobgesang auf die Indianer, neben Evangeline (1847) Meisterepos des Dichters.
- Herman **Melville**, Moby Dick (1851); zahlreiche Ausgaben, auch als TB und neu übersetzt 2002; grandiose Erzählung über den besessenen Kapitän Ahab und seine Jagd nach dem weißen Wal, Schilderung alter Hafenstädte in Neuengland und der Walfangindustrie.
- Margaret **Mitchell**, Gone with the Wind (1936, auch dt.); zahlreiche Ausgaben, auch als TB; das Epos der Südstaaten schlechthin.
- Tony **Morrison**, Jazz (1992); lesenswerte Beschreibung des Harlem der 1920er-Jahre.
- Flannery **O'Connor**, u. a. Wise Blood (1952), A Good Man is Hard to Find (1955) oder The Violent Bear it Away (1966), zum Teil dt. und als TB-Ausgaben; O'Connor greift das Thema Religion und Fanatismus in den Südstaaten auf.
- E. A. **Poe**, u. a. The Raven, The Fall of the House of Usher (1839) oder Murder in the Rue Morgue (1841), zahlreiche Ausgaben, auch als TB und dt.; grandiose Werke des Meisters des Krimis, der Kurzgeschichte und des Thrillers.
- E. Annie **Proulx**, u. a. Schiffsmeldungen (1993) oder Das grüne Akkordeon (1996); jetzt in Wyoming lebende Autorin aus Neuengland, deren Romane in der Tradition eines William Faulkner oder Herman Melville stehen.
- Henry David **Thoreau**, Walden or Life in the Woods (1854) oder Civil disobedience (1849/1866), zahlreiche Ausgaben, auch als TB und dt.; grundlegende Werke des Dichters, Philosophen und Freundes von Emerson.
- Mark **Twain**, A Connecticut Yankee in King Arthur's Court (1889), zahlreiche Ausgaben, auch als TB und dt., bezieht sich auf Neuengland, wohingegen seine Meisterwerke – The Adventures of Huckleberry Finn (1884), The Adventures of Tom Sawyer (1876), aber auch das lesenswerte Life on the Mississippi (1884) – am Mississippi spielen und etliche weitere im Gold Country Kaliforniens bzw. Nevadas (z. B. Roughing it, 1872); besonders lesenswert: The Innocents Abroad (1869, dt. Die Arglosen auf Reisen, 1875) und A Tramp Abroad (1880, dt. Bummel durch Europa, 1922).
- John **Updike**, u. a. Of the farm (1965), The Witches of Eastwick (1984) oder mehrere „Rabbit"-Romane, wie Rabbit, Run (1960), zahlreiche Ausgaben, auch als TB und dt.
- Alice **Walker**, u. a. The Third Life of Grange Copeland (1970), The Color Purple (1982), The Temple of My Familiar (1989), Possessing the Secret of Joy (1992) oder By the Light of My Father's Smile (1998), stehen überwiegend im Zeichen von Frauenschicksalen, Rassenhass und Armut in den Südstaaten, auch dt.
- Walt **Whitman**, Grashalme (1899, zahlreiche Ausgaben, auch als TB und dt.); bedeutender Gedichtband des Poeten aus Brooklyn, der die Grundlage der amerikanischen Dichtkunst bildet.

☞ Tipp

James Fenimore Cooper, Der letzte Mohikaner, übersetzt und herausgegeben von Karen Lauer (Hanser Verlag 2013). Der berühmteste der Lederstrumpf-Romane ist endlich in einer vollständigen deutschen Übersetzung erschienen – ein Stück Weltliteratur kann nun neu entdeckt werden. Das Nachwort und der ausführliche Anmerkungsteil erhellen die historischen Hintergründe.

Stichwortverzeichnis

Abbildungsverzeichnis:
Alle Bilder Margit Brinke, außer auf folgenden Seiten:
Leonie Senne: S. 205, 215, 228, 230, 232, 242, 243, 274, 275, 351, 352, 356, 370, 373, 376, 395, 399, 405, 409, 416, 429, 430, 437, 438, 447, 462, 473, 476, 478, 481, 485, 489, 492, 494; S. 20: National Park Service (NPS); S. 25: Maike Stünkel; S. 30: Valley Forge CVB; S. 35: PA Tourism; S. 44, 77, 259, 262, 265, 289, 290, 309, 314, 320, 325, 326, 328, 330, 332, 334: Tim Grafft/MOTT; S. 270: MOTT; S. 46: Pigeon Forge CVB; S. 80: Carolyn M. Carpenter/shutterstock; S. 190, 235, 245, 250, 253: Rhode Island Tourism Division; S. 192, 196: Connecticut Commission on Culture & Tourism; S. 212, 213 (CT), 358, 364, 381, 411, 414: Discover New England; S. 224 Mathew Brady/wikipedia.de; S. 222: Jack Malone; S. 264 Deutsche Post AG; S. 318 Jeremy Clowe, © Norman Rockwell Museum; S. 321: wikipedia; S. 338: NHDTTD/Kristin Burchsted; S. 343: Horton Group; S. 344: Andy Ellingwood; S. 345, 349: Ted Whittenkraus (Maine Tourism); S. 347 (killick1), 350 (Vanora), 424 (kelzy907): scx.hu; S. 387: Tiffany Martin; S. 391: Jeff Gunn; S. 392: Ria Hills; S. 400: Doug Kerr; S. 420: NHDTTD-Dale Lary; S. 434, 442, Vermont Department of Tourism; S. 449: istockpgoto (Elenethewise); S. 453: Martyn E. Jones; S. 460: Nick Pye; S. 467: Lake George Chamber of Commerce; S. 471: Albany County Convention & Visitors Bureau; S. 503: Ontario Tourism; S. 513, 514, 518: Angelika Trippe; S. 570, 572, 580: Philadelphia CVB

ebook-Reiseführer

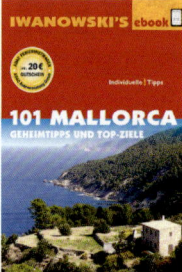
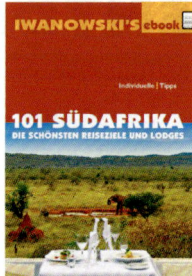

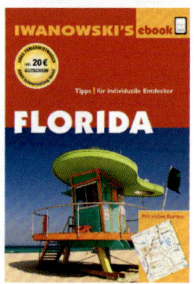

Die Iwanowski's ebooks liegen im epub-Format vor, sodass sich Texte und Bilder dynamisch an die jeweilige Bildschirmgröße des Lesegerätes anpassen. Das Format ist für die Nutzung auf dem iPad optimiert. Die epub-Datei ist auch auf Tablet-PCs mit Android-Apps, Smartphones und ebook-Readern lesbar. Weitere Titel in Vorbereitung.

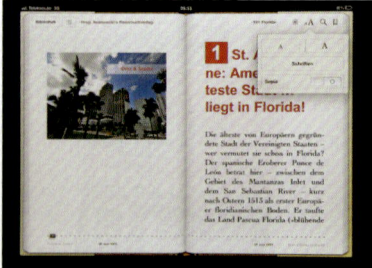
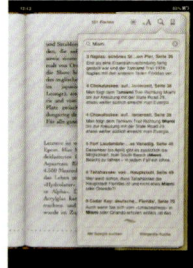

Veränderung der Schriftgröße und -art sowie durch Fingertipp vergrößerbare Karten und Fotos (je nach Lese-App)

Suchfunktion im Buch bzw. bei Google oder Wikipedia

Direkt verlinkte Internetadressen

Das komplette Verlagsprogramm unter:
www.iwanowski.de